# 現代魔法

## MODERN MAGICK

給修習者的十二堂高等魔法技藝課

Twelve Lessons in the High Magickal Arts

（最新修訂擴充版）

唐納德・邁克爾・克萊格
DONALD MICHAEL KRAIG

楓樹林

## 關於作者

唐納德‧邁克爾‧克萊格（Donald Michael Kraig）畢業於加州大學洛杉磯分校，取得哲學學士學位。他不僅在該校，也在其他學院和大學研習音樂。他在南加州大學獲得獎學金，並取得了多媒體、3D 圖形、動畫和網頁設計的證書，並在此後協助教授這些課程。作為一名音樂家，他曾在成千上萬觀眾面前表演，包括為艾爾頓‧強（Elton John）、大白鯊合唱團（Great White）等各種樂團擔任開場嘉賓。作為一名認證塔羅大師，他參與多個靈性和魔法團體，並在多個譚崔傳統中獲得啟蒙。此外，他還獲得美國國家催眠師公會、美國催眠治療協會（ABH）和美國綜合心理學協會（AIP）的臨床催眠治療師認證，並獲得 ABH 認證為催眠治療教師，同時也是 AIP 認證的神經語言程式學高級執行師。

唐納德開始在南加州地區教學，隨後於美國各地及歐洲進行演講和帶領工作坊。他專門教授包括卡巴拉、塔羅、魔法、召喚、譚崔、催眠、前世、脈輪、斯里壇城（Sri Yantra）等在內的多領域課程。在 2014 年，唐納德離開了這個世界。

## 繁體版推薦序

## 點亮生命的奧祕：現代魔法之路

▲

當我們提及「魔法」，這個詞彙對我們而言代表著什麼樣的意義呢？魔法經常出現在許多古老神話的傳說、宗教信仰的神蹟、甚至是童話故事的敘述之中，它通常意味著某種超出常理的方法與手段，藉此破除困局，而使故事的內涵更進一步的昇華質變。從古至今、無論是在什麼樣的文化與地域之中，魔法都以各種不同的形式展現出獨特且耀眼的生命力，也始終深深的吸引著我們。

如果我們細細的品味這些魔法故事，我們會發現真正觸動自己的，不盡然是那些超自然的力量、或是那史詩般宏偉的格局、抑或是必須拯救世界的偉大使命；「魔法」意味著我們潛在真實的顯露，魔法總是與故事之中的重要情境相呼應，它不是無關緊要的戲法、更不是無視代價與平衡的一昧許願與索求，而是使生命克服逆境，帶來新生與成長的真實意願與堅毅行動。

在生命的某個如此重要的關口，我們會突然察覺到這一切原來都有「意義」，你所經歷的情境、遇見的人、聽過的歌曲、發生的情節，都是為了引導你走出下一步，你彷彿投入到某種巨大的流動之中，你知道自己該做什麼、該把握住什麼樣的契機、該與什麼樣的力量或對象合作，當我們首次以自身明確而清晰的意志、參與自身的命運時，我們會發現所謂的「魔法」，是一次與宏觀宇宙之間的「偉大的協作」，我們承擔著其中一個環節，而因著我們的意願與行動，某種「真實」會開始在你的「現實」之中綻放。

而這個過程，就像是你成為了你所能夠成為的美麗與偉大姿態，生命在這個過程中彰顯了他自身的潛在真實；歸根究柢，生命的誕生開展、克服逆境與綻放成就，即是最偉大的魔法與神話，當我們看著這些奇蹟、神話與傳說之中那些神奇的魔法之舉，其實我們也是在激勵著自己去開創出自身的神話、運使自身的魔法。

然而這一切如果只停留在表面上的欽羨、崇拜、幻想與娛樂，那麼魔法就還只是存在傳說之中，它無法在我們的生命之中開展、從而綻放我們的神話。然而，我們該如何踏上魔法道路的第一步？即便我們知道那些神話傳說蘊藏著更加深遠的寓意，並不只是

我們在表面上看到的絢麗，但我們在生命之中並不總是能夠察覺到「意義」、也並不總是能觸碰到那股巨大流動，魔法似乎距離我們仍然遙遠。

我們需要一座將神話與現實連接起來的橋樑，而這本《現代魔法》完美的做到了這一點，對於我以及許多前輩同修們，有許多人都是藉由本書而第一次開始練習操作儀式魔法，《現代魔法》可說是數一數二的大師經典，是許多人踏上魔法與神祕學道路的啟蒙之作；書中的十二堂課程為我們呈現一個兼具「穩健結構」與「彈性調整」的魔法系統，來引領我們走上魔法之道，讓我們可以紮根在穩固的基礎之上，訓練自身在魔法層面上的力量，如何激發、運轉、持存、調節、如何保持平衡、負重前行；

在此同時，書中還帶著我們一步步的製作並聖化自己的法器、建立祭壇空間，這會是我們生命中「魔法故事」所開始的非凡時空，在這個魔法故事之中，你的法器並不會從天而降來到你面前、它也不是傳說中被封印起來的神兵利器——但要比這些來的更好，因為它出自於你親手製作，它是你力量與技藝的展現、也是你存在之中特定面向的能量品質之具體化，它甚至也是你的觀察力與感受力之體現，因為有許多法器其實已經藏在我們身旁，只待我們發現它的非凡之處，也唯有這樣的法器，才能夠與你最有共鳴。（作者在五芒星圓盤的篇章留了個小祕密，大家可以找找看）

而書中的魔法系統，主要依循黃金黎明會的傳統，許多在西方魔法實踐之中非常重要且基礎的儀式工作，例如：卡巴拉十字、小五芒星驅逐儀式、中柱儀式……等，都源自於此，這些儀式的修習與實踐，旨在聚焦於你存在之中更為軸心、更為根基的部分，其儀式所建構的圖案結構，是為了使我們的微觀宇宙與宏觀宇宙聚焦對齊；也唯有在根基下足了工夫，我們才不會受因果連鎖影響，反覆陷入迷障的迴圈、或者陷入自身人性的缺陷，任其膨脹與逃避、甚或受到外境所誘惑，而盲目的追求感官物慾上的滿足與放縱；我們的意圖與行動，也才能夠真正的對自身生命整體的動態平衡負責。

舉例來說，其實卡巴拉十字最一開始，有一個想像的步驟，是去想像自身的身形變得巨大，變得比自己所處的房間、街道、鄉鎮、城市、國家、甚至比地球本身還要巨大，一直到自身的姿態進入到了星辰之中。我相信有很多同學一開始就卡了這一關，我自身也摸索了許久，這一類的想像工作似乎無法「真正的」進入狀態。

而魔法的修習中，會有這麼一瞬間會在你持之以恆的實踐中到來，儀式會向你揭示它自身所橋接、所導引的對象，宏觀宇宙會在儀式的某個時刻回應你，由此我才發現這些想像工作的畫面是一種引導，而真正的重點在於「放鬆」，在儀式進行的過程中，我們逐漸摸索出什麼樣的站姿是最平衡的、呼吸在這樣的站姿之中變得順暢，你的身體

正在慢慢調整校準，就像它正在回歸到自己最合適的姿態那般，有力的支撐起自身的同時、也能保持放鬆與自在。

當我們可以穩定且平衡的立定著，並且氣息順暢時，我們就安然寧靜的處在自身之中，從而開始察覺到這個想像步驟的深意——它在引導我們進入更深沉的放鬆，在這個因果不斷連鎖變化的世界之中，發生著各種事態、有著各種關係與互動，其中有我們喜歡的、有我們不喜歡的、有那些我們無論如何也無法想像的、無法理解的，有正也有負、有好也有壞、有善也有惡，這些對峙與消長的力量動態，形成了微妙的平衡，每一天考驗著我們成為一個什麼樣的人。

而在儀式進行的時刻，我們不加以批判，而是承認、接受、連結並且超越，在這個狀態之中，我們會發現好似回到了自身的中軸，我們變得極其內斂精微，無限的凝縮趨近於那至中處，但卻也同時感受到了自身身形朝向上下四方的開展與擴大、意識亦帶有一股高懸超然的清澈明晰感，在那一刻我才知道，卡巴拉十字前段的冥想引導，是為了讓我們觸及這種狀態，而立基於卡巴拉十字之上開展的更多儀式，便是紮根於這樣的狀態之中，所做出的調節與運用。

當我們回到了自身之中軸，我們便觸及了這股精粹凝煉、純然通透的力量通道，它是物質與精神之間的橋樑，藉此中軸之道，你能隱約洞察到這股流經一切的偉大意志與力量巨流，即——「唯靜謐能昭示其偉大的浩瀚輝煌之一者」，藉著這些儀式魔法的實踐，我們逐漸建立起與神聖的交流與聯繫，學會從力量的潮汐流變之中，以自己的節奏與呼吸與之共舞，立足於自身存在的平衡，在瞬息萬變的世局運轉之中，依然不偏離軸心。

而更進一步的是，當我們已經學會與魔法的力量共處，它便成為我們生命之中的一部份，我們的思考與行動會開始產生質變，而我們也會開始去學習如何控制、導引並運使這股力量，在這個過程之中，我們逐漸掌握虛實兩界之間的協作與交互作用，從而知曉不同層次上的現實，甚至進一步洞見自身內在的真實。

這使我們做好準備，開啟我們的心智並培養我們正確的態度，我們能更加敏銳的察覺到至今為止積累起來的每一步、以及世界所給予我們的回音，它在我們生命中醞釀出什麼樣更深刻的「意義」，從而我們知曉自身該往哪裡前進、該如何前進、以何種方式、何種信念在這個世界安身立命，而這就觸及到了個人的「道」；這一刻我們正在實現自身內在本質的真實，所展現的意圖與行動都是與之相稱的，也就是在這充滿魔力的時刻，我們踏上了魔法偉業的道途。

——《一個台灣巫師的影子書》作者／丹德萊恩

## 第三版致謝辭

這本書要感謝的人太多了，若要一一列出，幾乎需要另一本書才足夠。我要深深感謝桑德拉（Sandra）和卡爾·韋施克（Carl Weschcke）對我的持續支持與友誼；感謝邁克爾·馬吉（Michael Magee）、瓊·芒福德（Jonn Mumford）和蘇尼塔·薩拉斯瓦蒂（Sunyata Saraswati）引領我踏上靈性的新道路；泰德·詹姆斯（Tad James）和麥特·詹姆斯（Matt James）幫助我深入理解心靈力量。最重要的是，感謝所有閱讀我書籍和參加我工作坊的人們，你們教會我許多超乎想像的事物。我希望你們能夠理解，別說是粉絲，對我來說，我不僅把你們當作讀者或學生，更是視為朋友。

▲

## 初版致謝詞

這本書獻給我所有的老師，希望能將他們與我分享的智慧傳承給他人。這些老師包括：我的父母、Frater A.M.A.G.、Soror S.I.A.A.、Frater D.D.C.F.、Frater P.，以及一些我選擇不提及姓名的人；史考特·康寧罕（Scott Cunningham）和瑞文·格里馬西（Raven〔Grimassi〕），感謝他們的美好教導；猶太拉比梅里明斯基（Rabbi Meriminsky）與哈斯（Rabbi Haas）；邁克爾·特克博士（Dr. Michael Turk）和王·道格拉斯師父（Sifu Douglas Wong）；還有許多其他人。此外，

本書獻給 AEGIS
帶著對那些未曾實現之事的深切追憶

# 目錄
每課涵蓋主題總覽

| | |
|---|---|
| 關於作者 | ii |
| 繁體版推薦序 點亮生命的奧祕：現代魔法之路 | iii |
| 第三版致謝辭 | vi |
| 初版致謝詞 | vi |
| 作者前註 | 011 |
| 推薦序　Chic Cicero & Sandra Tabatha Cicero | 012 |
| 推薦序　John Michael Greer | 014 |
| 推薦序　Lon Milo DuQuette | 016 |
| 推薦序　David F. Godwin | 018 |
| 第三版序言 | 020 |
| 第二版序言 | 023 |
| 前言 | 025 |

## 第一單元
# 外階層 *THE OUTER ORDER*

### 第一課　　　　　　　　　　　　　　　　　　　　*030*

入門指南；夢境日記；儀式日記／魔法日記；儀式日記條目；放鬆儀式；什麼是魔法（Magick）？；塔羅冥想儀式；塔羅牌簡要牌義——大阿爾克納；塔羅歷史——神話篇章；塔羅歷史——事實篇章；占卜與算命；學習塔羅牌；進行小五芒星驅逐儀式的理由；小五芒星驅逐儀式的用品；Tau 長袍；繪製五芒星；複習；參考書目

## 第二課 — *069*

小五芒星驅逐儀式；第一部分：卡巴拉十字；第二部分：五芒星的形塑；眾名喚一神；第三部分：召喚大天使；第四部分：卡巴拉十字的重複；振動準則；深邃之音；心靈攻擊的跡象；抵抗心靈攻擊的技術；太陽四重敬拜儀式；卡巴拉；關於希伯來語的思考；卡巴拉的歷史— 神話篇章；卡巴拉的歷史——事實篇章；形塑之書；卡巴拉的兩大類型；卡巴拉的四大分支；Diagrams；卡巴拉的萬物本源；宇宙的形成；中柱儀式；留意那些微妙的異象！；複習；參考書目

## 第三課 — *130*

反思；土之元素；三柱；三位一體三角；四界；奧祕：關於真正的冥想；真正的冥想技巧；卡巴拉對應表；光體循環；魔法格言；I.O.B.；複習；參考書目

## 第四課 — *183*

風之元素；療癒儀式；進階塔羅冥想儀式；風之短劍；卡巴拉心理學；六芒星驅逐儀式；六芒星驅逐儀式作為儀典；灰魔法三大必需；複習；參考書目

## 第五課 — *235*

即時放鬆儀式；水之元素；聖杯；透過隱蔽帶來守護；四字神名與五字神名；玫瑰十字儀式；自我奉獻儀式；前世；大五芒星召喚儀式；傳統中醫的八個最佳健康跡象；西藏五式；複習；參考書目

## 第六課 — *286*

火之元素；火之權杖；卡巴拉對應表；守望塔儀式；守望塔的開啟儀式；守望塔的關閉；彩虹魔杖的製作；彩虹魔杖的初始準備；彩虹魔杖聖化儀式表格；彩虹魔杖聖化儀式表格註解；五芒星圓盤的聖化儀式；風元素短劍的聖化儀式；聖杯的聖化儀式；火之權杖的聖化儀式；魔法誓約儀式；與非魔法人士的互動；複習；參考書目

# 第二單元
# 內階層 *THE INNER ORDER*

## 第七課 ———— *340*

卡巴拉的心靈魔法系統;高魔法與低魔法;護符;運用低魔法為護符充能;製作一個魔法守護者;卡巴拉護符的歷史背景;斯佩爾護符系統;玫瑰十字護符系統;留意這個祕密!;第七課補充;《阿巴太爾魔法書》中的奧林帕斯七靈;四面護符的其他設計;納入地占術的護符系統;複習;參考書目

## 第八課 ———— *390*

行星時/魔法時對照表;卡巴拉護符的充能時段;護符充能與聖化的簡易儀式;護符充能與聖化的簡易儀式:團體執行的要點;護符充能與聖化的完整儀式;複習;參考書目

## 第九課 ———— *428*

靈體召喚魔法的奧祕;祈請與召喚;製作魔鏡與魔法三角形;召喚儀式的準備;形塑封印儀式 (The Yetziratic Sealing Rite);元素精靈和元素念像;元素念像的創造儀式;祈請魔法;祈請魔法的關鍵;複習;參考書目

## 第十課 ———— *476*

性魔法 (Sex Magick);賴希、能量、性;伴侶的性魔法儀式;預示性質的性魔法;外煉金術 (Outer Alchemy);你所知道的一切都是錯的;關於譚崔傳授的真相;內煉金術的譚崔儀式;聖體領食 (God Eating);道家煉金術的性魔法儀式;第十課的附錄;複習;參考書目

## 第十一課 ......524

找尋你自己的道路；只有一種魔法；非物質的精神存有；……星光體投射。；小五芒星驅逐儀式—於星光層面；提高專注力的練習；星光體投射的魔法價值；卡巴拉路徑工作的實例；路徑儀式；希伯來文字母代碼法；從儀式到儀典；複習；參考書目

## 第十二課 ......565

找到你的時間線；位置，位置，位置；運用你的時間線；改變你的時間線；時間線魔法；混沌魔法的不完全歷史；這與混沌有何相關？；混沌魔法的其他概念；你是誰？；如今，我們身處何處？；混沌魔法的驅逐儀式；實用的混沌魔法儀式；從啟蒙時代到後現代主義；魔法與符號學；符號學在魔法上的實用性—後現代觀點；召喚符號，可能嗎？；抽象式的魔法印記；本門課程的結論；複習；參考書目

## 附錄一 599

大幅增強個人魔法力量的儀式

## 附錄二 601

每課結尾的複習與答案

## 附錄三 613

《現代魔法》常見問答集、關於魔法元素與方位對應、關於遺漏的大天使、關於判斷儀式是否有效、對年輕魔法師的建議、如果沒有魔法工具該怎麼辦、關於《死靈之書》、關於加入團體、關於儀式魔法與卡巴拉中的父權思維、關於混沌魔法、關於加入數個魔法團體和巫團、關於靈體的溝通、關於意志的慣性、關於特定時段、關於塔羅牌、關於撒旦崇拜、關於通靈板（Ouija board）、關於護符、關於六芒星、你能為我施展魔法嗎？

## 附錄四 636

課程詞彙表

## 附錄五 653

參考書目註解

# 作者前註

本書涵蓋了一系列逐步深入的魔法課程，並融入了易於理解的卡巴拉研究。依循卡巴拉傳統，我選擇將終極神性（Ultimate Divinity）稱作「神」（God）。雖然在某些場合，神被以男性形象的擬人方式描繪，但對卡巴拉學者和我自己而言，神並非單一男性形象。這種描述僅是為了象徵性的表達方便。

根據我所學的卡巴拉，一切萬有的終極源頭是合一的，融合了所有的對立面，如上與下、左與右、正與負、磁性與電性、男性與女性。普遍認為，神不應僅限於男性或女性。這個觀點將會在這門課程中進一步闡述。

我非常認同這一觀點。當我用「神」一詞來代表一切萬有的唯一神聖源頭（Ultimate Source of All）時，我的意思不是說神限於男性或女性特質。用「神」一詞代表神性（Divine），既符合傳統，又使英文表達更加順暢。

部分讀者或許會注意到，當希伯來語轉寫成英文時，其拼寫方式與其他一些書籍有所出入。由於沒有公認的標準用以將英文轉寫希伯來語的發音，我選擇按照現代阿什肯納茲（Ashkenazic）希伯來語的發音來呈現，而非使用可能引起混淆的古老拼寫。因此，你會在本書中看到「輝耀」被拼寫為「Sephiroht」，這是現今全球數百萬人使用的發音方式，而非古老的「Sephiroth」。

我希望這種希伯來語的呈現方式不會冒犯到任何人。同樣，我也希望使用「神」這個詞來指稱終極神性，不會冒犯那些像我一樣重視神性中女性面向的人。這個觀點在後續頁面中也會進一步說明。

# 推薦序

**奇克・西塞羅（*Chic Cicero*）與**
**桑德拉・塔巴沙・西塞羅（*Sandra Tabatha Cicero*）**

▲

　　什麼是魔法？向十個人提出這個問題，你可能會得到十種不同的答案。魔法這個話題總是觸動人們的情感深處，引發各種激烈的反應。儘管好萊塢的奇幻和恐怖電影提供觀眾驚險刺激的體驗，卻也不斷傳遞關於魔法的片面真相和誤解，諸如魔法的本質、如何運作，以及魔法師為何實踐它等。

　　魔法是一個過程。在古代，魔法與宗教被視為無法分割的整體，它們有著共同的根源和本質上的一體性。然而，現今，魔法常被視為與宗教分離的獨立學科。現代魔法被認為是對中世紀魔法的精煉與完善——這些奧祕實踐在歐洲古代至文藝復興時期間形成，由中世紀社會中眾多失業的神職人員所創建。一名中世紀西方魔法師可能來自猶太——基督教背景，並用較為簡單的方式來理解魔法，而非現今所用的心理學術語。對中世紀魔法師而言，還特別著重於與靈體的合作。當時的魔法文獻，稱為**魔法書**（grammars），主要關注魔法師與精神世界的互動——一個由眾多靈體居住的不可見世界：大天使（archangels）、天使（angels）、行星智性（planctary intelligences）、元素精靈（elementals）和惡魔。不同於中世紀魔法師，當代的魔法實踐者來自廣泛的宗教信仰背景，如基督教、猶太教、新異教、威卡、佛教等，且他們都能利用現代魔法的技術來實現各自的目標。

　　魔法擁有其獨特的屬性、心理過程和自然或科學的法則，而宗教則更多依賴於信仰、教條和官方教義。簡而言之，宗教是依循靈性教導的一套特定信念或信仰體系、價值觀和行為規範。魔法則是一種依據宇宙法則引發變化的方法或機制。然而，這並不意味著魔法與信仰完全無關，實際上它們經常相輔相成。

　　魔法是奇蹟的一種形式，還是僅僅是心理學的一個面向？對此問題最具洞察力的權威已經得出結論：魔法是兩者的結合。它被定義為「科學的途徑，宗教的目標。」十九世紀著名的神祕學家埃利法斯・列維（Éliphas Lévi）認為，魔法將「哲學中最確定的要素與

宗教中永恆無誤的元素，結合於一種統一的科學體系中。」在魔法中，信仰與理性並非對立的概念；反而，它們是強而有力的工具，當聯合使用時，可相輔相成，增強魔法師的儀式操作。如果把信仰和理性視為「兩股相爭的力量」，那麼魔法便是統合它們的力量。這看似矛盾的情形，在卡巴拉的教導中得以說明，其中兩種對立的能量共同作用，推動我們稱為宇宙的引擎，或如黃金黎明會所告訴我們的，存在著「維持宇宙平衡的那些力量」。

作者唐納德·邁克爾·克萊格提出了有史以來最清晰、最簡潔的一項魔法定義：「魔法是一門依循意志，結合科學理解和藝術創造，實現變化（在意識中）的技術，其運作方式是目前西方傳統科學尚未理解的……」在此，「意志」非單指個人的小小渴望和欲求，而是與個體更高層次自我核心本質相和諧的意圖，並完全符合自然或宇宙法則。更重要的是，克萊格為讀者揭示了一個關於魔法技藝的重要真相：魔法並非超自然──它完全是自然的現象。只要有時間、努力和專注的意圖，任何人都能行魔法。正如克萊格最令人難忘的話：「魔法不是你展現的本事，它是你內在本質的真實。」

《現代魔法》不是依循單一的教義，雖然它吸納了眾多不同的體系，包括黃金黎明會、所羅門王魔法及性魔法等。因此，這本書本身構成了一套完整、獨立的西方魔法系統。本書囊括的十二課程包含了關於卡巴拉、創造性想像、製作護符和儀式用品、魔法鏡、召喚術等豐富資訊。

我們在1988年首次閱讀《現代魔法》時，立刻察覺這本書註定會成為眾多不同傳統中儀式魔法師所青睞的當代魔法書。以清晰的逐步教學形式編寫，並在每一章的結尾提供豐富的實務練習和複習測驗，使《現代魔法》成為所有魔法圖書館不可缺少的重要收藏。其銷售量與伊斯瑞·瑞格德（Israel Regardie）的《黃金黎明》相當，但在更短的時間內實現。如今儘管有關儀式魔法的書籍眾多，但真正能被冠以「神祕學經典」稱號的卻少之又少。《現代魔法》正是其中之一，而且隨著每個新版的推出，其價值只增不減。

──奇克·西塞羅與桑德拉·塔巴沙·西塞羅（Chic Cicero & Sandra Tabatha Cicero）
黃金黎明會的首席高階導師

# 推薦序

**約翰・麥克・格里爾**（*John Michael Greer*）

▲

回顧幾十年前，對神祕學新手而言，找到有價值的魔法指導是多麼困難。然而現在，這已變得輕而易舉。對新手而言，不僅有許多魔法組織和學校可供選擇，還有許多的網路來源可免費下載，而且任何一家名符其實的神祕學書店都會有大量適合魔法初學者的入門手冊，出版商每年也在不斷增加新書的出版。然而，過去的情況並非如此。

回想1970年代中期我首次開始學習儀式魔法時，關於魔法的書籍非常稀少，而那些值得閱讀的更是屈指可數。當時只有少數神祕學出版社，他們保留一些經典作品的出版，並且每年會出版一些新書，這些書的品質參差不齊。這些書籍不會出現在普通書店。為了購買這些書籍，我曾從西雅圖郊區的家中乘坐長達一小時的公車前往市中心北部的大學區。

當時那裡有一家叫做貝爾丹的書店，儘管多年前已關閉，但在當時它是西雅圖地區唯一的優秀神祕學書店。我會用打工賺來的錢購買期待已久的魔法書籍，在書店裡翻閱那些買不起的書，希望能記住一些細節，以便在回家的公車上匆匆寫進筆記本。如果有足夠的錢，我還會去逛城裡那些出售神祕學書籍的二手書店，偶爾能找到寶貴的書籍，這些書籍逐漸成為我日漸豐富的神祕學藏書的一部分。這是那個時代學習魔法的人普遍擁有的類似經歷。

追尋神祕學書籍之所以如此迫切，是因為當時所有可得的書籍幾乎都繼承了早期時代的魔法精神，對未經指導的新手設立了高門檻。許多關於儀式魔法的書籍不過是神祕學團體的宣傳工具，而這些團體並非都還在運作。它們激發了讀者對魔法的興趣，但卻提供了極少的實際指導。其他的許多書籍則完全聚焦於魔法理論，而當時可用的魔法實踐指南不是大眾市場出版商急促生產的廉價膚淺平裝書，就是「讀者不友善」的厚重書籍，如果當時已有這個詞的話。

在神祕團體之外自行探索魔法學問的我們，不得不從零星線索中自行拼湊課程。可以毫不誇張地說，我們很多人在搞清楚應該學習什麼上花費的時間，幾乎與學習本身一樣多。

但到了1980年代，這一情況開始發生變化。在神祕學社群的不同領域裡，有幾本書扮演了轉變過程中的關鍵角色，但對儀式魔法師來說，最重要的是你手中持有的這本《現代魔法》在1988年的初版。

《現代魔法》在儀式魔法教學方式上帶來了革命性的轉變，它取代了之前魔法手冊中常見的模糊暗示、迂迴語言和隱喻的大綱，提供了一本清晰易懂的魔法基礎指南。即使是完全沒有背景的初學者，也能透過學習其教學內容、實踐儀式和練習，最終獲得魔法理論和實踐核心的良好掌握。

公平地說，當《現代魔法》首次出版時，遭到了許多神祕學界人士的嚴厲批評。這些批評基於對於魔法應該如何教授、或適合新手的實踐方法上的真誠分歧；魔法師們向來意見不一，難以在多數事情上達成共識。有些批評則源於更複雜的動機，與利用稀少資源獲取聲望和權力的錯綜複雜方式有關。然而，這些批評並未阻擋成千上萬讀者購買《現代魔法》原版的熱情，使其成為當時廣受歡迎的魔法著作之一。

《現代魔法》的影響並非僅限於直接受其影響的人群。它為魔法教科書設定了新標準，確立了自其問世以來成為標準的教學方式。在當今時代，很少有神祕學作家能像許多前輩那樣，僅靠神祕的暗示和簡略大綱；詳盡、易讀、讀者友善的逐步教學已成為必不可少。《現代魔法》的成功之一，是一些最初對其嚴厲批評的神祕學家，後來也出版了自己的書籍，借鑑了其教學方式。

事實上，《現代魔法》正如其名，使魔法變得現代化。在一個過去充斥著迂迴和不必要神祕的領域中，它抓住了資訊時代初期的浪潮，並且以現代的方式呈現了古老的儀式魔法技藝。而這本擴充和更新的第三版是原版的優秀繼承者。在現今，神祕學新手可能永遠無法體會，過去在一家舊書店後面的灰塵中找到關鍵神祕學知識是什麼感覺；當今神祕學資料豐富，使得對神祕學的了解幾乎成為理所當然。然而，任何人翻閱這本新版《現代魔法》時，至少能體驗到當年從一本現代神祕學經典中獲得的那種愉悅。

——約翰・麥克・格里爾（John Michael Greer）
美國古代德魯伊教團大德魯伊

# 推薦序

**隆・麥羅・杜奎特**（*Lon Milo DuQuette*）

「魔法不是你展現的本事，魔法是你內在本質的真實。」
——唐納德・邁克爾・克萊格

▲

在我這段不平凡（確實很不尋常）的六十多年人生中，我有幸與許多現代神祕學界最有才華、最引人入勝、最具影響力的人物成為朋友和同事。其中包括了伊斯瑞・瑞格德（Israel Regardie）、羅伯特・安東・威爾森（Robert Anton Wilson）、菲利絲・塞克勒（Phyllis Seckler）、格雷迪・麥克默特里（Grady McMurtry）、海倫・帕森斯・史密斯（Helen Parsons Smith）、克里斯多福・S・海厄特（Christopher S. Hyatt）和大衛・威爾森（David Wilson，亦即 S. Jason Black）等，他們至少暫時脫離了人世的枷鎖；其他許多仍在世的人繼續以他們的作品、智慧和經驗賜福於我們。在這群卓越行家中，我親愛的朋友唐納德・邁克爾・克萊格佔有一席重要位置。

我的評論無疑會讓他尷尬，但我必須堅定地提醒他，正是他邀請我為《現代魔法》新版撰寫這篇前言，現在他只能像個好孩子一樣毫無保留地接受我對他的讚美和欽佩。

評價一位魔法師的標準，並非取決於他（她）寫了多少書、積累了多少財富，或擁有多少追隨者（儘管唐納德在這些方面也有顯著成果）。終究來說，魔法師能向世界展現的唯一有意義的證明，就是魔法師自己。他是否透過魔法的力量而有所成長？是否成為了一個更有智慧、平衡、自律、開明、投入，並且對自我有更深認知的人？是否因參與這種極其個人化的靈性修行而成為更好的朋友、老師、公民，乃至更優秀的人？最關鍵的是，魔法師是否擁有自嘲的能力？

魔法文獻領域因擁有諸多學者和歷史學家而顯得幸運，畢竟，魔法是一門極為多姿多彩且迷人的學問。然而，這個領域也存在一些人，他們看似在濫用自己近似攝影記憶

和廣博的神祕學知識，不是作為自我精進和自我發現的工具，而是作為逃避自我和誠實自我反省的手段。這些人將魔法的藝術作為他們的生活，而非利用藝術來使他們的生活變得如魔法般精彩。

如果要給初學魔法師一個建議，那就是：「學習和實踐魔法，但也請過好自己的生活！」在尋找教學時，應避開那些自大、假裝、多疑，且缺乏幽默感的裝腔作勢者；遠離那些只在自己狹窄的魔法世界中徘徊、缺乏其他興趣或詞彙的所謂「大師」。特別是，應迴避那些過度消耗時間和精力去攻擊競爭對手、作家、老師，或任何敢於在相同領域寫作和教學的人。

唐納德・邁克爾・克萊格正好與這些人物形成鮮明對比。這在他的著作中顯而易見。他對自己是誰以及自己的本質有深刻的自信。他慷慨分享了多年研究和實踐中獲得的知識和智慧。更重要的是，他慷慨分享自己。畢竟，這是魔法師所能給予的一切。

對於擁有、閱讀並使用《現代魔法》第一版的讀者，我有好消息、壞消息和更多好消息要告訴你們。

好消息是新版並非僅是為舊版包上華麗封面的重印，這是一次卓越的更新——為新一代魔法行家打造的《現代魔法》，以全新的編排、新增章節，以及約40%的全新內容，這些內容中穿插著唐納德魔法生活的迷人軼事。

壞消息是，如果你擁有、使用並喜愛《現代魔法》第一版，你將需要購買、使用並享受新版。

但更好的消息是——你一定會愛上它！

——隆・麥羅・杜奎特（Lon Milo DuQuette）於加州科斯塔梅薩
《與靈同行的人生》、《小法故事多》作者

# 推薦序

### 大衛・F・戈德溫（*David F. Godwin*）

▲

　　我無法準確回憶起對儀式魔法（真正的魔法，而不是那些魔術戲法）產生興趣的確切時刻。這可能與玫瑰十字古祕團（AMORC）在《機械插畫》等雜誌上的廣告有關：「這些人究竟擁有何種力量？」我曾加入一個現已不存在的神祕藝術書社，並收到了亞瑟・愛德華・偉特（Arthur Edward Waite）的《儀式魔法》（*Ceremonial Magic*）一書。偉特對這些中世紀魔法咒語所持的古板、維多利亞式嚴肅批評並未使我卻步，但儀式的執行流程過於複雜，且需要諸多異域材料，實際操作起來非常不切實際。

　　當瑞格德出版了《黃金黎明》一書後，我更加著迷，尤其是他對於靈性啟蒙的描述，他將之稱為至善（summum bonum）或「無價之寶」。我投入數年於研究這個世紀末神祕魔法／神祕學組織的魔法體系，我甚至試驗性實踐了一些基礎儀式。但遺憾的是，瑞格德所編纂的主要是對十九世紀末期文獻的復刻，這些文件的編寫並非以清晰為目的，而是偏重於繁複且近乎詩意的表達，而非清晰易懂，充斥著許多外行人難以理解的術語。雖然我對此深感著迷，但實際在魔法實踐上未能取得多少成果。

　　接著唐納德・邁克爾・克萊格的《現代魔法》第一版出現了。

　　這是我首次覺得黃金黎明會的魔法系統開始變得實際可行。唐納德不只介紹操作方法，還強調了以前鮮有人提及的視覺化的重要性。僅僅念誦咒語是不夠的，這樣做可能沒什麼效果，不像小說中有描寫隨手拿起一本書、讀幾句話就不經意間開啟通往異界的情節。關鍵在於明確的意圖，並且在心靈之眼中看到正在發生的事情。例如，在執行卡巴拉十字儀式時，不僅僅是機械性地重複動作和念誦希伯來語，而是要想像一道充滿光與力量的十字在你體內流動。所有的練習、實踐和儀式都應該是這樣的。

　　實踐每日的「小五芒星驅逐儀式」（LBRP）數週後，我在進行天使祈請期間，隔壁房間的燈泡突然爆炸，似乎有某些事情正在發生。

這本書不僅僅是對瑞格德和黃金黎明會文獻的淺顯整理。唐納德增添了許多來自其獨特經驗的豐富資料和技巧。書中涵蓋了有關夢境、塔羅牌、練習和其他眾多主題的內容，這些是在其他地方難以尋找的。這確實是一本為有志於學習魔法的人所設計的逐步指南。

　　這本書讓我獲益良多，其中最重要的是讓我認識到魔法態度的重要性。在一段時間的實踐之後，即便沒有進行儀式，事情會開始「依照你的意志」發生，所以要謹慎地選擇你的意願。

　　現在，克萊格先生帶來了這本具有里程碑意義且極其重要的作品的新版，其中新增了內容並進行了修訂，以提高清晰度和準確性。對於真正對儀式魔法或黃金黎明會感興趣的人來說，這本書絕對是必讀之作，它是任何魔法圖書館的基礎文獻。

——大衛・F・戈德溫（David F. Godwin）
《戈德溫卡巴拉百科全書》作者

# 第三版序言

▲

當我被邀請撰寫《現代魔法》的新版時，我開始回想從原版發行至今的變遷。我試圖回憶起那個導致我寫下這門課程的驚人巧合事件。這不僅是因為我三歲時母親教我拼音閱讀，也不只是因為六七歲時對海萊因（Robert A. Heinlein）的《穿著太空服去旅行》（*Have Spacesuit, Will Travel*）引發的閱讀熱情。同樣，也不僅是因為我在三年級時寫了一篇超出作業要求的長篇故事，或是我在丹尼爾・韋伯斯特中學為校刊寫作的熱情。實際上，我將這本書的直接起源追溯到我在加州大學洛杉磯分校（UCLA）的經歷。

我仍記得第二年的一個事件。我和朋友實驗催眠，我進入了深度催眠狀態。當她問我「你為什麼在這裡？」時，我知道她不是在問我為何在那個房間。

突然有個訊息傳來給我。我脫口而出：「為了學習，以便我能教導。」

**這究竟是怎麼一回事？** 在 UCLA 時，我並無成為任何類型老師的意願。我已經知道我想做什麼。我想製作電視節目，希望進入電影電視系深造。考慮實際情況，我也有應變計畫：若無法進入電視界，我就當音樂家。作為一名優秀的鍵盤手，我已在洛杉磯各地表演，包括一些頂級夜店。艾略特・明茲（Elliotz Mintz），後來成為約翰・藍儂（John Lennon）和巴布・狄倫（Bob Dylan）等名人的公關，他有一個電視節目《Head Shop》，我和樂隊多次參與。如果不是電影製片人或音樂家，我也可以成為魔術師！我在這方面也表現出色，已在整個城市表演過。我知道自己的方向。**那麼，發生了什麼呢？**

由於某些不明原因，我未能進入 UCLA 的電影系。我參與的多個樂團曾獲得驚人的成功，但最終不是因為經理人的問題，就是因為內部矛盾而走向失敗。而這是在克里斯・安琪兒（Criss Angel）、大衛・布萊恩（David Blaine）、大衛・考柏菲（David Copperfield）時代之前，那時以魔術師身分謀生是極其困難的。

於是，我當上了遊樂園員工，我也做過電話銷售。同時，我也繼續深入學習卡巴拉與廣泛的神祕學。在這段期間，我居住在加州的恩西尼塔斯，這裡位於聖地牙哥的北方。經歷一系列奇特事件後，我最終和一名電機工程師及其兒子共享了一個家。他不僅研究，還提供當時鮮為人知的指壓治療——這是一種東方按摩或穴位按壓療法。他開始在我們位於瓦肯街的家中向其他人傳授這門技術。當我詢問是否可以參加他的課程時，他表示我可以。到了第三次課程時，他要我協助教學。

## 第三版序言

　　有一天，他真的讓我大吃一驚。他告訴我，因為下次課程他必須離城，希望我能代替他教學。雖然我感到非常不安，但他堅持我已經擁有足夠的知識去做這件事，因此我同意了。他向學生宣布了這個消息後，一些學生私下與他交談，然後來找我，說道：「我們聽說你對卡巴拉有所了解，」一名學生於是說：「我們希望你能教我們。」

　　這讓我感到震驚，因為這完全出乎我的預期。我將拇指和食指間隔一英寸，

　　然而，他將拇指和食指間隔極小的距離，拒絕地說道：「我只懂這麼多」。回道：「但我們的了解更少」。課程非常成功，激發了學生們進一步了解的渴望。

　　附近有一間神祕學商店，我進去提議開設卡巴拉課程。起初是每週一次，持續四週。在隨後的幾年中，這個時間延長至六週再到十週。我也在其他店鋪授課，將課程範圍擴大至其他領域，同時持續我的個人學習。我參與了各種身心靈團體。那時女友拉著我參加了一場威卡課程。出乎意料的是，那堂課的老師是瑞文・格里馬西（Raven Grimassi）。從那以後，我就持續跟隨他學習，並且把他視為我的導師和好友。當我的指壓治療老師搬家後，我需要尋找新的住處。我最後與一個從小型神祕學商店的公告欄上名片得知名字的人同住。由於這個不尋常的機會，接下來的六年裡，我與史考特・康寧罕（Scott Cunningham）共享了一個兩室公寓。

　　我持續在樂團中演出，也在神祕學商店和舞台魔術用品店工作。我舉辦了工作坊，管理了一家服裝店，並成為一名銀行快遞。我將我關於卡巴拉和魔法的基礎課程整理成五十二節簡短的課程。我本打算在函授課程深度發展，一個已經開設了身心靈函授課程學校的人與我聯繫，他要求我將這五十二課程重寫成更少但範圍更廣的課程。他開始推廣這門課程，但大約四個月後，他就消失了。

　　此時，史考特已經聲名大噪，他的成功極具啟發性。於是，我決定嘗試撰寫一本書。我再次重寫了這門課程，這就成了《現代魔法》的首版。我在第二版的序言中講述了第一版到第二版之間發生在我身上的事情。從那時起，許多事情都有了變化。

　　首先，與我在首版序言中所述相反，實踐魔法的人數有了大幅增加。我相信這本書對這一變化有一定的貢獻。其次，異教徒和儀式魔法師之間曾經的反感和猜疑已經幾乎消失。這本書是最早尊重這兩條道路的一本書籍，我相信這本書對於這一變化也有所貢獻。第三，魔法領域發展出了一個新的傳統——混沌魔法。儘管到目前為止它在美國並不流行，但它在歐洲和英國取得了驚人的成長。為了保持本書書名的相關，我將添加一個新課程章節，涵蓋這個和其他兩個系統的資訊。

　　隨著歲月流逝，我的生活同樣經歷了許多變遷。我親愛的家人，包括我的血親和經由母親及祖父再婚所結識的幾乎所有家庭成員，都已離我而去，走向另一個世界。在這

期間，我獲頒「塔羅大師」的榮譽稱號，並深入涉足催眠領域。我現在是一名認證的催眠指導和神經語言程式學（NLP）高級執行師。

當我對我的一位NLP老師提到：「這與我所從事的相似……只不過有些許差異」時，我的意思是，NLP是專注於心智運用的魔法形式。這個領域最初的幾本著作被命名為《*The Structure of Magic*》（共兩卷）。但是，與其將NLP看作完全原創或獨一無二的魔法形式，不如說它融合其眾多概念，使之更能全面而準確地解釋傳統魔法概念。如此，納入NLP的部分概念將使本書中的魔法技巧對現今的讀者更易於理解，有助於讓基礎概念更加明晰，進而達到更大的成果。這將使魔法更具現代感。

在修訂、擴展及撰寫這第三版時，我將其稱為「白金版」。原因是白金的價值通常約為黃金的兩倍。這不是說書頁上的文字本身有極高的價值。但若你願意投入學習、實踐與工作，將發現所學與體驗的價值遠超過黃金。這就是《現代魔法》的白金版，藉此你可以將自己的生活價值提升至遠超黃金。然而，真正的「白金版」並不是這門課程。如果你願意為這條道路投入所需的學習和實踐，那麼真正的白金版將會是*你*。

多年來，我與數以千計的人交流。其中一些人迫切渴望尋求改變，請求我為他們施展咒語或進行儀式。但我必須有禮貌地拒絕。若我進行一個魔法儀式來幫助你，結果或許能暫時對你有益，但這會讓你變得脆弱並依賴外在力量——我的幫助，來實現你的目標。使人們依賴於我並*非*這項工作的目的。相對地，我的工作是幫助你真正地找回自己的力量，讓你能夠藉由個人努力達成目標。因此，不要認為當你遇到問題時，只需翻閱這些頁面，含糊其辭地進行一個儀式而不需任何理解就能獲得驚人的結果。這種情況只會出現在電影和漫畫裡，而不在現實中。你會覺察到，魔法不是你展現的本事，魔法是你內在本質的真實。這是一種生活的方式，是面對世界和宇宙的方法，是獲取你所渴望和需要的途徑。而且，確實也是獲得力量的方式。

事實上，很多人，尤其是那些年輕且感覺無力的人，投入魔法的學習是為了對他人獲取控制力。如果這是你來此的理由，我很遺憾，但這樣的目標與這門課程或現實並不相符。如果你遵循這裡揭示的實踐，你將很快發現魔法的真正力量在於對自己的掌控。那些渴望控制他人的人會迅速遇到失敗和失望。但是，只要你堅持下去，你會覺察到，對自己的掌控和實現所願的能力，才是真正至高無上的力量。這就是《現代魔法》真正的力量。

# 第二版序言

▲

　　自從《現代魔法》首次被接受出版以來，我的生活中發生了許多重大事件。我多次搬家，距離甚至達到數千英里。我的母親突然離世，而一位我最好的朋友在長時間的疾病後過世。我走遍美國各地演講，接觸了數以千計的人群，回答了無數的信件。我以獎學金的身分返回學校，在南加州大學取得了多媒體、3D圖形、動畫及網頁設計等證書。

　　《現代魔法》對我的生活產生了深遠的影響。它直接或間接為我開啟了新的職業道路，使我能夠遊歷美國各地，以及造訪加拿大和英國。多虧了這本書，我結交了許多新朋友。

　　或許最讓我感到欣慰的，是許多人與我分享了他們的奇妙故事。我原本認為《現代魔法》只不過是一本介紹如何進行高魔法的書籍，許多人透過信件或當面向我表達，這本書改變了他們的生活。就個人而言，我更傾向於認為，透過這本書經歷重大轉變的人，實際上已經準備好了做出這些改變。《現代魔法》不過是在他們已經踏上的道路上的臨門一腳。但不管是什麼原因，我都非常高興自己的文字能夠發揮作用。

　　我一直期望《現代魔法》能作為魔法課程的教材。許多團體及獨修者告訴我，他們正是以此為學習目的在使用它。當我聽說有些團體不僅使用這本書作為學習的基礎，還在其基礎上增加或調整內容時，我感到格外激動。這意味著人們也在思考和成長，魔法並非僅僅是重述古人的行為，而是一門依循於這些人的研究、奉獻、才華及創造力的生生不息、不斷發展的科學。從許多角度來看，這本書只是對他們智慧的一份小小的致敬。我衷心希望更多的團體能夠將《現代魔法》作為學習、研究，最重要的是作為實踐的指南。

　　儘管這本書才完成不久，當我在寫作時，已出版的高魔法相關著作數量有限。甚至許多該領域中最有價值和最受歡迎的書籍都是四十年前撰寫的。考慮到當時從事儀式魔法的人數遠少於現今，我原本希望這本書能少量地持續銷售。我曾估計若能持續出版至今，大概能賣出一萬本左右。然而，實際的銷售量卻出乎我的意料，達到了預期的十倍之多。

　　我願意相信，我提供資訊的方式結合《現代魔法》恰逢其時地推出，幫助了更多人比以往任何時候都更容易理解和應用儀式魔法。如今，從事儀式魔法的人數比歷史上任何時候都要多，我覺得很榮幸能在這一推動過程中扮演一個小角色。

當我初次活躍於神祕學領域時，儀式魔法師和異教徒間存在一種觀點，認為彼此應保持距離。我很高興地看到這種情況已經發生了變化，為神祕學界帶來了實用的折衷主義：「如果有效，就採用。」《現代魔法》便是最初幾本對異教徒友好的儀式魔法書之一。我希望它能夠以某種方式，促進對不同魔法方式的接納，並實現我所稱的「在多元中成為一體」。

許多年前，我有幸參加了一位我非常喜愛的作家，娥蘇拉・勒瑰恩（Ursula K. Le Guin）的簽書會。她從她的一部小說中朗讀，隨後開始簽名。當我走到她面前時，我道了歉，因為其他人都帶著她的新版華麗書籍等待簽名，而我呈上的是《地海巫師》的早期版本，已泛黃且有明顯閱讀的磨損。看到這本書，她的整張臉都亮了起來。她對我說：「我很高興看到有人真的在讀我的書」。

這件事發生在《現代魔法》甚至還未被撰寫的多年前。如今我已經完全體會到她的感受。當我見到我的書被翻閱至破舊不堪，滿是註記與評註，我便感到驚訝。我真希望我有時間去閱讀所有那些評論，看看人們標記或畫線的內容。我聽聞許多人第一版或第二版的書因為過度使用，不得不再買一本。有些人甚至將書本裝訂成硬皮。對於這一切，我深感謝意。

我同樣感謝在 Llewellyn 出版社所遇到的所有人，特別是那些對這個計畫成功進行幫助的人們。我要特別感謝 Carl 和 Sandra Weschcke 對我的信任及冒險一試，以及 Nancy Mostad 在協助這本書成功出版上的貢獻。

最後，我最感激的是那些不僅購買這本書，還利用它來在個人的靈性和魔法道路上前行的讀者們。正是為了他們，我專門撰寫了這本書的新章節——《現代魔法》常見問答。我希望你們會發現，它與書中的其他部分一樣有益。

# 前言

▲

現在回想起來，這件特別的事已經很遙遠了。那時的我剛滿十三歲，生活在一段難以置信充滿興奮的時期。除了校園生活、打棒球、寫故事、玩音樂、變魔術、玩滑板、送報紙外，過去的四年，我一直在準備一場我認為將會是我生命中最重要的儀式。在接下來的幾天，我即將正式參加猶太成人禮（Bar Mitzvah），成為真正的猶太男人。然而，出乎意料的是會所裡一位年事已高的拉比（rabbi）將我叫到了他的辦公室。他看起來九十多歲，但行為舉止卻像十八歲的年輕人，甚至拉比長袍下還穿著網球鞋。

對我而言，猶太教總是帶給我舒適的感受。它沒有對於地獄或獄火的驚恐描繪；它沒有「不信就受永恆詛咒」的恐嚇。只需愛著神，並遵循「消極的黃金律」（negative golden rule）：

如果你不願被人以同樣的方式對待，那就不要這樣對待別人。

對於像我這樣科學導向的人來說——我熱愛與科學相關的一切，當然我也常常用吉爾伯特化學實驗箱（Gilbert chemistry set）做過一些奇怪的實驗——這是友善、安全、近乎世俗化的宗教，直到那位老拉比把我叫到他的辦公室。

他向我講解了在猶太社群中身為男人的首要責任。我被大量的陌生資訊淹沒了。短短幾分鐘，他幾乎顛覆了我對猶太教保守派的舒適認知。就連到現在，這些也一直是我信仰中鮮少被提及的部分。

當然，特定儀式中應戴上**塔利特**（Tallit，祈禱披肩），這是個很好的概念，因為藉由穿著這樣的披肩，所有人在神的面前都被視為平等（我年幼的心靈還沒有想到，神能看穿布料下面可能隱藏的財富）。而現在我才知道，塔利特必須用多種特定顏色的線來製作，並打上特定數量的結來繫住。這是什麼古怪的規定？

接著還有**塔飛林**（Tephillin，經文護符盒）。我還得參加一種稱為彌揚（Minyan）的祈禱儀式，這個儀式至少要十個人才能進行（為何定為十人，而非十一或九人呢？）。在彌揚儀式的過程中，每人都應該配戴塔飛林。這種經文護符盒只能戴在左手臂上靠近心臟的位置。盒子由一條皮革製成的皮帶固定，並要在手臂繞上七圈（為何是七圈

呢?)然後再繞到手上,形成希伯來文字母「Shin」的形狀,與頭帶上的字母「Dallet」和手臂帶上的字母「Yud」一同組成神之聖名「Shadai」(我還以為神的名字是那個永遠不可說的四個字母)。另一個盒子則像獨角獸的角一樣,戴在兩眼之間的額頭上方。它有兩條皮帶,會繞過頭部、肩膀,然後垂到身前。而這兩個塔飛林的皮帶,一邊經過處理,另一邊維持原狀。我們需要將經過處理的一面朝外配戴。

突然間,我那原本給人安心且理智的信仰突然間變得不再理智,也不再讓人安心了。我需要尋找我信仰的源頭,並理解那些表面上看似愚昧行為的根源。因此,我踏上了一場長達數十年的探索及學習旅程,這場旅程引領我走向卡巴拉和儀式魔法,最終匯聚成你現在開始研讀的這門課程。

在這些年裡,我研讀了上千本書,足跡遍布美國和西歐各地。我曾為神祕學和新時代雜誌撰寫文章,也擁有加州大學洛杉磯分校哲學學士學位、塔羅大師證書、臨床催眠治療師資格、神經語言程式學高級執行師證書,並擁有形上學榮譽博士學位。

你目前所開始的這門課程並非是我憑空想像出來的。在南加州,我已經教授這門課程數十次,有著數百名的學生。每次教學時,我都嘗試改善並精煉課程內容。這門課程一部分內容最初以函授的形式首次對外發表。現在,這門課程以書籍的形式出版,讓更多的人能夠學習。你擁有一項巨大優勢,那就是擁有比任何一名學生上課筆記都還要詳盡的完整課程內容,我也能介紹比以往更多的資訊。

我想稍微討論一下這門課程所涵蓋的範疇。這門課程當然主要是關於儀式、儀典、魔法技術以及卡巴拉:也就是魔法背後的哲學(亦含括所有亞伯拉罕宗教的哲學)。它主要依循赫密士黃金黎明會(Hermetic Order of the Golden Dawn)的傳統,因為在該組織中,眾多的西方神祕學傳統得以融合。然而,本書並不完全依循黃金黎明會,我在這裡介紹的內容與黃金黎明會的傳統存在許多差異。此外,本書也有從許多其他體系中汲取的部分,包括各種東方、異教、克勞利(泰勒瑪)以及更多現代的體系。

我們將討論的主題包括塔羅、占卜、塔羅牌歷史、小五芒星驅逐儀式、六芒星驅逐儀式、中柱儀式、光體循環、守望塔儀式、冥想、生命之樹、卡巴拉三柱、卡巴拉四界、卡巴拉歷史、字母代碼法(Gematria)、字母縮寫法(Notarikon)、字母變換法(Temurah)、聖經詮釋、護符、星光體旅行、路徑工作、療癒、所羅門之鑰、為任何目的設計魔法儀式、性魔法等。

顯然,在接下來的幾百頁中無法涵蓋所有內容。畢竟,這些主題有成千上萬本書籍可供參考,若認為我可以在本書中囊括所有內容,未免有些天真。然而,有兩件事你應記住:

**1. 史特金定律**：這定律是由科幻作家西奧多‧史特金（Theodore Sturgeon）所提出，主張九成的事物都是垃圾。史特金於1950年代因為厭倦在文學評論家面前，捍衛科幻小說的立場，便提出了這個定律（最初稱之為「史特金的啟示」）。傳聞中在被問及是否認同科幻小說中有90%是垃圾時，他回答：「在任何事物中，90%都是垃圾」。我在這裡引用此定律，只是想強調，那成千上萬本書籍，許多都在重複同樣的內容；或是那些連最簡單儀式都沒有嘗試過的人的無效臆測。可以說是一堆垃圾。這門課程將為你整理出眾多書籍中的精髓，並結合我個人超過二十五年的研究與實踐經驗。

**2.** 本書的目的*並非*要完全闡述所有主題，而是要引領你認識這些概念，使你能在神祕學（Occult）的學習之路上引導自己持續前進（記住，「Occult」意為奧祕，如「奧祕智慧」，而非「cult」字根帶有的「邪惡」）。然而，這門課會為你介紹關於卡巴拉和儀式魔法的更精確、立即可用的資訊，遠超過現存的任何一本書籍或課程。如果你從未閱讀過其他相關的魔法書籍，從本書的內容中，你將獲得成為一位強大、成功魔法師所需的一切。

現在，讓我們談談黃金黎明會（Golden Dawn）。這個魔法組織在1880年代末期成立，當時關於魔法或卡巴拉（Kabalah）的優秀書籍寥寥無幾。而大多數這類主題現存的優秀作品都是由黃金黎明會的成員、與成員有聯繫的人，或是那些有意或無意受到這個團體影響的人所撰寫。這些人包括麥克達格‧馬瑟斯（MacGregor Mathers）、阿萊斯特‧克勞利（Aleister Crowley）、瑞格德博士（Dr. F. I. Regardie）、A‧E‧偉特（A. E. Waite）、布拉瓦茨基（H. P. Blavatsky）、荻恩‧佛瓊（Dion Fortune）、P‧F‧凱斯（P. F. Case）、奇克與桑德拉（Chic and Sandra Tabatha Cicero）、約翰‧麥克‧格里爾（John Michael Greer）等等。本課程的大部分內容，都源於他們的著作。在這裡，我將首次以容易理解、實踐的體系來呈現他們的作品，這些作品總字數高達百萬，涵蓋了智慧、靈性發展與魔法。

本書的課程將介紹許多魔法儀式供你練習。這有助於你在心靈和魔法上的進展。然而，儘管歷史上有成千上萬人成功展示他們在魔法技術上的能力，但坦白說，我不能保證你也能如此成功。這是因為魔法成功執行與否，取決於你投入的程度。魔法的成功施展完全取決於你的努力、練習和魔法工作的一致性。然而，也有許多人告訴我，他們經由本書所介紹的傳統技術，獲得了巨大的成效。

使用本書的最好方法是先快速閱讀它們。不需要太在意不理解的部分。第一次閱讀只是要對內容有個大致的了解，隨後真正的工作才開始。接著開始逐頁學習這門課程，研究每一個觀念，並隨著它們的出現逐一實踐每一種技術。首先，我要明確地告訴你，這門課程不會教你「黑魔法」。你不會被要求去做任何違反你的道德或倫理價值的事情。你不會被要求「召喚」任何惡魔、魔鬼或邪惡的形體。

很多年前，有許多異教徒、威卡行者或巫者曾對那些自稱為儀式魔法師的人做出批判，認為這些魔法師只會談論，只會閱讀，並且斷言「這些魔法師不會施作魔法」。令人遺憾的是，我發現自己完全同意他們的觀點。在許多情況下，他們的確是對的，即使放到今天，某些部分仍然適用。但是，如果你按照以下內容操作，一步步跟隨，你將成為獨特且強大 —— 一位實踐儀式魔法的魔法師。

──唐納德・邁克爾・克萊格

第一單元

# 外階層

## THE OUTER ORDER

在魔法組織，如祕密結社（orders）和巫團（covens）之中，
外階層（Outer Order）涵蓋更廣泛的成員，
他們學習該組織的基本理論和觀念。
如果他們能夠順利通過訓練的考驗和磨難——
證明他們的價值和奉獻——
他們就能晉升到內階層（Inner Order）。

# 第一課
## LESSON ONE

---

## 第一部分

---

### 入門指南

　　我想先告訴你，所有在你一生中聽過、讀過關於巫師、女巫和魔法師力量的「童話」與故事，全部都是真實的。我指的不是某種隱喻的真理，而是一種與你腳下的地板一樣真實的真理。然而遺憾的是，故事只顯露了部分真相。這些故事中描述的時間和方法已經被改動，使它們作為故事更加有趣，而非作為隱藏其中的真實來呈現。儘管如此，我還是想把這點說得非常清楚：**絕對且毫無疑問，你完全有能力施作咒語與儀式，實現你想要的金錢、愛情、智慧、滿足感以及更多的目標。**

　　童話和電影裡所描述的「魔法」，與現實中無數人從古至今實踐的「真實魔法」主要區別在於，大部分真實的魔法並不會立刻實現。舉例來說，如果你執行一個獲取財富儀式，金錢可能需要一到兩週才會到來。而當金錢來臨時，也只能經由符合自然的方式出現。但是，只要你練習並正確地進行儀式，**成果必然會到來！**

*沒有人能夠賦予你魔法的力量*

*你必須自己去爭取*

*實現這個目標唯一的途徑就是*

*持續練習！持續實踐！*

真正的魔法是一門實驗科學。科學家首先要學習的一件事就是記錄他們的工作。因此，作為一位魔法師，很重要的一部分就是記錄你的練習、體驗、想法和夢境。這些紀錄應該分成兩本獨立的記錄本、日誌或日記完成。

## 夢境日記

從今天開始，你應該開始記錄你的夢境。當你做夢時（每個人都會做夢），可能會發生以下四種情況之一：

1. **星界活動：** 當進行星界活動（astral work）時，你正在學習與實踐有助於你的靈性、心理和魔法進展的課程。這些體驗發生在「星光層面」（astral plane）上。在本書後續的課程裡，你將進一步了解卡巴拉和魔法對星光層面的詮釋。
2. **心理訊息：** 很多時候，你的潛意識需要告訴你一些事情，但你的意識卻無法或不願聆聽。在某些夢境中，潛意識會以象徵性的符號發送訊息給意識。這是佛洛伊德分析的基礎觀點。
3. **遊玩：** 休息時，心靈可能會漫無目的地遊走，並向你的意識傳遞各種美麗、奇特的畫面。
4. **上述三種的組合。**

如果你從未記錄過夢境，你會發現這很容易。只需準備一支筆與一本筆記本，晚上放在床邊。當清晨醒來，記下你還記得的內容。即使你記不得任何事，在日記中寫下：「昨晚我沒有選擇記住我的夢境」也沒關係。一開始，你或許只能記得少量的內容，也許只有一個事件或感覺。但在持續一個月的練習之後，你將會發現記錄很難維持在一頁的範圍之內。

同時，準備一本漂亮的空白筆記或活頁簿，也可以帶有橫線，視你的喜好而定。將你床邊筆記本上的簡略筆記轉移到這裡。除非你的筆跡非常清晰，否則你該將床邊筆記的內容轉移到新的筆記中。這會花費一些時間，但在未來的幾年，它將更方便於閱讀。請務必為每個記錄註明日期。

作為另一種選擇，你可以考慮使用電腦化的夢境日記。每天，你仍應將床邊筆記本上的內容轉移到電腦化的日記中。你可以將此視為你的「第一個儀式」。

在上面的段落中，我提到「在未來的幾年」閱讀這本日記。這種長期觀察的態度非常重要。此時此刻，不要試圖去分析每個夢。此時，你或許還無法分辨你所經歷的是先前提到四種夢中的哪一種。你也不太能夠解釋它們各自的意涵。反而你應專注追蹤那些反覆出現在夢境中的重複圖像，或者探索在主題相同時，重複夢境之間的變化。請務必遠離那些荒謬的「夢境解析」的書籍！

讓我給你一個例子，告訴你這個日記有多重要。我有一名學生經常夢到自己被士兵追逐與躲藏。她每個月都會做幾次這樣的夢，每次都會在驚恐中冷汗淋漓地醒來。對她來說，這個夢是她早年生活中實際經歷的一種再現。

然而，在練習了課程中的一些保護儀式之後，她告訴我她的夢境開始有所變化。在夢中即將被找到和侵犯的時候，她不再選擇躲藏。而是選擇逃脫。對她而言，一個根深蒂固的心理障礙——對男性及性的恐懼已被打破。隨著她對自身安全感的增強，她與男友的關係也得到改善。這正是她反覆出現的夢境發生變化所代表的。同樣，觀察夢境在一段時間內的變化，你也可能會看到生活中發生的正向變化。

## 儀式日記／魔法日記

本課稍後將會教你一些儀式，你每天至少要進行一次練習。在學習階段練習這些儀式可能需要不到半小時的時間，一旦熟練之後，所需的時間會更短。在第二本筆記本或電腦的另一個檔案中，作為記錄儀式的日記。在第34頁有建議的日記格式。你可複印那一頁，並將其放入活頁簿中，然後每天或每次執行儀式時做記錄。

所有寫下的內容都很重要，每次記錄時都應包含各方面的資訊。在未來，你將能知道，哪種環境會為你帶來魔法上最大的效果。有些人在開心且溫暖的夜晚時最成功，有些人則在心情低落且下雨時獲得最大的成果。你的儀式日記、魔法日記、夢境日記一同成為你自己的私人隱祕魔法文件，只對你自己有用。

「月相」是指滿月、漸盈或漸虧。這些資訊可以從當地的報紙或者如 *Llewellyn's Moon Sign Book* 或 *Astrological Calendar* 的星相曆中查到，也有一些網站和電腦應用程式可以提供這些資訊。「天氣狀況」指的是雨天、多雲、高溫、潮濕、溫暖、寒冷等。「情緒」則是指開心、難過、低落等。「表現」是指你是否做得好、一般、不佳等。「結果」是指你感受如何？你經歷了什麼？等等。你也可在後續的任何一天追加評註，在這種情況下，需要記錄下新增評註的日期。

最後，關於儀式有一點我必須說，一天執行七次儀式，接著放下剩餘的儀式休息一週是**不可以的**。你可以一天進行多次，但應維持每天都有進行儀式。規律很重要。對於單獨儀式或一系列組合的儀式，都應像我描述的那樣留下紀錄。如果你在早上、中午和同一天的晚上都進行儀式，你的儀式日記中將包含三頁如同下頁的記錄範例。

## 記住夢境的建議

你可能不知道，但研究已經表明每天晚上都會做夢。實際上每晚你都會有多個夢境。然而，如果你和多數人一樣，你也許不容易記住它們。隨著時間的推移，記夢的能力會隨著練習而提升。對自己要有耐心！這裡有一些能幫助你記住夢境的小技巧：

1. 每天晚上，在你快入睡時，默默地對自己重複說：「當我醒來時，我會記住重要的夢。」
2. 如果你在夜裡醒來並回憶起一段夢境內容，但寧願繼續睡，就拿一張白紙或面紙揉成一團，丟到房間中間。在做這件事時，告訴自己「這紙團將提醒我剛才做的夢」。當你最終起床並在如此不尋常的位置看到紙團時，它將觸發你對夢的記憶。
3. 早上醒來後，立刻記錄你的夢境。即使你急著想去洗手間，也要先記下夢的簡要內容。先在你的筆記上寫下一些東西——**任何內容都可以**。之後將這記錄（在你回憶起更多的夢境時補充並擴增它）轉移到你的夢境日記裡。
4. 每天都要在你的夢境日記裡記錄一些內容。持續至少三週直到它成為習慣。

## 儀式日記條目

日期：＿＿＿＿＿＿＿　星期：＿＿＿＿＿＿＿　時間：＿＿＿＿＿＿＿

月相：＿＿＿＿＿＿＿＿＿＿＿＿＿＿＿＿＿＿＿＿＿＿＿＿＿＿＿＿＿＿＿

天氣狀況：＿＿＿＿＿＿＿＿＿＿＿＿＿＿＿＿＿＿＿＿＿＿＿＿＿＿＿＿

情緒：＿＿＿＿＿＿＿＿＿＿＿＿＿＿＿＿＿＿＿＿＿＿＿＿＿＿＿＿＿＿＿

身體狀況：＿＿＿＿＿＿＿＿＿＿＿＿＿＿＿＿＿＿＿＿＿＿＿＿＿＿＿＿

進行的儀式名稱：＿＿＿＿＿＿＿＿＿＿＿＿＿＿＿＿＿＿＿＿＿＿＿＿

表現：＿＿＿＿＿＿＿＿＿＿＿＿＿＿＿＿＿＿＿＿＿＿＿＿＿＿＿＿＿＿

結果：＿＿＿＿＿＿＿＿＿＿＿＿＿＿＿＿＿＿＿＿＿＿＿＿＿＿＿＿＿＿

# 如何使用儀式日記

　　雖然儀式日記的重要性不容小覷，但其實使用起來非常容易。你可以在電腦上設計一頁類似前頁的格式，在進行儀式後記錄填寫，或者你也可以將該頁面複印，並將其收納於活頁簿中。以下是一個範例：

# 儀式日記條目

**日期**：20XX 年 3 月 XX 日　　　**星期**：星期二　　　**時間**：晚上 8:45

**月相**：月亮在獅子座，逐漸圓滿時期。

**天氣情況**：晚上微涼。有風。天空晴朗。

**情緒**：對於新關係我既感到興奮，也能夠相當專注。我很開心，但也感到有點不安。有很多「新關係」的能量。

**身體狀況**：清醒且警覺，感覺良好。

**進行的儀式名稱**：RR; LBRP; BRH; MP; TCR; LBRP

**表現**：所有儀式都保持了專注和集中地進行。我對儀式的結果感到滿意。在 TCR 中抽到的塔羅牌是吊人。

**結果**：驅逐儀式有效地淨化空間，但我對塔羅牌感到擔心。它似乎暗示我需要犧牲某些事物才能獲得更好的。我在想那會是什麼。

**後續追蹤**：20XX 年 4 月 XX 日。好吧，新關係並未有好結果。我在晚餐約會中生氣地離開，並在餐廳桌上留下了太多錢。我們之間的共通點太少。我去了販售神祕學物品的＿＿＿＿商店冷靜下來，並在那裡遇到了一位老朋友＿＿＿＿。我們聊了一會兒，我告訴她發生了什麼事。她對我表示同情，我們去喝了一杯並多聊了一些。我們將在這個週末再見面。我在想，或許這兩段關係就是吊人牌所暗指的。

　　在我儀式日記的上述範例中，我為儀式使用了縮寫：RR 是放鬆儀式（Relaxation Ritual）；LBRP 是小五芒星驅逐儀式（Lesser Banishing Ritual of the Pentagram）；BRH 是六芒星驅逐儀式（Banishing Ritual of the Hexagram）；

> TCR是塔羅冥想儀式（Tarot Contemplation Ritual）；最後的LBRP是重複的小五芒星驅逐儀式。在之後課程的學習和練習中，你將學會並進行這些儀式。
>
> 大部分的條目都相當清楚明瞭。其中的月相是從 *Llewellyn Astrological Calendar* 的星相曆中獲取的。
>
> 在「結果」部分，我寫下了我從塔羅牌中獲得內容、訊息或學習的初步印象。後續追蹤是在約兩週後記錄的。它似乎指示了我最初理解的有效性。
>
> 這一系列特定的儀式與洞察讓我看到了塔羅牌的準確性，即使只有一張牌，它也幫助我去處理放棄部分東西以換取更好事物的想法。
>
> 有時候，後續追蹤可以在原始條目的幾個月甚至幾年後記錄。藉由研究不同的天氣、情緒和心理狀況下的效果和準確性，你會了解你的魔法在何時更有效，在何時效果不佳。這樣，你的儀式日記就可以成為你個人的魔法書或影子書。然而，請注意，這些結果是個人的，可能適用於其他人，也可能不。

## 深化從此課程中的學習成果

我已經多次進行這門課程的教學，我明白擁有此書的你們，一部分可能只是閱讀而已。比起親身實踐神祕學，僅是學習的人顯然更多。實際上，如果這就是你的目標，那也完全沒有問題。這門課程的架構就是如此設計，即使你只是閱讀，它們也能給你的潛意識提供寶貴的訊息，這些訊息會讓你對自己和周遭世界的觀念產生正面影響。

然而，如果你真正的興趣是學會如何**執行**魔法，我強烈建議你在進行到第七或第八課之前，至少閱讀一本其他的書——最好是更多。每一課後面的參考書目都有推薦的書籍。你可以選擇其中任何一本，或者選擇任何與卡巴拉、塔羅或魔法相關的書籍。這樣做的目的有兩個：

1. 讓你對課程主題有稍微不同的認識。我從不宣稱自己是古魯（guru）或什麼神聖的大師。從不同的角度研究相同的主題，是非常推薦的。
2. 讓你對特別感興趣的主題進行更深入的學習。

你並**不**需要購買新的書籍。你可以在圖書館借，也可以向朋友借，甚至從你自己的藏書中挑選一本，甚至是你已經看過的一本書都可以。記錄你的讀書進度也是個好主意，包含書名和作者，你完成閱讀的日期，以及對這本書的評價。

現在，在我給你第一個正式的儀式之前，我想告訴你一件事，它能幫你從本書中獲得最大的收穫。你該擁有的一件重要物品：一副塔羅牌。儘管這不是塔羅牌的課程，但塔羅牌在學習中的確扮演了非常重要的角色——這個角色不止於「給出解讀」或「算命」。

這門課程**最適合**的塔羅牌：

- **黃金黎明塔羅**（The Golden Dawn Tarot）

我使用過的有兩種版本。第一種是由奇克和桑德拉所創作的**黃金黎明魔法塔羅**（Golden Dawn Magical Tarot）。我深愛它的華麗色彩以及精準的象徵意義。另一副是由羅伯特・王（Robert Wang）創作的**黃金黎明塔羅**，儘管其中有些象徵符號存在微小的錯誤，但它是第一副直接依照黃金黎明理念設計的塔羅牌。至於他的藝術風格，我並不特別喜愛。還有其他一些聲稱是黃金黎明塔羅的牌，是否也適合，需要你自己判斷。

- **聖殿建造者塔羅**（The B.O.T.A. Tarot）

聖殿建造者塔羅牌由保羅・福斯特・凱斯（Paul Foster Case）所設計。它在對應的牌卡上加入了希伯來文字母，這一點使得黃金黎明會的部分領導者們非常憤怒，他們將凱斯逐出了組織。凱斯曾經發誓永遠不會發行這副牌的彩色版本，但是他的追隨者最終還是忽視了這一願望。然而，如果你想要，仍然可以找到黑白並附有副書的版本。嘗試在這副塔羅牌上填上色彩，會發現這將是一次非常有價值的體驗。

- **煉金術塔羅**（The Hermetic Tarot）

由戈弗雷・道森（Godfrey Dowson）創作，並不為大眾所熟知，但這副牌也是依循黃金黎明的教導。早在任何黃金黎明塔羅出版的多年前，這副牌就已經存在。在我教導黃金黎明的塔羅體系時，我鼓勵人們使用這副牌。時至今日，它仍然是不錯的選擇。

這門課程**可接受**的塔羅牌：

- **萊德—偉特—史密斯塔羅**（The Rider — Waite — Smith Tarot）

儘管偉特在他的原著中承認這副牌並沒有揭示所有的祕密，但它受歡迎的程度使得這副牌已成為許多人心靈的一部分。所以，如果你對它非常熟悉，當然可以使用它。

- **任何依循萊德—偉特—史密斯塔羅的塔羅牌，**如 Universal Tarot, Aquarian Tarot, Morgan — Greer Tarot, Royal Fez Moroccan Tarot 等等。這些類型的牌似乎每個月都在增加。

- **較早期的塔羅牌**（如 *IJJ Swiss deck*），都是「標準化」的塔羅牌，含有二十二張大阿爾克納和五十六張四元素的小阿爾克納，總數為七十八張牌。

這門課程**不適合**的塔羅牌：

- **克勞利托特塔羅（The Crowley Thoth deck）**

這是一副出色的塔羅牌，但象徵符號非常複雜，對初學者來說或許會感到困惑。如果你不是塔羅牌的初學者，並且你真的喜歡托特塔羅牌，那就繼續使用它吧。但如果你對這副牌不熟悉，那就避免使用——至少現在避免。

在任何情況下，你都不應該在這門課程中使用「非標準化」的塔羅牌。所謂「非標準化」，指的是牌數大於或小於七十八張的塔羅牌。「非標準化」也包括大阿爾克納非二十二張，非以四元素形式存在的五十六張的小阿爾克納。例如，**密宗荼吉尼神諭牌（Secret Dakini Oracle）、易經牌、吉普賽女巫預言牌（Gypsy Witch fortunetelling cards）**等等。儘管它們經常被稱為「塔羅牌」，但它們更常被認為是「神諭卡」或「占卜牌」，以免與七十八張的塔羅牌混淆。這並不意味著這些牌不好或錯誤，只是它們並不適合這門課程。

塔羅牌可以在多數大型書店購買；然而，我會建議你去身心靈書店或神祕學用品店購買。那裡的店員相比於一般書店，對於神祕學主題往往更具備興趣與知識，且樂於提供協助。此外，購買當地商店的產品可以讓你的稅金被用於支付消防隊、警察保護和城市服務，直接回饋給你的社區。如果你無法前往當地商店，在 Llewellyn 的網站上有許多適合這門課程的美麗獨特塔羅牌供你選擇。

接下來是你的第一個儀式。請記得，至少每天要練習一次。你或許在別處已經學習過這個儀式。許多團體、組織，甚至醫師和心理治療師都有教導這種形式。儘管這看起來簡單，但切勿低估它的重要性。就像學習走路一樣，雖然現在看來簡單，但初學時卻非常困難——而你必須先學會走路才能學習奔跑。這個儀式將用於本課程中所有魔法儀式的準備。

## 放鬆儀式

**步驟一**：找個至少五分鐘不會被打擾的地方坐著或躺下。記得將電話關閉。讓自己感到舒適。如果你選擇坐著進行，讓背部保持挺直，手掌朝下放在腿上。摘下眼鏡或隱形眼鏡，閉上眼睛。無論坐著或躺著，腿和手臂都不要交叉。

步驟二：想像一顆美麗的金色光球，溫暖的光芒圍繞著你的雙腿。如果你在觀想的畫面中無法「看到」這顆光球，沒關係，只要知道它存在即可。當你深刻理解到能夠擁有不同的視覺能力時，就會看到它。這顆金色溫暖光球總是帶來寧靜與深度的放鬆。光球到哪裡，緊繃的感受就在那裡流逝。任其自由，隨著它的流動，感受你的雙腳被溫暖的金色光芒所填滿，感受到寧靜與全面的放鬆。

步驟三：現在，讓這個光球從你的雙腿上升至身軀，再讓它下行至你的手臂與手指，最後從頸部上升至你的頭部，直到你全身被溫暖的金光覆蓋，完全沐浴在寧靜與放鬆的氛圍中，所有的緊繃感都已消散。讓光球慢慢地移動，不要急躁，放慢你的步調，放鬆你自己。

步驟四：用你的心靈花幾分鐘感受你的身體。如果你在任何地方感到緊繃，就將光球送到那裡，緊繃感就會消失。隨著每一次呼吸，都讓自己更深度地放鬆。

步驟五：保持這種深度放鬆的狀態幾分鐘。知道你只要進行這個放鬆儀式，就可以隨時回到這種狀態。如果你有睡眠困擾，試試在晚上躺下睡覺時進行這個儀式，與自己同在，而不是痛苦地翻來覆去或者依賴有風險的藥物。

步驟六：當你準備從深度放鬆狀態中醒來時，深深地呼吸三次，並隨著每一次的呼吸感受新鮮的生命力和能量進入你的身體。讓這股能量完全流遍你的全身，從你的頭髮到手指尖，再到腳趾尖。感受世界圍繞著你，吸納生命的氣息。

步驟七：回到日常的意識狀態時，將你的體驗記錄在儀式日記中。

現在，在繼續之前，花幾天時間維持你的記錄和儀式，讓它成為你的日常習慣。如果你還沒有一副將在這門課程中使用的塔羅牌，請先準備它。

## 什麼是魔法（Magick）？

在前幾頁中，我們已經涉及了相當多的內容。我們討論了夢境和儀式工作，介紹了一個每日可行的儀式，並教導你如何記錄你的工作。這些是為了讓你展開**實踐工作**，而不僅僅停留在理論知識。假設你對魔法已經有基本的概念，但你的定義或許和我的不同，所以現在讓我們試圖來找出一個可行的**魔法定義**。

著名神祕學家阿萊斯特・克勞利（Aleister Crowley）將其定義為「魔法是一門依循意志，結合科學理解和藝術創造，實現變化的技術。（Magick is the Science and Art of causing Change to occur in conformity with Will）克勞利是我們先前提到的黃金黎明會的成員。另一位黃金黎明會的成員荻恩・佛瓊（Dion Fortune），她對魔法的定義與克勞利一樣，只

是她認為「變化」是指意識的轉變。（註：佛瓊是一位業餘心理師，也就是在沒有成為醫師的情況下，從事心理學工作的人。她以原名 Violet Firth 出版了一些心理學相關的書籍。最終，佛洛伊德堅持認為，非醫學背景的人不應從事心理學工作。「業餘心理師」在許多年後消失。現今，精神科醫師〔心理學領域的醫師〕傾向專門使用藥物來處理心理問題和心理疾病，而心理師則在不使用藥物的情況下處理這些問題，並且通常不是醫師。）

但這些定義到底代表什麼意思呢？假設你進行一個魔法儀式，期望得到五十美元。所以，這就是你期待獲得金錢的「意志」。你出門散步，儘管你習慣在某個街角右轉，但某種感覺驅使你決定向左轉。走到這條街的下一個街區，你遇到一位老朋友，他歸還了幾個月前你借給他的五十美元。

是什麼讓你改變主意向左轉呢？依照克勞利的定義，你的魔法儀式已經在物質世界中引起了變化，結果是讓你不尋常地轉向。也許是一種氣味，或是來自你朋友的心靈訊息，或者是來自更高存有（higher entity）告訴你「向左轉！」。如果你接受佛瓊的定義，那你也許會說是你的儀式改變了你的意識，給了你向左而非向右的指引。

無論在哪種情況下，有三件事是顯而易見的：

1. 無論你採用何種定義，最後的結果都一樣。
2. 無論改變是在物質世界還是僅在你的意識中，結果都彷彿呈現出物質世界已發生變化。
3. 魔法是有用的。

可惜的是，這兩種定義仍然過於寬鬆。如果你按照意志所引起的變化，並將其稱為「魔法」，那麼你做的每件事幾乎都可以被視為魔法行為。如果你的「意志」是開門，那麼你轉動門把推開門，根據以上定義，你已經進行了魔法行為。事實上，克勞利曾說過：「每一個有意識的行為都是魔法。」如果你遵循他的觀點，那麼，開門的確就是一種魔法行為。把你所做的每一件事都提升到意志的層次，都視為魔法，這個想法是有價值的，但這不是我們此時所尋求的。為了本書的目的，我們需要將魔法的定義稍微擴展：

**魔法是一門依循意志，結合科學理解和藝術創造**

實現變化（在意識中）的技術
其運作方式是目前西方傳統科學尚未理解的

## 這想法是誰提出的？

不知何故，時間久了，關於各種神祕學用品的獲取，竟然發展出各種迷思。其中我特別喜愛的一個是：

你絕對不該對你準備購買的物品討價還價。

這種想法是誰提出的？如果你能找到更便宜的，那當然可以買下它。然而我確實鼓勵你們支持當地的商店，因為這能為你的社區帶來幫助。就我個人而言，我認為這種迷思是由「邪惡的神祕學商店集團」發展出來的。對，我知道沒有這樣的集團存在，但這會解釋這個迷思的來源。

我從我的幾個學生那裡了解到另一個迷思。在他們告訴我之前，我從未聽過。根據他們的說法：

唯一能得到塔羅牌的方式就是有人送給你。

這種想法是誰提出的？這完全是胡說。如果有人送你一副你討厭的牌，那很可能會導致你多年來對塔羅牌的厭惡。我建議你多看看各種塔羅牌，找到一副你喜歡的，然後購買它（如果你現在還沒有的話），隨後使用它。

當然，也許會無意間找到一些東西，或者被贈與一份對你來說非常完美的禮物。你甚至會說這是「為你準備的」。當我正在尋找一把適合作為魔法工具的劍時，我找遍各處，只為找尋符合設計的劍。在幾乎快要放棄的時候，在一間武術館的牆上，我看到了那把符合我需求的劍。我問那裡的人是否出售，他說我需要問店主，但店主要一個小時後才回來。

我離開了，重新思考了一下這個情況。事實上，當時我真的很窮。我得出的結論是，如果要買這把劍，我能負擔的，僅是目前口袋裡剩餘的錢——三十四美元。

一個小時後，我回去見了店主，並問他關於那把劍的事。他告訴我，這是他自己從中國帶回來的。本來打算用它來練習，但從未這麼做過。（完美，我想那是「全新的嘍？」）然後他說：「我沒有想過要賣它，但如果要賣，起碼要……三十四美元。」

毫無疑問，那就是屬於我的魔法劍。

我們加入了這樣的觀點，認為魔法藉由一種現代科學尚不理解的方式實現。這種能產生特定結果的儀式，對現今的西方科學思維來說，無法找到合理的解釋。因此，「科學家們」傾向於認為，真正的魔法不符合他們的世界觀，只不過是超自然的胡言亂語。然而，**魔法並非超自然現象。**

不論我們的整個宇宙是由一或多個智慧生命所創造，還是僅僅為偶然事件的結果，我們仍然得出相同的結論：宇宙中的一切都是自然的！有些古代文明將太陽明顯的昇起和落下視為超自然事件。隨著時間的推移，人們發現太陽的昇起和落下實際上是地球自轉引起的自然事件。

同樣地，我堅信有一天魔法將能以西方科學的觀點來理解。歷史已經證實了這種觀察。閱讀、寫作、數學、天文學、化學、醫學、物理學等等，曾經都是深奧的祕密學問。如今，許多這些學問在孩子們開始上學之前就已經教導了。過去的神祕學成為未來的科學。知名科幻作家亞瑟・C・克拉克（Arthur C. Clarke）曾在《二〇〇一太空漫遊》中寫道：「任何足夠先進的科技都無異於魔法。」我完全同意這種觀點。

如今，在某種意義上，如果你選擇不僅僅閱讀這門課程，而是真的去實踐魔法，那麼你就是未來的科學家。這就是為什麼你應遵循「科學方法」。這種方法嘗試控制實驗中的所有變數，並且對這些實驗保持準確的紀錄。這就是為什麼你的儀式日記非常重要。它將顯示變數（如天氣、情緒等）如何影響你的實驗（儀式）。不需要我再次強調，保持記錄你的魔法日記與夢境日記的重要性。

現在，我們對於魔法擁有的定義，要比克勞利或佛瓊的解釋來得更為詳盡。既然結果都相同，我將從定義中省略佛瓊的「在意識中」一詞。但目前的定義對我們的目的來說，仍然不夠精確。我們需要將魔法的目標或結果加入到定義之中。

我將魔法分為三種類別。需要注意的是，這些類別是在這門課程中使用的。其他人對於各種魔法的定義有所不同，有的人劃分的類別較少，有的人則是更多。以下是每個類別的詳細說明。

**白魔法**：在東方文化中，白魔法被視為瑜伽。當大多數人談及瑜伽時，實則指的是哈達瑜伽（Hatha Yoga）。哈達瑜伽（哈達的正確讀音為「hot — ha」）涉及身體的伸展，以準備進行真正的瑜伽。「瑜伽」這個詞來自梵文字根「yug」，意為連結或合一。真正的瑜伽所指的「合一」，是你與你的高我，或是與神合而為一的地方。白魔法，有時被稱為密契經驗，是西方的瑜伽。它的目標有多種名稱，如宇宙意識（cosmic consciousness）、神聖啟蒙（enlightenment）、與你神聖守護天使的認識與交流（Knowledge and Conversation of your Holy Guardian Angel）、自我實現等等。我們將使用黃金黎明會

所用的表達方式，寫下對白魔法的定義：

**白魔法**是一門依循意志，結合科學理解和藝術創造，實現變化的技術，其運作方式是目前西方傳統科學尚未理解的，目的是獲得與你神聖守護天使的認識與交流。

**黑魔法**，這個類別的魔法定義簡單明瞭，幾乎不需要解釋：

**黑魔法**是一門依循意志，結合科學理解和藝術創造，實現變化的技術，其運作方式是目前西方傳統科學尚未理解的，目的是對自己或他人造成實質或非實質的傷害，並且可以有意識或無意識地進行。

我將只從如何避免無意（或有意）成為黑魔法師的角度來討論黑魔法。

**灰魔法**：顧名思義，是白魔法和黑魔法的混合。灰魔法可以變成白魔法或黑魔法（或保持灰魔法），如我們稍後所見。以下是其定義：

**灰魔法**是一門依循意志，結合科學理解和藝術創造，實現變化的技術，其運作方式是目前西方傳統科學尚未理解的，目的是為自己或他人帶來實質或非實質的利益，並且可以有意識或無意識地進行。

假設你施展了一種魔法來幫助朋友恢復健康。從定義上來看，這屬於灰魔法，因為你在為他人的實質利益施作。然而，正因為你施展灰魔法去協助他人，你最終感到自己與神性越來越近，與你神聖守護天使的「認知與交流」也越來越深入。因此，這也能視作白魔法的一種體現。

另一方面，假設你進行了一個儀式來獲取一千美元。與某些哲學不同，魔法的傳統觀點認為**使用魔法能力在這個世界上獲得進展並沒有什麼不對**。沒錯，你完全可以使用你的魔法能力和知識在這個現實世界裡得到更好的地位、財富、友誼、愛情和名譽。我常對人們說，在西方國家，當你還在擔心下一頓飯該怎麼解決或是如何養家餬口的時候，要保持靈性是困難的。利用魔法來幫助你實現目標並無不妥。事實上，你被鼓勵這麼做。

但……假設你進行了儀式以獲取一千美元，而你的叔叔發生車禍去世，在遺囑中留給你一千美元。確實，你實現了你的目標，但你是經由黑魔法來實現的；你間接地（或者我們可以說直接）導致了一個人的死亡。

你們之中有人或許會想，「那又怎樣？我得到了我想要的錢。」是的，這沒錯。但是，一切都有代價。「你種下什麼，就收穫什麼。」如果你製造了邪惡，如果你成為了黑

暗的靈性源頭，這肯定會回到你身上。在許多威卡傳統中，人們相信你所做的將會三倍地回到你身上。從事黑魔法的人總是需要付出代價，有時這個代價遠遠超過想像。

我有個叫做羅賓的朋友，她坦然承認她曾經是撒旦教徒和黑魔法師。她告訴我，當她施放的詛咒或黑魔法咒語生效時，總是會遭遇不幸！這不是要告訴你絕不該使用黑魔法，而是要告訴你，如果你試圖使用黑魔法，你可能會遇到什麼。正如存在重力的法則，東方稱之為業力，卡巴拉學說稱之為 Tikune（讀作「tee — koon」）的無法違背法則也同樣存在。你釋放的善良將會回報你善良；你釋放的邪惡，即使是無意的，也將回報你邪惡。這就是法則的定義。

那麼你如何避免墮入成為黑魔法師呢？首先，藉由實踐白魔法來達成。這就是為何此課程的第一部分只涉及白魔法教學的原因。不要忽視這項工作，因為這門課程是累積性的。你作為一名強大的（灰）魔法師的發展，以及本課程未來的過程推進，都取決於你此刻所做的。其次，在進行任何灰魔法之前，你應進行占卜來確定你的魔法的影響和結果。這就是為什麼學習塔羅或其他占卜體系的重要性。

在接下來的內容中，你將會深入了解塔羅中二十二張大阿爾克納（Major Arcana）的意涵。文字後的「（逆位）」是解牌時出現逆位置（圖片上下顛倒）時，該牌的牌義。

以下內容是依據神祕學者、卡巴拉學者、偉特（A. E. Waite）及麥克達格・馬瑟斯（S. L. MacGregor Mathers）的教導。

接下來的幾天，你應該熟悉你的塔羅牌與這裡提供的大阿爾克納牌義。就現階段而言，暫時忽略你或許已有，或是隨著牌卡附帶的教學書籍。日後，你可以將其他地方學到的內容加到這個體系中。如何用牌占卜將在這一課的下一部分中詳述。

與此同時，持續記錄你的儀式日記並進行放鬆儀式，不過在完成放鬆儀式之後，請開始進行下一個日常練習儀式，那就是塔羅牌的冥想儀式。

## 塔羅冥想儀式

**步驟一**：從整盒塔羅牌中取出二十二張大阿爾克納。在這二十二張牌中（應有編號，從0到21），將編號6、7、10、13、15和18\*的牌拿走。這些牌目前並不需要，所以把它們放回盒子。在進行放鬆儀式時，將這取出的大阿爾克納帶在你身旁。

**步驟二**：在完成放鬆儀式後立即取出大阿爾克納剩下的十六張牌，以你希望的方式洗牌，直到你感覺到該停止為止。要注意的是，這種感覺可能相當微妙。如果你沒有這種感覺，那就在一分鐘後停止洗牌。

**步驟三**：任意抽出一張牌，觀看著它上面的圖案，不要超過三分鐘。

**步驟四**：深呼吸三次，這樣，塔羅冥想儀式就完成了。

**步驟五**：在你的魔法日記中記下這張牌的名稱和編號。以及在觀看（冥想）這張牌時，擁有的任何情緒感覺、身體感知或想法。

---

*被取走的牌並沒有什麼「錯誤」。然而，在未理解它們的意涵之前，這些牌上的象徵也許會被錯誤地看作是負面的。在此情況下冥想它們，可能會導致錯誤、負面的信念想法銘印於內心。當你在未來的幾週進一步學習更多塔羅牌的知識後，這些牌將會被重新納入並在儀式中使用。

## 塔羅牌的真正牌義？

當我第一次決定學塔羅時，我買入了一套塔羅牌和三本由不同作者所寫的塔羅牌書籍。我想我可以從三個不同的視角來看同一個主題，並將它們合為一個整體。但令我失望的是，這些作者提供的牌義，竟然有如此徹底的差別。

多年來，我讀過許多有關塔羅牌的書籍。有一本書列出了不同作者的牌義，然後提供了作者對這些牌義的「總結」。然而，他的總結與其他人所寫的完全無關。另一位作者建議將大張的紙張貼於牆上（這是在電腦試算表應用程式出現之前所寫的書），並建議將七十八張牌名寫在上面，然後左側寫下每位作者或每本書的名字，並在每張牌下方寫下每一位作者提供的牌義。如此一來，你可以看見各個作者間的相似之處和關聯性，並得出你自己的理解。

事實是這樣的：塔羅牌並沒有「**絕對正確的牌義**」。不同的塔羅牌解讀者和作者會根據牌的象徵意義以及他們各自的背景和學習經歷，賦予不同的牌義。

有些人僅僅看每張牌上的象徵，然後當場得出牌義。其他人則是根據塔羅牌解讀者或其他「權威人士」賦予的牌義的系統。例如，我曾學到一種對於小阿爾克納所用的數字學系統。然而，對於關謠者的人來說，這一切不過就是籠統的心理詮釋而已。（我猜，他們從未有過精確、深入的塔羅解讀）。

讓人好奇的是，我曾教過不同的牌義系統，而它們每一種都能得出有效的解讀。這怎麼可能呢？關鍵在於一致性。只要你的系統內部一致，經過練習，牌會產生有效的解讀。你對牌的解讀與抽出的牌產生「有意義的巧合」，這是心理學家榮格所稱的「共時性」。

所以，這意味著，只要你用一套內部系統一致的牌義來使用塔羅，最終它們就會產生有意義的解讀。所以，並沒有塔羅牌的終極「正確」牌義。但是，如果你的系統（或系統們）內部一致，那麼對你來說，它們就是正確的。

# 塔羅牌簡要牌義——大阿爾克納

| | | |
|---|---|---|
| 0 | 愚人： | 愚昧，狂妄無知，揮霍無度。（逆位）猶豫，粗心，忽視愚昧而帶來的麻煩。 |
| 1 | 魔法師： | 技能，意志力，自信。（逆位）錯誤使用，自負，技能不足。 |
| 2 | 女祭司： | 科學，教育，知識。（逆位）無知，膚淺的知識。 |
| 3 | 皇后： | 豐盛，行動，創造力。（逆位）因猶豫而無法行動，失去力量。 |
| 4 | 皇帝： | 權力，效力，理性。（逆位）情感不成熟，計畫的阻礙。 |
| 5 | 教宗： | 慈悲與善良，具備這些特質的人。（逆位）過度仁慈，軟弱。 |
| 6 | 戀人： | 你將通過的考驗，一段新的愛情。（逆位）失敗的考驗，失去的愛情。 |
| 7 | 戰車： | 勝利，克服障礙。（逆位）失敗，被障礙擊敗。 |
| 8 | 力量： | 精神力量。（逆位）物質力量。 |
| 9 | 隱者： | 謹慎或靈性上的進展。（逆位）恐懼，過於謹慎，不明智的行為。 |
| 10 | 命運之輪： | 好運，成功，幸運。（逆位）運勢不佳，運勢低落。 |
| 11 | 正義： | 平衡，正義，均衡。（逆位）失衡，偏執，偏見。 |
| 12 | 吊人： | 自我犧牲所帶來的智慧。（逆位）自私，努力迎合大眾。 |
| 13 | 死神： | 突破性的變化或轉變。（逆位）停滯。 |
| 14 | 節制： | 將看似不同的事物相連結或融合，適度。（逆位）利益衝突。 |
| 15 | 惡魔： | 必須發生的事，但長遠來看是善的。（逆位）必須發生的事，但為非善的。 |
| 16 | 高塔： | 毀滅，災難，破壞。（逆位）相同，但程度較輕。 |
| 17 | 星星： | 希望和光明的未來。（逆位）期待落空，荒蕪。 |
| 18 | 月亮： | 欺騙，隱藏的敵人。（逆位）只是輕微的欺騙。 |
| 19 | 太陽： | 快樂和滿足。（逆位）相同，但程度較輕。 |
| 20 | 審判： | 復甦，重生。（逆位）挫折和延遲。 |
| 21 | 宇宙： | 確定的成功，完成。（逆位）失敗，慣性，非善的報酬。 |

# 第二部分

## 塔羅歷史——神話篇章

在這一部分的課程中，我將討論塔羅的歷史以及如何使用塔羅牌進行占卜。請記住，熟練地掌握一種占卜體系是防止灰魔法變成黑魔法的關鍵。這就是為什麼這裡的學習非常重要。

首先，你或許會好奇為何應研究塔羅而不是其他體系。也許你對中國的易經、茶葉占卜、水晶凝視、占星預測、盧恩符文或其他體系已有所了解。如果你能深入研究並精通這些體系，每一種都能讓你獲益良多。比起塔羅牌，克勞利似乎更經常使用易經。但如同你已在塔羅冥想儀式中所看到，並將在後續課程中進一步見到，我們使用塔羅牌的理由並非僅為了占卜。我相信，無論何種方式，越常使用塔羅，你將會更容易熟悉其全面的用途。

你或許聽過「世界觀」這個概念。這是德語「Weltanschauung」的譯詞（讀作「velt — ahn — sha — oong」，最後兩個音節連在一起，最後的「g」幾乎不發音），這是德國哲學中的一種概念。它背後傳達的理念是，你可以有一種基礎觀點，讓你理解人類、理解我們的世界和宇宙如何運作、如何相互關聯。它是一種框架、視角，或濾鏡，人們透過它來看世界。有些人的世界觀是依據政治、宗教或各種心理學原理。儀式魔法師通常以卡巴拉和塔羅為基礎來形塑他們的世界觀。儀式中塔羅牌的使用，就是為了「啟動」你對魔法師世界觀的理解，或甚至是接受這種世界觀。隨著課程的進展，你將更深入了解塔羅在傳統儀式魔法中扮演的重要角色。

實際上，塔羅牌有兩種歷史。一種是有真實根據的；另一種則是未經證實，有時甚至由荒謬的理論所組成。這些未經證實的理論之一是將塔羅牌的起源歸於埃及。關於埃及理論的說法，源自於眾神的書寫者托特（Thoth），他為古埃及神殿中的奧祕信仰者創作了二十二幅象徵著偉大智慧的圖像。這些圖像懸掛在著名的斯芬克斯（Sphinx）底座的柱子上，位於古夫（Cheops）金字塔附近，靠近現代開羅郊區吉薩高地的墓地。（Cheops，讀作「kee — ahps」，這是希臘對法老的普遍稱呼，在古埃及語中稱為 Khufu，讀作「koo — foo」。Khufu 是第四王朝的第二位法老，統治時間約為西元前 2589 年至西元前 2566 年。）入門者將在這些柱子之間行走，聆聽啟蒙者解讀圖像的象徵意義。隨後，入門者通過地下通道進入金字塔內，接受完整的啟蒙儀式。然而，沒有證據表明這

種特定形態的入門儀式曾經發生過。

另一種說法是，一群智者知道著名的亞歷山大圖書館將被摧毀，於是在摩洛哥的費茲市聚集討論對策。這個故事的一些版本提到，會議是在圖書館被毀後舉行的。另一個版本則提到這些學者來自四面八方，由於沒有共同的語言，學者與藝術家創造了一種象徵性的語言用來溝通。塔羅牌就是源自這種藝術作品。還有一個版本提到，這些智者決定創作一本包含了全世界所有重要智慧的偉大巨作，否則這些智慧將隨圖書館的毀滅而消失。為了使這本巨作免於毀壞，他們決定將它以博弈遊戲的形式隱匿流傳，因為他們意識到，人類對智慧的追尋可能消逝，但對迅速獲利與低俗慾望卻永不消逝。因此，根據這些故事，塔羅牌就此誕生。

然而，再次強調，這些故事的真實性並無證據可尋。

還有許多其他的故事聲稱揭示了塔羅牌的源頭。一些版本說塔羅牌是由吉普賽人從埃及帶出來的。（註：「吉普賽人（Gypsy）」這個詞源於「埃及人（Egyptian）」。這是因為有一段時間人們相信吉普賽人——或者更準確地說，羅姆人（Romany）——來自埃及。）在那個時代，埃及被認為是所有神祕、魔法和神祕事物的源頭，許多羅姆人也並未否認這種關於他們根源的想法，進一步增加他們起源的神祕感。然而現今，學者們更傾向於認為羅姆人來自印度。

其他的故事中，有一點可能性的是：塔羅牌是印度或中國的遊戲或命理系統中發展出來的。然而，對於這些故事的真實性，至今仍無確鑿的證據。

## 塔羅歷史—— 事實篇章

我們確實擁有以下的歷史紀錄：

1. 1332年，雷昂（Leon）與卡斯提爾（Castile）國王阿方索十一世（Alphonse XI）首次提到了塔羅牌，並將它與其他賭博遊戲一併禁止。
2. 1337年，德國修道士約翰尼斯（Johannes）寫到塔羅牌可以「用於道德教學」。
3. 1392年，法國國王查理六世（Charles VI）從一個名叫格里戈尼爾（Grigonneur）的人那裡購買了三套大阿爾克納牌。
4. 到了十五世紀，稱為塔羅奇諾（Tarocchino）的義大利版本擁有超過一百張牌，其中包括星座與基督教倡導的美德。

儘管我們可以將塔羅牌的起源追溯至十四世紀初，但在一百年後，我們才能確定塔羅牌首度在歐洲（準確來說是義大利）出現。當然，像塔羅牌這樣複雜的事物不會一夜之間出現，所以我們或許永遠無法知道塔羅牌的確切起源，儘管它的前身在印度、波斯、中國等地都有痕跡。

現今，一套「標準」的塔羅牌（依據架構，而非象徵與風格）有許多變體。同樣地，數百年前也存在大量的非標準化版本。至少有一套牌組超過一百四十張牌。塔羅牌曾用於賭博和教育青少年（尤其是那些未曾被教導閱讀的人），但到了十九世紀，塔羅牌幾乎全用於命運預測。在當時，大多數人使用的都是依循查理六世的塔羅牌，現在被稱為格里戈尼爾（Grigonneur）塔羅牌。這套塔羅的一個變體是維斯康提（Visconti）塔羅牌；另一個是馬賽塔羅牌。我之所以提及它們，是因為這些版本仍然可以買到，而且一些現代塔羅牌是根據這些早期塔羅牌的形式而成。

黃金黎明會廣泛使用塔羅牌，如前所述，我們將在這門課程後面學習一些塔羅牌更深奧的用法。偉特（A. E. Waite）和史密斯（Pamela Colman〔"Pixie"〕Smith）皆為黃金黎明會的成員，他們設計了現今最受歡迎的萊德—偉特塔羅（或更準確地說，萊德—偉特—史密斯塔羅）。當它在1909年首次發行時，因兩個原因迅速流行起來。首先，這是所有的牌都有象徵圖像的第一次。早期的塔羅牌在小阿爾卡納上並沒有這樣的圖案。其次，這是第一次塔羅牌與解釋如何使用的書籍同時出版。這本書就是偉特的《韋特塔羅圖像解讀祕鑰》（The Pictorial Key to the Tarot）。在偉特的許多冗長的著作中，我認為這本書是最容易閱讀和理解的。

黃金黎明會的成員視「正確」塔羅牌版本為組織的重要祕密。偉特與史密斯都曾嚴肅地發誓，絕不透露黃金黎明會的內部祕密，並且他們也遵守了誓言。在偉特塔羅的設計中，很多牌的象徵意義與黃金黎明會所給的牌義有著明顯的不同。或許這樣的設計是用來迷惑那些尚未受過啟蒙的人。

如今，市面上有許多依循偉特—史密斯設計風格的塔羅牌。越來越多的「原創塔羅牌」（實際上是依據偉特—史密斯的創作）幾乎是每天都在出版。按照黃金黎明會的傳統，所有這些牌在象徵意義上都被視為不正確。然而儘管可能與黃金黎明會的傳統不同，但由於它們的廣泛使用和流行，已經發展成具備自身效度的塔羅牌版本。

## 神話的重要性

雖然我們知道塔羅牌起源的神話並非歷史事實，許多人卻對於「專家」為何依然持續宣揚這些神話，如同它們真實無誤般而感到困惑。確實，我們可以直接承認這一點：這些「專家」其實並不是很專業，他們並未清楚地理解他們所談論的事物。也許真正的塔羅學者更該關注歷史準確性。（事實上，已經有一些人開始這樣做了。）

然而，我更認同的是，相較於只有歷史事實，擁有這些神話更為重要。我並不否認我們應進行研究並擁有準確的歷史。但當你知道一個日期後……那又能如何？美國獨立宣言在1776年7月4日簽署，你知道這個日期，但這又如何？理解這一天所發生事情的意義，遠比單純知道這個日期重要——即理解那個日期所代表的意涵。

華盛頓在年輕時，對父親承認砍倒櫻桃樹的故事，首次出現在前牧師、後轉行為書商的梅森·洛克·威姆斯（Mason Locke Weems）所著的華盛頓傳記中。如今，普遍的觀點認為威姆斯很可能杜撰了這個故事。

但這個故事甚至到現在，對我們都還是有一些影響。它展現出誠實與正直的價值。對於威姆斯的書來說，首次出版於1800年（華盛頓去世一年後），它幫助形塑了一位英雄形象，成為新興國家神話歷史的一部分。此故事有助於創造出這位人物的神話，這種神話又助力於國家的形塑，塑造了一個重視誠實和正直等價值的國家形象。這種國家性質或許促使亞歷西斯·德·托克維爾（Alexis de Tocqueville）在遊歷過其他國家與世界後所見的對比，於1835年寫下這段話——「美國之所以偉大，因為善良的本質。如果美國不再善良，美國將不再偉大。」

神話不僅僅只是故事，它們是人們選擇跟隨的故事。我們藉由神話人物的行為體悟，而非單單聆聽來自父母或家長的教誨。這些故事宣揚了某種價值觀。勇敢、誠實、公正和正義的神話構成了我們的早年生活和世界歷史。尤利西斯（Ulysses）和貝武夫（Beowulf）的古老神話已經被寇克艦長（Captain James T. Kirk）和天行者路克（Luke Skywalker）的現代神話所取代。

> 塔羅的神話遠比單純的日期更能告訴我們塔羅的真實本質。它也告訴我們自己的本質以及所珍視的價值。因此，塔羅牌的神話之所以重要，並非僅在於它們為我們提供了客觀的歷史事實，而在於它們對我們、對你，以及對人類文明的意義。

黃金黎明會其他成員，如克勞利設計的托特塔羅融合了黃金黎明的觀念與他自身對埃及、蘇美以及印度譚崔神祕學（再加上一些反常的幽默）的理解。另外保羅・福斯特・凱斯的聖殿建造者塔羅則介於黃金黎明塔羅和偉特塔羅之間；這也是首次公開揭示黃金黎明會，將希伯來文字母與大阿爾克納意義相連結的塔羅牌版本。

我見過一些自稱為神祕學家的人，他們收藏各式各樣的塔羅牌。事實上，他們所收藏的牌就是他們聲稱對神祕學了解的唯一依據。但他們所收藏的一些牌與「形上學」相距甚遠，這讓我對他們的神祕學理解感到質疑。我曾經看過一副塔羅，每張牌都由不同的藝術家描繪。儘管它是依循萊德—偉特—史密斯塔羅，但它甚至可笑到在牌上使用流行的卡通角色。另一副稱為「女巫塔羅」（Tarot of the Witches）的塔羅牌（對於大部分的女巫來說，無疑是一種侮辱），是以詹姆士・龐德電影為背景設計的，牌背甚至印上了著名的「007」手槍圖案。

總體而言，沒有證據表明塔羅牌的起源來自遠古的埃及、中國、印度或其他地方。我們知道塔羅牌在上個千年的中期首度在歐洲出現，但其本源來自於何處，至今仍是一大未解之謎（至少目前如此）。

現在，我想提出我對塔羅牌發展的猜想。我們知道印度和中國確實有部分紙牌遊戲系統，某種程度它們與塔羅牌相似。儘管無法證實，但我認為從這些國家出發的旅行者，或是從中東前往印度或中國的商人，或許在中東留下了這些遊戲系統的一種版本。然後，在某次十字軍東征期間，一名騎士將這種原型牌卡帶回，並將其交給他的領主或國王，也或者可能只是描述了這些牌卡，然後統治者便讓人製作了一副。

隨後，那位領主或國王，出於炫耀自我（「我有你沒有的」）將它展示給另一位領主、國王或同等身分的人。第二個人決定複製它。或者，領主的藝術家將它展示給另一位領主的藝術家，然後第二位藝術家根據記憶或直接複製了它。從領主到領主，從國王到國王，塔羅牌就這樣逐漸發展起來。

那時，有一些類似於石匠組織的藝術家工會，他們或許掌握了部分形式的神祕學知識。當然，古往今來許多藝術家都對人類與神聖的關係表現出興趣。這其中的一位藝術家可能在塔羅牌的藝術中加入一些神祕元素，另一位也許又加入了更多。這種過程一直持續，直到我們今日所見的塔羅牌。

然而，最重要的問題是「塔羅牌的起源地或發展方式是否重要？」這時，必須大聲回答「不重要！」因為在過去幾個世紀中，塔羅牌作為一種強大的神祕學和魔法工具的使用已經得到了證實。

## 占卜與算命

理解占卜（Divination）與算命（Fortunetelling）的區別是重要的。算命告訴你某些事**必然**發生，而占卜，例如使用塔羅牌，並不會明確預告什麼一定會發生；它僅指示繼續當前道路可能出現的情形。

根據這種理解，你擁有自由去確保某件事情的發生或阻止它發生。你擁有自由意志，選擇始終取決於你。例如，算命會告訴你，你將在特定日期在船上發生意外。占卜則會告訴你，那個時間點的船上旅行可能會引發問題，建議你遠離船隻。你可以選擇避免搭船，或者在船上時特別小心。算命會說你沒有選擇——你將在那時候上船，並且你將會發生意外。占卜則說你有自由意志——你甚至可以選擇搬到沙漠，或者，至少避免接近船隻。在這門課程中，我們主張自由意志，而非命中註定。

### 萊德—偉特—史密斯塔羅牌是「正確」版本嗎？

我經常被問到這個問題，哪一個版本才是「真正」、「最精確」，或是「正確」的塔羅牌。由於其受歡迎程度，萊德—偉特—史密斯塔羅（以下簡稱偉特塔羅）已經成為實質上的標準塔羅牌。但偉特塔羅是否就是「最正確」的塔羅牌呢？

偉特與史密斯都曾使用過黃金黎明塔羅牌。作為訓練的一部分，他們必須以此為基礎創造一副新版本的塔羅牌並使用它。有些人甚至認為，偉特塔羅才是真正的黃金黎明塔羅。

當然，如果你查閱伊斯瑞・瑞格德（Israel Regardie）的著作《黃金黎

明》（*The Golden Dawn*），就會發現這並非事實。更重要的是，偉特自己都承認他沒有揭露塔羅牌的全部真相。在他《The Pictorial Key to the Tarot》書的序言中，偉特寫道：

> 事實依然是……塔羅牌有一個守密傳統，隨著本書可能會將小阿爾克納中的一些神祕學公諸於世，在此事發生之前，最好先提醒對這類事情感到好奇的人。任何揭示，只會涵蓋象徵意義的三分之一，從陸地到海洋，從星星到天空。這是因為從源頭到發展，都未曾有更多的內容書寫下來，因此，在任何所謂的揭示之後，仍有大量內容需要深入。因此，對於看守這類神祕學知識的啟蒙聖殿守護者們，無須感到擔憂。

他清楚地向他的黃金黎明會成員表明，他並未揭示塔羅的真正奧祕——或至少是他們的祕密——給那些外人。

那麼，既然如此，為什麼我們要關注偉特塔羅牌呢？

簡單的答案是，因為它有效。偉特塔羅牌本身就是一副很好的牌。並不需要再有其他的證明。任何以偉特塔羅牌為模板的塔羅牌，都增加了其成功和有效性。

那麼，是否存在一副終極且完全正確的塔羅牌呢？遺憾的是，答案既是「是」也是「不是」。並不會有一副完美適合每個人的通用塔羅牌，因為每個人都是獨一無二的。對於你來說，唯一完全正確的塔羅牌，將是在多年的實踐、學習和冥想之後，你內心驅使你去創作的那一副。

在此之前，只需要簡單地找一副符合本課程先前描述的標準塔羅牌，並與之一起使用。如果後來找到更好的塔羅牌，那就換用它。如果之後又回到最初喜歡的那副塔羅牌，或者再次改變，那都沒關係。

除了塔羅牌需遵循標準的牌卡張數和分類外，真正重要的選擇其實只有一個：你應該選擇一副你會常常使用的塔羅牌。

有另一個非常實際的原因讓我們進行占卜而非算命。在美國許多州、縣和城市，商業化的算命是不合法的。如果你決定要為人們提供解讀服務並打算收費，我建議你稱自己提供的是心理諮詢、占卜，或者如果有神職人員證書，你可以稱之為靈性或宗教諮詢。

在接下來的幾頁中，我將介紹一種僅使用大阿爾克納占卜的方法。在此我要提醒，僅使用這二十二張牌就能進行一次很好的解讀。這些牌更傾向於代表變動的力量，而不是由小阿爾克納所代表的較為靜態的力量。使用小阿爾克納可以獲得更多細節，但只使用大阿爾克納就能得到更多關於你生活中的變動和未來可能的變動的訊息。

在圖示中，你可以看到兩個三角形（即「解構六芒星」），並且它們之間有一張額外的牌。上方的三角形代表著從精神層面帶到物質層面的力量。下方的三角形呈現出你意識和潛意識的渴望，以及你真正想要或需要的事物。中間的牌代表著問題的最終結果。以下是使用這種塔羅牌陣來確定灰魔法結果的逐步指示。這種解讀方式可用於多種目的。

1. 將所有的大阿爾克納按數字順序放成一疊，確保牌面朝同一方向。若牌面向下，頂部應為「愚人」牌，而編號21的「宇宙」（或「世界」）牌則應位於底部。
2. 現在，構思你的問題。它應是：「如果我使用魔法來＿＿＿＿＿，結果會是什麼？」的形式。**避免**提出「我應該這樣做嗎？」類型的問題，這種問法將你的行為責任推給牌，而非你自己。你應該尋求建議，而非把塔羅牌當作一位虛假的保姆來尋求指示。
3. 在專注思考你的問題時，以你所喜歡的方式洗牌。繼續這個動作，直到你有一種「感覺」告訴你該停下了。如果你覺得適當，可以頂尾翻轉洗牌，使得在解讀時有些牌可以出現逆位。
4. 切牌將牌分成三堆，依序放在你的左側，接著，反轉你原本切牌的順

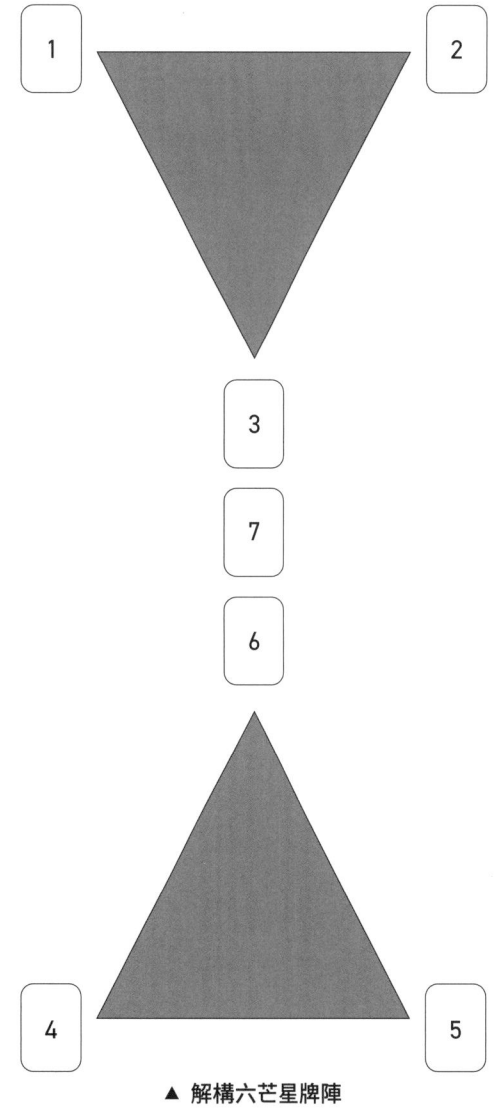

▲ 解構六芒星牌陣

序，按右至左的順序收回牌堆。
5. 從牌堆最上方取牌，按照圖示中的順序組成牌陣。前三張牌組成上方的下指三角形。第4、5、6張牌組成下方的上指三角形。第7張牌則放在兩個三角形中間的位置。
6. 翻開牌時，保持它們的位置不變，不要改變它們正位或逆位的方向。此時，翻開位置1和2的牌。這兩個位置代表**未知的精神性影響**（unknown spiritual influences）。其中，位置2的牌對你的影響將大於位置1的牌。解讀這兩張牌。
7. 翻開位置3的牌。這張牌代表**物質面的精神建議**（spiritual advice for the matter）。解讀這張牌。
8. 翻開位置4的牌。這張牌代表你對此事的**潛意識渴望**。如果你發現自己的真正內在理由與你最初或表面的理由相距甚遠，也不需感到驚訝。解讀這張牌。
9. 翻開位置5的牌。這張牌代表你對此事的**表意識渴望**。解讀這張牌。
10. 現在翻開位置6的牌。這張牌將表示在這件事上的**實用的建議**。它可能建議你改變焦點，以實現你真正想要的結果。也可能建議你繼續推進或放棄這個計畫。當然，是否繼續進行，取決於你自己。
11. 翻開位置7的牌。這是你若繼續按照目前的道路前進，**最終的結果**。即使到目前為止的解讀都是正面的，最後的結果也可能是負面的。這是因為或許還有其他因素未能被這次簡短的解讀涵蓋。解構六芒星牌陣是一種快速且簡單的方法，但並不意味著它包含一切。然而，它應足以讓你完成這一系列的課程。

讓我們現在看一個案例：

我在思考「如果我使用魔法帶來一段新的愛情，結果會是什麼？」的同時洗牌。切牌並擺好牌陣後，牌面如下：（見下一頁）。

我的解讀如下：

第1和第2張牌顯示，這個行動將帶來巨大的創造力（皇后），儘管可能被視為對魔法能力的不當運用（魔法師「逆位」）。

第3張牌顯示，這可能導致權力的提升和效果的實現（皇帝）。

第4張牌表示，在內心深處，我尋求的是精神層次（spiritual power），而非僅僅是性伴侶（力量）。

如同第5張牌所顯示，我確實希望有一段新的愛情（戀人）。

第6張牌給我實際的建議是，單靠魔法並不足以維繫一段好的關係，我必須展現出

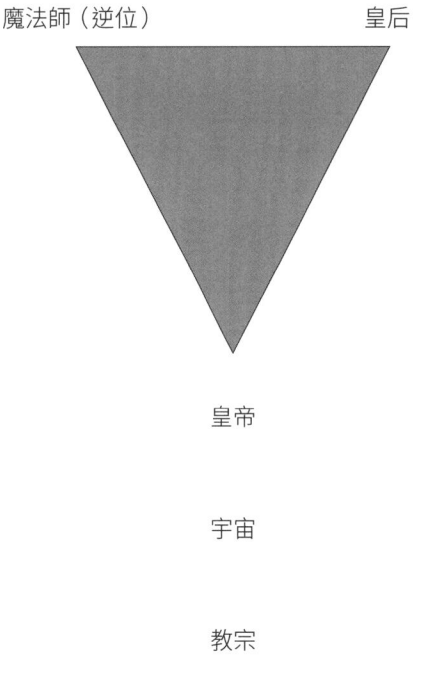

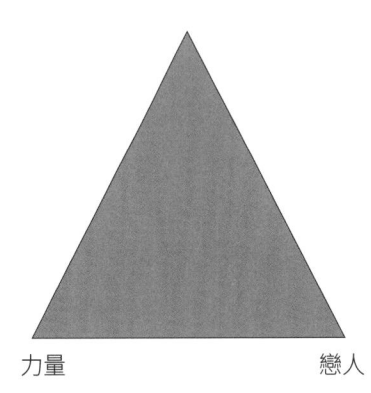

仁慈與良善（教宗）。

根據第7張牌所顯示的最終結果，如果我能依循從這裡提出的建議，特別是來自第6張牌的指引，那麼我在這件事上的成功將得到保證（宇宙）。

我要在這個解釋中補充，如同第6張牌所指示的，我要的不是一段隨便的關係，更準確地說，我要的是能為我帶來靈性提升的關係。

## 學習塔羅牌

學會塔羅牌的唯一方式，就是不斷地使用它。試著每天記住一張牌的意涵。同時，也嘗試每日為自己做簡短的占卜。然而，至少在最初的一個月內，不要過度期待自己的占卜「精準度」。當你初學騎自行車或開車時，也許一開始並不是那麼「精準」，但隨著練習和經驗累積，成功地學會不僅是肯定的，它們也成為你的一部分，對你來說已經變得很自然。如今，你只是做這些練習，甚至不會有意識地思考它們。但我保證，只要你持續幾週或幾個月的專注練習，你肯定能成功地解讀。其準確度將會讓你感到驚訝。請務必持續每天進行塔羅冥想儀式。僅僅占卜解讀或是只做儀式，都無法取代兩者同時進行的必要性。

這一系列的課程並非關於占卜，而是關於學習實踐魔法的基礎知識。為此，大阿爾克納扮演最重要的角色。你將在後續進一步理解其重要性。在給自己和他人進行一般的占卜，應該要納入小阿爾克納（Minor Arcana），特別是進行深入的解讀。可惜的是由於課程的篇幅所限，且小阿爾克納在這門課程的魔法學習中並未扮演關鍵的角色，我們只能將對它們的深度研究留給其他的作者。請不要認為小阿爾克納不重要。終究，你需要要進一步學習它們的意義。然而，在涉及到塔羅牌時，本書的焦點主要還是落在大阿爾克納上。

在至少兩個月的學習和練習後，你就可以自由地繼續研究塔羅牌。我要強調，沒有

魔法師（逆位）　　　　皇后

皇帝

宇宙

教宗

力量　　　　　　　　　戀人

絕對的牌義。不同的作者可能賦予一張牌不同的意義。將他們的觀點納入到你在這裡所學的知識中。在本課程的參考書目中，我列出了一些值得推薦的塔羅牌相關書籍。

# 第三部分

高魔法（High Magick）本質上與巫術（Witchcraft）、威卡（Wicca）、巫毒（Voodoo）、拉丁傳統巫術（Brujeria）等等所謂的「原始」形式魔法有所區別。這裡所說的「原始」並無意貶低追隨這些或相似傳統的人，就如同稱摩西奶奶（Grandma Moses）為「原始藝術家」一般，並無貶低之意。更準確地說，它指的是較古老的風格和更簡單的方式。我認識許多從事威卡和巫術的人，他們都對這既古老又簡單的傳統感到自豪。

然而，這些魔法形式的簡單性，導致大量設計給大眾施術和咒語的書籍誕生，然而在大部分情況下，這些書籍是無用的。這類書籍中，與卡巴拉儀式魔法直接相關的書籍卻相對較少。

其中一個明顯的差異在於，對於許多「原始」技術，似乎只需念誦簡短的咒語和對一些物品進行儀式操作，如點燃蠟燭，製作巫毒符號或是符圖（véve）等。有時，隨著時間的推移，這些咒語變得支離破碎，原始文字的意義逐漸失落，變成了沒有任何意義的聲音。雖然這種情況在儀式魔法中也有所出現，但真正的魔法師總是清楚理解每一個儀式中詞語和動作的確切意涵。這就是為什麼成為一位儀式魔法師需要如此多的訓練、學習和實踐。

下一個你將學習的儀式是小五芒星驅逐儀式（Lesser Banishing Ritual of the Pentagram），實際的指示將在下一節介紹。或許有一些人讀到這裡時已經嘆氣，並想著：「我幾年前就學過那個儀式了！而且，它很簡單。」好吧，如果你覺得它很簡單，那代表你從未正確並充分理解地施作過。它是一個基本儀式，但絕不簡單。它簡短且易於記憶，但並非簡易。

根據我的字典，「基本」這個詞的意思是「一切形成的基礎，就像基本成分一樣，是事物的根本。」不需我再次強調，這個儀式的根本性質以及它的實踐將如何改變你的生活，並提升你的心靈和魔法能力。當《現代魔法》首次出版時，我已經每天至少進行一次這個儀式將近十年，並且沒有停止的打算。這是一個基本的、簡短的儀式，它構成了你訓練的基礎，並增進你作為真正儀式魔法師的發展。

## 進行小五芒星驅逐儀式的理由

　　進行這個儀式有三個理由。第一，最重要也是最超然的，就是**認識你自己**（Know Yourself）。你將會了解自己是否有足夠的意志力每天堅持進行這個儀式。最後，你將比以往更認識自己的本性和本質。你會對自己、他人和周圍世界的關係產生不同的感受。它將以許多微妙且正面的方式影響你。

　　第二，它將擴大你的氣場（aura）。這樣的結果是非常驚人的。隨著你的氣場擴大變得明亮，你也會發現自己在精神和心理層面上，變得比以往任何時候都還要強大。這種現象並非純粹想像。擴大的氣場將增強他人對你的共鳴感（rapport，讀作「ra — pohr」，a 的發音如「rasp」這個單字）。共鳴是一種與他人建立連結的感受，這種感受使人們認為你值得信賴、有共同的興趣、是個善良的人，且與他們有相似之處。增強你的共鳴度會讓人們更加欣賞和尊重你，並且更經常來向你尋求指引與安慰。這不會在一夜之間發生，但它確實會實現。當人們開始問你類似：「這是新裙子嗎？你是不是變瘦了？你剪髮了？」這樣的問題，即使裙子是舊的，沒有變瘦，髮型還是一樣，你會發現大部分人都能無意識地察覺到氣場的變化。但他們並不知道這是氣場改變，所以他們只能找出像是頭髮、衣服或體重，這些實際上他們熟悉事物的變化。

　　第三，小五芒星驅逐儀式（簡稱 LBRP）將從你周圍立即驅逐任何不期望的影響。這種驅逐包含消除負面和或不需要的物質層面影響，以及非物質層面中，星光與元素力量（astral and elemental forces）的負面影響。這是對抗心靈攻擊的首要防禦術。越常練習小五芒星驅逐儀式，你會感到越安全、感到越平靜。

　　在你進行這個儀式時，採取的態度很重要。從事電腦相關工作的人認得一個很生動的詞 GIGO（讀作「gee — goh」，其中「g」發上顎音）。這代表「垃圾進，垃圾出」（Garbage in, garbage out）。如果你輸入無用的內容，將會得到無用的垃圾。如果輸入準確的數據，將會得到準確的結果。同樣，你從這個儀式中得到的正是你放入其中的一切。如果你帶著憤怒進入這個儀式，你將帶著更強烈的憤怒出來。你應以充滿美好與喜悅的心情來進行這個儀式。在小五芒星驅逐儀式之前先進行放鬆儀式將有助於你達到所期盼的意識狀態。

　　你應非常肯定，當你召喚大天使時，確信祂們就在那裡，確信五芒星也真的在那裡，確信你正盡你最好的可能完成儀式。

　　然而，你不應過度「渴望結果」。將焦點放在儀式本身，而非你所期待的儀式結果。若你能全神貫注地進行儀式，你必將會通往成功。如果你的注意力放在其他事情

上，比如你所期待的體驗或儀式結果，你的能量將會分散（在儀式施作表現和結果間分心），儀式的效果將會減弱。

當你進行儀式時，必須明白你已經不再只是位於你的房子、公寓或建築物裡。也不僅僅是在戶外。更準確地說，你在**眾神的聖殿中**。你也在**神性中**。無論你位於何處，當你進行這個儀式時，這裡就充滿神聖。你應如此看待。

同時請記得，現在你還是一位初學者，一名學生，一名正在接受訓練的魔法師。你還不是高階的魔法師，也不是強大的巫師。因此，尤其在神聖的臨在前，保持謙虛的態度。

## 小五芒星驅逐儀式的用品

在進行此儀式時可能會需要使用幾項實體物品。然而，只有一項是必備的——就是一個你能獨處且不被打擾的地方。進行這個儀式不超過十分鐘，熟記後所需的時間更短。所以，你首先需要確定有一個實體空間，讓你能在這短暫的時間裡不被打擾。就我們目前的目的而言，這個儀式不適合在公眾面前進行。

第二，擁有祭壇是傳統的做法。它可以是一張覆著黑布的小桌，或者傳統的「雙立方」祭壇。以傳統祭壇而言，適當尺寸為36×18吋，看起來就像兩個上下相疊的18吋正立方體（於上如是，如是於下之喻意）。此外，它也象徵了物質世界，因為祭壇外部的面數（上、下、上層立方體的四面、下層立方體的四面）總數是十，這在卡巴拉中是大地之數（後面會更詳細介紹）。第三，我發現燭光比電燈更適合進行儀式。我甚至更喜歡真實的蠟燭，而不是那些看起來像蠟燭閃爍，便宜的 LED 燈。然而，使用電池供電的燈比較安全，因為你不會打翻蠟燭或引發意外的火災。也還有一些需要插電，像燭光一樣閃爍的燈泡，試一試各種燈，看看哪一種最適合你。

對於你的儀式，你可以在祭壇上安放一支蠟燭，如果儀式是在室內施作，或許還能再多放幾支。在此時，使用白色的蠟燭代表純潔（白）與精神能量（火）。同時，薰香的使用也是一種不錯的巧思，總能為儀式增添氣氛。香被認為是使祈禱上升通往神的象徵。目前來說，薰香的種類並不重要。只需找到你喜歡的並使用它即可。當我剛開始時，我比較喜歡檀香或乳香。

## 製作祭壇

大部分的儀式魔法師都會學習製作各種物品，從簡單的繪畫到複雜的儀式用品，他們會花時間從頭開始製作──或至少以油漆、帶有色彩的「寶石」等元素來加以裝飾。這樣做不僅讓你感到成就，如果你專注於你所創造物品的目的，更能為此物品注入魔法力量。

你不必完全自己動手。譬如，你可以去木材行，讓他們按照尺寸切割出你需要的木板。製作祭壇，你需要四塊18×36英寸，兩塊18×18英寸的木板，再用釘子和膠水將它們組裝在一起。可以告訴木材行的人你要製作櫃子，他們會給你一些指導。由於木材的厚度，整體的規格或許需要做些調整。

我以一種非常簡單的方式製作了我的祭壇。在一家原木材料行，他們出售一種18×18英寸、一面開放的壓縮木板（也稱為膠合板）立方體。我只需將兩個立方體釘在一起，並加了一塊18×36英寸、厚半英寸的膠合板，利用鉸鏈和磁性門閂固定在立方體的開放側面。這還附帶一個宏偉的獅子頭拉手，可以讓我打開這扇門。

然而，在將兩個立方體釘在一起之前，上層立方體的底側和下層立方體的頂側切出了一個大U形。當它們被釘在一起時，兩個立方體之間有一個「通道」，讓我可以在祭壇內儲藏如權杖、劍這些較長的物品。由於有一扇活動門而非封閉的箱子，祭壇不僅可以用於儀式，也可以用於存放儀式的用品。

我在祭壇上加了幾層隔離漆（即使有隔離層，這種木材似乎仍會吸附油漆），並加上輪子使祭壇可移動，之後就完成了。傳統上，祭壇漆成黑色，象徵著儘管距離上方的真實靈性之光還很遙遠，我們仍必須從這裡開始我們的躍升。然而，我的第一個祭壇是漆成白色的，上面還有一個美麗的生命之樹（Tree of Life）圖像（稍後將會詳述），以及來自《歌伊提亞》（Goetia）一書中所羅門防禦五芒星。這些都是我從海報上剪下，貼到祭壇的側面和頂部，然後在上面塗了幾層亮光漆。

如果你想這樣做，一定要確保塗層乾燥後會變透明。請留意，一些聲稱乾燥後會變透明的亮光漆實際上會變成暗黃的褐色。如果你決定製作非

> 傳統黑色雙立方體的祭壇，請小心考慮任何你想要使用的象徵符號，包含用色。你可以暫時使用標準的黑色祭壇，或者在此期間只是將黑色布料覆蓋在祭壇上。你之後隨時可以再用其他色彩和符號來裝飾。
>
> 　　最後，一定要在祭壇頂部塗上幾層保護漆。理想的選擇是夜店和酒吧桌子常有的塗層。這樣，當蠟燭溢出蠟時（相信我，遲早你會弄翻蠟油）就更容易清理。另外，你也可以在頂部放上一塊玻璃作為保護，再加上裝飾性的邊框，並延伸到祭壇頂部的邊緣上，如此確保玻璃不會滑落。完成後請從遠處觀看你的祭壇。底部需要相應的邊框嗎？中間周圍呢？由你自行決定。

　　儀式魔法師使用了四種傳統魔法工具，或稱作魔法「武器」（weapons）。有關它們的細節將在後面的課程中介紹。這些魔法工具是權杖、聖杯、短劍和五芒星圓盤。你可以使用紙杯來象徵水元素，用鹽（代替五芒星）來象徵土元素，用火柴（代替權杖）來象徵火元素，用扇或羽毛（代替劍）來象徵風元素。

　　在祭壇上準備每種元素的象徵物，當然也可以不用。你該避免這些魔法工具所象徵的能量失去平衡。如果你有這些魔法武器（weapons），風元素應放在祭壇的東面，火元素放在南面，水元素放在西面，土元素放在北面。這些道具在不使用時應用絲綢或棉布包覆起來：權杖用紅色，聖杯用藍色，短劍用黃色，五芒星圓盤用黑色。Sleight — of — hand magicians' supply shops（譯註：國外常見的魔術用品店）通常以合理的價格提供這些布料，有各種顏色和大小可供選擇。

　　你可能也希望用儀式鈴。這可以用來標記儀式的開始與結束，同時也可以在更複雜的儀式中標記各個部分。儀式鈴的大小應該是多少？形狀應該是如何的？一樣就取決於你自己。

　　另一樣需要的物品是合適的服裝。儘管有些靈性的傳統會裸體進行儀式，但是儀式魔法總是使用特別的服裝。傳統上，這是一件黑色或白色的「Tau」長袍，這麼稱呼是因為當你把手臂張開時，它看起來就像希臘字母 T（Tau）。這種長袍與合唱團成員或電影中天使所穿的長袍相似。然而，長袍並不是必需的。穿上長袍的目的是為了讓你的意識與潛意識明白你已經換下日常的服裝。這種方式強烈地展現了你即將進行的是一種非常

特別且充滿靈性的活動。如果你無法製作或購買這種長袍，可以從你的衣櫃中找出一些長時間未穿的服裝，或者購買一些新的衣物。仔細地洗淨這些服裝，並且只有在進行儀式時才穿，並且絕不為其他任何理由穿著它們。因此，儘管它們是「普通的服裝」，但當你穿上它們，你會知道自己即將要進行一件特別的事情，它們也因此充滿魔力。

## Tau 長袍

長袍從各種管道中皆可取得，範圍廣泛，從宗教或身心靈商店到學校畢業袍供應店都有。如果你懂得裁縫，很多縫紉用品店都會有長袍的製作圖樣。製作這種長袍的一種簡便方法是取一塊布料，寬度與你雙臂張開指尖至指尖的寬度相等。其高度至少應為你身高的兩倍。

將布料攤平放在地上，對摺一次。接著，躺在布料上，使你的頸部位於摺疊處，腳朝向開口端。讓朋友以 Tau 十字的形狀，在你身體周圍畫出標記，並標出鐘形袖子以及底側比腰身寬的部分。在你的手臂與軀幹相接的部分，標記的範圍至少應超出你的身體 15 至 20 公分。按照標記縫紉，並將多餘的布料裁掉。在適當的位置剪出一個頭部的孔洞。翻轉長袍並試穿看看。你可能需要在底部、頸部開口處和袖口處縫上邊。傳統上，手臂伸展時，袖子應該能夠至少達到你的第一指節。實際上你可能需要添加布料，使得袖子的長度足夠。

我想要強調一點：

**不必等到所有的物品都齊全後才開始進行小五芒星驅逐儀式**

你該在下一個課程學到實際技術時，就開始進行並練習這個儀式。我現在給你這些希望你能擁有的物品指示，是為了讓你可以開始準備或開始製作它們。但是，一旦你獲得如何進行儀式的指導，請立即開始練習。進行儀式唯一需要的是一個你可以獨處、不受干擾的空間。如果需要的話，你可以把自己反鎖在浴室裡！而且請記住，你練習越多，對它的熟練度就越高。當你在小五芒星驅逐儀式中做得越好，你在所有儀式中的表現就會越好——並且將越來越順利。

## Tau 長袍設計的建議

不論你是自製 Tau 長袍還是購買現成的,這裡有一個小技巧,可以讓你的魔法體驗更加愉悅。

不要僅僅讓寬大且鐘形的袖口保持敞開,還可以將其從開口底部至中間約一半的位置縫合起來。兩側的袖口都適合如此修改,這樣做有助於保持袖口形狀和位置在象徵上的正確。更重要的是,從實用的角度來看,這個小小的改變使你擁有大部分長袍所沒有的好處:相當於口袋的空間!你可以利用這個空間存放面紙、手帕、儀式指示、小型魔法工具等等。

這個小改動不僅讓 Tau 長袍的設計更獨特,也讓魔法師的活動變得更加輕鬆。

縫合如圖所示的袖口部分

## 繪製五芒星

在執行小五芒星驅逐儀式時，你需要以特定的方式在空中繪製大型的五角星（五芒星）。左手保持放鬆，並置於身側。如果有一把匕首（**不是**風元素短劍；此儀式中使用專用的匕首），以右手握住。如果沒有，就將手握成劍指（食指、中指伸出，其餘三指握成拳），或是伸出所有的指頭，彷彿整隻手像一把劍一樣。指向你左腰外側，劃一條線到你的頭頂，然後將劍劃至右腰外側。接下來，將劍劃至左肩外側，然後平移至右肩外側。最後，將它劃到左腰外側，結束於起點。

手指或劍尖應始終指向前方，遠離自身。請看本頁的示意圖。

▲ 驅逐（土元素）五芒星

在繪製五芒星的過程中，你要能在心中清晰地觀想它，將它想像成一種非常明亮且純淨的藍色，這種顏色類似於閃電閃爍，或是當瓦斯爐、打火機、酒精被點燃時所看到的藍色火焰。即使你無法清楚地「看見」這個過程中你所繪製的五芒星如何燃燒，只需知道它的存在即可。隨著你靈性視覺的進一步發展，你終將能夠見到它的存在。在空氣中描繪五芒星時，要「看到」火焰跟隨著你的劍尖或手指移動，深深地確信那火焰就在那裡。

如何使用這門課程完全取決於你。有些人可能只是瀏覽並獲取資訊。也許你會與你已經知道的內容比較。也許你會將這裡的內容加入到你已有的知識中。如果這是你使用這門課程的方式，很棒！我個人的哲學理念是「你不是在死去時死去，而是在停止學習時死去。」如果你發現這些內容對你有所幫助，我會覺得那很好。

有些人會像查詢百科全書一樣使用這門課程。你會在這裡研究一點，在那裡參考一段，甚至可能練習一兩個儀式。也許你會將其中的一些想法和技術加入到你現在正在做的事情中。也許「逐步消化」正是你此刻需要的。如果這是你要使用這門課程的方式，那也很棒！我的希望是，你能在學習中擁有豐富的收穫。

你們之中有些人會按照我所希望的方式，把這門課程當作是最好的魔法入門指南。這意味著你將逐課學習，花時間仔細研讀其中的每一部分，練習這些技術，學習並定期執行儀式，並經由回答複習問題，確保你已經掌握了每課的知識。如果這是你使用這門

課程的方式，那就更棒了！如果你就是這麼使用這門課程的（我想再重複我之前說的，你也許會覺得在學習初期就先快速閱讀一遍——做個大概了解——是個不錯的方式），當你真正開始進行時，我會建議你至少花一個月的時間研究每一課的內容，然後再繼續下一課。

沒有必要急。你有足夠的時間來取得成功。只有當你覺得自己時間不足，才可能會因誤解而選擇走捷徑，這或許會導致失敗。然而，只要藉由定期的學習和練習，成功將屬於你。

## 複習

為了幫助你確認是否已完全掌握「第一課」的內容，以下列出了一些問題。在不參考課文的前提下，請試著回答這些問題。（答案可以在附錄二中找到）

1. 什麼是「消極的黃金律」？
2. 當你做夢時，可能發生的四種情況是什麼？
3. 什麼是「史特金定律」？
4. 你私人的隱祕魔法文件是什麼？
5. 為什麼應閱讀其他關於卡巴拉或魔法的書籍？
6. 在你的魔法日記中，為什麼該追蹤你的情緒狀態？
7. 亞瑟·C·克拉克如何比較魔法和科技？
8. 定義白魔法、黑魔法，以及灰魔法。
9. 如何避免意外地施行黑魔法？
10. 塔羅牌在歷史上最早被提及的紀錄是什麼？
11. 占卜與算命的差別是什麼？
12. 進行塔羅占卜時，為何不該問「我應該做 ＿＿＿＿ 嗎？」
13. 執行「小五芒星驅逐儀式」的三個理由是什麼？
14. 當你為「小五芒星驅逐儀式」繪製五芒星時，它應該是什麼顏色？
15. 為什麼祭壇的頂部應有一層厚的保護塗層，或者覆蓋著一片玻璃？

2. 劃到頭頂上方

3. 繼續移動向右腰外側

1. 從左腰外側開始

4. 劃向左肩外側

5. 橫向劃至右肩

6. 結束的位置與起始位置相同

▲ 圖中的五芒星是為了清晰呈現。在實際進行儀式時，五芒星應位於施作者的正前方。

以下問題，只有你自己能回答。

1. 這門課程提出一種觀點：神既非男性也非女性。你對此有何看法？
2. 你是否有記錄夢境和儀式的日記？
3. 你曾經有過最重要的夢是什麼？
4. 你是否規律地進行放鬆儀式？
5. 你是否有在使用塔羅牌？
6. 你是否進行過塔羅占卜？至今最準確的結果是什麼？
7. 你使用哪副塔羅牌來進行這門課程？
8. 你為什麼想要研究魔法？
9. 你認為你真的理解這一課嗎？
10. 你最喜歡的神話是什麼？為什麼它對你的影響如此深遠？
11. 你是否曾嘗試進行魔法，沒有成功？你認為它為什麼失敗？

## 參考書目

有關這些書籍的更多資訊，請參閱本書末標註的參考書目註解。

Ashcroft–Nowicki, Dolores. *The Ritual Magic Work-book*. Red Wheel / Weiser, 1998.

Bonewits, P. E. I. *Real Magic*（Revised Edition）. Red Wheel / Weiser, 1989.

Cicero, Chic, and Sandra Tabatha Cicero. *The Essential Golden Dawn*. Llewellyn, 2003.

— . *Secrets of a Golden Dawn Temple*. Thoth Publications, 2004.

Crowley, Aleister. *Magick*. Weiser, 1998.

King, Francis, and Stephen Skinner. *Techniques of High Magic*. Destiny Books, 2000.

Kraig, Donald Michael. *Tarot & Magic*. Llewellyn, 2002.

Louis, Anthony. *Tarot Plain and Simple*. Llewellyn, 2002.

Regardie, Israel. *Foundations of Practical Magic*. Acon Books, 2004.

— . *The Golden Dawn*. Llewellyn, 2002.

Wang, Robert. *The Qabalistic Tarot*. Marcus Aurelius Press, 2004.

— . *The Secret Temple*. Marcus Aurelius Press, 1993.

# 第二課
## LESSON TWO

## 第一部分

在這節課程中,我會詳細引導你如何進行「小五芒星驅逐儀式」。不過,在進行前,請你先回顧第一課的第三部分,並確認你已對其內容全然掌握後,再繼續往下讀。到目前為止,你應已養成記錄夢境日記和儀式日記的習慣。經由規律地進行「塔羅冥想儀式」練習,你很可能對自我和你的魔法工作有了一些深入的洞察。

當你確定自己已熟悉第一課的內容與練習時,就可以進行下一步。

## 小五芒星驅逐儀式

### 初始準備

**空間的初始準備**:首先,你需要決定好進行儀式的地點。仔細檢查這個區域。前往你準備進行儀式的具體位置。如果你擁有如上一課中提到的祭壇,將其放置於位置中央。倘若沒有祭壇,可以使用任何小桌、椅子、凳子,甚至是一張平放於地面的紙來代替。在祭壇的西側放置一把椅子,使得你坐下時正對東方的祭壇。確保這個區域的整潔,必要時進行清潔、吸塵及拖地。如果可能的話,確保有足夠的空間可以在祭壇和椅子周圍形成魔法圈,並確保自己在移動時不會撞到任何東西。

**自身的初始準備**：開始儀式前，你或許會想進行一次儀式淨化浴。這種洗浴不只是為了清潔你的皮膚，更是為了洗淨你靈魂中的負面能量和一整天的煩憂。首先，淋浴將身體清洗乾淨，然後浴缸放滿溫水。依你的喜好，添加一些浴鹽（如 Epsom salts），並混入香氛油或香水。接著，進入浴缸，靜靜地浸泡幾分鐘。讓自己感受到所有的煩惱、憂慮，以及負面能量都融入了水中。接著，拉起排水塞，讓水緩緩排出，而你仍然待在浴缸中。隨著水慢慢流去，你會感覺所有困擾你的負面事物都隨著水一起流走。當所有的水都從浴缸中流完後，再起身離開浴缸，用條乾淨的毛巾把身體擦乾。最後，穿上你的長袍或特殊的魔法服。

**空間的最終準備**：

若已經備妥，將象徵各種魔法元素的四種工具置於你的祭壇之上。請記得，所有魔法工具都需準備齊全，否則就都不要使用。將用於塔羅冥想儀式的大阿爾克納也放在祭壇上。根據下方的示意圖，你將面向東方，從椅子和祭壇之間的位置開始進行儀式。若有為此儀式準備蠟燭，現在就點燃它們，並將所有的電燈熄滅。當然，如果是白天，你可能需要拉上窗簾或者關上窗戶。假如你跟我一樣更偏好燭光，那麼應該讓燭光成為照亮整個房間的唯一光源。同時，現在就點燃你想在儀式中使用的薰香。

**自身的最終準備**：進行幾次深呼吸，吸氣時由鼻孔吸入，呼氣時則由口中呼出，慢慢地進行這個動作。讓所有的煩惱、疑問或擔憂都隨著每次的呼氣離去。要意識到你即將進入的是一個神聖的領域。

面向東方坐在椅子上，進行放鬆儀式。然後，站起身來，仍舊面向東方。手持匕首（並非風元素短劍），或是依照上一課所述，使用你的劍指。明白此時此刻，你正處於神的臨在之中。儀式已然開始！

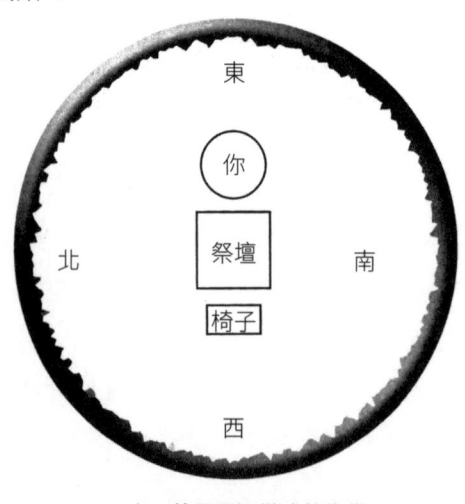

▲ 小五芒星驅逐儀式的準備

# 第一部分：卡巴拉十字

**步驟一**：從座位上站起，順時針繞過祭壇，走到其東面，此時依然面朝東方（標記為「你」的位置）。想像自己變得越來越大，越來越高，直到你超越了所在的房間。繼續這樣的觀想，直到腳下的城市變得如微塵般渺小。對比你龐大的形體，整片大地也顯得微不足道。隨後，甚至連地球也在腳下縮小。儘管地球在你腳下變得如此渺小，它依然牢牢地為你支撐，使你站立穩固，完全安全，絲毫不會感到漂浮或飄動。

接著，想像你變得如此之大，太陽系的行星猶如在腳旁旋轉的玩具球。很快，這些行星變得微不足道，幾乎看不見，就連銀河系也變成了你腳下的一點微光。現在，想像一個光點從頭頂的遙遠處來到。要明瞭，這只是源頭之光的一小部分。如果看到這道光的完整亮度，將立即被其非凡的純淨瞬間充滿，無法看見其他的存在。

這無盡、無限的光芒儘管微小，卻在你的頭頂上匯聚成一顆閃爍的明亮白色光球。這光球的直徑大約22公分，接近餐盤的大小。它的亮度超越了萬千太陽，但這仍然只是源自神聖靈性白光的微小一部分。用你的匕首（或手指）指向頭頂上的光球⋯⋯

然後「引導」它（藉由動作指引）前移到你前額眉心的位置。此時，想像這明亮的光芒充滿你的頭部。當你指向前額時，以振動的方式念誦出：Ah — **TAH**（粗體的音節表示強調，關於振動念誦的更多細節將在本課稍後解釋）。

**步驟二：**將匕首（或手指）穩穩地往下移動，沿著你的身體直到劍尖指向地面。手中的劍柄最終位於鼠蹊部前，由上到下連成一條直線。在這個動作中，觀想頭部的光隨著劍尖（或手指）移動，形成耀眼的光束，穿透你的身體，自你的足底延伸至地球的中心。振動念誦：Mahl — **KOOT**。

**步驟三：**接著將匕首移向你的右肩。這時，想像那股從上到下貫穿身體的強大白光，流向你心臟區域，向右投射出一道光，穿過右肩上的劍刃。這束光繼續向右延伸，直達宇宙的盡頭，甚至更遠。專注於這道光束，並振動念誦：Vih — G'Boo — **RAH**。

**步驟四**：將劍尖平移至你的左肩。在這過程中，想像白色光束向你左側延伸，穿越無盡的空間。專注在這道光束上，振動念誦：Vih — G'Doo — **LAH**。

**步驟五**：將你的雙手十指交握放在胸前，如同祈禱的姿態。如果使用的是匕首，劍尖應向上，不應朝外遠離你，也不應偏向兩側或朝下。在你的胸口內，雙手交握的地方，觀想一道閃耀的金色光輝。振動念誦：Lih — Oh — **LAHM**, Ah — **MEN**。

小五芒星驅逐儀式的首部分意涵如下：在希伯來語裡，Ah ─ TAH 意為「你的」，或詩意地說，為「歸於汝」。以上的觀想畫面和正確的匕首（或手指）指向，是為了表明你正將你的高我（Higher Self）與神性連結。Mahl ─ KOOT 意為「王國」，根據卡巴拉的觀點，這代表我們的物質層面或稱為「元素層面」（elemental plane），以及地球。這就是指向下方的原因。Vih ─ G'Boo ─ RAH 的意義為「和力量」，而 Vih ─ G'Doo ─ LAH 的意義為「和榮耀」。Lih ─ Oh ─ LAHM 則代表「永遠」，而 Ah ─ MEN 自然就是「阿們」（你將在後續的課程中學習到「阿們」這個詞的神祕意涵）。

因此，這個儀式的第一部分可以譯為「國度、權柄、榮耀都屬於你，直到永遠，阿們。」這聽起來似曾相識對吧？這正是主禱文的一部分。然而這部分主禱文在聖經的最初版本並不存在，直到後期的版本才出現，給人一種被添加上去的印象。這個新增的部分是否證實至少有一部分早期的基督徒曾經了解卡巴拉的祕密？我們也許永遠無法確定。這裡用到的許多詞彙都直接參考了卡巴拉的主要象徵：生命之樹。這將在後面討論。

---

## 儀式淨化浴的建議

**提示1**：若你想在浴鹽中或直接在水中添加香氛油，要非常小心。這對柔嫩和敏感的肌膚有很大的刺激性。即使只是一滴肉桂油也可能引起刺激及灼傷。若有疑慮則避免使用。你可以選用專業製作的商品，這些商品能在身心靈專賣店或百貨公司找到。對於有過敏體質的人，也要小心使用。也可以在房間裡點燃線香或香薰蠟燭作為替代。

**提示2**：對於沒有浴缸或偏好淋浴的人，可以用類似方式來實現儀式淨化浴的效果。首先，按照指示淋浴洗淨身體，洗淨並擦乾之後，走出淋浴間。這一點很重要，因為它對你的意識和潛意識有一種實質的暗示，就是你已經清除了身體的汙穢。

再次走入淋浴間。當水淋落在你身上時，想像它在清洗掉你所有的擔憂、煩惱和負面能量並將它們帶走。當負面能量完全消失後，用乾淨的毛巾擦乾身體，然後穿上你的魔法袍或特別準備的服裝。

## 卡巴拉十字的變化版本

儘管卡巴拉十字最初是作為小五芒星驅逐儀式的一部分而被引入，但它已經發展出自己的特色。因此，這個儀式的許多變化版本也隨之發展。以下列出其中幾種。

**黃金黎明版本**

在步驟二中，黃金黎明會的成員會將手掌交疊置於胸口，也就是光束水平與垂直相交的地方。

**克勞利版本**

部分克勞利的追隨者也會將手掌交疊置於胸前，但他們是在步驟一與步驟二*之間進行*。此時，他們加入一個額外的詞彙。大部分資料指出，這個添加的振動念誦詞是「Aiwass」。克勞利認為，Aiwass 是他神聖守護天使的名字，並且也是一種物質層面之外的智慧體。有些追隨者在這時候簡單地使用「Aiwass」，然而，也有些人可能只有在接觸到自己的神聖守護天使後才會使用它。

**西岸泰勒瑪版本**

美國西海岸的一些泰勒瑪（克勞利的追隨者們）相信這個儀式與著名的魔法書《歌伊提亞》有所關聯。克勞利認為「Goetia」的意思是「咆哮」，所以人們用一種類似吼叫或咆哮的方式來說出這些詞語。這種聲音在英語中很難描述，但我可以給你一個概念，像第一個單字，Ah — **TAH**，聽起來像是「aaaaawwwwrrrrtaaaaaaawwwwwrrrr」。

**亞歷山大版本**

亞歷克斯・桑德斯（Alex Sanders，1926–1988）是亞歷山大威卡（Alexandrian Wicca）的創始者，這是新異教信仰的早期形式之一，晚於加德納威卡（Gardnerian Wicca）的出現。桑德斯聲稱他的這項創新是源於他祖母的啟蒙，並結合了加德納威卡的思想與更多的儀式魔法元素。在這個版本中，步驟一不是振動念誦 Ah — **TAH**，而是「Kether」，並在步驟二時指向鼠蹊部。

### 其他版本

卡巴拉十字的版本似乎無窮無盡。我聽說有些人使用 AUM、AUMGN 或者甚至是如 AUM — EN 這樣的組合，來取代 Ah — **MEN**。這些顯然是帶有一些象徵性、受東方影響的發音。有一個團體，他們使用 Ah — Tor 取代 Ah — **TAH**。然而我對其意義和來源並不清楚。

### 哪一種才是正確的？

在這門課程中，我會介紹各種儀式的不同版本。這樣你可以看到其他人的做法。那麼問題是，哪一種版本才是「對的」？哪一種方法才是「正確的方式」？

在《Sane Occultism》中，佛瓊寫道：「神祕學中沒有權威。」我完全同意。我主張魔法是一種實驗性的科學。我所給予的方法對很多人來說是有效的。試試看，如果它有效，那就太好了；如果它無效，那就試試其他的。你的版本也許與其他人都不同，但如果對你有效，那麼就是適合你的方法。就像克勞利在《律法之書》（*Book of the Law*）中所說的，「成功即是最好的證明。」

如果你還未完全明白，這是結束這部分最後一點補充。你所做的是將自己視為宇宙的中心，讓唯一神性的光芒穿過你。你可以在此位置稍停留幾分鐘，感受那股力量。

## 第二部分：五芒星的形塑

**步驟一**：移步至魔法圈的最東端，站在在第一個圖示標記為「東」或第二個圖示標記為「Yud — Heh — Vahv — Heh」的位置。面向外，背對位於魔法圈中心的祭壇。也就是說，你站在魔法圈東側，面向東方。在此處，繪製一個如同上一課所教的五芒星。在畫的過程中，一定要將此圖形視覺化觀想成燃燒般、沿著繪製線條噴流出藍色火焰的五芒星。

**步驟二**：由鼻子吸氣。在這個過程中，感受能量從宇宙的盡頭進入鼻子和身體，然後經過你的腳底，向地球的中心流去。當你吸氣時，兩手應舉到頭側靠近耳朵的位置。匕首（或右手食指）應指向前方。在此步驟中，在左手（之前一直放在身側）移動到左耳旁的位置時，食指應指向前方，其餘的手指握成拳頭。

**步驟三**：向前邁出左腳。同時將兩手向前推，指向前方藍色五芒星的正中央（這個姿勢稱為「神形」），也是被稱作「進入者」的特定手勢）。當這樣做的同時，呼氣，並感覺能量從地球回流至你的身體，再經由手臂與雙手流出穿過五芒星的中心，並向宇宙的盡頭流去。將能量觀想為明亮的火紅色。在整個呼氣過程，振動念誦出神之名：Yud — Heh — Vahv — Heh。

**步驟四**：將雙手移回耳旁，並將左腳退回原位。將左手放回身側，用右手的食指（或匕首）指向五芒星的中心。此刻，按照圖示中的箭頭，在你移動至魔法圈邊緣時，在空中畫出一條線，與五芒星的中心等高。轉動九十度，繼續移動至南邊，面向南方。再次參閱圖示以確定停止的位置。

當在空氣中畫出兩個五芒星之間的線條時，應視覺化觀想你的手指（劍尖）發出耀眼的白光。面對南方，重複步驟一和步驟二，振動念誦 Ah — Doh — **NYE**。

**步驟五**：重複以上步驟，但移動至西邊，並振動念誦：Eh — Heh — **YEH**。

**步驟六**：重複上述動作，但移動至北邊，並振動念誦：**AH** — Glah。

**步驟七**：從北方畫出連接回東方的白色線條，以完成魔法圈。然後，按照順時針方向，回到祭壇的東邊，面向東方（圖中寫著「你」的位置）。註：如果空間有限，可以簡單地原地旋轉。

**步驟八**：現在，想像那耀眼的白色圓環正在上下擴張，化為包覆你的球體。你所完成的是在身旁創造出一個明亮的白色光球，其中在四個方位有電光般藍色的五芒星，這些五芒星已經被賦予神名的能量充滿並封存。

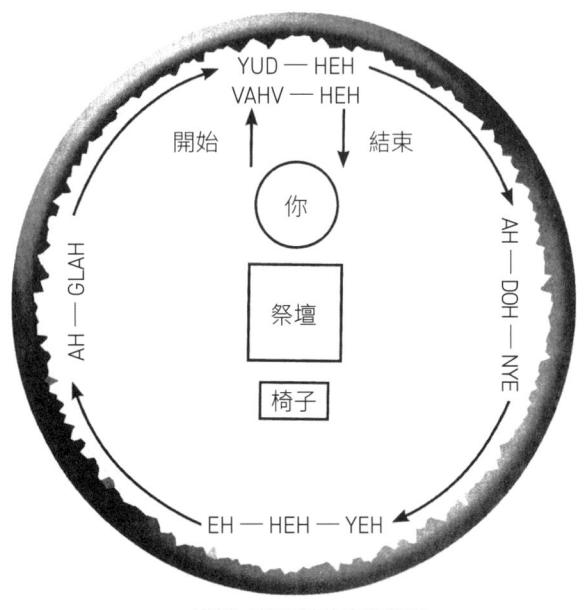

▲ 繪製五芒星時的走動流程

## 眾名喚一神

在美國的主要城市中，有許多免費發放，成本完全由廣告費支付的報紙。這些報紙常常刊登社區的活動訊息。在我魔法生涯的初期，便兩度因為這些活動訊息去聽了猶太「學者」——也就是拉比——關於卡巴拉的演講。兩次的體驗都讓我覺得浪費時間，因為這些人對卡巴拉幾乎一無所知，或者他們根本不把聽眾放在眼裡，以至於決定隱藏他們的知識，不與聽眾分享。我還遇到一位極端的拉比，他告訴他的猶太聽眾應該要忘掉卡巴拉，因為猶太人只應信仰一位神，接著他說：「基督教已經給我們三位神（指的是基督教的三位一體——聖父、天子和聖靈），而卡巴拉又給了我們十位（指的是生命之樹上的十個神名）。」這種說法不僅顯示出他的無知，也是對卡巴拉的誤解，必須立刻釐清，否則，這些人們所稱的「學者」便須解釋為什麼在歷史中，像艾薩克・盧里亞（Isaac Luria）和巴爾・謝姆・托夫（Baal Shem Tov）這樣最知名且重要的拉比，會成為「多神信仰」的卡巴拉學者。（在另一個場合，我還遇到一位拉比遲到了四十五分鐘，沒有任何道歉，整個演講只是在談論暗巷裡的貓。直到現今，我還是不知道這與卡巴拉有什麼關聯！）當然因為卡巴拉正在逐漸流行，或許現在的情況有所改變，但我可能再也不會去聽這些演講了。

卡巴拉，是以一神作為核心的傳統。在卡巴拉的觀點中，至高無上的神性源頭（Divine Source）深奧之處，遠超出我們凡人的理解範圍。然而，我們能夠認知神性中各個部分（或各種面向），並與之達成同頻。神性不同的面向以各種不同的神名*所呈現*。

讓我們將崇高神性的概念與一個落地且常見人名來類比，他的名字是「約翰・史密斯」。「約翰・史密斯」有許多不同的名稱：

1. 他的母親稱呼他為「兒子」。
2. 他的妻子稱呼他為「親愛的」。
3. 他的女兒稱呼他為「爸比」。
4. 他的兒子稱呼他為「爸爸」。
5. 他的老闆稱呼他為「史密斯」。
6. 他的朋友稱呼他為「小史」。
7. 他的同事稱呼他為「約翰」。
8. 老朋友用他童年的綽號「賓基」稱呼他。
9. 他的情婦稱呼他為「寶貝」。

10. 他的客戶稱呼他為「史密斯先生」。

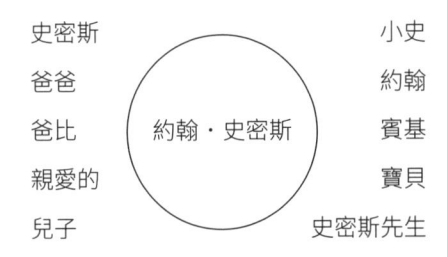

```
史密斯              小史
爸爸               約翰
爸比    約翰·史密斯   賓基
親愛的              寶貝
兒子              史密斯先生
```

因此，這是一名有著十個名稱的男人。進一步來說，這些稱呼象徵著人們與他的關係。試想，如果他的妻子開始將他稱作「寶貝」，他一定會感到詫異！若他的兒子一生都叫他「爸爸」，然而有天突然說：「父親，有件事我想跟你談談。」他也必定會感到驚訝。同樣地，神有許多稱呼，但只有一個源頭。我們藉由學習神的各個面向，能夠理解這些稱呼所代表的意涵，進一步對神性之源有所了解。

YUD — HEH — VAHV — HEH 被認為是神聖、至高、不可言說的神名。它的真正發音是未知的。在英文中，我們可以說它由 Y、H、V、H 四個字母組成。猶太人永遠不會讀出這個字，他們會說 Ah — doh — nye（或是「Ha — Shem」，希伯來語中的「名字」）。將 Ah — doh — nye（意指「我的主」，而非某些作者所說的「主」）的希伯來文母音放在四字神名的字母周圍，就形成了「Yahovah」或是「Jehovah」。因此，說神的真正至高名字是這兩者之一，或者其不同形式，顯然是對這聖名全然的誤解。「Yahveh」或「Yahweh」也是不恰當的名稱，它是試著對一個沒有母音的字發音。顯而易見地，YHVH 或許只是一個更長單字的縮寫，或者是其他字母的暗碼，其中或許有一些字母重複，確切來說，沒人知道。YUD — HEH — VAHV — HEH 是希伯來字母轉寫為英語的形式，對應於縮寫為 YHVH 的字母組合。

Y，也就是 YUD 被視為陽性原型的象徵（道家的陽或榮格理論中的 Animus）。第一個 H，稱為上位 HEH（HEH Superior），代表陰性的原型（道家的陰或榮格理論中的 Anima）。V，在希伯來語中讀作 VAHV，宛如延長書寫的 YUD（這裡隱含著深奧的魔法祕密）象徵物質層面的陽性。而最後一個 H，下位 HEH（HEH inferior），代表物質面的陰性。因此，這個神的至高聖名，四字神名（Tetragrammaton，希臘語中的「四字神名」），也就是 YHVH，表明神是終極的統合，是所有二元（如男性與女性之象徵）的完美融合，在所有的層次上，統合所有的對立。這確實是對神性本質的不錯的理解。

EH — HEH — YEH 通常翻譯為「我是」，但更精準的翻譯應該是「我將成為」的

不定詞形式。這是神在燃燒的灌木叢中向摩西顯現的聖名。神要求摩西前往埃及釋放希伯來人，摩西問：「我該說是誰派我來的？」神回答：「Eh — heh — yeh ah — share Eh — heh — yeh」。這經常翻譯為「我是我所是」（I am that I am），這對我來說似乎沒有多少意義，反倒讓我聯想到神在模仿大力水手的卡通形象。然而，若準確地翻譯為「我將是我將成為的」，那麼它就十分合理。神對摩西說：「我超越所有名字，因我將是我將成為的。」對我來說，這是神深奧且明智的回答。

下一個神之聖名讀作 AH — GLAH，但通常拼作 AGLA。這是因為它是來自於 Ah — tah Gee — boor Lih — oh — lahm Ah — doh — nye 的縮寫。它的意思是「你永遠是偉大的，我的主」，源於一句希伯來語的祈禱文。

曾經存在過多種不同的對應方式，將四方位、元素、神名和大天使連結在一起。這四個神名是目前最常與四方位和魔法元素對應的，同樣地，接下來提到的大天使的對應也是如此。

## 第三部分：召喚大天使

**步驟一**：張開你的雙臂，呈現十字架的形狀。如果使用匕首，劍尖應朝上。再花一兩秒的時間感受能量流過你的身體，使你成為宇宙中心的耀眼光輝十字架。這個十字架也代表了四種元素的原型：風、土、火、水。（稍後會有更多解釋）

**步驟二**：想像你面前的山丘上有一位人形，祂身著黃色長袍，帶有紫色點綴。祂手握商神杖（caduceus）（這是醫者的符號：一根由蛇纏繞的杖，也是羅馬醫療之神墨丘利（Mercury）和希臘神祇赫密士（Hermes）所持有的權杖，同時也是生命能量的象徵），祂的長袍在風中飄揚。你應該能「感受」到祂身後吹來的微風。然後呼喚：「Before me, *Rah — fay — EL*」（在我面前現身，*拉－斐－爾*。記得，振動念誦天使名。）

**步驟三**：不必轉身，視覺化觀想在你身後，站著一位人形，祂身穿藍色長袍，帶有橙色點綴。祂手中持有一個鑲滿寶石的酒杯，周圍環繞著瀑布。試著感受到空氣中的濕氣。呼喚：「Behind me, *Gahb — ray — EL*」（在我身後現身，*加－百－列*。振動念誦天使名。）

> ## 「三」的魔法力量
>
> 　　自古以來，人們總能在數字中尋找到魔法的存在。就如同你隨後會發現到的，數字學（numerology）在卡巴拉中扮演重的要角色。「三」在卡巴拉中極為重要，就如同它在古印度、德魯伊信仰、基督教和其他形式的神祕學中的地位一樣。
>
> 　　在我寫完《現代魔法》一段時間後，我對用來賦予五芒星能量的神名有了一種新的認識：它們都可能與「三」有關。具體來說，如果微調發音，它們都是由三個音節組成的。
>
> 　　YHVH 被不準確地讀為 Je — hoh — vah。
>
> 　　Ah — do — nye 由三個音節組成。
>
> 　　Eh — heh — yeh 也由三個音節組成
>
> 　　有些人「不準確地」將第四個聖名讀為 Ah — gah — lah。我用「不準確地」來形容，是因為我們對古希伯來語的理解，大多依據其重構、從相關語言借鑑以及猜測而來的。
>
> 　　因此，儘管它不符合現代希伯來語的規範，但它可以讀作三個音節。再者，它原本就是一個縮寫，並非一個「真實的」詞彙。那麼，你應為了符合每個神名象徵的三個音節而改變它們的發音嗎？不妨一試。如果這種方法對你有用，那就使用它。如果沒有用，那就用這些儀式中我所提供更精確的發音。

**步驟四**：在你右側想像有一位身著猩紅色並帶有綠色點綴服裝的人形，手中握有一把熾火劍，你能感受到熱度從那個方向炙熱地逼進。呼喚：「On my right hand, Mee — chai — EL」（在我右手邊現身，*米—迦—勒*。振動念誦天使名，其中「Ch」的發音是喉音，如同德語的「ach」或蘇格蘭語的「loch」。）

**步驟五**：觀想在你的左側，有一位身著綠棕相間服裝的人形，站在豐饒的土地上，手中持有幾束小麥。呼喚：「And on my left hand, Ohr — ree — EL」（在我左手邊現身，*烏—列—爾*。振動念誦天使名。）

**步驟六**：向左邁出左腳，並觀想另一個美麗的藍色五芒星圍繞著你，沿著你的身形勾勒。然後說道：「For about me flames the pentagram……」（五芒星環繞我身燃起）

**步驟七**：在你的心臟位置，觀想一個金色六芒星，這有時被稱為大衛星的六芒星。接著說道：「And within me shines the six-rayed star.」（六芒星匯聚我心閃熠）

## 第四部分：卡巴拉十字的重複

重複進行這個儀式的第一部分。

同樣地，對於召喚大天使的部分，其他人可能有些許的不同版本。其中一種版本會說：「五芒星圍繞我身燃起，六芒星懸於我身閃熠」（Around me flames the pentagram, above me shines the six-rayed star.）。另一種版本則說，「五芒星在我前方現形，六芒星在我身後現形」（Before me is the pentagram and behind me is the six-rayed star）。這些都只是細微的差異，但你可以嘗試看看它們對你有什麼影響。

有些人在上述的步驟六中，不會向側邊邁出左腳。我一直強調，使用身體的動作來激發潛意識的重要性。在這裡，你只需向側面移開你的腳步，伸開雙臂，在你的身體各個端點便形成了一個五芒星。你就化身為你所形塑出的五芒星。然而，也可以嘗試不移開腳步的版本，看哪種方式對你最有效。

在完成小五芒星驅逐儀式後，順時針繞著祭壇走到西側，然後坐在祭壇前面對東方的椅子上。坐定之後，深深吸一口氣，稍微放鬆，然後進行塔羅冥想儀式。因此，你的日常實踐工作應按照以下順序進行：

1. 放鬆儀式。
2. 小五芒星驅逐儀式。
3. 塔羅冥想儀式。

每次儀式完成後，都應該在你的魔法日記（或儀式日記）中記錄下來。

以下是不包含任何解釋的小五芒星驅逐儀式摘要。在學習這個儀式時，請參考前述的指引。可以利用以下「速查小抄」在你需要的時候參考，**但這個儀式最終需要你能熟記於心！**

## 振動準則

在小五芒星驅逐儀式中，有些語句需要用帶有力量且權威的語調說出，例如「五芒星環繞我身燃起」，也有一些希伯來語詞彙需要以「振動」的方式來發音。你可能在閱讀過程中已經見過這種「振動」的表述，現在我將完全解釋其涵義及操作方式。

長久以來，神祕學的奧祕中就一直認為所有的物質和能量都是由振動所組成。如今，許多科學家在研究中也依賴這個觀點。如果我們假設所有物質都是由振動能量所構成，那麼魔法就是一種讓人能夠影響振動的科學。對我們來說，開始理解如何控制振動能量就顯得極其重要。

## 小五芒星驅逐儀式

1. 觸摸前額，振動念誦「Ah — TAH」。
2. 指向下方並覆蓋鼠蹊部，振動念誦「Mahl — Koot」。
3. 觸碰右肩，振動念誦「Vih — G'boo — Rah」。
4. 觸碰左肩，振動念誦「Vih — G'doo — Lah」。
5. 雙手交握置於胸前，振動念誦「Lih — Oh — Lahm, Ah — Men」。
6. 走向東面，畫出五芒星，指向中心，振動念誦「Yud — Heh — Vahv — Heh」。
7. 延續線條至南面，畫出五芒星，指向中心，振動念誦「Ah — Doh — Nye」。
8. 延續線條至西面，振動念誦「Eh — Heh — Yeh」。
9. 再次延續線條移至北面，振動念誦「Ah — Glah」。
10. 延續線條至東面，形成完整的魔法圈，返回中心。
11. 雙手張開，念道：

    在我面前現身，拉－斐－爾，
    在我身後現身，加－百－列，
    在我右手邊現身，米－迦－勒，
    在我左手邊現身，烏－列－爾，
    五芒星環繞我身燃起，
    六芒星匯聚我心閃熠。

12. 重複步驟1—5。

▲「五芒星環繞我身燃起……」

物理學中有一種稱為**和諧共振**的現象。這現象簡單來說就是：如果一個物體足夠強烈地振動，周圍的另一個物體可能會與之產生共振，前提是這個物體具有與前者和諧的自然振動頻率。舉例來說，如果在鋼琴附近拉小提琴，與小提琴音高有特定頻率的鋼琴弦將會在未被觸碰的情況下產生共鳴並響起。因此，如果你能控制一個物體的振動頻率，如你自己，就能引起對某些物體的反應，包括在其他層面的存有。因此，對於一位魔法師來說，理解如何進行振動念誦是非常重要的。

在卡巴拉學說中，揭示了一些極其複雜的概念，被視為詞語振動的「祕密」。其中一些觀念牽涉到一種複雜的系統，以視覺化引導聲音進入身體的不同部位。儘管這個概念聽起來很美，但我從未找到這種系統的實際用途，這讓我覺得它是為了迷惑或「遮蔽」所增添，這些手法附加於魔法之上，目的就是為了將祕密隱藏，遠離那些不願意學習、實踐或者沒有老師指導的人。

在我和我許多學生的經驗中，有兩種真正有價值振動詞語的方法，通常被稱作雙振動準則（two vibratory formulae）。第一種是祈請式（invocatory）的內在振動準則。在這種方式中，你使身體的一部分（實際上是星光體）進行振動。這在「小五芒星驅逐儀式」中卡巴拉十字過程使用。以「AH — TAH」為例，在這裡，你應深深吸氣，直到肺部再也無法容納更多空氣。然後在呼氣的過程中振動念誦這個詞。於是這個詞被拉成為：「AAAHHHHH — TAAAAAAAHHHH」。它應該用一種近似唱誦的語調大聲振動發出。音調通常會比你日常語調要高，幾乎接近尖叫。更重要的是，你應要能感到它在你的頭部振動或是產生共鳴。同樣地，「Mahl — Koot」應能在鼠蹊部感受到；「Vih — G'boo — Rah」應在右肩區域等。

第二種振動方法是召喚式（evocatory）的外在振動準則。這種方式主要激發你周圍的氣場（實際上是星光層面）。在小五芒星驅逐儀式中五芒星形塑的部分就體現了這一點。這種方法與祈請式準則相似。你深深吸氣，並在呼氣時大聲振動念誦相應的詞語。這裡神之聖名被延長讀作：「AAAAAAAHHHH — GLAAAAAHHH。」在召喚式振動準則中，你應在整個呼氣過程中發出神名或詞彙。這兩種準則的主要區別在於：在召喚式準則中，你應能感受到前方整個宇宙與你產生共振。你全身和整個宇宙都在對你的召喚回應而共鳴。而祈請式準則使你的身體、心靈、精神、星光體、氣場等，與你的聲音產生共振。

這二種振動準則還有一些細節變化，例如，可以視覺化觀想振動詞彙在你面前燃燒，並讓振動賦予這些火焰能量。

## 深邃之音

有些學習魔法的學生沒有足夠隱私的空間可以大聲且堅定地唸出神之名與具有力量的詞語。事實上，他們需要隱祕進行這些工作。如果你住在隔音效果差的公寓裡，那麼這將變得難以實現！

若你處於這樣的情況，可以使用一種被隱晦稱為「深邃之音」（The Great Voice）的方法。也就是說，你可以無聲或非常輕聲地進行詞語振動，可能只有耳語或輕聲說話的程度。然而如果你這麼做，仍要體驗到共振。當你以祈請式振動準則進行時，你必須感覺到身體各個部分都在振動。當使用召喚式振動準則時，你必須感受到整個宇宙與你共鳴。換句話說，無論你是大聲地振動念誦還是使用「深邃之音」，都必須達到同樣的效果。

如果你經常需要使用深邃之音，我會建議你找個合適的地方，多次全力以赴並大聲練習。尋找一個你能獨自進行這個練習的場所。當覺得周遭的一切似乎有些「微妙變化」，你將知道你的振動念誦詞語準確無誤。這些變化並非在物質層面，而是在區域中「感覺」的變化。如果你使用「小五芒星驅逐儀式」來練習（好主意），那麼環境會感覺更潔淨、清新。你或許會察覺到，自然環境的亮度提升了。這個過程中，你也可能發現需要調整音調，以確保一切能正確地共振，無論是提高還是降低音調，當找到時，你會知道那就是適合自己的音調！此時，你的聲音會變得更響亮、更具有權威，空氣似乎充滿能量的爆裂聲。那時，你將會深刻體會到「真正的魔法師之聲，是如此令人敬畏」。

最後是關於小五芒星驅逐儀式的註記，記得要在魔法日記中記錄你所做的一切。最重要的是：

感受儀式，感受你

時常進行

點燃熱忱，讓祈禱充滿你

# 第二部分

「心靈攻擊」（psychic attack）是許多神祕學者主要的恐懼之一。然而，實際上真正的心靈攻擊非常罕見。之所以如此罕見，是因為當一個人在擁有足夠的技術和天賦進行心

靈攻擊時，通常也具備夠多的神祕學知識，理解攻擊他人會產生負面的後果。在過去的二十年裡，至少有兩百個人因為他們認為自己正在遭受心靈攻擊而尋求我的幫助。我認識許多的身心靈老師和靈媒，也分享過他們遇到聲稱受到心靈攻擊的人的經歷。在我聽過的數百起心靈攻擊的案例中，可能只有五件是真實的，其餘的大部分都是出於想像。

儘管如此，心靈攻擊卻可能是非常真實的**感受**。潛意識無法區別現實與想像，所以即使你只是感覺自己受到心靈攻擊，也可能會產生各種與真實心靈攻擊相似的症狀。這使得確定心靈攻擊是否真的來自外部的來源變得困難。

此外，我們的**心靈**始終受到社會的攻擊：銷售員希望我們買單；電視廣告希望我們消費；朋友、家人甚至是陌生人，無論有意還是無意，都試圖對我們進行心理操控和影響。每當我們與其他人間接或直接接觸時，總是幾乎面臨著各種試圖操控我們的意圖。因此，我們需要意識到日常生活中那些微妙的洗腦意圖，同時了解如果真的發生心靈攻擊時應該怎麼應對。

雖然一般的認知是：真正的心靈攻擊是由經過訓練的魔法工作者藉由儀式施放，但這種情況實際上並不常見。較常見的是攻擊源自一或多人對你的憤怒。他們的憤怒使他們在無意識中將充滿憤怒的能量投向你。他們或許並未察覺自己的思維和情緒正對你造成負面影響（儘管他們可能會對此感到滿足）。然而，更可能的情況是，你只是**認為**有些負面能量正在向你湧來。無論哪種情況，你都會覺得自己正在被攻擊，而這兩種情境都能以同樣的方法來處理。

## 心靈攻擊的跡象

在你決定是否要對心靈攻擊（無論是真實或想像的）採取行動之前，需要先確定自己是否真的遭受到心靈攻擊。許多權威人士曾經提出一系列可能的症狀用以判斷是否確實遭受心靈攻擊。佛瓊在其近乎偏執的《Psychic Self-Defense》一書中列出了一些可能的徵兆，如靈擾現象（poltergeist）或恐懼與偏執的感受。不過可惜的是，靈擾現象還可能有許多其他原因，並非必然源於心靈攻擊；恐懼與偏執則可能由錯誤的信念及對其處理的無力感引發。有些列出可能症狀的書籍讓人感到沮喪，其內容就像一些基督徒主張的觀點一樣，不論吸菸、體重，甚至到賭博、金錢的問題，都是魔鬼造成的。

## 如果你的房間沒有順應四方

共濟會的會所，往往會對齊四個方位來設計。猶太會堂、基督教堂、印度寺廟、亞洲建築，以及其他許多建築都遵循此原則。在過去，許多的靈性傳統中，人們明白與土地能量對齊的重要性。

然而，在現今的家居中，這種奢侈設計的考量常常被忽略，甚至相當罕見。那麼，若你的房間約略偏離了正確方位十二度，該如何布置呢？若書架和家具靠在牆上，試著按照真正的方位對齊，然而除非你清空所有家具，不然根本沒有足夠的空間。即使這樣做，對著一個稍微偏離東方的角落，或許會讓人感覺不對勁，甚至有點古怪。我已與許多人嘗試過這樣做，然而在儀式結束之後，大家花費更多時間討論的是各種「不對勁」的感覺，而非儀式在精神層面的效果或其他形而上的議題。

那麼我們該如何解決呢？其實很簡單。請記得，儀式魔法雖帶有許多擺設和儀式用品，但其本質仍應是實用為主，我們需要專注於實質的成果。因此，你可以這麼做：

1. 如果是有窗戶的房間，可以使用窗簾和窗飾，這樣在白天進行儀式時就無法判斷太陽的方位。

2. 選擇房間的一邊作為「精神層面上的東方」，並宣告它的方位。在進行小五芒星驅逐儀式召喚大天使之後，重複卡巴拉十字之前，說道：「在神和所有在此集結的靈性存有（spiritual beings）面前，我在此宣告，此處，即現在並在所有未來的使用中，為精神層面上的東方。如此定矣。」

從這一刻開始，在所有情況中，尤其是在進行儀式時，都將房間的那一面視為東方。

對於心靈攻擊，有一個簡單的判斷準則：

## 心靈攻擊總是鎖定你最脆弱的一環。

你是否有睡眠問題？心靈攻擊會針對你的睡眠。你是否有嚴重的氣喘？心靈攻擊會影響你的呼吸。你的胃有問題嗎？心靈攻擊會針對你的消化。你是否有某些恐懼？心靈攻擊會使它們加劇。你是否覺得自己不如其他人？心靈攻擊會提升你的不安全感。你是否懷疑戀人的忠誠？心靈攻擊會增加你的疑慮，並可能破壞你們的關係。

然而，這些症狀可能全都有其自然的原因，並非一定源自心靈攻擊。所以，一種常見的做法是，先考慮自然的原因，最後才考慮心靈攻擊的可能。盡一切可能先以非魔法的方式來查明這些症狀的自然原因。向醫師、超心理學家、心理師，或是任何可能幫助你解決這些問題的人尋求協助。記住，大部分的情況下，這些問題並非源自真正的心靈攻擊。只有在你排除了所有其他可能的原因之後，才應該考慮心靈攻擊是問題根源的可能性。

## 抵抗心靈攻擊的技術

以下是一個來自於丹寧和菲利普斯（Denning and Phillips）《Practical Guide to Psychic Self-Defense》著作中，有效擊退心靈攻擊的極佳做法：

**步驟一**：閉上你的雙眼，旋轉並感覺周圍的能量流動，直到你能覺察到負面能量來自何方。隨著緩緩旋轉，讓你的感知力擴散開來。能量的感受可能微弱、可能強烈、可能熱或冷，可能帶有振動，或帶有一種看似不應存在的特定氣味或顏色。當你開展靈性感知能力時，利用它來尋找、感受、察覺、聽見或嚐到那些不應該存在的事物，無論是真實的還是想像的，而這就是負面能量源頭的方位。

**步驟二**：一旦找到那個方位，就勇敢地面對它！魔法師的道路並不適合膽小者。保持自信和直立的姿態，並在你的額頭上觀想一顆如閃電光芒般閃爍，頂點向上的藍色五芒星。然後將你的雙手放在額頭周圍，雙手平攤開，大拇指在眉毛處交會，手指在上方相互接觸，掌心朝向外側，形成「顯化三角」，並將這顆五芒星包圍在中間，大拇指作為三角形的底邊（參見下圖）。

**步驟三**：現在，請深深吸氣，隨著呼氣，向前踏出左腳，並將雙手推向前方。同時，想像你額頭上的五芒星飛出，直直射向你正對的方向。這個動作有助於驅逐真實、想像中心靈攻擊所帶來的負面能量。

**步驟四**：為防止負面能量重新湧回，你應立即實施完整的小五芒星驅逐儀式，進而建立起一道堅不可摧的防禦圍牆（這也正是我們強調要將小五芒星驅逐儀式牢記於心的原因）。

▲ 利用顯化三角來釋放五芒星，進行心靈防禦。

## 心靈攻擊與檸檬幻象

有些人對我所提出「潛意識無法區分現實與想像」的觀點提出質疑。這個觀點極其重要，因為如果它成立，我們將能更深入理解為何僅僅是相信、想像自己遭受心靈攻擊，就可能帶來與真實攻擊同等的效果。

讓人驚訝的是，其實很容易就能展現出想像力如何控制我們的身體。讓我們來做個實驗：

想像你自己走進廚房，視線掃過櫥台，聽著自己的腳步聲向冰箱方向走去。打開冰箱，感受到一股寒冷的氣流瞬間湧出。目光在冰箱裡的食物之間來回移動。

接著，你彎下身來開啟冰箱儲放水果的抽屜，聽見拉開抽屜的聲音。你伸手進去，拿起一顆檸檬，它在你的手裡冰冷又堅硬，表面凹凸不平。你將它靠近鼻子，想像你聞到微甜且略帶酸味的香氣。在這之後，你關上抽屜，也關上冰箱，並依然握著檸檬。

在腦海的想像中，將檸檬放在櫥台上。想像你打開放著刀具的抽屜，拿出一把鋒利的刀。接著，在想像中，小心翼翼地將檸檬切開，這是顆如此多汁的檸檬，以至於汁液四溢。再把檸檬的半邊切成兩份。

運用你的想像力，拿起四分之一檸檬，將它舉到你的臉前。檸檬汁滴落在你的手上，你能感受到冷涼又溼淨，並且氣味濃烈。現在，將檸檬片放至你的嘴邊，接著……

大口咬下檸檬！

咀嚼它，感受它那酸澀的汁液。

很好。現在，將注意力集中到你真實的、肉體的嘴巴。你有注意到它分泌出更多的唾液嗎？唾液的產生是由你的自律神經系統控制的，你不能只是說：「嘴巴，給我多一點唾液！」就能達成。這需要有某種觸發機制，通常是藉由食物或飲料的味道。

但事實上，根本沒有真實的檸檬。它只在你的想像之中。然而，你的潛意識（負責控制自律神經系統的部分）卻做出了像對真實事物的反應，因而產生更多的唾液。

同樣地，如果你相信自己正在遭受心靈攻擊，你的身體和意識就會如同面對真實事件般地做出反應。

就如同你的嘴巴會對那個不存在的檸檬產生反應一樣。

## 為何不試試「鏡像儀式」呢？

我經常被問到「為何不利用鏡像儀式來反擊心靈攻擊呢？」鏡像儀式其實相當簡單，你只需要想像一面鏡子來反射任何向你發送的負面能量。然而，這裡有兩個難題。

首先，許多人們認為的心靈攻擊其實源自於我們自己「認為正在受到攻擊」的想法。雖然這種感覺相當真實，但事實上，這些能量是來自我們自己的內心。所以如果你將能量反射給發送者，那你就是在攻擊自己！這並不是個好主意。

因此更好的方式是清除這些能量，否則你可能會在無意識的自我攻擊中，創造出將能量反射給自己的無限循環。或者，你也許誤以為知道是誰在對你發送這些能量，並將此能量反射回那個人，即使他可能完全無涉於此，你仍可能對一個無辜的人造成傷害。

第二個原因是，大部分的心靈攻擊並非有意識的行為，這些往往源自人的憤怒。進行攻擊的人也往往不知道他們正在做什麼，而他們最終將會面臨宇宙的回報（也就是**業力**，或卡巴拉中的「Ti — koon」）。然而，如果你明確地將負能量反射回某個人，你也將會面對業力的後果。並不存在某種「業力之神」會認為你只是在回擊就讓你免責。你需要為自己的行為負責。若你傷害了一人，即使只是在反射他們對你的攻擊，也等同於你主動發起攻擊所帶來的業力的後果。

至於如何應對日常生活中源自各方面的心靈攻擊，又是另一個議題。進行「小五芒星驅逐儀式」固然有所幫助，但真正的問題在於覺察。事實上，在我們清醒的時候，多達95%的時間幾乎在無意識的狀態下度過，實際上就像是處於催眠或睡眠狀態。「喚醒沉睡者」是喬治・葛吉夫（Georges Gurdjieff）的工作重點之一。我也強烈建議你多閱讀有關心理學和神經語言程式學（Neuro-Linguistic Programming, NLP）相關的書籍，這些知識將會喚醒你對於心靈運作方式的認知，以及人們如何互相操控。

從魔法的觀點來看，另一種讓我們對周遭世界更加覺醒的方法，就是更與宇宙協調一致。實踐的方式之一是在你的魔法日記裡記錄每次進行儀式的日期、天氣狀況和月相。另外，有四個簡短的儀式（每個儀式都不會超過三十秒）可以幫助你與太陽同步，隨著它每日在天空中的運行而調整你的狀態。

## 太陽四重敬拜儀式

（源自克勞利的《太陽之書》〔*Liber Resh vel Helios*〕）

**在日出時（或當你醒來時）**，面向東方，做出「進入者」的手勢（此手勢在小五芒星驅逐儀式中有提到），然後身體挺直，雙手高舉，彷彿你正在頭頂支撐一根沉重的柱子（見下頁圖示）。如果環境適合，將以下的語句大聲地唸出。如果不行則用「深邃之音」將之默唸。

說道：

拉（Ra），

我向你致敬，

你於昇起展露，

你於浩瀚安坐。

黎明天宇間船行穿過

塔胡提（Tahuti）光輝船首宛若，

拉—胡爾（Ra — Hoor）掌舵。

夜色間，我向你致敬，

從這居所，從這院落。

▲ 日出時的太陽儀式

　　最後,用你的左腳踏地一次,並將左手食指靠近嘴唇,就像在示意人保持安靜一樣。這其實稱作「靜默手勢」,或是「荷魯斯手勢」(the Sign of Horus)。

　　塔胡提是托特神在埃及的稱呼。對於其餘的象徵意涵,可以藉由翻閱關於埃及神祇的書籍來輕易理解。

▲ 正午時的太陽儀式

**在正午**，面向南方，比出進入者的手勢。形成顯化三角，只要稍微高於你的頭頂（在此，它象徵的是火元素，如同之前的位置所代表的風元素）。（請參考上圖）

說道：

哈索爾（Hathoor），
我向你致敬，
你於顯耀展露，
你於壯麗安坐。
正午天宇間船行穿過
塔胡提（Tahuti）光輝船首宛若，
拉─胡爾（Ra ─ Hoor）掌舵。
白日間，我向你致敬，
從這居所，從這院落。

比出靜默手勢。

▲ 日落時的太陽儀式

**當日落之時**，面向西方，比出進入者的手勢。展開手形成顯化三角，但要將之置於腹部之上，雙掌向你，拇指朝上，其餘指尖向下。此手勢或神形（God Form）代表著水元素（請參見圖）。所以，在你腹部前方，會形成一個向下指的三角形。

說道：

亞圖姆（Tum），
我向你致敬，
你於暮光展露，
你於喜悅安坐。
暮色天宇間船行穿過
塔胡提（Tahuti）光輝船首宛若，
拉─胡爾（Ra ─ Hoor）掌舵。
黃昏時，我向你致敬，
從這居所，從這院落。

比出靜默手勢。

▲ 午夜時的太陽儀式

**在午夜（或準備就寢之前）**，面向北方，比出進入者的手勢。然後左腳向前邁出一步，並把右手舉過頭頂，掌心向前，就像是在打招呼（見圖）：

你的姿勢應與1950年代的牛仔片中，印第安戰士舉起右手，並說「你好！」的場景相似。

接著，說道：

凱布利（Khephera），

我向你致敬，

你於深夜隱沒，

你於靜謐安坐。

夜晚天宇間船行穿過

塔胡提（Tahuti）光輝船首宛若，

拉─胡爾（Ra ─ Hoor）掌舵。

午夜時，我向你致敬，

從這居所，從這院落。

比出靜默手勢。當然，上面插圖中的神形代表的是土元素。

## 這些好笑的手勢是怎麼一回事？

是的，魔法師的確會用手做出一些有趣的手勢。他們也會揮舞著權杖、寶劍和匕首。有些人或許認為這只是表演，但我可以保證絕非如此。

心靈和身體之間的關聯極為緊密。經由採取某種特定的身體姿勢，你可以改變自己的心態。讓我為你舉兩個簡單的例子。

1. 坐在椅子上，微微張開雙腿。將你的手放在大腿的內側，手指自然地垂向地面。眼神落在雙腳之間的地面上。皺著眉，深深地吸一口氣，然後在呼氣時嘆息。大聲地說出：「我真的感覺很棒！」這種感覺會顯得格格不入。你的身體姿態與你口頭上的表達並不協調。因為你身體的姿態在否定你的言論，所以你會感到不自在。

2. 站直身體，肩膀挺起。眼神微微上揚，超過你的視線水平。你的臉上掛著大大的笑容。深吸一口氣，然後說：「我感覺非常糟糕。」再次地，這種感覺顯然不對勁。你新的身體姿態與你的語言表達相違背。這種「不對勁」的感覺，是因為你的身體與你的言語相矛盾。

經過多年的邏輯推理和實驗測試，已經確認了在先前敘述的敬拜儀式中所使用的手勢，是四元素的身體表現。請記住並嘗試這些動作。

在最初的黃金黎明會文獻中，午夜的姿態呈現出的，是類似納粹「舉手禮」的形式。有些人曾宣傳，正是克勞利的一名追隨者將此手勢介紹給希特勒和納粹。

有人建議我應該改變這個手勢，我也並不喜歡與納粹有關的聯想，這是真的。但是，這種變動其實很常見。例如，早期在美國的學校裡，當男孩和女孩進行「效忠宣誓」時，也會做出類似納粹舉手禮的動作。直到1942年，這個動作才被改為「手放在心上」的姿勢。更值得注意的是，在一些黃金黎明會的聖殿裡，進行儀式時會以手掌垂直的方式做出手勢，就像是典型的空手道動作。我已經使用過這三種方法，並發現此處描述的方式最有效。我建議你也可以嘗試所有的方法，看看哪一種最適合你。

## 太陽四重敬拜儀式的進階修練

如果你覺得太陽四重敬拜儀式過於簡單，或許會想要加入以下的視覺化觀想。其主要目的有：

1. 協助你與太陽的變化同步
2. 協助你與四大魔法元素同步
3. 協助你與宇宙及神性同步

在進行這種進階修練時，只需要在敬拜的同時加入以下的觀想：

1. 面朝東方進行日出時的敬拜，想像自己被黃光所包圍，充滿風元素的特質：溫暖和濕潤。
2. 面朝南方進行正午時的敬拜，想像自己被紅光所包圍，充滿火元素的特質：溫暖和乾燥。
3. 面朝西方進行日落時的敬拜，想像自己被藍光所包圍，充滿水元素的特質：寒冷和濕潤。
4. 面朝北方進行午夜時的敬拜，想像自己沐浴在肥沃大地的色彩中，特別是綠色和棕色，並充滿土元素的特質：乾燥和寒冷。

在此第二課結束時，我想再次強調，真正的心靈攻擊極為罕見。有次我意識到自己正遭受心靈攻擊，卻決定置之不理，看看會有什麼發生。結果我收到了六本免費的書，並得到一張五十美元的支票。

然而，感受到遭受心靈攻擊，感受也可能非常真實。因此，我強烈建議你學習這一課的技術。同時，每天都不要忽略太陽四重敬拜儀式的修練，即使你身體不適，也可花幾秒鐘執行。

# 第三部分

# 卡巴拉

這一部分，正是許多首次閱讀這門課程的人們所期待的主題：卡巴拉。自從《現代魔法》首度出版，卡巴拉已成為一股流行風潮，多虧了一些好萊塢名人的加入。我為他們祝福，但遺憾的是，他們所實踐的一些內容與我所學過的卡巴拉完全不同，而且有許多不同的形式或「學派」都以各自的方式來探討卡巴拉。

例如，部分卡巴拉修行者之間所流行的「紅繩手環」，但其實這更接近閃米特民間魔法。這種流行沒有錯，只是那不是卡巴拉。同樣地，販售「受祝福水」更接近一些基督教電視布道者的做法。那都不是卡巴拉的一部分。有一次，我走進了這股流行復興「中心」，這個所稱的卡巴拉組織主要據點。他們先試圖向我銷售一套非常昂貴且多卷的套書，接著告訴我：「即使你看不懂裡面所寫的希伯來文或亞蘭文也不用擔心。我們會指引你每天要看哪一頁，只要用眼睛掃過，就會為你的健康及幸福帶來驚奇變化。」

我對此感到厭惡，於是就離開了。當然，請放心，我並沒有買下那些書。卡巴拉的學習和實踐──或者說，按我所了解的**真正卡巴拉**──不會讓你成為任何物質主義偽宗教人格崇拜的一員。實際上，我相信，越是深入研究卡巴拉，越能識破操縱的企圖，也就越不易成為任何宗教與崇拜的受害者。

在接下來的幾頁中，我將為你介紹卡巴拉（Kabalah）的簡史和一些基本理論。我時常聽到人們抱怨卡巴拉混亂又沉悶，但其實卡巴拉不但不混亂，也一點都不乏味。然而，要真正體會卡巴拉思想的精妙，你可能需要多次閱讀以下的內容。你可以在練習日常儀式的同時，悠閒地瀏覽以下頁面。這些日常儀式包括放鬆儀式、小五芒星驅逐儀式、塔羅冥想儀式、太陽四重敬拜儀式的練習，以及克服真實或想像中心靈攻擊的技巧，這樣在必要時就能做好準備。雖然我在課堂上解釋了卡巴拉及其歷史數百次，但通常還是有一兩個人不太能立即理解所提出的觀念。因此，請用一到兩週的時間練習這些儀式，順便製作自己的魔法袍，並多次重讀以下頁面，直到你完全掌握。

人們認為古希伯來人有三部神聖的「經典」：分別是《妥拉》（Torah，由猶太聖經的前五卷組成，有時被稱為「舊約聖經」）、《塔木德》（Talmud，對《妥拉》的評註），以及卡巴拉（Kabalah，對《妥拉》奧祕的詮釋以及對神與宇宙本質的探尋）。《妥拉》被譽為「傳統的身體」，人們認為無知者讀了它將會受益；《塔木德》被稱作「傳統的理性精

神」，博學者研究它將受益良多；卡巴拉則被視為「傳統的永恆靈魂」，智者被敦促沉思其內涵。

你可能注意到，不同的書籍和作者對「卡巴拉」這個詞的拼寫各有不同。這是因為「卡巴拉」這個字源自於希伯來語，在英語和希伯來語之間並無精確的轉寫法。有人聲稱猶太人將其拼為「Kabala」，中世紀基督密契主義者則拼為「Cabala」，而神祕學者則拼作「Qabala」。當你考慮到可能的雙位字母（「b」和「l」）以及最後「h」的存在與否，這個字在英語中有大約二十四種不同的可能拼寫。我同意拉比學者——拉梅德·本柯立·孚德（我的朋友 Lon Milo DuQuette）在《小雞卡巴拉》一書中提出的問題：「卡巴拉這個字有正確的拼法嗎？」他的回答是：「當然沒有！」

## 關於希伯來語的思考

這裡，讓我有機會分享一些關於希伯來語的想法。在這門課程中，許多儀式（例如小五芒星驅逐儀式）都會用到希伯來語的詞彙。但所有語言，包括希伯來語，在幾世紀的時間裡發音都有所變化。例如「knight」這個字，我們唸法如同「nite」，但在最初是發作「k — nigh — t」，其中的「i」為短音，「gh」則是如蘇格蘭語「loch」中「ch」的喉音。既然在過去幾百年間，英語都已發生變化，那麼在幾千年間希伯來語也有所改變就不足為奇了。

現今在以色列及全球各地猶太會堂中所使用的希伯來語與古希伯來語有所差異。想理解希伯來語的發音，只觀察現今的用法（並忽略地區差異）是沒有幫助的。上個世紀初，艾利澤·本—耶胡達（Eliezer ben Yehudah）認為希伯來語應該再次成為一門活躍的語言。那時的希伯來語，被局限於宗教文書和教室，猶如今日的拉丁語。但透過他的努力，希伯來語像鳳凰般的起死回生，成為一門活的語言，也被以色列定為國語。這就有點像是讓所有義大利人重新學習拉丁文並將它作為日常語言一樣。

然而，在將希伯來語從灰燼重新喚醒的過程中，語言的本質有了許多變化：

1. 一些原先具有兩種發音的字母，現在不再有這種特性（所有原始雙音字母的列表，可參見《形塑之書》[Sepher Yetzirah]）。
2. 希伯來字母中稱作「vah」或「vahv」的字母，通常發「v」音（雖然也可能發作「o」或「u」音），原始的發音可能更接近於我們英語的「w」，且被稱作「waw」。
3. 即便在今日，某些希伯來字母仍可以有數種不同發音。Aleph 可以發出「ah」、

「eh」或「aw」的音；Yud 可以發出「ee」、「ay」或「eh」的音；Heh 則可以是「ah」或「heh」音。在以斯拉（Ezra）編纂《妥拉》（約西元前450—350年）數百年後，才加入了標示母音的點線符號系統，因此可能不是那麼精確。

4. 或許最令人感到遺憾的是，從神祕學角度來說，為了讓希伯來語現代化，本一耶胡達不得不捨棄了希伯來語中那美妙的模糊性。例如在今日，希伯來語中的「Oh — lahm」一般指「世界」，但原先它也模糊地涵蓋「世界」、「宇宙」、「永恆」、「永遠」等意涵。這顯示出古代希伯來人認為這些概念相互關聯。現今，由於現代希伯來語的詞彙意義轉變得更加精確，這方面的許多知識已經消逝。

5. 許多希伯來詞彙被亞蘭語所填補。例如，在古希伯來語中，用「Av」或「Ab」代表「父親」，但在現今希伯來語裡，「父親」這個詞則是亞蘭語「Abba」。

接下來的問題是：「我們是否應該努力發掘古希伯來語的發音？字詞的發音重要嗎？」答案是肯定的，字詞的發音確實重要。但不值得我們花費時間追尋，因為現今大多數使用古希伯來語發音的儀式，其實是在古希伯來語早已成為遙遠記憶很久後才出現的。

在本課程中，所採用的發音是現代希伯來語。這樣你將會與每天說這門語言的數百萬人共享能量，而不是嘗試揣測古希伯來語可能的發音。

經過這段偏離主題的補充，讓我們回到這個重要的詞彙「卡巴拉」（Kabalah）。卡巴拉（或 Kabbalah、Qabalah、Qabbalah、Kabala、Cabala、Q.B.L. 等）源於希伯來語，意為「接受」，暗示著卡巴拉是由神所賜的教義。它還意味著這是以口述方式，由一人給予，一人接收。因此，真正的卡巴拉是一門口傳、奧祕的傳統，數千年來被嚴密保護著，不讓世俗之人窺見。

就像塔羅牌一樣，卡巴拉有兩種歷史。一種是神話歷史，另一種則是已知的確切的歷史。

## 卡巴拉的歷史——神話篇章

卡巴拉是一門隱祕的學問，在宇宙創造之前，就已被天使和神所知曉。當亞當和夏娃在伊甸園失去恩典後，一位天使將這門智慧傳授給亞當，以恢復失去的純潔和恩典。（我注意到這個故事和普羅米修斯的故事有相似之處，普羅米修斯將「神性智慧」的火種賜予人類。我在想這兩個故事中是誰先出現的，又或者它們是不是對早期神話的重新詮

釋？）亞當將這些知識傳給他的子孫，但最終不是遺落，就是被忘卻。

大洪水之後，神不僅賜予彩虹作為與人類盟約的象徵，還將這一神祕知識再次傳給諾亞和他的兒子們。然而，和以前一樣，這些知識最終又一次被遺落，又一次遭忘卻。

你或許已察覺到這祕密知識接受和失落的反覆模式。天使先後將這門智慧傳授給亞伯拉罕、以撒和雅各，但在埃及的奴役時期，它又再次遺落。

故事描述到，摩西在西奈山上度過了四十天，最終重新找回這知識。在傳統中希望我們相信摩西從神那裡得到的只是兩塊刻有十誡的石板。然而，密契主義的解釋是摩西第一次上山時接收到的是來自於神的卡巴拉祕密。但當他歸來時看到人們陷入對偶像的崇拜中，因而毀了它。但當他再次返回山頂，神已不再允許他與普通人分享卡巴拉的祕密。並且神把他們當作小孩般對待（「以色列之子」這名稱在此十分貼切），以十誡和《妥拉》的另外六百零三條律法，告知他們能做什麼，不能做什麼。摩西只被允許將卡巴拉的祕密傳給他的兄長亞倫，再由他傳給未來的希伯來大祭司。

順帶一提，在十九世紀晚期和二十世紀初，埃及首度真正重大的考古發現陸續出現。世界各地的人們（特別是密契主義者，他們有時可能並不是最理智的人群）對古埃及的神祕深感著迷。因此，當他們在《聖經》中讀到摩西是在埃及受教育時，便認為卡巴拉起源於埃及。儘管埃及的確存在神祕學校——事實上，畢達哥拉斯就曾在其中一所學習——卻沒有證據表明卡巴拉是直接源於埃及的智慧。然而，卡巴拉很可能受到古印度、埃及、巴比倫等地的靈性體系的影響。

於是，卡巴拉的奧祕在希伯來祭司間保存了數百年。但多數希伯來人並未領悟到神原先希望他們從十誡和其他法律中學會教訓。因此，神多次懲罰以色列人，直到西元70年第二聖殿的毀滅。當時，羅馬下令摧毀聖殿，並要求拘捕那些鼓吹反抗、熱愛自由的麻煩製造者。其中之一為約海的拉比（Simeon ben Yochai，亦被書寫為 Simeon bar Yochai）。他和兒子藏在洞穴整整十三年，才成功遠離羅馬人（數字13在這門課程的後面將揭示其特殊意涵）。在洞穴的日子裡，這兩位博學者首次將卡巴拉的祕密整理成一套大書，名為《光輝之書》（*Sepher Ha—Zohar*，或簡稱 *Zohar*）和小書《形塑之書》。之後由於古騰堡的印刷術普及，使得這些書籍得以在世界各地流通。因此，儘管大多數猶太人**譴責大流散**（*Diaspora*），一些密契主義傾向的猶太人卻認為這次流散是神賜予全人類的禮物，因為這樣，他們就能將卡巴拉的神聖智慧散布至中東之外的地方。

### 或許有些自誇？

　　這或許是個適當的時機，分享一段關於我個人歷史的小故事。在我出生之前，父親決定更改家族的姓氏。其實，我們原本的姓氏是「Katz」，跟 Cats 唸起來相似。我的父親 Marvin Pershing Katz 在高中及大學時期是美式足球的頂尖球員。由於手掌特別巨大並且非常擅長接球，所以人們給他起了「鏟手貓」(Shovelhands Katz) 的綽號。然而，從他年少時期至大學年代，他經常被戲稱為「懦弱貓」(Pussy Katz)。為了不讓我哥哥史蒂芬也受到同樣的嘲笑，他做了決定，要更換家族姓氏。他選擇了「Kraig」作為姓，並保留了「Katz」中的「K」。如今他們已經都不在了，願爸爸和哥哥安息。

　　那麼，「Katz」這個字有什麼特殊之處呢？其實「Katz」是一個縮寫，這是卡巴拉中的**字母縮寫法**(Notarikon)（之後會有更詳細的解釋）。它是在「Kohain Tzeh — deck」這兩個單字的首字母縮寫後，在字母間加入「a」。希伯來語中這個字是「正義祭司」，因此這暗示我或許是古代祭司的後裔。當我在猶太會堂被叫到祭壇上為聖經祝福時，我代表的就是 Kohanim 部族的祭司。如果這是真的，那麼我就有權來學習和分享卡巴拉的知識。但在你認為我可能因為這些感到驕傲之前，允許我提醒你，這一「發現」僅是作為與「神話篇章」的章節附加資訊而已。

## 卡巴拉的歷史 —— 事實篇章

　　關於卡巴拉的起源，我們所知甚少。但它似乎結合了古代迦勒底、埃及、巴比倫，甚至是早於印度之前（我稱之為「原始譚崔」）的神祕元素，以及其他一些較不知名的閃米特影響。而卡巴拉的現代觀點不是深受新柏拉圖主義的啟發，就是反過來影響了新柏拉圖主義。

　　早期的希伯來密契主義（不包括各種原始部落中普遍存在的薩滿）並未被命名為卡巴拉。最初的希伯來密契主義被稱作「Heh — cha — loht」（其中的「ch」發音近似

於蘇格蘭語的「loch」），意思是「揚升」。它也被稱為梅爾卡巴密契主義（Merkabah mysticism）。梅爾卡巴在希伯來語中是指神的寶座，梅爾卡巴密契主義者的目的是希望能目睹神坐於其寶座之上。

讓人遺憾的是，大部分「梅爾卡巴行者」的文獻都已失傳，使得我們很難完全了解其教導。儘管有越來越多資料被重新發掘，但這些仍有許多爭議。就我們所了解的，這一傳統的思想主要來自對《創世記》初章以及以西結（Ezekiel）所見異象的神祕冥想。這些方法被稱作 Mah — ah — seh B'ray — sheet 和 Mah — ah — seh Mer — kah — bah。從那些仍然存在的梅爾卡巴密契主義中，我們推測這些密契主義者的實踐可能經由一系列的通行密碼、護符和神祕符號，在自我引導出神（trance）的狀態中（可能是自我催眠、極度疲勞、使用精神活性藥物或長時間的性修練），進行「星光體旅行」，經歷七個「場域」（或許是星光層面？）。他們也必須知道每個宮殿的守衛名稱，才能以某種方式安撫守衛並順利通行。可惜的是，關於這些方法的知識目前也已失傳。

雖然這不是我的主要興趣，但我仍希望有勇敢的人進行精神與星光體的探索，尋回失落的知識。也許正在閱讀這門課程的你就是其中之一。為了激發你的興趣，這是首次在任何普及課程或出版物中公開（根據我所知），以下是從《Pirkei Heichaloht》片段中已知的守護者名字：

第一殿：Dehaviel、Kashriel、Gahoriel、Botiel、Tofhiel、Dehariel、Matkiel、Shuiel（不過有人稱之為 Sheviel）。

第二殿：Tagriel、Matpiel、Sarhiel、Arfiel、Shehariel、Satriel、Regaiel、Saheviel。

第三殿：Shevooriel、Retzutziel、Shulmooiel、Savliel、Zehazahiel、Hadriel、Bezariel。註：此殿只列七名守衛，不同於常見的八名，這暗示名字在此可能有所遺落。

第四殿：Pachdiel、Gevoortiel、Kazooiel、Shekhiniel、Shatkiel、Araviel、Kafiel、Anaphiel。

第五殿：Tachiel、Uziel、Gatiel、Getahiel、Safriel、Garafiel、Gariel、Dariel、Falatriel。註：此處列出九名守衛，超過一名。

第六殿：Katzmiel、Gehaghiel、Roomiel、Arsavrasbiel、Agroomiel、Faratziel、Mechakiel、Tofariel。

第七殿：這座宮殿有兩組名稱，分別是用於「揚升」和「下降」。意義尚不明確，但我猜據點是進出此殿時使用的名稱有所不同。

這本書主要是探討卡巴拉，而非成為一名梅爾卡巴行者。由於其中有關的各種技巧（冥想進入出神狀態、實踐星光體旅行等）以及部分必要資訊仍然模糊（如所需的通行密碼和護符），我選擇在此不列出完整的守衛名稱，以免發生不當的試驗行為。我提供上述守衛名稱的初衷是希望能呈現這一系統的深度與複雜性。對於希望深入研究此主題的人，可以回顧我在先前段落提及的資料來源。如果你想嘗試，我希望你一切順利，也期望你能與我們分享你的旅程。

梅爾卡巴行者的終極目標是直視神的寶座和神本身。從我提供的有限內容中，你可以明白這是一項艱巨的挑戰。別忘了，即使是摩西也被禁止直視神的面容，因為據說沒有凡人能夠直視神的面容還能存活。

這與《埃及死者之書》（或更準確地稱為《來日之書》）中的埃及傳說有不少相似處，尤其要經過不同的宮殿，像是：地獄（這是埃及死後世界的冥界，與基督教的地獄不同），都需要經歷考驗以安全過境。究竟是希伯來人模仿埃及人，還是反過來？或者這兩者都來自更古老的源頭？或許，這些文明（當然藏族和美洲原住民也包含在內）是否都觸及了同一神祕知識來源，沒有人知道。

## 形塑之書

當我們實際進入希伯來密契主義的卡巴拉時期，首先碰到第一本知名的卡巴拉經典便是《形塑之書》（the Sepher Yetzirah）。這本書似乎是早期梅爾卡巴密契主義和更近代卡巴拉思想的融合。《形塑之書》及另一作品《明耀之書》（the Bahir）都可追溯到西元初的幾世紀。其中討論到的主題包括神性放射（emanations from Divinity）出的能量如何創造宇宙，此種觀念如今被稱作新柏拉圖主義。然而，如果我們假定卡巴拉是希伯來人帶給埃及的，或者埃及人在奴役希伯來人\*之前已經擁有了這方面的知識，那麼新柏拉圖主義也許就是卡巴拉的一個演變。眾所周知，以畢氏定理著稱的畢達哥拉斯曾在埃及的神祕學校中學習，並很有可能在那裡接觸到早期的卡巴拉知識，再將其帶回希臘的家

---

\*古代希伯來人很可能從未被埃及真正奴役過。至今沒有證據顯示埃及曾有這種類型的奴隸制。他們更有可能只是在埃及控制下的一個民族部落。奴隸通常被視為他人擁有的物品，基本上沒有私人財產，但在《出埃及記》的故事中，希伯來人離開時帶走了自己的動物和財產，不久之後又將這些黃金熔化成塑像。如果如此，那希伯來人怎麼可能帶走大量的黃金和財物呢？顯然《出埃及記》的故事或許有其事實，但許多內容都已被神話化。

鄉。柏拉圖和他後來的追隨者可能在畢達哥拉斯從中東返回希臘後，受到其神祕學派的影響採納了這一放射（emanations）觀念。當然，這都只是依據可能性的推測。

從猶太人大流散時期開始，卡巴拉密契主義的持續發展是無可爭議的事實。這也是猶太人遭受憎恨和恐懼的其中一個原因。卡巴拉的部分內容與魔法相關，這使得很多人對他們心生畏懼。到了十四世紀，摩西・迪・里昂（Moses de León）首次出版了卡巴拉的經典文獻《光輝之書》（Zohar）。雖然一些現代和當時的學者稱其為偽作，他們說，這不是傳說中由約海的拉比所寫的《光輝之書》，而是摩西・迪・里昂偽造的整個作品。雖然我不是偉大的考古學者，但我覺得這種說法難以接受。在十四世紀前，就已經有其他作品中出現了這部經典文獻的段落。不過，摩西・迪・里昂很可能對它進行了編輯，並加入了他自己的一些神祕哲學到《光輝之書》中。但即使摩西・迪・里昂真的是這本書的作者（現有的一個英文翻譯版本就長達五卷），它仍然是一部偉大的神祕思想作品。而且，不論它是古老還是相對較新的作品，我們應該研究的是它的內容，而不僅是它的作者。

## 神有幽默感嗎？

我經常被問到，如何區分好的靈性老師與平庸的靈性老師。當然，老師應該對所分享的主題有深入的認識，要願意分享，能夠有效地傳達，且不會對其感到自滿。我確信還有其他眾多條件可以定義一位優秀的靈性老師，但我這裡不打算提供完整答案。然而，我認為靈性老師應具備三項特質：

1. 他們樂於歌唱。
2. 他們樂於跳舞。
3. 並且笑——特別是自嘲。

當你碰到一位不具備上述特質的靈性或信仰上的老師，我會建議你保持警覺，甚至考慮避免接觸。我要強調，這不代表老師在這些方面都必須表現得非常出色。我自己作為一名老師自認表現得還算可以，我會唱歌也會跳舞——但絕不到像喬許・葛洛班（Josh Groban）或麥可・佛萊利（Michael Flatley）那種程度*。而我的歌舞表演常給了我自嘲的機會。

> 這引發了另一個問題：神是否也具備這些特質？畢竟，誰又能是比神偉大的靈性老師？
>
> 談到唱歌，我認為神絕對會。有一句著名的猶太禱文中提到：「來，我們一同唱首新歌，歡樂地宣揚我們救贖的磐石。」這清楚地告訴我們，神愛唱歌。
>
> 當希伯來人渡過紅海（Red Sea）後（其實這是誤譯，正確應為「蘆葦海」〔Reed Sea〕，但這是另一回事），他們開始歌唱和舞蹈。神卻讓他們停下，因神不希望為眾多埃及人的死慶祝。這暗指在一些情況下，神或許喜歡歌唱及跳舞。
>
> 談到笑，神確實曾對摩西開玩笑。當摩西希望見到神，但被告知沒有人可以直接見到神且仍然存活。神對摩西說，當我的榮耀經過時，你要在磐石上，我將用手遮擋你，當我過去後，你就得見我的背。（《出埃及記》33:21—23）。
>
> 換句話說，神是對摩西「露出屁股」。
>
> 還有一次，神為了懲罰某些人，賜予了他們痔瘡（在《撒母耳記上》5:6中所述）。
>
> 誰還能說神沒有幽默感呢？

總之，卡巴拉並非僅為一本書或簡單的神祕學觀念。相反地，它是一套完整的奧祕思想和行為體系，為猶太教、基督教和（較次要程度的）伊斯蘭教提供奧祕學問的根基。隨著中世紀在歐洲的發展，許多地點轉化為卡巴拉的學術中心，其中最重要的是西班牙。在1492年，也是哥倫布啟航的那一年，猶太人從西班牙被驅逐。因此，有些人認

---

*譯註：喬許‧葛洛班（Josh Groban）是著名的美國歌手，以其深情的歌聲著稱。麥可‧佛萊利（Michael Flatley）則是知名的愛爾蘭踢踏舞蹈家，以其精湛的踢踏舞技藝聞名。

為哥倫布（在西班牙其名為 Cristobal Colon，而 Colon 或許是 Cohen 的一種變體）可能是猶太人，且他們相信，他的航程的目的是為了幫助被驅逐的猶太人尋找新的家園。無論如何，有許多猶太人回到中東，於采法特市（Tzfat，也稱 Safed）建立了一個重要的卡巴拉學術中心，這座城市在以色列至今仍然存在。

有兩件事使卡巴拉脫離了猶太教的主流地位。第一件事是十二世紀由備受尊重的拉比摩西・邁蒙尼德（Moses Maimonides）所著的《困惑者指南》（*A Guide for the Perplexed*）。在這本書中，他提出了一些相對「理性」的解讀（至少從西方科學的角度來看，比卡巴拉更為理性），並嘗試使猶太教的理念與亞里斯多德的思想相融合。

邁蒙尼德「理性」方式的追隨者（即使在他的「理性」中仍充滿大量的神祕和魔法元素）和信奉卡巴拉的人之間，爆發了激烈的言語之爭。這場爭論持續多年，其中最著名的卡巴拉代表是十三世紀的拉比納賀蒙尼德（Nahmanides）。其間，多個卡巴拉學派浮現，如艾薩克・盧里亞（Isaac Luria，十六世紀）和盲眼修士艾薩克（Isaac the Blind，從十二世紀末到十四世紀初），每派的卡巴拉理論和實踐觀念都有輕微不同。然而對卡巴拉的最最後一擊，除了《困惑者指南》外，還有沙巴泰・澤維（Sabbatai Zvi，1626—1676）的出現。

## 新的希望

澤維（Zvi，或稱 Zebi、Zwi），是一個性格激烈且充滿魅力的人。他不僅精通傳統猶太知識，更是卡巴拉學者。在中東，澤維的聲譽日增，直至還有些追隨者稱他為猶太的彌賽亞。他也不否認這個身分，而他所展現的魔法力量、智慧和神性，藉由猶太商人傳遍了整個中東、亞洲和歐洲的猶太社區。澤維在中東度過了人生中的大部分時光，吸引了大批忠實的追隨者。但最後，他強大的影響力引起了伊斯蘭蘇丹的關注。他們的會面結果，使澤維的聲譽受損，並且將信仰轉向伊斯蘭教，最後，被流放到阿爾巴尼亞的監獄中，在那裡結束了他偽彌賽亞的一生。

許多猶太人會選擇遺忘這段歷史，遠離與澤維有關的一切。而且很多猶太書籍連他的名字都避而不提，只是稱他為「那個人」。由於澤維與卡巴拉和魔法緊密相連，因此這方面的學問也被遺棄，大多數猶太人選擇接受邁蒙尼德的觀點。除了一小部分的奧祕信徒外，猶太教基本上摒棄了卡巴拉。

而卡巴拉之所以得以保存，全賴那些試圖研究猶太內部教導來證實耶穌即是猶太的彌賽亞的基督徒。儘管這樣的纏上並未成功，但這確實促使了許多希伯來語、亞蘭語未

曾翻譯的文獻及書籍得以保存。許多學者和教士們對於被視為神聖而非撒旦的魔法奧祕充滿興趣，其中就包括埃利法斯・列維（Eliphas Levi，原名 Alphonse Louis Constant）。列維最著名的作品被翻譯為粗糙的英文，而現在以《Transcendental Magic》書名出版。他的著作和教學開啟了十九世紀「法國神祕學復興」。當時，眾多的神祕學團體在法國崛起並擴展到其他國家，尤其是奧地利、德國和英國。其中一些團體利用密契主義支持有爭議的理念，導致了法國的「魔法戰爭」和德國的納粹主義。

當我們再一次從神祕學「輕鬆」的一面回顧時，就會在英國遇見赫密士黃金黎明會（Hermetic Order of the Golden Dawn）。這個組織之所以重要，在於他們以卡巴拉作為其神祕學基礎，並融合埃及魔法知識、以諾魔法、亞伯拉梅林魔法及印度神祕學等多種體系。在此課程中，所有這些主題都會在需要時談論到。

我們在此課程中使用的是現代形式的卡巴拉，它不僅是一套生活的哲學體系，同時也是一套魔法系統。隨著時代變遷，它也為滿足當代社會的需求而有所調整。當今的卡巴拉除了不同教派解讀的差異外，還主要分成兩大類型。

## 卡巴拉的兩大類型

首先，是「猶太卡巴拉」（Kosher Kabalah），這是由於猶太人對精神復興的渴望所誕生。目前在美國雖然猶太人的數量在數值上看似增加，但許多猶太人只認同其文化或群體身分，不再深入信奉宗教教義。猶太教既是宗教也是文化，人們可以選擇認同其中一者或兩者皆認同。

我認為，許多文化上的猶太人選擇放棄猶太宗教的部分原因至少在於某些主流猶太派別的靈性匱乏。如我在書的序言中所提，我最初體驗猶太教非常科學，僅需在節日去教堂以及遵循消極的黃金律，但其中並沒有太多的靈性體驗。這種靈性的匱乏可能導致人們逐漸遠離傳統猶太教，轉而被偽裝成宗教的各種新興宗教所吸引。但也有一些猶太人開始重新尋找他們的靈性根源，並重新發掘他們的卡巴拉遺產。因此，猶太卡巴拉具有獨特的猶太色彩。對於所有的神祕學學習者，這是個福音，因為我們得以獲得越來越多的古老卡巴拉作品，且這些作品終於被翻譯成現代語言。然而，由於其專一的觀點取向，它並非我們的主要焦點。

接著是「西方卡巴拉」（WASP Kabalah），這是引領赫密士黃金黎明會的西方神祕傳統的核心。這體系將卡巴拉的智慧**普及化**，讓所有人不論何種信仰，都能接受。我們在課程中將學習的，就是這種「融合」的卡巴拉。由於卡巴拉數千年來一直受到猶太文化

的保護，它自然帶有猶太色彩，這也是為何我們會使用許多希伯來語詞彙。然而，我們要研究的是西方卡巴拉而不是猶太卡巴拉——因為我們學的是一種普及化的卡巴拉——你無須是猶太人、基督徒、異教徒，或跟隨任何特定的宗教或信仰，就可以學習卡巴拉的哲學和魔法技巧與西方傳統儀式魔法。

## 卡巴拉的四大分支

卡巴拉有四個主要分支。雖然各分支的名稱很明確，但它們在某些方面有所重疊。

1. **教條卡巴拉**（The Dogmatic Kabalah）：主要是關於卡巴拉文獻的研究，如《妥拉》、《形塑之書》、《明耀之書》、《光輝之書》等。儘管探討這些文獻相當吸引人，不是我們課程的重點。當有需要時，會提及各書的特定部分或其所承載的思想，但教條卡巴拉並不會成為本課程的主要焦點。

2. **實修卡巴拉**（The Practical Kabalah）：關於如何使用卡巴拉方法製作護身物（amulet）與護符（talismans）。它是卡巴拉魔法的基礎，特別是與後面兩個分支結合時。實修卡巴拉的方法本身不帶善惡，但可以被用於「正面與負面」目的。因此，必須先提供你一些基礎工作，確保你不會有施展負面魔法的欲望，也讓你了解這樣做可能帶來的後果。所以，我們還需要幾堂課才能深入實修卡巴拉。

　　不過，請不要誤解：按照本課程的指引，你不是只能當一名溫和脆弱的魔法師，而可以成為一名無所畏懼的強大魔法師。透過本課程的教導並了解卡巴拉所解釋的宇宙規則，你能成為真正的智者、巫師、行於光中的勇者。你會發現自己無須施展負面的魔法。

　　當我們真正涉獵實修卡巴拉和灰魔法時，你會發現學習將達到新的境界，而不僅僅局限於卡巴拉的魔法方法。例如，在討論護符時，還會涉及異教、數字學、玫瑰十字會等其他系統的製作方法。

3. **文字卡巴拉**（The Literal Kabalah）：著重於希伯來字母和數字之間的關聯。古代希伯來人使用其字母代表數字，因為他們沒有專用的數字符號。如果兩個字的數值相同，那麼它們之間可能存在重要的關聯，有時甚至被認為是同義詞。例如，「aheva」和「echod」都等於13。因此，「aheva」與「echod」具有相同的意義。「echod」意為「一」，因為猶太教中只有一位神，所以它也代表神。而「Aheva」意為「愛」。所以根據此理論，神即是愛。進一步，神最神聖的名字「YHVH」，總

和數值為26。由於13加13等於26，這意味著愛（aheva）加上一體性（echod）就是神（YHVH）的本質。這種數值分析稱作字母代碼法（Gematria）。隨著課程的深入，你會發現字母代碼法在儀式魔法中的重要地位，並將在後續課程中進一步詳述。（另外，你還記得我提到要解釋13這個數字的意義嗎？）

字母縮寫法（Notarikon）是文字卡巴拉的另一部分。它的主要概念是透過取用一系列詞語的首字母來形成新的單字。例如在英文中，「反酒駕母親聯盟」（Mothers Against Drunk Driving）可以縮寫為MADD，而「北大西洋公約組織」（North Atlantic Treaty Organization）縮寫為NATO。有趣的是，在我大學時曾嘗試創立「終結縮寫協會」（Society to End Acronyms），縮寫為SEA，但這概念似乎未受到歡迎。這些縮寫不一定要形成熟悉的單字，但有時會。例如，「Ah — tah Gee — boor Lih — oh — lahm Ah — doh — nye」在希伯來文意為「你永遠是偉大的，我的主」。這在小五芒星的驅逐儀式中，被縮寫為AGLA，讀作「Ah — glah」。希伯來文的「阿們」（Amen）由aleph、mem、nun 三個希伯來字母組成，分別來自以下三個單字的首字：Al（神）、Melech（國王）、Neh — eh — mahn（信實）的縮寫。因此，Amen 的意義是「神是我們信實的王」。這也是希伯來祈禱中的常用句子，代表「阿們」的深層意涵。

**字母變換法**（Temurah）則是一種轉置字母的方法，類似於密碼學的密文製作。主要用於詮釋《妥拉》及製作護符。此系統有多種形式，而你理論上也能以自己的方式建構。以下是其中一些常見的方法：

**依序替換**（Avgad）：這是一個簡易的變換法，每個字母都被其後的字母所替換。例如在英語中，a 變成 b，b 變成 c 等。此法名稱源於希伯來語的前四字母 Alef 的讀音（a）、Bet（v）、Gimmel（g）和 Dallet（d）。

**矩陣替換**（Aik Bekar）：此方式將希伯來文的二十二個字母及特定的五個字尾形式，每三個一組放在一個格子中，形成3x3的矩陣。在這矩陣中，同格的字母可以替換成該格中的其他字母。

以下是第一個格子——它有字母 A、Y、K —— A 可以替換為 Y 或 K；同樣，Y 也可以替換為 A 或 K，K 可以替換為 A 或 Y。儘管原理簡單，但替換後可以非常複雜。

A　Y　K
A = Y or K
Y = A or K
K = A or Y

　　**微點替換**（Achas B'tay — ah）：與矩陣替換類似，將二十二個希伯來文字母放入7個格子，每格三個字母來加密替換，留下剩餘的一個字母不替換。同樣地，每個格子內的字母都可以與同一格子的其他字母互換。

　　還有其他字母變換法，例如將第一個字母與最後一個字母互換，以此類推。

4. **無字卡巴拉**（The Unwritten Kabalah）。這是卡巴拉的第四分支，指的是那些與生命之樹對應的神聖符號。許多人認為這是整個卡巴拉系統中最核心的部分。在接下來的課程中，我們會深入探討生命之樹。

　　但在進行下一部分之前，請你休息幾天，並重新檢視你到目前為止學到的內容。給自己一個小小的假期，畢竟你已經聽我講很多「東西」啦，再來點東西如何，或許來塊披薩？加些義式臘腸，雖然不是猶太潔食，對健康也不那麼好，但確實美味。你值得這樣的休息。但請確實持續完成你的儀式並繼續記錄在你的日記裡。如果你有意願，這段休息期間，你可以開始搭建祭壇或製作魔法袍。

# 第四部分

　　在這部分的課程中，我們開始探討被稱作「生命之樹」的神祕象徵。在猶太聖經《創世記》所描述的伊甸園裡，有兩棵主要樹木聳立在其他植物與動物之間。其中之一是「知善惡樹」。根據這段經文的通俗解釋，正是因為亞當和夏娃從這棵樹上取食，才失去了神的恩典。由於伊甸園中還有生命之樹，神便趕走亞當和夏娃，正如神所言：「那人已與我們相似，能知道善惡。現在恐怕他伸手又摘生命之樹的果子吃，就永遠活著。」雖然這段聖經引文在文句上不夠流暢，但它確切顯示了生命之樹被視為至高無上的象徵，擁有給予永生的特質。稍後，我們將深入了解其隱含的其他力量。

# Diagrams

圖示經常用來表示各種事物的概念。以一個迷你太陽系為例，它可以描繪原子的結構。其中不同的電子殼層被視作「繞行的行星」，而原子核則被看作是固定不動的太陽。這種模型適用於大多數化學概念，但在粒子物理學中，太陽系模型逐漸不被現代粒子物理學所採納，取而代之的是描述能量不斷接近或遠離原子核的能階概念。然而，在大多數實際情境中，太陽系模型仍然有效且用於學校中的教學。它只是一張反映真實的地圖，幫助我們理解真實情況，但這張地圖並不等同於真正的現實，它只是一種模型。

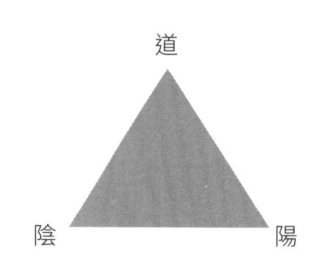

此外，還有其他不同用途的模型。如上所示，是一個三角形，其兩個底角是「陰」和「陽」，頂點則是「道」。「陰」代表所有具有女性原型特質的事物：冷、濕、冬季、接納、直覺等。而「陽」則代表所有具有男性原型特質的事物：暖、乾、夏季、積極、邏輯等。「道」代表這兩種觀念的平衡。在道家哲學中，達到這種平衡是一個人的理想狀態。為了達到這種內在平衡，一個人必須同時擁有陰和陽的特質。

其他事物也能在這「陰—陽—道」的三角中得到體現。例如聖父、聖子、聖靈（在諾斯底主義中，聖靈被視為女性）；自由派、保守派、中間派的政治觀念；以及身、心、靈等多種三位一體的概念。對現代哲學影響深遠的一個重要觀念，由德國哲學家黑格爾（Georg Wilhelm Friedrich Hegel，1770—1831）首次提出，被稱為「黑格爾辯證法」，或「正—反—合辯證法」。這種辯證法指出，當你在一種情境（正題），但想要改變至另一相反情境（反題），其結果將不單是新舊之間的選擇，而是兩種情境的融合（合題）。這正是為何大多數的革命都無法完全實現其目標，反而他們最終會成為過去和未來期望的混合體。大自然運行的是漸進式演變，而非劇烈的變革。

以卡巴拉而言，最核心的圖示無疑是「生命之樹」。如圖中所見到，它由十個圓圈所組成，構成了三個三角：最上方的三角形指向上，接著的兩個則指向下，並有一單獨的圓圈掛於底部。詳情會在下一頁展示。

值得一提的是，有二十二條編號從11至32的路徑與這些圓圈相連。這些圓圈被稱為**輝耀**（Sephira，複數形式為 Sephiroht）。當你從第一個輝耀直線畫到第二個，再從二畫到三，如此類推至第十個，你會得到一個像閃電般或燃燒之劍的圖像，這也會在下一頁展示。

這既是基路伯（Kerubim）手中的炙火之劍，用來阻止人們返回伊甸園，也是神性創造宇宙的路徑。

## 卡巴拉的萬物本源

如何探知終極的神性？我們僅具有有限的凡人思維，我們看待一切事物都帶有二元觀點（我與非我；高與低；穩定與動盪；移動與靜止等等）。既然神性的本質在定義上必然超越所有限制，那麼，神性便不能有二元的性質。若神性屬於男性，那麼它就不能是女性，不然就有了限制。神性乃是超越二元的終極一體。既然我們只有有限的凡人思維，那麼這至高的神性本質，不可能與我們所知的任何事物相似。實際上，對於神性的本質，我們最多只能推測，它是某種存在之前就已有的存在（no-thing）。在希伯來語中，對應給存在之前就已有的存在（no-thing）一詞為否在（nothing），亦即 *Ain*。

一旦我們給予神性任何特質，我們便限制萬物本源無限性。如先前所述，若神是男性，則祂就不可能是女性。富有慈悲的神性必然沒有公正的嚴厲。有界限的神性，絕不是真正至高的神性。因此，我們能認定的唯一性質是：神性是**無限**的。希伯來語中表達「無限」的詞即是 Ain Soph。

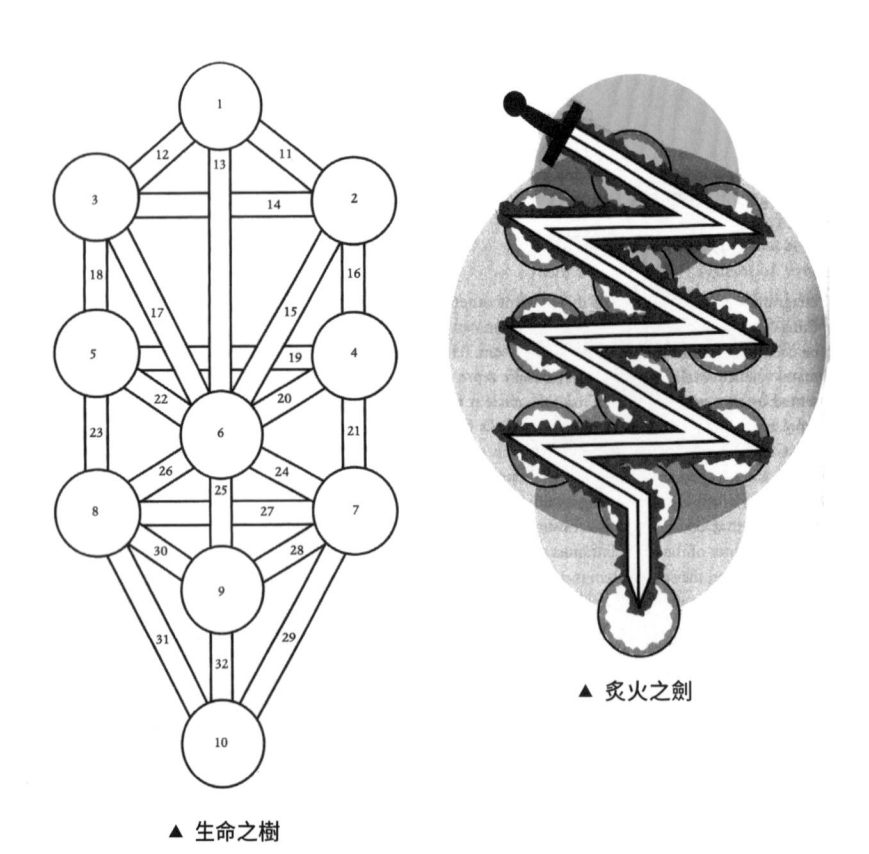

▲ 生命之樹

▲ 炙火之劍

如先前所述，人們認為任何見到神之面容的人都無法存活。在這顆星球上，晴朗的天空下我們無法直視太陽太久，其光芒實在過於耀眼。我們既然不能直視如此刺眼的光亮，自然也不能直視「神的真容」，因此，這兩者有著某種關聯。而神性的初步概念，即是一種超出我們理解的光亮，超越我們所能夠想像的所有亮度：那就是**無限之光**。在希伯來語裡，「無限之光」被稱作「*Ain Soph Or*」。這三個概念被認為位於卡巴拉生命之樹的上方，且每一概念之下都隱藏著一層「帷幕」，如下圖所示：

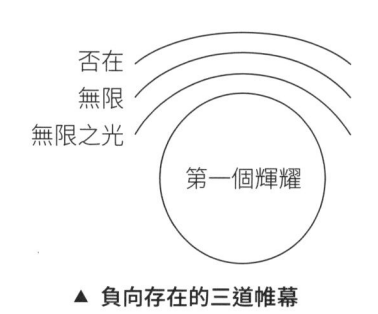

```
     否在
     無限
  無限之光

       ( 第一個輝耀 )
```

▲ 負向存在的三道帷幕

因為「否在」（Ain）的意思是「無」，所以位於生命之樹上的第一個輝耀上方的這三個概念被稱為**負向存在的三道帷幕**（the Three Veils of Negative Existence）。然而，這樣的命名其實不太確切。在此脈絡中，否在所代表的不僅僅是「無」，更具體地說，它指的是「存在之前就已有的存在」，即我們有限的心靈所無法構想、理解或知悉的。

## 宇宙的形成

最早已知的卡巴拉有關宇宙形成的理論出自於《形塑之書》。其中提到，神透過特殊方式操控具有魔法特質的希伯來字母，進而創造出物質宇宙。這是灰魔法的基石，我們將在課程後續深入探討。如今，最受歡迎的卡巴拉宇宙創造理論，是由著名的拉比艾薩克・盧里亞（Rabbi Isaac Luria，1534—1572）所描述的體系。盧里亞認為，在宇宙誕生之前，神性遍布整個宇宙。後來，因某個未知之由，神決定創造。神允許「自己」的一小部分從宇宙中縮減，因而造就出一個空間。然而，透過某種神祕方式，這空間仍然充滿了神性，正如一朵被移出房間的玫瑰，其香氣仍然瀰漫。盧里亞稱此過程為「神奧縮隱（tzim-tzum）」。

接著，神從「自己」之內放出一道能量，目的似乎是為這能量創建一個容器。然而，又由於未知的原因，這一嘗試並未成功，導致這些容器碎裂，形成輝耀碎殼（Kellipoht），也就是「惡魔」的居所。神再次嘗試這一過程，這次祂成功了。

從「否在」而來的能量，先是經過「無限」，再通過「無限之光」，最後進入了第一輝耀。這輝耀迅速地被能量充滿，接著能量流向第二輝耀。這樣的流動過程持續下去，直到能量沿著生命之樹到達第十輝耀，於此處達到了均衡。

當能量沿著生命之樹向下流動時，它從非常輕靈、精神的本質逐漸變得具體，直至在第十個輝耀中化作物質層面的呈現，也是我們所居住的——物質地球。因此，這能量被視作源源不絕地創造著我們的宇宙，它直接源自於神性，沒有它，所有事物將瞬間消失。透過這簡單的方式看待生命之樹，我們可以明白，神是如何深深地愛著我們，持續地給予我們存在。

以下以一種數學式的觀點來看待生命之樹所象徵的存在：從「無」中誕生「無限」（即宇宙的外部空間）。充滿這「無限」的是「無限之光」（宇宙大爆炸，或時空連續體）。但這一切都是抽象的能量。現在，我們需要從能量轉化為實質存在。

我們首先由「位置」這概念出發，在平面幾何中，這被稱作「點」（第一輝耀）。透過自我映射，第一點延伸出第二個點（第二輝耀）。兩點一連便形成了線段。但在此階段，我們無法確定其長短。因此，再透過映射，我們衍生出第三點（第三輝耀），讓點 A、點 B、點 C 之間的距離關係成立，揭示出它們的相對長度。由此，我們構建了三角形，確立了二維平面。但這全都還在「平面幾何」的範圍內：它浮現於一個無厚度的虛擬二維空間中。要形成物質宇宙，我們需要有容納物質的空間，即三維結構。為了從二維過渡到三維，我們需要知識（Dah — at，亦即理論中提及的輝耀「達阿思」，據稱位於上三輝耀與下七輝耀之間）。

---

## 關於神的性別：卡巴拉視角

「所以，我想明白一點。根據卡巴拉，神的真正本質不是男性？」
「確實如此。」
「那，神是女性？」
「不，這樣定義會局限神。」
「那神既非男性，也非女性嗎？」
「也不盡然。神就是神。如果神想呈現為男性，那麼神可以是男性。」

「我不太懂。神到底是不是男性？」

「那是你有限的人類思維方式。神超越了這些定義。」

「所以神也可能是女性？」

「神會是神想要的模樣。」

「那我想確認，你的意思是神同時可能是男性或女性，或者既不是男性也不是女性？」

「沒錯。神超越了二元的概念。」

「這樣說，神是雌雄同體嗎？」

「如同男與女這兩個性別，神超越了這二元分歧。神可以被看作雌雄同體，或者沒有性別。」

「那在卡巴拉關於神的性別概念中，你的意思是神同時是雌雄同體、無性別、男或女，甚至都不是？」

「的確，正如你所說的，一切都蘊含於其中。」

「這太模糊了！那在《光輝之書》裡，提到像神的鬍鬚數量這種描述，難道不暗指神是男性？」

「那只是一個隱喻，用來說明神的某種屬性。你可以深入地觀察花的一片花瓣，但那並不代表你已了解整朵花。」

藉由這知識，我們設立了第四點（第四輝耀）。結合先前的三點，我們得到了體積，進而擁有了第三維度。但這些三維的點仍是靜態的，不涉及運動（motion）。為此，我們需要另一點來呈現運動（第五輝耀），以及另一點來代表時間（第六輝耀），因物質世界中，時間與空間緊密相連，兩者不可或缺。

如今，我們有了一個能在三維空間內移動的存在。但仍缺少能感知和理解這存在的元素。再引入三個點（第七、第八、第九輝耀），這些點進一步揭示了：

a. 生命的**存在**本質
b. **意識**思考的能力
c. 體驗超越自我之外的**喜悅**感受

也就是梵語中的「**在**」（sat）、「**覺**」（chit）、「**樂**」（ananda）。

因此，我們所認知的現實，始於心靈中一個細微的點，經由喜悅的感受逐漸擴展，並在第十輝耀中，匯聚為整體的現實世界。

我明白這部分描述得相當深奧，有時確實令人難以理解。然而，學習生命之樹就像學習塔羅牌，你需要不斷地深入、實踐並與其互動。當你更熟悉生命之樹的應用時，會覺得它逐漸變得清晰易懂。在此，建議你花點時間透澈理解這段，再進行下一部分。要記得，理解這裡的內容不是一蹴可幾的。但到了課程的尾聲，你將能夠清楚掌握這裡及其他書籍中對生命之樹的核心概念。

然而，生命之樹的深層涵義遠遠超越了那些非主流理論的範疇。當對它有更深入的理解，就越能夠看到它如何被用來理解和應用於生活中幾乎一切的事物。它會逐漸為你建立一個模式，幫助你更透澈地理解物質、心靈和精神層面的運作真諦。慢慢地當生命之樹成為思考的一部分時，你將踏上真正的神祕學之路。當你透過生命之樹的視角理解宇宙，並在其中穿梭自如時，你便已是一位真正的魔法師。

# 第五部分

希望現在你已對這些內容練習了數週。這意味著在繼續進行這一部分之前，你應該已真正掌握小五芒星驅逐儀式。這不僅意味著你應該把詞句記住，還應該把所有的動作做得熟練，甚至可以毫不思考地執行，你的所有視覺化觀想也應該清晰明確。然而，如果你還沒有把一切都記住，至少先將你的筆記抄寫到小卡片或「速查小抄」上，這樣你就不必隨身攜帶這本書。

我即將介紹的這個儀式稱為「中柱儀式」。若按正確的方式進行，它將讓你充滿活力，有助於自我精進，培養靈性的洞察力，並協助你在白魔法的探索中，朝向神性本質與合一邁進。

生命之樹存在於各處，不僅僅是在紙上的圓圈，也不僅僅是一種哲學建構。它還存

在於人體內的多個層面。想像自己轉過身，背對著生命之樹，這將幫你更好地理解其與身體的關聯。最上方的輝耀位於你的頭頂。第二輝耀位於臉的左邊，第三輝耀位於臉的右側，這模式一直延續到整個身體。在下一堂課中，我們將更深入探索這些與生命之樹的關聯，這也是無字卡巴拉的一部分。

但現在我們必須將焦點從卡巴拉轉向印度。在這裡，一些最古老的靈性文獻，例如**譚崔**，描述了被稱作「**脈輪**」的能量中心（chakras，「ch」發重音，如英文單字「chalk」，且絕不是「sh」的輕音。若是「sh」的音，其梵文首字母將不同。把脈輪唸成「shakras」的人或許未能正確學習梵文發音。另外，也可讀作「kahk — rahs」）。這些「脈輪」位於身體周圍形成能量場。此外，還有一個被稱為「**昆達里尼**」（kundalini，讀作「koon — duh — lee — nee」）的能量流，它通過這些能量中心。最早期的譚崔只提及三個主要的脈輪：分別位於生殖器、心臟和頭頂，之後的文獻則談及四大脈輪：位於臍部、心臟、喉嚨和頭頂。更後期的書籍談到六或七個主要脈輪，關於脈輪的位置經常存在分歧。但最重要的是，這些書籍告訴我們，試圖讓升起的昆達里尼能量流過這些脈輪是有危險的。為了了解這背後的原因，我們必須從古印度的紀錄，銜接到十九世紀晚期維多利亞時期的歐洲。

▲ **轉身融入生命之樹**

這是西格蒙德・佛洛伊德（Sigmund Freud，1856—1939）的時代。雖然佛洛伊德的生命歷程橫跨維多利亞時代，但他的多數哲學觀點深受那一時期的成長背景影響。作為一名猶太人，佛洛伊德在某種程度上對卡巴拉有一些淺顯的了解。在他的早期心理學文獻中，佛洛伊德認為有一種真實的、物質的、心理性慾能量存在，這就是他稱之為「原慾」（libido）的能量。他認為這股能量來自身體的各個部分，並最終會集中到身體的某一部位。他將這一過程命名為「心靈灌注」（cathexis）。他相信所有心理問題都可以追溯到這種性能量的阻塞。

佛洛伊德明白，如果他的觀點是正確的，那麼解決大部分心理問題的方法就是釋放這種性能量。這也意味著他必須鼓勵人們進行性行為。然而，在充滿壓抑的維多利亞時代道德觀念下，這永遠不會被接受。這對於許多與佛洛伊德合作的人來說尤其如此，因為他們之中的許多人都還未婚。

而佛洛伊德是一名實用主義者，他清楚自己需要修正理論才能持續幫助人們。我不知道佛洛伊德是否真的有這麼想過，但似乎可以這麼說：如果能量的流動能消除阻塞，那麼消除阻塞也應能讓能量自由流動。無論他是如何得出這個結論的，佛洛伊德的確改變了他對「原慾」的觀點，將它從一種真實的能量視為僅僅是「慾望」，而這種「慾望」可以藉由導引而流動。他稱這一將導引到其他方向的過程為「昇華」（sublimation）。

佛洛伊德認為，當「原慾」消失，意味著能量不再受到阻礙。然而，由於他視能量為慾望，且能量是不會消失的，但慾望可以消失，因此他認為當「原慾」不再存在時，仍需有某種相反的慾望來呈現這能量。於是，他提出了「死慾」（death wish）這概念。若此觀念聽起來有些令人費解，那的確是因為佛洛伊德並不完全認定「原慾」為真實的能量存在。

與此同時，佛洛伊德的其中一名最富創意的學生威廉・賴希（Wilhelm Reich, 1897—1957）堅信，佛洛伊德原本的看法是正確的。他開始深入探索並真正量測佛洛伊德所描述的心理性慾能量。佛洛伊德曾言，賴希要不是騙子，就是精神分析學派的未來。但後來，佛洛伊德撰寫了《文明與缺憾》一書駁斥賴希的理論。

賴希的研究範疇遠遠超越了佛洛伊德的原始理論。他將這心理性慾能量稱作「奧根」（orgone），並認為自己已經親眼看到並且量測了它，其色澤為明亮的藍色（如小五芒星驅逐儀式中所示）。賴希創立了團體治療、重生療法（rebirthing）、原始吶喊療法（primal scream）、生物能量學（bioenergetics）等方法和某些教育體系；而早在麥斯特與強生研究小組（Masters and Johnson）之前，他已開展過類似的性學研究。賴希撰寫了數本關於他的理論的書籍，並設計了奧根能量收集器（orgone accumulators），他聲稱這些

裝置可以從環境中提取奧根能量，用於治療。然而最後，賴希被關進監獄，著作也被焚燒。他如此努力啟發世人，卻遭受如此對待。（這是在1950年代的美國發生的事，令人難以置信！）

我想強調的不是希望你閱讀某本書或了解某位作者，也不是批評我們政府在麥卡錫時代的所作所為。而是想讓你知道，西方科學已有研究並深知心理性慾能量的本質。這種能量，在西方最初被稱作原慾，後來又被稱為奧根，而在印度，則被稱作昆達里尼。

然而，印度對昆達里尼的探索已有數千年的歷史。因此，他們對此的認識遠遠超過西方。昆達里尼被視為以一種原始且混沌的方式「沉睡」在尾骨末端。在身體層面，這個位置位於會陰，即性器官和肛門之間。透過想像、特別的呼吸技巧、視覺觀想法、特定的音頻，或是性行為，這種能量可以被喚醒並沿脊柱上升，當它上升時會為脈輪，也就是能量中心注入能量。

而這裡正是潛在的危險之處。這能量不是連續穩定地上升，它會在每個脈輪處暫停並充能。若你還未為某特定脈輪的充能做好準備，或你還未到達適當的心靈發展階段，就會出現以下兩種可能情況：

1. 當脈輪被充能後，突如其來的能量可能會「震撼到你」，它可能置你於死地、驅使你失去理智，也有可能引你至開悟之境。
2. 這股湧升的能量無處可去。你就好比是一個充氣至極限、充滿壓力的氣球，既不能爆破，也不能釋放內部的空氣。終有一刻，它需要找到出口釋放。記得，佛洛伊德曾指出，所有心理問題的根源皆為「能量阻塞」。若昆達里尼的流動在較低的脈輪受到阻礙，可能導致對「性」的過度迷戀。若在無適當指導下試圖喚醒昆達里尼，可能引發嚴重的身體問題。這也是為什麼在嘗試修習人們所稱的昆達里尼瑜伽（Kundalini Yoga，其實際名稱是 Laya Yoga）之前，你應先找到一名資深的指導者，也就是「古魯」（guru）*。

古代的卡巴拉學者也了解這種能量。在希伯來語中，有時它被稱為「神的靈」（Ruach，發音為「roo — ach」，其中的「ch」與德語的「ach」相似）。此能量也在脊柱能量中心間循環。在卡巴拉中，存在五大重要的脊柱能量中心，每一能量中心都與一個輝耀相關，且分別對應人的心靈和身體的某部分。

---

*關於「昆達里尼」，常有一個被視為「典型」的說法。我記得曾在線上論壇上看到一位讀者的貼文：「當這股力量在不純淨或失衡的狀態中被喚醒，有可能引發如天才般的邪惡偏執、巨大的幻覺，或是心理障礙（例如：躁鬱症和思覺失調）」。然而，我最近越來越認為，這種恐懼感不只是對事實的誤解，甚至可能完全沒有根據。但這個討論並不適宜在此書展開，它更應該出現在一本關於譚崔的專著中。

*Yeh — chee — dah*（其「ch」的發音，如蘇格蘭詞「loch」中的「ch」）位於頭頂之上，是意識最深處的能量中心。它始終與神聖相連，時而被視為我們的高我，與以神名 Eh — heh — yeh 呈現的神性面貌息息相關。

　　*Ruach* 除了是我們之前討論的能量名稱，也是太陽神經叢能量中心的名稱。這一能量中心位於腹部的中央，胃部之上，胸口之下。當此能量中心充分展開，其範圍可達到心臟。Ruach 代表著我們的意識。在此，我們發現了東方與西方神祕學之間的基本差異。在東方，人們相信世界是由振動所組成。而透過感官，我們察覺到這物質的世界，但這實際上是一場稱為「摩耶」（Maya）的幻覺。在感知「摩耶」的過程中，我們的意識忽略了真實的內在世界。因此，我們被教導要透過冥想等方法「放下對意識的依賴」。然而，西方的神祕學更側重於實用性，提醒我們不要僅僅放棄這種依賴，而是應該利用這種依賴，並且更加**完善**它，讓我們的意識能夠看到真相而非僅是幻相。這就是培養意志的過程。這能量中心與神名「**Yud — Heh — Vahv — Heh El — oh — ah V'dah — aht**」有著密切的關聯。

## 來自瑞格德的認同

　　在我的生命旅程中，我感到特別幸運的一點，就是能與一些真正重要的神祕學界巨擘相識並共度時光。其中一位便是已故的弗朗西斯・伊斯瑞・瑞格德博士（Dr. Francis Israel Regardie, 1907—1985）。儘管他有「博士」的頭銜，但他堅持讓我稱呼他為「弗朗西斯」。他在二戰後到1960年代，幾乎是唯一一個維護黃金黎明會和克勞利傳承的人，直到他的作品被 Llewellyn 重新出版，才讓新一代的讀者能夠接觸到。

　　當我與他初次相遇時，弗朗西斯居住於加州的影視城（Studio City）。在一次與他的交談中，我提及賴希（Reich）的著作《性高潮的功能》（*The Function of the Orgasm*）對於理解魔法中的能量概念至關重要。對此，弗朗西斯深有同感。

　　當你還是個神祕學的初學者，得到你多年敬仰的前輩的認同，真的是一種難以形容的榮幸。

被稱為 *Nephesch* 的能量中心位於性器官的位置。它代表我們潛意識中最表面的層次。它保有我們的慾望和衝動，能夠阻礙「Yeh — chee — dah」和「Ruach」之間能量的流動。這裡的神名是「Sha — dai El Chai」。

我們可以將這些卡巴拉的觀念與其他心理學類型比較：

| 卡巴拉 | 佛洛伊德 | 溝通分析學 |
| --- | --- | --- |
| Yeh — chee — dah | 超我 | 父母 |
| Ruach | 自我 | 成人 |
| Nephesch | 本我 | 孩童 |

在卡巴拉體系之中，還有另外兩個需要描述的能量中心。

位於腳下的能量中心名為「G'uph」，它代表著身體。當人站立時，此能量中心不僅位於腳上，更延伸至腳下的地面。它的神名是「Ah — doh — nye Ha — ah — retz」。

位於喉嚨深處的能量中心在希伯來語中沒有專屬名稱，而是被稱作「連結」。啟動這個能量中心後，它會自發性地「自我引導」（self–induced）和「自我構建」來連結高我（Yeh — chee — dah）與意識（Ruach）。正因如此，「連結」這名稱貼切地描繪了它作為相連於上下能量中心的角色。它的神名源自另一輝耀，被稱作「Yud — Heh — Vahv — Heh El — oh — heem」。

我們將要處理的能量是心靈性質的性能量，當你試圖僅從「性中心」喚起此能量時，可能會遇到問題，因為這種能量強烈地與生理、物質和性本身相關。在我們的方法中，我們著重這能量的心理和精神特質，這種能量完全可以被心智所掌控（後續課程會有更深入的探討）；因此，我們能夠在不依賴上師（guru）的情況下安全操作。我們將從神性源頭，也就是 Yeh — chee — dah 的連結中獲得此能量，並將其引導到身體的「中柱」，當這股能量下降到達「性」的能量中心時，它會變得非常純淨，進而使原本可能只在性行為中體驗到的能量變得充滿靈性。

這不代表你會失去對性的慾望，只是當你進行性行為時，你會擁有更深層、甚至是靈性的體驗，而不僅僅是一種生理的體驗。這個儀式不會使你對性更感興趣，也不會使你失去興趣。

# 中柱儀式

**步驟一**：進行放鬆儀式。

**步驟二**：進行小五芒星驅逐儀式。當你完成後，若有祭壇，請站在其後方，雙手放在身體兩側，閉上眼睛，保持平緩的呼吸，最重要的是，試著讓你的思緒慢下來、停下來、靜下來。

**步驟三**：集中注意力在頭頂之上。由於小五芒星驅逐儀式的效果，這裡應有一顆白色的光球。如果沒有，請想像它的存在。花點時間，慢慢來。用一種敬畏的心情看待這個白色光球：它是你存在的本質，是你與高我、神性的連結。這種冥想會讓光球擴大明亮。接著，振動念誦神名 *Eh — heh — yeh* 三到四次。光球持續擴大，持續增亮。

**步驟四**：現在，透過視覺化觀想一道光柱從頭頂上方的光球中垂直下降，穿過頭部中心，並在頸部停留。接著，讓這道光在頸部擴展成一個小光球，雖不及頭頂之上光球耀眼，但依然綻放光亮。沿著中柱，讓光柱在兩個光球中相連，這個光球代表「意識」與「高我」之間的橋樑。隨著光的流動，頸部的光球會逐漸擴大並變得更亮，振動念誦神名「*Yud — Heh — Vahv — Heh El — oh — heem*」三至四次。

**步驟五**：延續上一步驟的感受，讓光柱從頸部光球向下延伸，穿過你的軀體，在太陽神經叢擴展成一個光球，它代表你的「意識」。隨著時間，其亮度和強度都會逐步增強。此刻，體內可能會感覺到一種溫暖如太陽的感受。振動念誦神名「*Yud — Heh — Vahv — He El — oh — ah V'dah — aht*」三至四次。

**步驟六**：再以同樣的方式，將光柱延續至生殖器區域，在此形成一個光球。在這裡，它代表你的「較低」自我。振動念誦神名「*Shah — dai El Chai*」三至四次。

**步驟七**：之後，光柱持續下降至雙腳處，形成一個光球，這光球一半覆蓋雙腳於地面上，另一半則深入地下。振動念誦神名「*Ah — doh — nye Ha — ahr — etz*」三至四次。

**步驟八**：至此，你應可觀察到在頭頂、喉嚨、太陽神經叢、生殖器及雙腳處，都已形成耀眼的光球。且每一個光球都由光柱將其上下相鄰的光球相連。

**步驟九**：你可以在這狀態下停留任意時間。當你想結束時，深呼吸，並隨著呼氣，想像這些光球和光柱逐漸淡出直至完全消失。但需記住，即便看不見，其能量仍舊存在。如此，「中柱儀式」便完成了。

請牢記振動念誦的指示。每當念誦被振動的詞語時，應使你感到身體相對應的部位隨之產生振動。若在嘗試形成光球或光柱的過程中遇到困難，不必強行進行到身體大汗

淋漓。應暫時停下，並跳到步驟九。這些問題可能源自多種原因，無論是來自意識還是潛意識，大多都與心理層面相關。透過持續每日進行這個儀式，你終將能以一種自然而溫和的方式克服任何問題，進而使自己變得更好、更有力且更快樂。

**步驟十**：進行塔羅冥想儀式。若你已連續六週定期進行此儀式，現在應開始使用大阿爾克納的全部二十二張牌。

**步驟十一**：在儀式日記中，記錄你的結果、感受和經驗等。

## 留意那些微妙的異象！

當持續進行這個練習約兩至三個月後，有些學生開始描述一些不尋常的現象。他們似乎看到、聽到或甚至感覺到了一些奇特的事物。這是完全正常的，且我希望對此詳細說明。

或許你未曾察覺，但你已開始喚醒「星光體感官」(astral senses)。這「星光體感官」包含在較高的層面上看見、聽見、感受、品嚐和嗅覺等能力（這些層面我們會在接下來的課程中詳述）。實際上，那些你現在才察覺的事物，其實一直都存在。只因為第一次打開了這些感官，所以現在才開始意識到他們的存在。

我首次注意到這些現象是在看電視的時候。當時的節目非常無懼，但突然間，一條巨大的蛇從地板冒出來，並在約一英尺的距離處重新鑽回地板！我的朋友稱呼這些現象為「心靈雜訊」，而我更傾向於叫它們「心靈幻影」。我可以肯定地告訴你，它們絕對不會帶來任何傷害。

我想再強調一次：**這些心靈幻影是無害的**。然而，它們確實會讓人困擾。有時，我會覺得似乎有人站在我身後，但當我轉身確認時，眼前卻沒有任何人影！還有一次在派對上，我和一名我想要認識的可愛女孩交談時，突然以為看到了一位老朋友，我立即轉頭，卻發現眼前只有一盆植物。當我再次轉向那女孩時，她給了我一個略帶疑惑的眼神，很快地找了個理由離開了。確實，我也說過，它們有時會令人困擾，也正因為如此，我才稱它們為「心靈幻影」。

有人告訴我，他們曾像我一樣看到原本不在場的朋友；還有人聽過神祕的呼喚聲，或在天空中看到閃閃發光的光點。可能你還未經過任何訓練，但在寂靜的時刻，你也許會覺得有人呼喊你的名字，但其實四周並無旁人。那一瞬間，你的星光體感官暫時被開啟，讓你能聽見「心靈幻影」的細語。

並不是每個人都會遇到這些存在。也許你這一生中都不會親眼看見、聽見或感知到它們。雖然啟動星光體感官是相當重要的，但即使你未曾接觸「心靈幻影」，你依舊有潛力成為一位卓越的魔法師。無論你在過去是否曾遇過，或是未來是否會碰上它們，都不需太過擔心。這不代表你遭受了心靈的攻擊，也不表示你失去了理智，最重要的是，它們並不會傷害你。

　　事實上，只要你以正確的心態看待「心靈幻影」，有時它們甚至能為你帶來歡樂，特別是在那些乏味的派對中。所以，當這些幻影讓你的日子多了一些驚奇、歡笑或偶然的困惑時，你也不必太感驚奇。

　　坦白地說，我也不十分確定它們究竟是什麼。有時它們被認為是「元素精靈」（elementals）（這個主題我們將在後續的課程中詳細討論）。但在某些情境下，當你在星光層面上進行視覺化觀想時，你可能會像個奇異的宇宙磁鐵，吸引到無意義的心靈雜訊。「心靈幻影」並非邪惡的靈體。很多兒童都有「看不見的玩伴」，我相信在多數情況下，這些看不見的玩伴其實就是「心靈幻影」。

　　下一頁是中柱儀式的摘要。在進入第三課之前，你或許需要花一個月甚至更久的時間，深入地學習和熟悉這一課的知識和儀式技術。

Eh — heh — yeh

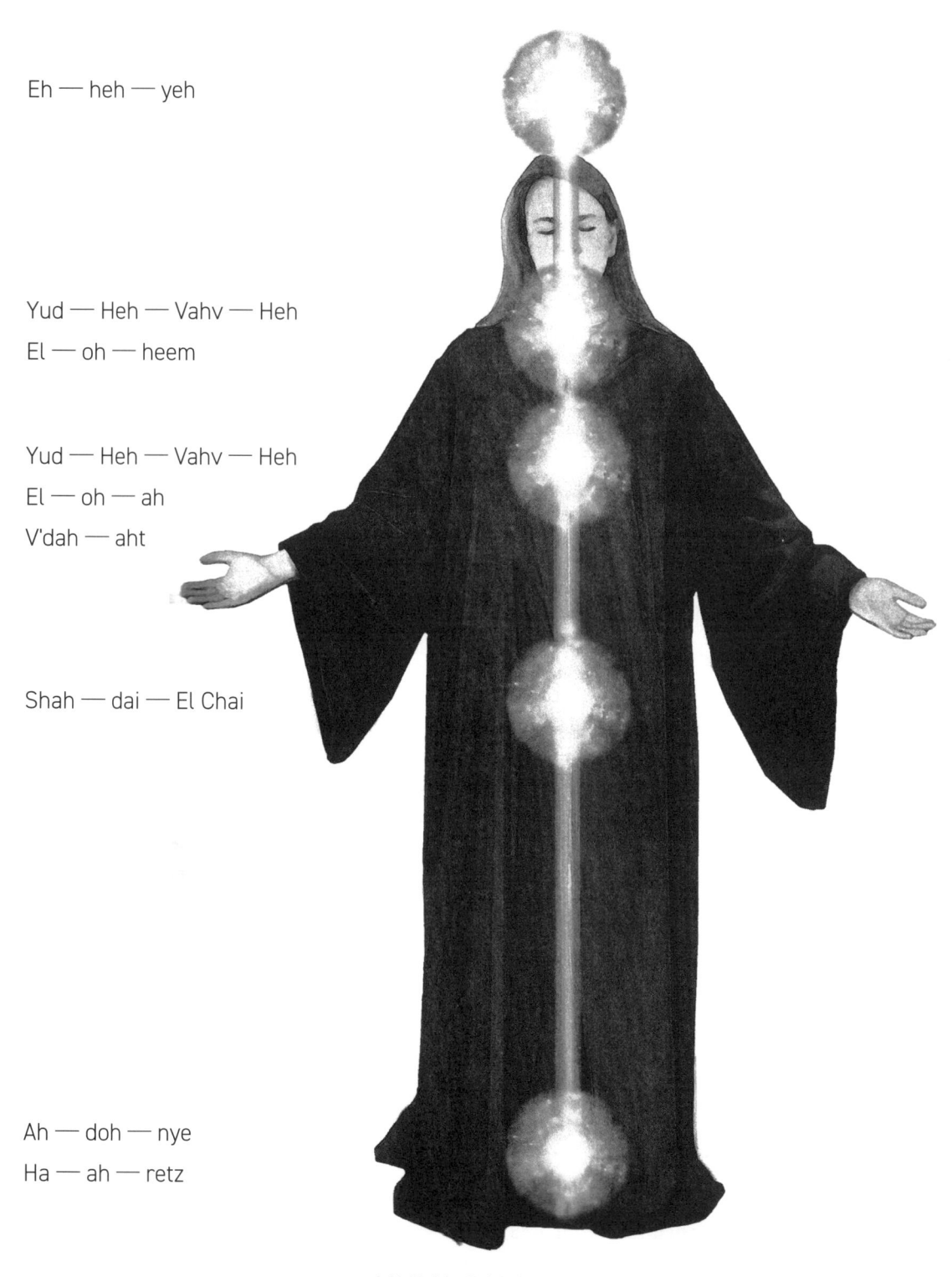

Yud — Heh — Vahv — Heh
El — oh — heem

Yud — Heh — Vahv — Heh
El — oh — ah
V'dah — aht

Shah — dai — El Chai

Ah — doh — nye
Ha — ah — retz

▲ 中柱儀式振動念誦的神名

## 複習

為了幫助你確認是否已完全掌握「第二課」的內容，以下列出了一些問題。在不參考課文的前提下，請試著回答這些問題。（答案可以在附錄二中找到）

1. 請列出小五芒星驅逐儀式的四個部分。
2. 在「卡巴拉十字」中，念誦的希伯來語意味著什麼？
3. AGLA 是哪些字詞的縮寫？
4. 北方的大天使是誰？
5. 什麼是「深邃之音」？
6. 從卡巴拉的角度來看，為什麼說有十位神是不正確的？
7. 如何做出水元素的手勢？
8. 古代希伯來的三種主要「文獻」是什麼？
9. 使用「耶和華」（Jehovah）作為神的名字有何不妥？
10. 誰使希伯來語轉化為現代活躍的語言？
11. 如何進行「振動念誦」？
12. 希伯來字母 Vahv 有哪些發音方式？
13. 希伯來的最原始密契主義是？
14. 是誰引領了法國神祕學的復興？
15. 「卡巴拉」主要包括哪四大分支？
16. 哪三個潛在特質能暗指某人可能是一位出色的靈性老師？
17. 在希伯來語中，「無限」該如何表述？
18. 「心靈幻影」指的是什麼？

以下問題，只有你自己能回答。

1. 你是否持續且定期地進行所有的儀式（放鬆儀式、小五芒星驅逐儀式、中柱儀式、塔羅冥想儀式）？
2. 你對卡巴拉心理學有何認知？
3. 你是否對卡巴拉和生命之樹有初步認識？
4. 你是否熟知「正—反—合」的辯證法思想？

5. 「心靈幻影」曾經困擾過你嗎？
6. 你理解「轉身融入」生命之樹的概念嗎？
7. 你是急於體驗實踐魔法和灰魔法，還是正在耐心學習？
8. 當你進行振動念誦時，有無感受到任何特別的反應或變化？
9. 有沒有哪一段內容你最初不太明白，但隔了幾週或幾個月再看時，卻覺得十分清晰？
10. 對於前兩課的問題，你能否不看課文就直接回答？

# 參考書目

有關這些書籍的更多資訊，請參閱本書末標註的參考書目註解。

Andrews, Ted. *Simplified Qabala Magic*. Llewellyn, 2003.

Crowley, Aleister. *Magick*. Weiser, 1998.

González-Wippler, Migene. *A Kabbalah for the Modern World*. Llewellyn, 2002.

Kaplan, Aryeh. *The Bahir*. Red Wheel / Weiser 1980.

_____. *Sefer Yetzirah*. Weiser 1997.

King, Francis, and Stephen Skinner. *Techniques of High Magic*. Destiny Books, 2000.

Mathers, S. L. M. *The Kabbalah Unveiled*. Kessinger, 2007.

Regardie, Israel. *Ceremonial Magic*. Aeon, 2004.

- *Foundations of Practical Magic*. Aeon, 2004.
- *A Garden of Pomegranates*. Llewellyn, 1995.
- *The Golden Dawn*. Llewellyn, 2002.
- *The Middle Pillar*. Llewellyn, 2002.
- *The One Year Manual*. Red Wheel / Weiser, 2007.

Sperling, Harry, Maurice Simon, and Paul Levertoff (translators). *The Zohar*（5 volumes）. Soincino, 1984.

## 第三課
## LESSON THREE

本課引言：

# 反思

我們每天都在閱讀，從小說、雜誌，到廣告、簡訊，還有被稱為「圖像小說」的現代漫畫。這些內容在某程度上都是為了傳遞資訊，但很多時候，我們很快就忘記了它們的具體內容。多數的資料都只是短暫地出現，然後快速地遺忘。如果你已經從學校畢業幾年，真的還能記得教科書裡的每一個細節嗎？如果你已在工作，那份去年讀過的報告，你真的記得清清楚楚嗎？

《現代魔法》不同於其他，它是為了特定目的而設計的。這就是為什麼每個部分被稱作「課程」而非「章節」的原因。儘管你可以像閱讀其他書籍那樣翻閱它，我還是希望你能夠將它視為一份特殊的指導，它真的有可能改變你未來的生活方式。

當你準備開始新的一課時，我建議你要先做兩件事。首先，回顧和反思你至今所學。到目前為止，你已經學到了很多，不僅是關於我的經歷，還有如何記錄夢境日記的方式、解讀夢境的方式、儀式日記的記錄方式、塔羅的歷史以及如何選擇一套適合這門課的塔羅牌、塔羅冥想儀式、放鬆儀式、魔法的各種定義、大阿爾克納的意義以及如何進行塔羅牌占卜、儀式的準備方法、魔法師的「武器」或者工具、如何繪製土元素的驅逐五芒星、儀式淨化浴的方法、小五芒星驅逐儀式的所有步驟、應對心靈攻擊的方法、太陽四重敬拜儀式、卡巴拉的神話歷史、卡巴拉的真實歷史、卡巴拉的四個分支、佛洛

伊德和賴希與魔法的關聯、卡巴拉的能量中心、中柱儀式、心靈幻影的影響，以及更多未列出的知識。在過去的八週裡，**你已經完成了不少，真的非常值得為自己鼓掌！**你甚至可以思考這些學問如何改善了你的生活，或者寫下它們帶來的正面影響。

當你反思所學和所做之後，還有另一步要走。這一步對你未來的成長和成功極為關鍵：那就是——為自己的成果感到自豪！在短短的八週內，你體驗並學習了比世界上99%的人還要多的西方傳統儀式魔法。**你應該對自己所做的感到滿意。**而你所做的一切都是出於自己的意志，並非因為父母、政府或老闆的強迫。你所展現的是「自我實現」。你真的很棒，理應感到自豪。

我明白，在西方我們被教導要避免過度的自豪感。但我記得克勞利曾說過：「一克真誠的自豪，勝過千斤虛假的謙遜。」因此，你應該為真正的成就感到驕傲。但，這不代表你應該自大。我記得我的武術師父王・道格拉斯（Sifu Douglas Wong）曾說：「無論你多麼出色，總會有人超越你。」因此，儘管你應對自己的成就抱持自豪，同時也能保持謙虛。克勞利接著說：「一克真誠的謙遜與一克真誠的自豪一樣珍貴」。最終，當魔法融入你生活的每一刻，你將不再需要依靠自豪感來給自己打氣。

所以，沉浸在你的成就感中，但不要僅停留其間。相反地，利用你的反思和對成就的自豪感，驅使你繼續學習和深化實踐。然後，超越那驕傲和謙遜，繼續前行。我引用克勞利所說的第三部分：「真心投入工作的人，沒時間去糾結自豪或謙遜。」

# 第一部分

你曾聽過「週日早晨的基督徒」嗎？「週日早晨的基督徒」指的是那些每週日固定前往教堂（只為被人看見）、唱歌聲音特別大（只為被人聽見），並在奉獻盤中放入大面額紙鈔的人。但在商場上，他會竭盡所能地佔盡便宜，他既對朋友撒謊，也對敵人撒謊，甚至背叛自己的伴侶。事實上，他每週日只在那短短幾小時裡展現出自己是基督徒。但如果要求他們真正地按照天主教修道士托馬斯・肯皮斯（Thomas à Kempis，1380—1471）在「效法基督」中所述的耶穌的生活方式，來真實地過好每一天，他們遠遠做不到。

那麼，這與儀式魔法有什麼關聯呢？就如同有些人認為成為基督徒只要每週參加一次宗教儀式，多數人亦認為魔法只是偶爾需要進行的事情。但這樣的認知，其實是大錯特錯的。

**魔法不是你展現的本事，**
**魔法是你內在本質的真實！**

我不斷強調這點。成為真正的魔法師意味著你的整體心態完全以魔法為中心。這意味著不論你在做、思考或說些什麼，你的腦海裡總是要充滿如何將一切與魔法相連的想法。因此，當你談論政治時，要思考政治家是如何不提及任何政見，卻說服人們支持他。確實，能夠讓人毫無原因地被說服，這是一種強大的魔法形式。當你烹飪時，你會思考火的元素如何影響肉品及相關食材，以及火對水果、穀物和蔬菜所帶來的變化。只有當魔法融入你的思維方式、行動和呼吸中，你才是一位真正的魔法師。

這讓我們再次回到赫密士黃金黎明會。黃金黎明會實際上有六個等級，只有當你的表現足夠卓越，才有機會進入內階層（Inner Order），也是人們說的「R.R. et A.C.」。若你稍微研究過黃金黎明會，這可能會讓你感到震驚：**黃金黎明會從未是一個魔法組織**。真正涉及到魔法實踐的部分，是那個被稱作「紅寶石玫瑰與黃金十字架」（Roseae Rubeae et Aureae Crucis）的內階層組織，至於屬於外階層（Outer Order）的黃金黎明會，則完全不是。

黃金黎明會擁有多重的宗旨，在其整體架構中，不僅提供一個讓人們互相認識並建立信賴的環境，還允許參與者學習各式各樣的理論和哲學。這些知識不只豐富他們的內在，還將引領他們走向魔法實踐之路。但對本課程而言，最關鍵的是黃金黎明會如何給予「啟蒙儀式」，讓他們與四大魔法元素產生共鳴。

顯然，我無法僅透過這本書給予你啟蒙。事實上，這是無人能達成的事（尤其對於某些組織提供的西方傳統「星光體啟蒙」〔astral initiation〕我抱持懷疑）。那麼，「啟蒙」的真正需求和目的是什麼？

「啟蒙」包括了實際和神祕的兩個層面。從實際的層面看，啟蒙不是賦予你某些東西，而是讓你**開始**踏上遵循特定的神祕或魔法體系的旅程。例如，在黃金黎明會晉升至初學者階段的人，不只開始學習希伯來字母、行星和星座的象徵，還要實踐小五芒星驅逐儀式。值得一提的是，「啟蒙」（initiation）這個詞源自拉丁語，意思就是「開始」（to begin）。

在神祕層面，啟蒙是另一回事。想像你想要加入的一家私人俱樂部。當你敲門想進入時，由於你不在允許進入的名單上，所以被不認識你的門衛拒絕進入。此時，一個

既認識你又熟悉門衛的人將你介紹給了他。從那刻起，你就成了這家俱樂部所歡迎的客人。這段小故事中，介紹給像門衛這種更高、更強大力量的過程，就是你的「啟蒙」。而在現實中，啟蒙的神祕層面不僅是連結你與更高的力量（或者你可以稱之為你的「高我」），還會使你經歷身心靈的轉變，如此這些更高的力量未來能輕易地認出你。

還有另一種方法能夠實現這種內在轉變。你可以每天、每週或甚至每月持續地與那位門衛接觸，送他禮物，並與他建立深厚的友誼。終有一天，他會允許你進入俱樂部，而且不需要任何第三方的介紹。要達到這一點，你必須忠於這門課程的核心宗旨：持續練習，持續實踐。

在黃金黎明會，初學者等級的啟蒙儀式不僅給予你會員身分，還使你有機會與志同道合的人共事，且讓你和組織裡的其他成員熟悉彼此的默契。但因為你是透過這本書的課程學習，所以你不需要成為任何團體的會員，這種「啟蒙」對你的進步並非必要。黃金黎明會接下來的四個等級是引導你與四大魔法元素——土、風、火、水——之間達到平衡。這些等級有時被稱為「基礎」或「元素階級」。你會發現，「基礎」（elementary）這詞其實源自「元素」（elemental）。接下來，我們將按照次序深入探討這四大魔法元素。

黃金黎明會的初學者階級與四大元素無關。實際上，它並不被視為該組織的第一個階級。它被稱作 0 = 0 階級。隨後的階級，也就是被認為第一等級或 1 = 10（第一等級等於第十輝耀）才與土元素有關，因此，我們現在必須從這裡開始，我們必須與這一元素達到完全的共鳴。

## 土之元素

四大魔法元素各自代表溫度和濕度的不同面向。由於這一課的重點是土元素，讓我們來檢視它的特性。很顯然，土並不濕潤。它也不暖和（除非與火元素結合，如熔岩中所見）。因此，我們可以說，**土元素的特質是乾燥和寒冷**。

下一步，我們必須學習如何在日常生活中察覺並掌控這一元素。

**練習一**：列出一些具有「乾」和「冷」性質的物品。然而，不要僅依靠你的想像來完成這項任務。更準確地說，要列出你每天所見到的與土元素相關的物品。請持續進行一週的練習，並且每天都在你的魔法日記中記錄下結果。

**練習二**：找一個充滿自然氣息的地方，像是田野或公園。盡可能穿著少量的衣服，

坐著或躺在地上（如果可以的話，最好全裸，但不要違反任何法律），讓皮膚以最大面積的程度接觸地面。如果你是穿著寬鬆的裙子（或蘇格蘭裙）而且沒有穿著內衣，這會特別容易做到。這樣，皮膚和大地之間就沒有任何障礙。花一些時間冥想，感受大地的冷涼和乾燥。你應該在一週之內至少做這練習三次。

當你碰巧找到一片草地，或是一個最近澆過水的地方，你或許會覺得魔法元素「土」中帶有些濕氣。對此有兩種回應。首先，溫度和濕度是相對的。與沙漠的沙子相比，它或許潮濕，但與海水相比，它又顯得乾燥。恭喜！這表明你正在思考元素的本質。然而，認為「土」帶有一些濕氣的真正解釋是：你把物質性質的土壤和魔法**原型**元素「土」混淆了。一個物質表現永遠無法完全符合原型的純粹。因為我們是生活在物質世界裡，透過身體感官認識一切，因此我們會在心靈中把不完美的物質形象轉向純粹的原型。但我們也是透過這種方式來了解魔法元素的內涵。

**練習三**：每天抽出三分鐘（不要超過），**想像自己化身為土**。感受那份沉重、緩慢，以及其寒冷、乾燥，純粹的「土」元素特性。感受你能夠吸收世界的痛苦和困難（但不要真的這麼做），讓自己真正地化身為「土」元素。每天執行這個練習，至少持續一週，然後再進行下一個練習。

**練習四**：當你真正學會「成為土」，下一步是控制「土」元素。首先，花一點時間，想像自己就是「土」。並將上次練習的感覺再次喚醒。接著，將你的手掌彼此相對，保持九到十二英寸（約23—30公分）的距離。心中想像有個瓶子或容器放在雙手之間。當吐氣時，想像體內的「土」元素隨呼吸流出，被雙手的容器捕捉。呼吸三到五次，此時容器應該會被充滿。接著，再透過三次的呼吸，將它吸回身體，最後回到正常意識狀態。

**測試**：這會讓你看到自己是否真的與魔法元素「土」達到和諧同步，也會讓你看到自己是否能控制這個元素。

下次當你感到頭昏、暈眩、不穩定、無法專心工作等時，按照練習四的指示，製作一個「土」元素的容器。一旦「土」元素的容器形成，深深地吸一口氣，將容器的內容物吸回你的身體。在五分鐘內，你應該會有穩定及腳踏實地的感受。

下次當你感覺到腹部脹滿、體重過重、動作遲緩等情況時，再次嘗試製作一個「土」元素的容器。但這一次，想像地面上出現了一個巨大的洞口，隨後將容器丟入洞中。在你的心靈之眼裡，要看到洞口包覆容器後迅速閉合。幾分鐘後，你可能會開始感

到身體輕盈了一些，但這個過程可能需要重複多達五次才能真正感到身體變得輕盈（不是頭腦空空的感覺）和充滿活力。

當你成功完成了這個測試的兩個部分——增加和減少你體內的「土」元素時，你就已經掌握了「土」元素。然而，如果你在幾天或幾週內都沒有成功，也不必過度擔心。持續地練習。記住，「啟蒙儀式」只是一個開始，而非結束。持續進行這門課程的學習，不要因為無法完全掌握元素而停止。只要你持續練習，**最終你會成功的**。務必將你的結果，不論是正面、負面或是中性，都詳細記錄在你的魔法日記裡。

# 第二部分

在開始這節課程之前，請重新回顧上一課中關於卡巴拉的部分。可能你已留意到，我一再強調要重溫之前介紹的內容。因為這門課程中介紹的內容和技術是**累積性的**。新的資訊、技術和儀式皆建立在之前的課程內容上。如果你沒有完全掌握這些技術，或者沒有將先前的內容「牢記於心」並加以理解，那麼你可能無法正確執行新的儀式或理解新的內容。為了幫助克服這個問題，你會發現有些重要的概念會被重複提及。這是我有意為之，目的是要強調這些資訊，而不是為了拖長課程。對我而言，這門課程最重要的是讓你能夠實際應用這些知識。

我也注意到另一個有趣的現象，特別是在最初的學習時，某些內容似乎無法完全理解。而當你一段時間沒有接觸這些資訊，某天或許會驚訝地發覺，這些內容對現在的你來說比先前更具意義。對此有一個理論：

你是否曾注意到，在電腦上打字時，游標偶爾會「卡住」幾秒？如果繼續打字，電腦最終會跟上速度，讓輸入的文字迅速顯示在螢幕上。這是因為電腦需要以某種方式進行處理，導致顯示文字的運算工作被暫時擱置。我認為人的大腦也可能以相似的方式運作。當你第一次學習某個概念時，可能也會感到不太清晰，但在大腦有足夠時間「處理」這些資訊後，它就變得清晰了。你的大腦會需要時間在潛意識和直覺層面上消化這些內容，並對先前輸入的內容有更深的理解。這也是定期回顧這門課程所有內容的另一原因。

## 真是氣炸了！

在經典電影《聖誕故事》裡，主角拉爾菲焦急地等了好幾週，終於從郵件中收到了他心愛的「小孤兒安妮」解碼戒指。他謹慎地記錄了廣播節目中的一則祕密訊息，然後走進家裡唯一的私人空間——浴室（這讓他急需要用浴室的家人非常煩惱），用戒指來解碼他認定的重要訊息。但當他逐字逐句地翻譯訊息時，卻發現所謂重要的祕密訊息不過是一則廣告。拉爾菲的憤怒、失望和挫折可以用三個字來形容：他「氣炸了」。

在十九世紀末期，克勞利終於完成了他認為是真正神祕的組織——黃金黎明會的晉升啟蒙儀式。作為儀式的一部分，他宣誓若是他透露出協會的祕密，將會遭受慘重的後果。而那些所謂的祕密是什麼呢？就只有希伯來字母和占星符號嗎？這讓克勞利氣炸了。

其實，如果只從表面上理解這些事物，他確實應該感到氣憤。至少在那時，他未能領會到真正的祕密：希伯來字母和占星學是相互對應的，並與魔法有關。這些訊息在當今的神祕學者中司空見慣，但在十九世紀末，除了一小部分的魔法社群外，幾乎無人知曉。他的晉升儀式也給了他一個機會去見到、去認識到維多利亞時代最傑出的神祕學者，並與他們一同進行儀式練習。

因此，他或許一開始不應該那麼氣憤。

## 概念並非事物本質

追尋成為魔法師的人經常持續面臨的一個問題，就是把概念誤當作真實本質。很明顯地，當你出國旅行時，不會將地圖與駕駛的實際道路混淆。甚至，有時候確定真實道路，可能比弄清一張地圖更加容易。

然而，描述宇宙及其各方面的運作方式，也僅僅是如同地圖概念而已。這些地圖引導我們前行，它也許提供了一種理解的方式，但它們並不是真實本質。我們常談論多個「存在的層面」，但這些層面並不是彼此隔離的。這只是個概念，讓我們能更容易地理解和面對真實本質。換句話說，我們每個人只有一個心靈，我們可能會談論意識和潛意識，佛洛伊德的本我、自我和超我，或者溝通分析學的父母、孩童和成人，但它們只是理解和運用心靈的途徑；它們並非心靈本身。

通常，當我們想到道路時，地圖是較不具體的物品，它就只是一張脆弱的紙。然而，在練習二中，所稱的物質世界也只是一張地圖，僅是「土元素」真實本質的一種表徵。土壤或大地是「土元素」原型的一種展現，但它們並非相同。地圖、大地是真實本質（土元素原型）的一種有限的呈現。它可以給你一個有限的概念，但它並不完整，不應與土元素的真實本質混為一談。

我們再次回到卡巴拉的核心：生命之樹。研究這棵樹的方法眾多，在這部分的課程中，我們將探討分析這個符號的幾種方式。

# 三柱

請參考下一頁的生命之樹圖像。這個圖像被劃分為三大柱。左側之柱由第三、五、八的輝耀組成，稱作「嚴柱」(Pillar of Severity)。而右側之柱由第二、四、七的輝耀所組成，作為左側之柱的對立面，此柱稱作「慈柱」(Pillar of Mercy)。為了平衡兩側的柱子，中間就有了中央之柱。這是由第一、六、九、十的輝耀組成，也被稱為「中柱」(Pillar of Mildness)。

有趣的是，左側的嚴柱被視為陰性，而右側的慈柱則被視為陽性；這與通常被認為是原型的常態觀點完全相反。然而，如果你深入研究榮格的原型理論，你會發現，正如同存在著善良、助人、有益的「偉大母親」原型，也存在著與你作對的女性元素，稱為「恐怖母親」原型。例如，《糖果屋》中的邪惡老巫婆，以及在《奧德賽》中，那位帶有迷惑而又強大的年輕女性：喀耳刻。如前所述，卡巴拉和印度譚崔的源頭或許存在某些關聯，我把這稱作原始譚崔（proto-Tantra）。譚崔中最具力量的形象之一就是女神迦梨（Kali）。她被視為強大而有力，甚至是暴力和恐懼的化身。但她也是仁慈和慈愛的迦梨母親（Kali Ma）。再者，在譚崔中，有種觀點認為女性原型力量是向外的、充滿活力的、刺激的，而男性原型力量是接受性的、具有吸引力的、寧靜的。女性是力量，男性是形式。在某些層面上，卡巴拉似乎認同這觀點，例如在三柱的關係上，但這並不適用於所有情境。請注意，這兩種可能都存在。

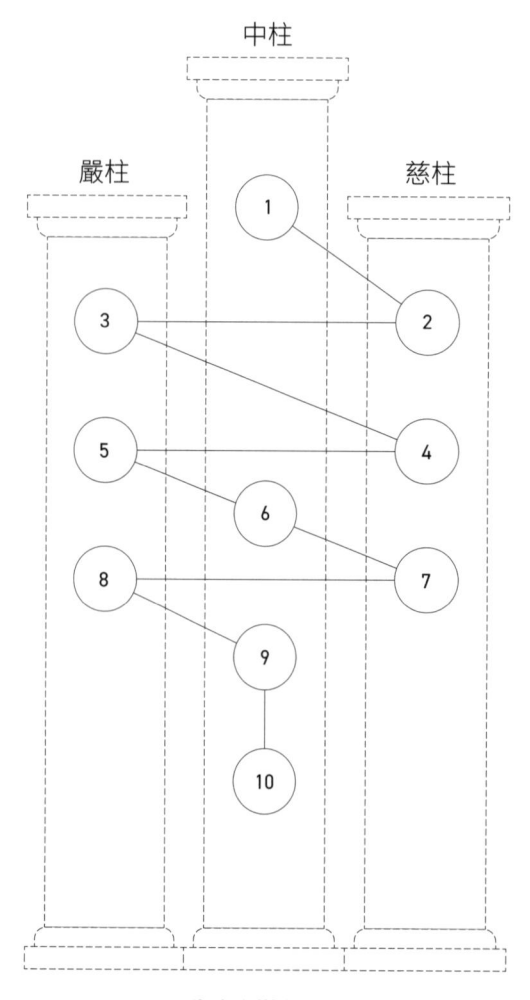

▲ **生命之樹中的三柱**

接下來的圖像呈現的是生命之樹的另一種版本。在這張圖中，每一個輝耀都對應著希伯來文字（以拉丁字母轉寫）和它的翻譯。在比較兩種生命之樹版本時，請一併參考三柱的意義。

**慈柱：** 實現仁慈，我們必須具備能夠洞察自身行為後果的**智慧**（第二個輝耀），並且理解**勝利**（第七個輝耀）是透過智慧和堅持的能力而來。我們可以選擇展現**仁慈**（第四個輝耀），而不是急躁，並明白所追求的勝利不僅僅依賴於力量。

從戰爭的視角思考這個觀點。除非敵人被徹底消滅，否則沒有任何戰爭的結果是在戰場上決定的。戰爭使人們來到談判桌前，然後由政治家們決定取得勝利的方式。如果和平協議富有智慧，那麼未來的戰爭就可以避免，且隨著時間的推進，敵人也能轉變成為盟友。例如二戰結束後，日本與美國之間的和平協議。反過來說，如果和平協議缺乏智慧，未來的戰爭也將會是不可避免。這種情況發生在第一次世界大戰後的德國，當時「三國協約」戰勝方的勢力向戰敗的德國索取巨額賠款，這間接導致了德國經濟崩潰，讓希特勒和納粹黨得以藉此掌控國家。

**嚴柱：** 實現嚴厲，我們必須對宇宙法則有所**領會**（第三個輝耀），還需要以正義作為這些**力量**（第五個輝耀）的賦予，而不是施予仁慈，只能施予正義。這將引發一種外在的力量和**宏偉**（第八個輝耀）展現，表面之下隱藏著人性和仁慈的缺乏。

在這柱上的人，會充滿所稱的「Schadenfreude」，也就是德語中的幸災樂禍，這是一種對別人的痛苦感到愉悅的情緒。僅僅勝利是不夠的，你必須對別人的失敗及痛苦感到開心。英語中沒有這個詞的對等詞。我所知道最相近的概念是「傲慢的贏家」。令人遺憾的是，許多人都奉行這種哲學：不僅我自己要贏，我還要看著你墮入悲慘的境地。當然，這種態度的問題是，最終會有一個比你更強大、更殘忍的人出現，而你將成為那個人勝利後的受害者。

**中柱：** 實現平和，我們必須認識到我們生活在地球的**王國**（第十個輝耀），然而我們並非神。因此，在我們追求的任何事物中，我們必須尋求一個以**美**（第六個輝耀）為**根基**（第九個輝耀）的基礎，並試圖避免過多的嚴厲與過多的仁慈。這樣，我們可以尋求以成功的**王冠**（第一個輝耀）來為我們的努力加冕。

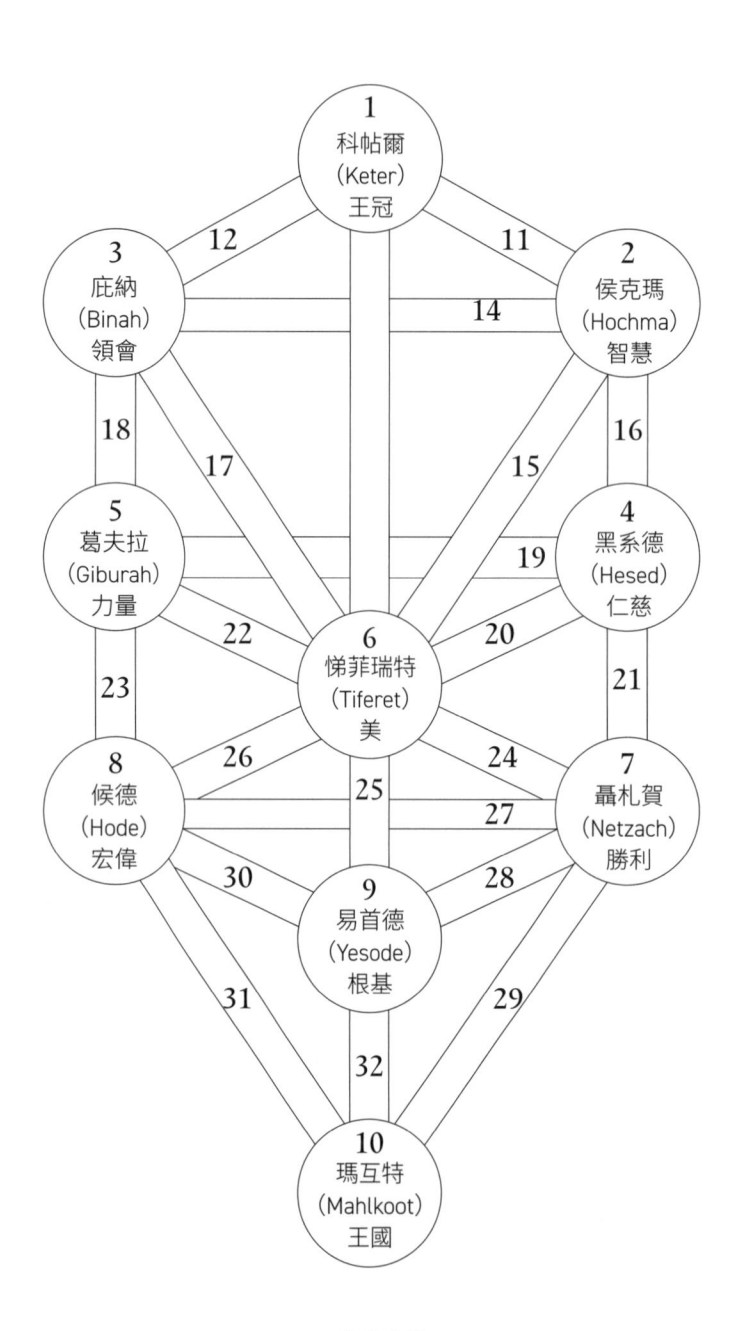

▲ 生命之樹

有些人誤以為我們需要時刻維持在「生命之樹」中柱上。然而，這並非永遠可行的。生命之樹作為一種對應世界的模型，顯示了我們需要能在必要時刻切換到任何一柱上。有時需要展現嚴厲，因為在面對邪惡時軟弱的展現是愚蠢的。在其他時刻，對小事生氣也可能同樣愚蠢，放手是更明智的選擇。然而最終，從中柱的有利視角來接近一切會為我們的世界、我們個人的「王國」帶來最多也最久的善報。

　　因此，這就是理解生命之樹和三柱系統的一種方式。如果我們在實現特定目標的努力中沒有成果，就能夠以此查看哪裡失去平衡，也就是說，查看自己偏向生命之樹的哪一邊。然後，從生命之樹的另一側添加平衡的特質，這就能使我們朝向「中柱」移動。此柱也被稱作**真實顯化之柱**（the Pillar of True Manifestation）。

## 三位一體三角

　　我們接下來將探討生命之樹的另一個系統 ——「三位一體三角」。正如右方的圖示，生命之樹可以被劃分為三個三角：一個正立三角，兩個倒立三角。

　　**上位三角**（**The Celestial Triangle**）：這是由前三個輝耀組成最上層的三角形，稱作「上位三角」。它起源於一個點，這個點象徵著神性的一體性，並從此分化為兩個方向。這也顯示了即便神性是一體，但顯現的一切都可以用二元性的形式展現：男與女、上與下、進與出、熱與冷、吸引與排斥、力量與形式等等。越過一切看似對立的事物，以達到與神性的一體，是魔法師的一個重要義務（這是卡巴拉的一個古老祕密，也是譚崔理解的觀點。這將在後續的課程中進一步討論）。舉例來說，魔法師必須學會白天並非與黑夜對立，而是白天和黑夜本是一體，本是地球自轉帶來的自然現象。同樣地，唯有在這最上層的三角中，我們方能窺見那些

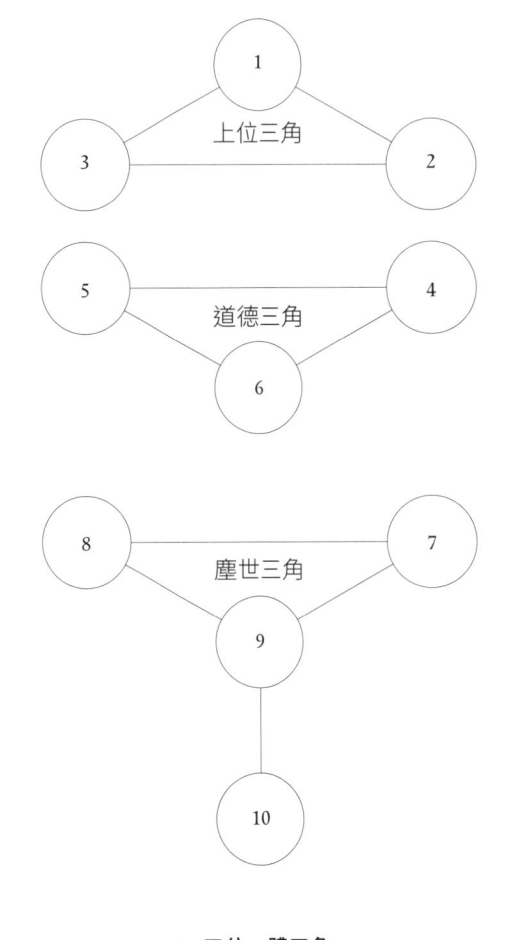

▲ 三位一體三角

真實本質的存有。它們具備「智慧」和「領會」，因此有資格以創造之「王冠」加冕，並掌管可見的物質世界及那些更高的存在層面。

要留意的是，從這神性的起點出發，這個三角形的兩邊，男性和女性，彼此是平等的。雖然有人認為卡巴拉具有性別歧視，但我必須堅決否定這一點。卡巴拉本身並不具有性別歧視，但有些卡巴拉學者與作家可能展現出性別歧視的態度，這或許是反映了他們所處時代和環境的個人觀點，但不是卡巴拉的真正觀點。

**道德三角**（The Moral Triangle）。位於中央的倒三角被稱為「道德三角」。這是「力量」和「仁慈」的結合，促使「美」的發展。如果我們過於「仁慈」，會變得軟弱，無法實現目標，我們會被利用，也可能因此過早結束生命。然而另一方面，如果我們只展現

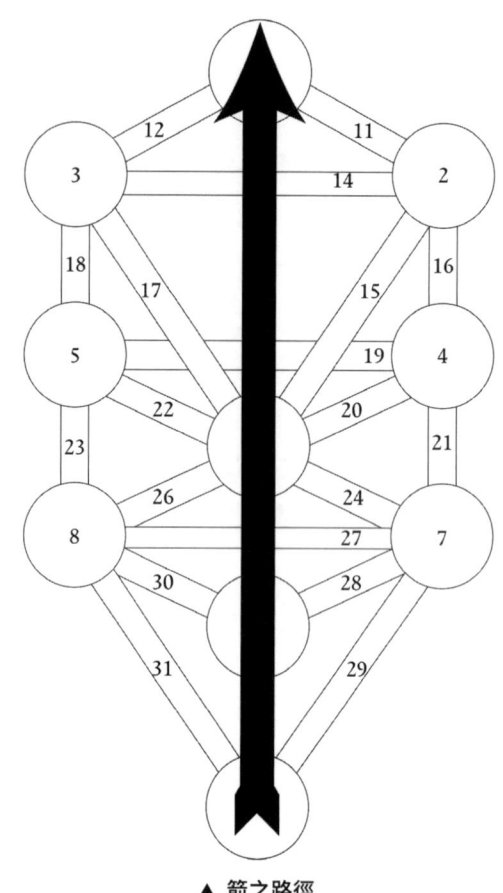

▲ 箭之路徑

「力量」，完全不展現「仁慈」，或許我們可以實現目標（雖然也總伴隨困難），但一路上不會有朋友，不會有真愛，而取得的成功也將變得毫無意義。藉由培養「力量」與「仁慈」，我們能展現出「美」，這種美不僅幫助我們實現所有目標，也讓我們對取得的成就感到幸福。因此，這三角形的每一邊應成為我們的指引，形成所稱的「道德指南針」。

**塵世三角**（The Mundane Triangle）。最下方的三角被稱為「塵世三角」，名稱非常貼切。它只涵蓋物質層面的成功，不包括道德三角與上位三角中精神和心靈層面的成功。在此，「勝利」如果伴隨著過多的「仁慈」將導致失敗；而「勝利」帶來的「宏偉」，如果不加以「仁慈」來節制，將會引發革命和毀滅。當這些因素達成平衡時，就存在了在這個世界上取得成功的「根基」，進而可以建立「王國」，正如三個三角下方懸掛的輝耀所代表。

顯而易見地，每一個理解生命之樹的系統都有助於解釋其他系統。回頭看一下三柱的圖。我們可以說，密契主義者或瑜伽士，他們的目的是遵循中柱的路徑，重新回到科帖爾（第一個輝耀）與神性結合。這條路徑有時被稱作「箭之路徑」（Path of the Arrow），如上方圖示，這就像箭從瑪互特直指科帖爾的路徑。瑜伽士以冥想進行，直到他能夠輕易地從最低點「跳躍」到最高處。

從之前的章節中你應該能明白，魔法師需要完整遊走於生命之樹的每一處，而不僅僅是中柱。他們不僅遊走於各個輝耀之間學習每個位置的特質，也在輝耀相連的二十二條路徑中體會，這些路徑猶如蛇一般纏繞在一起，因此這條路也被稱為「蛇之路徑」（Path of the Serpent）。在這個過程中，魔法師會學到新的知識，獲得激動人心的嶄新經歷，而這是密契主義者或瑜伽修行者永遠不能理解的。瑜伽修行者只是坐下冥想，直到準備好一躍至樹的頂端。而魔法師選擇一條更迂迴的路徑。但無論哪種方式，最終目的都是與神性合一——這就是白魔法的本質。正是他們的決心和能力，加速或延緩了達到那終極神祕狂喜的過程，此過程包含了合一、涅槃，以及儀式魔法師所稱的獲得「神聖守護天使的認識與交流」（the Knowledge and Conversation of Your Holy Guardian Angel）。

我更傾向於將這三角形的理解作為心理學的基礎。透過了解一個人「處於」哪一輝耀，我可以給他建議，告訴他需要採取什麼行動來改善自己。例如，如果一個人總是覺得自己被利用，我會認為他正「處於」第四輝耀，也就是仁慈的黑系德（Hesed）。這個人需要培養更多的內在「力量」，以便有能力對那些試圖利用他的人說「不」。這樣，人們才能真正首次了解自己的想法、了解他所關心的事物，以及他想要做的事。他們會看到自己本身就是一個美好的存在。

再次提醒，不要將這些概念錯誤地視為現實的本質。我所描述的是一個代表性的模型。沒有人在心理層面上真的「處於」某一輝耀。這只是一種模型，用以幫助人們理解與掌握世界上最強大的一種魔法形式：個人轉變。

## 四界

另一種生命之樹的理解視角被稱作「四界」。下頁的圖展示一種理解四界的系統。如先前描述，三角形之間已畫上分割線。每個三角形及第十個獨立的輝耀各自代表一個「世界」。

頂端的三角形由第一、二、三輝耀構成，被稱為「原型界」（Ha — oh — lahm Atziloot），即光輝的世界。這是一個充滿神之意念，由神性組成的世界。這個世界被視為充滿神的能量，並以各種神之名的方式存在。

中間的三角形由第四、五、六輝耀所構成，被稱為「創造界」（Ha — oh — lahm B'ri — yah）。它尚未在物質層面上實現；因此更偏向於意識部分。大天使被認為存在於此世界。

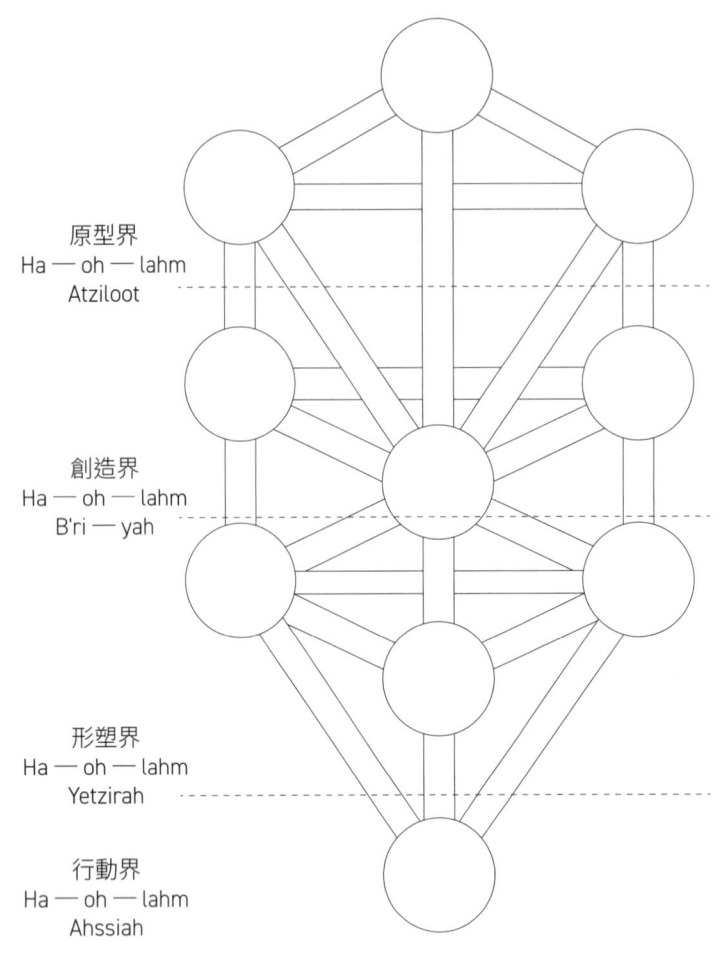

```
原型界
Ha — oh — lahm
Atziloot

創造界
Ha — oh — lahm
B'ri — yah

形塑界
Ha — oh — lahm
Yetzirah

行動界
Ha — oh — lahm
Ahssiah
```

▲ 四界

　　底部的三角形由第七、八、九輝耀構成，被稱為「形塑界」(Ha — oh — lahm Yetzirah)。有人認為它等同於星光層面，即物質宇宙中一切存在事物的基礎。天使團被認為存在於此世界。

　　在這四界的架構中，第十個輝耀單獨構成「行動界」(Ha — oh — lahm Ahssiah)。這是一個四元素共存，物質得以發生變化的世界。因此是物質宇宙所在的世界。

　　這「四界」對我們有什麼實質的意義？試著想像，當神要創造宇宙，需要做的第一件事就是先感知到對於創造材料的需求。此時，祂正身處於「原型界」。神認為火、水、風、土和生命是組成宇宙必不可少的元素，因而進入「創造界」。隨後，神開始進行實際操作創造宇宙，這是祂在「形塑界」的工作。到了最後，神將生命和活力注入已成形的宇宙，這時，神是在「行動界」中運作。

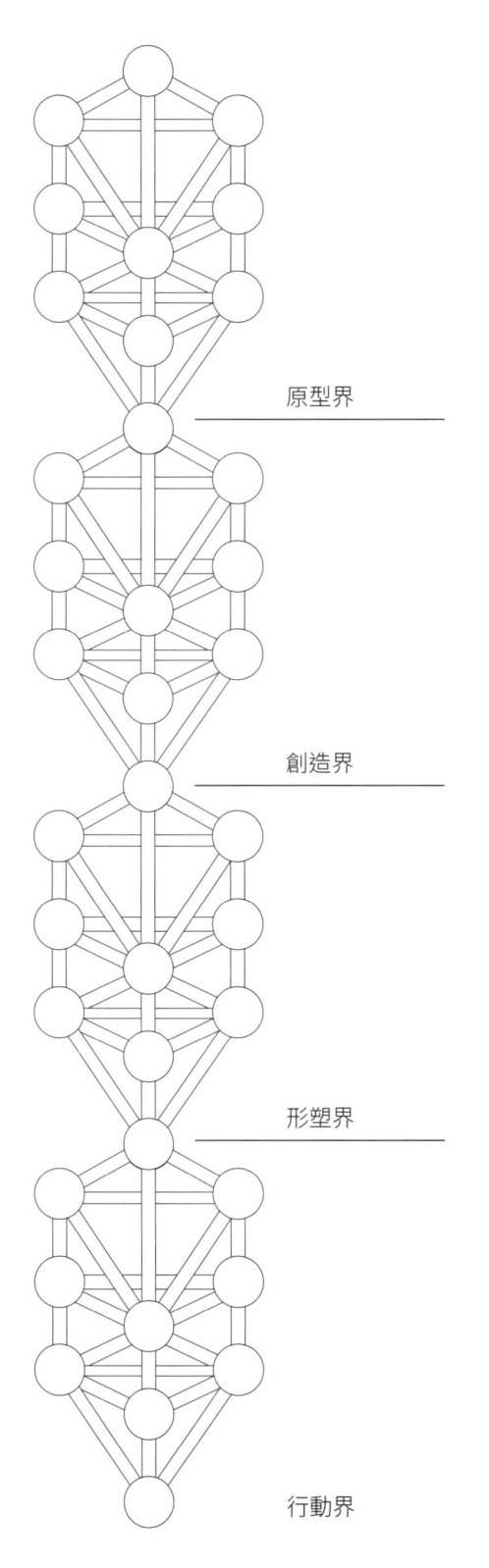

然而，這門課程著重於實用魔法。這些知識對我們有什麼意義？我們又該如何運用呢？舉例來說，當你進行某個儀式時，需要使用器具來放置筆記和紙張。當你發現有這樣的需求，就意味著你正處於「原型界」。然後你開始在心中描繪：我要一個後高前低的木質支架，讓紙張能保持在理想角度；支架前端要有著一個防滑的邊緣，也要附有一盞電池供電的燈來為紙張照明。在這一步，你已經進入了「創造界」，因為這個支架的藍圖已在你心中誕生。隨後你開始購入木材、進行裁剪、開始組裝，並且塗上適合的顏色。這時，你就處在「形塑界」。終於當你的支架開始投入使用，你就進入了「行動界」。如果曾有所渴望，但始終未能去實現，你很可能是忽略了四界中的某個重要環節。而在後續的課程中，我們會深入探討如何將這些運作更有效地帶入生活（灰魔法）之中。

接著先前所述，卡巴拉隨著時代有所演變，它並非一直是一成不變的系統。關於「四界」的詮釋存在不同版本。有一派認為在四界的區分中，只有最頂端的輝耀科帖爾是屬於第一界，往下的兩個輝耀屬於第二界，第四至第九輝耀組成第三界，而第四界則僅有最後的輝耀，瑪互特。

另一派認為，在生命之樹上的每個輝耀中，都隱藏著一棵完整的生命之樹！如此，我們將有一百個輝耀需要考量。例如，在科帖爾這個輝耀中，還存在著另一個科帖爾與侯克瑪，甚至在每個輝耀中，都還可能再有十個不同的輝耀。若依照這種方式詮釋，四界的概念會非常複雜。

另外還有一派將四棵生命之樹相連在一起，其中每棵樹代表一個世界（詳見上一頁的圖）。在這種解釋中，總共有四十個輝耀。我要提到的最後一派認為，在這四十個輝耀中，每個輝耀內部又都藏有一棵完整的生命之樹，意即總共有四百個輝耀！顯然在這門課程中，要探討這一派理論的深奧涵義過於複雜，但我還是鼓勵你花時間去深入思考各種不同「界」的概念，以及「輝耀」和生命之樹在這些「界」中所扮演的多重角色與意義。

# 第三部分

## 奧祕：關於真正的冥想

這部分是這門課中一個非常特別的篇章，涵蓋了有關冥想是什麼，以及如何簡單、安全進行的實用資訊。我鼓勵你每日冥想，視其為自己心靈成長中必要的一環。當然，你完全可以自由地按照這裡介紹的技巧練習，這不包含在日常儀式的建議中。不過，我仍然強烈希望你每天撥出時間，持續練習至少幾個月，或是直接把它納入日常儀式。

這些年來，關於如何冥想與冥想帶來的益處已經成為廣受矚目的議題。我最近在電視上看了一個節目，竟然有兩名擅長手法的魔術師試圖質疑冥想的效果。這彷彿是找清潔工來質疑腦科手術，讓我哭笑不得。

過去的二十五年，市面上出版了許多冥想的書籍，如《如何冥想》、《冥想的101種方法》、《傻瓜冥想法》等類似的書名。這些書之所以能出版，顯然是因為人們對冥想有著濃厚的興趣。這類書籍各有優缺點，尤其是試圖定義「冥想」這個概念，如果對於冥想沒有一個清楚的定義，恐怕很難真正學會它。

有些作者們試圖將「冥想」等同於「沉思」或「專注」。這或許是因為：
(a) 他們的老師不夠明白。
(b) 他們自己對此認識不深。
(c) 他們只是簡單地查了字典中「冥想」的定義。

許多英文字典將「冥想」定義為某種「沉思」。這兩個詞語看似相似。因此，有些將冥想與沉思相提並論的老師，可能會告訴你只需觀看某物、聆聽某種聲音或沉浸於某種

思緒，就可以稱為「冥想」。但這並非真正的冥想。

真正的冥想源自於東方的觀念，並不是建立在「沉思」上，而是回歸於心靈的「寂靜」。在阿里耶・卡普蘭（Aryeh Kaplan）的《冥想與聖經》一書中他明確地指出，古代希伯來密契主義者與先知們所使用的技巧，與古印度的神祕學系統相似。但其實大部分的古代希伯來技巧和梅爾卡巴行者的著作已經失傳。以下是冥想背後的基本理論：

> 試著在一秒鐘內，讓你的心完全清空，達到絕對的寂靜。但除非你真正知道冥想是什麼，並且已經有所練習，否則你難以完成這表面上看似簡單的要求。你的腦中會浮現這樣的聲音：「現在，我已經靜下來啦。」「我這樣做對嗎？」或「要維持這種狀態多久？」

真正的冥想，<br>
目的是使內心的聲音寂靜。

在下一課，我們會了解到無意識（在這門課中，「無意識」與「潛意識」是同義的）是我們與神性、與神的直接連結。依循定義，神必須是全知的（如果有其他事物能超越神，那麼這超越神的更偉大存在，才是真正的神，而我們之前所認為的神，只不過是虛假的神或次等的神），因此，我們的無意識必然與所有的知識、宇宙的祕密智慧和神聖啟蒙（enlightenment）有所連結。

但是，那不斷在我們心中迴響的聲響經常蓋過潛意識裡更微弱的聲音。在夢中，我們的無意識會透過一些難以解讀的象徵與我們交流。而在真正的冥想中，我們的無意識能直接和我們的意識交流，也能分享其智慧。

接下來，我會介紹一種真正的冥想方法。許多知名的冥想學派會收超過一百美元教授這種冥想技巧。據他們的網站顯示，學習基礎的超覺冥想（Transcendental Meditation）費用是兩千美元，而且還有更進階且價格更高的課程。這門課程其實沒有什麼問題，有些也是相當不錯。但是有些學派卻誇張地宣稱他們的技術能降低血壓、提高智商，這種誇大是不切實際的。事實上，任何放鬆活動（例如放鬆儀式）都能降低血壓，那些過去認為智商終生都不會改變的社會科學家，現在卻在教導如何透過學習和專注提高智商的課程。

雖然真正的冥想可以提高智商和降低血壓，但這些只是附加的好處。真正冥想的主要價值是經歷與神性的合一，即那種被稱為神聖啟蒙或宇宙意識（cosmic consciousness）的白魔法。

真正的冥想包含三個階段：

1. **放鬆**。此階段的目的，是為了消除身體上的任何緊繃或疼痛，確保身體不成為下一階段的阻礙。
2. **沉思**。此階段的目的是使你的意識與一特定聲音、物體、想法或圖像融為一體。但需要留意，放鬆與沉思雖然是冥想的兩大元素，但它們並非冥想的全部。
3. **排除**。在這階段中，需要從心中消除所有與沉思相關的意識（這是多數冥想教學中常被忽略的部分）。當你的意識已與沉思的內容融合，一旦放下沉思的對象，你的意識亦會隨之消逝。此時將進入一個狀態，你的意識不再阻隔你與神性之間的連結。這就是所謂的白魔法，也是真正冥想唯一終極目的，進入一種純然的祝福中。除非親身體驗過，並真正達到這種狀態，否則難以用言語完整形容。

在接下來冥想的方法中，你需要專注於一個熟悉的物體。有些傳統文獻建議專注於古老印度譚崔中的真性符號（Tattwa symbols），這些特定色彩的幾何包含三角形、正方形及橢圓形，分別代表不同元素。另外，在卡巴拉之前的系統（pre-Kabalistic）則建議專注於希伯來字母表的第一個字母。從我的實踐和教學經驗來看，雖然對於視覺元素較為單純的文化，或是對於已經非常熟悉這些符號的現代文化，這些方法都可能適用；但對於西方人則可能更傾向於使用視覺複雜度較高的冥想形象。這就是我們現在要介紹的。

## 真正的冥想技巧

**步驟一**：進行放鬆儀式。

**步驟二**：進行小五芒星驅逐儀式。在你冥想之前，記得都要進行任一形式的保護儀式。

**步驟三**：取出大阿爾克納並洗牌（建議在一開始的幾週先排除編號6、7、10、13、15和18的牌），任意抽出一張作為冥想的對象。

**步驟四**：如果覺得需要，可以再次執行放鬆儀式。

**步驟五**：*掃描成像*：此技巧與傳統舊式電視呈現影像的方法相似。螢幕內有一組稱為「電子槍」的裝置，它會射出細小的電子束至螢幕，形成螢幕前端的「掃描線」。電子槍的光束隨後會跳到第一條線的下方並重複此過程。當你仔細觀察這種電視時，就可以看到這些線條。由於形成的速度非常快，因此人的眼睛無法追蹤。這種速度，再加上你的大腦保留圖片的模式，會讓你在電視上看到連續動態的影像。

在這冥想技巧中，掃描成像是這麼進行的：

1. 首先，從你所選定的牌的右上角開始觀看。
2. 專注於牌卡上約一公分高的橫向區域。由右至左，讓你的目光慢慢地移過整張卡片。完成後，你應能在腦海中清晰地回想這一小段橫條的圖像。
3. 現在，再次將目光移至牌卡的右側，然後向左進行掃描，這次掃過的範圍應當是前一次掃描部分的正下方，也就是下一條一公分的區域。
4. 重複這個過程，一直到整張牌都被掃描過。

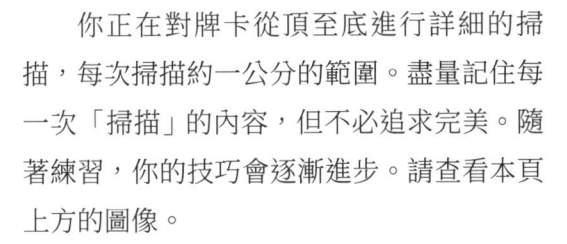

掃描成像

你正在對牌卡從頂至底進行詳細的掃描，每次掃描約一公分的範圍。盡量記住每一次「掃描」的內容，但不必追求完美。隨著練習，你的技巧會逐漸進步。請查看本頁上方的圖像。

**步驟六：沉思**：在這個階段，你將與此形象達到完全的融合。簡單來說，此技巧是要你重現之前的掃描步驟，但是將它呈現在你的心靈視野中。

1. 將牌卡放下，使其正面朝下。
2. 依靠記憶，回顧並在心中模擬整個掃描流程。

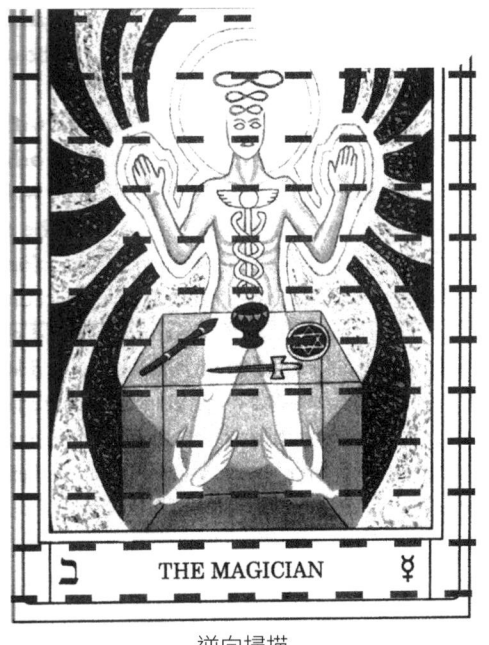

逆向掃描

▲ 黃金黎明塔羅中的「魔法師」牌圖

在這個步驟中，每次回想一小段，試著在內心重現整張卡片。特別是當你初次進行時或是隨後的幾次嘗試，你可能會遺漏不少的符號、影像、顏色，甚至可能只能回憶起牌中的大型圖案。但即使你的回憶不完整，這種練習仍能夠鍛鍊也增強你的視覺化觀想能力。不應該輕視或忽略這個過程，你必須盡你的全力。這個步驟一般預計三到四分鐘。然而，根據你的個人需求，你也能停留久一點。

**步驟七：排除：**

1. 從你藉由掃描成像在內心形成視覺化觀想牌卡的右上角開始，先移除掃描的最上方部分，再從右至左逐步消除這個影像。此動作稱作「逆向掃描」。雖然進行這個步驟，但在你的內在視覺裡，應該還能看到那張牌卡剩下的圖形，只是最上方約一公分的部分消失。
2. 接著，返回至心中剩餘牌卡圖像的右上角，繼續進行相同的消除過程。
3. 保持這「逆向掃描」及消除動作，直到整張牌卡在你心中完全消失為止。此步驟大約需要一分半至三分鐘。詳情可參照前一頁底部的圖像。

**步驟八：進入真正冥想的狀態**：隨著過程的深入，你將會經歷一個極為特別的體驗。當你的意識完全沉浸在對牌卡掃描及逆向掃描的過程中，隨著牌卡的消失，意識也會「消失」，其實，這就進入了一種寂靜的狀態。此刻，你的腦中獨白也將暫停，讓潛意識有足夠的位置與你進行深層交流，傳達潛意識認為重要的訊息和啟示。

在你第一次嘗試這個過程時，真正的冥想狀態往往只能持續片刻。你內心可能會浮現這樣的疑問：「我已靜下來了嗎？我這樣做對嗎？」一旦這種思緒出現，冥想即刻就被打斷。

但隨著你不斷練習，真正的冥想時長將由短暫延伸到一分鐘、五分鐘甚至更久。若你能持續進入這種狀態，會經歷一種彷彿與宇宙合為一體，彷彿能感知一切的全新感受。儘管你深知宇宙萬物都在進化，但在那特定時刻，一切都恰到好處。這種感受難以言表，通常被稱為宇宙意識或神聖啟蒙，但要真正理解其深度，最好還是要由你親身體驗。

正如本節開頭所提到的，冥想雖然不是必需，你也不一定要採用這種特定的冥想方式，但當你逐漸體認到冥想的重要性時，冥想會成為你生活的一部分。即便你選擇了不同的冥想方法，也不應該僅滿足於表面的專注或放鬆，而誤認為已達到真正的冥想。專注和放鬆只是冥想的一部分，而不是全部。

你會發現，真正的冥想會大幅度提升你的所有儀式和練習的效果。

# 第四部分

本部分我們會探討「無字卡巴拉」。接下來的兩頁會展示一張對照表，說明如何將各種事物和概念與生命之樹上的輝耀對應。在這裡，你會學到如何理解這份對照表。

你會注意到，每一行的左側都標有1至10的數字。這些數字分別對應於每個輝耀。第一欄是每個輝耀在希伯來語的發音，而下一欄是其英文譯名。我想提醒你，一些主要是為猶太讀者編寫的書籍中可能會對輝耀名稱或拼寫有不同的寫法，例如葛夫拉（Giburah）有時也稱為「Pachad」，意思是「敬畏」，或者拼寫為「Givurah」，這些主要會出現在教條卡巴拉（the dogmatic Kabalah），大多都超出這門課程適用的範圍與目的。

第三列標題是「顏色（Q.S.）」。卡巴拉中有四套與輝耀相對應的顏色，它們是依據塔羅牌小阿爾克納宮廷牌命名。在黃金黎明會中，每位晉升的啟蒙者都要熟悉這四套顏色，尤其是被稱為「王后色階」（the Queen Scale）的十輝耀顏色，因為它與創造界（B'ri — yah）對應。

傳統上王后色階是最重要的。特別是在第十輝耀有四種顏色，它與地球和四大元素：風、土、火、水對應。由於先前課程的學習，此刻你對「土」元素應已熟悉，後續的課程會進一步介紹其他元素。

# 卡巴拉對應表

| | 輝耀 | 譯名 | 王后色階顏色（Q.S.） |
|---|---|---|---|
| 1 | 科帖爾（Keter） | 王冠 | 白色輝光 |
| 2 | 侯克瑪（Hochma） | 智慧 | 灰色 |
| 3 | 庇納（Binah） | 領會 | 黑色 |
| 4 | 黑系德（Hesed） | 仁慈 | 藍色 |
| 5 | 葛夫拉（Giburah） | 力量 | 猩紅色 |
| 6 | 悌菲瑞特（Tiferet） | 美 | 金色 |
| 7 | 聶札賀（Netzach） | 勝利 | 翡翠綠 |
| 8 | 候德（Hode） | 宏偉 | 橘色 |
| 9 | 易首德（Yesode） | 根基 | 紫羅蘭色 |
| 10 | 瑪互特（Mahlkoot） | 王國 | 檸檬色、赤褐色、橄欖色、黑色 |

| | 香氛 | 脈輪 | 神之聖名 |
|---|---|---|---|
| 1 | 龍涎香（Ambergris） | 頂輪 | Eh — Heh — Yeh |
| 2 | 麝香（Musk） | 第三眼 | Yah |
| 3 | 沒藥、麝貓麝香（Myrrh; Civet） | 喉輪 | YHVH El — oh — heem |
| 4 | 雪松（Cedar） | — | El |
| 5 | 菸草（Tobacco） | 心輪 | El — oh — heem Gi — boor |
| 6 | 乳香（Olibanum） | — | YHVH El — oh — ah V'dah — aht |
| 7 | 玫瑰、紅檀（Rose; Red Sandal） | 太陽神經叢 | YHVH Tz'vah — oht |
| 8 | 蘇合香（Storax） | 臍輪 | El — oh — heem Tz'vah — oht |
| 9 | 茉莉（Jasmine） | 海底輪 | Sha — dai El Chai |
| 10 | 巖愛草（Dittany of Crete） | — | Ah — doh — nai Mel — ech |

[YHVH = Yud Heh Vahv Heh]

| | 身體部位 | 星體 | 金屬 | 礦石 |
|---|---|---|---|---|
| 1 | 頭蓋骨 | 最初的旋動（1st Swirlings） | — | 鑽石 |
| 2 | 左側臉部 | 黃道帶 | — | 紅寶星石、綠松石 |
| 3 | 右側臉部 | 土星 | 鉛 | 珍珠、藍寶星石 |
| 4 | 左臂 | 木星 | 錫 | 藍寶石、紫水晶 |
| 5 | 右臂 | 火星 | 鐵 | 紅寶石 |
| 6 | 胸部 | 太陽 | 金 | 黃玉 |
| 7 | 腰部、臀部 | 金星 | 銅 | 綠寶石 |
| 8 | 腰部、大腿 | 水星 | 汞 | 石英 |
| 9 | 生殖器 | 月亮 | 銀 | 石英 |
| 10 | 腳 | 四大元素 | — | 白水晶 |

| | 大天使 | 大天使之意 | 靈魂 | 代表意義 |
|---|---|---|---|---|
| 1 | 麥達昶 (Metatron) | 存在之天使 (Angel of the Presence) | Yechidah | 高我 (Higher Self) |
| 2 | 拉結爾 (Ratziel) | 神之傳令 (Herald of Deity) | Hai—yah | 生命力量 (Life Force) |
| 3 | 沙法爾 (Tzaphkiel) | 神之沉思 (Contemplation of God) | Neshamah | 靈魂直覺 (Intuition) |
| 4 | 薩基爾 (Tzadkiel) | 神之正義 (Justice of God) | — | — |
| 5 | 夏彌爾 (Khamael) | 神之嚴厲 (Severity of God) | — | — |
| 6 | 拉斐爾 (Raphael) | 神聖醫者 (Divine Physician) | Ruach | 人類智性 (Intellect) |
| 7 | 漢尼爾 (Haniel) | 神之恩典 (Grace of God) | | |
| 8 | 米迦勒 (Michael) | 神之守護者 (Protector of God) | — | — |
| 9 | 加百列 (Gabriel) | 神性之人 (Man–God) | Nephesch | 較低自我 (Lower Self) |
| 10 | 聖德芬 (Sandalphon) | 彌賽亞 (Messiah) | G'uph | 物質自我 (Physical Self) |

| | 天使團 (Angelic Order) | 天使團之意 |
|---|---|---|
| 1 | Chai—oht Ha Kah—desh | 神聖活物 (Holy Living Ones) |
| 2 | Auphaneem | 輪天使 (Wheels) |
| 3 | Araleem | 座天使 (Thrones) |
| 4 | Chasmaleem | 明亮的存在們 (Brilliant Ones) |
| 5 | Serapheem | 焰蛇 (Fiery Serpents) |
| 6 | Malacheem | 使者 (Messengers) |
| 7 | Eloheem | 眾神 (Gods and Goddesses) |
| 8 | Beney Eloheem | 眾神諸子 (Children of the Gods and Goddesses) |
| 9 | Kerubeem | 壯之天使 (Strong Ones) |
| 10 | Asheem | 火之靈 (Souls of Fire) |

| | 四字神名 YHVH | 活物 (Creature) | 用具 | 植物 |
|---|---|---|---|---|
| 1 | Y (Yud) | 神 | 冠冕 (Crown) | 盛開的扁桃木 (Almond-aflower) |
| 2 | H (上位 Heh) | 男人 | 內袍 (Inner Robe) | 野莧 (Amaranth) |
| 3 | — | 女人 | 外袍 (Outer Robe) | 柏 (Cypress) |
| 4 | — | 獨角獸 | 權杖 (Wand) | 蘆葦、橄欖 (Rush; Olive) |
| 5 | — | 翼蜥 (basilisk) | 寶劍 (Sword) | 仙人掌 (Cactus) |
| 6 | V (Vahv) | 鳳凰 | 墜盤 (Lamen) | 向日葵 (Sunflower) |
| 7 | — | 猞猁 (Lynx) | 燈 (Lamp) | 玫瑰 (Rose) |
| 8 | — | 雌雄同體 (Hermaphrodite) | 真名 (Names) | 蘭花 (Orchid) |
| 9 | — | 大象 | 香氛 (Scent) | 聚合草 (Comfrey) |
| 10 | H (下位 Heh) | 斯芬克斯 (Sphinx) | 魔法陣 (Circle) | 百合、常春藤、柳樹 (Lily; Ivy; Willow) |

```
        檸檬色
  赤褐色      橄欖色
        黑色
```

　　為每一組對應關係表製作一棵生命之樹或許是個好方法，這不僅能夠提供你一種超越邏輯思考左腦的獨特視覺體驗，還可以透過對應的顏色來填充每一個輝耀。要特別注意，第十輝耀上有一個「X」標記，著色方式如下：以紫色和綠色調和成橄欖色；橙色和綠色調和成檸檬色；橙色和紫色調和出特殊的棕色，嚴格來說稱為赤褐色。

　　下一欄位是輝耀與各種香氛、氣味的對應。要特別提及的是葛夫拉，也就是第五個輝耀，與菸草有密切的關聯。葛夫拉的意義為「力量」，克勞利提到：菸草最初被選擇是因為人們認為菸草是辛勤工作的男人最喜歡的「香氣」。然而現今市面上的菸草添加了許多雜質，它的純度、價值都讓人存疑。一直以來，我對於菸草作為魔法香氛的價值有所保留，因為我通常只是打開香菸取出裡面的菸草，然後放在炭餅上燃燒，那種氣味聞起來很糟。然而，有一天我走進一家專為菸斗愛好者開的店，在那裡找到了一些純度高的菸草。這些沒有雜質的菸草對我來說效果非常好。我建議你也試著找尋看看，能讓你感受到力量與活力的菸草——才是真正葛夫拉的本質。**如果只是盲從舊有的模式，永遠無法成為真正的魔法師**。傳統只能作為指引。

　　事實上，任何讓你感受到力量與活力的香氣都是合適的，不管是否包含菸草成分。同樣地，你可以根據自己的感受「修正」卡巴拉對應表上的項目，使之更符合你的感知。

　　此刻，你應該能感受到，我在信仰上傾向多元與包容。一些特定的對應已存在數千年之久，之所以能夠維持，是因為無數的人發現它們正確有效的對應。因此，儘管我希望你能仔細研究並運用所有的對應關係，但當你打算改變那些經歷長時間且被眾多人證實有效的對應元素時，應該要有充足及深思熟慮的理由。

　　下一欄位闡述輝耀與脈輪的對應。因許多人都熟悉脈輪，所以我在此加入了這部分，使之成為了解輝耀的另一途徑。然而這門課程不會深入討論脈輪。如果你對脈輪感興趣想進一步研究，請參閱參考書目中對此主題有詳細探討的書籍。

　　接著下一欄列出了每個輝耀對應的神之聖名。請記得，儘管有許多神之聖名，它們

都是屬於一神信仰的唯一的神，而不是多神信仰的不同神靈。也就是說這些神名象徵著一神的不同面向或不同的力量。特別注意，當你看到「YHVH」作為神之名時，它發音應為「Yud — Heh — Vahv — Heh」，除此之外，此欄其他部分，相信你已經明白，不需我解釋。

我們已經展示了如何將「輝耀」與物質身體相互對應，也就是說，你能用一個人轉身融入生命之樹作為想像。接下來的欄位呈現了其傳統對應，隨後是星體的對應。特別值得提及的是，第一個「輝耀」與「最初的旋動」（1st Swirlings）對應，這或許是宇宙大爆炸起源的象徵，又或是星系中的氣狀雲在重力作用下聚集旋轉，最終形成銀河系或恆星系。當然也可能是指其他完全不同的概念。在我們的魔法體系中，這不是主要重點，因此這不是必要知識。而第二個「輝耀」與整個黃道帶相關，超越單一星體的意義。第十個「輝耀」不僅與地球相關，還和四大原型元素有所對應。

接下來的欄位列出了與「輝耀」對應的金屬。特別要注意的是，第一、二和第十的輝耀沒有與金屬對應。接下來的一欄是輝耀與礦石的對應。

卡巴拉以不同層面位階的觀點，呈現出對於宇宙秩序的描繪。每一個存有或力量都有受其指揮的對象。簡易的圖解如下：

**不可知的神性本質**

**神的各種面向**　　　（神之聖名）

**大天使**

**天使**　　　　　　　（天使團）

「神的各種面向」由「神之聖名」所象徵。天使依據「天使團」執行命令，而天使團聽命於大天使，而大天使則服從於神。神將與其本質相符的任務賦予大天使，且他們之間的連結透過神之聖名建立。這整體結構與軍隊的階級制度相似，而最終都受「不可知的神性本質」，即「否在」所統領。在另一欄，你可以找到大天使的希伯來名及其翻譯。

值得注意的是，天使團中有些名稱的源頭是以西結在其啟示中使用的。如果你熟悉希伯來的密契主義，參閱《以西結書》會比較容易理解，但如果不熟悉，你可能會像某位 NASA 的科學家一樣，荒謬地認為以西結看到的其實是一艘外星飛船，堅稱以西結只不過是描述太空船移動的方式而已！科學家沒有意識到，他對以西結的解讀是他嘗試在不涉及神祕學的前提下去詮釋那些深奧的術語。這有點像在理解蛋糕製作方法時，誤以為「麵粉」（flour）是指「花」（flower），還誤導人們要用玫瑰花瓣來做特別的蛋糕呢！

回到正題。多數學者認為，這個天使系統其實是受到幾個閃米特族群所影響，如他們有一系列詳盡記載的精靈（djinn）名單。

在魔法學中，希伯來四字神名「Yud — Heh — Vahv — Heh」是非常重要的，簡寫為 YHVH。我之前已提到，但還要再次深入說明。字母「Yud」的形狀如「י」。Yud 的頂部與第一個輝耀對應。而 Yud 的剩餘部分和「Heh」（形如「ה」）則與第二至第四個輝耀對應。「Vahv」則像是「Yud」的延長，外形為「ו」，與第四至第九個輝耀對應。也需注意「Vahv」和「Heh」之間有部分重疊。而最後，第二個 Heh 則與第十個輝耀對應。在這其中，第一個 Heh 稱作「上位 Heh」，而第二個則稱為「下位 Heh」。

由於希伯來文的書寫順序是由右至左，所以四字神名應該這樣書寫：

הוהי

垂直書寫看起來是這樣的：

ה
ו
ה
י

在下一欄的「活物」（Creature）中，它們既是真實，也是不真實的存在；而後面的欄目所描述的「用具」都是魔法用具。墜盤（Lamen）如同繫於脖子的獎章，代表特定的能量或特質。而真名（Names）則涵蓋了各式各樣的神、大天使、天使，以及其他的力量之詞。中世紀的傳統魔法師通常穿著兩件魔法袍：外袍象徵魔法師所需的靜默；而內袍則象徵隱藏的真理。但現今多數魔法師僅穿一件魔法袍，因此兩件的形式更偏向於象徵。

至於最後一欄，其描述相當直接且簡單，但要特別留意的是，那與第一個輝耀有關的植物是指「花朵盛開的扁桃樹」。

這份卡巴拉的對應表固然不是完全詳盡，但它的確是一個很好的起點。我建議你試著繪製一系列的生命之樹，每一棵樹跟隨每一個欄位來完成。你也能製作一幅大型的生命之樹，將所有與特定輝耀對應的符號放置在其對應的輝耀上。我鼓勵你深入探究這些對應關係越快越好。當我們深入到對灰魔法的學習時，它們的重要性會更加明顯。要尋找這些對應的完整版本，可以參考克勞利的《777》、大衛・戈德溫（David Godwin）的《戈德溫卡巴拉百科全書》（*Godwin's Cabalistic Encyclopedia*）或史蒂芬・斯金納（Stephen

Skinner）的《魔法師表格大全》（*The Complete Magician's Tables*）。對現代儀式魔法的研究者來說，這些都是不可或缺的參考書籍。

# 第五部分

　　如果你覺得已能成功完成中柱儀式，試著進行此儀式的進階版本。依據對應表指定的顏色，清晰地想像每一個輝耀（能量中心），達阿思（Dah — aht）是薰衣草紫，瑪互特（Mahlkoot）是黑色。每個輝耀都應該與一道白光相連。在振動念誦神名後，你還可以振動念誦大天使的聖名。達阿思位於喉嚨，在卡巴拉系統中沒有對應大天使名，所以我們借用了另一種語言：以諾語（Enochian）或天使語（Angelic）來稱呼大天使，唸作：「El — ex — ar — peh Co — mah — nah — nu Tahb — ih — toh — ehm」。

## 光體循環

　　儘管進階的中柱儀式對於你的練習有所幫助，但它的效果很大程度上仰賴你的視覺化觀想技巧。在視覺化過程中，不能只是「看到」顏色，更重要的是要「知道」或「感受」顏色的存在。即使你的肉眼沒有真正看到它們也要知道，當星光體視覺被開啟時，能夠輕易地在內心感知到這些顏色。

　　關於進階版的中柱儀式，即使你還不能完全掌握，我也建議你在日常練習中加入這個儀式。這只會讓你的日常練習時間稍微增加兩到三分鐘，其中包含三個階段。

　　首先，執行你一直以來的日常練習：放鬆儀式、小五芒星驅逐儀式及中柱儀式。但這裡非常重要的一點是——不要讓中柱的形象在你心中消散。要努力使它在心中依然清晰可見。

### 第一階段

　　在中柱儀式保持視覺化觀想的同時，將你的焦點再次集中於頭頂的科帖爾，那閃閃發光的白色之源。想像其內部湧動的白光能量，彷彿迫不及待地想要發散出來。觀想它

發出一道能量流，從你的頭部流過，通往左肩，再順著你的左側流到左腳。感受這股能量繼續穿越，由左腳流經至右腳，再沿著右側向上升至頭部，最終回到科帖爾。

這個動作需與你的呼吸同步。當你呼氣時，感受能量沿著左側下行；吸氣時，感受能量沿著右側上升。你應該會有一種能量在你身邊環繞旋轉的感受。讓能量隨著你的呼吸循環六至十次，如果覺得需要，也可以再多做幾組。

如果想要，也能嘗試將能量進一步擴展到兩側，彷彿觸及到宇宙的邊緣。最常見的情形是這股能量距離身體大約一公尺。另外，也可試著調整能量的流動途徑，讓它沿著脊柱的左側下行，再從脊柱的右側上升。

### 第二階段

這部分緊接著第一階段。方法與第一階段相似，但在這裡，你應該引導能量從身體前方下行，再從背後上升。在呼氣時，感受能量沿著身體前方下行，而在吸氣時，則感受它沿著背部上升，穿過你的頭頂，直達科帖爾。重複這個動作六至十次。

### 第三階段

此階段名為「**木乃伊觀想**」。在第二階段後，你需要重新集中注意力於整個中柱，特別是位於腳部的瑪互特。想像能量從這能量中心的右上角開始，**以緊密的螺旋形狀向左腿前方旋轉**，接著再環繞你的背部，以逆時針方向盤旋著讓你身體上升。這就像正在被木乃伊的布條緊緊包覆一樣，只是現在纏繞住你的是螺旋狀的能量。

當純淨的靈性之光和能量螺旋從你的腳上升至頭頂時，會感受到旋轉的靈性能量。這能量在科帖爾處像噴泉一般四處噴發，隨後落到你的腳旁，然後再次螺旋地上升。當你吸氣時，能量會上升至科帖爾；呼氣時，能量則向外噴發，返回腳邊的瑪互特。像前兩個階段一樣，進行六至十次循環，或者依你的意願多做幾次。最後，深呼吸一次，呼氣時，雖然能量在視覺上消失，但心中知道它依然存在。

最後，進行塔羅冥想儀式，並將此次的體驗記錄在你的儀式日記中。

**警告**：儘管這聽起來簡單而無害，「光體循環」卻是一個非常強大的儀式。由於引導強烈的靈性能量，你可能會搖擺、感到頭暈，甚至跌倒。我第一次嘗試時就被這股能量推倒跌落地上。我知道，如果有人只是隨意讀這篇文章或跳過前面的部分不先練習，他們可能會覺得這聽起來很荒謬。但如果你確實按照指引完成了所有的練習，你會發現我沒有誇張。事實上，我可能還低估了這個儀式有多強大。如果你確實經歷了這些現

象，不要害怕。經過幾天的練習，你會能夠控制這股驚人的能量。

在名為《太乙金華宗旨》的中文瑜伽手冊中提到：「當光循環時，身體內的能量會自動排列在其王座前，猶如一位聖王進駐都城並建立秩序，萬民都帶著貢禮前來致敬。因此，你只需引導光的流動；這是最深遠且驚奇的奧祕。光易於流動，若長時間允許其循環，它會自行凝固；這正是『默朝飛升』的境界。」*

在「光體循環」儀式中所運用的能量非常強大。只需透過視覺化技巧，將能量從手臂引導到雙手就具有療癒之效。這種療癒方法對於感受到疲憊或能量不足的人尤其適合，並對大多數身體疾病的恢復有輔助效果。即使是重大慢性疾病患者，也可安心採用此種方法，但需要遵循以下規則：

1. **絕對不要**在未取得對方同意前進行療癒。
2. 若只是輕微的感冒或流感，避免使用此法療癒。因他們需要這種「不適」來幫助身體排毒。但若疾病已緩和，卻仍感虛弱，則可藉此幫助他們更快恢復。具體的方法是將一手放在額頭，另一手放在下腹傳遞能量。
3. 對於重症或威脅到生命的疾病，應將注意力和手放在疾病最明顯的部位。視覺化觀想疾病正在離身而去，並注入充滿生命力的新能量。當你感覺對方充滿能量後，進行小五芒星驅逐儀式，以確保不會有任何不必要的能量回流至其體內。
4. 對於發燒的人，不建議使用此技術。而應握住他們的手，想像疾病正在離開他們的身體（也想像遠離你！）。然後再進行小五芒星驅逐儀式。如有需要，你還可以傳遞少量冷卻及療癒的藍色能量給對方。
5. 療癒結束後，總是以小五芒星驅逐儀式、中柱儀式和「光體循環」儀式作結。隨後將你的手放在涼爽、潔淨的水流下至少一分鐘，以幫助清潔並保護自己，確保不會有不適的能量回流至自身。
6. 總是與醫師保持聯繫。**絕對不要建議任何人忽視醫師的意見或不尋求專業醫師的協助**。如果你真的認為某種醫療方法無效，可以建議他們向另一位有執照的醫師尋求不同的診斷。

---

*譯註：作者指的是這一段原文「故一回光，周身之氣皆上朝，如聖王定都立極，執玉帛者萬國；又如主人精明，奴婢自然奉命，各司其事。諸子只去回光，便是無上妙諦。光易動而難定，回之既久，此光凝結，即是自然法身，而凝神於九霄之上矣。《心印經》所謂『默朝飛升』者，此也。」

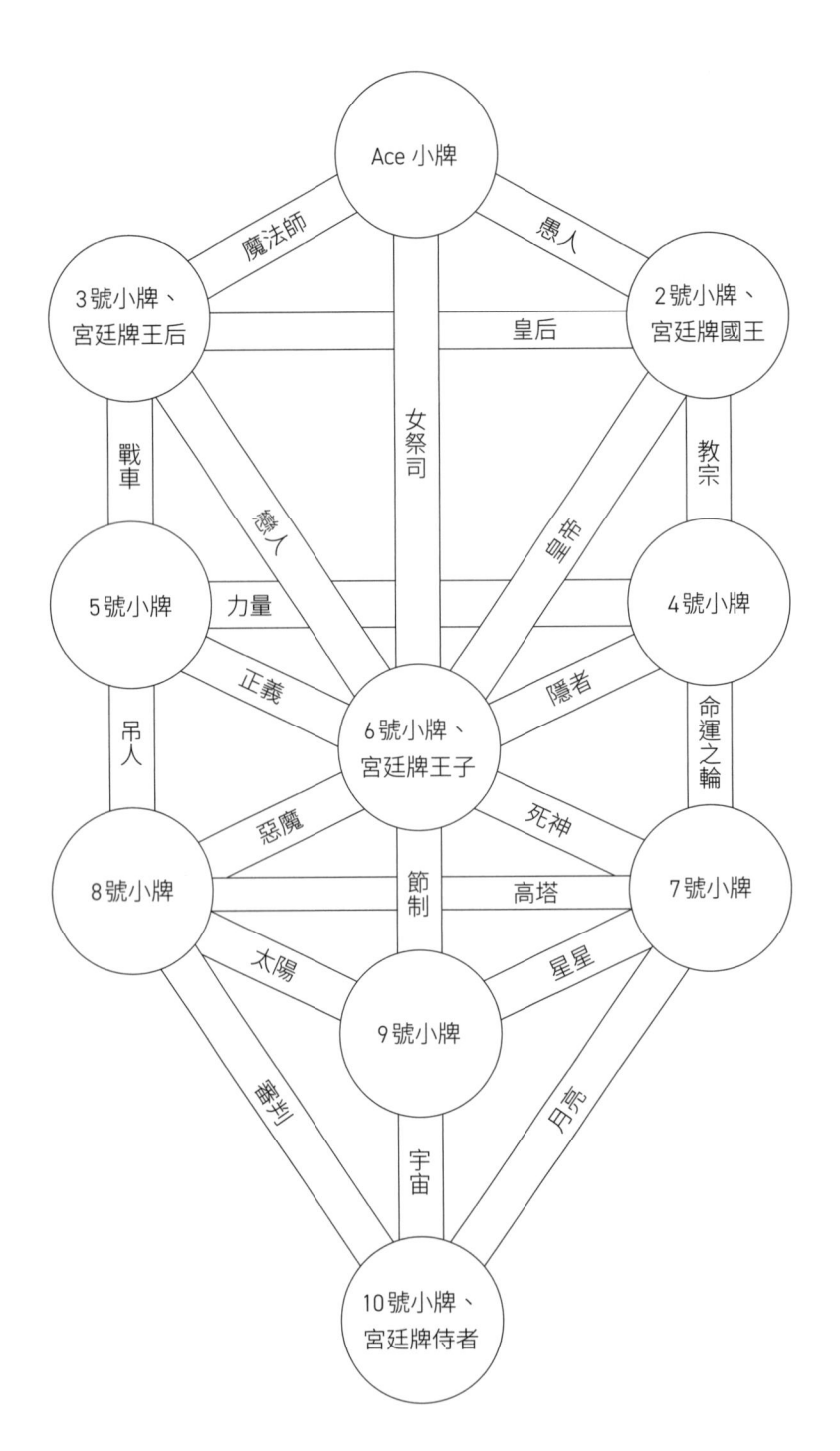

▲ 塔羅與生命之樹

下一頁展示了塔羅在生命之樹上的圖解。儘管我現在不詳細解說它，但希望你能細心觀看並理解我之前提到塔羅和卡巴拉之間的關係。我之所以現在呈現這幅圖，即使與前後內容看似無關，主要是希望你能更加專注於它。這可能是本課程後段將介紹的最重要的魔法技術圖解。雖然我會在適當時候深入解釋，但現階段，我希望你先熟悉它，這樣當它的重要性在未來慢慢增加時，對你來說才不會太過陌生。

在進入本課的下一部分之前，有些事我想明確說明。你或許認為我會持續加入新的日常儀式，讓你忙到沒有其他時間。但實際情況不是這樣。只剩一個基本儀式等待你去學習。請持續進行，不要略過任何步驟，除非**實在無法進行**。現階段你學的都是白魔法，這將引領你走向與神性的結合，並為灰魔法的學習做好預備。一旦你熟悉這些儀式，完成它們的時間不會超過十五分鐘。未來，我會教你一個特別的心靈技術，使你能在任何時候、任何地點進行這些儀式。這不僅能縮短進行儀式的時間，還會帶給你更強烈的個人能量。請持續努力並保持信念，你一定能夠做到，並有令人驚奇的體驗等待著你。

在課堂上，一些學生問到：「雖然我們非常謹慎地完成每一個儀式，但為何感受不到任何由儀式帶來的內外反應？我們是不是做錯了，或是哪裡出了問題？」對此，我的答覆是：「你們沒有做錯，也沒有問題。」

儀式中的能量一直在物質和精神層面的宇宙中運作。它無所不在，環繞我們、流經所有事物，不論是有形還是無形。如果你從未真正感受過這股能量，儀式之後也不見得會立刻察覺到。魔法允許我們以一般人難以理解的方式**運用**這些力量。而你是否實際感受到這些能量的存在，並不影響其真實存在的本質。

所以，不要期待在這門課的儀式中必須要有什麼不尋常的感覺或是特別體驗。正確地完成儀式，所期望的效果就會自然而然地展現。就像當你向上拋出一個球，它總是會落下，這是受到重力的作用。即便你不覺察到重力的存在，球還是會落下。同樣地，只要你依照正確的流程執行儀式，效果必定會呈現，這是魔法的宇宙法則。

但我也要提醒，有時過於追求特殊的心靈現象或經驗，可能會阻礙你的心靈成長。有些人迷失方向，過度追求一些相對次要的事物，比如試圖使牌卡漂浮或從牌背讀取牌卡正面的符號。他們為了實現像是弄彎湯匙這種表面技巧（畢竟，弄彎一把湯匙有什麼意義呢？），而忽視了真正的魔法修習，終使自己在魔法和靈性的道路上進展緩慢。

不論如何，有些人或許能夠感受到這門課程所描述的能量，有些人可能暫時感受不到。但就如電影《瘋狂夏令營》中的比爾・莫瑞（Bill Murray）所說：「這真的不重要！」只要你正確地執行儀式，魔法自會發揮其效果。

請相信你可以成功地完成儀式，鼓起勇氣真的*行動起來*！至於你的成果，選擇靜默地去看待。

# 第六部分

在本節，我首先要探討魔法元素的系統，然後再深入介紹被稱作五芒星圓盤的魔法用具及其製作。

正如我之前提及，你或許已知西方流傳有一「四大魔法元素」的理論。然而，至少依我所知，這說法並非完全正確。稱之為「四元素」實際上更像是一種誤導，目的是蒙蔽那些未能踏入智慧殿堂的人。

事實上，自古以來魔法元素其實有五種。據最古老的卡巴拉文獻《形塑之書》記載，它描述這五元素的順序如下：

神之靈（SPIRIT of God）

由精神（靈）而生的風

由風而生的水

水部分轉變為土

由水而生的火

有人將這套系統稱作「三元素」，因為他們排除了「精神」，並認為「土」只是「水」的一部分，而不視為獨立元素。某些後期的卡巴拉學說認為「土」只是「風」和「水」的結合，或是「風」、「水」和「火」的混合。然而，即便在傳統卡巴拉中，「土」也被視為一種獨立元素。考量到「精神」和「土」，我們實際上有五種魔法元素。

在西方，五芒星經常會被用來代表這四大魔法元素。但要讓五芒星的五點各自對應一個魔法元素，則不得不加入第五種元素——也就是其他四元素的起源，「精神」。「精神」被視為萬物之源，是超越了科帖爾，在其之上的神性光芒。

在接下來的描述中，我將指出五芒星的每個點所對應的元素符號。

但要深入探討這些元素之間的關係，我們需要簡單地提及中國的觀點。中國神祕體系的魔法元素概念與西方有所不同，但從未在數量上存在誤解或錯誤的命名。然而，中西兩方元素的名稱確實有所差異，以下是它們的對照：

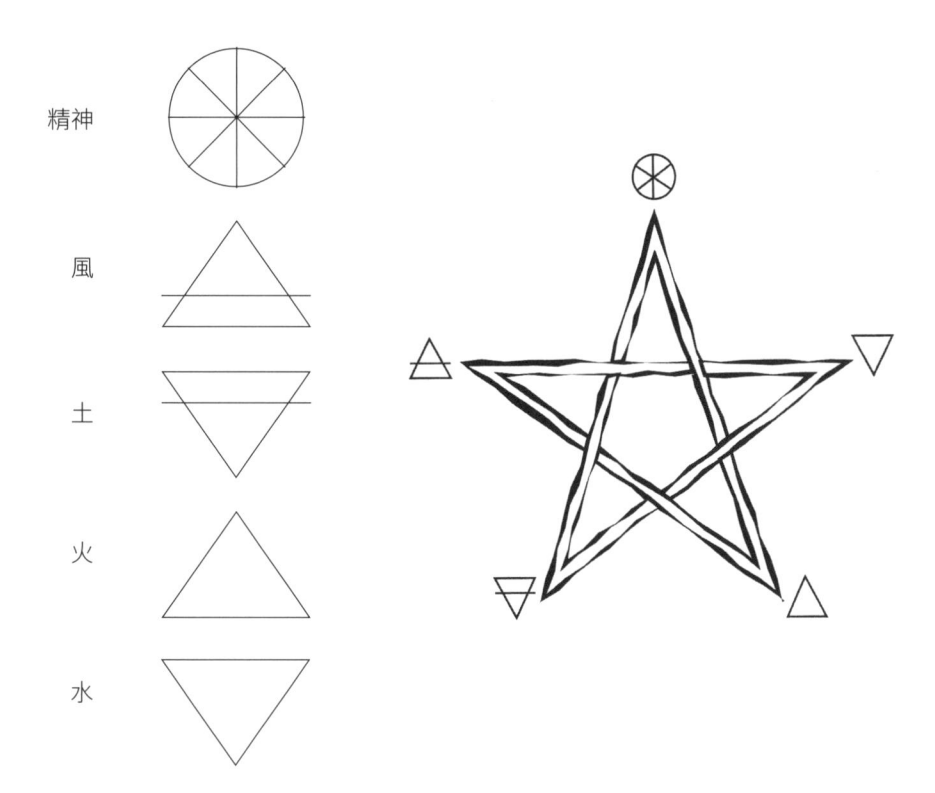

| 中國 | 西方 |
|------|------|
| 火 | 火 |
| 土 | 土 |
| 金 | 風 |
| 水 | 水 |
| 木 | 精神 |

在右方示意圖中，你可以看到中國的五行元素在五芒星上的排列順序與西方系統稍有不同，但這種排列的確是經過深思熟慮的。若你順時針觀察五芒星，將了解「相生循環」的概念。這個循環的象徵性解釋如下：

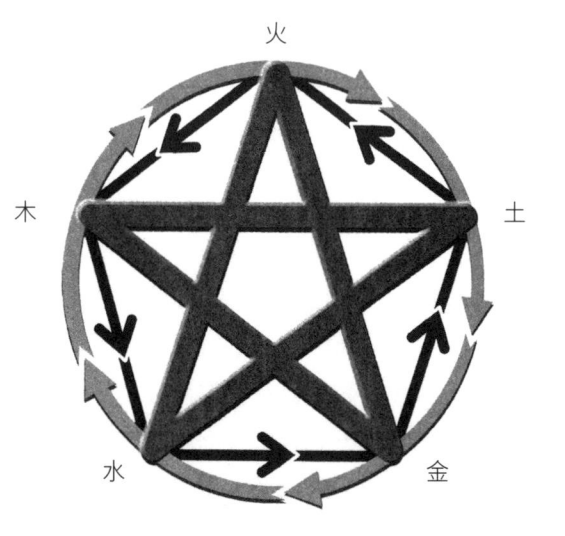

火焰燃燒後化為土；
土壤中挖掘出金屬；
水從金屬管道流出；
木由水中吸取養分；
火依附於木頭燃燒。

雖這是現代的詮釋，但有助於記憶這個循環。若你沿五芒星的邊緣觀察，將會理解「相剋循環」。其現代解釋為：

火能純化或毀壞金；
金能製斧或破壞木；
木製工具整治土地；
土製壩能阻擋住水；
水能撲滅燃燒火焰。

從東方系統可知，每個魔法元素都有三種作用：

1. 強化自身（火＋火＝雙倍之火）；
2. 增強另一元素（火燃燒木頭，可產生更多的土）；
3. 中和其他元素（水能夠熄滅火）。

你已深入了解與魔法元素相互作用的體系，但在我看來，西方的系統似乎更直觀，尤其是談及元素用具時。五芒星圓盤的主要功能有兩個：一是收集土元素的能量，二是導引它。如何運用這股能量全憑個人。若你頭暈目眩，五芒星圓盤可以幫助你接地並恢復平衡。如果你感覺受到來自精神、風、火或水的心靈侵襲，五芒星圓盤能夠反彈這些能量。面對土元素的攻擊，它不僅可以反射該能量，更可以儲存以供日後使用。其實，五芒星圓盤主要是作為防禦工具，除非遭遇攻擊，否則不宜當作武器使用。

接下來的問題是，如何適當製作五芒星圓盤？儘管多數傳統書籍建議以不超過九英寸的木頭或金屬為材質，但據我所知，它更是一種防禦武器。想像當你面臨攻擊時，卻要用一個這麼大的木製或金屬製圓盤來擊退敵人，就像有人拿刀攻擊你時，你竟然還手忙腳亂地尋找一把不太準的老式巨型霰彈槍！

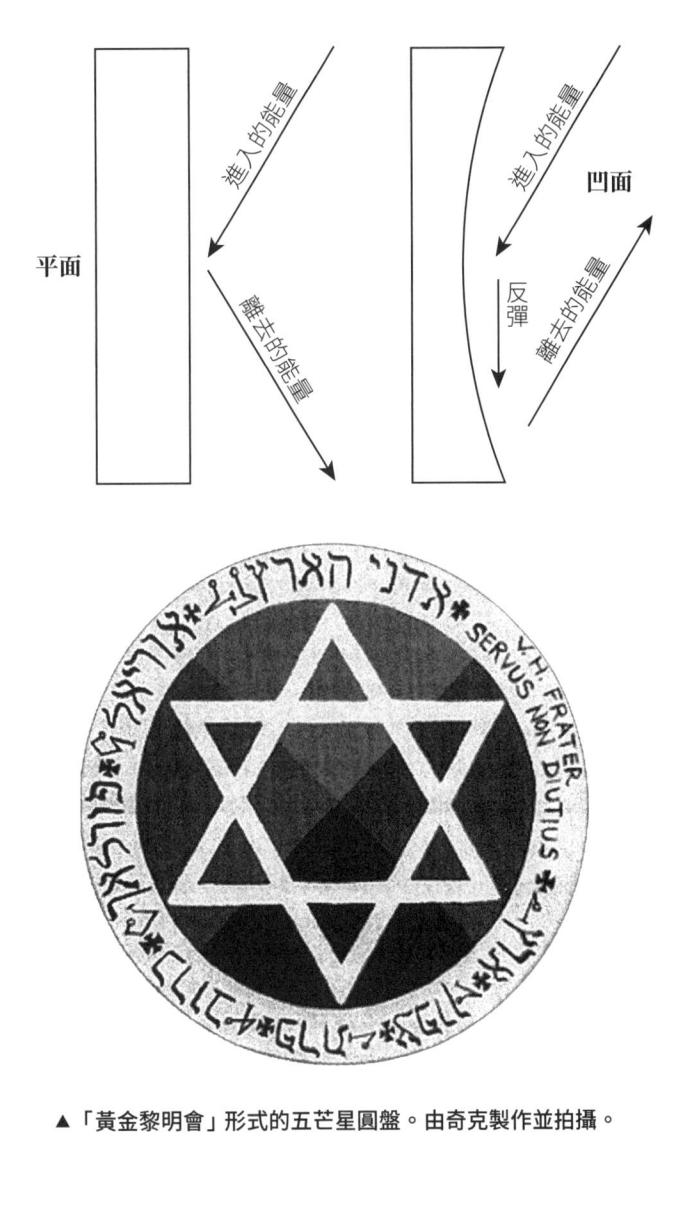

▲「黃金黎明會」形式的五芒星圓盤。由奇克製作並拍攝。

　　這個問題的答案有兩方面。首先，對於手掌大小接近於平均的人，英寸直徑的物體更適宜使用。其次，如果這個物體表面不是平坦，而是具有**凹面形**，它就能夠將來自任何方向的能量反彈回原方向，進而形成一種對攻擊者的「即時報應」情境。

　　你可以選擇購買也可以自己用木材雕刻成一個淺盤。內側應完美地呈凹面，背面則可以平坦，方便放在桌上或祭壇上。若要穩固，你需要在桌上放置一個小木環或金屬環來支撐其圓形的底部。儘管金屬也適用於製作五芒星圓盤，但在金屬表面繪畫的難度會稍微高於木頭材質。

首先，輕輕地打磨圓盤表面，再塗上一層白色底漆。接著，用細筆刷畫出「X」形，將圓盤分為四部分。按照先前的說明，分別上色：檸檬色、橄欖色、黑色和赤褐色。兩面都需上色，且兩側的黑色部分應相對。當拿起圓盤，你應在兩側都看到黑色；若底色透出，可再加塗一層。

接著，在五芒星圓盤的外緣畫出距離邊緣三分之八英寸的圓，並在畫線至邊緣的區域上白色。你可以手畫或用圓規來繪製五芒星（或六芒星），使其各點觸及你畫出的白色圓。五芒星線條的寬度約三分之八英寸，如果背景顏色透出，可重複塗白直至完全覆蓋。

之後，於圓中填上希伯來文的神之聖名、天使名以及在下一頁提供的印記，所有文字和符號都應用濃黑色繪製。字母部分可能需多次塗抹以確保顯示為深黑而非灰色。完成後，為整個五芒星圓盤塗上透明的保護漆。我推薦使用樂立恩（Varathane）的塑性亮光漆。

若你想進一步了解顏料和色彩的使用，推薦你閱讀羅伯特・王的《神祕聖殿》或由奇克和桑德拉合著的《黃金黎明會奧祕》。這兩本書都詳細介紹了黃金黎明儀式用具的製作方法。特別注意的是，當你參考其中一本書時，會發現黃金黎明會使用的圓盤其實是六芒星，而不是五芒星（參見上一頁圖示）。

---

## 「五芒星圓盤」真的含有五芒星嗎？

我們都知道「pent-」的字首代表「五」的意思。那麼，為什麼「黃金黎明會」的圓盤上卻畫著六芒星（hexagram）呢？五芒星（pentagram）確實指的是有五個頂點的星形，而五芒星圓盤（pentacle）則指的是帶有五芒星的物體。但語言的深層含意往往比表面看到的更為複雜。

五芒星圓盤原先可能是某種具有保護意義的首飾。考慮到「pend-」這一字首意指懸掛的物體，像是墜飾，五芒星圓盤的名稱可能起源於此。而「pentacle」這詞也可能來自拉丁語的「pentaculum」，意思是「小畫」，如同五芒星圓盤上的圖畫。因此，圓盤上可以畫上任何圖形。

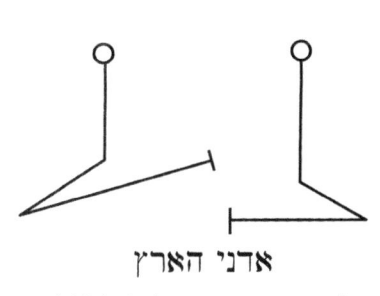

I. 大地之主（Adonai Ha — aretz） אדני הארץ

II. 烏列爾（Auriel） אוריא

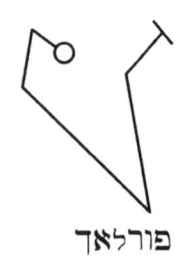

III. 佛拉克（Phorlakh） פורלאך

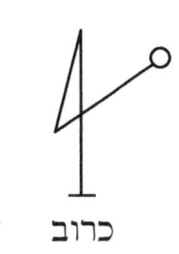

IV. 基路伯（Kerub） כרוב

V. 伯拉河（Phrat） פרת

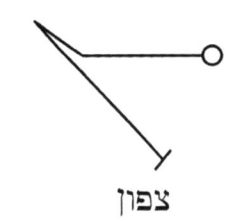

VI. 北方（Tzaphon） צפון

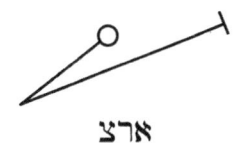

VII. 大地（Aretz） ארץ

VIII. 魔法格言

▲ 五芒星圓盤的象徵符號與希伯來文字

> 不過，不論「pentacle」的真正詞源為何，如果你想模仿「黃金黎明會」的風格，那麼圓盤上應該繪製六芒星。但如果你沒有這個需求，自然可以畫上五芒星。嘗試各種可能，找出最符合你心意的方式。

## 魔法格言

如果你有注意到，文中有一處為「魔法格言」的空白位置，這等同於「黃金黎明會」中「魔法祕名」的簽名。如同穿著魔法袍暗示著某種特殊意義，使用魔法祕名或魔法格言也是如此。現今的魔法師在選擇魔法祕名或魔法格言時都非常謹慎，他們可能會猶豫很久，以選出最能代表自己魔法師身分的名稱。有些人可能選擇如「梅林」這類真實或虛構的魔法師名，或是某些歷史或神話中的角色。而有些人則可能選擇一句代表他們信仰或立場的格言。黃金黎明會的魔法格言多用拉丁文，但當然其他語言也都可以。例如：

*Anima Pura Sit.* 願靈魂純淨。
*Demon Est Deus Inversus.* 惡魔即為神之反面。
*Deo Duce Comite Ferro.* 神為我之主，劍為我之伴。
*Finem Respice.* 望向結果。
*Perdurabo.* 我將堅忍至最後。
*Sacrementum Regis.* 王之聖禮。
*Sapere Aude.* 敢於追尋智慧。
*Iehi Aour.* 願光明遍布。

在黃金黎明會或其他魔法組織中，成員通常會在書信和儀式中使用魔法格言的縮寫來相互稱呼，如 Frater 或 Soror（弟兄或姐妹）、D.D.C.F.、D.E.D.I.、S.A. 等縮寫。而隨著在組織中的地位上升，也可能會選擇修改自己的格言，或者擁有如「Greatly Honored Frater」的榮譽稱號。

無論你選擇使用英文、拉丁文、希伯來文、希臘文、以諾文或其他語言，都是適當的魔法祕名或魔法格言。當選擇這個名稱時，你應該認真思考。雖然你隨時都可以更改，但你會發現，隨著你在魔法上的進步，這個選擇對你會變得更具意義。

　　這是這部分的最後一點。當我們回顧黃金黎明會的初始成員並對他們感到敬佩時，也要記得他們雖是出色的神祕學者，但也更像我們，是追求卓越的普通人。在他們的家族有一本詳細的格言之書，多數成員簡單地使用家族存在已久的格言作為魔法格言，而也有些人則只是在那本書中翻閱，然後挑了個他們覺得不錯的作為魔法格言。

# 第七部分

　　或許你對「儀典魔法」（ceremonial magick）和「儀式魔法」（ritual magick）之間的差異感到好奇。雖然許多人將它們當作同義詞，且在字典中的定義也相當接近，但在魔法哲學裡，它們卻有著顯著的區別。每個人在日常生活中都有自己的「儀式」，無論是進行魔法儀式，還是每天固定刮鬍子的動作流程。當這些動作經年累月變成習慣，我們很難改變。突然打破這些習慣，可能會造成不順，甚至帶來問題。不信的話，你試著改變刮鬍子的順序或方法看看。若因此割傷，就能明白這個道理，但切記，割傷時可別怪我沒警告你！這也提醒我們以下三個重要的建議：

> **永不讓你的魔法儀式變成單純的習慣，**
> **執行魔法儀式時要全心全意。**
> **即便是每天都進行的儀式，每次都要如初次般專注。**

　　對我來說，儀典（ceremony）的定義是「團體的儀式」。也就是說，儀式只需要一個人，而儀典則需要多人一同參與。因此，要進行儀典魔法，你需要找一個團體加入。

　　雖然在本課程中所有介紹的魔法技術都可以獨自完成，但未來我們也將介紹如何進行團體儀式的教學，這自然使我們思考：團體的價值和缺點是什麼？

## 與團體的優點和挑戰

魔法團體的好處有三：

**1. 友情**

身為魔法師，有時可能會感到孤單。找到與你有著相同興趣的朋友，無疑是件好事。他們不僅可以為你的做法提供回饋，還能給予寶貴的建議。哪怕你決定不參與任何魔法團體，我還是建議你能夠偶爾出席一些魔法嘉年華活動或研討會。縱使只是短暫的交流，這種與他人的互動都對你有莫大的助益。

**2. 專業化**

在魔法團體裡，每位成員都必須具備某種程度的共同知識，這也是該團體能夠團結一心的一個因素。然而，沒有人能夠在神祕學的所有領域都成為專家。在團體中，某人或許是塔羅牌的專家（儘管團體裡的每位都對塔羅牌有所了解），另外一人可能精於占星學，還有人專精於神祕學的歷史，又或是有人擅長儀式的舉行。因此，人數越多，當團體需要某個特定主題的知識時，就很可能已有成員知曉。

**3. 能量**

雖然有人可能會否認，但實際上，當你的團體人數越多，所能產生的心靈能量或魔法能量也將提高。你可能曾在搖滾音樂會或足球賽中感受到這樣的能量流動，那其實只不過是未受控制的心靈能量或魔法能量。透過魔法，我們學習如何經由你所學會與即將學到的技術，來控制這能量。顯然，當參與人數增加，所產生的能量也會成倍增加。更具體地，這能量是按指數方式提升，而不是按單純的加法提升。意思是，如果一人能產生一單位的心靈能量「E」：

兩個人（或許）可以產生 2E，
三個人（或許）可以產生 4E，
四個人（或許）可以產生 8E，
五個人（或許）可以產生 16E，
六個人（或許）可以產生 32E，
七個人（或許）可以產生 64E，以此類推。

顯而易見地，即使只有少數人團結一心，其效果也可能遠超過眾多人各自努力的結果。順帶一提，這不是我自己編造的理論。這是源自愛因斯坦的場論，且我所認識的大

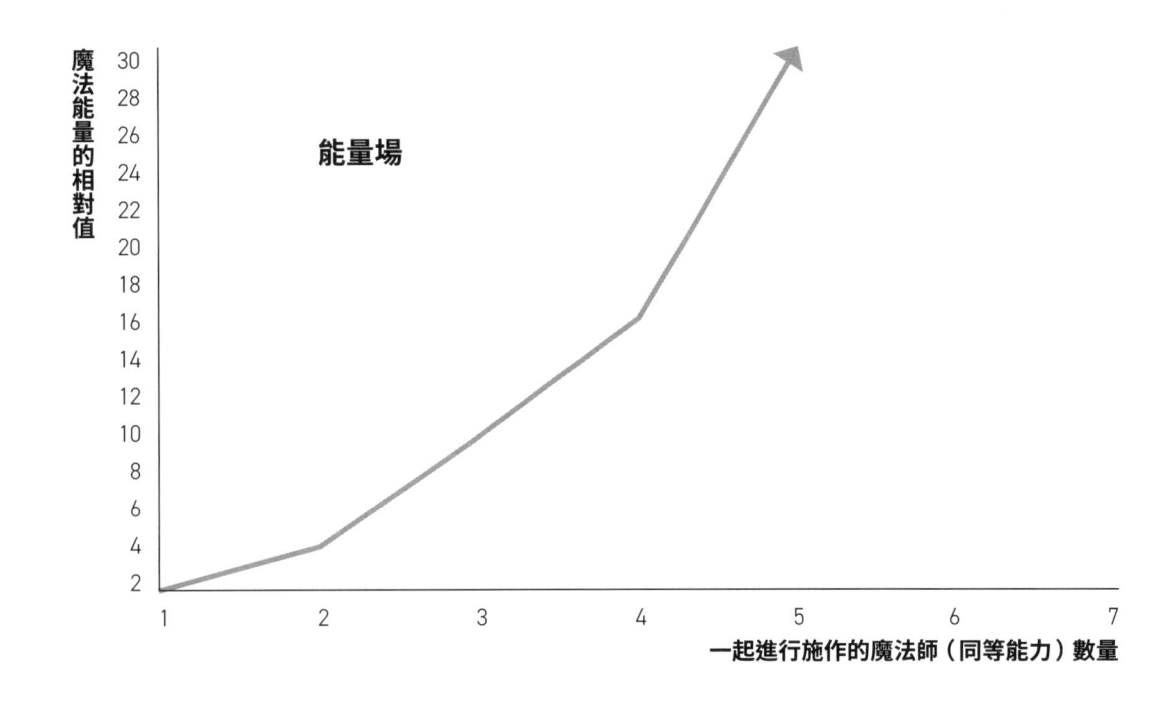

**圖表：能量場**
- Y軸：魔法能量的相對值（2, 4, 6, 8, 10, 12, 14, 16, 18, 20, 22, 24, 26, 28, 30）
- X軸：一起進行施作的魔法師（同等能力）數量（1, 2, 3, 4, 5, 6, 7）

多數神祕學者都認同此觀點。

但這並不意味著，擁有一群人就能在魔法工作中成功。一位熟練且有經驗的魔法師，在控制心靈—魔法能量上，可能遠勝於一整個團體。有時，正是因為這一點，個人可能比一群人表現得更出色。這也是我先前提到，一群人或許能夠產生比個體更多的能量，但當然，一群不夠專業的人是無法超過一位經過專業訓練的魔法師的。

這引起了我們對團體所面臨挑戰的思考。我有一位親密的朋友，他寫過幾本關於魔法主題受人尊敬的著作，但幾年前他去世了。他認為，雖然你可以進行團體儀式，但長期與特定團體合作的做法已經過時和不切實際。這種觀點源自於他與某些團體的親身經驗。我也有著相似的感受。事實上，與團體相關的問題，始終歸結於同一核心：人性的複雜。當小團體形成，被排斥在外的人會感到受傷和被冷落。比如甲不與乙合作，因為他認為乙過於（1）聰明、（2）愚昧、（3）不好看、（4）好看、（5）其他原因。有人密謀反對領導者，有的人則試圖改造團體以符合自己的期望，而非調整自己以適應團體。這都太荒謬了。

這種荒謬在不同團體間也持續了很多年。各種自稱為「玫瑰十字會」的組織都堅持只有他們是真正的「玫瑰十字會」，其他組織都是冒牌的。各種威卡和巫術團體也陷入這種愚蠢的爭鬥。現在，有一個知名的魔法組織裡，大約有五、六人宣稱自己是該組織

的真正領袖,每人都帶領著自己的團體,並指控其他人是冒牌者和偽造者。這種不和不僅造成了惡名昭彰的名譽攻擊,還導致了高額的訴訟費用。那麼,一個想要與有相似興趣的團體合作的人,應該怎麼做呢?

---

### 被你抓到了!

很多人會詳細翻看如《現代魔法》這樣的厚重書籍,尋找打字上的錯誤、微小的矛盾和極小的不一致。好吧,如果你想找,那就繼續吧。

先前當提到如何應對心靈攻擊時,我提到你不應該進行鏡像魔法,因為那意味著你在有意識地施放一種黑魔法,將負面能量反彈給某人,而這終將反噬你自己。但在描述如何製作五芒星圓盤的部分,我卻建議使用凹形,以便將負面能量反射回其來源。實質上,這正是一種鏡像儀式。

我完全可以說,是的,這裡有矛盾,然後引用幾位名人對「一致性」的評價:

「一致性是違背自然和生命的。完全一致的人都已死去。」— 阿道斯・赫胥黎(Aldous Huxley)

「一致性要求你今天和一年前一樣無知。」— 伯納德・貝倫森(Bernard Berenson)

「一致性是缺乏創意的人的最後避難所。」— 奧斯卡・王爾德(Oscar Wilde)

「始終如一的固執是腦中的小怪物,受到狹隘的政治家、哲學家和神職人員的喜愛。」— 拉爾夫・沃爾多・愛默生(Ralph Waldo Emerson)

「一致性是停滯不前思想的特質。」—約翰・斯隆(John Sloan)

「一致性是火車保有的美德……」—史蒂芬・維辛齊(Stephen Vizinczey)

然而,這樣只是逃避問題,並不代表真相。事實上,當考慮到特定的「上下文」背景,兩種觀念其實是一致的。即使《現代魔法》涵蓋了廣泛的範疇,其目的仍然是使讀者從入門到中級,最後進化為進階的魔法師。這

意味著，我想將這些內容全部介紹給你，但無法逐一深入。你應對書中的每段文字都保有批判性思考。

　　我反對進行鏡像儀式來對抗心靈攻擊的原因是：這類攻擊在大多數情況下可能都是無意的、偶然的、由自己造成的，或者只是想像出來的。把負面能量反射到一個只是對你生氣而沒有傷害你意圖的人身上，是殘忍且不必要的；而反射到自己則更是愚蠢。

　　但在使用代表土元素的五芒星圓盤時，你會清楚知道負面能量是從哪裡來的。正如本書後面將要描述的，它主要是與特定的非物質存有互動，這是在你嘗試過其他方法後的手段。要看這種用法在虛擬故事中的呈現，請參考我的小說《The Resurrection Murders》。

　　所以，這裡沒有真正的矛盾。如果你仍然渴望尋找這樣的矛盾，那麼你還得繼續尋找。

　　首先，可以完全忘掉這件事。但如果這樣做不起作用，或許可以從零創建一個團體。隨著人數逐漸增加，按照共濟會的傳統，每位新成員在被接納前，必須得到所有現有成員的一致同意。因此，人們必須先在社交層面上相識，接著才能在魔法的領域中參與。這個團體應該是一個親近的小圈子。有些巫師認為，魔法團體的大小不應該超過十三人。因此，十三是許多巫團的最大人數。

　　此外，在魔法團體中，所有成員的目標必須是一致的，不能有其他隱藏的動機。伊斯瑞·瑞格德極力主張，所有涉及神祕學的人都應接受心理治療。我之前一直認為，這是因為他本身是賴希學派的治療師。但由於我與許多團體的經歷，以及別人向我分享的經驗，現在我更傾向同意這位醫師的看法。

　　但問題是，我們之中大多數人既沒有時間也不願意去看治療師或諮詢師，且許多人負擔不起費用。此外，治療師之間的素質也落差很大。我時常覺得，許多人選擇成為專業治療師可能是想解決自己內心的困擾，但他們可能沒有察覺，在協助他人時，他們的建議其實都受到自身的心理狀態所影響。別誤解我的意思，確實有許多出色、技能高超且全心投入的諮詢師和治療師，但你怎麼知道你選擇的是一位好的治療師，是一位不會因為你研究神祕學而把你送入醫院的人呢？

幸好，我們有解答。這是我所稱之為 I.O.B. 的強效療癒與魔法技術。

## I.O.B.

I.O.B. 技術並非全新的概念，而是對傳統黃金黎明魔法技術及中世紀諮商技術的新解讀。在黃金黎明會的部分，它融入了「護符圖像」(telesmatic images) 的簡化版本以及特定的驅逐技術。而中世紀諮商技術則通常被稱為「驅魔」。

自從電影《大法師》上映後，大眾對於驅魔的概念存在著許多誤解和誇大。一般認知中，驅魔被看作是對抗邪靈（如果它們真的存在）或驅逐的手段。然而，觀察現今的情況，真正的魔鬼附身案例其實並不多，雖然有些基督基要派 (fundamentalist Christian) 會認為從吸菸、賭博到貧窮和癌症都是魔鬼的所作所為。相對地，在中世紀的文獻中，這種附身事件似乎比較常見。這讓我們不禁要問：那些「邪靈」到底去了哪裡？或許，這些「邪靈」不再困擾人類，又或者它們從未真正存在，又或者是現代社會對這些「魔鬼」有了新的解讀方式。事實上，我們沒有理由認為中世紀時描述的魔鬼有所改變，結合當時的大量驅魔紀錄，也沒理由全盤否定這些報告。因此，可以推測現代對待這些「魔鬼」的方式有所不同。如果深入研究中世紀的驅魔紀錄，我們會發現當時所描述的「附身者」與現今被認為有某種生理或心理疾病的人極其相似。這意味著，除了真正對抗魔鬼附身的驅魔，當時很多的驅魔行為其實更像是一種早期心理治療，這與現今所稱的「心理劇治療」有著許多相似處。

這些技術並非只在中世紀基督教哲學中有。相似的技術也在某些入門儀式中使用。但在這裡最重要的是，許多時候，這些驅魔技術確實有效。

黃金黎明會的護符圖像方法源自一套根據預先確立的影像構建編碼，進行複雜視覺化的技術。會內的成員會找到一個「存有」，並依照一系列複雜的規則創建它的形象供視覺化觀想之用。這裡無法詳細說明整個過程，但其核心理念是為原本無形的概念創建出一個具體的化身。因此，「正義」可以有一個特定的化身。「自由」也可以是一位特定的天使或大天使。「不寬容」則可能被視覺化為一個由護符系統確認特徵的惡魔。一旦這個化身被創造，它就可以被賦予有限的「生命」。最後，它可以被看作是像你我一樣一個活生生的「存有」，並與之互動。

請注意，我曾提到「不寬容」這樣的特質可以被形象化。同樣地，無論好或壞的任何特質都能形象化。這樣的想法，再加上將驅魔視作早期方法來解決心理困擾的觀念，構成了 I.O.B. 技術的基礎。

警告：尋找一位正面、成長導向且不對神祕學反感的心理治療師，對你來說可能比嘗試使用 I.O.B 技術來面對你的「內在惡魔」更為合適。這是因為 I.O.B 技術在這整套課程中可能是唯一具有風險的。我這麼說不是指魔鬼會攻擊你或使你生病。而是透過此技術，你將更深入了解自己的真實本質，而這可能超出你能夠接受的範圍。據說古代神祕學學校的門上都寫著「認識你自己」。真正了解自己可能是最震撼和最可怕的體驗。因此，若你嘗試這技術後感到害怕、身體不適或迷茫，**請立即停止！**心靈有某些阻礙和保護機制，防止我們在還未準備好接受前了解自己的真實本質。請慢慢進行，對自己溫和。若你嘗試這套方法，請善待自己。它的效果是非常強大的。

### 在 I.O.B. 技術中「I」意味著「識別」(Identify)

這技術中，也許你首先面對最具挑戰的任務，就是認出那些你不願保留的自身特質。你是不是固執、自負、自我中心、擁有不安全感或是優柔寡斷？不管是哪一種，你的首要任務就是認出它。一開始，這個過程相對安全，雖然面對自己的缺點可能不那麼容易。但隨著時間的推移，你會更容易在意識層面接受這些缺點，潛意識或許會反抗，在這時，要放輕鬆，如果有些事情不容易做到，那就不要勉強。一次專注於一件。這流程可能很長，但它確實比佛洛伊德的分析法更快、更經濟（佛洛伊德其實曾表示，他希望他的治療方法能持續較長的時間，讓病人為此付出更多金錢）。而最重要的是，它真的有效。

### 在 I.O.B. 技術中「O」意味著「具象化」(Objectify)

這是技術的第二步，也是最為簡單且有趣的一步。其主要概念是為你識別出的特質建構一個化身。這個化身雖然可以是各種形式，但最佳的選擇應該是具有生命感。所以，相較於一塊石頭，選擇像精靈、狗或魔鬼的形象更加合適。

他的臉部特徵分明，我們可以想像他（假定為男性）戴著一頂軍用頭盔，眼睛是鋼灰色的。他高大、強壯，但他的腿和臀部的關節呈現出僵硬，這使得他的強大力量看似沒有多大用處。他的衣著是一件金屬製的連身裝甲，透過它可以看到他堅如鋼鐵的肌肉，那些肌肉從未顯得放鬆。有些部位的肌肉竟然像是用螺絲和螺栓組成的。即使他努力掩藏自己的情感，我們仍能感受到他因為無法放鬆而帶來的巨大痛苦。他好像總是在擔心，生怕自己做錯了什麼。這就是「固執」這一原型的具象化。如果你發現這些特點與你自己相似，可以從這裡開始深入。想一想，他的皮膚和頭髮可能是什麼顏色？（不必拘泥於正常的顏色）他可能持有什麼東西？或正在做些什麼？

最後，為這個化身命名。只要確保它不是你所知道或認識的名字即可。這名字不一定要常見。「伊吉斯」（Igis）簡潔又合適，而「格瑞弗雷克索」（Grelflexor）充滿趣味且完全合宜。

花些時間在心中細緻地建構這個形象。如果你具有藝術才華，甚至可以試著畫出它。而它不必是人形，也可以是某種奇特的動物。其實，這樣或許更為合適。

當你「塑造」了這個化身後，接下來要為它注入生命。在心中呈現這個化身，並圍繞著你和這化身執行小五芒星驅逐儀式。如果你有實際的畫作、雕塑或拼貼畫，可以將它擺在儀式的中心位置。接著，利用你的專注和視覺化觀想技巧，讓這實體的藝術品與你心中的形象融為一體。

接著，進行中柱儀式。當你覺感覺中柱的能量達到高峰時，深吸一口氣，並隨著全力的呼氣，讓這生命能量從手臂經過手指同時傳送至你心中的化身。如果你擁有化身的具體物品，那麼就將這股能量直接引導入它之內。

### 在 I.O.B. 技術中「B」代表「驅逐」（Banish）

這在魔法中等同於驅魔的技巧。但是，是依循小五芒星驅逐儀式，這整個過程略顯複雜，因為我們實際要驅逐的，是那些我們內心不再需要的部分。讓我們逐步闡述整個流程。

**步驟一**：首先，按照先前的描述，進行一次儀式淨化浴，以清淨你的外在。

**步驟二**：進行放鬆儀式。

**步驟三**：如果你有此化身的畫作或雕塑，觀看它幾分鐘。然後將其放在一旁，並在腦海中再次塑造它的化身。若你沒有具體的形象，則直接在心中塑造它，讓它如真實存在般鮮明。

**步驟四**：在進行視覺化的過程中，你應該能看到一條如煙霧般的細線，它連接了你和化身，從你的太陽神經叢延伸到它的太陽神經叢。如果它沒有太陽神經叢，那就直接連接至它的心臟或頭部。

（請記住，你的視覺化技巧只需達到自己的最佳狀態即可，無須追求完美。事實上，如果你不太擅長視覺化，只要心裡**清楚知道**它是真實存在的就夠了。若你的靈性視覺更為敏銳，你肯定可以看到它。）

**步驟五**：

現在，若你使用匕首，請拿起並割斷緊靠你身體的連接繩索。如果你沒有匕首，也可以用你右手的兩根手指，像是用剪刀的方式來割斷它。記住，這一動作不僅要在物質

層面上（實際動作）進行，同時也要在心靈層面（視覺化繩索被割斷）完成。

**步驟六**：緊接著步驟五，不要有絲毫停頓，立刻做出「進入者」的手勢。這意味著你用左腳向前邁步的同時將雙臂伸直，不論你手上持有的是匕首還是你的兩根手指，都應該直指前方，對準你剛剛切斷繩索的化身。同時，從手指投射出一個亮藍色的五芒星，大聲對那個化身喊道：「[化身之名]，離去！」這會使你視覺化的化身稍退一些距離，並維持一段時間，足以讓你進行接下來的動作。

**步驟七**：進行小五芒星驅逐儀式。完成後，確保你創建的化身在你的保護圈外。還要確保在你和該化身之間的繩索沒有留下任何痕跡。若有一小段殘留也無妨，但任何與你相連的部分應位於你的魔法圈內，而與化身相連、在你魔法圈外的部分絕對不應進入圈內。

**步驟八**：選擇最適合消滅該化身的魔法工具。以下是一些可能的選擇：

對於固執（不願改變）：聖杯。

對於善變：五芒星圓盤。

對於懶惰：權杖。

對於思考不清晰：短劍。

如你所見，每一工具都對應了你想要擺脫的特性的對立面。水總是不停地流動，使得聖杯成為抵抗固執的武器。五芒星圓盤象徵堅固的大地，對抗那些善變的意志。火之權杖則代表熱情與能量，用於對治懶惰。而高層次的思維由風來象徵，其對應的短劍，則有效地使你的思緒清晰。若你尚未擁有這些傳統武器，任何可以代表這些元素的物品都可以使用。

**步驟九**：將符合的魔法工具指向你塑造的化身（若杯中裝有液體，進行此動作前確保已飲盡）。五芒星圓盤的使用方式是：緊握其黑色部分，使其凹面指向你想要的方向。權杖和短劍的指向方法很明顯，不多說明。聖杯則由握著柄或底部，將能盛裝液體的部分朝前方。若你沒有這些工具，單純使用手掌的外側作為替代也行。接著說：

> 「奉 Sha — dai El Chai [振動念誦] 之名與力量，我命令你，（化身之名），解體、消逝、離散、退去。你被永遠驅逐，不得返回。如此定矣 So mote it be！

這段語言必須像國王對待臣民一樣充滿威嚴地說出。但要明白，真正驅逐這一切的不是你，而是流經你的神性之力（「Mote」是古英語中「must」的意思）。

**步驟十**：簡短地進行中柱儀式。隨後，進行光體循環，感受來自高處的能量，但這次是經由你的雙臂，透過相應的魔法工具（若有的話）流向你前方五芒星的中央，然後

注入你創造的化身中。想像這股能量逐步增強,而你塑造的化身逐漸衰弱並變得透明。每次呼氣,從你流出的能量都增強,直至所塑造的化身消失於無形。持續這個能量的傳送,至少在形象完全消失後還要一分鐘。

**步驟十一**:將雙手高舉至頭頂,形成約六十度角的大「V」形。如你使用了魔法工具,應持在右手並指向上。仰頭說:

> 向你致敬,宇宙之主。向你致敬,那位超越自然的你。權柄和榮耀不是歸於我,而是歸於你的名,直到永遠,阿們。

**步驟十二**:再次施行小五芒星驅逐儀式。然後,想像你的魔法圈逐漸從你的意識中淡去,但要明白雖然淡去,它仍然存在。於日記中記錄這次的結果。

I.O.B. 技術有助於解決多種問題。然而,請記得,你現在只是一名正在受訓的魔法師。正如學習烹飪的廚師初學時不可能每次都完美,你的 I.O.B. 技術一開始也可能不完美。你可能需要多次重複,才能消除那些你不想要的特質或不想要的行為。如果你創作(或購得)了某種可視化的藝術品在執行 I.O.B. 時使用,結束後,應將它徹底銷毀。如果你的問題無法有效解決,建議你先處理其他特質,然後再回頭解決此一問題。

若你與團體成員定期進行 I.O.B. 的訓練,那麼你們將可能在和諧的頻率中讓過程更順暢。若你想單獨進行,持續的 I.O.B. 練習也能幫助你進步,成為更好的自己。

---

## 自然法則厭惡心靈的真空

我從許多人那裡收到利用 I.O.B. 技巧取得成功的信件,也有些人告訴我,他們只獲得了短暫的效果。我自己使用這技術達成了個人轉變及其他形式的魔法操作,並獲得了巨大的成果,但我真的不太明白為何有人會遭遇困難。

雖然我長時間以來不時地自行研究催眠,但一直沒有系統性的學習。直至1999年底,我才首次參與了專業的催眠訓練與催眠療法課程。正是在那裡,我找到了問題的答案。

有一句古老的格言,起源於亞里斯多德的科學觀念,被稱作「留白恐懼」,即「自然厭惡真空」。他所指的是空白的地方總會試著吸入液體或氣體。

在那堂基礎催眠課中,教師指出幫助人們戒菸是許多催眠師的「主要收入來源」。但經常的,試圖使用催眠來戒菸的人會犯一個導致失敗的錯誤。吸菸包含了一系列的活動且需要時間:從取出香菸、點燃,到找地方熄滅和丟棄菸蒂。如果只是使用催眠來幫助某人戒菸,這個人的生活中會出現一片空白和未利用的時間。這段時間總會被某些事物所填補。如果你不提供給他在這段時間內做的事,那麼他自己會找事做。而最簡單的行為就是回歸舊習慣,重新開始吸菸。

於是,在催眠戒菸的專業治療中,催眠師會先與受訓者討論,提出其他可替代的活動來填充那段時間。

這給了我一個深刻的頓悟:如果你在 I.O.B. 中移除了某物但沒有用其他東西取而代之,之前驅逐的「魔鬼」可能會回來,重新填補那個空處。

所以,解決之道在於找出替代的活動。例如,如果你在處理自己的固執,嘗試做一些簡單的替代活動——比如開放心胸地理解他人的信仰——來取代你放棄的行為。

確實,自然厭惡真空,哪怕那個真空存在於你心中,它也一定會被某物填滿。因此,在自然(或你的潛意識,那個小惡魔!)決定如何填補它之前,最好由自己選擇用什麼來填充,並透過重複將其變成一種習慣。

## 複習

為了幫助你確認是否已完全掌握「第三課」的內容，以下列出了一些問題。在不參考課文的前提下，請試著回答這些問題。（答案可以在附錄二中找到）

1. 土元素具有哪些特質？
2. 請列出生命之樹的三柱。
3. 生命之樹的三角是哪三個？
4. 卡巴拉的四界是什麼？
5. 真正的冥想的目的為何？
6. 真正的冥想有哪三個階段？
7. 在冥想中，「掃描成像」是什麼意思？
8. 在王后色階中，土元素對應的四個顏色是？
9. 哪些行為會阻止你成為一名真正的魔法師？
10. 在卡巴拉中，天界的秩序是如何運作的？
11. 何時可以在未經同意的情況下療癒他人？
12. 若儀式後，你沒有立刻察覺到內外的任何變化，是否意味著儀式失效？
13. 為何說「四大魔法元素」是不正確的？
14. 中國的五行與西方魔法元素如何對應？
15. 製作一個凹面的五芒星圓盤有何好處？
16. 加入魔法團體有哪三大好處？
17. 你應該用哪種語言作為你的魔法格言？
18. I.O.B. 是什麼意思？

以下問題，只有你自己能回答。

1. 你有持續進行所有的儀式嗎？
2. 你有冥想嗎？
3. 你掌握土元素了嗎？

4. 你是否正在記憶這些對應關係？
5. 在這門課程中，你是否查詢過你不熟悉的詞語的意思？

    例如，你知道翼蜥（basilisk）有公雞的頭、翅膀和腳，以及一條帶刺的蛇尾嗎？據說是由蛇或蟾蜍孵化的雞蛋中誕生。它的呼吸和凝視能致命。它也被稱為雞蛇（cockatrice）。
6. 你將如何使用 I.O.B.？除了書中提到的方式，還有其他的使用方法嗎？
7. 你是否曾在達成目標時失敗過？你漏掉了四界中的哪一個？
8. 你最喜歡的顏色是什麼？當你穿著這顏色時，你有何感覺？如果你換上來自於王后色階的顏色時，你的感受會有何不同？
9. 你是否從儀式中「感受到了什麼」？如果沒有，你是否對此感到滿意，沒有異常的感覺對你而言是否可接受？為什麼或為何不？這關於你對魔法的感受意味著什麼？
10. 你開始這門課時的初衷是什麼？你學習魔法是為了控制別人嗎？你現在的目標又是什麼？

# 參考書目

有關這些書籍的更多資訊，請參閱本書末標註的參考書目註解。

Crowley, Aleister. *Magick*. Weiser, 1998.

_____. *777 and other Qabalistic Writings of Aleister Crowley*. Weiser Books, 1986.

Fortune, Dion. *The Mystical Qabalah*. Lulu.com, 2008.

Godwin, David. *Godwin's Cabalistic Encyclopedia*. Llewellyn, 2002.

Gray, William G. *The Ladder of Lights*. Red Wheel / Weiser, 1981.

Judith, Anodea. *Wheels of Life*. Llewellyn, 1999.

Knight, Gareth. *A Practical Guide to Qabalistic Symbolism*. Red Wheel / Weiser, 2008.

Leadbeater, Charles. *The Chakras*. Quest, 1973.

Mumford, Jonn. *A Chakra & Kundalini Workbook*. Llewellyn, 2002.

Regardie, Israel. *A Garden of Pomegranates*. Llewellyn, 1995.

_____. *The Golden Dawn*. Llewellyn, 2002.

_____. *The Middle Pillar*. Llewellyn, 2002.

_____. *The Tree of Life*. Llewellyn, 2000.

Skinner, Stephen. *The Complete Magician's Tables*. Llewellyn, 2007.

# 第四課
## LESSON FOUR

## 第一部分

　　神祕學的團體通常設有多種稱為「階級」或「級別」的階層。它們總是有其固定的邏輯模式，例如依照生命之樹逐層上升，或只是確保參與者能夠理解升至組織最高層次所需的進階知識。黃金黎明會設計了一個有意思的模式。當你完成0=0級的初學者（Neophyte）入門後，你會進入到一系列的組合階級中。之後的四個級別分別與生命之樹的前四個輝耀和魔法元素有所對應。

### 風之元素

　　在這本書中，我們將著重於與元素的連結、理解及實際應用。上一課我們探討了土元素，而這一課，我們將根據黃金黎明會和其他西方團體的入門模式，轉向研究魔法中的風元素。提醒一下，請先確保你已完全掌握上一課的內容。再回想從開始翻開這本書至今，你所學到的所有知識。完成回顧後，請馬上開始下面的練習。如果你覺得對於土元素的了解和感覺還不夠深刻，可以持續該練習最多兩週，然後可以按照自己的節奏不定期練習。但是，建議你馬上開始以下的練習。

**風元素的特質是溫暖和濕潤。**接下來的所有練習將協助你在日常生活中更加察覺這一元素。

**練習一**：觀察你周圍那些具有濕潤和溫暖特性的事物。但是要記得，這些元素的特性都是有相對性的。蒸汽是風元素的一種形式，其濕度和溫度都遠高於乾冰所產生的煙霧。但是，乾冰的煙霧裡同樣也含有風元素。在體驗這些事物時，嘗試判定其相對的風元素屬性。將這些事物列為一份清單，並記錄在你的魔法日記中。每天進行此練習，持續一週。

**練習二**：找一個你可以獨自待在戶外的地點。帶上一張戶外的躺椅，是那種有鋁製框架並周圍配有尼龍網帶的款式。如果你沒有這樣的躺椅，摺疊椅也可以代替。這裡的重點是將身體從地面抬起，讓更多的空氣環繞你的身體。

請脫下所有衣物，然後躺在躺椅上或坐在椅子上。如果無法找到一個合適的地方，則盡量穿得輕薄些。對男性來說，穿一條短泳褲就可以；而對女性，一件小比基尼就足夠。這裡的目的不是全裸，而是為了讓更多的空氣與你的皮膚接觸。

接下來要進行的練習被稱作「元素呼吸法」（elemental pore breathing）。首先，進行放鬆儀式。接著，充分地意識到你的呼吸。感受你的呼吸，空氣經過鼻子、下行到氣管，再流入肺部。嘗試感覺、視覺化或僅僅想像在肺部內氧和二氧化碳的交換過程，以及充滿二氧化碳的空氣如何從肺部流出，再經過氣管，從鼻和嘴排出。

現在，想像整個身體猶如一個巨大的呼吸器官。感受你體內的每一處，都只為呼吸而存在。進一步地，將皮膚也視為呼吸系統的一部分。當你真正地呼吸時，想像你皮膚上的每一個毛孔都同時在呼吸。但這並不僅止於吸入現實中的空氣，你的毛孔更應該吸取元素之風。感受這股力量在身體內外流動，它清潔、淨化並賦予你整個身體生命力。

在一天的不同時刻，盡量嘗試這個練習，並在不同的地點進行。由於風是四大元素中最易於變化的，你有很多方法來體驗它。確保每天都進行這個練習，並至少持續一週。當然，如果想要，你可以延長練習的時間。這會是一個有趣的體驗，但一週後，請進行下一個練習。

**練習三**：每天抽出三分鐘（不要超過），**想像自己化身為風**，感受那空氣所帶來的輕盈、漂浮的興奮感，以及其溫暖和濕潤的「風元素」特性。當完全沉浸在空氣中的感覺時，會發現物質的事物似乎不再那麼重要。這就是「腦袋空空」（airhead）這詞想要傳

達的：像空氣一般的感受。但請明白，它只是用來描述這種感覺，並非用來貶低的。這句話絕非玩笑，而是十分認真的。讓自己真正地化身為風。

只需進行這個練習一週，不要超過。如果你想再做，至少等一個月後。每月不超過一週，即一年不超過十二週，一週一次。如果發現此練習影響你的日常工作，**請立即停止**。一兩天內你將恢復正常。此外，執行前一課中土元素的練習三可以幫助你平衡過多的風元素，避免真的變得「腦袋空空」。

**練習四**：當你真正學會「成為風」，而不讓它控制你時，下一步是更有意識地控制這個元素。花一點時間，想像自己就是「風」，並將上次練習的感覺再次喚醒。接著，將你的手掌彼此相對，保持九到十二英寸（約23—30公分）的距離。心中想像一個瓶子或容器在雙手之間。當吐氣時，想像體內的風元素隨呼吸流出，被雙手的容器捕捉。呼吸三到五次，此容器應該會被充滿。接著，透過三次的呼吸，將它吸回身體，最後回到正常意識狀態。

---

### 為何我得這麼做？

「一個月？你希望我一個月只學習一課？為什麼？按照我的速度，我本可以學得更多了。為何我不能快點學完呢？我真的必須……」

先停一下，飆速小子，《現代魔法》不是一堆要讀的課程，如果你想這樣做，我猜你可以做到。這套課程目的在使你成為一名真正出色的魔法師。

我在這裡介紹的技術，你需熟記於心，如此一來，你才能在實踐中忘掉技術本身，讓這些練習成為你的日常習慣。

1960年，麥斯威爾・馬爾茲博士（Dr. Maxwell Maltz）出版了《心理控制術》。作為一位整形外科醫師，他發現了一個有趣的現象：截肢後大約三週，病人會開始有「幻肢」的感覺，彷彿被截掉的部分仍然存在，並且會感到疼痛或發癢。從這個觀察中，他推斷出建立一個新習慣需要三週。

這個理念的基礎是：要形成一個習慣，我們必須持續地刺激大腦，不斷

> 產生新的神經連結和促進能量與訊息的流動，這樣才能讓舊有習慣被打破或建立新習慣。如果這過程中斷，你得要再重新經歷二十一天。
>
> 雖然我相信大腦（我們頭殼內的灰色物質）與心靈之間存在某種連結，但是否它們是完全一致的，我尚未確定。如果它們並非一致，那改變大腦的狀態或許不一定會對心靈造成影響。為了支持這一觀點，科學家已經繪製了大腦地圖，但即使大腦某部分受損，人仍然可能保有某些行為或重新獲得。
>
> 那麼，如果大腦並不等同於心靈，是否有證據證明心靈需要二十一天來養成習慣呢？馬爾茲發現，讓希望接受整形手術的病人進行三週的正向視覺化練習，能夠改變他們的心態，甚至有許多人最後選擇取消手術。
>
> 我覺得給你一週時間掌握每堂課的基礎，然後再給你三週時間練習，將這些儀式和技巧變成習慣是合理的。在這期間，我希望你能深入學習這一課的內容。所以，是的，你「真的需要這麼做」。
>
> 順帶一提，馬爾茲的書籍著重於視覺化技巧，我會在這門課程中分享此方面的一些祕密方式。在此期間，你或許會需要深入閱讀馬爾茲博士的作品。

**測試**：此測試的目的是讓你確認是否真正與魔法元素「風」達到和諧同步，並客觀地評估自己對它的掌握程度。

當你下次感到身體沉重、腹部脹滿、反應緩慢或無精打采時，請依照前次的練習說明，形成一個「風」的容器。一旦容器成形，深深地吸一口氣，將容器中的一切吸入你的體內。五分鐘內，你應該會感到放鬆和振奮、感覺更輕盈，並充滿渴望去做你想完成的事。

當你再次感到頭昏眼花、情緒興奮、行為愚蠢或身體不穩定時，再次形成一個「風」的容器。接著，想像前方出現了一個巨大的「黑洞」。當你的容器因「風」元素過多而快要溢出時，將其丟入黑洞。也就是說，想像你將充滿「風」元素的容器投向黑洞，然後看著黑洞在容器進入後迅速封閉。短時間內，你應該會感到更為穩固與平衡。

也許需要重複這「黑洞」過程兩到三次，直到你感覺回歸正常。

當你對這兩部分的測試都感到滿意時，即意味著你已成功掌握「風」元素。如同我之前所提及的「土」元素，如果你在短時間內無法完全精通，**不必擔心**。持續的練習是關鍵。有些魔法元素可能幾小時或幾天就能掌握，有些則需要更長的時間。但要記得，追求成功不是在開賽車。持續努力、不放棄，不要太過於焦慮結果。最終，你將會如同所有努力練習的人一樣，取得成功。請每天在你的魔法日記中記錄你的練習成果，不論是正面、負面或是中性的經歷。

# 第二部分

如我之前提及，雖然任何人都可以進行儀式，但真正的儀典需要一群人來完整實現。假設你已經召集了一群人，而且你們都在學習這門課程。以下介紹的，是你們可以共同執行，既實用又有價值的團體儀式。

## 療癒儀式

此儀式的目的是為需要的人帶來療癒。再加上需要被療癒的對象，參與者至少要有三人。特別注意，對於發燒者，此儀式並不適用。此外，對輕微感冒或得流感的人，也不建議使用此儀式。因為這些「疾病」通常是由於長期不良生活習慣，使身體更易受到病菌的侵害，此時身體需要進行自我淨化來排除毒素。但如果感冒或流感的多數症狀已經消退，而患者只是因此感到非常疲倦，此儀式將會發揮效用。它亦適用於慢性疾病的療癒。唯一不適合的例外是當感冒、流感情況嚴重到生命已受到威脅。

這個儀式不能取代正規醫學的治療，也不應該違背醫師的建議。然而，經過此儀式後，醫師可能會發現患者的狀況有所好轉或痊癒，因而需要調整醫療的處置方式。

**步驟一**：先請團體中最擅長占卜的人（如使用塔羅牌）進行，以判斷是否適合進行療癒儀式。如果占卜結果不建議進行，那就尊重其建議，並相信占卜的指示。

**步驟二**：若占卜結果是肯定的，請詢問病患是否真的願意讓團體進行這個療癒儀

式。若答案為否,則停止進一步動作。即便該人之前曾懇求療癒,仍需確認其當下意願。若答案為肯定,則按照以下方式準備場地:

a. 請在房間中擺放一圈椅子,同時確保椅子圈外有足夠空間讓人自由走動。椅子的數量可以超過實際人數。
b. 祭壇應置於中央,且其上應放置常用的儀式用具。祭壇前方再擺放一張椅子,供患者使用,並確保其面向東方。如果患者不是你們小組的成員,他在整個儀式中都應該坐在這張椅子上且面向東方。其他成員則坐在魔法圈內的其餘椅子上。詳細配置可參考下一頁的示意圖。

**步驟三**:請指定一名成員使用低沉而有磁性、彷彿哄小孩入睡帶有放鬆效果的聲調來主持放鬆儀式。

**步驟四**:選定一名成員來施行小五芒星驅逐儀式。他應該站在祭壇的後方面朝東方進行卡巴拉十字。在繪製五芒星時,應該在椅子的外圍行走,確保每個參與者都被圈在內。召喚大天使和進行第二次的卡巴拉十字時,應站在祭壇的西側,面向東方。如果無祭壇,這些動作則應從患者背後進行。

也可以分工進行:例如,第一人負責卡巴拉十字,第二人繪製五芒星,第三人負責召喚大天使,最後由第一人再次執行卡巴拉十字。根據我的經驗,完全由一個人完成整個小五芒星驅逐儀式會有更好的效果,但你們可以自行試試這兩種方式,看哪一種更為合適。此外,患者不應該主動參與小五芒星驅逐儀式。

魔法圈內所有坐在椅子上的成員都應全心全意投入到儀式中,且將他們自己的視覺化融入到進行儀式的人之中。一旦儀式開始,除了患者,其他圈內的人都不應該開坐。

**步驟五**:除一名預定的儀式施行者外,讓所有施行者齊聚前來,形成一個緊密的魔法圈,圍繞著待療癒之人並互相牽手。此刻,所有人都需實施「中柱儀式」。剩餘的那名儀式施行者應站在東邊,面向西方(朝向眾人),也進行「中柱儀式」,同時應想像自己像是一名身高百英尺的巨人,既是這儀式的觀察者也是參與者。

**步驟六**:那位站在東方的儀式施行者,應在右手握有短劍(適用於慢性或輕微的問題)或權杖(適用於更嚴重的問題)。當「中柱儀式」完成後,該施行者應舉起雙手,如同施予祝福,然後直接步入參與者所組成的魔法圈,說道:

> 我憑藉光明之力而來,
> 我憑藉智慧之力前來,

> *我帶著仁慈之光而來，*
> *療癒之光隨翼而至。*

**步驟七**：此時，他應站立於圍繞著待療癒者的人群之旁。該施行者應用手中的工具指向病人的頭頂或是需療癒的特定身體部分。

此刻，所有在魔法圈內的成員都應想像有一束巨大而明亮的光芒浮現在魔法圈的中心之上。這代表的是集體的「科帖爾」，而不是個人的「科帖爾」。每名儀式施行者都應該看到一道光柱從集體的「科帖爾」直射至手持工具的儀式師，傳送著大量的純淨療癒能量。當這名儀式施行師感覺到能量已充分地轉移，他應將這混合的巨大團體與精神層面的能量，透過工具傳送入待療癒者的身體中。

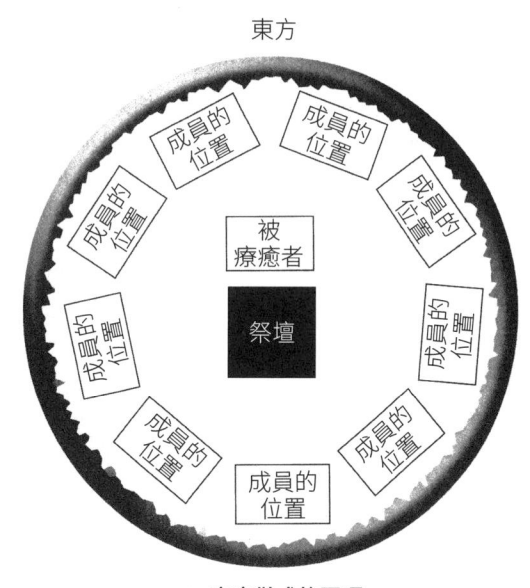

▲ 療癒儀式的圓環

**步驟八**：當儀式施作者感知到患者在魔法工具的作用下，體內能量清晰流動時，他應開始以非常低的音調振動念誦「AH」。除受治療者外，所有人都應該跟隨這個音調，讓其在音高和聲量上逐漸升起。當儀式施作者感覺音調已不能再提升時，應說「Now」，作為所有儀式師的提示，隨後一起大聲呼喊「GLAH」（如小五芒星驅逐儀式中念誦的 AH — GLAH 或 AGLA）並大力拍手，打破能量之圈。這確保了能量留在受治療者身上，防止其回流至執行儀式的人。隨即，主持儀式的人轉向東方，雙手舉起（右手仍持有魔法工具）並說道：

**權柄和榮耀不是歸於我，而是歸於你的名，直到永遠。**

全體成員齊聲念誦 AH ─ MEN，隨後回到座位。

**步驟九**：如前所述，再次進行小五芒星驅逐儀式。

**這裡結束治療儀式。**

如儀式中提及的，響亮的拍手和呼喊，打破能量之圈是為了防止任何能量返回儀式施作者的身上。雖然這對他們是無害的，畢竟它是正面的，但這會減弱治療的力量和強度。此外，它還能預防「負向反彈」，這常常是那些天生有治療天賦，但沒有魔法經驗、魔法知識或訓練的治療師所經歷的。這類型的治療師有時會暫時出現與被治療者相同的症狀。上述儀式的方法完全避免了這種情況。

你們其中的一些人可能會對我提及的權杖和短劍有所疑惑。在這一課稍後，我會有更多的說明。

# 第三部分

在此部分，我想分享一些關於符號學的想法，從其中最古老和最知名的符號：十字開始。十字的歷史遠遠早於基督教。它長久以來被視為一種精神和宗教的象徵。這是為什麼早期的基督徒將十字選作他們的代表符號。在基督教之前，許多其他宗教傳統早就採用了十字作為他們的象徵。藉由使用十字成為他們的新符號，人們認為這會更容易說服異教徒去崇拜擁有相同符號的神。同樣地，在異教徒的聖所被基督徒佔據並轉化成教堂後，當一個異教徒想要在聖所進行朝拜，他們就不得不進入基督教的教堂。

最早的基督徒用一條連續線條繪製出的魚形符號來作為他們信仰的代表（如第193頁所示）。某些基督徒認為這是因為耶穌被視作一名漁夫，儘管《新約》從未提及。

此外，這符號象徵基督教，因為希臘語中的魚「icthys」，是希臘詞「耶穌基督，神的兒子，救世主」用字母縮寫法（Notarikon）的呈現。從占星學的角度來看，耶穌不是漁夫，而是魚時代之人，也就是雙魚座時代的原型。雙魚座時代（由兩條魚所象徵）的開始日期有多種說法，但它們都圍繞西元前後的幾百年。

## 那「古老的信仰」真有些「魚味」！

可能有些讀者會對我關於基督教神話的主張表示懷疑，這很好！荻恩·佛瓊認為在神祕學中沒有權威。而我認為：「不必全盤接受我的說法，你需要自己去查證。」

基督教的觀念深深地建立在雙魚座時代的占星學思想。因此，從其起源來看，它代表了「過去的時代」，與即將到來的新時代──寶瓶座形成對比。雙魚座的符號是兩條朝相反方向游動的魚。這也反映出，儘管有人宣稱愛好和平，卻仍策劃戰爭及參與。我們的社會被劃分成兩部分，人們更傾向競爭而非合作。但當我們真正完全進入下一個時代，這些都會有所轉變。正如歌曲所唱道：「我們目前只是處於寶瓶座時代的『黎明』。」

在上一段中，我不是要暗指說教會的創始人圍成一圈坐下來討論，設計出符合雙魚座特性的宗教，而是他們深受當時雙魚座時代的新能量影響，自然而然地創立了一個重視魚形與漁獵的宗教。然而為了適應目前即將來臨的時代，基督教（及所有其他宗教）都需調整和演進。但如何進行，則取決於每個宗教的信徒。

從這節課的主要內容可以看出，基督教最早的符號是由單筆畫所繪製的魚形。其中一個最著名關於耶穌的奇蹟是五餅二魚。這也使用了捕魚相關的隱喻。但他們所作所為唯一的例外，就是沒有崇拜達貢（Dagon），這是一位古代的閃米特神祇。根據早期基督徒所熟知的猶太傳統，這神祇的形態也是魚。

依照十九世紀奧斯丁‧萊亞德（Austen Layard）挖掘巴比倫後的記載，達貢的高階祭司會穿著由大魚製成的服飾，而魚的頭部會做成祭司頭上的冕帽。且依據希斯錄（Alexander Hislop）在1858年的書《兩個巴比倫》(*The Two Babylons*) 中描述：「教宗在羅馬高壇上坐下時，所戴的雙角冕帽，正是達貢的祭司所戴的，他是非利士人（Philistines）和巴比倫的魚神。」

對我來說，那確實像是一條張開口的魚，甚至裝飾也很像魚的眼睛。但畢竟，這也只是我的看法。

▲ 早期基督教的魚形符號

存在魅力非凡的偉大領袖，同時也存在近乎盲目的大量追隨者是雙魚座時代的典型。於是從這個時代一開始，我們已經見識到這一切。如同：亞歷山大大帝、耶穌、克倫威爾、多位教宗、英格蘭的亞瑟王、墨索里尼、希特勒、羅斯福、甘迺迪、馬克思、史達林、毛澤東、法威爾、文鮮明、吉姆・瓊斯、帕布帕德、甘地等人。我並不是試圖將這些男性善良與邪惡的特質相提並論，我只是想指出他們都擁有獨特魅力，以及對絕對忠誠者的吸引，有時甚至是對盲目追隨者的吸引。當然，我也不應遺漏像聖女貞德、布拉瓦茨基夫人、貝贊特、麥艾梅、蘇珊・安東尼、瑪格麗特・桑格、裴隆等女性。她們過去也曾吸引眾多追隨者，甚至現在也是。從雙魚座時代的原型來看，耶穌是魚形符號的完美代表。

十字形式最初可以追溯到古埃及。它是頂部帶有一個圈的十字，被稱作十字結（Crux Ansata）、帶圈十字、伊西斯的鞋帶，但最普遍的名稱則是「生命之符安卡」。許多靈性追尋者試圖去忽略安卡的性意涵。其中的垂直部分象徵男性勃起的生殖器，而圈與分裂的橫條代表女性的生殖器。當它們結合時，是性交的象徵，是生育的代表。了解這些後，就很容易看出安卡是如何演變成生命、永恆、輪迴和重生的象徵。為何伊西斯的鞋帶會被認為是永恆生命的代表呢？

女性

男性

女性與男性融合為一

▲ 生命之符安卡

▲ 等臂太陽十字

▲ 帶有環形的凱爾特十字

又為什麼有某群人主張，平伸雙臂的身影（形似安卡）會是象徵生命的延續呢？因為這個十字圖騰在基督教出現之前就已經存在，當然它不會是基督教的象徵。令人感到好奇的是，羅馬天主教徒也使用生命之符。在他們的長袍上（特指某些款式的胸衣，或可能是為某種原因而配戴在胸衣上的象徵），有些神職人員前後各配戴一個生命之符，共用同一個圓。當他們穿上這件服裝時，圓位於頭上，這引起了對於性的象徵和靈性的推測。但無論如何，這帶圈的十字不會是基督教的符號。

古代的異教歐洲人也有自己的十字。其中一種受歡迎的是等臂十字，也被稱作太陽十字。另外一種帶有圓的十字被稱作凱爾特十字（Celtic cross）。（請記住，Celtic 的正確發音為 kel — tik，而非 sel — tik。）

歐洲、亞洲、北美和南美都見到了一種被稱為旋轉太陽十字的符號形式。這神祕而神聖的符號除了被稱為希臘十字（fylfot）和卍字外，也有索爾之錘的稱呼。其主要的模式用水平—垂直線畫出，使得十字彷彿隨著太陽順時針、逆時針旋轉。而令人遺憾的是，這符號也被希特勒扭曲用於納粹旗幟的設計。從圖中可以看到，納粹版的卍字逆著太陽軌跡，呈現逆時針旋轉的樣貌，並且傾斜而不是沿水平—垂直擺放。雖然納粹偶爾也使用真正的神祕卍字，但他們的官方標誌卻是扭曲的版本。如今，由於卍字意味著納粹帶給世界的恐怖，大多數西方人對此符號感到厭惡。但在印度等地，卍字以其傳統形式存在，至今仍被視為神聖圖騰，也被用作護身符中帶來好運的符號。

上述段落除了探討符號學之外，也是要讓你深深地明白，我們所進行的儀式，雖然在某些地方確實涉及到十字架的象徵，但它們既不屬於基督教，也不屬於納粹或任何其他信仰或教條。更重要的是，這些儀式用符號並非去宗教化後的基督教修正版，而是基

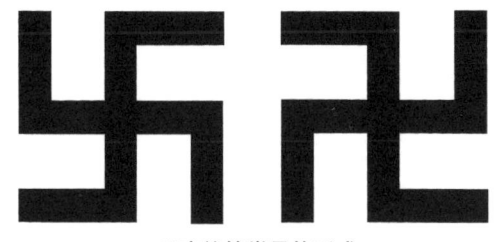

▲ 卍字祕符常見的形式

▲ 希特勒的版本

督教自古以來便廣泛吸收的眾多古老神祕符號。因此，無論你是猶太人、印度教徒、穆斯林、異教徒、不可知論者或其他宗教信仰，都不應該有任何因素阻止你使用這神聖的十字符號。這些符號的運用，如凱爾特十字塔羅牌陣、小五芒星驅逐儀式中的卡巴拉十字等，並非遵循基督教的教義，而是可以說「超越了基督教」的界限。此外，來自我們共有的神祕根源，而非某特定宗派與其他傳統符號，對於具有基督教背景的人來說，也應能自由地使用。

## 希特勒為何選擇卍字作為象徵？
## 種族主義、反猶太主義、宗教與神祕學

希特勒會選擇卍字作為納粹的象徵，其中有一段難以置信的歷史。最初是語言學家注意到，古印度的梵文與西方語言間存在諸多相似性。除非古印度與西方有過某種交流，否則如何解釋這種現象？

語言學家馬克斯・繆勒（Max Müller，1823—1900）提出了一個解釋。他認為，印度最初由稱作達羅毗荼人（Dravidians，膚色較深，被認為是野蠻的）所居住，到了西元前1500年左右，一批膚色較淺、稱為雅利安人的印歐族群從西北亞遷移至此，他們帶來了更先進的語言和文明。他選這個日期是因為他相信基督徒的某些觀點：神在西元前4004年創造了這個世界，因此入侵不可能在那之前。

這理論迅速被德國的神祕組織與民族主義者所喜愛，主要是因為它們拒絕接受西方文明可能起源於中東的閃米特人（尤指猶太人）的觀點。包括具有深遠影響的神智學會及其代表人物布拉瓦茨基夫人（Madame Blavatsky）在內，遺憾地，也接納了這一想法。希特勒為了將納粹與所謂高等、膚色淺的文明相聯繫，選擇了象徵「雅利安人」的卍字，並進行了適當的修改。

然而，繆勒的理論存在重大漏洞：缺乏實質性的證據支持。自稱文明的雅利安人將梵文帶到達羅毗荼，卻未留下任何文字紀錄。相對而言，被認為「無知」的印度人早在幾千年前就創造了驚人的、充滿靈性的文獻。這種所謂的入侵，既沒有物質證據，也沒有DNA證據來支持遷移理論。實際上，「雅利安人」只是代表「高貴或尊敬的人」，用以形容精神領袖，與「種族」概念無關。

遺憾的是，英國在印度大肆宣揚雅利安入侵理論，這種認為所謂高等、膚色較淺的種族為「無知」與「未開化」的印度人帶來文明的種族主義觀點，實際上反映了英國在印度的統治策略，也有助於鞏固其對印度的控制。

直到今天，儘管越來越多證據顯示「雅利安種族」的概念根本不存在，也無雅利安入侵印度的歷史事實，仍有人，包括部分印度人，堅持這個基於仇恨、基督教基要主義的種族主義和反猶太主義神話。

另外一個符號是由「INRI」這四個字母所組成。最為人所知的用途就是它出現在耶穌的十字架上。它是「猶太人的君王，拿撒勒人耶穌」的縮寫（在基督教和猶太教的聖經裡，這種字母縮寫的方式其實很常見）。

在中世紀黑暗時期至文藝復興時代，如果你想避免受到教會的折磨或被火刑處死，那麼將神祕及政治觀點隱藏在基督宗教符號學中是明智之舉。因此，INRI這組字母便有了其他的解釋。對煉金術士而言，它代表拉丁文「Igne Naturae Renovatur Integra」，意指「透過火焰，自然得以完整重現」。在之後的課程中，我將深入探討煉金術的某些層面，使這句話的魔法意涵更加明確。

此外，這組字母還有一種在中世紀煉金術士中廣受重視的解讀，那就是「Igne Nitrum Raris Invenitum」。這句拉丁文，當時的學者語言，其意為「火中罕見的閃爍」。初次接觸可能會覺得難以理解，但當深入煉金術的某一層面後，其意義將變得顯而易見。

不論你信不信，如今仍有不少人認為耶穌會是對我們生活方式的潛在威脅。我個人並不認同此觀點，即便他們的領袖被稱為「黑衣教宗」。他之所以被這樣稱呼，不是因為其精神層面中的黑暗，而是他長袍顏色的黑。此外，我也不相信有關全球掌控的陰謀論。但耶穌會在經歷政治化的那段時期，正如現今的某些教士會表達他們的政治見解，INRI 對他們來說則代表著拉丁文「Iusticum [ 或 Justicum] Necare Regis Impium」，意為「殺死不敬神的君王是正義之舉」。

從卡巴拉的觀點來看，INRI 這些字母代表的意義更為深遠。在希伯來文中，INRI 為 Yud、Nun、Resh 和 Yud，這也是希伯來文中四大元素的首字母，根據沃德 (J. S. M. Ward) 在他的書《Freemasonry and the Ancient Gods》中的描述：

| 英文字母 | 希伯來文字母 | 希伯來文元素 | 翻譯 |
| --- | --- | --- | --- |
| I | Yud | Yam | 水 |
| N | Nun | Nour | 火 |
| R | Resh | Ruach | 風 |
| I | Yud | Yebeshas | 土 |

根據古老的卡巴拉文獻《形塑之書》，這些希伯來字母還有占星學的意義：

| 英文字母 | 希伯來文字母 | 占星學名稱 |
| --- | --- | --- |
| I | Yud | 處女座 |
| N | Nun | 天蠍座 |
| R | Resh | 太陽 |
| I | Yud | 處女座 |

對於那些對占星學不太熟悉的人，讓我們簡要地闡述這些占星符號的基本意義：

處女座是自然中純潔無瑕的象徵。

天蠍座象徵著能量、死亡和轉化。

太陽為地球上萬物的光源和生命之源。因為它是我們太陽系的核心，所以在我們的生活中也佔有至關重要的地位。

在我們地球的悠久歷史中，曾出現眾多被譽為「救世主」的神祇。對於北歐民族，這位神是巴德爾（Baldur）；而對古埃及人而言，是歐西里斯（Osiris）；對於古代不列顛群島的凱爾特人是魯格（Lugh）；而印度教信徒至今仍視奎師那（Krishna）為他們的救世神。這些「救世主」有如基督教中描述的「神唯一的兒子」，他們都曾經死去，隨後為了人性的善而復活。這些復活的神與太陽有著深厚的關聯：他們在冬季「過世」，並隨著春天的到來及大自然的甦醒而「復活」。然而，這關於救贖及復活神祇的主題實在太過深入，本處無法詳加探討。如果你對此主題感興趣，請參考書目中所提及的相關書籍。

從埃及神祇的角度來看，處女座由女神伊西斯代表，她不僅是自然的化身，更是萬物之母。天蠍座則被阿波菲斯（Apophis）所象徵，祂也被認為是賽特（Set）或堤豐（Typhon），是死亡和破壞的化身。而太陽的象徵則是歐西里斯，作為經歷死亡與重生的埃及復活與生育之神。由於「INRI」公式中的「I」重複出現，並代表兩種魔法元素，埃及三大神祇——伊西斯、阿波菲斯與歐西里斯，可以代表構成地球上一切事物的四大元素原型。祂們同時也象徵煉金術的核心思想，如果你想深入，這些神還能代表基督教所採用的基本觀點，儘管是「借來」。

需要注意的是，伊西斯、阿波菲斯和歐西里斯的首字母合起來形成的「IAO」（讀作「eeeee — aaaaahh — oooohhh」）構成了諾斯底主義中的至高神之名，此教派是基督教的一個早期分支。

復活或救贖的神總是與太陽息息相關。太陽是賜予我們這顆星球主要光線的源頭，因此，光明與救贖之神的概念總是相互緊密相連。這也說明了為何那些秉持正義或稱之為「白色」的神祕學組織，總是努力將光明（即神性之光）帶給人們。

在拉丁文裡，「光」被拼寫為 LVX，並被讀作「lux」，這裡的「u」與英文字「tube」中的「u」發音相似。當我們進行儀式時，會透過特定的姿勢和動作，向心靈展示某些原型概念。我們能夠藉由多種姿態來清楚地展現精神層面的 LVX 或「光」的意象。例如：

## 神聖的鬢角

我一直對語源學（etymology）深感興趣，這門學問探討詞語的起源和它們的演變過程。舉例來說，「不虔誠」（impious）是「虔誠」（pious）的反義詞。在猶太聖經《塔納赫》中，猶太男子被吩咐不應修剪鬢角。直到今日，我們還能看到正統猶太男子留著長長的鬢角，有時甚至會將之編成辮子。這被認作是神聖的象徵或信仰的虔誠，而「虔誠」這個詞，實際上在希伯來語中就是指「鬢角」。

這引發了我對「神聖」（holy）一詞的起源的思考。詞源字典指出，這詞的來源尚不明確，可能與「完整性」（wholeness）和「健康」（health）有關。但在我看來，這樣的解釋似乎有些牽強，反而更像現代的觀點，而不是古人的想法。我覺得可能還有其他更有意義的解釋，或者至少與「虔誠」和「鬢角」有著同等的相關性。

在遠古時代，早在基督教或猶太教出現之前，人們普遍實踐薩滿信仰。許多薩滿文化認為，一塊自然有孔洞的石頭被認為非常神聖。同樣地所有自然帶孔的物體，從海貝到洞穴，也都被視為神聖之物。因此產生了一種觀念，神聖物品的特點之一就是其擁有自然孔洞。物體若「有孔洞」（holey），被認作是神聖的，那「神聖」（holy）這個字的由來就不言而喻。

這洞見太神聖啦！

**V**—雙臂高舉過頭形成「V」狀，雙掌面對面，兩臂的夾角大約六十度。

**L**—左臂水平伸直至側邊，掌心朝前。右臂直立向上，掌心朝左。

**X**—雙臂交叉放於胸前，右臂在上左臂在下，頭部稍微垂下。

這些姿勢即是被稱作 LVX 姿勢的基本形式。藉由了解對於光的神祕概念，我們便能使用這些「儀式姿勢」，來盼求其中所隱含的光明（LVX）。

關於 LVX 的概念，還有個有趣之處。在羅馬數字中，L=50、V=5、X=10，總和為 65。而在希伯來文裡，Aleph 代表 1，Dalet 為 4，Nun 值 50，Yud 為 10，加總同樣是 65。這些希伯來字母組合形成「Ah — doh — nye」，也就是「我的主」，這是對神的眾多稱呼之一。你或許記得，這在小五芒星驅逐儀式中有所使用。假如靈性之光（LVX）= 65，且「Ah — doh — nye」層面上的神性也為 65，根據字母代碼法，我們可以推斷這兩者間存在某種關聯。其實，它們是同一體的！最終的神性就是希伯來語中的 Ain Soph Or（無限之光），這是神在科帖爾顯現之前的負向存在（negative existence）的第三層。

在深入這一課的下一部分之前，還有一些理論內容需要說明。首先是魔法詞「ARARITA」（讀作「Ah — rah — ree — tah」）的意義。它是一種字母縮寫法，代表以下希伯來用語的縮寫或首字母：

Eh — chad Rash,

Eh — chu — doh — toh Rash Ye — chu — doh — toh,

Teh — mur — ah — toh Eh — chad.

根據此書中對希伯來語的拉丁字母轉寫，此用語中的「ch」的發音應如蘇格蘭語「loch」的那種喉音。

上述的語句，由字母縮寫法轉寫為 ARARITA，意為：「一即是神的起源，一呈現神的獨特本質，所有神的變化都歸於一。」這明確地反映了卡巴拉的觀點：不論你用何種名稱稱呼神性，只有一個終極的神性，只有一個可以被召喚的神聖之源。一切都來自於神性，或如某儀式中所述：「我之中無一處不屬於神。」

這裡有一系列簡短的六芒星符號你需要掌握。實際上，我更視之為「成對的三角形」而非六芒星。伊斯瑞・瑞格德在其著作《儀式魔法》（*Ceremonial Magic*）中，提議使用克勞利的一筆畫六芒星，而非傳統的四組三角形。我已學習過這兩種方法，且更偏好傳統的方式，這就是本篇要介紹的。

練習在你前方的空中畫出它們，其大小應與小五芒星驅逐儀式中的五芒星類似。繪製時，注意正確的方向，並留意每一六芒星所對應的基本元素。

許多人發現魔法圈中四個方位所對應的元素有所變化，而對此感到困惑。有作者甚至解釋說這種改動是故意留下陷阱，蒙蔽那些粗心的人。對此，我有不同的看法。

小五芒星驅逐儀式中的元素特別與物質層面相關，即地球層面、瑪互特。而在下一頁的六芒星元素對應則與更高層面的黃道十二宮關聯。在地球層面上，大多數人所熟知的元素分布是：西為水，東為風，南為火，北為土。在黃道層面，各星座按一自然順序排列，稱為三方（triplicities），因為它在黃道中重複三次。例如，牡羊座為火象，金牛座為土象，雙子座為風象，而巨蟹座則為水象。這結構——火、土、風、水——在其餘的八個星座中依序重複兩次。此外，這也決定了更高層面黃道帶上六芒星的使用模式：東代表火，南代表土，西代表風，北代表水。這些變化一開始似乎複雜，但稍加練習，你就能掌握這兩套系統。

每個三角形都由頂點開始（即使它是倒置的，頂點仍位於底部），沿著逆時針方向繪製，直到返回起點。在下一頁的圖解中，從編號1的點開始繪畫，依箭頭指示繪製，完成第一個三角形後，從編號2的點開始，再次按照箭頭方向，繼續完成第二個三角形。請注意，西方的六芒星有一共同線條，但為了清晰起見，它被表示為兩個分開的三角形。

## 進階塔羅冥想儀式

在進入下一課之前，現在或許是你調整執行塔羅冥想儀式的適當時機。課程至此，你應該已在塔羅冥想儀式中使用所有大阿爾克納。在這進階版本中，當你選擇一張牌時，不要僅是看著它，**還要要將自己想像成牌中的主角**。你可以根據自己的性別調整牌面上的主要角色性別。若牌上沒有主角也沒有人類形象，你可以隨意地將自己融入牌中場景。閉上眼，然後在心中將自己置身於那張牌。當你深深感受到自己已「融入」那張牌後，讓你的眼睛打開（不是打開實體的眼睛，肉眼要繼續維持閉著），讓你的星光體視覺或心靈之眼睜開，如此一來你就可以真正從牌內的視角去探索。花上幾分鐘，真正地四處看看。從牌中的角度觀察每一樣事物。試著窺見一般僅能見其正面圖像的背後世界。最重要的是，要確定你是否可以看到牌卡邊緣以外的事物。保持靜默，只是靜靜地觀察。不要嘗試移動或走到其他地方，只是純粹地觀察。你的觀察不應僅限於視覺。你能聽到什麼？感受到什麼？聞到什麼？或者有其他的味覺感受？經過一段時間後，閉上你的心靈之眼，回到正常的意識中。無論你是否有體驗到任何不尋常的視覺、聲音、氣味、味覺、感覺或感知，在你的魔法日記裡記錄這段經驗。接下來七天，回顧這一課的學習並練習這進階塔羅冥想儀式，然後進入下一節。

東方—火元素

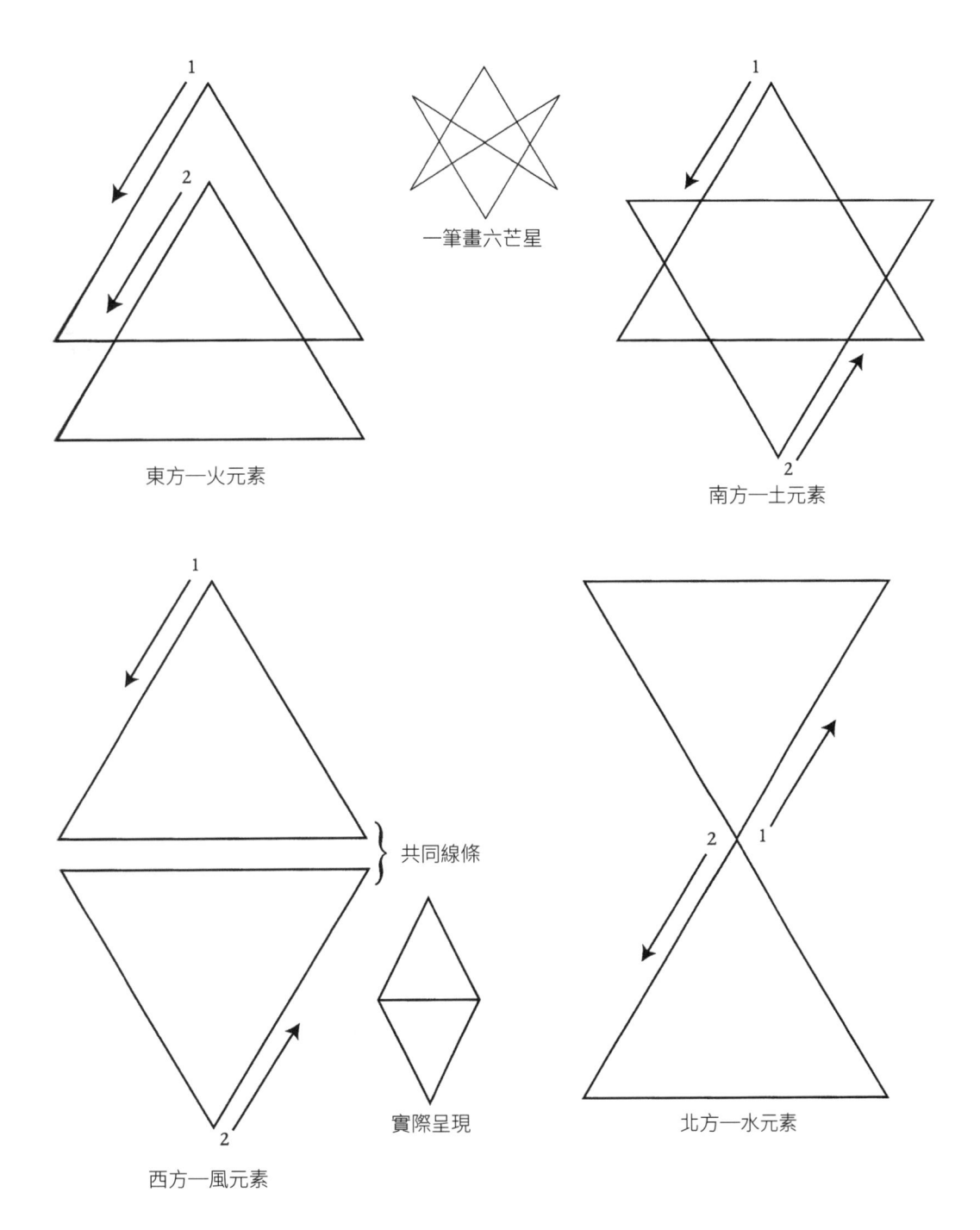

一筆畫六芒星

南方—土元素

共同線條

實際呈現

西方—風元素

北方—水元素

▲ 驅逐六芒星

# 第四部分

## 風之短劍

在本課的前段，我曾提到我會探討魔法權杖與短劍的區別。傳統上，魔法權杖與火元素對應，而短劍則與風元素對應。但近年來，有些人調換了這兩者的關係，主要是因為他們受到了威卡或巫術的訓練影響。雖然巫術已存在數千年，但大部分現今所稱的巫術，其實是由已故的傑拉爾德・加德納（Gerald B. Gardner）和他的追隨者所創立或是重建的。

這絕不是要貶低那些依循異教道路的人。事實上，許多依循異教信仰的人似乎已重新找回了人與自然之間的連結，這是許多只說不練的儀式魔法師甚至感到羨慕的。你或許已經留意到，這一課特別強調與四大元素的共鳴，這在許多關於高魔法的書籍或課程中往往被忽略。我課程的一個目標，就是將這種連結帶回到儀式魔法的實踐者中。

顯然，加德納簡化了一些看似複雜的魔法技術和哲學（或許是「借鑑」，無論有無獲得許可，都來自無所不在的克勞利）。隨後，在朵琳・瓦利安特（Doreen Valiente）的協助下，他們共同創建了現代巫術。

不論他是否如他所聲稱的從新森林巫團（New Forest Witches）獲得啟蒙，都不是那麼重要。也不再那麼重要的是許多人早已遠超他最初的研究、培訓、技術。他的重要性在於他引入了一種當時難以尋找的靈性方式。幸好，他的貢獻會延續下去，也會受到未來數代的尊敬。

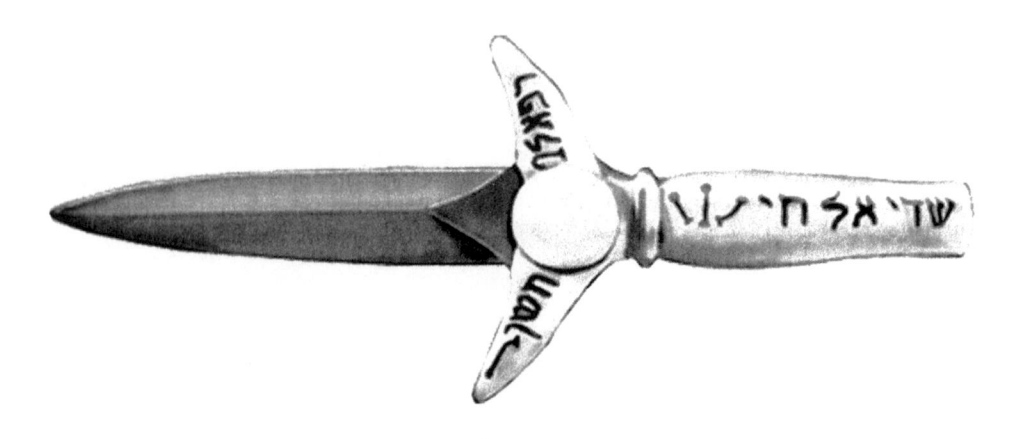

▲ 風元素短劍

正如我先前所述，加德納對傳統的魔法哲學進行了一些簡化。其中一項簡化是將短劍與長劍等同看待，這容易理解，因為長劍看起來只像是一把較長的短劍。如果你只學過小五芒星驅逐儀式，應該知道米迦勒持劍站在火元素代表的南方。而水自然與聖杯有關，土與五芒星相對應，這使得風元素與魔法權杖相關。風元素的大天使拉斐爾，正是手持商神杖。這些說法似乎都非常合理。

然而這樣的簡化令人遺憾，因為魔法師使用的各種魔法權杖之間的特殊用途失去了區別。火元素權杖、蓮花魔杖（lotus wand）、商神杖（caduceus）和彩虹魔杖（rainbow wand）都有其獨特的用途。同樣地，神祕組織的入門指導者所持的魔杖也都有不同的目的。就像我白天常穿休閒鞋，晚上外出則換上正式鞋。儘管它們都是為了保護我的雙腳，但其用途卻是有所區別的。同樣地，不同的魔杖雖然在形狀上看起來相似，但都有其特定的功能。這也正如魔法短劍在設計和功能上與魔法長劍有所差異。

為了幫助你理解，想像短劍是一柄投擲於空中長矛的尖端處，或許有助於理解其風元素的特性。

傳統的風元素短劍是一把簡單的雙刃劍，有一個T形的把手，如左頁所示。

由於風元素短劍不曾用於切割活物，因此它最好是全新的。你可以在把手和形成「T」的劍柄上塗底漆，但應避免刀刃沾到油漆。在塗漆之前，請現按照說明處理木材或金屬，再塗上多層油漆。多層輕薄的塗層會比一層厚重的塗層看起來更美觀。完成後，再將已塗好的底漆部分塗成亮黃色。

在下一頁，你將看到一系列的希伯來文字和印記，這些需要以鮮紫色或粉紫色繪製在把手和「T」橫桿上。如你所見，共有八組這樣的詞彙和符號，數量與五芒星圓盤相同。實際上，所有的魔法工具都有八組相應的詞語和印記。

我之前已討論過魔法格言（編號VIII），現在我們看看其他部分：

I：與工具相關的神之聖名。
II：與工具相關的大天使聖名（需要注意的是，短劍用的聖名是拉斐爾，他是與風元素相關的大天使）。
III：與工具相關的天使聖名。
IV：元素掌管者的聖名。
V：據信有四條河流自天堂而出，V指的是與該元素相關的河流的名稱。
VI：是與元素和工具相關的方向的希伯來語名稱。
VII：是元素的希伯來語名稱。
VIII：魔法格言。

在繪製完成後，請用樂立恩這類的透明亮光漆來覆蓋劍柄。需要注意的是，前述的編號方式適用於所有的工具。

我必須明確地說明，這門課程主要介紹的是西方的傳統神祕學。從這個觀點看，其他的對應關係都是不正確的。然而，在它們獨特的體系中，這些對應關係也可能完全正確，但用在這裡所呈現的傳統體系可能會被視為「錯誤」。這段文字主要寓意簡單來說就是：**如果你還未完全掌握你所使用的體系，則不應該與其他體系混合使用**。這樣做只會給你帶來困擾。但這並不意味著當你完全理解了多個體系後，無法將它們融合。事實上，這正是黃金黎明會的一大成就。另一方面，我知道有人試圖加入西方魔法團體沒有成功，加入威卡組織後，又因為不喜歡威卡的魔法傳統而失望。對他來說，前者太過複雜，而後者又過於簡單。最後的結果是，他成立了自己的「遠古卡巴拉凱爾特巫團」（Ancient Cabalistic Celtic Coven）。而我真正感到可惜的是那些被他「教導」過的學生，以及他們未來可能面臨的困境。有句話說：「當學生準備好，老師自然出現。」不過，即使學生為了錯誤的教學而準備好，這句話也依然成立。

這一課的一項作業是根據課程描述製作風元素短劍。我並不期望你的作品達到達文西或米開朗基羅的藝術高度，只希望你能夠全心全意地完成它。同時，沒有規定說你不能在已有的基礎上做更多添加。例如，我在我的工具上鑲嵌了紫色的寶石。那麼，你又會怎樣為你的工具添加獨特的元素呢？

שדי אל חי

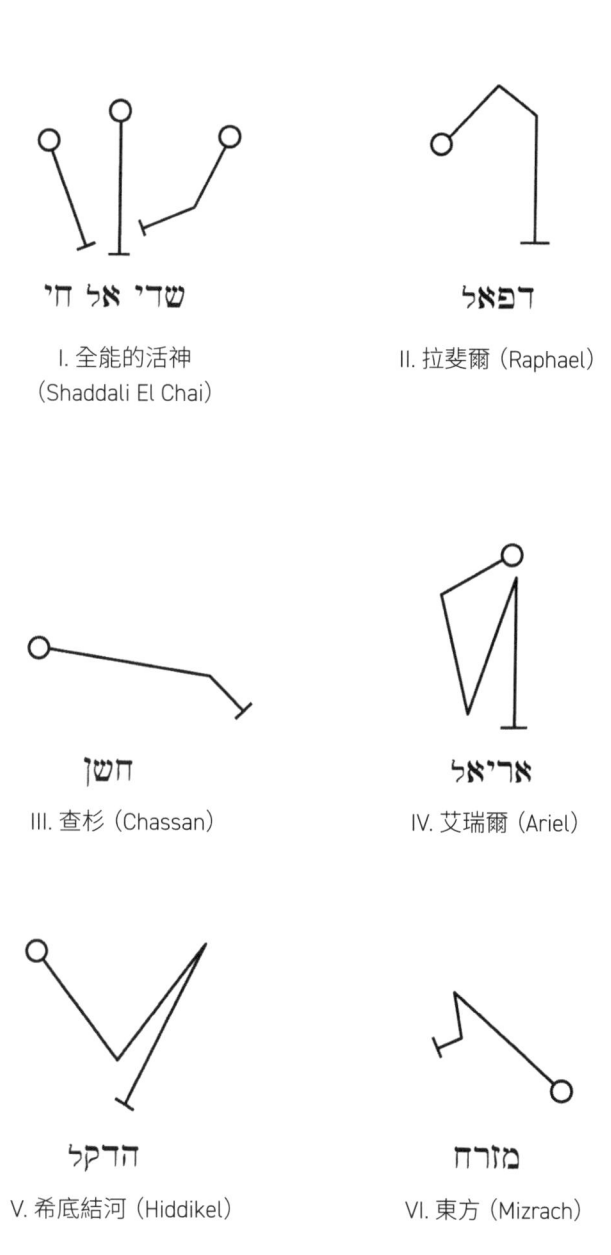

I. 全能的活神
(Shaddali El Chai)

דפאל

II. 拉斐爾（Raphael）

חשן

III. 查杉（Chassan）

אריאל

IV. 艾瑞爾（Ariel）

הדקל

V. 希底結河（Hiddikel）

מזרח

VI. 東方（Mizrach）

רוח

VII. 風（Ruach）

VIII. 魔法格言

▲ 風元素短劍的象徵符號與希伯來文字

# 第五部分

## 卡巴拉心理學

　　心理學的研究可以大致劃分為普通心理學和異常心理學（abnormal psychology）。遺憾的是，這門課程無法涵蓋異常心理學的範疇。如果你對神祕學視角下的心理學好奇，那麼荻恩・佛瓊的這本《塔文納博士的祕密》（*The Secrets of Dr. Taverner*）會讓你滿意。

　　首先，讓我們從佛洛伊德的觀點進入普通心理學。佛洛伊德生於維多利亞時代末期，這段時期再加上他的猶太背景，為他的人生觀帶來深遠的影響。從他的著作中，即使僅是隨意閱讀的人也能清楚地看到，他的思想與卡巴拉所描述的心理學有著深深的共鳴。而即使卡巴拉和佛洛伊德都強調潛意識（無意識）的存在，但在那個年代，大多數的學者其實不認同這樣的觀點。佛洛伊德在晚年說道，如果可以重新來過，他會選擇深入超心理學（parapsychology），而不僅是一般心理學。因此，我相信佛洛伊德受到卡巴拉的影響，不論這份影響是有意識的進行還是無意識的發生。

　　如我們之前所提及，佛洛伊德將心智分為三個部分：本我、自我和超我。在1970年代，有一種稱為溝通分析（transactional analysis）的理論（如同《我好，你也好》一書所普及的觀點），嘗試將抽象的佛洛伊德理念用外行人也能理解的術語表達，因此，本我、自我和超我這三個概念被重新詮釋為孩童、父母和成人。的確，大多數人更能理解不能如願以償就發脾氣的孩子，而不是理解抽象的「本我」概念。但卡巴拉對於心智的理解卻走得更深，深到讓佛洛伊德與榮格相形之下，像是心理學的小學生。

　　標準心理學面臨的一大問題是，它關注的對象起點始於出生或稍微之前的階段。這會讓一些基本問題無法從中獲得解讀，例如「在我身體形成之前，我的心智在做什麼？」或「如果輪迴真的存在，為何我很難記起我的前世？如果輪迴不是真的，那我為何會對前世有片段的記憶？」以及「為什麼所有文明中的人們，都有如此強烈的渴望想要與神合一，成為超越自己的偉大存在？」（榮格注意到這一點，稱之為尋求宗教的渴望，一種基本的人類本能，而這是佛洛伊德所未能認同的）。對這些問題在卡巴拉中是有答案的。之後談到輪迴時，我們會更深入地探討這些問題，特別是關於輪迴最完整的解釋，而這也是一直被隱藏在卡巴拉教導中的。但首先，我們需要先了解稱為「死亡」的那種轉變。

無論你的信仰為何，為了方便討論，我先假設輪迴是真的，想像一下你死後又重新誕生成為嬰兒。卡巴拉傳統認為，嬰兒在第一次呼吸時靈魂便進入身體。那一刻，你或許還希望讀完上一世未曾讀完的書籍，再看一次那部你錯過的電影。然而，很快你就會發現，你當下的身體與記憶中的完全不同。這不僅是心理上的困惑，同時也是一種生理上的挑戰。由於神經和骨骼尚未完全發育，你不能隨意移動，甚至無法自行進食、使用語言、文字溝通，或控制排泄。很快地，過去那些你認為理所當然的日常變成令人恐懼的新世界。

　　為了適應這一切，你必須迅速學習新的溝通方式。你發現嬰兒的「咕咕」聲能引起人們的微笑和關懷，而哭聲則會獲得關心的目光、母親的擁抱或是尿布的更換。為了生存，你的真正意識逐漸退去，而一個新的、虛假的意識悄悄浮現。這虛假的意識最終取代了你真實的意識，成為你的自我（ego）。它形成了一層必要的保護罩，雖然必需，卻不代表真實自我。*

　　那麼我們的真實自我是什麼呢？它已經埋得太深，幾乎無法被我們多數人感知，也甚至從來都不曾真正浮現。在那些「文明」的社會裡，這一點更是如此。因此世界上會有那麼多的反叛現象就不難理解，很多人都試著本能地釋放自己真正的內在，看起來像是一種沒有原因的叛逆。

　　而其實這背後存在一個原因。我們的真實自我並非物質的存有，這部分即使經過死亡也還依然存在。我們的真實自我是靈性與非物質的本質，它是我們的高我，是我們與神性之間的直接連結。相比於虛假自我的外顯，真實自我顯得隱匿。真實自我也是潛意識中與神性的連結。多數的衝突、分歧、戰爭都起源自人們對真正渴求的不了解。我們真正渴求的不是那些，而是與神性合而為一。也就是說，我們真正追求的是與潛意識相連，與潛意識相連，也就與神性相連，而這就是我們進行魔法工作的核心所在，也是白魔法的真正精髓。

---

*譯註：本節中的「自我」，指的是自己的多種面向，而當特指佛洛伊德的自我時，會以「自我」（ego）形式呈現。

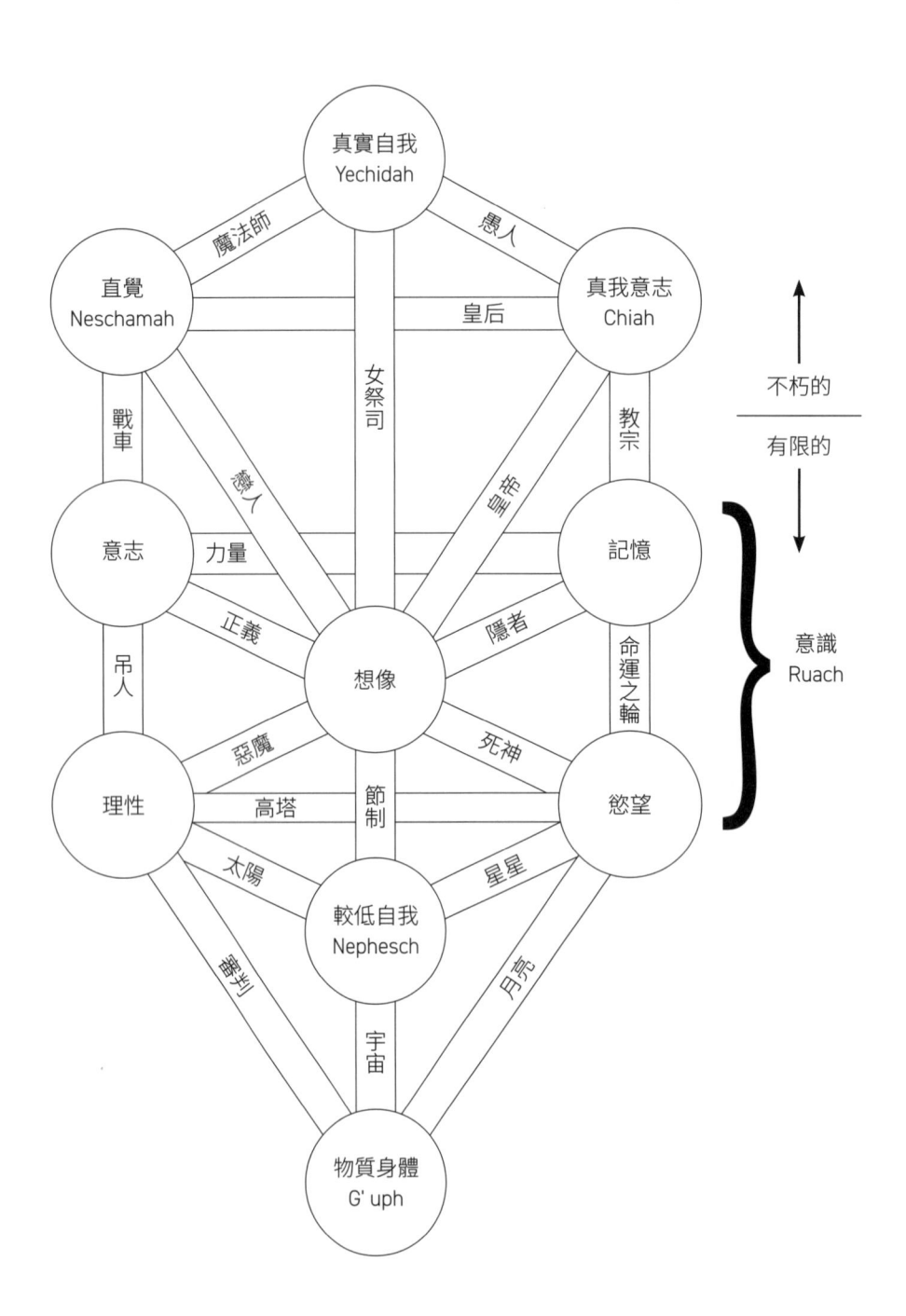

▲ 生命之樹上的塔羅牌

你或許已經猜到，卡巴拉與佛洛伊德、溝通分析學的見解不同，它不將心靈分為三塊，而是分為十個面向。在接下來的內容裡，你會看到這十個心靈層面是如何與生命之樹互相關聯。你會先注意到位於**深淵**（the abyss）的分界線，這是分隔上方三個輝耀和下方七個輝耀的界線。上面三個輝耀是不朽的，只要神性之源希望它們存在，它們就會持續存在。而下面的七個輝耀則會隨身體的死亡而消失。從中可以清晰地看到，記憶是有期限的。這也解釋了為何我們對於前世的回憶，往往都是模糊的。

**Yechidah** 是我們的真實自我（True Self），也是我們與神性的連結，更是我們的先驗性自我（transcendental ego）。它與佛洛伊德所描述的「超我」有關。而 **Chiah** 則是我們的真我意志（True Will），是一股源自神性的創造和探索衝動，使我們於外於內都試著想超越自己。它使我們不斷進取，試圖做到完美，超越國王所做的一切。但這並不意味著相互競爭，也可以是相互成長。雖然有時候這股衝動可能會受到壓抑，但它總能以強大的力量重新湧現。從中世紀後的探索時代到對宇宙的當前探索，這種衝動的體現無處不在，它也解釋了我們為何渴望與神性融合，為何渴望追尋與神聖守護天使交流帶來的那種愉悅狂喜，也解釋了為什麼我們要實踐白魔法。

**Neschaman** 代表直覺，是人類所有心靈能力的所在。有一種教學法稱為「蘇格拉底法」。顯而易見地，它是依循蘇格拉底的一種教學方式。蘇格拉底認為學習不是對新知識的記憶，而是回憶，記起過去生在死亡前那些已被此生自己所遺忘的知識。藉由提問，蘇格拉底引導學生自己得出答案，讓他們發現之前不可能會知道的觀念或各種原則。現今，這種與學生直接互動而不只是單向灌輸知識的方法，似乎是最有效的教學方式。這種方式不僅鼓勵學生保持好奇心與探索精神，還使他們能夠直覺地突破，成為創新思考者，而不只是機械地重複著。

魔法的定義之一是它是一門科學。因此身為魔法師，我們也應該理解現代的科學觀點。演化論是科學的一個核心概念。但與大眾認知不同的是，演化並不是一個平滑的過程。更精確地說，根據最新的觀點，它會以跳躍和突然的方式向前發展，這在當今演化學說中稱為「間斷平衡理論」（punctuated equilibrium）。同樣地，人類思維和進步往往也是突然的躍進。例如，雷射原是通訊研究的意外成果，而現今它的應用卻更加廣泛，從音樂播放到牙醫、腦科手術，而這些是過去最鋒利的手術刀也做不到的。這就是意志透過潛意識與神性連結的例子。這種無意識與神性的連結是 *Neschamah* 的特性，有意識與神性連結則是 *Chiah* 的一種展現。此從我們的觀點來看，*Chiah* 向外主動，*Neschamah* 呈現被動。傳統上卡巴拉學者所做的，就是將對立的兩者相融並在其中實現平衡。因此當意識 *Neschamah* 存在，我們便開啟了心靈能力；當意識到 *Chiah* 存在，我

們便有能力施展魔法。

**Ruach** 則是我們的意識、智慧，以及虛偽的自我，與佛洛伊德的「自我」(ego) 觀念相呼應。需要留意的是它涵蓋五個部分：記憶 (Memory)、想像 (Imagination)、理智 (Reason)、慾望 (Desire) 以及意志 (Will)。Ruach 中的意志 (Will) 與 Chiah 所代表的真我意志有所不同。此 Chiah 的真我意志是與神性一致的意志，是創造、愛、與神性合一的追求。而 Ruach 的意志卻常被表層且短暫的慾望所左右，這種意志更傾向於追求肉體的滿足，如無益於身體的美食，或在試圖超越周遭人們的過程中，不惜讓他們遭受痛苦與傷害。

**Nephesch** 是較低自我，它位於潛意識的最外層，藏有我們的暗面。它大多時候都受到 Ruach 的嚴格控制。儘管我曾將 Nephesch 與佛洛伊德的本我 (id) 相提並論，但這不夠精確。本我 (id) 其實是一種過程，而不是心靈的一個層面。它往往被隱藏在 Nephesch 中，但與 Nephesch 不完全相同。這個被稱作本我的過程，當它隱藏於 Nephesch 時，通常被認為是受到 Ruach 的控制。但當 Ruach 不再控制本我，且由 Nephesch 主宰時，本我可以自由地在心靈的各個部分中遊走，有時會出現在意想不到的地方。在這門課程中的魔法技術，有一部分就是要學會如何控制本我的能量，讓它在 Yechidah 與 Ruach 的控制下依循你的意志運作。Nephesch 也是星光體 (astral body) 的源頭，同時也是梵語中所稱之般納 (Praña，正確的發音是 prahn — yah) 的來源。在卡巴拉中，這種能量也被稱作 Ruach，但與這裡特指「意識」的 Ruach 不同。

我們需要注意，Ruach 或「般納」的能量和本我是有區別的。本我 (id) 是一個過程或動作，而 Ruach 或「般納」則是推動這動作的力量。佛洛伊德最初對原慾的定義，如此課程前面所描述的，使它與「般納」或 Ruach 的能量相同。

最後，最底部的輝耀與 **G'uph** 相關，也就是物質身體。很多人都懷疑身體是如何作為心靈的一部分。但對我來說，這之間的關係在許多層次上都非常明顯。首先，當你轉世時，你會「選擇」一個特定的身體，這取決於我們這一世所需的經驗（更多有關輪迴的討論將在後面提及）。此外，出生時就具有重大障礙，與生理正常的人們，思考方式是完全不同的。依據社會審美標準被認定美醜的兩人，心理狀態會有差異。即使是體型偏瘦或偏胖的人，心理狀態也會有所不同。因此，物質身體也是構成心靈的重要部分，不能被忽略。

在吸取這些內容後，我們可能會思考：「這很有趣，但接著呢？」實際上，一旦你了解卡巴拉心理學的基礎，就能夠發掘其深入的應用。要實現這一點，有兩個關鍵：

1. 利用生命之樹來深化對卡巴拉心理學的理解。
2. 理解塔羅牌及其與生命之樹的關係。

當你已經很長時間沒有戀愛了，即便有人對你示好，你也沒有對愛的渴望。這或許意味著你已遺忘了愛情真正的模樣。這時，你需要用某種方式喚醒那些沉睡的「記憶」。我們發現，你需要的是「想像」，它與至高無上的神性 Yechidah 直接相連。對隱者牌冥想可以喚醒這股「想像」，持續一週，每天冥想這張塔羅牌。如果目標還是無法實現，問題可能不在方法，而是你尚未將「記憶」引領至「慾望」層面。換成命運之輪塔羅牌，一樣每天對其冥想數分鐘，這將協助你達到目標。

也許你覺得自己是很有邏輯的人，也為自己的「理性」感到驕傲。從卡巴拉的觀點來看，這是一點也沒有問題。對自己能力感到驕傲理所當然，不然就是自欺欺人。但如果感覺到自己在生活中創意匱乏，那麼對著「惡魔」牌每日短暫的冥想將會為你帶來莫大的注意。惡魔牌並不代表邪惡啟示的到來，反而是能助你跳脫對冰冷邏輯和「理性」的局限。另一方面，如果你覺得自己充滿創意，但這些創意既沒有邏輯又浪費時間，對於惡魔牌的冥想會將「理性」帶入，作為你的指引，而不是「想像」的壓抑。

生命之樹裡涵蓋的系統不只是心理治療，還有一套面對日常問題及改善生活的方法。它也同時是理解生命之樹和塔羅牌的良好途徑。

人們未來可能會遺忘那些帶有一絲黑色幽默色彩，像是「需要幾個＿＿＿＿＿＿＿來換一個燈泡？」的古老笑話。例如，「需要幾個精神科醫師來換燈泡？」答案是：「只要一個，但燈泡必須願意被換」。我之所以提及這點，是因為當你嘗試用魔法去改變別人的想法時，都必須先得到對方的同意。而且，這份同意也必須是出於真心。除非他們真的希望有所轉變，否則你沒有權力去為他們進行，即便你認定這對他們有益。因此，對於那些你認為需要改變的朋友，不要只是簡單地對他們說：「看著這張牌默想三分鐘，每天持續一週」而不告訴他們背後的運作原理和原因。他們或許想轉變，但不想按照你的做法去轉變。

以這種方式進行個人轉變，不是要對別人施展權力或做些什麼。更準確地說，它是一起合作實現期望的轉變。當有人求助於你，這很好，當他在明白你的做法後也表示同意進行，那同樣很好。但當未經允許就擅自進行，擅自改變別人的想法，那就是黑魔法的施行，最終受害的會是你自己。因此，在試圖幫助他人之前，你自己應先有所提升，因為，他們或許沒有你想像中的那麼遭，甚至遠比你想像中的要更好。

## 佛洛伊德，不被記得？ Freud the Failure?

許多現今的魔法師似乎都傾向於「心理學化」所有事物（認為神和魔鬼只是我們潛意識的一部分），而且也深受榮格和他關於魔法「共時性」的影響（儘管真實意義並不明確），然而，當探討心理學時，我們無法忽略佛洛伊德的存在。佛洛伊德真正開創的，是讓心靈回到正軌的現代方法，並也為人們帶來許多新觀點，但最後，這些方法雖源自佛洛伊德，卻也不再被記得，他失敗了嗎？

佛洛伊德在巴黎做研究的那段時期接觸到催眠，並意識到催眠帶來的巨大療效，但他最後沒有採用這方式，有兩個主要原因。第一，他並不擅長催眠，甚至可說是不太成功。第二，他有嚴重的口臭。當有人帶著那種口氣靠近，說：「睡吧！」任何人都很難進入真正的催眠狀態，我自己是無法，許多佛洛伊德的病人也是如此。因此，他希望找到一種不用催眠，也能達到同等治療效果的方法。

除此之外，他也注意到催眠治療效果的快速，他希望能夠找到一種需要較長時間，也可以有催眠療效的方法。背後原因很簡單：賺更多錢。他希望患者經年累月地持續回診，克服那些催眠幾次就能解決的問題。因此，他開展了精神分析學。這種診療方式需要更長時間，也需要更高的費用。

儘管現在多數的心理學訓練依然聚焦在佛洛伊德的研究上──許多仍然有效但很少有精神科醫師還在使用佛洛伊德的精神分析，更新的治療手段已使這些方式不再被記得。

沒有佛洛伊德，現代心理學就不會是今天的樣子。但就像希臘神話中的泰坦一樣，最後被他的子女──奧林帕斯山眾──神推翻一樣，佛洛伊德的孩子們也走上了新的方向。

當然，別聽我這樣說就全盤接受，你也要自己去確認。

# 第六部分

**自我中心（Egoism）**

我們每個人都有某種程度的自我中心。聽我這樣說，很多人會不開心，也會堅定地說：「自己才沒有那麼自我中心呢。」但如果你沒有堅定的自我感，那肯定是哪裡出了問題。要在生活中站穩腳步，壯大自己，我們都需要有強大的自我與明確的自我意識。

對於自我（ego），我們先要理解它的各種層面，然後去除那些我們不再需要的部分。讓我們認為「我做得很好，其他人在其他方面也做得不錯」的正面思維，應該被肯定與深化；讓我們認為「我是對的，你們都錯了」的想法則需要被克服。

我也曾經歷過那種自以為是的時期。還好我有方法和老師的指引，讓我當時意識到問題後能夠克服它，現在也依然能做到。遺憾的是，有些教授身心靈相關知識的人，可能會因為學生的過度崇拜，誤以為自己真的如此偉大。這也是為什麼我會建議在學習本課程的同時，也至少閱讀另一本相關主題的書籍，以便獲得其他觀點和想法，其中某些甚至可能與本課程中的概念矛盾。畢竟，我也沒有那麼偉大。

在東方神祕傳統中，物質的現實世界被看作是「摩耶」的幻象，它掩蓋了背後真實的精神世界。我們的高我能夠感知到真實宇宙，卻常被自我（ego）阻礙，使我們僅能看見表面的幻象。因為自我掩蓋了真正的內在真實，因此我們被提醒，要達到真正的覺醒，就必須「放下對意識的依賴」，放下自我，才能看到內在的真實。克勞利經常提到這一點，即便他宣稱自己已然做到，但他是否真的從自我中解脫，仍然受到懷疑。

依據伊斯瑞·瑞格德的觀點，在西方國家，我們尋求的不是擺脫自我，而是完善自我，使其與我們的高我達到和諧同步。我懷疑有多少西方神祕學者可以達到此境界，而我，也仍然在探索之中。

克勞利和瑞格德似乎暗示心智具有機械化特質。也就是說，他們認為自我一旦發展到某種衝動，只要遵循某種指引，便能提升或下降。儘管我深深尊敬這兩位前輩，我卻不同意這種觀點。我認為心智不像他們描述的那麼機械化，它有更大的流動和變化性。我們的負面自我中心感可能因天氣、健康、生活環境，甚至是星相等影響而起伏，而這種影響可能逐漸，也可能瞬間。我們所需要的是一些策略，先察覺問題的存在（例如，負面自我中心感的增強），再找方法來處理它。

或許你好奇為什麼我現在要分享這些？那是因為我想更深入地談論帶領一個團體的難處，以及我身為老師所犯下的最大錯誤。

幾年前，我有一名學生，我認為他在魔法上的潛能超過我所遇到的任何人。我曾嘗試為他指引，希望他能深入神祕學並成為出色的魔法師。但由於我與他的觀點有所不同，我們最後走向了不同的道路。

其中一個原因是：他不喜歡我個別指導的教學方式。如我之前提過，我偏好蘇格拉底教學法。我的一位老師，邁克爾‧特克醫師（Dr. Michael Turk）曾對此方法做出簡單描述：

> 告訴我……我會忘記。
> 讓我看……或許想起。
> 帶我做，我會長記。

每當這名學生向我提問，我都會用特別的方式回答，目的是在引發他深入理解問題，而非只是給予「是」或「否」的回答。但他不喜歡這種需要深思的回覆方式，他只想要獲得複雜問題的直接答案，但我拒絕。他真正想要的，是「不必努力就有的魔法能力」。

大約在他結束我的學生身分一年後，我受邀請替某個國際神祕學組織，在我當時居住的城市成立分會。我知道一些人可能會有興趣，而且適合成為成員，其中就包括這名以前的學生。就在我計畫致電給他的前一天，我意外碰巧遇到了他，並且向他提到了這件事。沒多久，我和他，以及其他一些人就開始一起合作。但我很快意識到，先前的承諾會讓我無法騰出時間領導這個團體。由於他比起其他成員擁有更潛在的魔法天賦和魅力，所以我選他作為我的繼任者。

他非常聰明，擔任多年祕書的經歷卻也帶給他兩個問題。首先，許多祕書遵循指示工作，讓老闆為他們的成敗負責，因此養成一種心態，認為魔法上也能為所欲為，犯錯的話可以重來，或用某種魔法「立可白」來抹消錯誤。這種心態讓他進行實用魔法時非常危險。他自己和一名親近的助手都曾告訴我，他曾「召喚了一些東西」卻無法驅逐。如果他的能力更進一步，顯現的結果可能更為實體化，甚至危及生命。

第二，因為擔任祕書的經歷，讓他習慣服從指示，養成一種無力和無法掌控的感受。當時將組織交給他時，我沒有意識到這點，這也是我犯下的一個大錯。我原以為擔任負責人的角色能加快他的成長，但擁有的權力卻反而讓他產生可以為所欲為、不用承擔後果的錯覺。他開始肆意說謊，違背誓言。他試圖洩漏組織的祕密給其他人，只為換取他們所屬組織的內部祕密。最終，雖然仍然是組織成員，卻稱這個組織根本

沒有靈性。因此，他加入了一個聲名狼藉、威權主義濃厚的偽印度教團體，成為事實上的成員。

這個偽印度教組織要求其「信徒」起床、睡覺、閱讀、思考、洗澡、穿衣、性行為、飲食等等都需遵循指示，對這個習慣服從命令的人來說，似乎再合適不過了。然而，他也堅持繼續在我們的組織中擔任帶領角色。據我所了解的，他巧妙地扭曲了教義，並利用「政治手段」試圖使自己成為組織的總領袖。他還試圖讓這個被多方指控為洗腦、思想控制、非法武器交易和兒童虐待的偽印度教組織，在我們的神祕學團體成員眼中看起來非常正面，甚至將一些偽印度教信徒轉化為我們的成員。所幸對我創立的這個神祕學團體，他的企圖沒有成功，但因他做事缺乏目標，導致我當初創辦的分會終於瓦解，最終解散，當時大約有十多人左右。

當這個偽印度教團的創始人過世後，內部迅速爆發了權力鬥爭，導致新組織的誕生，其中一些對印度教是真有興趣。遺憾的是，我之前的這個學生卻沉迷於毒品與性交易。儘管他最後克服了這些，但在追求「魔法捷徑」的過程中，他接觸了撒旦信仰。我希望他有一天能夠清醒，我也還是會祝福他一切安好。

教學過程鮮為人知的一點是，老師必須承擔所教之事的一切。如果學生善用這些教導，老師會有善業；如果學生利用所學去做負面的事，會為老師的業力帶來影響。因此，在這種情況下，我會承受這名學生運用我教的知識所行的負面行為而產生的部分因果，也需要承擔他誤導某些學生所產生的部分業力。毋庸置疑地，我也正在魔法上採取措施，以終止這種業力連結。

我對此長篇大論的原因是要讓你知道，當你組建魔法團體或成為成員時自大所引起的問題。麥克達格・馬瑟斯曾是「黃金黎明會」的絕對領袖，但他的自大導致了組織的分裂。克勞利的自我中心也使他所創立的東方聖殿團（O.T.O.）及銀星會（A.A.）在他去世時成員銳減。如今，研究和崇拜克勞利的人比他活著的時候更多。自大和對權力的渴望是導致魔法團體、巫團或其他類似組織瓦解的最主要原因。

那麼，我們應該如何避免自己和別人陷入負面的自我中心主義呢？首先，我們必須承認，即使表面上沒有顯現，它也可能潛伏在我們的內心深處。接著，我們需要學會辨識出它。一個簡單的方法是觀察人們的態度。在《Krsna (sic) Consciousness, The Topmost Yoga System》這本奎師那意識協會（Hare Krishnas）已故創辦人的著作中，創始人用一種負面自大態度說道：「放棄研究──拋棄它──只需服從……[只聽]經過授權的資訊。」（書中第40頁）顯然，這裡所說的「經過授權的資訊」和「服從」是指奎師那意識協會。反觀克勞利的著作《魔法》(*Book 4: Magick*)開頭的篇章提到：

……其他人說，「相信我！」但他［克勞利］卻說：「不要相信我！」……他希望有一群獨立且自主的學生，按照自己的方法研究。如果他能夠透過提供一些建議來幫助學生省下時間和精力，他便會對自己的工作感到滿意。

對此，我完全同意。

如果你是團體的領袖，並且當你認為你知曉所有答案，你之外其他方式都是錯的，那就意味著這是你需要自我檢討的時候。同時，如果你認為自己已完全理解卡巴拉、魔法和神祕學的所有知識，也該是時候自我反思了。

對多數人來說，我們對於自己的感受，即自我（ego），是根植於心靈與身體之間的連結。即便是我們這些花很多時間在星光體投射的人，也仍然認為「我」指的是心靈與身體的結合。心靈，作為非物質的存有，除了存在和追求與神聖的合一外，不能被視作是高或低、不能被擁有、也不能擁有或做任何事。但當心靈和身體被認為是一體時，它可以擁有、可以在物質或心理上被視作高或低於其他心靈—身體。因此，克服負面自我中心主義的關鍵是確切地認知和接受（不僅是理解）心靈不是身體。心靈是真實自我，而身體只是在物質宇宙中為真實自我服務的工具。

以下是能夠幫助你的溫和版技巧，其中一些在克勞利書中提及：

1. 坐在椅子上，保持背部挺直，膝蓋靠攏，雙腳平放在地上。將你的雙手掌心向下放在大腿上，且讓拇指輕輕相碰。維持這一姿勢。不久，你會發現你的身體開始震顫，腿開始分開，拇指也會分離。你會很快體會到這一簡單基本的姿勢很快就會變得非常不舒適。其實，不論採取任何姿勢，身體在一段時間後總會感到不適。試著短時間保持各種姿勢，你會親身體驗到這一點。但透過持續練習，你可以克服這種疼痛和不適感。既然身體在任何姿勢中都會感到痛苦，那麼克服痛苦的必然不是身體本身，而是另一部分。這「另一部分」不是身體的哪個部分，而是心靈。

2. 當你開始發現負面的自我中心主義滲透進你的生活時，與自己達成協議，在接下來至少兩週裡不說「我」這個字。在這段期間，隨身攜帶一本筆記本，每當你說出「我」這個字時，在那天的日期做上標記。一開始，你的頁面可能充滿這些標記，但隨著這兩週過去，每天的標記數會逐漸減少。試著維持幾週都不說「我」，你會為此帶來的效果感到訝異。這種練習有助於將你的自我感與心靈—身體結合分開。為了加強並加速這一效果，每當你說「我」時，或許可以試試向

你最喜愛的慈善組織捐出一元、二十五分或十分美金。這個練習是克勞利技巧的「慈善」版本——他的版本則是建議每次犯錯時用剃刀片割自己的手臂！但我認為，上述的捐款方法更加實用也安全許多。
3. 每天進行兩次塔羅冥想儀式——早上使用進階技巧，晚上則是採用初學的基本技巧。

# 第七部分

我一直都深感驚訝，雖然很多人談論魔法，但真正將魔法實踐於日常生活中的人卻寥寥無幾。我遇到大部分自稱魔法師的人，對儀式的認識也大多止於小五芒星驅逐儀式的基礎變化。幸好，這種情況漸漸改變，有越來越多的魔法師是真心投入魔法的實踐。

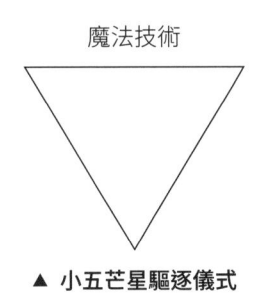

魔法技術

▲ 小五芒星驅逐儀式

不過，請不要誤解我所表達的意思。絕對不要低估小五芒星驅逐儀式的重要性。魔法實踐的熟練是充滿挑戰的過程，而小五芒星驅逐儀式便是這過程中不可或缺的支柱。

如果你還未熟練掌握小五芒星驅逐儀式，那麼你的整個魔法體系都可能會因此而動搖。這正是為何在學習魔法的初始階段，這一儀式便已先被教導。事實上，除了啟蒙儀式外，它是「黃金黎明會」賦予成員的**唯一**儀式，而這往往需要超過一年的持續練習。

因此，當你開始在日常中練習其他儀式，如「中柱儀式」和接下來的儀式，你會真正地親身實踐那多數自稱魔法師光說不練的魔法技術。

我想再次強調，魔法的實踐絕不僅是自欺欺人或「心靈自慰」。當身體受到性刺激時，其內部化學組成確實會發生變化。各種荷爾蒙會被釋放至血流中，引起明顯的性反應。此外，像是腦內啡，這種由體內生成並釋放到血液中的物質，最終會作用於大腦。腦內啡具有與鴉片類似的特性，可以增強痛感的承受能力。因此，有時候，一些咬傷或

抓傷在多數情況下可能會讓人覺得疼痛，但在這種情境下反而會讓人感到愉悅。

然而，性慾所喚醒的變化是暫時的。儀式魔法的練習會帶來持續的效果，像是增長壽命、維持青春容貌、提升智力等。但除非你規律練習，否則這些變化不會自然發生。魔法的實踐是依據真實的經驗，而非僅僅是思考或理論。一切結果都取決於你的選擇，取決於付諸實踐或是置之不理。

小五芒星驅逐儀式的主要目的，是為了淨化你周遭的物質和非物質干擾，特別是那些可能被視為「負面影響」的元素。

然而，當你進行灰魔法時，不僅要淨化周遭的低階或負面影響，還要淨化那些高階或正面的干擾。因為當你試圖與神性其中的一個面向建立連結時，你絕不希望任何東西（無論是正面還是負面）成為你的障礙。

或許在你的人生旅途中，你曾遇到過某些人，他們對你充滿了迷戀。他們時刻都希望能陪伴你身邊，想要用所有可能的方式支持你，並嚮往與你建立更深的聯繫。他們的所有舉動都是來自深深的愛意，但很快地，這種愛意可能讓你覺得煩擾。即使他們所展現出的愛和關心無疑是充滿正面能量的，但它們可能會妨礙你在學校、工作，以及你的個人和職業生活中的正常運作。這種關注在一開始可能會讓你感到愉悅，但不久之後它可能就成為你的困擾。我們會試圖讓這些愛慕者放下他們的迷戀，避免他們過度地介入我們的生活。同樣地，我們在執行魔法時也需避免這種即使是正面的干擾。因此，我們的目標是擁有一個完全被淨化的空間，用於執行魔法。

小五芒星驅逐儀式專注於清除負面影響；而六芒星驅逐儀式（BRH）則能夠淨化來自更高層次的正面和負面影響。與小五芒星驅逐儀式一樣，掌握六芒星驅逐儀式也是非常關鍵的。

雖然我非常喜愛小五芒星驅逐儀式，但我總認為它和日常的家務是同一層次。它的確極其重要，必須規律地執行，否則可能會遇到問題。多年來，我平均每天都至少進行這儀式兩次，我對此感到很滿意。然而，我認為每日的儀式中應該有「更多」內容。

當我首次學習到六芒星驅逐儀式時，我找到了那份「更多」。雖然小五芒星驅逐儀式中大天使的召喚很有力，且在我看來，它的力量一直在增強，但六芒星驅逐儀式的召喚和動作更是令我震撼。每當我引導神聖之光降臨並稍微停頓時，我都會感到一陣沁涼。而當這一部分在儀式結束時再次出現，它幾乎讓我被其美所震懾，有時甚至會讓我因其宏偉又純淨的美而落淚。

你或許會感到訝異，許多如「黃金黎明會」這樣的團體，他們的儀式皆洋溢著難以言喻的美感。有什麼比黃金黎明會的這段禱詞更加宏偉和美麗，用以「崇敬宇宙與空間之主」呢？

> 你是聖潔的，宇宙之主！
> 你是聖潔的，那位超越自然的存在！
> 你是聖潔的，那位浩瀚輝煌的一！
> 那位掌管光與暗的你！

如我在介紹小五芒星驅逐儀式時所述，當你進行儀式時，所在之地便成為一座神聖的殿堂。小五芒星驅逐儀式是為這聖殿淨化和準備。六芒星驅逐儀式則融合了簡潔、光輝、真摯的崇拜，以及它特有的驅逐特質。

## 六芒星驅逐儀式

### 初始準備

1. 進行放鬆儀式。
2. 執行小五芒星驅逐儀式。
3. 如果對於象徵意義有任何疑問，請重新閱讀此書的第三部分。

### 第一部分：金鑰語彙的解析

**步驟一**：站在祭壇前（如有），形成十字形狀，面對東方。如果你有儀式用的魔法權杖，應該在儀式中使用，並握在右手，頂端指向天空。

**步驟二**：意味深長地說：

**I N R I**

**Yud, Nun, Raish, Yud**

**The sign of Osiris slain.**（歐西里斯遭戮之印）

當你唸出上述的希伯來字母時（粗體字第二行），使用魔法權杖的尖端或右手的食指，從右至左在你前方描繪這些字母。這些字母應由上至下形成。當你繪製時，想像它們被鮮豔的藍色火焰照亮。如以下所示：

יהרי

**步驟三**：將你的右手從肩部直接伸直，形成字母「L」的形狀。如果你手中持有魔法權杖，它的尖端應該持續指向上方。這與偉特塔羅牌中魔法師的右臂姿勢相似，但在這裡，手臂應完全伸直。若你手中沒有魔法權杖，右手應打開，掌心朝向左邊。同時，左手應直接伸到側邊，掌心朝前。稍微低下你的頭，注視著左手，並意味深長地說：

L⋯ the sign of the mourning of Isis.（L⋯⋯伊西斯悼念之印）

**步驟四**：將雙手舉過頭頂，使它們形成約六十度的角度，因而形成字母「V」的形狀。雙手的掌心應該面對彼此。輕微後仰你的頭，仰望天空，並意味深長地說：

V⋯the sign of Typhon and Apophis.（V⋯⋯堤豐及阿波菲斯之印）

**步驟五**：現在右臂在上，左臂在下，指尖剛好觸及肩膀。此動作即形成字母「X」的姿勢。然後，輕輕地低下頭，並意味深長地說：

X⋯ the sign of Osiris, slain and risen.（X⋯⋯歐西里斯死而復生之印）

**步驟六**：重新形成 LVX 的每一個姿勢，並隨著每個姿勢的完成，唸出對應的字母名稱。完成後，唸出由這些字母組成的字詞「LUX」，其發音與英文字「boots」同韻。

L⋯V⋯X⋯LUX.

**步驟七**：於提及「LUX」之際，迅速展開雙臂，眼神直視前方。接著，如先前般交叉雙臂並低下頭，意味深長地說：

The light ⋯ of the Cross.（十字凝聚成光）

歐西里斯遭戮之印　　　　　　　堤豐及阿波菲斯之印

伊西斯悼念之印　　　　　　　歐西里斯死而復生之印

**步驟八**：再次回到起始姿勢，雙臂張開於身體兩側，目視前方。緩慢地將雙臂舉起至「V」形狀，當抬頭時，意味深長地說：

Virgo, Isis, mighty Mother,（處女，伊西斯，偉大之母）<br>
Scorpio, Apophis, Destroyer,（天蠍，阿波菲斯，毀滅者）<br>
Sol, Osiris, Slain and Risen…（太陽，歐西里斯，死而復生）

**步驟九**：持續抬起雙臂「V」形狀。意味深長地說：

Isis, Apophis, Osiris…（伊西斯，阿波菲斯，歐西里斯……）

**步驟十**：當你的雙手抬高達到「V」形狀時，視線應該仰望如步驟四所描述的高度。振動念誦：

IAO<br>
［發音為 EEEEEE — AAAHHH — OOOOHHH］

**步驟十一**：靜待片刻，盼求光明（LVX），接著透過視覺化觀想將這股光從頭頂流向足部。當你開始感受到這光明時，意味深長地說：

Let the Divine Light descend！（願神聖之光降臨！）

感受它環繞著你，並深層地淨化你，使你的內在變得如此正向，不再受到周遭正面或負能量干擾。你也可以在這狀態中放鬆幾分鐘，再繼續儀式。

## 第二部分：六芒星的形塑

**步驟十二**：如同在小五芒星驅逐儀式中，移步至東方，若空間有限，則在原地繼續面對東方。使用魔法權杖或食指繪製火元素六芒星。應將其想像成金色火焰，如同繪製小五芒星驅逐儀式中的五芒星，六芒星則覆蓋在其藍色火焰之上。

**步驟十三**：吸氣時對其充能，同時將雙手放至耳旁。呼氣時，左腳向前邁一步，並將雙手推向火元素六芒星中心（頂部三角形的底線中央）。與此同時，振動念誦魔法的力量之言：*ARARITA*（參照小五芒星驅逐儀式，獲取關於吸氣、呼氣以及進入者姿態的確切說明，這兩者在此儀式中重複使用）。

**步驟十四**：用魔法權杖或右手食指指向火元素六芒星的中心，然後順著魔法圈走至南方。這與你在小五芒星驅逐儀式中所做的相同。若空間不足以「繞行」（circumambulate），則原地轉向。你應該看到一道明亮的白光線段，這道光穿過了相連小五芒星驅逐儀式中五芒星的白光線段。當你抵達南方時，用亮金色的火焰形塑土元素六芒星。如同之前，吸氣與呼氣，並對著土元素六芒星的中心（兩個三角形交疊的中心）做「進入者」的手勢。在你這麼做時，振動念誦力量之言：*ARARITA*。

**步驟十五**：以相同的方式，繞行或轉向西方，帶著那明亮的白光線段。在這方位上，形塑風元素六芒星。重複之前的充能過程，再次指向六芒星的中心（在共同線條中間）。振動念誦力量之言：*ARARITA*。

**步驟十六**：轉向或移至北方，持續帶著那白光線段。在這裡，形塑水元素六芒星。指向六芒星中央三角形交會的頂點。振動念誦力量之言：*ARARITA*。

**步驟十七**：將白光線段從北方帶回東方，形成包含四個方位的金色六芒星的白色光圈。若你有足夠的空間繞行而不是原地旋轉，則返回到你在魔法圈的中央位置，站在祭壇前（若沒有祭壇的話，則站在魔法圈的中心）。面向東方。

此時，你的周圍應該有來自小五芒星驅逐儀式的藍色五芒星，由已擴展為光球的白光線段所相連。在五芒星的位置，也應有金色的六芒星由白光線段相連。所有的色彩都應該極為鮮明與明亮，幾乎與能量一同跳動，就好像你正被一圈眩目的光環所包圍。

**步驟十八**：此刻有兩種選擇：

a. 可以再次進行「金鑰語彙的解析」。特別是在進行白魔法儀式時尤為適宜，因為在儀式結束時，你可以沉浸在神聖之光中，持續多久都行。透過六芒星的形塑，光的強度得以提升。就一般用途而言，我偏好這種結束的方式。

b. 可以像在小五芒星驅逐儀式中那樣，進行卡巴拉十字。這是一種更簡潔的方法，有助於深化小五芒星和六芒星驅逐儀式之間的聯繫，尤其適用於灰魔法儀式。從實際角度來看，這能幫助你在進行冗長與複雜儀式時節省時間。

## 六芒星驅逐儀式完成

這已和你每日的儀式工作一樣耗時了。但你可以根據自己的意願加入其他項目（比如冥想），這也不錯。但在日常儀式中，不建議再添加其他內容。以下是日常儀式工作列表，每天應至少執行一次：

1. 放鬆儀式。
2. 小五芒星驅逐儀式。
3. 六芒星驅逐儀式。
4. 中柱儀式。
5. 光體循環。
6. 塔羅冥想儀式——進階版。
7. 寫入儀式日記。

就如所有基本儀式一般，你也應該熟記六芒星驅逐儀式。但在你完全熟悉之前，這些摘要對你會很有幫助。

請記得，要在儀式魔法中成功，唯一的途徑是：持續練習，持續實踐。如果你不付出持續的努力，成功將遙不可及，也沒有任何神祕的捷徑可以跳過這些工作。即便你需要參考這本書的摘要才能進行，也完全沒有問題。但不應該有任何藉口阻止你按照既定的時程來練習。

## 六芒星驅逐儀式作為儀典

如果想和其他人一起進行六芒星驅逐儀式，有一些推薦的方法可以試試。通常，六芒星驅逐儀式應該在小五芒星驅逐儀式後進行。可以由一名參與者完成整個儀式；或分為兩部分：一人進行金鑰語彙解析，另一人負責六芒星的形塑。當人數足夠時，最好是三人進行金鑰語彙解析，而其他四人負責六芒星形塑。

金鑰語彙解析：

第一人— **I**

第二人— **N**

第三人— **R**

第一人— **I**

—稍微暫停—

第一人— **Yud**

第二人— **Nun**

第三人— **Raish**

第一人— **Yud**

所有人— **The sign of Osiris slain.**（歐西里斯遭戮之印）

（本版本沒有使用希伯來文的視覺化拼寫。接下來的部分，每位參加者將按順序做出相應的姿勢。）

第一人— **L⋯the sign of the mourning of Isis.**（L⋯⋯伊西斯悼念之印）

第二人— **V⋯the sign of Typhon and Apophis.**（V⋯⋯堤豐及阿波菲斯之印）

第三人— **X⋯the sign of Osiris, slain and risen.**（X⋯⋯歐西里斯死而復生之印）

第一人— **L⋯**

第二人— **V⋯**

第三人— **X⋯**

所有人— **LUX. The light ⋯ of the Cross.**（十字凝聚成光）

## 六芒星驅逐儀式摘要

1. 面對東方，雙手張開至側邊，說道：
   
   I N R I
   
   Yud, Nun, Raish, Yud
   
   The sign of Osiris slain.（歐西里斯遭戮之印）

2. 形成 L 姿勢，注視左手並低頭，說道：
   
   L … the sign of the mourning of Isis.（L……伊西斯悼念之印）

3. 形成 V 姿勢，仰頭看向天空，說道：
   
   V … the sign of Typhon and Apophis.（V……堤豐及阿波菲斯之印）

4. 形成 X 姿勢，輕微低頭，說道：
   
   X … the sign of Osiris, slain and risen.（X……歐西里斯死而復生之印）

5. 依序形成三種印記，說道：
   
   L … V … X … LUX.
   
   The light of the Cross.（十字凝聚成光）

6. 雙臂伸開至側，逐步舉高，並持續說道：
   
   Virgo, Isis, mighty Mother,（處女，伊西斯，偉大之母）
   
   Scorpio, Apophis, Destroyer,（天蠍，阿波菲斯，毀滅者）
   
   Sol, Osiris, Slain and Risen …（太陽，歐西里斯，死而復生）
   
   Isis, Apophis, Osiris,（伊西斯，阿波菲斯，歐西里斯……）
   
   IAO！［發音為 EE—AH—OH！］

7. 盼求光明，並將其自頭頂引向腳底。唸道：
   
   Let the Divine Light descend！（願神聖之光降臨！）
   
   ［並真切感受其降臨！］

8. 走向東方，以金色火焰繪製火元素六芒星，指向頂部三角形的底邊中心，振動念誦說：**ARARITA**！

9. 將白線引導至南方，繪出土元素的六芒星，指向中心，振動念誦：**ARARITA**！

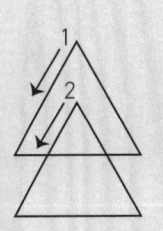

10. 繼續走至西方，畫出風元素的六芒星。指向共同線條的中心。振動念誦：**ARARITA**！

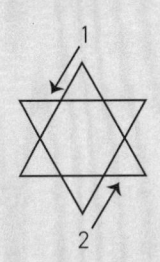

11. 向北方前進，繪出水元素的六芒星，指向三角形的交點。振動念誦：**ARARITA**！

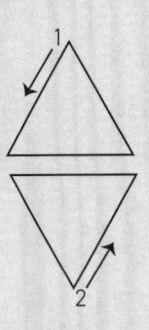

12. 完成魔法圈的繪製。返回起始位置。重複步驟 1—7 或進行卡巴拉十字，如同小五芒星驅逐儀式中的步驟。

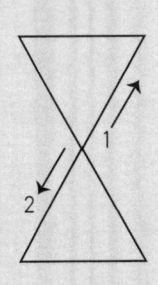

儀式結束

（所有人緩慢地舉起手臂）：

第一人— **Virgo, Isis, mighty Mother,**（處女，伊西斯，偉大之母）

第二人— **Scorpio, Apophis, Destroyer,**（天蠍，阿波菲斯，毀滅者）

第三人— **Sol, Osiris, Slain and Risen.**（太陽，歐西里斯，死而復生）

第一人— **Isis**⋯（伊西斯⋯⋯）

第二人— **Apophis**⋯（阿波菲斯⋯⋯）

第三人— **Osiris**⋯（歐西里斯⋯⋯）

所有人— **IAO**⋯**Let the Divine Light descend**！（IAO⋯⋯願神聖之光降臨！）

在這段環節中，三名儀式施行者分別在祭壇前站立成一直線，第一人位於南側（面對祭壇右方），第二人在祭壇前，而第三人站在北側（面對祭壇左方）；三人統一面朝東方。在繪製六芒星時，每人負責一個方位。首先，第一位儀式施行者走向東側開始，繪製完成六芒星後，將線導引至南側；接著，第二位儀式師走到此位置繪製六芒星，在使用 *ARARITA* 充能後，將線導引到西方。這期間，第一位儀式師迅速順時針前往北方。第三位儀式施行者走到西側，在完成其西側的六芒星後，將線條引到北側。而在北側，再交由第一位儀式施行者進行六芒星的形塑，之後將線條引導回東側。在此過程中，每個人順時針移動，完成四分之一的圓。最後回到起始位置。

當六芒星完成繪製，所有人回到起始位置，均轉身面向中央。一起舉起右手（或舉起魔法權杖）向空中伸直。手臂慢慢下降，直至與地面平行，且指向中央，他們即將完成儀式。

在手臂下降時，開始低吟「AH」，隨著手臂移動，音量和音調逐漸上升，直至手指正前方時，「AH」的音高應該達到高點且響亮。當指定的人認為時機已到，他需要突然舉起手臂，作為向其他參與者發出的結束提示，告知他們此刻結束並保持靜默。然後，他們同時將手臂緩慢放下（但魔杖依然指向上方）並返回魔法圈內的位置。

我發現這種驅逐六芒星的儀典版本，在情感、精神和魔法效果上，都具有強大的影響力。

# 第八部分

　　在這門課中，我不會深入探討占星學的主題。我提及這點，是為了避免你在往後感到疑惑誤以為我反對占星學。絕非如此。我有幸認識了幾位非常出色的占星師，他們的專業能力也讓我深感驚奇。我還有一位朋友堅信魔法與占星學是密不可分的，他進一步將藝術和占星結合，創建了自己的魔法系統。

　　要明白，這門課程所傳授的魔法體系，其實只需要非常基礎的占星學知識。你可以透過了解生命之樹而非深入研究占星學來掌握大部分內容。但反過來說，你若更深入地了解占星學，對於生命之樹的理解也會更加深刻。因此，雖然這門課並不強調占星學知識的必要性，但仍建議對這領域有所了解。

　　嗯，總是有人在尋找捷徑。許多小報版面都被那些獲取即時名聲、記憶力、金錢、愛情和成功承諾的廣告填滿。還有一些廣告是「簡易魔咒包」，宣稱不需要任何魔法訓練，就可以對鄰居下詛咒。然而，其實並不存在一瞬間獲得魔力的捷徑。魔法之力的獲取，唯一的終點就是：**持續練習，持續實踐**。我之前已經說過，此處不厭其煩地再強調一次：想要成為真正的魔法師，需要發展心靈—魔法能力，是要付出努力也要持續學習的。如果你以為有什麼簡單捷徑……那就大錯特錯了。

　　為了具體說明我的觀點，我想提及一則我在某個全國發行雜誌上多次看到的廣告。這是整頁滿版的內容，正中央有張手持棍子的圖片。廣告宣稱，只要用這根「奇蹟之棍」，就能讓「好運永遠伴隨」。它宣稱能夠為你帶來一切。但細讀廣告上的小字，就會發現這棍子其實是用來點燃的，再細看圖片，會發現那隻手其實握的是一支香炷，而其售價也遠遠超出市面上一般的價格。

　　如果這樣的滿版廣告沒有效果，經銷商是不會刊登的。所以，對於那些郵購、網購的神祕商品，我想給你一個古老的忠告：買者慎重。根據這忠告，我想再提及那些古老的魔典。

　　在本課程中，我很少提到被稱為「魔法書」（grimoire）的古老魔典。其中一些還在流通的著名書籍包括《所羅門王大鑰》（*The Greater Key of Solomon*）、《所羅門王小鑰》（*The Lesser Key of Solomon*）及其首卷《歌伊提亞》（*Goetia*）、《阿瑪德爾魔典》（*The Grimoire of Armadel*）、《魔法師亞伯拉梅林的神聖魔典》（*The Book of the Sacred Magic of Abra melin the Mage*）和《圖列爾的祕密魔典》（*The Secret Grimoire of Turiel*）。而像是伊德里斯·沙阿（Idries Shah）的《神祕的魔法知識》（*The Secret Lore of Magic*）和偉特（A. E. Waite）的《儀式

魔法之書》（*The Book of Ceremonial Magic*）其實只是上述魔典的彙編。

如果這些書真的有這麼大的力量，那我不是應該直接告訴你「按照它的指示去做」嗎？但實際上並非如此簡單。這也解釋了為什麼有這麼多的魔法書印刷及銷售，但真正有效的魔法實踐卻寥寥無幾。其中需要用一把幾乎無人知曉的鑰匙，才能解開其中隱藏的祕密，也只有運用這把鑰匙才能學會並正確使用這些記載。

這把鑰匙其實就藏在「魔法書」（grimoire）這個詞裡。它源於法語，意思是「黑書」，但它的涵義更接近「文法書」。這些魔法書通常都裝訂在黑色封面之中。理所當然地，魔法學徒會有一位老師教導他（她）如何理解不同層面的存有，以及如何透過知識和使用宇宙法則來對他們進行轉變。魔法書的目的不在公開所有魔法知識，而是作為學生的記憶輔助。從某種角度看，它們只是課程筆記。

當你真正對這些有所理解，你會發現這些魔法書的真正價值，並不在於它們所強調的，而是在它們所**遺漏**的。魔法書中從未討論業力（karma）、復原（teekoon），也沒有提及在進行灰魔法之前需要占卜。因為這些理念，老師會深深地灌輸於學生心中。

但更重要的是，魔法書中所遺漏的正是我所稱為的：

## 灰魔法三大必需

### 正向態度的必要性

這是三大必需中的首要。如果你認為魔法不會奏效，它就不會奏效。但這不代表魔法僅僅是心理技巧。在很多情境下，負面的心態會削弱如對抗療法（allopathic medicine）這種西方傳統醫學的治療效果。並不是說這些治療只是安慰劑。更準確地說，由於心靈與身體密不可分，一旦其中一者沒有獲得治癒，另一者也無法康復。同樣地，若對於正在進行的魔法持負面態度，這將會妨礙你的實際操作。作為一名魔法師，如果你對自己的魔法能力沒有信心，你的魔法是不會成功的。

### 知道如何產生和控制魔法能量的必要性

這第二項必要性，正是你至今在這門課程中，透過儀式所學習的。

## 知識之必要性

　　知識是第三大必需。當我們能夠產生並控制能量時，擁有如何適當運用這股能量的知識就變得特別重要。

　　古代學習魔法的學生不只學會保持正向的態度，也會投入數小時學習如何產生和控制能量（就像你現在所做的）。對於任何人而言，記住大量關於這些能量如何應用的知識都是一大挑戰，即使在記憶技巧比現在更為普及的時代，也是如此。因此為了輔助學生，並幫助他們避免潛在的危險，這部分的魔法知識被整理記錄成冊，這些冊子被稱為「魔法書」。在這門課程的後續章節中，我們會詳細介紹這些文獻內提及的做法。

## 複習

　　為了幫助你確認是否已完全掌握「第四課」的內容，以下列出了一些問題。在不參考課文的前提下，請試著回答這些問題。（答案可以在附錄二中找到）

1. 風元素具有哪些特質？
2. 代表基督教信仰最早的符號是？
3. 希特勒為什麼選擇卍字作為納粹的象徵？
4. 真正神祕學中卍字與納粹卍字有何不同？
5. 風元素的大天使是誰？
6. 為何回憶起前世是困難的？
7. 小五芒星驅逐儀式是什麼的支柱或什麼的基礎？
8. 六芒星驅逐儀式從你空間中淨化了什麼？
9. 為何在六芒星驅逐儀式中，元素的方位對應與小五芒星驅逐儀式有所不同？
10. 你在家中進行的儀式流程是什麼？
11. 什麼是成對的三角形？
12. 「魔法書」（grimoire）這個詞代表的意義是？
13. 儀式魔法成功所需的要素是什麼？
14. 灰魔法的三大必需是什麼？

以下問題，只有你自己能回答。

1. 你有持續進行所有的儀式嗎？
2. 你掌握風元素了嗎？
3. 你已製作了你的風元素短劍嗎？
4. 你能夠理解課程中所描述的東方和西方魔法體系的差異嗎？
5. 你已選定一句魔法格言了嗎？
6. 僅使用生命之樹和塔羅牌的大阿爾卡納，你是否能夠協助他人進行個人轉變？你有在自己身上這麼做過嗎？
7. 你如何強化你的自我（ego）而不變得自我中心？你正在這麼做嗎？
8. 在六芒星驅逐儀式中說出「願神聖之光降臨」時，你的感受如何？
9. 若你此刻能改變生活中的一件事，那將是什麼？

## 參考書目

有關這些書籍的更多資訊，請參閱本書末標註的參考書目註解。

Conway, Flo, and Jim Siegelman. *Snapping*. Stillpoint Press, 2005.

Farrar, Janet, and Stewart Farrar. *A Witches' Bible*. Phoenix Publishing, 1996.

_____. *Eight Sabbats for Witches*. Phoenix Publishing, 1988.

Frazer, Sir James. *The Golden Bough* (abridged edition). Oxford University Press, 1998.

Kuhn, A. B. *Lost Light*. Filiquarian Publishing, 2007.

Massey, Gerald. *Gerald Massey's Lectures*. Book Tree, 2008.

Regardie, Israel. *Ceremonial Magic*. Acon Books, 2004.

_____. *The Golden Dawn*. Llewellyn Publications, 2002.

_____. *The Middle Pillar*. Llewellyn Publications, 2002.

# 第五課
## LESSON FIVE

## 第一部分

　　壓力牽動著我們每一個人。聽聞或閱讀關於政治、經濟的消息，遭遇工作上的困擾與情境、人際關係的起伏、健康狀況以及其他大大小小的擔心都可能引發壓力。小到接起電話對方突然掛掉、陷入交通堵塞；大到居於城市的種種煩惱，甚至在鄉村生活，都可能產生壓力。決定晚餐吃什麼、應對持續上升的物價、面對投資回報的縮減，又或是車輛零件訂購數週的等待，都只是造成壓力的小例子。

　　「過度壓力」確實能讓生活顯得十分辛苦。當無法妥善應對壓力時，你可能會發現自己無法集中注意力、難以做出決定。這不只會降低你對他人行為的容忍度，還可能會阻礙你獲得充足的休息。壓力也可能會使你的健康問題加劇，它會直接導致疼痛、心臟、消化系統、抑鬱、肥胖，甚至像濕疹這樣的皮膚問題。

　　實際上，壓力一詞**本身**就背負著汙名。雖然我們時常感受壓力，但某種程度的壓力對我們而言卻是必要的。我們所有肌肉都經由收縮和放鬆來運作。渴望住在舒適房屋、公寓、享有規律餐點的壓力，往往激發人們工作中更加積極創新的努力。所以，壓力並非真正的問題，超過我們所能承受的壓力，以及面對克服這些超量壓力時的無能為力才是問題。

　　可惜的是，我們經常未能認知到（過度的）壓力的存在，也無法看見它對我們的影

響。更糟糕的是，即使是那些提供幫助給我們的心理專家，也可能未能認出這一點。幾年前，有位朋友明顯地遭逢巨大壓力。她在工作、朋友和家庭中面對各式各樣的困境，對於這一切感到十分迷茫。最讓我震驚的是她已經接受心理師的輔導超過一年了。當我問道：「你的心理師有提供任何緩解壓力的對策嗎？」她卻回答，這方面從未討論過。值得一提的是，她還接受了精神科醫師的治療，這位醫師甚至為她開出了強效的精神活性藥物。儘管如此，她仍受到巨大壓力影響，對她的身心健康都造成了巨大傷害。

幸好，她非常堅強也充滿決心。她透過瑜伽、針灸和催眠療法減少對藥物的依賴，也停止了與心理師的諮詢。雖然她偶爾仍然感受到壓力，但她已學會了如何應對。如今，她甚至在工作地點開設減壓課程。

我之前分享的放鬆儀式是一個有效的方式。這技術你或許需要從心理學家那裡支付數百美元才能學習，或是得要購買這項技術的 CD、MP3，甚至是專書才能學到。儘管如此，但請別低估它的價值，它真的非常有效，但要能熟練地執行這項技術可能需要更多時間的練習。所以我在這裡要介紹的是「即時放鬆儀式」。這不是要取代原先的放鬆儀式，而是在時間有限時作為一個替代選項，幫助你迅速緩解壓力。

## 即時放鬆儀式

**你可以站立、坐著或躺下進行此儀式。**

**步驟一**：從腳踝開始，收縮所有肌肉。

**步驟二**：在腳部維持緊繃的同時，收縮你的小腿肌肉。

**步驟三**：以同樣的方式，收縮你的大腿、臀部、腹部、胸部、背部、手臂、手、頸部和頭部的肌肉。換句話說，從腳開始到頭，繃緊你身體的每一塊肌肉，並保持這種全身緊繃的狀態五到十秒。

**步驟四**：深深吸氣，稍微停留。當你呼吸時，讓身體的每一塊肌肉都放鬆下來，允許你在目前的姿勢中完全放鬆。完全地放鬆。就這樣放鬆下來。

**步驟五**：用心去「掃描」你的身體，找出任何還存在緊繃的部位，特別是頸部、前額、肩膀、腹部和下背部。如果有任何緊繃感，立刻將放鬆儀式中的「金色光芒」引導至該部位，並讓緊繃感逐漸消失。沉浸在這舒適放鬆的狀態中。

**注意**：與標準的放鬆儀式不同，這項技巧同時涉及生理和心理。極少數人在進行這種突然的肌肉緊繃和放鬆時，可能會經歷人們所稱的「抽筋」現象。如果這種情況發

生,請立刻停止,並深深按摩該部位,直到痙攣消失。接著儘速執行標準放鬆儀式。如果你是那少數容易抽筋的人,不要因此避免使用這一技巧。隨著身體逐漸習慣這種快速緊繃和放鬆,抽筋的頻率會降低,最終你會掌握這一高效的放鬆及緩解壓力的方法。特別留意,我發現坐著或躺著進行儀式,比較容易抽筋。因此,如果有此體驗,你可以先站著多做幾次,直到身體適應這種突然的生理變化。在站立進行這個儀式多次後,再試著換回坐或躺的姿勢進行。

# 第二部分

## 水之元素

相信你已經熟悉了我們元素系統中的「土」和「風」元素。在你完成練習後,若還是對與它們的連結、操控不滿意,我建議再持續兩週的練習,之後,可以隨時隨意穿插對於這些元素的練習。另外,請記得我只是個引導者。如果你能想到任何有助於熟悉元素的方法,都可以隨時加入你的練習之中。不必局限於課程中描述的技巧及練習,而是將它們當作元素探索的起點。不過,即使你還在練習前面提到的兩個元素,也應立即開始以下的練習。

*水元素的特質是寒冷和濕潤。*

**練習一**:觀察你身邊的事物,找出哪些具有寒冷和濕潤的特質。記得,這些元素特性是相對的。例如當你打開烤箱時,會迎來一陣溫暖(或炙熱)的濕熱氣流。乍看之下,或許不覺得它帶有寒冷特質,但將這股氣流與冶煉爐散發出的熱氣相比,它的確明顯帶有寒冷及濕潤的特性。因此,烤箱中所含有的水元素特質明顯多於冶煉爐,而將冶煉爐與太陽比,也是帶有更多水元素的特性。嘗試在你體驗事物的過程中分辨出相對的「水」元素特質。將所有觀察到的物體記錄下來,並記入你的魔法日記中。每天進行此練習一週。

**練習二**：脫掉衣物，進入充滿冷水的游泳池或浴缸。如果可以前往湖泊或河流會更有助於此練習。準備一個潛水呼吸管，方便你在水中呼吸。當然，在小型浴缸或淺水池中很難做到這一點，但當你準備呼吸管並找到足以完全潛入水中的地方，這練習會更加完善。

在你完全潛入水中時，藉由呼吸管平穩呼吸，同時進行放鬆儀式。水的浮力會使這一切變得容易。接下來，細心感受自己的呼吸，不用「刻意」調整，只需在吸氣與呼氣時觀察這個過程。如此進行，你會察覺呼吸逐漸緩慢，細細感受空氣如何經過鼻子（或潛水呼吸管和口中）、氣管，然後流入肺部。試著感受、試著想像氧氣和二氧化碳在肺部交換、充滿二氧化碳的空氣如何被你呼出。

接著，進一步想像你的整個身體就是一個巨大的呼吸器。感受你體內每一處，想像它們都只為呼吸而存在。意識到你的皮膚是這系統中重要的一部分。就像是在「元素呼吸法」中吸入風元素那樣，想像呼吸時，身體每一處的毛孔都在吸入水元素。感覺它在你體內如何流動，感受它洗淨你身體所有的雜質。但要注意，不要把水元素與實際的水混淆，否則你可能會有溺水的感受。如果出現這種情況，請立刻停止這個練習，之後找時間再重新來過。

也試著在不同的時間段和不同地點練習。「水」難以被壓縮，卻能改變形狀。感受它的各種面貌，持續練習一週，再進行下一步。

**練習三**：每天抽出三分鐘（不要超過），**想像自己化身為水**，感受其流動特性、寒冷與清新的濕潤。如果你學過占星，將你學到的水元素特性與水象三分（triplicity）星座（巨蟹、天蠍、雙魚）進行比較。深入了解水元素在所有形式中的感受，並深入體會水元素的真正本質。持續這個練習七天。

**練習四**：當你已真正學會「成為水」，下一步便是更有意識地控制這個元素。花一點時間，想像自己就是「水」，並將上次練習的感覺再次喚醒。接著，將你的手掌彼此相對，保持九到十二英寸（約23—30公分）的距離。此時，在心中或在你雙手間想像出現一個瓶子、小木桶或其他桶狀容器（畫面盡量逼真）。隨後，在吐氣時，觀想體內的水元素隨呼吸流出，注入雙手之間的容器。在經過四到七次的呼吸後，容器應已被水元素充滿。一旦充滿，先稍微觀察，接著用三次呼吸將它吸回體內，最後回到正常的意識狀態。每天進行這個練習，至少持續一週。

測試：這裡再次為你介紹一個簡單的自我測試，讓你確認是否不僅與水元素達到和諧同步，也確認你是否能夠對它進一步地掌控。沒有人會考核你的成果，因此隨時都能進行這些練習與測試。要想成為優秀的魔法師，你必須要能控制每一種元素。

下次當你感覺到自己十分固執，不願改變，而且身體緊繃到像塊石頭，請依照前次的說明練習，先形塑一個「水」的容器。在容器充滿水元素能量後，深深吸一口氣，將容器內的一切吸入體內。約莫五分鐘，你會感覺到更加平靜、更加理性。

當你感受自己被別人左右，如同「水波般搖擺」時，再一次形塑「水」的容器。一樣在容器水元素能量後，視覺化觀想前方出現一個巨大黑洞，將容器丟入，隨後立刻觀想黑洞封閉。不久之後，你應會感到自己已不再那麼容易受人影響。你可能要重複多次「黑洞」的練習才能獲得完整的效果。

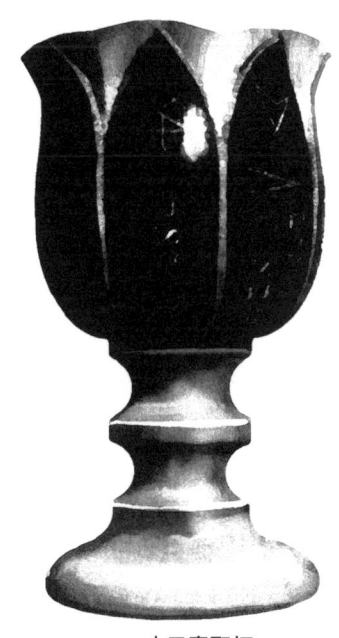

▲ 水元素聖杯

當你對兩部分的測試結果都感到滿意，就真正掌控了「水」元素。再次提醒，如同我之前說過的，或許你會發現某些元素很快就能輕鬆掌握，某些元素需要更多時間。只需持續練習，不必過度「渴望結果」，最終會獲得你想要的成果。也記得無論是成功或失敗，都要在你的魔法日記中記錄這一切。

## 聖杯

聖杯是水元素的魔法武器或魔法工具。它是最容易製作的工具，因為只需買一個帶柄高腳杯並對其裝飾即可完成。製作過程幾乎沒有太多難度。雖然多數人偏好銀製的高腳杯，但在「黃金黎明會」內，則建議使用有柄的玻璃杯。有些人可能會更喜歡木質或錫質聖杯。你可以自行選擇材質，但我要提醒，選用玻璃材質要考量到未來使用時破裂的可能。

聖杯上方的形狀應似藏紅花的花朵，也就是頂部稍稍外翻（下一頁有相關圖解）。準備一條繩子或「風箏線」，剪成相等於杯口外翻處周長的長度，將其對摺，用筆在中點做上記號。再對摺一次並在對摺處做記號，最後再重複一次動作，這樣就完成對繩子八等分的均分。

图示标签：
- 聖杯的邊緣
- 留白
- 繩子
- 魔法印記
- 魔法印記
- 繩子標記線
- 希伯來文字
- 希伯來文字

▲ 希伯來文字、魔法印記和輪廓均以鮮橙色呈現；背景則為鮮藍色。而「曲線三角形」花瓣之間的部分則保持留白。

　　在為聖杯上漆前，請先按照油漆使用說明預先處理，並確定所選油漆與聖杯材質相容。雖然聖杯鮮少用作飲用之途，但為了避免偶爾的飲用風險，**確保所使用的油漆不含鉛或其他可能有毒的物質**。將繩子纏繞在杯子外翻下緣，並用相對硬度較軟的鉛筆（若是木製，可使用大頭針）在繩上的標記對應處對杯子做記號。使用鮮橙色油漆連接這些記號和杯柄。在杯子外翻邊緣畫上「曲線三角形」的連接線（詳見圖解），並以亮藍色油漆塗滿。在下一頁，你會找到繪於聖杯上的魔法印記和希伯來文字。希伯來文字應位於聖杯的矩形部分，而魔法印記則應位於曲線三角形內，並用鮮橙色油漆來繪製。最後，為了確保油漆的完整性，建議使用如樂立恩等透明亮光漆作為塗層覆蓋。

# 第三部分

## 透過隱蔽帶來守護

在這一部分，你將會學到玫瑰十字儀式。此儀式雖非每日魔法工作的一部分，但其效果顯著且操作容易。未來，你或許會發現自己時常使用。

進行此儀式的五大主要目的：

1. 它是一個出色的驅逐儀式，但與「小五芒星驅逐儀式」有所不同。小五芒星驅逐儀式不僅保護使用者，更以其環形線段和五芒星照亮整個星光層面（astral plane），它力量強大，但偶爾可能吸引不受歡迎的星光層面存有（astral entities），例如之前提及的心靈幻影。相較之下，玫瑰十字儀式更像是一道屏障，將你的氣場封閉，用不同方式保護你。我不建議使用玫瑰十字儀式來取代小五芒星驅逐儀式。在進行任何魔法儀式之前，都要先進行小五芒星驅逐儀式。當覺得自己分心並難以集中注意力時，先進行小五芒星驅逐儀式驅除外部干擾，再使用玫瑰十字儀式尋求內心平靜。

2. 當這種隱蔽效果發揮出來，會讓你如同隱形般的存於世界之中。這不代表你會真的在現實世界隱形，也不代表別人無法看見你的存在。但在一般情況中，除非有人刻意尋找，否則你很容易被忽略，這就是隱形的**效果**。

    我想分享我的經驗，但我要先強調，我絕對不鼓勵任何違法行為。那一次，我知道我的約會即將遲到，因此一路上我提高了駕駛速度。在出發之前我快速地做完小五芒星驅逐儀式和玫瑰十字儀式。我用驚人的速度飛快駕駛，突然，一輛高速公路巡邏車從我後方追上並閃爍紅燈。我原以為我的魔法失效了，但出乎意料的是，他們攔下了旁邊的車，即使我們兩輛車速度一樣。那輛巡邏車像忽略了我，彷彿我從未存在過一樣。

    若你想使用這技術，請務必小心。因為當巡邏車察覺不到你，其他駕駛者可能也是，所以一定要特別注意，確定自己在駕駛過程對他們都有所察覺。

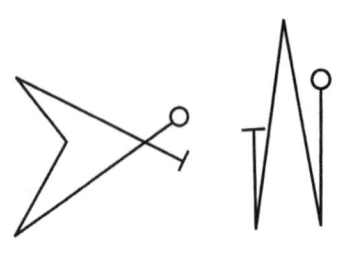

I. 神名：埃洛希姆（Elohim Tzaboth） אלהים צבאות

II. 加百列（Gabriel） גבראל

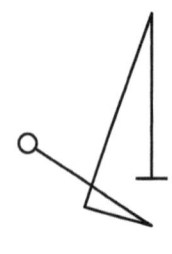

III. 塔利哈德（Taliahad） טליהד

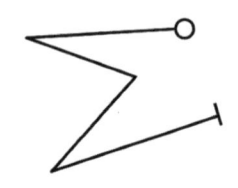

IV. 薩西斯（Tharsis） תרשיש

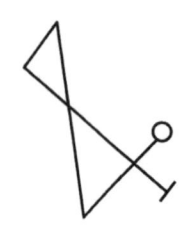

V. 基訓河（Gihon） גיחן

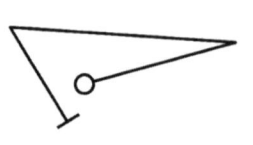

VI. 西方（Maarab） מערב

VII. 水（Mayim） מים

VIII. 魔法格言

▲ 聖杯的象徵符號與希伯來文字

3. 此儀式可作為冥想前的良好準備。它透過召喚你的高我而發揮作用，因此，在面對特定問題時冥想，這個儀式或許會大有幫助。

4. 你可以實施這儀式來幫助那些身心受傷的人。首先，在腦海中構建你想幫助對象的形象，並將此形象放在儀式房間的中心。以此形象作為儀式的中央點，引導光明落在此形象上。儀式結束後，命令你心中創造出的形象，連同它所獲得的平靜、安詳和安寧，一起返回到你所幫助的實際人物身上。告訴這個形象返回至那位對象，也將神聖的恩典一併帶回。當然，在進行之前，也要獲得對方的允許。

　　由於這是一種灰魔法，你應該先占卜，以了解結果是正面還是負面。

5. 有時，你可能會身處於「負面心靈振動」的場域，像是曾發生不幸事件或充滿負面氛圍的房子。你不必也沒有義務去「修復」這個場所以及位於其中的人。其實，住在那裡的人可能對此毫不知情，即使他們知道，也不一定希望你為他們施展魔法或帶來任何改變。雖然此儀式無法完全驅逐以太（aether）負面能量，但它能保護你，讓你的心靈及星光體自我（astral self）不受其侵犯。

　　與此同時，請你重新閱讀課程中的「六芒星驅逐儀式」。並專注於對「金鑰語彙解析」的理解，因其會在此儀式中再度使用。

## 四字神名與五字神名

　　在這門課程的其他環節已經討論過四字神名（Tetragrammaton）。然而，考慮到祂在魔法與卡巴拉中的重要地位，我有必要再次深入探討。四字神名由四個希伯來字母所組成，包含：Yud、Heh（上位）、Vahv 以及 Heh（下位）。這組字母被視為對神的終極稱謂。然而，這組詞的確切發音仍是成謎。某些字母發音可能與現代發音有所不同，也甚至可能是其他字母的暗碼，或是有其他字母的重複。由於原始的希伯來文沒有母音，是後來才加入點線形式標記於字母的上、中、下作為母音符號。因此為防止誤讀，猶太人目前已不再試著唸出這個字，而是用「Ah — doh — nye」意指「我的主」的單字作為替代。為了確保沒人會再誤讀這四字神名，人們在「Ah — doh — nye」周圍插入這四個神聖字母。當試著用這些母音對此四字母發音，最終會得到像是「Yahveh」（雅威）、「Yahweh」（耶和華）、「Yehovah」（亞呼威）或「Jeho — vah」等詞彙，而這全都源自對希伯來文的錯誤理解。

四字神名的神祕之處在於其字母所承載的深意。Yud 代表陽性的原型，而上位 Heh，代表陰性的原型。Vahv，形似對 Yud 的延長書寫，象徵物質層面的陽性，而最後一個 H，下位 Heh，象徵物質面的陰性。因此，四字神名意味著最終的奧祕是：神是所有二元性（即男與女）的統合，無論是在物質層面或是精神層面上。神性就是一切，所有事物皆源於神性，也屬於神性。

　　但這並不意味著了解宇宙就是了解神性。僅因一切都屬於神性，並不表示神性不能超越所有已知的一切，或所有可能存在的一切。神性更是深遠。萬物源頭的深度超乎我們所能理解，除非神性選擇有方式讓我們理解。

## Shin 與耶穌

　　字母 Shin（ש）形似三道火焰，這火焰代表著神性，也有人稱其為聖靈或「Ruach El — oh — heem」。它也被稱作氣（chi, ki）、般納（prana）、昆達里尼（kundalini）、瑪納（mana）、馬尼圖（Manitou）等這些概念。如果將字母 Shin 放在「四字神名」之中，便形成「五字神名」(Pentagrammaton)。這個新詞彙（Yud、Heh、Shin、Vahv、Heh）是一個符號，象徵神性的陽性與陰性特質，與物質的陽性及陰性特質，透過聖靈的方式融合。在聖經裡，任何自身被視為救世主（彌賽亞）的人，都必須將神聖與物質結合，而這結合是透過聖靈實現的。因此，任何救世主都必須擁有這五個字母化作的名稱，也就是五字神名。希伯來文發音是「Yeh — hah — shu — ah」（有些人唸作 Yeh — heh — shu — ah 或甚至 Yeh — shu — ah），通常被翻譯為約書亞。然而，在希臘語中，它轉寫為 Yay — su，而在英語中，它轉寫成為了耶穌（Jesus）。

　　「耶穌」不僅僅是名字，更是一種稱謂或描述。「五字神名」所傳達的意義是：每個人都應追求與神性的合一，且不能指望他人來為我們贖罪。沒有人能夠消除我們的「罪」，不論是在過去、現在、未來所有存在的「罪」，或是「業」。這也等同於我們必須擔當起自己的責任，成為自己的救世主，成為自己的彌賽亞，使自己成為「耶穌」。這突顯出個人必須擁有的責任感，我們的命運掌握在自己手裡，不是任何宿命或「業力之主」的傀儡。

　　當然，我在這裡講述的是純正的卡巴拉，與基督教神學無關。事實上，基督教也常常反對卡巴拉對於「五字神名」的詮釋。在當今主流的基督教信仰中，耶穌被認為是人也是神。然而，在公元325年之前，許多基督徒都不認為耶穌是真正存在的人，直至這一觀點經過投票被正式確認為教義。關於這點，我明白許多讀者可能不會相信，特別是

來自基督教背景的，但我建議你不妨親自查證。

關於「五字神名」，另一種形式是把 Shin 置於 Vahv 和第二個 Heh 之間，形成「Yeh — hoh — vah — shah」。這象徵著藉由 Ruach El — oh — heem（神性之靈）達到物質層面上陽性和陰性的統合，並由陽性原型與陰性原型的結合而實現。順便一提，這就是譚崔瑜伽和性魔法的一項祕密，但那是另一課的內容。

יהשוה "Yeh-hah-shu-ah"　　יהושה "Yeh-hoh-vah-shah"

首先，我想明確告訴你，我這樣的描述並不來自對性別的歧視。如果「男性」、「女性」、「陽性」和「陰性」等用語讓你感到不舒服，你也可以使用「陰」和「陽」、「正」和「負」（如同電池的正負極，而非好與壞之意）、「發射與接收」、「電性與磁性」等來稱呼。我之所以選擇使用「男性」和「女性」，是因為這種描述在傳統上經常被使用。古代卡巴拉學者也使用相似的術語，有時他們的描述甚至更加擬人化。他們是嘗試去表達自然中所存在的二元性。而我僅僅是延續他們的傳統做法。

最後，我也想再次強調，十字架這符號在基督教誕生之前就已存在，因此在進行魔法儀式時，它不應被視為基督教的象徵。我曾讀到，在基督教出現之前，就已存在超過兩百種形式的十字架。在此儀式中，它代表四大元素（十字的四端）和物質（橫）與靈性（縱）的結合。儀式中由圓形代表的玫瑰，象徵著靈魂的展開及意識的提升。

## 玫瑰十字儀式

**步驟一**：先進行放鬆儀式。

**步驟二**：如果合適的話，進行小五芒星驅逐儀式。

**步驟三**：在此儀式中需要的用具是一支點燃的香。可以選擇任何你喜歡的種類。從你所在空間的中心開始（儀式定位1）。

**步驟四**：走到所在空間的東南角（儀式定位2），背對圓心，面向東南方。在空中用香畫出一個大十字和一個玫瑰（圓圈）。這兩個符號的大小應該與小五芒星驅逐儀式和六芒星驅逐儀式中的相近，稍微小也行。

當繪製玫瑰時，振動念誦神名：

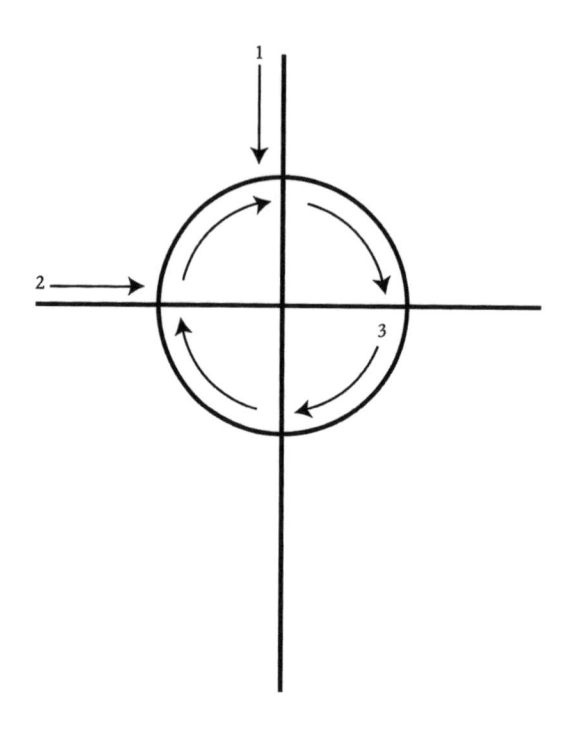

**Yeh — hah — shu — ah**

　　需要在唸到「shu」音節的同時完成圓的繪製。唸到「ah」時，需要用香燃燒的尖端點燃中央的圓，也就是十字交匯處、「玫瑰」的中心，並真切地感受能量由此燃起，為此符號注入能量。

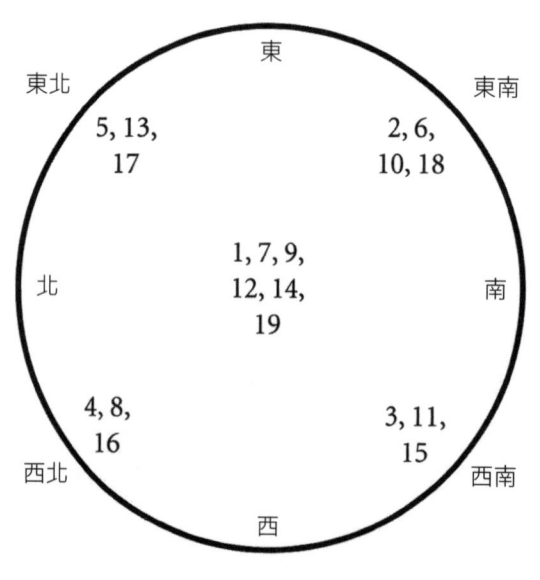

▲ **玫瑰十字儀式的儀式定位**

步驟五：將香指向十字的中心。保持香的燃燒點位於此高度，往西南方移動（儀式定位3）。開始繪製十字與玫瑰並刺入其中心。如先前所述，振動念誦：

**Yeh — hah — shu — ah**

步驟六：依照先前的步驟，這次移動至西北方（儀式定位4）。

步驟七：再次依照步驟，這次移向東北方（儀式定位5）。

步驟八：接著回到東南方（儀式定位6）以完成這個圓。此時不需再次繪製玫瑰十字或振動念誦。

步驟九：迅速轉身面朝房間的對角線方向，即西北方。高舉香，向西北方走去。當到達房間中心（儀式定位7）時，在頭頂上方畫出玫瑰十字，並按先前的方式振動念誦，指向圖形的中央。接著維持高舉的香，繼續走向西北角（儀式定位8）。將香的頂端碰觸到該角的十字交叉臂上。此時，不需再繪製或振動念誦。

步驟十：朝向東南方移動，但手臂伸直並將香指向地面。在你所在的位置中央停下（儀式定位9），在你的腳下畫出玫瑰十字，並振動念誦，同時保持指向地面，將香指向這十字的中心。接著繼續朝著東南方前進（儀式定位10），讓香的尖端接觸到先前繪製的十字交錯部位。在此，不需重繪或振動念誦。

步驟十一：指向東南的十字中心，接著順時針方向前往西南角（儀式定位11）。此時不需再畫出玫瑰和十字，但在指向十字中心時，需重新振動念誦。

步驟十二：將香高舉至頭頂上方，沿著對角線前往東北方。當你抵達中央（儀式定位12）時，進行振動念誦，但不需再繪製符號。抵達東北角（儀式定位13）時，指向先前繪製的圖形中心，再將香尖指向下方，按原路返回中心。回到中心點（儀式定位14）時，進行振動念誦，最終你將停留在西南角（儀式定位15）。

步驟十三：於西南角指向十字中心，保持香在這高度，並順時針繞圈，使香指向每一個十字的中心。此時不再次繪製或振動念誦。從西南方前往西北（儀式定位16），接著前進至東北（儀式定位17），最後返回東南（儀式定位18）。

步驟十四：回到東南角時，短暫地將香尖置於十字中心。接著，重新繪製一個更大的十字，使其盡可能大，也同時繪製更大的玫瑰之圓。在畫下半部圓時振動念誦 Yeh — hah — shu — ah，上半部畫圓時念誦 Yeh — hoh — vah — shah，並在最後一個音節時指向中心。

步驟十五：走向空間的中心（儀式定位19），面向東方，視覺化觀想六個玫瑰十字

環繞著你，包含上方和下方。十字為金色，與它們相連線段是閃閃發光的白色，而「玫瑰」呈現鮮紅色。這一切形成了保護你的「球體」。

**步驟十六**：接下來，開始進行金鑰語彙解析，即六芒星驅逐儀式的前半部。從振動念誦 INRI 開始，直至「願神聖之光降臨」結束。進行過程中，要確認動作與儀式描述相符。

**註記**：如果覺得合適，也可以不進行第十六步的金鑰語彙解析。儀式也不一定要面向東方，而是根據你感知潛在危險的方位做出調整。當團體一同進行此儀式時，只需一人主持整個儀式，其他人坐在儀式空間內的椅子上。請確保儀式進行者有足夠的空間在對角線交叉移動。

# 第四部分

課程至此，你已熟知魔法不僅是閱讀，實際的努力和學習更是不可或缺。因為你深入學習這些內容、參與儀式和練習各種技巧，所以才能走到現在這一步。你已熟悉了基礎的神祕學哲理、卡巴拉和其他相關的主題。在接下來的課程結束後，我們將進入灰魔法的領域。

我想要為你達到這樣的境界送上一份特別的禮物。如我之前提到，我不能替你啟蒙，啟蒙雖非必要，卻能協助你更快地進展。但即使我不能為你啟蒙，**你仍有一個方法能夠幫助自己前進，那就是「自我奉獻」**。你可以奉獻自己於魔法偉業（the Great Work），與你的守護天使進行深度的認識與交流。這也是被視為達到宇宙意識、啟蒙，及與神性合一的狀態，並能夠將靈性的光明帶進這黑暗的世界。

若你決定進行這個奉獻，需要按照之前的課程設立一個祭壇。祭壇應位於魔法圈中央，作為四大元素交匯的所在。這些元素分別來自四個方位。這祭壇不只是物質世界的象徵，更象徵著魔法圈中的宇宙遠遠超越了物質界。如果你深入反思祭壇的意涵，定能體會到它更深遠的象徵意義。

祭壇頂部除了魔法工具外，還需放置紅色三角形和白色十字架。它們最理想的形式是由上色的木頭或金屬材質製成，但也可用彩色卡紙或氈布。十字架是我們對魔法偉業的堅定承諾——也可以說是我們「要承受的重擔」。而三角形外觀上應只有三條邊，

不是一個實心三角，它代表著眾多三位一體的概念，如伊西斯、阿波菲斯、歐西里斯；道、陰、陽；科帖爾、侯克瑪、庇納，以及身、心、靈，尤其是光、生命與愛。當站在祭壇後方面向東時，十字架應放在三角形之上：

在開始這個儀式之前，請確保你已閱讀以下的奉獻誓言，並確定你想要全心全意地遵守其中的每一項規定。現階段，請不要修改誓言。但當你完成這門課後，若想要添加或修改某些內容，在那時，你可以再次進行這整套儀式，並使用你修改後的誓詞。

在魔法圈內，你也需要準備燃燒的香和一杯清水。它們不應放於祭壇上，而是放在祭壇的兩側。香爐置於南側，清水則置於北側，且請確保香爐放在防火的基座上。

## 自我奉獻儀式

**步驟一**：先進行放鬆儀式。
**步驟二**：執行小五芒星驅逐儀式。
**步驟三**：執行六芒星驅逐儀式。
**步驟四**：若符合你的意願，請執行玫瑰十字儀式。

**步驟五**：左手握水杯，右手用指頭沾水，向左方、前方及右方灑落幾滴。中央的灑點要低於兩側，形成水元素的三角形。再沾水，並於額頭上畫出十字，說道：「**我以水聖化自己！**」最後，將水杯放回原位。

**步驟六**：拿起香，向左、中、右揮動。中央應該高於其他兩點，進而形成火元素的三角形。將香拿近，吸入一口並同時說道：「**我以火淨化自己！**」最後，將香放回原位。

**步驟七**：雙手高舉過肩膀，掌心向前，低頭唸道：

*祢是聖潔的，宇宙之主！*

*祢是聖潔的，那位超越自然的存在！*

*祢是聖潔的，那位浩瀚輝煌的一！*

*那位掌管光與暗的祢！*

**步驟八**：跪於祭壇前（你可能需要矮凳以靠近祭壇上側；若膝蓋感到不適，可於下方墊一塊摺疊的毛巾）。右手放在三角形與十字上，左手高舉，緩慢且意味深長地說：

我，[唸出你的魔法格言或全名]

在行於無形，唯靜默能昭示其偉大的宇宙之主面前，特此立下宣誓，以完成魔法偉業：我，出於自己的自由意志及允許，在此莊嚴地承諾，對於那些我認定因其惡意、不誠實而不值得信任的人，我會嚴守我的神祕學知識不外流。我承諾滿懷熱情地進行神祕學的研究，完善自我，助益我身邊的人，並促使整體人性的進展。我不會讓自己陷入被動的狀態，以至於任何人、任何力量或存在使我失去我對思想、言語或行為的控制。我不會將奧祕的力量用於任何邪惡目的。我全心全意允諾這誓言的所有項目，毫無保留、不閃避、不含糊其辭地立誓在此神聖而崇高的符號之下。我明白，若我故意違背此魔法誓言，我將被視為一個背信棄義的卑劣之人，我將失去所有的道德價值，我將不配與所有正直和真誠之人為伍。此外，若我背棄此魔法誓言，願我的魔法工具反噬我或化為塵埃，且願我所有的魔法與儀式皆為徒勞，宇宙之主和我自身的高我，請賜予我幫助。

**步驟九**：進行中柱儀式和光體循環。當你完成後，想像自己被璀璨的白光環繞，並沐浴在其充滿靈性的光芒中。

**步驟十**：以小五芒星驅逐儀式結束。

**步驟十一**：在你的魔法日記（或儀式日記）中記錄結果。

如所描述，違反這魔法誓言的懲罰相當嚴重。你或許不願宣誓，或選擇等待。但如果你現在進行，那些「在上的力量」將會見證你的誓言和過去的努力。他們會對你的努力及奉獻報以微笑。結果將會是你在所有魔法和靈性工作中更快速地進展。但不要只聽我的話語，你不妨親自試試看結果。

# 第五部分

## 前世

　　「魔法記憶」是許多神祕學者深深關注的主題。對克勞利來說，魔法記憶在神祕學中佔有重要的地位。如同神祕學中的各方面，這主題已經以另一名稱成為大眾關注的焦點，因此現在，很難找到一個不熟悉轉世或前世理論的人。

　　在我探討卡巴拉的轉世理論之前，我想先強調前世經驗的重要性。坦白說，我並不那麼確信轉世是一個**客觀存在**的事實。目前的科學證據對此仍是相當有限也非常不一致，在某些情況下甚至荒謬，讓我難以完全認同。我曾遇見數人聲稱他們在前世是耶穌的門徒。我不清楚《新約》中只提到十二門徒，他們是如何計算的。有位女士非常認真地告訴我，她和我曾「追隨耶穌一起研究卡巴拉」。這讓我感到驚訝，因為據我對那時代甚至更早期的前世回溯，我從未到過中東。我還認識兩名女士，其中一人認為自己是耶穌轉世，另一人認為她是猶大！這更多的是反映她們當下的心理狀態，而不是她們的前世。事實上，她們目前的關係在精神和心靈上幾乎是彼此傷害。

　　我還知道有些人聲稱是克勞利的轉世。其中一人寄給我的信中，對克勞利的哲學似乎一無所知，而他的英語運用也相當有限。即便你不太尊重克勞利，但他的英語造詣卻是毋庸置疑的。另外，有一位朋友堅信，那些聲稱是克勞利的人或許真的是他的轉世。他認為至少有三十三人這麼聲稱，而他們每人都擁有克勞利智慧、才能和技術的三十三分之一。在《Sane Occultism》這本書中，荻恩‧佛瓊指出：「宣稱過去的偉大，與其說是對此生的平庸投以光輝，不如說是對來生抱有懷疑……」

　　隨著你對神祕學的深入，你遲早會有與前世相關的經驗。它可能會是你在冥想時的某個異象。或者，在進行某個團體儀式時，你所在的場所、你的衣著，甚至你一起工作

的人的面容，都可能有微妙或明顯的變化。你可能感覺自己身處另一地點，與其他的人共事。這些都是魔法記憶回歸的跡象。

前世的經驗大致可分為三種情形：

1. 它們可能真的是前世的經歷，可能是個體的、遺傳的，或是集體的。
2. 它們可能只是幻想，作為某些感到渺小或無足輕重之人對此生的美化。
3. 它們可能是潛意識向你的意識傳遞的訊息，而你的意識不願聽見，因此潛意識以前世形式的象徵呈現。

首先，第一點需要進一步說明。顯然，個體的前世經驗就是過往生命的延續。這是大部分人聽到「轉世」時首先想到的。依照 DNA 可能攜帶某些記憶的觀念，有所謂的基因記憶轉世（genetic reincarnation）。如果這是真的，那麼一個對於前世的記憶可能是你的曾祖母或其他血親的經歷。

「集體記憶」或所謂「靈魂之池」的觀念正迅速普及。此觀念相當直觀：人死後，個人意識和記憶，連同所有人的意識和記憶，都會匯集到這個群體記憶池。準備投胎的靈魂可以根據自己即將面臨生命中的靈性成長需求，從此池中提取記憶。靈魂之池向所有人開放。因此，許多人可能都有曾是拿破崙或埃及豔后的記憶，且這些回憶也都可能是真實的。

但事實上，前世經驗的起因**並不那麼重要**。真正重要的是，你在當前的生命中能從這些經驗學到什麼。若你回顧先前的課程提及關於卡巴拉靈魂或人性的環節時，你會明白，記憶是會消逝的，它隨身體的死亡而終止。所以，即使我們確實有過前世經驗，這些經驗卻常是不完整的片段，但它們對我們的不朽本質仍有深遠的影響。重要的是，我們能從這些經驗中學到什麼，不論它們是真實的記憶，還是潛意識中的訊息，或是我們建立的自我幻想。

多數情況下，答案與如何更好地過好當下的生活有關。有時，它能提供淨化心靈的經驗，幫助我們擺脫那些無助於身心健康的恐懼和疾病。有時，它更多地揭示了我們的內在本質和渴望。

前世的經驗永遠都是、一直都是、且必將會持續是深層的個人體驗。只有親自體驗，它才真正有意義。最終，作為行於魔法偉業之途的結果，你將會經歷它們。一旦體驗，它們可能帶來生命深刻的正面轉變。它們可以將你從束縛的問題中解放，進而提升你的魔法潛能。但關鍵是，只有當你真正領悟其中的教誨時，它們才能真正發揮效用。

遺憾的是，每當出現真正有價值的事物，總似乎會有投機者嘗試捷足先登地賺錢，也會有那些自認帶有使命感的人試著「助人為樂」並順便賺取利潤。這些人常在「靈性市集」出沒，也常開設課程、演講，主要的內容就是談論你的前世。如果你只是把他們當作娛樂來源，或許可以說是「物有所值」。他們或許真的能夠接觸到並告訴你關於你的真實前世（假設它真的存在）。但在魔法上，**這些資訊並沒有實質用途**。正如我所強調的，要真正有價值，你必須親身經歷你的前世，僅僅是聽說並無法在魔法上帶來真正的效益。幸好，現在有許多老師致力於協助人們親身體驗前世，我建議你參加這類的課程。市面上也有許多優質的書籍指導如何體驗前世。正如我之前提到的，你所進行的魔法實踐，可能在某一時刻喚醒你的前世經驗。

在這門課程裡，我們主要會探討卡巴拉的輪迴概念。需要明白卡巴拉不是一成不變的理論，它是一門持續**演進**的形上學思想。關於輪迴，卡巴拉有多種解釋，這些理論隨著時間而發展演變。然而，沒有哪一種解釋像黃金黎明會創始人威廉・韋恩・維斯特考特（William Wynn Westcott）所描述的那麼直觀，他認為根據卡巴拉，人只有三次輪迴。這種觀點被黃金黎明會的一些作者和其他沒有正確註明來源的作家所採納。但在進一步探討前，我要指出，維斯特考特在另一作品中也提到了更加深入的卡巴拉輪迴觀點。那即是盧里亞的靈魂轉生論（Lurianic theory of metempsychosis），也是卡巴拉中關於轉生成為更高或更低生命形態的觀點。

在卡巴拉裡，有兩套主要的輪迴理論。第一套與「四界」（the Four Worlds）相關。此理論提到四個層面（對應於這四界），每個層面都包含一系列必須完成的課程。若在這一生中未能完成這些課程，則需要再次投胎，直至所有課程都已完成。當你在最底層的界完成所有課程，達到了那界的最高靈性後，下一世將從四界中下一個界的最初階段開始。你或許已猜到，這和生命之樹有關，因此有十大主要領域，雖然還有更多的子分類。但從這體系看來，投胎的次數可能無窮無盡。

根據這個系統，我們的目標是穿越所有四界並完善自身，進一步與神性重新合一。然而，有說法提到，多數人只能達到「創造界」中的「悌菲瑞特」層面。當達到此層次時，一個人的靈性已經提升到如此高，無須再次投胎。

另一套理論是源自之前提及的艾薩克・盧里亞。盧里亞是知名的卡巴拉學者，雖然他本人從未留下文字，但他學生的作品使他成為現代猶太卡巴拉的先驅。他的系統主要分為兩大部分，我們現今稱其為**靈魂轉生**（metempsychosis）與**果報**（karma）。

靈魂轉生，也稱為靈魂的遷徙，是指當我們此生不符合宇宙的運作時，我們可能投胎成為更低的生命形態。然而，盧里亞的論述遠比此觀點更深入。在他的觀念中，你不

會因做了壞事而下一世變成牛，而是你下次投胎的身分，會根據你目前需要學習的課題來決定。例如，若你需要學會潛伏，你可能投胎為小偷，或者投胎成為一種天生善於偷竊的鳥，像是喜鵲。這種看法使得投胎到「較低」的生命形態背後有其合理的原因。

盧里亞的體系不僅邏輯嚴謹，也更為深入。例如，若你要學習耐心，你可能投胎成為石頭；如果你需要學習韌性，你可能會投胎成為河邊的一根蘆葦。

此觀念十分吸引人。這意味著植物、石頭和動物都是生命，都有靈魂。這更暗示所有行星甚至是小行星都具備某種生命形態。實際上，這意味著整個宇宙充滿生命，而我們只是其中一小部分，但與它有緊密的連結。

在此系統中，我們會持續以「較低」的生命形式存在，直到我們吸取到必要的教誨，並能為「較高」的生命形態帶來益處。以前面的例子來說，你可能會是一塊石頭，直到學到耐心並為其他生物，像是蛇或昆蟲帶來遮蔽，或作為深山中遊客的座椅。作為石頭的時間可能相對較短，也可能長達千年。同樣地，你可能保持為蘆葦的形式，直到學懂靈活性且成為動物的食物或成為蘆葦船的一部分。順帶一提，荻恩‧佛瓊強烈建議西方神祕學者不要採取素食，她認為放棄飲食中的動物製品可能會過早開放心靈，導致精神或身體的受損。那些信仰盧里亞靈魂轉生論的人也認為應該吃肉，因而有助於以動物形式投胎的靈魂在進化階梯向上昇華。但也有人認為，應該避免吃肉，因為這會降低你能量的頻率，使你在進化路上速度減慢。

在我看來，你應該選擇最適合自己的方式。如果你強迫自己做出與自己不合的選擇，你只會感到不舒服且無法保持愉快，這對於心靈的發展確實是一大障礙。如果你不想吃肉，就不要吃；如果你想，那就吃吧。

在盧里亞體系中，存在著類似「果報」的觀念，希伯來語中將其稱為「tee — koon」。如先前所述，英語和其他羅曼語系的詞彙大多有明確的涵義。但在梵語中，情況卻不然。特別是在梵語的最早期文獻中，例如譚崔，經常採用了稱作「sandhya bhasa」的黃昏密語（twilight language）。這種密語的涵義深奧，需要特殊的解讀方式。而希伯來語和其他閃米特語系的詞彙，其意義也多半是寬泛或模糊的。因此，雖然「tee — koon」在字面上是指「糾正」或「修正」，但它更深層的意涵是關於靈魂如何恢復其真實本性。這也解釋了為何我們會在不同生命形態中輪迴，目的主要是為了修正前世的過錯。當我們無故遭受生活中的困境和苦難時，背後的原因正是這「tee — koon」修正的過程。聖經提到，因一人的罪過，神會懲罰他至第三代。如果你不信輪迴，你或許會覺得這描繪了一個冷酷而報復心重的神。但若你認為這是一種「黃昏密語」，並相信真正的涵義是指人需要三世的時間來「糾正」過去的錯誤，那麼這說法便顯得合理也有邏輯。要知道三個生命

週期或許超過兩百年，這確實是一段很長的時間來修正我們的過錯。這也許是維斯特考特對「三次輪迴」誤解的原因。

## 氣場與前世

我多年前學得的一項古老技術（其實它是召喚靈體儀式的不同版本），最初是用來看氣場的，但最終也可以用來探知前世。

這個技術其實相當簡單。首先，你需要一塊大的黑色硬紙板，或者一塊被塗成黑色的板子。很多藝術用品商店都有販售適合此用途海報大小的黑色硬紙板，尺寸至少應該是60公分寬、90公分高。

這塊硬紙板固定在一個支架或畫架上，接著在其前方放一張椅子。這樣，當你看向坐在椅子上的人，他（她）頭後方就會是那塊黑色的板子。在板子的後方放置一盞電燈，照明的位置要確保燈泡本身不被直接看到，建議使用15瓦或瓦數更低的燈泡。其他人可以坐在旁邊作為觀察者。從側面看，整體的配置看起來是這樣：

　　　燈　　黑色板子　　椅子　　觀察者

當已準備好，使一人坐在椅子上，讓房間變得越暗越好，然後打開黑色板子後方的燈。接著，讓觀察者靜靜地觀看坐在椅子上的人。不久之後，觀察者應該可以看到一圈光暈浮現在被觀察者頭部的周圍。光暈可能呈現灰色、銀色、白色或金色，這意味著你的星光體視覺（astral vision）已經開啟，此時你看到的正是氣場。隨著時間延續，光暈的顏色可能有所變化，轉變為氣場中的特定顏色。或許需要多次嘗試或與不同的人合作才能觀察到這些顏色。

接著，再次將注意力集中坐在椅子上之人的臉上。一旦你看到了氣場，很可能會注意到他的臉部開始有所變化，你可能甚至會看到各種不同

> 的帽子、髮型、性別變換、面部毛髮、年齡轉變和不同的服裝出現。這些或許是此人前世的外觀線索。
>
> 記得要將你觀察到的內容分享，對他描述。
>
> 嘗試使用周邊視覺（peripheral vision），而不是焦點視覺或中央視覺（foveal vision），可能會更有助於觀察。要做到這點，只需鎖定房間遠端的某一點，然後擴大你的視野至兩側。試著同時感知到最左和最右的景物，這種視覺方式有時稱為放鬆視覺（soft vision）。回到二十世紀末，有一種圖片在最初看似只是混亂的一團線條，但如果你用這樣的方式放鬆視覺，可能會突然察覺到一匹馬、一艘3D的太空船映入眼簾，這種視覺方法就是你該嘗試的。

假設你已經歷無數輪迴，達到人類所能夠達到的靈性完善最高境界，完成了所有的修正。那麼結果會如何呢？為了回答這個問題，我們需要先探討另一個問題：靈魂從何處而來。

簡單地說，神在靈魂首次投胎之前就已創造了所有靈魂。這意味著，我們每個人在神性源頭（Divine Source）中，都是不完整的一部分，都是未被認可的存在。

有許多靈魂至今尚未投胎，有些甚至可能永遠也不會投胎。這些尚未成為人類的靈魂，在卡巴拉文獻中被稱作火花（sparks）。這些火花是無性別的。當靈魂準備好要投胎時，它會被一分為二，每一半將分別進入不同性別的個體內。這兩半靈魂各自守護著未出生的胎兒，直至嬰兒首次呼吸時才會與之融合。而根據這觀念，你的存在不是從較低等生命形式開始，逐步提升，而是直接以人類形式開始你的旅程，之後才可能是向上提升或下降。

當你在每一世都盡可能實現更高的靈性時，下一步的「tee — koon」過程則是尋找你靈魂的另一半，這一半同樣經歷著他自己的生命，等待著與你合一。有可能你們之間的一方比另一方更早準備好重聚，這或許需要等待幾個輪迴。但當適當的時機來臨時，你將遇到你的「靈魂伴侶」，這是卡巴拉對此概念的解釋。在此期間，你可能會戀愛、結婚、生子，但當真正的靈魂伴侶出現時，他將是與你年齡相仿，性別不同，且並無血緣

的關係。(同時，請不要輕信那種「嘿，寶貝，你難道不知道我就是你的靈魂伴侶嗎？」這種話。真正的靈魂伴侶不會這樣自稱。)顯然地，這與「存在多個靈魂伴侶」的觀點有所不同。

當你遇到靈魂伴侶並與之結合後，在你們共度的時光裡，你分裂的靈魂也會合而為一。性愛過程中的這種結合尤其重要，但具體細節將在後面的課程中探討。當你的靈魂透過「tee — koon」過程重新整合後，你也會與造物主重逢。

行於無形，<br>
唯靜謐能昭示。<br>
——黃金黎明會初學者入門儀式

# 第六部分

我經常對自稱是儀式魔法師，卻又無魔法能力的人感到驚訝。我見過許多人將小五芒星驅逐儀式視為儀式魔法的頂峰，然後不解異教徒為何批評他們的儀式「過於複雜」。有些人甚至省略了「小」字，直稱其為五芒星驅逐儀式，這是一個誤解。小五芒星驅逐儀式是黃金黎明會賦予其成員的（記住，這是一個非魔法的團體），用以準備他們進入內階層（Inner Order）進行魔法工作的起始階段。希望你已經進行了小五芒星驅逐儀式長達數月，因為時間不等人。你必須完全掌握小五芒星驅逐儀式，才能開始學習更高層次的大五芒星召喚儀式。

你可能還記得，五芒星的各點代表著五種魔法元素：最上方是精神，隨後逆時針方向分別是風（Air）、土（Earth）、火（Fire）和水（Water），具體可見下頁圖解。

在進行小五芒星驅逐儀式（LBRP）時，我們是從左下方開始畫，目的是以「土元素」的頂點作為起點。若我們從上方向左下方角落畫出第一條線，則進行的是小五芒星召喚儀式。有些人建議早上進行召喚儀式，晚上進行驅逐儀式。其實我過去也是這樣教學。然而，我現在已不認為這麼做會有效，因為這會對於小五芒星驅逐儀式迅速和徹底學習造成阻礙。我現在認為，首先，必須學會並有效地掌握驅逐儀式。**能夠有效地完成小五芒星驅逐儀式是本課程其餘部分的必要前提**。在一個人完全有效地掌握了小五芒星驅逐儀式之後，他才可能可以早上執行小五芒星召喚儀式，晚上執行小五芒星驅逐儀

式。當一個人在小五芒星驅逐儀式上達到卓越，也應當已經在他們的魔法訓練中進行了足夠多的其他練習，以應對日間使用小五芒星召喚儀式可能引進的任何非預期能量。

與「精神」元素相關的有四個五芒星。這些五芒星不用作召喚，其中兩個被稱作「平衡」，另外兩個是「封閉」。平衡與封閉各有主動和被動兩種形式，一共有四種，詳細展示在下頁的第一幅圖中。

除了與「精神」元素相關的四個五芒星外，還有八個五芒星，每一個基本元素都有兩個：一個用於驅逐，一個用於召喚，具體展示在下頁的第二幅圖中。

大五芒星召喚儀式（Supreme Invoking Ritual of the Pentagram, SIRP）是小五芒星召喚儀式的強化版。你可以想見，藉由替換成驅逐形式的五芒星，它也能夠成為大五芒星驅逐儀式。然而，在我們當前階段的魔法工作中，此儀式的目的是為了將所有元素的力量引導入我們的生活。在未來，它會越加顯得重要。

此時，請**只在早晨**進行此儀式。在本課程目前階段執行此儀式時，一定要接著進行小五芒星驅逐儀式。晚上則不要執行大五芒星召喚儀式，不是因為大五芒星召喚儀式有危險，而是它可能會使你十分振奮，進而影響入眠。尤其是你還在學習過程，尚未將此儀式練習至熟練時。

此外，還有兩點需要留意。首先，每個五芒星的中心都繪有與各元素相關的符號。作為代表「精神」的五芒星中心，則繪有一個八輻的輪軸。

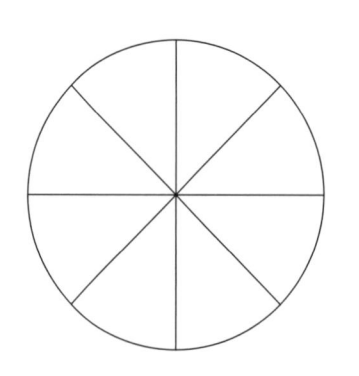

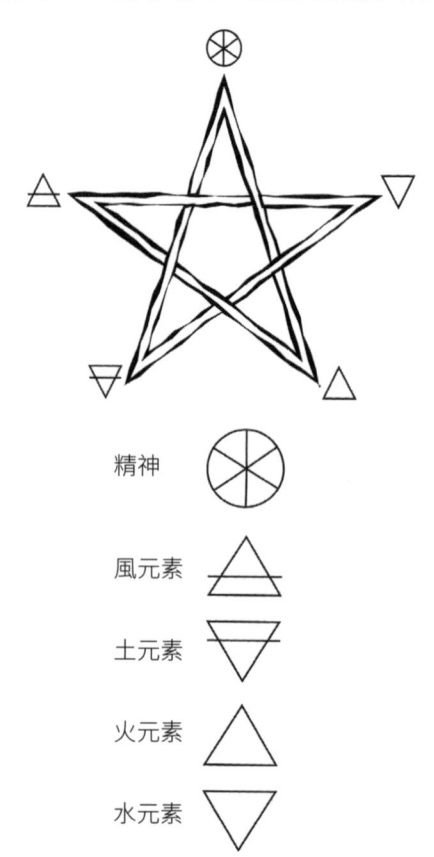

精神 ⊛

風元素 △

土元素 ▽̄

火元素 △

水元素 ▽

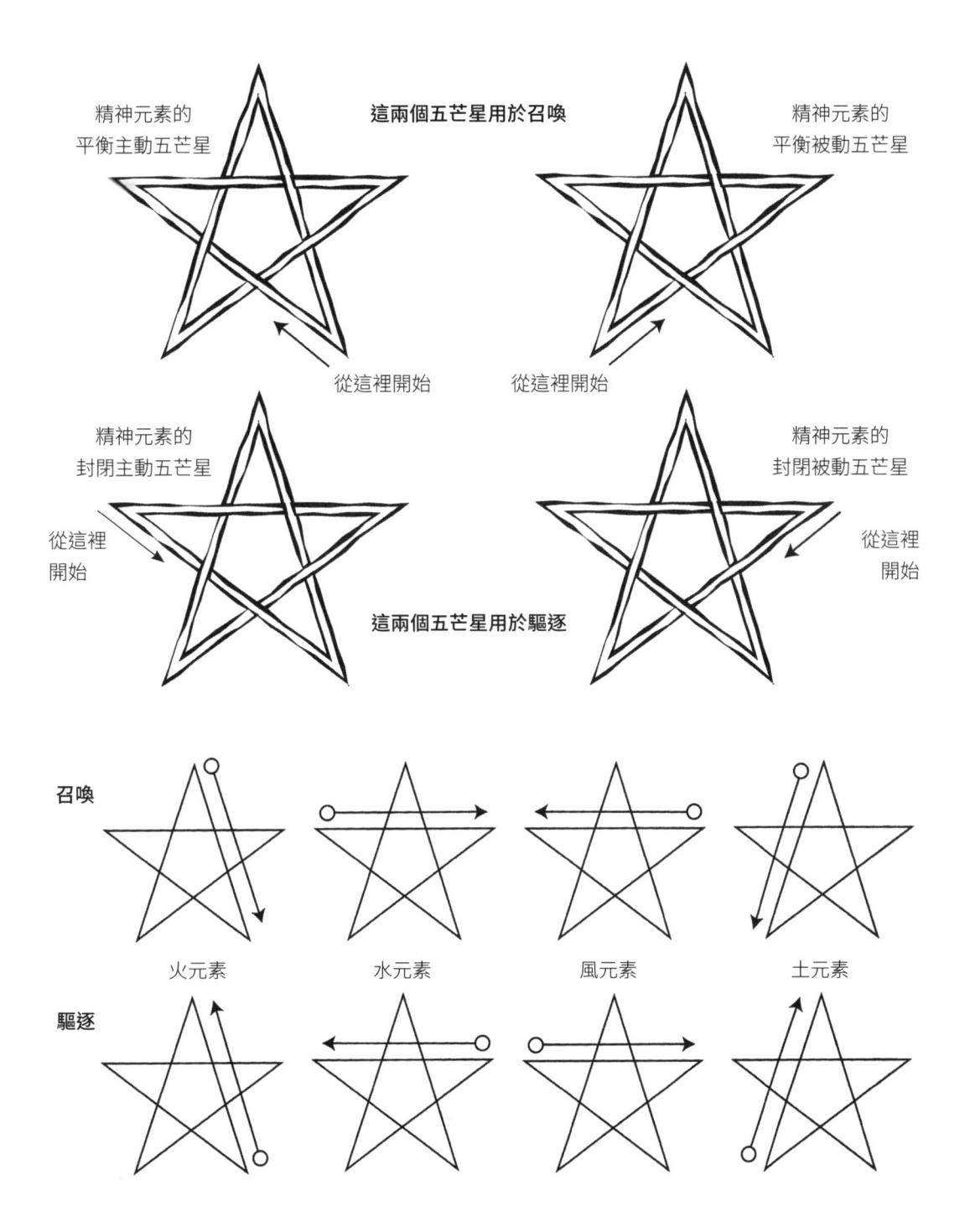

精神元素的
平衡主動五芒星

**這兩個五芒星用於召喚**

精神元素的
平衡被動五芒星

從這裡開始

從這裡開始

精神元素的
封閉主動五芒星

精神元素的
封閉被動五芒星

從這裡
開始

**這兩個五芒星用於驅逐**

從這裡
開始

召喚

火元素　　　水元素　　　風元素　　　土元素

驅逐

「風元素」中繪上的是寶瓶座的符號，雖然它表面上與「水」有關，但實際上作為「風元素」的符號，在任何占星學書籍都能確認這點：

用獅子座的符號代表「火元素」：

老鷹則作為「水元素」的對應：

如同寶瓶座的象徵擴散與水有關，老鷹則看似與風相關。但在這裡，老鷹是煉金術中用作蒸餾的符號，這一過程明確地與「水元素」相關。

用金牛座的符號代表「土元素」：

你還額外需要知道，這個儀式中的一些用語並非來自希伯來語，而是來自凱利與迪伊（Kelly and Dee）所稱的天使語，或稱作以諾語（Enochian，發音為

Ee — noh — kee — un)。這些是神聖的祕名，我會在後面的課程中稍微講解這套系統。此儀式使用的以諾語發音如下（以諾語詞語用粗體，發音用斜體）：

**EXARP**

*Ex — ahr — pey*

**ORO IBAH AOZPI BITOM**

*Oh — row Ee — bah — hah Ah — oh — zohd — pee Bee — toh — ehm*

**OIP TEAA PEDOCE HCOMA**

*Oh — ee — pay Tay — ah — ah Pay — doh — kay Hay — coh — mah*

**EMPEH ARSEL GAIOL NANTA**

*Ehm — pay — hay Ahr — sel Gah — ee — ohl Ehn — ah — ehn — tah*

**EMOR DIAL HECTEGA**

*Ee — mohr Dee — ahl Hek — tay — gah*

你應該對於希伯來語有所熟悉了。記得 YHVH 所代表的對象，以及記得應當發音作「Yud Heh Vahv Heh」。

## 大五芒星召喚儀式

**步驟一**：進行放鬆儀式、小五芒星驅逐儀式和六芒星驅逐儀式。這些步驟雖然是選擇性，不是必需的，但它們能夠幫助你獲取平衡並為這個儀式做好準備。

**步驟二**：若是有祭壇，位於祭壇前，面對東方，進行小五芒星驅逐儀式中的卡巴拉十字。

**步驟三 (a)**：走到你所位於空間的東側，繪製精神元素的平衡主動五芒星，與此同時振動念誦 **EXARP**。念誦應延續至五芒星繪製完成時，最後一個音節（pey）仍在發音。如同在小五芒星驅逐儀式中一樣，吸氣時感受能量進入你體內，呼氣時繪製五芒星。確保留足夠的氣息，以便在振動最後一個音節「pey」時，能夠將手伸入五芒星的中心。

**步驟三 (b)**：當你在已繪製的五芒星中央繪製象徵精神的輪軸符號時，振動念誦 **EH — HEH — YEH**。記得在發聲的最後保留一口氣，使你在發出最後一個音節時，能將手掌推進輪軸的中心。繪製輪軸符號時，應先從上方開始順時針畫出一個完整的圓，之後繪製垂直與水平輻條，最後繪製對角線（如果需要回顧如何發力及前推雙手和左腳的動作，請重讀小五芒星驅逐儀式的指導。這個儀式唯一的不同之處，在於你是在振動念誦力量之言的最後，才做這些動作）。

**步驟四 (a)**：仍然面朝東方，在你先前繪製的符號之上，繪製風元素的召喚五芒星。在繪製五芒星的同時振動念誦 *ORO IBAH AOZP*，並在唸到最後一個音節時用力量向前推進以充能。

**步驟四 (b)**：在已繪製五芒星的中心，畫上寶瓶座符號並振動念誦 **YHVH**。（在此儀式中，所有振動力量詞的念誦方式都將一致。）

**步驟五**：向南移動，如同在小五芒星驅逐儀式中一樣，畫出一條白線。

**步驟六 (a)**：繪製精神元素的平衡主動五芒星，同時振動念誦 **BITOM**。

**步驟六 (b)**：在繪製內部輪軸符號的同時，振動念誦 **EH — HEH — YEH**。

**步驟七 (a)**：面向南方，在你已經繪製的符號之上，畫出火元素的召喚五芒星。進行時振動念誦 **OIP TEAA PEDOCE**。

**步驟七 (b)**：在五芒星的中心畫上獅子座印記，同時振動念誦 **EL — OH — HEEM**。

**步驟八**：如同小五芒星驅逐儀式中所做的，向西方移動並畫出一道白線。

**步驟九 (a)**：繪製精神元素的平衡被動五芒星，同時振動念誦 **HCOMA**。

**步驟九 (b)**：在繪製精神輪軸符號的同時，振動念誦 **AGLA**。

**步驟十 (a)**：面向西方，在你此前繪製的圖形上方，畫出水元素的召喚五芒星，同時振動念誦 **EMPEH ARSEL GAIOL**。

步驟十 (b)：當在五芒星中心繪製象徵水元素的老鷹頭部時，同時振動念誦 **EL**。

步驟十一：沿著白線前往北方。

步驟十二 (a)：在振動念誦 **NANTA** 的同時，繪製精神元素的平衡被動五芒星。

步驟十二 (b)：繪製精神輪軸的同時，振動念誦 **AGLA**。

步驟十三 (a)：面對北方，在先前繪製的圖形之上，繪製土元素的召喚五芒星，並振動念誦 **EMOR DIAL HECTEGA**。

步驟十三 (b)：繪製金牛座符號於五芒星中心時，振動念誦 **AH — DOH — NYE**。

步驟十四：繼續沿線移至東方，完成魔法圈。然後回到祭壇前初始位置，面朝東方。

步驟十五：依照小五芒星驅逐儀式的方式，進行大天使的召喚與卡巴拉十字儀式。

在學習大五芒星召喚儀式時，總是要以小五芒星驅逐儀式作為結束。每次都應如此！若能再進行六芒星驅逐儀式更好。

**注意事項**：如同在小五芒星驅逐儀式中，五芒星應以藍色繪製，且它們相連的線條為白色。精神輪軸也應與相連於五芒星的線條一樣呈現明亮的純白光芒。寶瓶座符號應為黃色，象徵風元素。獅子座印記應為紅色，象徵火元素。老鷹符號應為藍色，象徵水元素。最後，金牛座符號應為帶有反光色澤的黑色，象徵土元素。

若這個儀式以驅逐形式進行，則五芒星內會使用相同符號，但將會換成驅逐形式的五芒星，而精神五芒星則採用其封閉形式。

你可能注意到我沒有提及在此儀式中使用特定的工具。此時，請使用匕首。然而，隨著課程的進展，你將發現，沒有一種特定的魔法武器（weapon）如同匕首與小五芒星驅逐儀式相關一樣，與這個儀式緊密相關。

當然，完成儀式後，請在你的儀式日記中記錄所做的一切和你的體驗。

在接下來的頁面，你會找到這個儀式的摘要。應當對大五芒星召喚儀式有所學習，能夠記住更好，但它不會是日常魔法工作的一部分。學習的過程中，你可以考慮將摘要影印一份隨身攜帶。如果你需要更多資訊，或者為了學習的方便，可以將它抄寫在卡片上。卡片因為是硬紙板製成，比紙張更不易折損，也比較好操作。有些人喜歡使用傳統的3×5英寸卡片，但我一直覺得它們太小了。我更推薦4×6英寸的卡片。它們雖然只大一點點，卻意外地提供了更多書寫空間。當然，如果你想使用其他卡片類型的工具，嘗試不同尺寸，看看哪種最適合你。

## 大五芒星召喚儀式

1. 站在祭壇前，面向東方，進行卡巴拉十字儀式。
2a. 在繪製精神元素的平衡主動五芒星時，振動念誦 **EXARP**。
2b. 在繪製輪軸符號時，振動念誦 **EH — HEH — YEH**。
3a. 繪製風元素的召喚五芒星，同時振動念誦 **ORO IBAH AOZPI**。
3b. 繪製寶瓶座符號並振動念誦 **YHVH**。

*沿線至南方*

4a. 繪製精神元素的平衡主動五芒星，振動念誦 **BITOM**。
4b. 在繪製輪軸符號時，振動念誦 **EH — HEH — YEH**。

5a. 繪製火元素的召喚五芒星，同時振動念誦 **OIP TEAA PEDOCE**。
5b. 繪製獅子座符號，振動念誦 **EL — OH — HEEM**。

### 沿線至西方

6a. 繪製精神元素的平衡被動五芒星，振動念誦 **HCOMA**。
6b. 在繪製輪軸時，振動念誦 **AGLA**。
7a. 繪製水元素的召喚五芒星，同時振動念誦 **EMPEH ARSEL GAIOL**。
7b. 繪製老鷹符號，振動念誦 **EL**。

### 沿線至北方

8a. 繪製精神元素的平衡被動五芒星，振動念誦 **NANTA**。
8b. 在繪製輪軸符號時，振動念誦 **AGLA**。
9a. 繪製土元素的召喚五芒星，同時振動念誦 **EMOR DIAL HECTEGA**。
9b. 繪製金牛座符號，振動念誦 **AH — DOH — NYE**。

### 沿線返回東方，完成並封閉魔法圈

10. 回到祭壇後的原始位置，面向東方。進行召喚大天使和卡巴拉十字，如同小五芒星驅逐儀式中所做的。
11. 在練習這個儀式時，**總是**要以小五芒星驅逐儀式作結。
12. 在你的儀式日記中記錄你的體驗。

# 第七部分

我想再次探討卡巴拉的四界。這四個世界代表了四個層面或四種存在層次。用英語來說，這四個層面分別是物質、情感、心智與精神。

物質層面對應於最低的行動界（Ahssiah）；情感層面與形塑界（Yetzirah）相關；心智層面相當於創造界（B'ri — yah）；精神層面則與原型界（Atziloot）相關。此時，你或許會想再閱讀先前課程關於四界的描述。

有其他系統認為存在著更多層面,有的主張七個層面,有的認為有三十三個層面,或是再更多。有些人認為只有一個其他層面存在,唯物主義哲學則主張,除了我們日常生活中所經歷的物質世界外,沒有任何其他層面。我們很快會開始學灰魔法,雖然白魔法的實踐需要對所有卡巴拉世界(特別是原型界的精神世界)有所了解,但在灰魔法中,除了物質層面之外,只有一個其他層面是我們所關注的,那就是情感層面,卡巴拉的形塑界。

你應該記得,形塑界亦被視為所謂的「星光層面」。正如我在探討四界課程中所提到,形塑界,即星光層面,被視作「物質宇宙中一切存在事物的基礎」。你可能曾經忽略了這段引言,或對於星光層面成為物質宇宙中一切事物(當然包括我們世界中的所有人和事物)的基礎這一觀點感到不解。這讓我有機會再次提醒你,要不時回顧以往的課程。每當你重新閱讀這門課程時,都會有新的收穫。它們不應只是閱讀然後遺忘。如果你真的仔細思考過,或許會意識到那堂早期課程中的引言可能是你讀過的最重要的一段話。實際上,它很可能是你人生的轉折點。

## 為所有人帶來幫助

在《現代魔法》的首版中,我努力清晰地闡述我所分享的內容是西方神祕傳統中的魔法。這些分享的內容對我非常有用,對許多學生也同樣有效。

我還介紹了此傳統的不同變化,並特別強調了兩點。首先,僅僅模仿他人的做法並不構成真正的魔法,那僅僅是盲目崇拜。其次,這是一個需要不斷演進的傳統。如果停滯不前,它們就會變得陳舊。魔法是一門充滿生命力、需不斷探索與實驗的科學,而不是一成不變、刻在石頭上的古老教條。之所以稱之為傳統,是因為它對許多人來說都是有效的。

有一次,我在網路上與一個人辯論,他認為,魔法的重點在於實踐,而不是它實際上帶來了一些變化。我對此回應說,如果真是那樣,那麼執行魔法就毫無意義了。我更認同克勞利在《律法之書》中的看法:「成功即是最好的證明」。對此,他回覆說我根本不懂,之後就不再理我了。

> 也許我真的不懂，但我所知道的魔法傳統，是圍繞著實用與成功，而不是做一些毫無成果的事。
>
> 重點是，我只是個普通人，適合我的方法可能不適合所有人。但適合你的方法，也許會適合其他人。以前我還定期開設一系列課程的時候（現在我大多只辦個別工作坊），大家就有比較多的時間分享他們的經驗。
>
> 我非常樂意聽見其他人的做法！他們分享了我從未想過的點子。他們帶來了不同的元素和創新，使魔法更為有效。在課程的早期，我曾建議每個人都繪製一套生命之樹，每棵樹都按照不同的卡巴拉色階來上色。我過去會指派這項任務給班上學生。每一份提交的作品雖有其獨特性，但都遵循了相同的標準。這是他們用自己的方式詮釋，藉由這些作品的分享，讓人們看到即便遵循傳統，也可以保持獨立和個人的獨特。我認為這是一個重要的過程。
>
> 當《現代魔法》第一版出版時，我無法分享所有傳統的變化版本。因此我沒有提及這方面的內容。但是現在每個人都可以分享他們所學到的東西了。這得益於有史以來最強大、最有魔力的工具——當然，我指的是網際網路。
>
> 我鼓勵你建立自己的網頁、網站，分享你的經驗、工具、繪畫和冒險故事。或者，你也可以在社群網站上這樣做。當我分享每個人的生命之樹時，我的態度並非判斷哪個對哪個錯，而是想展示創新和變化是可能的。我希望你也能以同樣的態度來分享你的成果，不是指出別人的錯誤，而是指出他們多有力量與多樣。
>
> 透過這種簡單的分享方式，你將能幫助到世界各地的魔法實踐者。

這段引言簡單闡述了所有灰魔法的基礎。為了全面理解其重要性與內涵，我們需要重新審視輪迴。然而，這次我們將從一個不同的角度來探討它。我們需要思考一個我們都曾經提出的問題：「我從何處來？」

顯然，人類不僅僅是由肉體、骨骼和血液構成的，還有一種能量賦予身體生命。正如卡巴拉中所述，這種能量被稱為 Ruach。但只有被 Ruach 賦予生命的肉體還不足以構

成一個人。真正使你與其他生命體不同的，是你的性格和人們普遍所稱的「靈魂」。

靈魂和性格並不相同。性格與你的自我有關，或者說是卡巴拉術語 Ruach 中的個性層面（不要與同名的生命能量混淆）。用佛洛伊德的術語，靈魂是超我；在卡巴拉術語中，它是 Yeh — chee — dah，意即你的高我。（是的，這聽起來很複雜，甚至有些混亂。多讀幾遍，仔細思考。做些筆記。如果還是不明白，就先放一兩週再回來看。當你重新閱讀時，你會有新的理解並更有信心，因為它會變得更加清晰。）

根據卡巴拉的說法，當你死亡時，身體隨即開始凋零，進入「Shee — ool」。順帶一提，「Shee — ool」在《塔納赫》或猶太聖經中通常被翻譯成地面（ground）或大地（earth）。然而，在某些情況下（當翻譯者希望表達「假如你死時是罪人，你將受到懲罰」的觀念時），相同的詞被翻譯為「地獄」。但卡巴拉中並不存在永恆懲罰的概念。根據卡巴拉和《塔納赫》的準確翻譯，並沒有地獄的存在。

卡巴拉傳統認為，當你經歷死亡這轉變時，性格（自我或 Ruach）並未完全意識到發生了什麼，在突然或創傷性死亡的情況下尤其如此。死者的個體，突然從物質身體中脫離，傾向於在身體（位於 Shee — ool，即墓地）和死者以前的住所之間徘徊，持續七天。傳統上，猶太人會在家庭成員去世後的一週內留在家中。在希伯來語中，數字七的詞彙是 sheevah，這種做法通常被稱為「坐七」(sitting sheevah)。並且家中的鏡子需要覆蓋遮住，以免靈魂返回時看到自己死亡的模樣感到震驚。

遵循這種儀式的許多現代猶太人，其實不知道儀式的真正目的。它的目的跟埃及和西藏的《死者之書》相同，都是要告訴靈魂，它已經經歷了「死亡」的轉變，可以自由地向前邁進。類似《死者之書》的希伯來文文本很可能曾經存在過，但就跟大多數梅爾卡巴密契主義的文獻一樣，可能都已失傳。

根據卡巴拉傳統，經過大約一週左右，靈魂會開始意識到發生了什麼，最終消散成虛無（記住，它不是不朽的）。然而，擁有極度強大意志的靈魂，可以讓自己停留在半實半虛的世界。這可能就是一般所說的「鬼魂」現象成因之一。

不建議讓自我（Ruach-ego）在死亡後長時間存在。這是因為自我與高我之間有著重要連結。將自我束縛於物質世界會阻礙高我進入輪迴，也阻礙最終實現與神性合一更崇高的目標。因此，卡巴拉學者通常不贊成唯靈論（spiritism）和精神主義（spiritualistic）的實踐。與已故親人溝通（如果真的是與他們對話的話）會使自我繼續維繫於物質層面附近，阻礙必要的演進。

正如我之前所述，高我是你與神性的連結。實際上，它不僅僅是連結：它其實是神的一部分。這就是為什麼我們說人是按照神的形象創造的。神性是我們的一部分。神不

是坐在雲端寶座上有鬍子的老人。

但由於我們凡人心智無法知曉的原因，大多數人類失去了與這種聯繫的有意識認知。為了重新確認我們內在存有一部分神性，我們必須進化我們的意識。這與脫離因果（Tee — koon）一起，成為生命輪迴的目的。

正如之前的課程所述，我們的記憶如同自我一樣，並非永恆不朽的，大部分隨著我們的肉體而消亡。但其中重要的就是我們需要學習的課題，我們不僅是要與神性（即瑜伽一詞本意）相連，而且能真正重返於神性本源，這些才是會被記住的。可惜的是，一世通常不足以學習所有必要的課題，讓我們能夠與神性合一而不再輪迴。地球上的每一世都是為了學習一個或多個課題。如果你在這一生中沒有學會它們，那麼當你輪迴時，仍然需要再次學習。

有時需要學習的課題已為我們展示，但終究沒能通過考驗。之後經歷相同課題時又再次失敗！作為一名認證的塔羅牌大師，我曾經常參與各種靈性市集。通常每次在博覽會上都至少會遇到一次：一名年輕女性，通常帶著一個嬰兒，向我講述這樣的故事：

「當我開始與＿＿＿＿同居時，他對我非常好。我們有兩個可愛的孩子。但幾年後他開始酗酒，開始和其他女人交往，也開始虐待我跟孩子。我受夠了，我忍了三年。最後，我終於帶著孩子搬出去，也找到工作。大約過了六個月，我遇到了一個很好的男人。他搬來和我一起住，也與孩子一起生活。但最近他也開始酗酒，他也開始跟女人交往，並且還打我跟孩子。我要怎麼做才能讓他變回以前的模樣？」

當然，男性也有類似的情況，只是他們通常會允許自己被操控，直到無法再忍受自我受到傷害，而不是身體上遭受的虐待。有時，人們會告訴我同樣的故事已發生在他們身上四五次。

對那位女士來說，可以學習到的課題有很多。通常這類情況源於自我價值感不足，以及需要培育自尊並善待自己。上述例子還顯示了另一個課題，就是認出是什麼吸引你進入這些糟糕的情況，以及什麼樣的特質會吸引爛人接近。具體故事有許多細節，而每個細節都揭示了更多可以學習的課題。

黃金黎明會則是會建議尋找你的神聖守護天使，找出你需要學習的課題，這樣你就不必在這一世或來世再度經歷相同的課題。這就回到了（終於）我們最初的問題：你是如何來到這世界。

顯然，精子與卵子的結合不僅產生了物質身體，而且在大多數的情況下，也為胚胎注入了 Ruach 的能量。但你的靈魂，真正的、永恆的你，是從何而來？

既然你的靈魂與神性本源直接相連，很明顯你的靈魂也必然與全知的神，全能知曉

的一切聯繫。當自我消逝後,靈魂便從自我的束縛中解放。它可以透過與神性的直接聯繫自由學習,並確切地發現下一次輪迴中需要學習的課題,最終達到不再需要輪迴的理想狀態。在不受時間和空間的物理定律束縛下,你未來的靈魂將尋找一個「家」——一個能讓它實際學習必要課題的身體。

根據卡巴拉的教導,靈魂是在人體首次呼吸時與之結合,而不是在更早。在此之前,靈魂會守護並保護形成中的胎兒。尋找合適的身體可能僅需幾小時,但有時也可能長達數年。

當男女做愛時,他們會產生一個能量漩渦,吸引著等待輪迴的靈魂。如果性行為是出於靈性和愛,將會吸引一個需要培養並能在靈性家庭中成長的的靈魂。相對地,如果是來自憎恨和憤怒做「愛的行為」,則會吸引到需要如此待遇的靈魂。難怪大多數對孩子施暴的人,自己小時候也曾被虐待。難怪大多數因嚴重罪行入獄的人,都是受虐兒童。但這並不意味著一個受虐待的童年必然導致暴力的一生。實際上,某些人可能就是需要學習克服暴力,才輪迴到需要存在暴力課題的環境中,以便能夠克服這一切。順帶一提,卡巴拉還有一個有趣傳統認為,有時多個靈魂會爭相進入一個特定的身體。

## 《塔納赫》是什麼?《舊約》去哪裡了?

如果你曾經讀過《現代魔法》的第一版或第二版,可能會對我在這一版中不再使用「舊約」一詞感到奇怪。這其中有一個重要原因。

猶太聖經由好幾個部分或書卷組成,當然,最著名的部分是前五本書,即人們所稱的《妥拉》。當你走進猶太會堂看見《妥拉》卷軸被拿出來,那裡的文字只是聖經的前五本書,而非整部聖經。在猶太人中,整部聖經的專門名稱是《塔納赫》。

對虔誠的猶太人而言,《塔納赫》是猶太教的核心。然而基督徒則將其稱為《舊約》,認為其已被他們精彩的《新約》所取代。這種用法如此普遍,以至於連猶太人現在也常將《塔納赫》稱作《舊約》。

然而對猶太人而言,《塔納赫》是一份靈性的文獻,既不古老,也非過

> 時。他們不需要「新約」，而且認為這對他們的信仰已經足夠，謝謝！
> 　　把猶太人的聖書《塔納赫》稱作「舊的」，事實上是在貶低其內容、貶低猶太信仰以及猶太人自己。這基本上是一種反猶太的用語。的確，我之前使用過這個詞。但我們都在成長與向前發展，在我們演進的過程中逐漸擁有更深的理解。因此，在這門課程中，對我個人而言，它是《塔納赫》，不是「舊約」。
> 　　有些人可能會說我這種改變只是為了「政治正確」。我會謙卑地表示不同意見。我選擇避免反猶太用語，我選擇追求準確表達。如果這被視為「政治正確」，那就隨他們去說吧。我無意冒犯任何特定群體，但我也清楚有些人光是看到這門課程的出版就感到被冒犯。
> 　　抱歉啦，老大！

如前所述，你的靈魂，或者我們稱之為「靈魂意識」，會逐漸處於較次要的地位，變成服膺於新興的自我和人格。事實上，靈魂意識沉降到如此程度，以至於隱退到潛意識的層面。

因此，你的潛意識正是與神性連結的橋樑。這也是為什麼真正的冥想能夠顛倒這種秩序，使潛意識重新成為主導（這裡指的不是佛洛伊德所描述的潛意識表層，而是更深層的「靈魂意識」）。這樣的冥想讓你了解自己與神性本源之間的連結，並利用這一連結獲得所有智慧與知識。它能讓你找到看似無解問題的答案。此外，這種深層的潛意識，即你真正的「靈魂意識」，位於所稱的星光層面：卡巴拉的形塑界。如果你擁有另一個靈魂，你將不會是現在的自己。你存在於形塑界、星光層面的那部分，在你的物質身體形成之前就已經存在。

實際上，我們物質層面上所看到的一切：卡巴拉的行動界，都有其在形塑界的對應物，這對應物通常被稱作星光體（astral body）。每個人都擁有星光體或星體化身（astral double），動物、植物或礦物也是如此。每一事物都有一個先於物質存在的星體化身。你擁有星光體，不是因為你有物質身體，而是因為星光體已然存在，它在尋找一個新的「家」，你才有物質身體。當你的靈魂在身體首次呼吸之前等待進入物質身體時，它正在

建立與物質身體之間的連結,這個連結便是星光體。**任何事物在物質層面的存在,首先必須在星光層面有其對應存在!**

因此為了創造任何事物並將其引入你的生活,你所需做的就是在星光層面上創造。這是所有灰魔法的核心原則。灰魔法之所以有如此多的類型,是因為在星光層面上創造事物的方法繁多。不久,你將會學到其中的一些技巧。

在這門課程的這個階段,如果你還沒有這樣做,我建議你暫停一下,至少簡單地研究一本其他作者的書籍,該書應涵蓋本課程的任一主題。一名真正的魔法師不會盲目跟隨任何人的言論。他像科學家一樣,會探索任何和所有可能的途徑。魔法師不會被任何教條或成見所限制。這就是魔法師被視為危險人物的原因。一名真正的魔法師不會輕信那些宗教和政府領袖為了控制群眾和製造恐懼而散播半真半假的言論及謊言。魔法師總是保有自由,而自由總會讓專制者感到恐懼。

# 第八部分

在接下來的幾頁裡,我將談論你在魔法訓練中一個重要的部分:身體適能和健康。在你決定跳過這一部分之前,讓我先解釋,我絕不是在談論長時間艱苦的重量訓練,直到你看起來像阿諾·史瓦辛格那樣!我在這裡將討論的完全是另一回事。

首先,讓我們來看看「健康」這個概念。究竟什麼是健康?如果你詢問一位醫師,他(她)會告訴你一些關於生命徵象、血壓、膽固醇和三酸甘油酯水平等。但這些其實並不直接代表「健康」,它們更多是缺乏疾病和預防疾病的指標。即使在西方醫學的標準下你沒有疾病,你也可能不是真的充滿活力和健康。

| 健康 | 2 |
|---|---|
| 疾病 | 1 |
| 死亡 | |

## 健康水平

上面的圖表顯示，即使你的健康狀態高於疾病出現的點（第1點），你仍可能未達到真正健康的狀態。有些人的健康狀態僅僅超過疾病線（第1點），因此沒有疾病發生。但環境中微小的變化就可能導致他們的健康狀態跌落至疾病線以下，進而患上感冒或流感，甚至是更嚴重的疾病。

你是否認識某些人，似乎每隔幾週或幾個月就感冒一次？這是因為他們僅將健康狀態提升到第1點。如果你的健康狀態維持在健康線（第2點）以上，即便有些小變化，對你的健康影響也不大。要讓你的健康狀況降至疾病線以下、使自己易受疾病侵襲，需要經歷重大的變化。因此，達到高程度健康狀態的重要性顯而易見，尤其對於可能在溫度劇變的魔法圈長時間工作的魔法師來說。（是的，我們還沒有做過這樣的事情，但我們將會進行！）

如果你詢問醫師健康是什麼，你得到的回答可能會是描述非疾病狀態的內容。那麼，真正的健康跡象是什麼呢？

在西方醫學中，目前我們還沒有一個明確的健康定義，儘管整體健康（holistic health）從業者正在嘗試確立這一概念。這一直不是西方醫學的重點。現在，要回答這個問題，我們轉向查看中國傳統醫學的看法。

根據我的指壓治療老師特克醫師所說，古代中國人認為健康有八個跡象，醫師的目標是在病人身上最大化這些跡象：

## 傳統中醫的八個最佳健康跡象

1. **活力**：意味著擁有充滿活力的生活，這應該從你的步伐和眼神中就可看出。你的腳步應該輕快，並且有足夠的能量去做任何必要的事。
2. **食慾**：不僅指飢餓時對食物的渴望，還包括對新經驗、新學問，甚至對性的渴求。這或許更適合稱作「對生活的熱情」。
3. **深度睡眠**：傳統中醫認為每晚只需四到六小時的睡眠。這並不是說減少睡眠是擁有健康的方法，而是指隨著健康狀態提高，你所需的睡眠時間會減少。然而，如果你經常需要每晚十到十二小時的睡眠，你可能需要看醫師，因為這或許是健康出了問題。

請注意，中醫不僅看重睡眠的量，還看重睡眠的質。在這一傳統中，「良好

的睡眠」通常是指無夢的睡眠。當然，這是一種誤解。它可能意味著不帶有困擾的夢境。但我也有過晚上睡眠後醒來感到疲倦的經驗，你有過嗎？這顯然不是良好的睡眠。

4. **良好的記憶力**：這意味著擁有良好的短期與長期記憶。與西方觀點相反，古代中國人認為隨著年齡增長，你的記憶力應該變得更好，而不是退化。老年不應該是記憶力衰退的原因；疾病才是。中醫還認為，你應該對過去、現在和未來都保有良好的記憶。現在記憶指的是短期記憶，過去記憶是長期記憶，未來記憶則是記住幾個月或幾年前我們為未來設立的計畫、目標和夢想的能力，以及我們應該仍在努力實現這些目標。

5. **幽默感**：健康應該有良好的幽默感，尤其是能夠嘲笑自己和周圍的世界。就像我的朋友所說：「不要把生活看得太認真……反正你也不能活著離開！」

6. **無限的奉獻**：這並不意味著你應該放棄所有財產和金錢。更準確地說，健康意味著你應該能夠奉獻自己的一部分給朋友和有需要的人，同時也能夠為自己投入時間和精力。

7. **清晰思考與精確行動**：這表明健康的一個跡象是能夠迅速洞察問題、果斷決策，並在不過度考量各種可能性和選擇的情況下迅速採取行動。恐懼和拖延被視為與身體能量系統失衡相關的疾病。此外，健康也意味著擁有通常準確的直覺和心靈能力，並且能夠意識到並運用這些能力。換句話說，快速做出並證明有效成功的決策，也是健康的一種表現。

8. **萬物合一的實現**：這是最佳健康狀態的跡象。它意味著你所有的夢想都即時實現——有時甚至在你意識到自己的願望之前就已經實現了。換個角度來說，最健康的人擁有天生的魔法師特質。

請不要因為你不完全擁有這八種品質就認為自己身體虛弱或即將死去！放下那些藥物，別再給心臟去顫器充電了！這八個健康跡象是值得我們努力追求的目標，它們代表了健康的最佳狀態。雖然我們可能無法完全實現所有目標，但你仍然可以把它們作為追求的方向。

在本課程中，我們將重點放在第一個品質：活力。這不僅包括身體活力，還包括身體能量的活力。為此，我要介紹一份稱為***啟示之眼***的不尋常手稿。

我對這份神祕的手稿早有耳聞，且尋找了數年。如今，它已廣為人知，並圍繞它形成了一個小產業，但當我最初研究時，資訊非常稀少。

這份文件中的練習被稱為「西藏五式瑜伽」（Five Tibetan Rites），有時也僅稱為「西藏五式」。這些練習在神祕學者的祕密圈子中流傳已久。我對這些儀式有所了解，但一直在尋找原始書籍。最終，它的第一版落到了我的手中。這本由彼得・凱爾德（Peter Kelder）於1939年所著的精簡小書，講述了一位老人訪問印度寺院時，學到了一些魔法儀式（更像是身體鍛鍊的動作）的故事，這些儀式使他恢復青春，甚至把後來的他誤認為他的兒子。

坦白說，我對這個故事的真實性持保留態度，因為其中有許多內容似乎是虛構的。此外，我最近也發現另一本同樣罕見、版權年分同樣為1939年的精簡小書，由埃米爾・勞克斯（Emile Raux）所著，名為《Hindu Secrets of Virility and Rejuvenation》，其內容與凱爾德的書幾乎相同，但未包含那個可疑的故事。我詢問了一些專家，但沒有人能確定哪本書更早出版。我猜測勞克斯的書出版得更早，因為它包含了照片，而凱爾德的書只有插畫，這些儀式也與某些印度哈達瑜伽形式有相似之處。此外，據我所知，儘管有一位喇嘛聲稱它們是印度—西藏密宗傳統的一部分，但沒有其他藏人承認這些儀式是任何藏傳實踐的一部分。

不論來源如何，也不論這些練習背後故事的真實性有多少爭論，我知道許多人透過實踐「西藏五式」而成功改善了健康狀態，這一成就無可否認。它們不僅對身體有益，也對非物質的能量系統有正面影響。「西藏五式」的具體指導將在接下來的幾頁中展示。

就像任何鍛鍊計畫一樣，開始前你應該先諮詢醫師，特別是如果你長時間沒有鍛鍊或身體狀況不佳的情況下。進行這些練習時，不應勉強自己，儘管你可能會出汗。只做自己能夠承受的數量，並逐步增加。切勿強迫自己。

西方人經常面臨的一個問題是追求完美。我們渴望每件事都達到完美的境界，一旦有所不足，我們便難以接受。在進行這些練習或儀式時，盡你所能做到最好。但如果你無法完美地完成一次儀式，那就不完美地做一次。重點是去做。

## 練習真的能成就完美？
## 還是
## 降低期望以達到更大的成功

「練習成就完美」這句話，我們聽過無數次。無論是在難以掌握的技能上，或是不想學習的課程中，這句話不斷被重複，直至我們將其視為定律。但它有一個問題：

**這完全是謊言。**

練習從未使任何事情變得完美。練習只是不斷重複，直到它成為一種習慣（記得吧，通常這需要持續二十一天）。因此，如果你長時間錯誤地練習，你就會養成錯誤的習慣。其實，練習並不能使事物完美。只有完美的練習才能使事物完美。這就是為什麼音樂家會拆解樂曲，專注於困難的部分，直到他們能夠完美地演奏這些部分，然後再演奏整首樂曲。

**記得，只有完美的練習才真正成就完美。**

還有一點對理解這個概念很重要。當你說你將要做某事並且成功完成它時，你的潛意識會將這種成功感擴展到你生活的各個層面。你的心中會認為「我是成功者」，進而推動你在所有方面都取得成功。相反地，如果你在某件事上失敗，你的心智會將「我是失敗者」的觀念帶入生活的其他領域。在一件事上失敗的人往往也會在其他方面失敗。

顯然，你很聰明（你畢竟買了這門課程，對吧？），所以你肯定想在生活的各方面都取得成功。關鍵在於設定合適且可實現的目標（課程稍後會有更多講解）。然而，一個容易成功的方法就是降低你的期望。

既然我們即將討論健康，就假設你決定去健身房。也許你會定下新年目標：「我每週要去健身房五天。」你可能認識一些這樣做的人。我猜大多數人，如果不是全部，最終都會失敗並放棄。許多健身房都是依據這樣一個假設經營，即大多數人在報名幾個月後就會停止去健身房，但仍會繼續繳納會費。

> 讓我們來看看什麼會發生。生活總是充滿了變故。不久，你就錯過了一天，那週你只去了四次健身房。既然已經失敗了，你可能會覺得索性放棄好了。大多數人都是這麼想的。
>
> 所以讓我們轉變思維，把目標改為每週至少去兩次，但你開始每週去五次。你不僅成功了，還超出了自己的目標。而且，超越目標的感覺真的很好。
>
> 接著，如果遇到問題導致一週只能去健身房三次。即便如此，你仍然是成功的，超越了目標。這就是透過降低期望達到更美好生活的方式！

西藏五式應該每天進行一次，每週最多只能休息一天。如果你為自己設定了目標，卻無法完成某個特定練習的所有重複次數，可以在當天其他時間補做未完成的次數。一旦熟練後，這套完整的練習每天不會超過十分鐘。

進行儀式時，別忘了呼吸！在練習中身體收縮時應吐氣，在伸展或放鬆階段則吸氣。盡量不要喘氣。

最後一點思考，許多涉足儀式魔法的人很快就感到失望，因為他們發現由於缺乏知識或天賦，無法迅速掌握魔法。或者，他們發現進行魔法所需的學習、練習和工作遠超出他們願意投入的時間。我認為，大多數人對魔法的真實內涵有著不切實際的期望，這是受到電影和電視中荒誕表現的影響。也受到宗教和偽神祕學團體散播的謊言的影響。有人以為只要穿上黑袍，唸幾句奇怪的咒語，揮揮手，就能施展魔法。但正如你在這門課中所學，這與事實相去甚遠。

在這門課程中走到這一步，你已在魔法和神祕學的道路上堅持不懈，而許多前來的人不是已經動搖、已經失敗就是已然放棄。你，應該為自己感到自豪。

下一課將是關於白魔法的最後一課。從第七課開始，我們將深入探討灰魔法的技術和實踐。這些方法將使你能夠在自己的生活及周圍人的生活中帶來正面的改變。

你在這五課以及下一課中所進行的練習，都是特別安排用以準備讓你執行灰魔法。如果你無法熟練執行這門課程中的儀式，將難以成功地施展灰魔法。這並不意味著過去幾個世紀中練習灰魔法的成千上萬人被欺騙，只因他們認為「魔法不起作用」。更精確地說，這意味著你需要更多的準備和練習！

# 西藏五式

**第一式**：這是最簡單的儀式，但不要低估它的重要性。站直，雙手伸直向兩側伸展。接著順時針方向（由左至右）旋轉，直到你感到略微頭暈。當你第一次嘗試這個動作時，可能只能旋轉三到六圈，但在十週之內，你應該能夠達到二十一圈，這是你需要達到的最大次數。

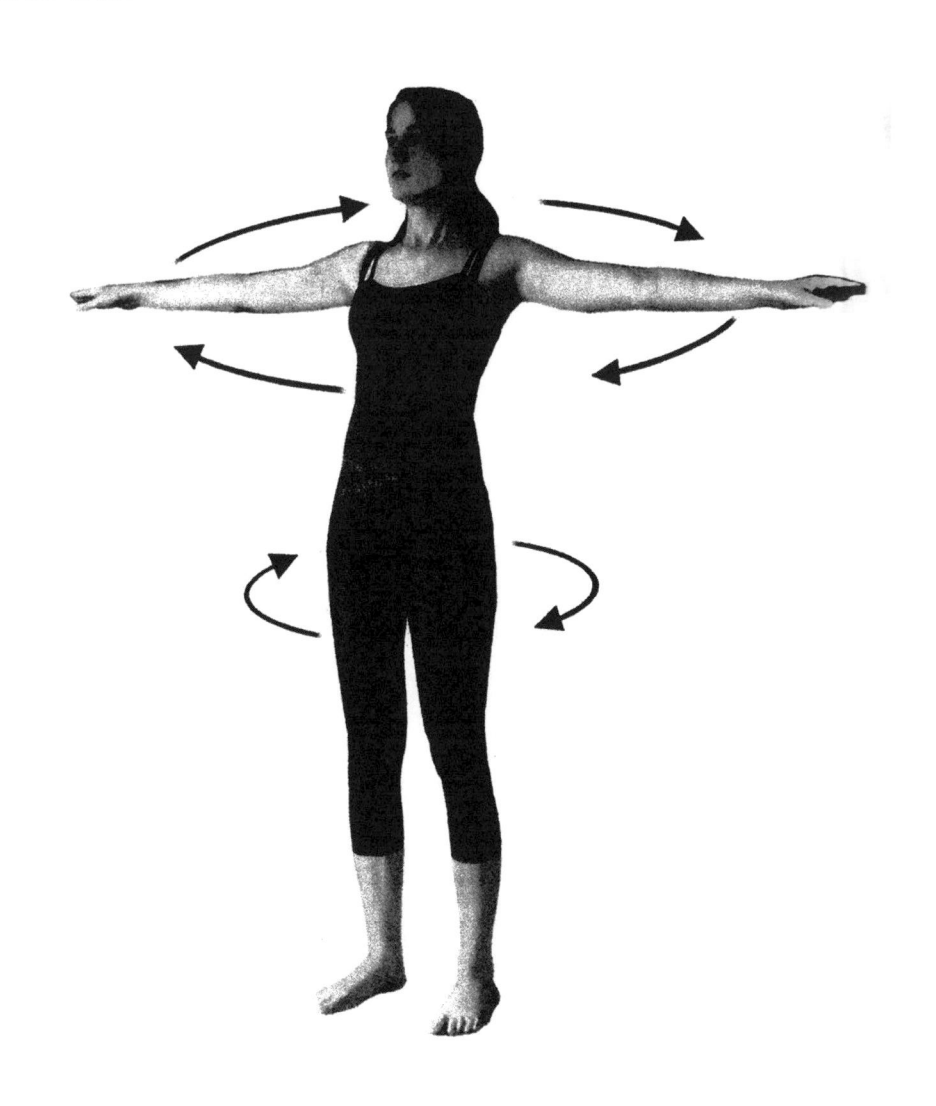

**第二式**：在這個練習中，請躺平在平坦的表面上，雙腳併攏。雙手掌心向下，手指併攏，稍微向身體中心側傾（見上方插圖）。從地面將雙腿抬起直至垂直，甚至更好的是超過身體中心線。同時下巴貼近胸部。然後慢慢降低雙腿和頭部並放鬆。盡可能多重複此動作，但勿過度強求。目標是達到二十一次。如果一次也無法完成，試試看彎曲膝蓋的情況下能做幾次。

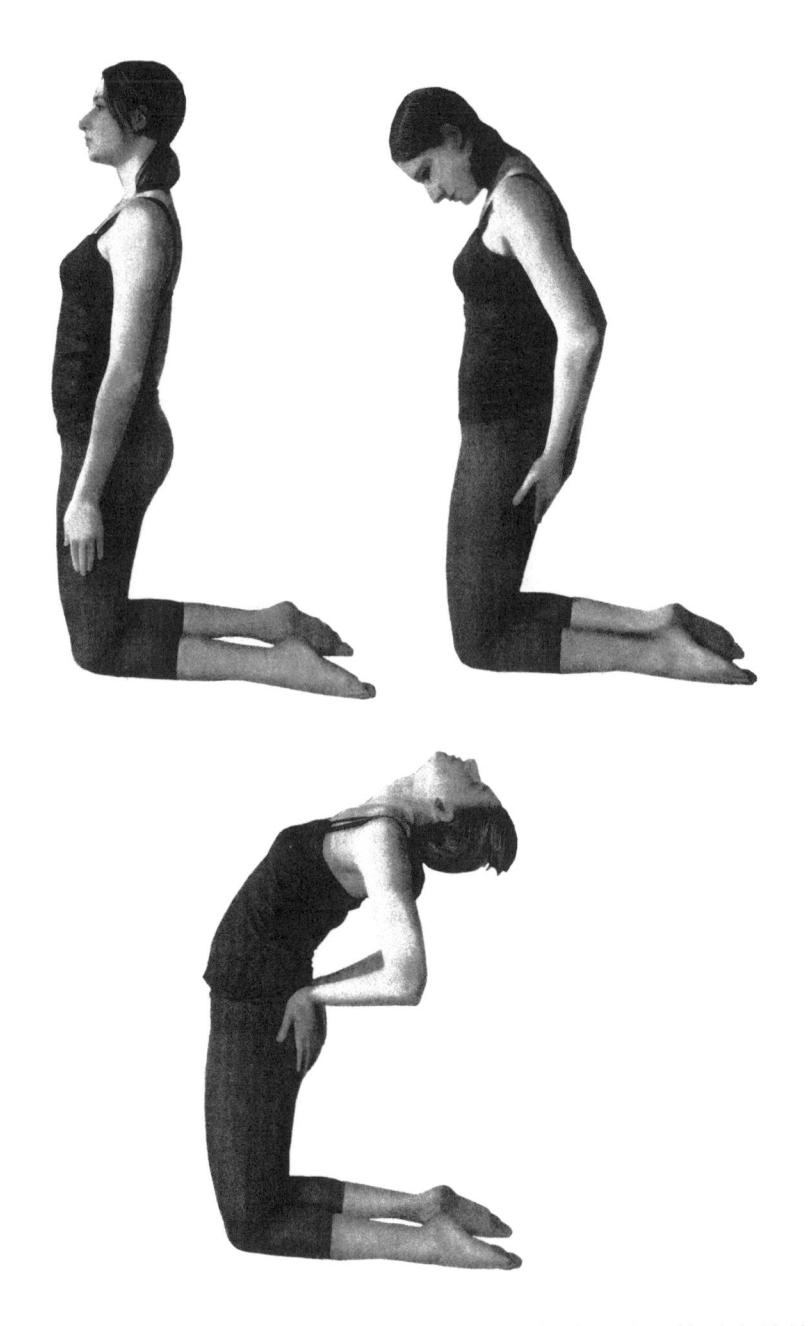

**第三式**：這個姿勢應緊接第二式之後進行。跪在平坦的表面上，雙手自然放在身側，掌心朝內。盡量前傾，同時保持平衡，確保下巴貼近胸部。接著盡可能向後仰，頭部放鬆向後。重複這個動作，目標是二十一次。

**第四式**：坐在平坦的地面上，雙臂放在身側，手掌貼地。然後抬起身體，膝蓋彎曲，使軀幹像桌面一樣平放在手臂和腿上。開始動作前，下巴應碰觸胸部。隨著身體上升，頭部自然向後仰（見插圖）。完成後回到起始姿勢。與其他式一樣，目標是二十一次。

**第五式**：面朝下躺在地上，雙臂和雙腿各分開約六十公分。將身體，尤其是臀部，向上推至盡可能高的位置。確保下巴觸及胸部。然後讓身體下沉至下垂位置，頭部向後仰。理想情況下不要接觸地面，但如果需要也可以。目標同樣是重複二十一次。如同其他練習一樣，給自己十週時間來達到這個目標。

# 複習

為了幫助你確認是否已完全掌握「第五課」的內容，以下列出了一些問題。在不參考課文的前提下，請試著回答這些問題。（答案可以在附錄二中找到）

1. 水元素具有哪些特質？
2. 列出進行玫瑰十字儀式的五大理由。
3. 在什麼情況下可以用玫瑰十字儀式來替代小五芒星驅逐儀式？
4. Ruach El — oh — heem（聖靈）對應於哪個希伯來字母？
5. 前世經驗可能包含哪三種形式？
6. 三角形和十字架各自象徵什麼？
7. 請繪製代表風、土、火、水元素的召喚與驅逐五芒星。
8. 能夠賦予隱形能力的儀式是哪一個？
9. 什麼是「替代贖罪」(vicarious atonement)？卡巴拉學者是否相信它？為什麼或為什麼不？
10.「果報」的希伯來語單字是什麼？
11. 什麼是「坐七」(sitting sheevah)？
12. 任何事物存在於物質層面之前，首先必須存在於哪裡？
13. 列舉八個在中國傳統中的健康跡象。

以下問題，只有你自己能回答。

1. 你是否正在進行所有必要的儀式？
2. 你是否正在嘗試其他儀式和技術？
3. 你是否已掌握了水元素？
4. 你是否製作了自己的聖杯？
5. 你是否已透過本課中的儀式致力於魔法生活方式和魔法偉業？
6. 你對輪迴的看法是什麼？
7. 你是否進行過某種形式的身體鍛鍊？

# 參考書目

有關這些書籍的更多資訊，請參閱本書末標註的參考書目註解。

Berg, Philip S. *The Wheels of a Soul*. Kabalah Publishing, 2004.

Cicero, Chic, and Sandra Tabatha Cicero. *The Essential Golden Dawn*. Llewellyn, 2003.

_____. *Secrets of a Golden Dawn Temple*. Thoth Publications, 2004.

Crowley, Aleister. *Magick*. Weiser, 1998.

Kelder, Peter. *The Eye of Revelation*. Booklocker.com, 2008.

Regardie, Israel. *The Golden Dawn*. Llewellyn, 2002.

Shaw, Scott. *Chi Kung for Beginners*. Llewellyn Publications, 2004.

Sperling, Harry, Maurice Simon, and Paul Levertoff（translators）. *The Zohar*（5 volumes）. Soincino Press, 1984.

Winkler, Gershon. *The Soul of the Matter*. Judaica Press, 1982.

# 第六課
## LESSON SIX

---

## 第一部分

---

### 火之元素

在前三課中，我們深入探討了魔法元素的原型。本課將繼續這一模式，專注於四大元素中的最後一個——火。我要提醒你，其實還有一個第五元素：精神。之所以沒有像其他元素那樣單獨討論，是因為它是四大原型元素的源頭。要了解精神元素，我們需要深入理解風、土、火、水這四元素。精神元素其實就是神性的靈魂能量（Ruach, Shakti）。我們只能透過那些神願意我們意識到的神性表現來認識最終的神。神聖源頭的無限性超乎我們所能理解，除非神性選擇有方式讓我們理解。

根據《形塑之書》，從精神中誕生風，自風中生出原初的水，而自水中生出火。土則來自原始水分離成水和土的過程，儘管有些說法認為它是其他三元素的組合。

如果對前三元素的熟悉程度仍不滿意，請繼續進行這些元素的練習一至兩週，然後按自己的節奏進行。但請務必立即開始火元素的練習。

## 火元素的特質是溫暖和乾燥

以下的練習將幫助你在日常生活中更加覺察這種魔法元素。

**練習一**：觀察周遭具備溫暖與乾燥特質的事物，並比較火焰與太陽的熱度和乾燥程度。有趣的是，太陽灼熱的核心常被稱作「電漿」，其描述方式與水的流動性類似。蒸汽中的火元素比一杯水要多，而一杯水內的火元素又比冰還要多。這顯示在某種程度上，火元素和水元素可以共存，即使它們被視為完全對立，被認為應當要互相抵消。那麼，它們怎麼可能在應該相互摧毀的情況下共存呢？答案在於它們各自的比例。大量的水能熄滅少量的火，反之亦然。但即使少量的火也能給水帶來變化，而少量的水也對火有所影響。觀察火元素與周遭其他元素的各種組合，並在你的魔法日記中記錄下來。每天至少持續這個練習一週。

**練習二**：尋找一個極炎熱的地方，像是沙漠或乾蒸桑拿（不是蒸汽浴）。如果不太可能前往這些地方，就去一處有旺盛火焰的地點，如壁爐、燒烤坑或烤架。盡可能脫去衣物（在合法與合理的範圍內），並盡量靠近熱源，但要留意燙傷的風險。若在沙漠中，確保使用高 SPF 係數的防曬乳。對於身體暴露的敏感部位，使用更高 SPF 係數的防曬乳或穿戴保護性衣物。特別是生殖器和女性的乳房，這些部位如果曬傷，會極度疼痛和敏感，這必須避免。

當你身處於難以忍受的炎熱中（但不至於極度痛苦或無法忍受），當汗水自由流淌時，進行放鬆儀式。由於高溫，這可能會有難度，但它將考驗你進行此儀式的能力。然後集中注意力於呼吸，感受熱氣充盈的空氣進出肺部。

如同之前，想像你的整個身體僅是一個龐大的呼吸系統。想像身體每一部分僅有呼吸的功能。意識到皮膚是這個系統的重要組成部分。當你實際吸入空氣時，想像你的皮膚每一個毛孔也在吸入熱與乾燥的火元素。感受火元素於你的身體內流動，進行清潔與淨化。然後當你呼出時，感覺它經由毛孔離開，帶走身體的毒素、疼痛和苦楚。持續進行元素呼吸直到掌握技巧。

**注意**：此練習僅在真正的火堆旁或類似沙漠的地方進行一次。在真正高溫下，絕對不要進行此練習超過十分鐘。進行這種類型的練習時，很容易失去時間感，請設定鬧鐘在十分鐘後響起，或安排朋友在時間到後將你從高溫中帶出。完成後，**立即**喝下一到兩大杯涼水（不要過冷），並迅速離開高溫環境。若你身體曾有面臨高溫的任何症狀，請

先諮詢醫師再進行此練習。此注意事項是為了你的健康和安全，作者與出版商均不會對你在此練習中的錯誤承擔責任。

請記住，這個練習的目的是進行火元素的元素呼吸法，目的不是要讓你被燒傷。在真實熱源旁完成這個練習一次後，你可透過想像熱氣來重複進行。嘗試在一天中不同的時間和地點進行，包括夜晚的涼爽和雨中。如果你開始出汗，這表示你正在取得進展。最初可練習長達一週，之後可根據自己的意願進行。

**練習三**：每天抽出三分鐘（不要超過），**想像自己化身為火**。體會熱度及傳遞熱量的能力。如果你有固定的伴侶，詢問他（她）是否感覺你的吻變得「更熱」（後面會進一步說明）。體驗乾燥感，可能會因此停止出汗（如果你正在出汗的話）。深刻理解火的感覺及火元素的本質。持續這個練習一週。

**練習四**：現在你已經學會「成為火」，下一步是學習如何有意識地控制這種魔法元素。請花點時間，再次想像自己成為火元素，並將上一個練習中的感受帶入你的意識中。接下來，將雙手掌心相對約23至30公分的距離，在雙手之間觀想出現一個瓶子、圓筒或小形容器。接下來，在你呼氣時，想像所有的火元素隨你的呼吸離開，並被儲存在雙手間的容器中，重複三到五次，應該就能夠填滿此容器。如果容器變得太熱而難以「握持」時，就將雙手分開些。一旦填滿後，短暫觀察它。然後，用三次呼吸將其吸回自己體內，回到正常意識狀態。此練習持續約一週。

**測試**：這裡有一個簡單的自我測試，可以讓你了解自己是否不僅與魔法元素火合而為一，而且還能掌控它。這個測試是為了向你自己證明，而不是給我或其他人。如果你沒有通過測試，也沒關係。這只意味著你需要在上述練習做更多的努力，然後你再次嘗試，再次回到這一段進行測試。其實，你也可以隨時進行此測試，但務必在魔法日記中記錄結果。

下次當你感到充滿過剩能量時，理解這是由於你內在火之能量過剩，以至於難以集中精神。試著形成前面的練習中描述的火元素容器。完成後，在你面前的空氣中想像一個巨大的「黑洞」。將火元素容器「投入」黑洞，然後看著洞口關閉，防止任何東西返回。進行三次「黑洞」操作。你的過剩能量應該就會消失，但你應還保有足夠能量完成日常工作。**永遠不要在一天內進行超過三次的火元素黑洞操作**，否則你可能會變得精神枯竭、身體虛弱，增加生病的風險。

當你感到無精打采、缺乏能量時（或者說，缺乏做生活中必要事情的欲望），再次形成火元素的容器，但這次要將容器內的所有內容全部吸入。幾分鐘內，你應該感覺精力充沛、恢復活力。試著用這個方法取代早晨的咖啡。若能量過剩，依前述方式進行黑洞操作。

當你對兩部分測試都感到滿意後，你將明白自己已成為魔法元素火的掌控者。既然這是四大元素中的最後一個，一旦你通過了這個測試且也通過了其他三個，你便成為了元素掌控者。為了向自己證明這一點，以下是一些你可以嘗試的建議：

1. 坐在一個沒有空氣流通的房間裡。點燃一根蠟燭並將其放在房間中央。與蠟燭的火焰融為一體。現在，僅憑意志移動蠟燭火焰，就如同移動你的手臂一樣。對許多人來說，這會出奇地容易。
2. 與一朵雲的濕氣（水元素）融為一體。現在給它增加火元素，讓它向所有方向擴展。雲應該會消失。當沒有烏雲時，白色「蓬鬆」的小雲朵往往是這個實驗的最佳選擇。
3. 在有風的日子，找一個高處，如山丘或高樓頂。與風元素合而為一，直到你幾乎感覺到自己即將升空。然後，開始引入一些土元素的減速力量，並將其擴展到你的環境中。你所在區域的風應該會減緩或是停止。首次嘗試不宜在颱風天進行，請選擇微風。之後，你可能想在暴風中試試。

你很可能能夠設計出更多實驗來檢驗自己對魔法元素的掌握。但我要提醒的是，這裡我建議的是一些相對微小的現象，而非環境中的重大變化。這有兩個原因：首先，這些測試只為證明你能控制這些元素；其次，引起環境的大規模變化屬於灰魔法。影響一大片區域意味著你在干預他人的生活及自然界的規律。比如，你可能為了野餐希望晴天，而試圖結束一場雨。但對於等待雨水的農民而言，這可能意味著災難，並毀掉農民的生計。這還可能導致食品價格上漲，迫使一些人依賴社會福利來應對高昂的食物價格。魔法師必須謹慎行事，特別是當他們的行為影響或可能影響他人生活時。

# 第二部分

# 火之權杖

　　現在，我們來到了魔法師元素工具的最後一項製作——火之權杖。這或許是魔法師最著名的工具。即便是舞台魔術師在表演中也會使用魔杖，沒有其他魔法工具比魔法師的權杖更受大眾關注。

　　有趣的是，許多舞台魔術師不認同真正的魔法。在英國，他們長期以來甚至不稱其為「魔法」，而是「戲法」，舞台魔術師被稱為「戲法師」。但他們依然展現出真實魔法的外表。這些魔術師常說，他們是在扮演真正的魔法師，進行真實的魔法表演。

　　正如真正的魔法師使用各種力量之言，召喚高等靈體或利用振動力量，舞台魔術師也使用類似的詞彙。當然，他們錯誤地暗示只要說出這個詞就會產生某種效果，但我希望你現在已經明白這並非真實，儘管這是另一個話題。

　　「Hocus Pocus」是舞台魔術師中一個非常受歡迎的「魔法詞」。這實際上是天主教彌撒中魔法用語的一個變形，神父舉起聖禮並用拉丁語說：「Hoc est corpus」（「這是身體」）。神父憑藉他的啟蒙和他所持有的權威，以及對拉丁語和彌撒的精通，在「質變」過程中，將聖餅轉化為神的身體。毫無疑問地，將普通餅乾轉化為身體是最高層次的真實魔法。

　　魔法權杖與實踐魔法的人的關聯就像華生與福爾摩斯一樣密切。然而，很少有人見過真正儀式魔法師使用的火之權杖。這個權杖是用來控制或指揮兩樣事物：

1. 魔法之火元素。
2. 魔法師的能量。

　　請看下圖。這是真正魔法師權杖的形狀。這個輪廓看起來熟悉嗎？它實際上是直立的陽具形象！上文提到的能量，是指你在本課程前半部分透過練習和儀式學會操縱的性

▲ 火之權杖

心理能量。那些否認魔法與性心理能量相關聯的人，不是在隱瞞真相，就是對此缺乏了解，或者根本不算是真正的魔法師。

在異教傳統下實踐魔法，許多自稱為巫者的人，使用匕首作為他們的主要武器。他們常用的匕首名稱「athame」可能源自一本卡巴拉書籍《所羅門王大鑰》，在那裡它被稱為「arthame」。而儀式魔法師則使用權杖作為主要工具，但並非火之權杖，而是一種更高等的魔杖，將在本課程後面部分介紹。

在這段期間，你需要製作火之權杖。可以使用圓木棒製作，其長度和粗度依你需求而定，但要確保其尺寸適合擺放在你的祭壇上。有些木材行或五金行可能會有用於家具裝飾的末端件（通常稱為「飾頂」），像是「橡實」形狀的。將其固定在權杖末端，可製成完美的火焰形狀。如果沒有，你也可以用輕質木材雕刻，並利用膠水和圓木釘將它固定在權杖末端。

如果你會使用車床，整支權杖可以從較粗的圓木棒削切而成。若使用兩個木材相連，需先塗上兩到三層底漆，再塗上數層鮮紅色油漆。這些多層油漆有助於將兩個木材固定在一起。切記要讓油漆徹底乾燥。

## 造雲器的故事

還記得威廉・賴希嗎？他是佛洛伊德的追隨者，堅信佛洛伊德最初認為原慾是一種實際能量的觀點。賴希稱這種能量為「奧根」，並聲稱奧根是宇宙的基礎能量，是生命的本源，能夠影響一切。

他發明了一種外觀類似戰艦上炮塔的裝置，由長達十八英尺的伸縮管組成，這些管子透過電纜連接到深層水源。他將這裝置命名為「造雲器」。二十世紀五十年代，他在亞利桑那州土桑郊外的沙漠使用了這裝置。那裡非常乾燥，五十多年來幾乎沒有草生長。雖然沒有降雨，但地下水位上升到前所未有的高度，沙漠上首次長出了草。這是他的功勞嗎？

1953年，緬因州發生嚴重乾旱。幾位藍莓農場主請他來促成降雨。當時天氣預報並未預測會下雨。然而，在他使用造雲器十小時之後，雨水開始降下。接下來幾天，降下近55毫米的雨量，挽救了藍莓作物，農民們為此付給他報酬，並將乾旱的結束歸功於他。

> 由於擔心在一個地方造成降雨可能導致在其他地方乾旱，進而引發訴訟，賴希停止使用造雲器製造雨水。轉而用它來擊落他認為由奧根能量驅動的敵方不明飛行物。但是，正是他對宇宙能量的研究最終使他與政府發生了衝突。
>
> 他製造了幾個電話亭大小的實驗箱來積聚奧根能量。他相信，透過沐浴在這能量中，可以協助人們獲得療癒。他將這些裝置租給了處於癌症末期的患者，如同許多醫師一樣。他坦言這些裝置僅供實驗使用，並承認所有使用過它的患者最終都過世了。美國食品藥物管理局（FDA）指控他虛假宣稱對於癌症的治癒。在與司法系統的合作下，他們將他關入監獄。隨後，他們前往他的總部，摧毀了所有的奧根能量收集器，並且焚燒了他的書籍，所作所為如同來自納粹德國的夢魘。
>
> 賴希於1957年在監獄中因心臟病發作去世。我不確定他是瘋子還是天才，或是瘋子般的天才，還是天才般的瘋子。但我相信，政府在他的案件中的行為對科學、研究和自由都是一種羞辱。

在權杖的底部與橡實部位的底端，繪製一條約1.2至2.5公分寬的亮黃色條紋。將權杖在這兩條黃色條紋之間的長度平均分成三部分，並以兩條黃色條紋劃分。如此，權杖上應有四條黃色條紋與三段紅色塗漆區域，加上橡實的頂部（見先前的圖示）。

橡實部分應以拉長的黃色「Yud」裝飾，這是希伯來字母，如下圖所示。總共應有三個「Yud」。

最後，在下一頁中，你將找到一系列的希伯來聖名與印記，它們應該用鮮明的翡翠綠色油漆繪製在權杖紅色部分的桿身上。如果空間不足，你也可以使用橡實的紅色區域。完成後，請塗上幾層樂立恩或類似產品以保護飾面。

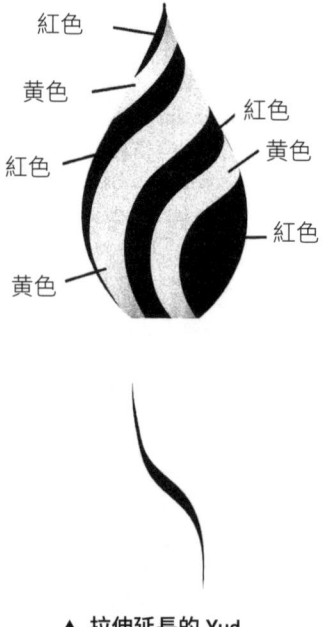

▲ 拉伸延長的 Yud

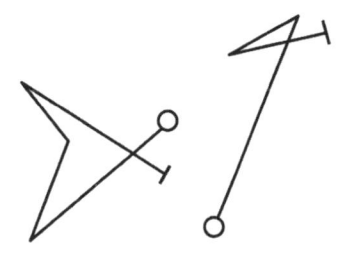

**יהוה צואות**

I. 神名：YHVH Tzabaoth

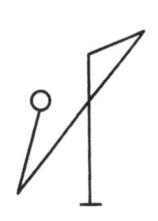

**מיכאל**

II. 米迦勒（Michael）

**אראל**

III. 艾瑞爾（Aral）

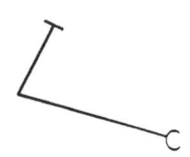

**שרף**

IV. 撒拉弗（Seraph）

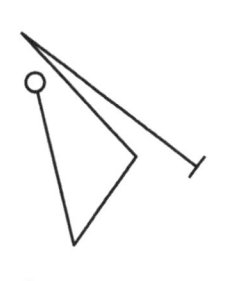

**פישון**

V. 比遜河（Pison）

**דרום**

VI. 南方（Darom）

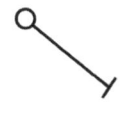

**אש**

VII. 火（Easch）

VIII. 魔法格言

▲ 火之權杖的希伯來字母和印記

有人堅持認為，權杖應從頭至尾置入一根磁化金屬線。但實際上這相當困難，因為它需要鑽出一條非常長的孔，或者要將權杖切開再黏合起來。若你想要加入這條線，不妨試著用一段中空的藤竹作為權杖的桿身，讓線穿過其完整長度。或者，你也可以選用一根輕質管材。然後以膠水和鋸木屑的混合物填充剩餘的空隙。磁化金屬線的N極（即與指南針北極排斥的一端）應放置於權杖的末端。金屬線應從末端突出約0.15公分，穿過橡實狀的頂端或雕刻部分。

其實這條線並非必需。它象徵著「能量通道」，同樣也代表穿越陽具的能量通道。儘管它能有助於能量的引導，但火之權杖本身的形狀已經足夠完善。要了解如何製作權杖的更多資訊，你可以參考羅伯特‧王的《神祕聖殿》（*The Secret Temple*）或奇克與桑德拉合著的《黃金黎明會奧祕第一卷：魔法工具的製作》（*Secrets of a Golden Dawn Temple Book 1: Creating Magical Tools*）

# 第三部分

到目前為止，我們主要聚焦於生命之樹上的輝耀，而對於連結這些輝耀的生命之樹路徑探討卻相對有限。許多關於卡巴拉和生命之樹的著作，幾乎全部聚焦於輝耀的描述，而對路徑則多有忽略或輕描淡寫。這並不令人驚訝，因為這些路徑之所以難以明確界定，有其合理的解釋。

在某種意義上，輝耀是神性能量（Ruach El — oh — heem）在降至微觀宇宙（我們的宇宙和世界）的過程中的中繼站。當這股能量通過生命之樹時，它會發生變化和演進（雖然其內在本質保持不變）。當這能量到達瑪互特，它已處於一個人類能夠在日常基礎上處理的層面。

就像當前的「間斷平衡」（punctuated equilibrium）演化理論所提出的，演化是透過跳躍而非穩定速率的變化進行的，生命之樹中的能量同樣不是緩慢或均勻的變化。它從其最純粹的形式到我們周圍的物質世界現象，在途中不斷變化，直到達到某一層面或某一性質的極點。之後，它會朝向一條不同的方向發展。

在下面的圖表中，你可以看到振動能量——顏色，如何從白變成黑。可以肯定地說，在標記為「白色」的圓圈內看起來是白色，在標記為「黑色」的圓圈內則是黑色。但在兩者之間呢？哪裡是純灰色？哪裡是淺灰色？甚至更複雜的是，兩個人看到同樣

的灰色可能會有不同的稱呼。

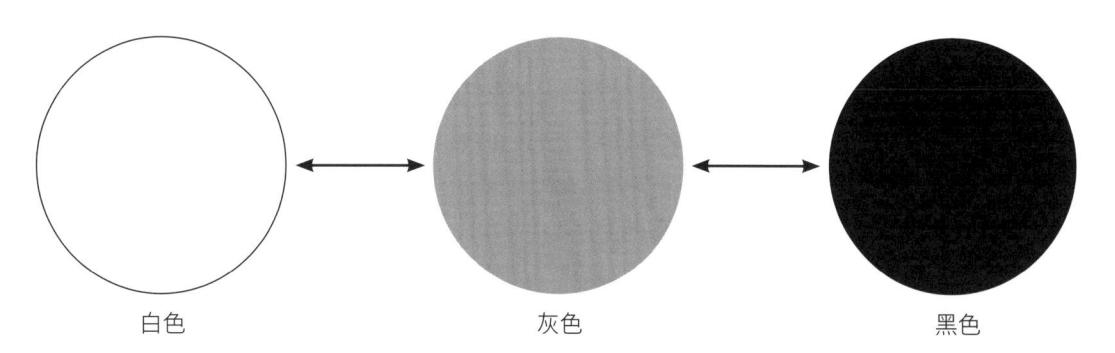

白色　　　灰色　　　黑色

　　這正是在試圖理解和描述生命之樹上的路徑時所面臨的問題。在一些卡巴拉文獻中，輝耀被稱作「容器」。這些容器承載神性能量，直至其在某個方向上達到最大值。例如，葛夫拉代表著神性力量的極致，如同火星的占星學特質所示。我們可以撰寫許多頁面來論述神性的力量。但要描述從葛夫拉和悌菲瑞特之間，力量與美之間變化的能量則顯得更加困難。

　　這就是為什麼僅使用塔羅牌大阿爾克納就能進行良好占卜的原因。大阿爾克納與生命之樹的路徑相關，展示了人生中能量的變化；而小阿爾克納則與輝耀相關，更多地涉及靜態情境，並增添更多細節。相較之下，大阿爾克納提供了關於一個人生活方向和生命中起作用的力量的更多訊息。

　　由於路徑代表不斷變化的能量模式，這使得它們難以描述。然而，透過後續學習稱為卡巴拉路徑工作（Kabalistic Pathworking）的過程，你將能夠親身體驗這些路徑的變化特質，以及它們如何適用於你。目前，我們將先探索生命之樹上幾條重要路徑的相關對應。

　　在接下來的三頁中，你會找到路徑的卡巴拉對應表。這些路徑共有二十二條，編號從11至32。實際上，前十個「路徑」本質上就是生命之樹的十個輝耀。這指出了處理這些路徑時面臨的初步問題：它們的編號。傳統上，這些路徑的編號是從11至32，但每條路徑也與一個希伯來字母相關，每個希伯來字母都有相應的數字值，因此，目前存在兩套路徑編號系統。需要留意的是，希伯來字母的編碼系統看似將羅馬數字和我們常用的阿拉伯數字混合在一起。

書寫：三百四十七

羅馬數字：CCCXLVII（三百 [CCC]，加五十 [L]，減十 [X]，再加五 [V]，加二 [II]）

希伯來數字：Shin, Mehm, Zy — in（三百 [Shin]，加四十 [Mehm]，加七 [Zy — in]）

阿拉伯數字：347

這表明，希伯來文（或其源頭）可能是我們現今所用數字系統的基礎。

古代希伯來人沒有單獨的數字符號，而是每個字母也代表一個數字。這個部分將在後續課程中進一步探討。

但目前，你只需知道第 11 條路徑也是第一或 Aleph 路徑；第 22 條路徑也是第 30 或 Lah — med 路徑，而第 30 條路徑則是第 200 或 Resh 路徑即可。此外，大阿爾克納由於與路徑相關，其編號也用來標示各路徑。例如，第 19 條路徑同時是第 8 或力量路徑，第 30 條路徑則是第 19 或太陽路徑。從這些關聯中，我們可以得出一些看似不尋常的「方程式」，但若你了解其中的祕密，這些方程式便顯得非常合理。否則，它們可能難以解讀。

| 路徑 |   | 希伯來文 |   | 塔羅 |
|---|---|---|---|---|
| 17 | = | 7 | = | 6 |
| 23 | = | 40 | = | 12 |
| 32 | = | 400 | = | 21 |

我在此提及這種多重編碼系統，並非因其對課程至關重要（雖然我們稍後會有效利用它），而是因為許多深奧書籍常隨意提及各種數字，使初學者容易迷失方向。記住，這門課程的一個目標是使你能夠閱讀任何卡巴拉作品，只要它們依循邏輯和傳統，你便能夠理解。

# 卡巴拉對應表

## 路徑──第一部分

| 路徑 | 數值 | 希伯來文發音 | 希伯來文字母 | 意義 | 塔羅序號 | 塔羅牌名 | 國王色階 K.S. Color |
|---|---|---|---|---|---|---|---|
| 11 | 1 | Aleph | א | 壯牛 | 0 | 愚人 | 明亮的淺黃 |
| 12 | 2 | Bet | ב | 房屋 | 1 | 魔法師 | 黃色 |
| 13 | 3 | Gimmel | ג | 駱駝 | 2 | 女祭司 | 藍色 |
| 14 | 4 | Dallet | ד | 門 | 3 | 皇后 | 翡翠綠 |
| 15 | 5 | Heh | ה | 窗戶 | 4 | 皇帝 | 猩紅 |
| 16 | 6 | Vahv | ו | 釘子 | 5 | 教宗 | 橘紅色 |
| 17 | 7 | Zy—in | ז | 劍 | 6 | 戀人 | 橘色 |
| 18 | 8 | Chet | ח | 圍欄 | 7 | 戰車 | 琥珀色 |
| 19 | 9 | Teht | ט | 蛇 | 8 | 力量 | 黃色（泛綠） |
| 20 | 10 | Yud | י | 手 | 9 | 隱者 | 綠色（泛黃） |
| 21 | 20 | Kaph | כ | 手掌 | 10 | 命運之輪 | 紫色 |
| 22 | 30 | Lahmed | ל | 趕牛棒 | 11 | 正義 | 翡翠綠 |
| 23 | 40 | Mehm | מ | 水 | 12 | 吊人 | 深藍色 |
| 24 | 50 | Nun | נ | 魚 | 13 | 死神 | 藍綠色 |
| 25 | 60 | Sah—mech | ס | 支柱 | 14 | 節制 | 藍色 |
| 26 | 70 | Eye—in | ע | 眼 | 15 | 惡魔 | 靛藍色 |
| 27 | 80 | Peh | פ | 嘴 | 16 | 高塔 | 猩紅色 |
| 28 | 90 | Tzah—dee | צ | 魚鉤 | 17 | 星星 | 紫色 |
| 29 | 100 | Koph | ק | 頭後側 | 18 | 月亮 | 緋紅色（紫外光） |
| 30 | 200 | Resh | ר | 頭 | 19 | 太陽 | 橘色 |
| 31 | 300 | Shin | ש | 齒 | 20 | 審判 | 發光的猩紅橘色 |
| 32 | 400 | Tahv | ת | 十字 | 21 | 宇宙 | 猩紅靛橙色（Orange Scarlet Indigo） |

# 卡巴拉對應表

## 路徑──第二部分

| 路徑 | 占星對應 | 占星符號 | 動物 | 植物 |
|---|---|---|---|---|
| 11 | 風元素 | 🜁 | 老鷹 | 白楊 |
| 12 | 水星 | ☿ | 燕子、朱鷺、猿 | 馬鞭草 |
| 13 | 月亮 | ☾ | 狗 | 扁桃木 (Almond)、艾蒿 |
| 14 | 金星 | ♀ | 麻雀、鴿子、天鵝 | 香桃木、玫瑰、三葉草 |
| 15 | 牡羊座 | ♈ | 公羊、貓頭鷹 | 虎百合、天竺葵 |
| 16 | 金牛座 | ♉ | 公牛 | 錦葵 |
| 17 | 雙子座 | ♊ | 喜鵲 | 蘭花 |
| 18 | 巨蟹座 | ♋ | 螃蟹、烏龜 | 蓮花 |
| 19 | 獅子座 | ♌ | 獅子 | 向日葵 |
| 20 | 處女座 | ♍ | 處女、隱士、隱修者（Anchorite） | 雪花蓮、百合、水仙 |
| 21 | 木星 | ♃ | 老鷹 | 牛膝草、橡樹、楊樹 |
| 22 | 天秤座 | ♎ | 大象 | 蘆薈 |
| 23 | 水元素 | 🜄 | 鷹、蛇、蠍子 | 蓮花 |
| 24 | 天蠍座 | ♏ | 蠍子、甲蟲 | 仙人掌 |
| 25 | 射手座 | ♐ | 半人馬、馬 | 燈心草 |
| 26 | 摩羯座 | ♑ | 山羊、驢 | 漢麻、蘭花根、薊 |
| 27 | 火星 | ♂ | 馬、熊、狼 | 苦艾、芸香 |
| 28 | 寶瓶座 | ♒ | 人、鷹 | 椰子 |
| 29 | 雙魚座 | ♓ | 魚、海豚 | 單細胞生物 |
| 30 | 太陽 | ☉ | 獅子、雀鷹 | 白鶴芋 (Snowflower)、月桂、香水草 (Heliotrope) |
| 31 | 火元素 | 🜂 | 獅子 | 罌粟、木槿 |
| 32 | 土星 | ♄ | 鱷魚 | 梣樹、紅豆杉、絲柏 |

# 卡巴拉對應表

## 路徑——第三部分

| 路徑 | 礦石 | 香氛 | 工具 |
|---|---|---|---|
| 11 | 黃玉、玉髓 | 白松香 | 短劍、扇 |
| 12 | 蛋白石、瑪瑙 | 洋乳香、白檀香、肉豆蔻、蘇合香 | 魔杖或商蛇杖 |
| 13 | 月長石、珍珠、水晶 | 樟腦、沉香 | 弓與箭 |
| 14 | 翡翠、綠松石 | 檀香、香桃木 | 腰帶 |
| 15 | 紅寶石 | 龍血樹脂 | 角（Horns）、雕刻刀 |
| 16 | 黃玉 | 蘇合香（Storax） | 準備 |
| 17 | 變石（Alexandrite）、碧璽 | 苦艾 | 三腳支架 |
| 18 | 琥珀 | 施喜列香（Onycha） | 熔爐 |
| 19 | 貓眼石 | 乳香 | 紀律 |
| 20 | 橄欖石 | 水仙 | 燈和魔杖、麵包 |
| 21 | 紫水晶、青金石 | 番紅花 | 權杖 |
| 22 | 翡翠 | 白松香 | 等臂十字 |
| 23 | 綠柱石、海藍寶石 | 施喜列香（Onycha） | 聖杯和十字架、酒 |
| 24 | 蛇石 | 安息香（Benzoin） | 承擔的義務、痛苦 |
| 25 | 鋯石 | 沉香木 | 箭 |
| 26 | 黑鑽石 | 麝香、麝貓麝香（Civet） | 祕密力量、燈 |
| 27 | 紅寶石 | 胡椒、龍血樹脂 | 劍 |
| 28 | 人造玻璃 | 白松香 | 香爐、儀式灑水器 |
| 29 | 珍珠 | 龍涎香 | 魔鏡 |
| 30 | 冰晶石 | 乳香、肉桂 | 弓與箭 |
| 31 | 火蛋白石 | 乳香 | 魔杖或燈 |
| 32 | 縞瑪瑙 | 阿魏（Asafetida）、硫磺 | 鐮刀 |

**注意**：當希伯來字母中的五個字母出現在單字末尾時，它們會有不同的書寫法和數值。字尾形態的 Kaph（ך）為 500；字尾形態的 Mehm（ם）為 600；字尾形態的 Nun（ן）為 700；字尾形態的 Peh（ף）為 800；字尾形態的 Tzah — dee（ץ）為 900。其中，字尾形態的 Mehm（ם）變得更加方正，而其他字尾形態的字母則有如尾巴的延伸至書寫基線以下。這些資訊雖然提供了完整性，但在學習這門課程時並不是必要的。與一些流言相反，並無證據支持透過觀察字尾形態的 Kaph（在希伯來語中與「咳嗽」cough 發音相似，形成雙關語）來判斷一位卡巴拉學者的去世時刻這一說法。

第一欄對應的是路徑編號。緊接著是希伯來字母的數字、字母名稱和它的書寫方式。接著是每個希伯來字母涵義的翻譯。例如，意指「劍」的 Zy — in 常被錯誤拼寫為「Zain」，進而導致誤讀為「Zane」。我在這裡的拼寫是為了讓你正確了解發音。下一欄則涵蓋了塔羅牌大阿爾克納的編號和名稱。

對應表第一頁的最後一欄列出了生命之樹路徑的國王色階（K.S.）。你應該記得，與卡巴拉四界相關的有四種顏色等級。它們由黃金黎明會所用塔羅的宮廷牌名稱來識別：公主、王子、王后和國王。就我們的目的而言，輝耀依照王后色階著色，而路徑則遵循國王色階。這種設計保持了生命之樹內在的性別平衡，同時突顯了路徑的流動能量（男性原型）和輝耀的蘊含能量（女性原型）。當一棵生命之樹按照這種組合系統著色時，它被稱為 *Minitum Mundum*，即小世界（Little World）。這將成為我們後續工作的重點，因此你應該考慮製作一個大尺寸的圖。如此製作，它被稱為「聖殿圖」。你也可以從許多提供這些商品的當地或線上神祕學商店購買海報尺寸的版本。

雖然這對我們課程的目標而言不是必需的，但在每種色階等級中填色完整的生命之樹對你肯定有益。你可以在瑞格德的《The Golden Dawn》，克勞利的《777》，大衛·戈德溫的《戈德溫卡巴拉百科全書》，或斯金納的《魔法師表格大全》中找到這些顏色的完整清單。

路徑對應的第二頁再次從路徑編號開始。這之後是占星學中的行星和星座符號列表，以及《形塑之書》中的三個主要元素：風、水和火。下一欄包括了與路徑相關的各種真實和想像中的動物。隱修者（Anchorite）原指早期基督教的隱士。其他動物的名稱也相當明確。這些動物的重要性將在後續課程中變得顯而易見。接著是魔法植物的欄位，請注意，與第 29 條路徑相關的是單細胞生物，這些屬於植物而非動物。*

路徑對應的第三頁同樣從路徑編號開始。接下來的兩欄分別將礦石和香氛或香水與路徑相對應，內容清晰易懂。最後一欄則列出了魔法工具或武器。從上至下，我們看到

「腰帶」被視為一種魔法工具，這並非現代用於束緊腹部的裝置，而是一種繞腰的裝飾品，與金星相關，可用於蒙眼靈遊（blindfolding）和吸引（fascination）儀式。異教儀式中常戴的角（horns）象徵神祇在男性面向的力量，展現了外放的男性力量原型。雕刻刀像冰鑿一樣，用於從蠟中雕刻護符，以及其他雕刻工作。

對於工具欄中的第16條路徑，「準備」一詞字面上指的就是準備工作。你為魔法儀式所投入的準備時間，以及學習成為魔法技藝的實踐者所投入的時間，本身就是一種魔法技巧。「三腳支架」傳統上用來支撐香爐，也在著名的德爾菲神諭（Oracle at Delphi）所使用。一個懸掛椅子的三腳支架被放置在逸出煙霧的地面裂縫之上。名為皮媞亞（Pythia）的阿波羅女祭司會坐在椅子上回答問題，她的預言能力可能源於硫磺煙霧改變了她體內的化學成分，影響了她的思維。另一種解釋是，煙霧轉變了她的意識，使阿波羅得以附身於她，並做出預言性的回答。此處的熔爐在煉金術中象徵工作場所。

要能夠執行魔法，你必須經歷的過程稱為「紀律」。「等臂十字」或太陽十字是你平衡自然的象徵。當你啟蒙或進行個人奉獻儀式時，所立下的誓言即是「承擔的義務」。

將「痛苦」視為魔法工具的想法可能會讓你感到驚訝，但這是真實的。我在這裡所說的不是指鞭打或其他身體虐待形式，儘管有些人將這類痛苦融入他們的魔法實踐中。這裡的痛苦更多是心理層面上的。將會有一個時刻，你需要決定魔法道路是否適合你。選擇魔法生活，你將發現無窮的非物質體驗和神聖之愛降臨於你。但是，大多數人不論其表面上的精神信仰如何，在內心深處仍然是堅定的物質主義者。他們無法跟上你的腳步，因為他們不是害怕，就是拒絕這麼做。因此，你可能會發現自己與一些朋友和親人漸行漸遠，這可能非常痛苦。但那些選擇追隨靈性、魔法道路的人必須走自己的路。選擇這條路徑，你可能會經歷痛苦和失落，但所獲得的回報將遠超過付出的代價。那為什麼還會有這麼多人努力成為魔法師呢？

*在繼續本課之前，請花些時間研究塔羅中「吊人」牌的涵義。*

---

*譯註：在後來生物學的分類學中，這些單細胞生物已不再被歸類於植物界，然而其中有許多物種與植物界存在相似，更精確分類是在DNA鑑定與遺傳學當代的發展中才明確地被重新定義，因此作為魔法的傳統觀點與當今生物學的發展，這裡的定義與科學上的定義存在區別。

「祕密力量」通常被稱為昆達里尼、氣或 Ruach。「儀式灑水器」是用來噴灑聖水的工具。要深入了解這些魔法工具，可參閱克勞利的《777》以及他在《Book 4》第二部分《魔法》篇章中的著作。

目前沒必要全記住這些對應關係——這也是為什麼它們被列在書中，但你應該逐漸熟悉它們。在某些情況下，每條路徑的一個分類中會有多個對應。製作一些已標註對應關係的生命之樹，包含早先課程中介紹的十個輝耀的相關訊息，也是個不錯的想法。

# 第四部分

請記住，魔法既是一門藝術，也是一門科學。在這一部分，我們將學習所有灰魔法儀式的基礎準備。從某種意義上說，這就像科學家準備進行一項實驗一樣。正如你將看到的，這裡會使用到你在上一課學到的大五芒星儀式的各個方面。

讓我再次重申，你在這裡學到的將會用於所有後續的灰魔法儀式。

首先，你需要製作五項物品。為此，請準備至少四塊 21.6 x 27.9 公分的海報板。更大尺寸會更佳。將其中一塊塗成亮綠色，一塊塗成亮橙色，一塊塗成亮紫色，最後一塊塗成亮銀色。這些乾透後，在綠色板上畫一個大的亮紅色三角形，在橙色板上畫一個亮藍色三角形。在紫色板上畫一個亮黃色三角形，上面有一條平行於底邊的線。在銀色板上用平光黑色（非亮面）顏料畫一個類似的圖形。

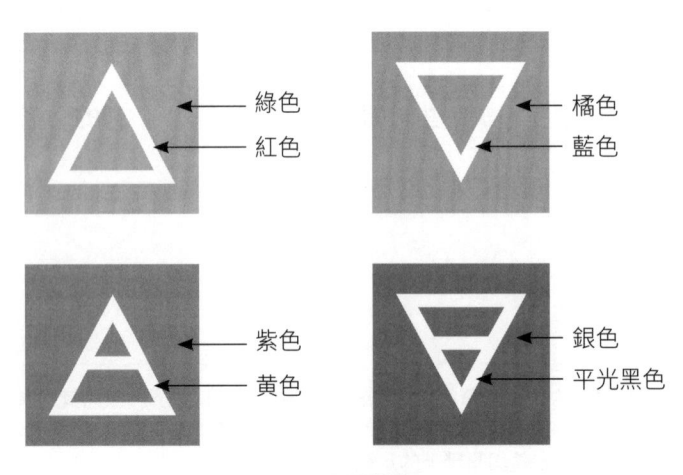

▲ 四元素板

這些將成為你的四個元素板。風乾後應裱框並掛在你的聖殿中。紅色的火元素三角形應放在南方，藍色的水元素三角形應放在西方，黃色的風元素符號應放在東方，黑色的土元素符號應放在北方。除非另有指示，未來所有儀式，包括日常儀式，都應該將這些掛在牆上。

你需要製作的最後一項物品是「合一之板」（Tablet of Union）。這來自被稱為以諾（Enochian，發音為 Ee — noh — kee — yan）的魔法系統。這個系統是由約翰・迪伊博士（Dr. John Dee，伊莉莎白一世的占星家）和他神祕、狡猾的助手愛德華・凱利（Edward Kelly）發現的。凱利總是戴著帽子遮掩頭部，以掩蓋他因犯罪而被割掉耳朵的事實，他在1581年一系列魔法實驗中作為迪伊的探尋者。這些實驗的結果就是被廣泛討論卻鮮為人熟知的以諾魔法系統。

我不敢自稱是這個特定系統的專家，但我知道一些融合了以諾符號和技術的儀式極為強大。這些神祕詞語的聲音本身似乎就具有魔法般的力量。有人宣稱以諾是目前最強大的魔法系統。保羅・福斯特・凱斯以黃金黎明會為藍本創立了自己的組織——聖殿建造者（Builders of the Adytum, BOTA）。其外階層主要圍繞塔羅牌，而內階層的儀式與黃金黎明會非常相似。主要區別是凱斯似乎對以諾魔法有所畏懼，並從他的儀式中排除了所有以諾元素。

「合一之板」象徵你的祭壇是四大魔法元素相遇、融合、統合之處。製作它時，你只需準備一塊厚紙或硬紙板，畫成高四單位、寬五單位的矩形。我沒有指定單位的具體大小，因為你需要根據祭壇中心的尺寸來製作。畫出分隔線，使卡片被二十個格子填滿：橫向五格，縱向四格。這應使用深黑色墨水完成。使用白色紙張。依照以下方式填寫：

| E | X | A | R | P |
|---|---|---|---|---|
| H | C | O | M | A |
| N | A | N | T | A |
| B | I | T | O | M |

EXARP 為風之靈的以諾語或天使語。HCOMA 是水之靈的聖名，NANTA 是土之靈的聖名，剩下的 BITOM 則是火之靈的聖名。如果條件允許，將「合一之板」用塑膠塗層覆蓋或放入一個小畫框中。

在祭壇上放置「合一之板」，使其位於中央，當你站在祭壇後面（面朝東站在祭壇西側）時可以閱讀板上的文字。板文的每一側應放置一件你製作的元素工具。在東邊放置風元素短劍。在南邊放置火之權杖。在西邊放置聖杯，北邊放置五芒星圓盤。聖杯裡應有水。

你還需要另一把匕首來進行小五芒星驅逐儀式。點燃蠟燭照亮周圍區域也是必需的，同時還需燃燒一些香。這些物品可以放置在周圍的桌子上或地面上。確保它們不會損壞任何東西或引起火災。如小五芒星驅逐儀式所描述的那樣準備自己進行這個儀式，並開始下一個儀式。

## 守望塔儀式

**步驟一**：如果你有儀式鈴，請鳴響十次。先三下，暫停一秒，然後四下，再接著三下。表示方式如下：

/// //// ///

每個記號（/）代表響鈴一次。如果你沒有儀式鈴，可用即將用於小五芒星驅逐儀式的匕首柄敲擊祭壇頂部以產生相同的節奏。然後，用響亮而堅定的聲音唸道：

**HEKAS, HEKAS ESTE BEBELOI!**

發音為：「Hay — kahs, Hay — kahs, Ehs — teh Beh — beh — loy！」這是一種傳統方式，用以宣告儀式即將開始，提醒那些無權見證此儀式的存有（無論是物質還是非物質世界的）離開此地。

**步驟二**：鳴響鈴（或敲擊）一次。接著執行小五芒星驅逐儀式。

**步驟三**：鳴響鈴（或敲擊）兩次。緊接著執行六芒星驅逐儀式。

## 守望塔的開啟儀式

**步驟四**：鳴響鈴（敲擊）九次：

/// /// ///

**步驟五**：保持順時針方向行走，前往祭壇南方。拿起火之權杖，面向南方及其掛著的元素印記，向左、右、中心各揮動一次。現在將權杖豎直舉過頭頂，慢慢地順時針方向繞房間一圈，唸道：

當一切都消散不再存有幻影，
你將照見這火焰神聖且無形，
隱於宇宙之深，
焰光耀爍穿行，
細聽，火之聲。

將這段話的時間控制好，念誦完畢後回到南方位置。面向南方，在空中順時針畫一個大圓，想像它是金色的。在這個圓中畫出一個亮藍色火元素的召喚五芒星，如上一課所述。在中心形塑獅子座的圖騰（Fire Kerub）。接著用權杖指向中心，振動念誦：

**OIP TEAA PEDOCE**

發音為：「Oh — ee — pay Teh — ah — ah Peh — doh — kay」。這些詞是以諾文中「火」的三個聖名。接著將權杖舉向空中，說道：

憑藉浩瀚南方四環陣地之字之名，
南方守望塔天使，我召喚你前行。

花一些時間進行視覺化觀想並感受來自你魔法圈這一側的純粹火元素能量。完成後將權杖放回祭壇上。

**步驟六**：移至西邊，從祭壇上取下聖杯。面向西方，用手指將聖杯中的水灑向元素符號的左、右和中間。舉起聖杯，順時針方向繞著魔法圈走一圈，說道：

首先，掌管火之祭司需以洶湧大海淨水灑淨。

## 迪伊的故事……約翰・迪伊

約翰・迪伊（John Dee，1527—1608或1609年），是伊莉莎白時代一名極具魅力的人物。他去世時，在倫敦摩特雷克（Mortlake）的住所擁有英格蘭最大的圖書館。除了作為魔法師外，他還是天文學家、占星學家、地理學家、環球旅遊家、數學家、學者，甚至還是一名間諜。

他的名聲讓他不時成為英格蘭伊莉莎白一世女王的顧問。當其他顧問建議女王派出艦隊攻擊西班牙無敵艦隊時，迪伊則利用占星學判斷女王應

> 先等待，並向她提出了這一建議。女王採納了他的意見，結果一場風暴摧毀了大部分的無敵艦隊，使英國艦隊得以取得勝利。這一勝利改變了世界的面貌，開啟了大英帝國的時代。
>
> 　　由於他的知識和智慧，迪伊在許多國家受到歡迎，因而能夠作為伊莉莎白的祕密間諜。當他獲得重要情報時，常透過信鴿傳送回英國，並附加一個特殊符號以證實消息的真實性，那符號就是著名的007。
>
> 　　詹姆斯‧龐德的創作者伊恩‧佛萊明（Ian Fleming）其實並不知曉迪伊與007之間的這層關聯。至少目前沒有任何證據支持這一說法。佛萊明為龐德選擇007這一編號的靈感，實際上源自他自己特務電話號碼的末三位。

　　將這段話的時間控制好，念誦完畢後回到西方位置。面向西方，用聖杯在空中畫一個金色大圓。在這個圓中畫出一個亮藍色水元素的召喚五芒星，並在中心形塑鷹形圖騰（Eagle Kerub）。接著指向中心，振動念誦：

**MPH ARSEL GAIOL**

發音為：「Ehm — pay — hay Ahr — sell Gah — ee — ohl」。這些詞是以諾文中「水」的聖名。接著將聖杯舉向空中，說道：

> 憑藉浩瀚西方四環陣地之字之名，
> 西方守望塔天使，我召喚你前行。

　　花一些時間進行視覺化觀想並感受來自你魔法圈這一側的純粹水元素能量。完成後將聖杯放回祭壇上。

　　**步驟七**：順時針走到祭壇的東邊，拿起風元素短劍，轉身面向放置你的元素印記的方向。對著元素符號左、右、中心各搖動短劍一次。高舉短劍，繞行魔法圈一圈，說道：

> 火既現明，入風奔行，
> 化作無形，內孕聲影，
> 如風盤旋，如風高鳴，
> 耀現流形，豐沛充盈。

　　將這段話的時間控制好，念誦完畢後回到東方位置。面向東方，用短劍在空中劃出一個金色大圓。在這圓內畫出一個亮藍色的風元素召喚五芒星，並在中心形塑代表風元素的寶瓶座圖騰（Air Kerub）。用短劍指向中心，並振動念誦：

**ORO IBAH AOZPI**

　　發音為：「Oh — row Ee — bah — hah Ah — oh — zohd — pee」。高舉短劍，尖端朝上，說道：

> 憑藉浩瀚東方四環陣地之字之名，
> 東方守望塔天使，我召喚你前行。

　　花一些時間感受來自這個方向的純粹風元素力量。隨後將短劍放回原位。
　　**步驟八**：沿順時針方向走到祭壇的北邊。拿起五芒星盤，面向北方，對著魔法圈外的土元素符號左、右、中心各搖動五芒星盤一次。記得握住黑色部分。接著，高舉五芒星盤，繞著祭壇走一圈，說道：

切莫墜入那黑暗華麗憧憬，
那深淵華麗卻駐留著無信，
陡峭而迷離亦籠罩於幽冥，
盤旋於幽冥以難解之構形，
唯見虛影無光無形似有靈。

回到北方時，用五芒星圓盤在空中畫出一個像之前一樣的金色大圓，並在其中繪製一個亮藍色的土元素召喚五芒星。在這個五芒星內畫出象徵土元素的金牛座圖騰（Earth Kerub）。用五芒星圓盤指向中心，說道：

**EMOR DIAL HECTEGA**

發音為「Ee — mohr Dee — ahl Hec — tey — gah」。接著高舉五芒星圓盤，說道：

憑藉浩瀚北方四環陣地之字之名，
北方守望塔天使，我召喚你前行。

花一些時間感受來自此方向偉大的土元素力量。接著將五芒星圓盤放回原位。順時針移動到西邊，從祭壇後面向東方。

**步驟九**：在祭壇及「合一之板」之上做出「撕裂面紗」的手勢。這是透過做出進入者的手勢（左腳向前，手掌向外伸出）來完成，但手掌要合在一起。旋轉雙手，使拇指向下，手背相觸。然後分開雙手，就像是在分開窗簾（或撕裂面紗）一樣。

唸道：

OL SONUF VAORSAGI GOHO IADA BALTA.<br>
ELEXARPEH COMANANU TABITOM.<br>
ZODAKARA EKA ZODAKARE OD ZODAM — ERANU.<br>
ODO KIKLE QAA PIAP PIAMOEL OD VAOAN.

這段話的意思是「我統御著你們，以正義之神之名宣告（統御合一之板的三大魔法聖名）。故此，展現行動，顯現於世。揭開創造的奧祕：平衡、正義與真理。」它的發音如下：

「Oh — ell soh — noof vay — oh — air — sah — jee goh — hoh ee — ah — dah bahl — tah.

*El — ex — ar — pay — hay Co — mah — nah — noo Tah — bee — toh — ehm.*

Zohd — ah — kah — rah eh — kah zohd — ah — kah — ray oh — dah zohd — ah — mehr — ah — noo.

Oh — doh kee — klay kah — ah pee — ah — pay pee — ah — moh — ehl oh — dah vay — oh — ah — noo.」

粗體與斜體的力量語應以振動方式念誦。

**步驟十**：現在說道：

> 我召喚你們，居住於天界不可見的天使們。你們是宇宙之門的守護者，也是這神祕領域的守護者。驅離邪惡與不平衡。以力量與啟示賦予我，使我得以守護神祕領域純淨，此為永恆眾神奧祕的樓所。使我的領域潔淨而神聖，使我得以進入分享那神聖之光奧祕。

現在，花一些時間試著感受並平衡你魔法圈中心的四大魔法元素。

**步驟十一**：現在移動到東北角，面朝外，並說道：

> 可見太陽是地球光源，於我空間形成漩渦，
> 使不可見的靈性光輝由上方灑落。

**步驟十二**：順時針繞行魔法圈三圈。每當經過東方，向你前進方向做出進入者的手勢。也就是說，不是指向東方做手勢，而是直接在你前方做。在移動時，視覺化觀想並感受到強大的能量漩渦的建立（有些人喜歡快速做這個動作，而有些人則偏好緩慢形成這些力量之圈。試試這兩種方法，看哪一種更適合你）。完成第三圈經過東方後，移至祭壇的西邊，面朝東方。

**步驟十三**：做出進入者的手勢，並說道：

> 你是聖潔的，宇宙之主。

再次做出進入者的手勢，並說道：

> 你是聖潔的，那位超越自然的你。

再次執行進入者的手勢，並說：

> 你是聖潔的，那位浩瀚輝煌的一。
> 那位掌管光與暗的你。

現在執行靜默手勢（左腳踏地，同時將左手食指放至嘴唇，如同示意安靜）。

**步驟十四**：執行你的灰魔法。

**步驟十五**：當你完成魔法工作後，說道：

願讚美與榮耀歸於你，唯一智慧、永恆與仁慈的主，你允許我，如今謙卑地站在你面前，進入這神祕聖所深處。榮耀不是歸於我，而是歸於你的名，願你的神聖者們的影響降臨在我的頭上，教導我自我犧牲的價值，使我在考驗時刻不退縮，使我的名字被高高記載，使我的靈能立於聖者面前。

（請注意，「靈」（genius）是指高我。）

## 守望塔的關閉

**步驟十六**：現在逆時針繞行三圈，每次經過東方時朝前進方向執行進入者的手勢。在這次逆時針繞行中，感受你聚集的能量逐漸消散。

**步驟十七**：進行小五芒星驅逐儀式。

**步驟十八**：進行六芒星驅逐儀式。

**步驟十九**：說道：

我現在釋放本儀式可能囚禁的任何靈體。願彼平和地返回其居所棲地，帶著神的祝福而去。

**YEH — HAH — SHU — AH  YEH — HOH — VAH — SHA**
（振動念誦上述兩個聖名。）

**步驟二十**：鳴響鈴（或敲擊）十次：／／／　／／／／　／／／。以果決且命令的口吻說道：

**我現在宣布這座聖殿正式封閉。**

（I now declare this temple duly closed.）

最後，敲擊一次鈴（非鳴響）以結束儀式。

**儀式結束。**

　　好了。在你決定因其複雜性而決定放棄魔法，並將這些頁面撕碎*之前*，請暫停一下。有沒有注意到這次我沒有附上摘要。這是因為這個儀式，你應該要自己製作摘要。我使用的不是普通大小的紙張，而是4×5英吋的索引卡。我能夠將整個儀式填滿於三張卡片的兩面。

　　守望塔儀式看起來比實際要長，這是因為我在儀式的文字中提供了許多附加指導。實際上，如果小五芒星驅逐儀式和六芒星驅逐儀式已熟記於心，整個儀式只需要十多分鐘。

　　當你製作自己的摘要或小卡時，一定要回顧如何繪製召喚五芒星。這在上一課中已有描述。守望塔儀式是進行任何魔法儀式前的有效準備。

　　你們之中的一些人或許對伊斯瑞‧瑞格德在他的《儀典魔法》（*Ceremonial Magick*）一書中所發表的版本有所了解。然而，我必須提醒你，該書中存在許多錯誤。這一點可以透過將書中的內容與瑞格德的《黃金黎明》和萊科克（Laycock）的《以諾大字典》（*Complete Enochian Dictionary*）進行對照來驗證。

　　如果你想深入了解以諾系統，我建議閱讀唐納‧泰森（Donald Tyson）的《以諾魔法入門》（*Enochian Magic for Beginners*），或傑森‧奧古斯塔斯‧紐康（Jason Augustus Newcomb）的《實用以諾魔法》（*Practical Enochian Magick*）。只要你按照本課程中介紹的以諾資料，就能安全而有效地使用它。這裡介紹的內容已經過一百多年的測試和實踐。如果你想進一步探索這種魔法，請格外謹慎。有人認為克勞利一生未能取得成功的原因之一是他在執行這種魔法系統中的以諾金鑰召喚（Enochian Calls）時可能犯了錯誤。無論如何，本課程的主要焦點是卡巴拉，而非以諾魔法。

在你學習的這個階段，建議你每週至少練習這個儀式一次。請注意，我所說的是**練習**這個儀式，而非**表演**它。將其分解成幾個部分，反覆練習每一部分，直到你對它非常熟悉。最佳做法是能夠記住這個儀式，因為它將成為所有實際或灰魔法工作的核心。即便無法記住，至少也要非常熟悉它。

你無須像小五芒星驅逐儀式、六芒星驅逐儀式、中柱儀式、光體循環和塔羅冥想儀式那樣反覆進行和練習，因為還需要另外兩件事情。

首先，儀式中的工具或道具需要恰當地準備。從某種意義上說，它們需要被啟用或奉獻於魔法服務。其次，需要一個終極的魔法工具。這個終極工具必須具有某種普遍性質，以便它能夠用於任何目的，不同於代表特定單一特性的元素工具。透過這個終極工具，四大元素武器將被賦予能量、充能並聖化於它們神聖的魔法任務。稍後將詳細介紹這個工具。

同時，考慮如何在團體中進行守望塔儀式也是一個好主意。角色的分配取決於你團隊的成員人數。若團隊至少有四人，每人可在整個儀式中代表一種元素。如果人數達到五人，則四人代表四大元素，第五人負責執行與特定元素無直接關聯的其他儀式環節。不參與儀式時，這位成員應坐在東方。該成員可以是團隊的帶領者（至少在儀式期間是這樣），而不需參加繞行。這位成員代表精神性的智慧與光明，象徵如同太陽自東方昇起的光明。因此，此人（作為光明的象徵）坐在東方，而其他成員則進行繞行。他們經過時，會向前進的方向做出進入者的手勢，而不是向這位成員致敬。這是對哲學和神聖、光之奧祕知識的尊敬，而不是對人。

# 第五部分

製作一個能夠與四大元素力量協同工作的單一工具幾乎是不可能。水會與火元素的能量相抵消，正如風與土元素亦然。因此，要製作一個真正的萬能工具，需要一種不同的基礎。

一個可行的想法是以塔羅牌為基礎製作工具。但這樣做面臨的問題是，它至少需要二十二個部分，甚至可能需要二十六個（包含二十二大阿爾克納加上四元素各一個小阿爾克納）或更多的部分。但這樣的工具不是過於龐大，就是符號或各部分太細小而難以實際使用。

解決這個問題的方法是採用占星學象徵系統。這樣一來,我們的符號數量縮減至十二個,每個符號象徵黃道十二宮的一個星座。出於實際目的,我們不再增加其他象徵,你很快就會明白原因。黃金黎明會曾將這與埃及符號學結合,設計一個製作頗為複雜的蓮花魔杖。只需去除其埃及元素的蓮花部分,我們便得到了用於實踐或灰魔法執行的主要工具:彩虹魔杖。

## 彩虹魔杖的製作

1. 選一根直徑在八分之三至八分之六英寸的圓木棒。透過手握不同直徑的木棒,感受哪個尺寸在你的右手(即使你是左撇子)中最合適。將所選的木棒切割成 36¼ 英寸長。用砂紙打磨端頭,使最終準確長度為 36 英寸。然後輕輕磨平魔杖的其餘部分,清除表面的汙垢或不平之處。為整根魔杖塗上一層白色底漆,按照油漆說明,等待適當時間後,再次塗上一層白色底漆。

2. 從其中一端量測七英寸處,在魔杖周圍畫上一條細而深的黑色線條。從這條線再向外兩英寸(離端點九英寸處),畫另一條黑線。繼續畫細黑線,直到總共畫了十三條線。此時魔杖的一端有七英寸的空間,另一端略低於五英寸,兩者之間有十二個各為兩英寸的空間。畫出環繞魔杖的直線,簡單方法是使用一張小卡片,將其環繞在魔杖相應位置的周

| 顏色 | | 星座 |
|---|---|---|
| 白色 | | 精神 ↕ 7英寸 |
| 紅色 | | 牡羊座 |
| 紅橙色 | | 金牛座 |
| 橙色 | | 雙子座 |
| 琥珀色 | | 巨蟹座 |
| 黃色 | | 獅子座 |
| 黃綠色 | | 處女座 |
| 翡翠綠 | | 天秤座 |
| 藍綠色 | | 天蠍座 |
| 藍色 | | 射手座 |
| 靛藍色 | | 摩羯座 |
| 紫色 | | 寶瓶座 |
| 緋紅色 | | 雙魚座 |
| 黑色 | | 大地 ↕ 5英寸 |

▲ 彩虹魔杖設計

圍，並以卡片邊緣作為畫線的指引。
3. 將七英寸的區域塗成你能找到的最亮白色。將五英寸的區域塗成最深黑色。根據上一頁所示，為魔杖的其餘部分上色。
4. 最後，使用樂立恩等透明亮光漆封覆彩色塗層。事實上，為了便於清潔手持時留下的油脂和髒汙，給魔杖塗上幾層透明保護塗層。此外，盡量找到最鮮豔的顏色來繪製魔杖，每種顏色都應閃耀著耀眼的光芒。

## 彩虹魔杖的初始準備

1. 在你日常的儀式練習中，持握彩虹魔杖的白色部分，同時進行中柱儀式和光體循環。
2. 此時，務必垂直持握彩虹魔杖。確保白色端朝上，黑色端朝下。
3. 練習結束後，請使用白色絲綢或棉布包覆彩虹魔杖。避免使用羊毛或合成布料，因為它們可能積聚靜電，進而干擾你注入魔杖的能量。將包覆好的魔杖放在一個安全的地方，確保沒有其他人會觸摸到它。
4. 將彩虹魔杖放置在床邊與你同眠，這也是個不錯的主意。確保魔杖的白色端朝你的頭部方向。
5. 透過這些方法，魔杖逐漸吸收你所掌控的能量，成為你魔法的一部分。同時，你也成為它的一部分。魔杖在魔法上不僅代表著你，它本身就是你的魔法化身。

　　彩虹魔杖的象徵意義既直觀又深奧。首先，白色代表精神元素的顏色，也是整根魔杖的底色。它是所有事物的基礎，甚至包括魔杖另一端的黑暗。沒有光明，你又怎會知道何為黑暗呢？

　　其次，彩虹色彩僅出現在魔杖的中段。同樣地，作為我們魔法力量的象徵，魔杖引領我們超越由可見光譜象徵的物質領域。

　　第三，共有十三條黑色線條，根據字母代碼法，這是合一的數字。因此，它也象徵著與唯一神性（unitary Divinity）、神（God）的連結。

　　當你依照前述方法使用彩虹魔杖至少一個月後，便可以為它進行完整的聖化和充能，使其成為專用於魔法的工具。在執行接下來的聖化儀式之前，請確保你已經至少持續使用它一個月。

### 彩虹魔杖的線條繪製小技巧

在曲面畫上整齊的直線是一個挑戰。我之前描述使用卡片的方法在我製作魔杖時非常有效且成本低廉。

其他人提出了不同的解決方法。到目前為止，我最喜愛的一種做法是將每種顏色直接相鄰而無間隙。然後，去汽車用品店買一些用於賽車條紋的膠帶。你可以選擇金屬金色的膠帶。只需切下一條條紋，在不同顏色接合處每隔兩英寸環繞魔杖。當你在所有部分上塗上透明保護層後，你將擁有一根格外美觀的魔杖！

噓！這個祕密別告訴任何人。

**步驟一**：執行守望塔儀式直到步驟十四。你的彩虹魔杖應放置在祭壇上，與其他工具一同。其白色端應面向東方。

想像自己站在一個時鐘的面上。12點方向朝東，3點方向朝南，6點方向朝西，9點方向朝北。

**步驟二**：面對東方，以左手握住彩虹魔杖的紅色部分。由於這屬於火象星座的牡羊座，用右手拿起火之權杖。將兩者高舉過頭，並說道（振動念誦以下引號的詞）：

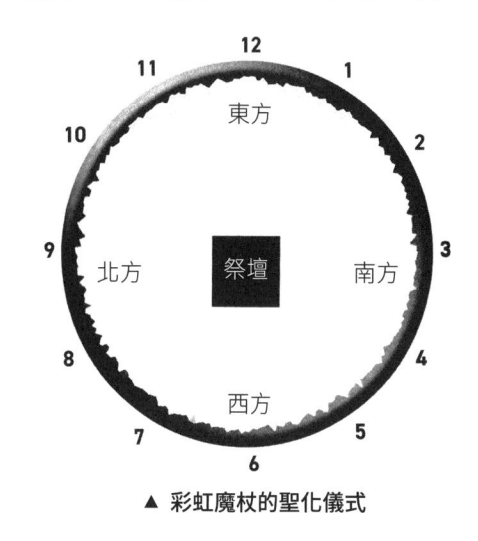

▲ 彩虹魔杖的聖化儀式

天高懸於上，地穩居於下。明與暗間振動生命的虹彩。憑藉神聖之名「YUD HEH VAHV HEH」之威嚴，我謹此祈請掌管「牡羊座」本質、地位、權威的偉大力量，於塵世語言中，將字母「HEH」象徵賦予支派「GAD」，由天使「MELCHIDAEL」守護，於此時此刻賦予彩虹魔杖「紅色」以深邃強大之力。以此奉獻於純淨與奧祕。願為我掌握，深化我於「牡羊座」本質與歸屬的魔法聖事。

**步驟三**：現在，視覺化牡羊座的自然力量從四面八方匯聚至彩虹魔杖。感受到這一點或經過三分鐘後，將火之權杖放回祭壇（有關星座特性的更多資訊，請參考任何基礎占星書籍）。

**步驟四**：將左手移至彩虹魔杖上的下一條色帶：紅橙色。轉向站在你腳下想像的時鐘面上的1點方向。根據下一頁的圖表，拿起對應的元素工具。然後重複步驟二的祈請，但將引號內的詞改為圖表中相應的詞。

**步驟五**：重複步驟四，每次轉動一個時鐘數字，移動你的手到相應的色段，使用正確的元素工具和圖表中的詞語。一旦你完成了與黃道十二宮相關力量的十二次祈請，你應該再次面向東方。將彩虹魔杖放在祭壇上，白色端指向東方。舉起雙手，說道：

*偉大的自然之母，自遠古迄今以無數聖名被世人蒙知，願你的神聖力量降臨於此，聖化這彩虹魔杖，我將其獻給你，用於光之魔法之聖行。*

**步驟六**：將充能且聖化過的彩虹魔杖用絲綢或棉布包覆。從此刻起，不讓其他人觸摸它。只在進行魔法工作時才解開。如果其他人接觸過魔杖，最好重新進行整個聖化儀式。

**步驟七**：進行守望塔儀式的關閉步驟，步驟十五至二十。

**你的彩虹魔杖現已準備好用於魔法使用。**

## 彩虹魔杖聖化儀式表格

| | 顏色 | 工具 | 星座 | 占星符號 | 四字神名（英文） | 四字神名（希伯來文） | 字母 | 支派 | 天使 |
|---|---|---|---|---|---|---|---|---|---|
| 1 | 紅色 | 火之權杖 | 牡羊座 | ♈ | YHVH | יהוה | Heh | Gad | Melchidael |
| 2 | 紅橙色 | 五芒星圓盤 | 金牛座 | ♉ | YHHV | יההו | Vahv | Ephraim | Asmodel |
| 3 | 橙色 | 風元素短劍 | 雙子座 | ♊ | YVHH | יוהה | Zy-in | Manasseh | Ambriel |
| 4 | 琥珀色 | 水之聖杯 | 巨蟹座 | ♋ | HVHY | הוהי | Chet | Issachar | Muriel |
| 5 | 黃色 | 火之權杖 | 獅子座 | ♌ | HVYH | הויה | Teht | Judah | Verchiel |
| 6 | 黃綠色 | 五芒星圓盤 | 處女座 | ♍ | HHVY | ההוי | Yud | Naphthali | Hamaliel |
| 7 | 翡翠綠 | 風元素短劍 | 天秤座 | ♎ | VHYH | והיה | Lahmed | Asshur | Zuriel |
| 8 | 藍綠色 | 水之聖杯 | 天蠍座 | ♏ | VHHY | וההי | Nun | Dan | Barchiel |
| 9 | 藍色 | 火之權杖 | 射手座 | ♐ | VYHH | ויהה | Sah-mech | Benjamin | Advachiel |
| 10 | 靛藍色 | 五芒星圓盤 | 摩羯座 | ♑ | HYHV | היהו | Eye-in | Zebulun | Hanael |
| 11 | 紫色 | 風元素短劍 | 寶瓶座 | ♒ | HYVH | hיוה | Tzah-dee | Reuben | Cambriel |
| 12 | 緋紅色 | 水之聖杯 | 雙魚座 | ♓ | HHYV | ההיו | Koph | Simeon | Amnitziel |

## 彩虹魔杖聖化儀式表格註解

a. 數字指的是進行祈請的順序。通常，祈請會將更高層次的存有引入自身（本書後續章節會進一步介紹）。在此情況下，能量則是被召喚入魔杖之中。

b. 顏色指的是你在進行每次祈請時，你手中所持彩虹魔杖上的色段。

c. 工具指每次祈請時，你右手中所持的元素工具。

d. YHVH 呈現了四字神名的不同排列形式。這些變化形式來源於《形塑之書》，與占星符號直接對應。每個「Y」發音為「Yud」；每個「H」發音為「Heh」；每個「V」發音為「Vahv」。

e. 希伯來十二支派的名稱和相應天使的聖名相當明確。記得，「Ch」的發音類似於德語中的「ach」。

f. 建議提前製作十二張卡片，每張填寫適當的詞語，將有助於更便捷地進行本儀式的十二次祈請。

g. 每次祈請時，記得按照想像中「時鐘」上的數字依序轉動。

請花適當的時間，以確保能夠準確且不急促地完成上述儀式。在彩虹魔杖準備完成前，請勿進入下一章節，因為接下來的部分將使用經過聖化和賦能的彩虹魔杖來對你的魔法工具充能和聖化。完成儀式後，請務必在你的儀式或魔法日記中記錄結果。

本頁下方展示彩虹魔杖聖化儀式祭壇的布置圖。在所有魔法儀式中，你通常會將元素工具或武器放置在相同位置。短劍應置於東方；權杖置於南方；聖杯置於西方；五芒星圓盤置於北方。蠟燭最好使用與其象限相對應的顏色（東方黃色，南方紅色，西方藍色，北方黑色、棕色或綠色），或者都選用白色。

▲ 彩虹魔杖和其他魔法操作的祭壇布置

# 第六部分

　　我強烈建議不要在同一晚上進行接下來的聖化儀式。最好是分別在連續的四個夜晚，或者在兩個連續週末的每個晚上進行一次。目前沒有急迫的必要立即完成這些聖化，因為下一課將專注於心靈魔法，不會用到這些工具。但是，請在本課程的第八課之前完成並聖化你的工具。這四個儀式都應該僅在月相漸盈的時期進行。

## 五芒星圓盤的聖化儀式

**步驟一**：進行守望塔儀式，直至步驟十四。

**步驟二**：面向北方，用左手握住五芒星圓盤的黑色部分。除非有特別指示，否則請記得在你的「聖殿」內移動和轉動時總是順時針進行。右手拿著已經過聖化的彩虹魔杖，握住象徵土元素、與金牛座相關的**紅橙色**色段。五芒星圓盤應該保持水平。當你振動念誦每個魔法詞語、頭銜或聖名時，在五芒星圓盤上方的空中描繪出希伯來字母和印記。如果對此有疑問，請回顧關於製作五芒星圓盤的課程。請使用彩虹魔杖的黑色端（象徵土元素）來畫出這些符號，這象徵著將靈性力量實體化——也就是把靈性力量帶入物質層面。這些靈性力量自然由彩虹魔杖的白色端所象徵。因此，你正在將純淨的魔法能量引導入五芒星圓盤中。請說道：

> 萬物之父母，永恆之你，你以神聖聖名為己披上自然之力，猶如我們披上長袍。憑藉你神聖名號（振動念誦並描繪詞語及符號）AH — DOH — NYE，在此方，你亦以祕名（振動念誦並描繪詞語及印記）TZAPHON 為人所知。我在此謙謹地祈求你，賜與我力量及內在洞見，使我在你隱祕之光中尋得深藏智慧。

**步驟三**：繼續說道：

> 身為你祕法學習者，我謙卑地請求，願你派遣大天使（振動念誦並描繪）烏—列—爾（OH — REE — EL）引領我踏上這神聖旅途。同時，也請你指引天使（振動念誦並描繪）佛拉克（PHORLAKH），在我探索宇宙神祕道路時看顧我守護我。

**步驟四**：繼續說道：

願土元素統治者、強大王子（振動念誦並描繪）基路伯（KERUB），在永恆一者允許下，增強並鞏固此五芒星圓盤之神祕力量及德能，使我能行其所鑄造之魔法儀式。為此，我現於（振動念誦並描繪）AH — DOH — NYE 神聖臨在下，行聖化之禮。

**步驟五**：將彩虹魔杖放回祭壇上，白色端朝東。拿起用來進行小五芒星驅逐儀式的匕首，再次站在北方。在左手持有的五芒星圓盤上方，緩慢描繪一個大型的土元素召喚五芒星（見第五課），同時說道：

憑藉北方旗幟承載神聖祕名（振動念誦，不描繪）EMOR DIAL HECTEGA，我現召喚你，北方偉大之君（振動念誦，不描繪）IC ZOD HEH CHAL（發音為 Ee — kah Zohd — ah Hay Kah — la）請即刻降臨，增強此儀式效果，聖化此魔法五芒星圓盤。賦予其超凡能力，於一切土元素工作中展現其能，使我以此覓得強大防禦及力量，使我指揮元素之靈，依循那唯靜謐靜能昭示之至高存在旨意。

**步驟六**：將匕首放回祭壇，再次站在北方。手持五芒星圓盤，置於胸前，面向外。說道：

北方偉大四環陣地的王子們，我召喚你們，請求你們聆聽我的祈願，即刻降臨！賦予此五芒星圓盤你們的力量和純潔，使其外在物質形態成為其內在靈性力量所召喚的真實象徵。

**步驟七**：順時針方向繞行至南方。手持五芒星圓盤高舉於頭頂上方，面向南方魔法圈中心。說道：

崇高天使（振動念誦）NAAOM（發音為 Nah — ah — oh — em），掌管土元素火之精魂的你，我現召喚你，請即刻降臨！願你將統御的魔法力量賦予此五芒星圓盤，使我亦能指揮那些你所主宰的靈。

**步驟八**：在南方稍微等待，直至你感覺到請求已得到回應，或經過三分鐘。然後移至西方，以與南方相同的方式持握五芒星圓盤，但面向西方。說道：

崇高天使（振動念誦）NPHRA（發音為 Ehn — frah），掌管土元素水之精魂的你，我現召喚你，請即刻降臨！願你將統御的魔法力量賦予此五芒星圓盤，使我亦能指揮那些你所主宰的靈。

**步驟九**：在西方稍微等待，直至你感覺到請求已得到回應，或經過三分鐘。然後移至東方，以先前的方式持握五芒星圓盤，面向東方。說道：

崇高天使（振動念誦）**NBOZA**（發音為 Ehn — boh — zohd — ah），掌管土元素風之精魂的你，我現召喚你，請即刻降臨！願你將統御的魔法力量賦予此五芒星圓盤，使我亦能指揮那些你所主宰的靈。

**步驟十**：在東方稍微等待，直至你感覺到請求已得到回應，或經過三分鐘。然後移至北方，以先前的方式持握五芒星圓盤。說道：

崇高天使（振動念誦）**NROAM**（發音為 Ehn — roh — ah — ehm），掌管土元素最緻密之境的你，我現召喚你，請即刻降臨！願你將統御的魔法力量賦予此五芒星圓盤，使我亦能指揮那些你所主宰的靈。

**步驟十一**：現在執行小五芒星驅逐儀式，但請注意以下兩點變更：

a. 使用五芒星圓盤代替匕首。
b. 畫出**土元素的召喚五芒星**，而非土元素的驅逐五芒星。

**步驟十二**：將已充能並聖化的五芒星圓盤放回祭壇的適當位置。接著執行守望塔儀式的步驟十五至二十。

**儀式結束。**

離開魔法圈之前，請確保用棉質或絲質的布料將五芒星圓盤包覆起來。布料應為黑色，但棕色、綠色或通用的純白色也可。務必在你的魔法日記中記錄此儀式的結果。

在進行聖化儀式時，請記得，使用彩虹魔杖時應振動念誦聖名並描繪希伯來字母或印記；不使用彩虹魔杖時，僅振動念誦聖名，不描繪印記。如果在三分鐘內未感受到工具賦能的回應，並不表示它未發生，只是表示你尚未有足夠心靈感知到它。持續日常儀式工作將開啟你對其他存在層面的感受。務必在儀式日記中記錄成果。

在接下來的晚上或你計畫執行時，進行風元素短劍的聖化儀式。注意：這是針對風元素短劍，而非用於執行小五芒星驅逐儀式的匕首。此外，請參考前一個儀式來了解執行細節，例如何時振動詞語和何時描繪符號。在此及接下來的兩個儀式中，我將簡化這些注釋。

## 風元素短劍的聖化儀式

**步驟一**：進行守望塔儀式至步驟十四。

**步驟二**：面向東方，左手持風元素短劍，右手握住彩虹魔杖象徵風元素與雙子座的**橙色**色段。風元素短劍保持水平，使用彩虹魔杖黑色端在其上空描繪希伯來字母和印記。說道：

> 萬物之父母，永恆之你，你以神聖聖名為己披上自然之力，猶如我們披上長袍。憑藉你神聖名號 YUD — HEH — VAHV — HEH，在此方，你亦以祕名 MIZRACH 為人所知。我在此謙謹地祈求你，賜予我力量及內在洞見，使我在你隱祕之光中尋得深藏智慧。

**步驟三**：繼續說道：

> 身為你祕法的學習者，我謙卑地請求，願你派遣大天使拉－斐－爾（RAH — FAY — EL）引領我踏上這神聖旅途。同時，也請你指引天使查杉（CHASSAN），在我探索宇宙神祕道路時看顧我守護我。

**步驟四**：繼續說道：

> 願風元素統治者、強大王子艾瑞爾（ARIEL），在永恆一者允許下，增強並鞏固此短劍之神祕力量及德能，使我能行其所鑄造之魔法儀式。為此，我現於 YUD — HEH — VAHV — HEH 神聖臨在下，行聖化之禮。

**步驟五**：將彩虹魔杖放回祭壇上，用右手拿起用於進行小五芒星驅逐儀式的匕首，走向東方，在風元素短劍的上方，緩慢繪製一個大型的風元素召喚五芒星（見第五課），同時說道：

> 憑藉東方旗幟承載三個神聖祕名 ORO IBAH AOZPI（發音為 Oh — row Eh — bah — ha Ah — oh — zohd — pee），我現召喚你，東方偉大之君 BATAIVAH（發音為 Bah — tah — ee — vah — hah）請即刻降臨，增強此儀式效果，聖化此魔法短劍。賦予其超凡能力，於一切風元素工作中展現其能，使我以此覓得強大防禦及力量，使我指揮元素之靈，依循那唯靜謐靜能昭示之至高存在旨意。

**步驟六**：將用於小五芒星驅逐儀式的匕首放回祭壇，回到東方。手持風元素短劍，尖端向上，置於胸前，說道：

東方偉大四環陣地的王子們，我召喚你們，請求你們聆聽我的祈願，即刻降臨！賦予此短劍你們的力量和純潔，使其外在物質形態成為其內在靈性力量所召喚的真實象徵。

**步驟七**：順時針方向繞行至南方。手持風元素短劍，尖端朝上，高舉於頭頂上方，說道：

崇高天使 EXGSD（發音為 Ex — jazz — dah），掌管風元素熾熱所在的你，我現召喚你，請即刻降臨！願你將統御的魔法力量賦予這把短劍，使我亦能指揮那些你所主宰的靈。

**步驟八**：移至西方，再次高舉風元素短劍，說道：

崇高天使 EYTPA（發音為 Eh — iht — pohd — ah），掌管風元素濕冷所在的你，我現召喚你，請即刻降臨！願你將統御的魔法力量賦予這把短劍，使我亦能指揮那些你所主宰的靈。

**步驟九**：移至東方，舉高風元素短劍，尖端朝上，說道：

崇高天使 ERZIA（發音為 Eh — rah — zod — lah），掌管風元素純淨且充盈所在的你，我現召喚你，請即刻降臨！願你將統御的魔法力量賦予這把短劍，使我亦能指揮那些你所主宰的靈。

**步驟十**：移至北方，以先前的方式手持風元素短劍，說道：

崇高天使 ETNBR（發音為 Eht — en — bah — rah），掌管風元素緻密所在的你，我現召喚你，請即刻降臨！願你將統御的魔法力量賦予這把短劍，使我亦能指揮那些你所主宰的靈。

**步驟十一**：現在執行小五芒星驅逐儀式，但請注意以下兩點變更：
a. 使用風元素短劍，而非通常在此儀式中使用的匕首。
b. 畫出**風元素的召喚五芒星**，而非土元素的驅逐五芒星。

**步驟十二**：將已充能並聖化的風元素短劍放回祭壇的適當位置。接著執行守望塔儀式的步驟十五至二十。

儀式結束。

離開魔法圈之前，請確保用棉質或絲質的布料將風元素短劍包覆起來。布料應為黃色，但通用的白色也可。一旦聖化過，就別讓其他人觸碰。在你的魔法日記中記錄此儀式的結果。

## 聖杯的聖化儀式

**步驟一**：進行「守望塔開啟儀式」，即守望塔儀式的步驟一至十四。

**步驟二**：左手持聖杯，右手握住彩虹魔杖象徵水元素與巨蟹座的**琥珀色**色段。以正常方式握持聖杯，再次用彩虹魔杖的黑色端在聖杯上方空氣中繪製字母和印記。說道：

> 萬物之父母，永恆之你，你以神聖聖名為己披上自然之力，猶如我們披上長袍。憑藉你神聖名號 EL，在此方，你亦以祕名 MEARAB（發音為 Me — ah — rahb）為人所知。我在此謙謹地祈求你，賜予我力量及內在洞見，使我在你隱祕之光中尋得深藏智慧。

**步驟三**：繼續說道：

> 身為你祕法學習者，我謙卑地請求，願你派遣大天使加－百－列（GAHB — RAY — EL）引領我踏上這神聖旅途。同時，也請你指引天使塔利哈德（TALIAHAD），在我探索宇宙神祕道路時看顧我守護我。

**步驟四**：繼續說道：

> 願水元素統治者、強大王子薩西斯（THARSIS，發音為 Tahr — sis），在永恆一者允許下，增強並鞏固此聖杯之神祕力量及德能，使我能行其所鑄造之魔法儀式。為此，我現於 EL 神聖臨在下，行聖化之禮。

**步驟五**：將彩虹魔杖放回祭壇上，如先前一樣，拿起用於小五芒星驅逐儀式的匕首，走向西方，在聖杯的上方，緩慢繪製一個大型的水元素召喚五芒星（見第五課），同時說道：

憑藉西方旗幟承載三個神聖祕名 EMPEH ARSEL GAIOL（發音為 Em — peh — heh Ahr — sell Gah — ee — ohl），我現召喚你，西方偉大之君 RA AGIOSEL（發音為 Eh — rah Ah — jee — oh — sell）請即刻降臨，增強此儀式效果，聖化此聖杯。賦予其超凡能力，於一切水元素工作中展現其能，使我以此覓得強大防禦及力量，使我指揮元素之靈，依循那唯靜謐靜能昭示之至高存在旨意。

**步驟六**：將匕首放回祭壇，再次站在西方。手持聖杯置於胸前，說道：

西方偉大四環陣地的王子們，我召喚你們，請求你們聆聽我的祈願，即刻降臨！賦予此聖杯你們的力量和純潔，使其外在物質形態成為其內在靈性力量所召喚的真實象徵。

**步驟七**：順時針方向繞行至南方，舉起聖杯並說道：

崇高天使 HNLRX（發音為 Heh — nu — el — rex），掌管熾熱水域的你，我現召喚你，請即刻降臨！願你將統御的魔法力量賦予這聖杯，使我亦能指揮那些你所主宰的靈。

**步驟八**：移至西方，舉起聖杯並說道：

崇高天使 HTDIM（發音為 Heh — tah — dee — mah"，掌管純淨而流動水域的你，我現召喚你，請即刻降臨！願你將統御的魔法力量賦予這聖杯，使我亦能指揮那些你所主宰的靈。

**步驟九**：移至東方，舉起聖杯並說道：

崇高天使 HTAAD（發音為 Heh — tah — ah — dah），掌管輕盈水域的你，我召喚你，請即刻降臨！願你將統御的魔法力量賦予這聖杯，使我亦能指揮那些你所主宰的靈。

**步驟十**：繞行至北方，舉起聖杯並說道：

崇高天使 HMAGL（發音為 Heh — mah — gee — ehl），掌管緻密水元素的你，我現召喚你，請即刻降臨！願你將統御的魔法力量賦予這聖杯，使我亦能指揮那些你所主宰的靈。

**步驟十一**：現在執行小五芒星驅逐儀式，但請注意以下兩點變更：

a. 使用聖杯，而非在此儀式中使用的匕首。
b. 畫出水元素的召喚五芒星，而非土元素的驅逐五芒星。

**步驟十二**：將已充能並聖化的聖杯放回祭壇的適當位置。接著執行守望塔儀式的步驟十五至二十。完成後，用棉質或絲質的藍色布料（白色亦可）包覆聖杯，不要讓其他人觸摸。

儀式結束。

請在魔法日記中記錄儀式的結果。

最後，我們將進行最後一個聖化儀式。儘管持續使用魔法工具會逐漸帶來充能和聖化的效果，但進行這些儀式，即使只有一次，也會顯著加速這一過程。然而，建議你偶爾重複這些儀式，或許每年一至兩次。隨著你成長為一名魔法師，你充能、賦能和聖化工具的能力也會逐漸提升。

這些聖化儀式的另一個目的，是讓你了解一個基礎儀式如何透過添加和輕微變化，適用於其他目的。在此案例中，一個用於聖化一件魔法武器的儀式，透過改變幾個詞句和動作，就能用於聖化其他工具。隨著時間的進展，你將看到這個概念的重要性。

同時，討論這些聖化儀式在儀典情境下的進行也很重要。也就是說，它們應該如何在團體儀式中執行。為了回答這一問題，我們再次回顧黃金黎明會的做法。對於這組織而言，聖化是一個人從外階層（Outer Order）**神祕**組織（黃金黎明會）進入到內階層（Inner Order）**魔法**組織（the R.R. & A.C.）的象徵。因此，執行聖化儀式的人應該私下進行，或僅與已經獨自完成聖化的人一起。其他人不應觀看。觀看者也該將他們的視覺化投射到執行聖化的人的意象中。重要的是，執行聖化儀式的人應該獨自完成整個儀式。

## 火之權杖的聖化儀式

**步驟一**：執行「守望塔開啟儀式」。

**步驟二**：左手持火之權杖，右手握住彩虹魔杖象徵火元素與牡羊座的**紅色**色段。火之權杖應水平握持，如先前一樣，用彩虹魔杖的黑色端在空中繪製，面向南方說道：

萬物之父母，永恆之你，你以神聖聖名為己披上自然之力，猶如我們披上長袍。憑藉你神聖名號 EH — LOH — HEEM，在此方，你亦以祕名 DAROM 為人所知。我在此謙謹地祈求你，賜予我力量及內在洞見，使我在你隱祕之光中尋得深藏智慧。

**步驟三**：繼續說道：

身為你祕法學習者，我謙卑地請求，願你派遣大天使米－迦－勒（MEE — CHAI — EL）引領我踏上這神聖旅途。同時，也請指引天使艾瑞爾（ARAL），在我探索宇宙神祕道路時看顧我守護我。

**步驟四**：繼續說道：

願火元素統治者、強大王子撒拉弗（SERAPH），在永恆一者允許下，增強並鞏固此權杖之神祕力量及德能，使我能行其所鑄造之魔法儀式。為此，我現於 EH — LOH — HEEM 神聖臨在下，行聖化之禮。

**步驟五**：將彩虹魔杖放回祭壇，拿起平時用於進行小五芒星驅逐儀式的匕首。回到南方。用匕首在水平持握的火之權杖上方繪製一個大型的火元素召喚五芒星（見第五課），同時說道：

憑藉南方旗幟承載三個神聖祕名 OIP TEAA PEDOCE（發音為 Oh — ee — pay Tay — ah — ah Peh — doh — kay），我現召喚你，南方偉大之君 EDEL PERNAA（發音為 Eh — dehl Pehr — nah — ah）請即刻降臨，增強此儀式效果，聖化此權杖。賦予其超凡能力，於一切火元素工作中展現其能，使我以此覓得強大防禦及力量，使我指揮元素之靈，依循那唯靜謐靜能昭示之高存在旨意。

**步驟六**：將匕首放回祭壇，站在南方。手持火之權杖水平置於胸前，說道：

南方偉大四環陣地的王子們，我召喚你們，請求你們聆聽我的祈願，即刻降臨！賦予此權杖你們的力量和純潔，使其外在物質形態成為其內在靈性力量所召喚的真實象徵。

步驟七：順時針繞行一圈回到南方。高舉火之權杖，尖端朝上，說道：

崇高天使 BZIZA（發音為 Bay — zod — ee — zod — ah），掌管最熾熱之火四天使的你，我現召喚你，請即刻降臨！願你將統御的魔法力量賦予這權杖，使我亦能指揮那些你所主宰的靈。

步驟八：移至西方，高舉權杖並說道：

崇高天使 BANAA（發音為 Bay — ahn — ah — ah），掌管流動之火四天使的你，我現召喚你，請即刻降臨！願你將統御的魔法力量賦予這權杖，使我亦能指揮那些你所主宰的靈。

步驟九：移至東方，舉起權杖並說道：

崇高天使 BDOPA（發音為 Bay — doh — pay — ah），掌管輕靈之火四天使的你，我現召喚你，請即刻降臨！願你將統御的魔法力量賦予這權杖，使我亦能指揮那些你所主宰的靈。

步驟十：移至北方，以同樣方式說道：

崇高天使 BPSAC（發音為 Bay — pay — zah — cah），掌管大地中最緻密之火四天使的你，我現召喚你，請即刻降臨！願你將統御的魔法力量賦予這權杖，使我亦能指揮那些你所主宰的靈。

步驟十一：現在執行小五芒星驅逐儀式，但請注意以下兩點變更：

a. 使用火之權杖，而非通常使用的匕首。
b. 繪製火元素的召喚五芒星，而非土元素的驅逐五芒星。

步驟十二：將已充能並聖化的火之權杖放回祭壇的適當位置。執行「守望塔的關閉」儀式。使用紅色或白色的棉質或絲質布料包覆火之權杖。

**儀式結束。**

請在你的魔法日記中記錄儀式的結果。

當你完成這些儀式並對自己的表現感到滿意時（我們對自己往往比對他人更加嚴格），你已不再是魔法世界中的新手或初學者。只有極少數人踏上魔法生活的道路，更

少人能夠超越最初的蹣跚步伐，真正可以稱為魔法技藝大師的人數更是微乎其微。

即使你真正練習並從這前六課中學到了東西，你也還不是儀式魔法的大師。但根據我的經驗，當你有所練習和學習，你可能已經比自稱為魔法師的75%至95%的人更具知識和魔法技術。即使你尚未進行過任何實際的或灰魔法的操作，這一點仍然成立。

不為人知的是，黃金黎明會實際上有兩個「內階層」組織。外階層的成員不應知曉這些內部階層組織或其運作方式。其中一個內階層組織只有一個階級，並未教授任何魔法。這裡是那些被認為沒有魔法技能的人所在之處，他們甚至不了解魔法內部階層組織「R.R. et A.C.」的完整意義，這個名稱是「紅寶石玫瑰與黃金十字架」（Roseae Rubeae et Aureae Crucis）的拉丁文縮寫。要進入「R.R. & A.C.」，你需要獲得邀請。一旦獲得邀請，你的任務就是製作並聖化你的魔法工具。

進入魔法組織的某個階級是透過啟蒙（initiation）儀式來完成的，也就是開始的意思。當一個人進入該階級時，並不擁有該階級的全部能力，只有（理論上）在離開或完成時才有。

因此，實際上，如果你已完成了工作，學習了課程，並且明白你在做什麼，你就已經達到了小達人（Adeptus Minor）的階級。

此外，只要你不聲稱該階級是因加入某特定團體的啟蒙而擁有，我認為你沒有理由不將自己視為並自稱為魔法技藝的小達人。女性的適當稱號是女小達人（Adepta Minora），雖然很少被使用。

因此，你應自行承擔對於魔法道路的誓約。一旦你做到這一點，你便成為一個小達人，一個準備好成為巫師與魔法師的人。

## 魔法誓約儀式

**步驟一**：設立你的聖殿並進行「守望塔開啟」儀式。

**步驟二**：宣讀以下的自我義務誓約：

我，[說出你的魔法祕名或魔法格言]，今日在精神上將自己緊緊繫於魔法生活之道。我將全力過著無私的生活，證明自己是所有萬物神聖源頭的忠誠且奉獻的僕人，這源頭行於無形，唯靜謐靜能昭示其超越對立和難以理解的一體性。

對於那些我認為尚未準備好接受的人，我將保守所有實踐和理論知識的祕密。因為向一個未準備好接受的人揭示真相，無異於對他們說謊。

作為一名魔法生活之道、光明、愛與自由的學生，我不會自稱為超越此身分之人。既非任何祕密組織的啟蒙者，我也不會啟蒙任何人。

我將在隱祕、遠離外界目光的地方實踐所有魔法。我不會展露我的魔法工具，也不會向未達到理解其用途所需層次的人揭示它們。我不會為那些不真正需要的人製作任何魔法圖騰或護符。在不太了解魔法的人面前，我將僅實踐簡單而眾所周知的技術，將更深層的智慧和方法留給那些準備好學習的人。

我進一步承諾並立誓，在神聖允諾下，從今日起，我將全心投入於魔法的偉大工作——那就是淨化並提升我的靈性本質，以便在神性幫助下，最終超越人類層次，逐步提升並與我的更高及神性本質合一，並在此過程中，我不會濫用賦予我的偉大力量。

我進一步最莊嚴地承諾，在未先召喚與之相關的最高神聖名稱前，絕不進行任何重要的魔法任務。我特別承諾不會將我的實踐魔法知識用於邪惡和自私的目的。若我違反這一承諾，我便召喚復仇天使 HUA，讓邪惡之力反噬於我。

我承諾對所有人一視同仁，不論他們的膚色、父母的宗教或他們的性別。我不會誹謗、說謊或散播謠言。

我承諾無論是獨自一人還是與他人合作，都將繼續我魔法之路的日常實踐。

最後，如果在旅途中我遇到自稱擁有魔法知識的陌生人，我會在承認此事前對他們檢視。在確信他們所聲稱的知識是真實之前，我不會向他們透露任何我擁有的內在智慧，只會提供我可以給予任何人的知識。

這就是我作為魔法技藝小達人的義務之言，我在神聖一者和偉大的復仇天使 HUA 面前對此做出承諾。按照我自己的意願，在他們的注視下，若我未能履行我的魔法義務，願我的魔法力量停止，直至我再次有權擁有它們。我的偉大而奧祕的靈魂，我請求你的協助！

**步驟三**：完成「守望塔的關閉」儀式。在你的儀式或魔法日記中記錄結果。

# 第七部分

## 與非魔法人士的互動

經常花許多時間練習和研究魔法的人，常面臨一個特殊挑戰：如何與他人分享自己的興趣。通常來說，你會在魔法信仰上遇到以下四類人。

1. **那些不在乎的人**。他們只是覺得這是你的一個興趣，並不以為意。他們可能覺得你有點怪異，但也認為每個人都有自己的特殊之處。

    這類人通常太過於關注自己，不會去打擾你。如果他們問及你的魔法活動，就在他們能夠理解的程度上誠實回答。通常問過幾個問題後，他們就會對你的生活這一方面失去興趣，因為他們覺得自己的生活更有趣。

2. **宗教狂熱者**。這些人的生活建立在恐懼或偏執上。生活在恐懼中的人，常常會試圖讓你從你所信仰的「邪教」轉投他們認為是唯一真理的宗教派別或信仰。他們將事物看作非黑即白，劃分為「我們」與「他們」。「既然我們是對的，你就必須是錯的。因此，我必須讓你轉向我們的信仰，這樣你就會是對的，就不會有人暗指我（天哪！）可能是錯的。如果我錯了，那麼我人生中的一切都可能是錯的，我太害怕去面對我的生活了。」這類人通常在宗教和哲學方面知識不足。「爸爸認為好，我也認為好」是他們的行動準則。如果他們的觀念無法簡化成車尾保險桿上的標語，對他們來說就太過複雜。如果這些人詢問你在做什麼，你可以回答「我在研究早期猶太哲學」，然後立即告訴他們，你需要他們的幫助。問他們是否研究聖經，當他們回答是時，回應「太好了。我需要與一個精通希伯來語、亞蘭語和希臘語的人交談。」當他們猶豫並最終承認他們實際上對這些語言知之甚少時，就帶著驚訝的表情看著他們，告訴他們你希望他們有朝一日真正開始研究聖經，然後離開。記住，我們的目的並非試圖讓他人接受我們的魔法觀點。如果他們準備好了，他們自然會找到這條路；如果他們還沒有準備好，這對他們來說就完全沒有意義。本節的重點是學習如何適當地與那些不擁有相同信念的人相處。

    另一種宗教狂熱者是充滿偏執的人。這些人通常（但不總是）處於經濟階級的底層（但貧窮本身並不等同於這種心態）。他們從來不為自己生活中的問題承擔責任，總是把問題歸咎於他人。他們沒有錢是因為「猶太人騙走了」（這裡的

「騙」一詞暗指對吉普賽人的刻板印象，因為英文「Gypped」來自對吉普賽人的偏頗描述），或者是「黑人（或近期則是墨西哥人）搶了所有的工作」。總是別人的錯。

如前所述，這種心態並且較具宗教傾向的人會將一切歸咎於「惡魔」。惡魔使他們沉迷於菸、酒或暴飲暴食。惡魔使他們無法勃起或是性冷感。惡魔控制了老闆，所以「我無法持續保持工作」。如果這類人問你在做什麼，最好的回答是：「我在忙我的事，你也應該如此。」

這些人對生活的關注非常狹窄，只願與志同道合者交流。因為你的視野比他們狹隘的觀點更廣闊，最好儘快遠離他們。這些人可能變得極度危險。偏執型人格者可能演變成思覺失調症患者，甚至採取暴力反社會行為。他們可能會為驅逐孩子體內的「惡魔」而焚燒他們，正如過去宗教審判中的施虐者所做。在可能的情況下，盡量避免與這些人接觸。

3. **唯物主義者／懷疑論者／揭穿者**。這些人不願意相信任何他們無法用自己的思維方式理解的事物。當他們發現你對魔法感興趣時，通常會嘲諷和取笑你。對他們而言，如果你和你的信仰僅是笑話，他們就無須正視你。這些人經常自認為非常科學，可能會自稱「懷疑論者」。但實際上他們已經形成了自己的一套信仰體系。通常是對過時或部分理解的科學理論擁有未經訓練的信念。

你可以選擇忽略這些人，他們很快就會對你失去興趣。如果你容易被激怒，巧妙的反擊可以迅速讓他們閉嘴。例如，如果有人要求你將他們變成蟾蜍（嘲笑地說），你可以反問他們為什麼，畢竟這似乎毫無必要。雖然我不建議這麼做，但如果對方特別令人討厭，你可以進一步暗指他們喜歡吃蒼蠅，以及蒼蠅喜歡停留的地方。你甚至可以暗指對方的外表與青蛙有些相似等等。這樣做的目的是將話題從你轉移到對方。

4. **好奇者**。最後是那些有邏輯思維的人，對你所言感興趣但尚未完全理解。我會告訴他們，我正在研究古老且不為人所知的形上學理論。兩千年前，這些理論涵蓋了物理學、數學、幾何學、醫學、天文學、閱讀、寫作等多個領域。在那時，這些理論多半是主觀的而非客觀的。但在現今，這一點已不再適用。

因此，我所研究的是當今的主觀哲學，而這些哲學有望可以成為未來的客觀科學。

《SSOTBME》是一本我在開始教授神祕學課程時首次出版的小冊子。這本書獨特之處在於兩個方面。首先，它是最早出版包含神祕學家奧斯汀‧奧斯曼‧斯佩爾（Austin Osman Spare）驚人超現實藝術作品的一部現代作品。其次，這本書中暗示的許多概念後來被納入混沌魔法體系中。我將在第十二課進一步談論這一體系。這本書的標題不是某個靈魂的以諾文名字。更準確地說，它是「Sex Secrets of the Black Magicians Exposed」的字母縮寫法（Notarikon）。這反映了作者的態度：書中並無性奧祕，與黑魔法師無關，也未揭露任何事物。

我同意《SSOTBME》的作者拉姆齊‧杜克斯（Ramsey Dukes，本名為 Lemuel Johnston）的看法，他指出我們所有人都在不同程度上擁有四種主要觀點：邏輯、觀察、感覺和直覺。將直覺與邏輯相結合，就會形成宗教傾向。將感覺與直覺相結合，則形成藝術傾向；將邏輯與觀察相結合，則形成科學傾向。我選擇將感覺與觀察結合，進而形成了魔法傾向。

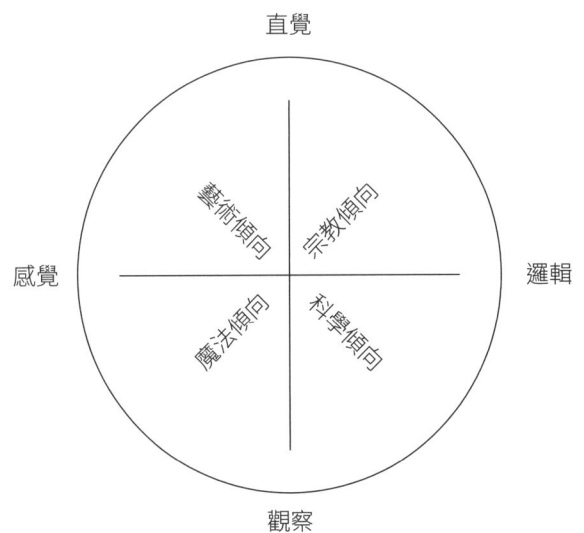

從這個哲學觀點來看，一切都是相對的。如果你有強烈的宗教傾向，那麼在某些情境下，科學和藝術可能會被你視作魔法的形式。如果你更傾向於科學，你可能會認為經濟學和心理學比較接近魔法或藝術，而不是純粹的科學。同理，具有藝術傾向的人可能會覺得占星學和哲學非常具有科學性質。那麼，誰是對的呢？從他們各自的視角來看，他們都有自己的道理。因此，如果我們能夠了解某人的特定傾向，或許就能以一種更容易被對方理解的方式來表達我們的興趣。

重要的是，當你面對挑戰時，要迅速掌握對話的主導權，並把話題轉移到對方身上，而不是讓所有的討論都圍繞著你自己。

# 複習

為了幫助你確認是否已完全掌握「第六課」的內容，以下列出了一些問題。在不參考課文的前提下，請試著回答這些問題。（答案可以在附錄二中找到）

1. 火元素具有哪些特質？
2. 火元素的大天使是誰？
3. 如何理解 23 = 40 = 12？
4. 魔法師如何使用三腳支架？它在德爾菲神諭中又是如何被使用的？
5. 什麼是「祕密力量」？
6. 什麼是間斷平衡理論？
7. 「AOZPI」這個以諾文單字該如何發音？
8. 與牡羊座對應的植物有哪些？
9. 代表土元素的元素板上使用了哪些顏色？
10. 彩虹魔杖聖化儀式的祭壇上應該擺放多少物品？它們是什麼？
11. 彩虹魔杖上有幾種顏色？
12. 南方旗幟上所承載的神聖祕名是什麼？

以下問題，只有你自己能回答。

1. 你掌握火元素了嗎？
2. 你是否還在進行所有日常儀式？
3. 你是否在嘗試新的儀式？
4. 你是否在製作自己的魔法工具？
5. 你是否已經聖化了你的魔法工具？
6. 你有進行過或計畫進行魔法誓約嗎？
7. 你是否曾在面臨不喜歡你對魔法、卡巴拉等感興趣的人時遇到過困難？
8. 你了解生命之樹路徑的對應關係嗎？
9. 你認為自己正在成為一名強大的魔法師嗎？如果你覺得還沒有，那麼你認為自己還需要學習或提升哪些方面呢？

# 參考書目

有關這些書籍的更多資訊，請參閱本書末標註的參考書目註解。

Ciero, Chic, and Sandra Tabatha Cicero. *Secrets of a Golden Dawn Temple*. Thoth Publications, 2004.

Crowley, Aleister. *777 and other Qabalistic Writings of Aleister Crowley*. Weiser Books, 1986.

Johnstone, Lemuel（Ramsey Dukes）. *SSOTBME: An Essay on Magic*. The Mouse That Spins, 2002.

Laycock, Donald. *The Complete Enochian Dictionary*. Weiser Books, 2001.

Regardie, Israel. *Ceremonial Magic*. Acon Books, 2004.

_____. *The Golden Dawn*. Llewellyn Publications, 2002.

Shaw, Scott. *Chi Kung for Beginners*. Llewellyn Publications, 2004.

Tyson, Donald. *Enochian Magic for Beginners*. Llewellyn Publications, 2002.

Wang, Robert. *The Secret Temple*. Marcus Aurelius, 1993.

第二單元

# 內階層
## THE INNER ORDER

在魔法組織，如祕密結社（orders）和巫團（covens）中，內階層（Inner Order）是一個特殊的內部團體，在這裡，最深奧的祕密會被實踐與傳授給那些經歷過外階層（Outer Order）考驗和磨難，並證明了自身價值的成員。

# 第七課
## LESSON SEVEN

---

## 第一部分

---

　　回顧本課程的第五課，我與你分享了一個重要的神祕魔法祕密：在星光層面創造的任何事物最終都必須在我們的世界，即物質層面（physical plane）中顯現。這意味著，如果你能在星光界創造某物，它最終將出現在我們的日常現實中。如果你在星光層面為自己創造財富，你將變得富有；如果你在星光層面為自己創造一輛新車，你最終將得到那輛車。在過去幾年中，這種技巧引起了廣泛的興趣。遺憾的是，大多數討論這一眾所周知的「吸引力法則」的書籍和電影，通常都忽略了使用這一「祕密」所需的實用技巧。

　　從「在星光層面創造的一切終將在我們的世界顯現」這一簡單描述中，可以清楚地看到，灰魔法的基礎是在星光層面上創造所期望的目標。之所以存在多種不同形式或風格的灰魔法，是因為有很多方法可以將創造物植入星光層面或卡巴拉所稱的形塑界層面（Yetziratic level）中。就我個人而言，儀式魔法或儀典魔法最為有效。這是因為我發現深刻的象徵主義與儀式相結合非常迷人。當儀式得當地進行時，它對我產生了深遠的影響。而且，儀式魔法還會借助來自其他存在層面的靈性存有。儘管我可以成功運用其他形式的灰魔法，但我發現這些方法更為繁瑣，且樂趣較少。

　　然而，還有另一種系統，它本身並非儀式魔法，但了解它很重要。掌握這種魔法風

格可以幫助你更好地理解魔法的運作原理。此外，這個系統非常簡單有效。使用這套系統，你可以只用鉛筆和紙張就能成功地施行魔法。

正如我所言，不同魔法風格的主要區別在於其在星光層面或卡巴拉所述的形塑界創造理念或事物的不同方式。因此，在這個簡單的系統中，我們首先要探索如何做到這一點。

在本課程早期，我介紹了意識與潛意識之間的聯繫。當我們的潛意識向意識發送訊息時，這被稱作「直覺」。如果意識無法處理來自潛意識的訊息並將其壓抑，可能會導致心理甚至生理上的問題。在某些情況下，這可能導致需要心理學、精神病學或其他形式的治療幫助。潛意識聯繫意識的其他方法也存在。如果你對這些方法有所遺忘，可以重讀有關夢境和前世經歷的前面章節。

然而，更重要的是，也存在允許意識主動聯繫並向潛意識發送訊息的方法。這一點極為重要，因為**潛意識是我們與星光層面直接連結的橋樑**。這意味著，我們放入潛意識的任何東西，最終都將成為物質實相。

**星光層面**

U
N
C
O
N
S
C
I
O
U
S

**物質層面**

意識與潛意識的通訊有兩種常見方式，與現代的左右腦理論相關。通常認為，大腦的左半球專門處理邏輯、數學和演繹推理，而右半球則專門負責直覺、歸納推理、感受和藝術。

在此，我想強調，我對這一理論的真實性持有保留態度。它暗示我們思考的心智部

分，不過是位於兩耳之間幾磅重的神經組織而已。我個人認為，物質大腦與非物質心靈之間存在一種共存的交互關係。舉例來說，服用特定藥物和物質能改變我們對周遭宇宙的思考和感知方式。這使得一些人宣稱意識甚至如愛情這樣的情感，不過是一種化學狀態。它似乎暗指服用這些藥物會產生情感。然而，催眠和生物回饋等技術已證實，可以在沒有相應情感的情況下產生這些化學物質，反之亦然。此外，一些人可能對大多數人會有巨大心理活性效果的物質完全不受影響。改變大腦的化學組成並不一定改變心智的運作。這推翻了心智和大腦是同一事物的觀點，即使在多數人中它們密切相連。

此外，左腦、右腦理論過於簡化了心腦單元的複雜現實。儘管如此，作為一種理論，它確實有一定的價值。它作為理解心智運作的隱喻，主要表明心智具有一種二元性。或許更準確地說，心智的一部分更專注於直覺，而另一部分則更專注於演繹。此外，這些心智的部分與通常所稱的左腦、右腦理論相關。為了幫助你更好地理解本課程的內容，我將使用左腦、右腦術語，以迎合流行術語。

與左腦相關的魔法系統通常被稱為「正面肯定句的使用」（Use of Positive Affirmations）。在這個系統中，你只需不斷重複地說出你所期望的事物。在某種程度上，這是一種試圖利用你的意識透過理由、邏輯和重複來說服你的潛意識，使其相信「這個或那個」是你所想要、渴望或需要的。

與大腦右半球相關的系統被稱為「創造性想像」（Creative Visualization）。在這個系統中，你有意識地透過視覺化過程（visualization）將一個形象放入你的意識中，知道這個形象最終會被潛意識吸收。

可以明顯看出，使用「正面肯定句」或「創造性想像」的人，僅利用了他們大腦或心智的一半來創造不同的實相。有些人在使用這些系統時非常成功，然而大多數人在實踐這些方法時只獲得有限的進展。我接下來要介紹的簡單卡巴拉系統，將正面肯定句和創造性想像有效地結合在一起。我和我的許多學生發現，這個系統比單獨使用創造性想像或正面肯定句在魔法上更加有效。此外，還有一個卡巴拉的祕訣能提升這些結合系統的魔法成功率，我稍後會詳細講解。

首先，假設有人知道如何在星光層面上創造事物，這是否意味著這個人總會得到他們所創造的？顯然，許多人嘗試過創造性想像和／或正面肯定句卻未獲得成功。只要問問那些嘗試使用一些流行書籍中不完整原理卻感到徒勞的大多數人就知道。你可能也嘗試過這些系統，但未能實現目標。因此，對於不熟悉這些心智魔法內在祕密的人來說，似乎答案是「不，人們不總是能得到他們在星光層面上創造的東西。」但當你理解了接下來的訊息，你會理解真正的答案是「是的，人們總是會得到他們在星光層面上創造的東西。」

你可能會認為這是一種矛盾的陳述。首先，我指出那些試圖透過創造性想像或正面肯定句來使用吸引力法則的人，很少能透過這些技術在星光層面上獲得他們所創造的東西。然後我又說他們總是得到他們所創造的東西。如果不是存在矛盾，就是有些事情不明確。不明確的是，一些關於吸引力法則的書籍遺漏了一些祕密。或許一個例子會讓這更明顯。

假設約翰・魔法斯（John Magus）是一個懂得如何使用創造性想像和正面肯定句在星光層面上創造事物的人。今天早上，他花了十五分鐘在星光層面為自己創造財富，使用了正確的詞語，以適當的方式表達，並進行了恰當的視覺化。隨後，他又花了五分鐘擔心如何支付帳單。之後又花了十分鐘想著自己有多麼缺錢。整天他都在想著自己糟糕、薪水微薄的工作。當他下班回家後，他在郵件中發現更多的帳單，並且擔心如何籌集資金支付這些帳單。所以，雖然魔法斯先生花了十五分鐘創造財富，但他整天都在思考並因此在星光層面上創造了貧窮。換句話說，他正在創造自己的貧窮，這就是他仍然貧窮的原因。

你看，**我們一直在星光層面上創造！**大多數你可能讀到或學習過的創造性想像或正面肯定句系統並沒有考慮到這個神祕事實。我即將與你分享的卡巴拉系統會向你展示如何控制這個過程。

如果你看到約翰・魔法斯在做的事情，卻不知我們總是在星光層面上創造，你可能會認為他在創造財富的嘗試中失敗了。但儘管他未能創造財富，他實際上成功創造了他一直在思考的貧窮。請記住，**無論我們是否有意識地這樣做**，我們都在星光層面上持續創造。

正面肯定句和創造性想像看似不成功的原因還有幾個。首先，有一個重要的宇宙法則是不允許浪費。一位作者將這一法則的影響稱為「可及領域」（the Sphere of Availability）。如果你連生活必需的食物都買不起，卻試圖使用這些系統之一來獲得一輛車，你可能無法實現你的目標。這是因為你實際上無法有效地使用這輛車。如果你連食物都買不起，你又如何負擔得起汽油、機油、保險、輪胎、煞車等？擁有一輛車對你而言將是一種浪費，而宇宙法則不允許浪費。

物理學中也運用了這項法則。宇宙法則禁止一切浪費，包括空間的浪費。因此有句話說：「自然法則厭惡真空」。重要的是要理解，某事對你看起來似乎是浪費，在宇宙尺度上卻可能並非如此。不要擔心他人正在嘗試創造的事物。確保你努力實現的目標對你而言是必要的。約翰・魔法斯應該先努力找到工作，再去考慮購買汽車。

另一個明顯缺乏成功的原因，可能是因為你需要為心靈和精神進化學習因果課題。如果你需要學習與貧窮相關的課題，在你學習完這些對你進化發展必要的課題之前，你將無法擺脫貧窮……只有當貧窮對你不再是必需時，你才能擺脫它。

## 卡巴拉的心靈魔法系統

**步驟一**：首先在紙上寫下以下聲明：

「我願意運用我所有的能力來實現以下目標：＿＿＿＿＿＿」

在聲明末處填寫你想實現的目標。

a. 簡單明瞭！
b. 具體明確！大部分人想要的不是「金錢」本身，他們想要的是金錢可以實現的目的，比如過上更好的生活、更好的車等。所以，在聲明最後空白處填上那個最終目標。如果這是一個長期目標，填上邁向此目標的第一步。例如，如果目標是成為老師，那麼你的第一個目標應是使你能夠得到教學的培訓。如果你的目標是做一些崇高的事，比如「服務」，這很好，那麼提供服務的具體方式呢？醫師、清潔工、水管工、催眠治療師或服務生等都是在提供服務，但每個職業需要截然不同的技能和培訓才能在其領域取得成功。

**步驟二**：現在在腦海中構建一個與目標相關的視覺圖像。如果你想要一輛車，想像自己在那輛車裡。如果你想要更好的生活方式，想像自己穿著代表那種生活方式的衣服等等。這個圖像將用於視覺化。

a. 圖像中必須包含你自己。
b. 請記住，有些人無法做到在心靈中「看到」具體圖像的程度。如果你無法這樣「看到」，也沒關係。但你必須*知道*，如果你的星光視覺更加開展，你正在視覺化的事物在星光層面上確實存在；不僅是相信這一點，而是確切地*知道*這一點。
c. 作為輔助，你可以製作一張「寶藏地圖」(Treasure Map)。只需要翻閱雜誌或報紙，剪下代表你目標的圖片。然後將它們黏貼在一塊硬紙板或紙上，形成一個魔法拼貼畫。視你的喜好，你也可以自己畫出這些圖像。確保在寶藏地圖中包含你自己，可以是放入一張你的照片，或在地圖中心寫上「我」。

**步驟三**：每天早上剛醒來和晚上睡前各花五分鐘，以堅定且平靜的聲音重複在步驟

一中寫下的那句話。**早晚各說一次**。在這五分鐘的剩餘時間裡，不是進行步驟二中製作的圖像視覺化，就是觀看你在那個步驟中製作的寶藏地圖。看到、聞到、嚐到、感受和感知視覺化的內容。記住，你必須參與圖像中。

---

## SMART／DUMB 目標管理

「SMART 目標」與「DUMB 目標」的概念原本屬於神祕學領域，但在1950 年代轉移到管理學界。對於神祕學家和魔法師來說，這些概念並不陌生，但彼得・杜拉克（Peter Drucker）在其著作《彼得・杜拉克的管理聖經》（*The Practice of Management*）中對其進行了規範和明確的界定。我們可以反向運用這套方法，用來確定我們想要透過灰魔法實現的目標的效度和品質。

所有的魔法目標都應該符合 SMART 原則。這裡的 SMART 是一個代表每個目標應具備的五種特質的首字母縮寫。

**S**—你的目標應該盡可能**具體**（*Specific*）。目標越明確，實現的可能性越高。

**M**—你的目標需要**可衡量**（*Measurable*）。你應該能夠輕易地判斷是否已經達成目標。比如，如果你的目標是擁有一輛汽車，當你擁有它時，就很容易確認是否實現了目標。然而，如果你的目標是健康，你應如何衡量呢？我不是想告訴你衡量標準應該是什麼，而是你需要有一個衡量方法。此外，目標對你越有意義，實現的可能性就越大。

**A**—你的目標應該是**可達成的**（*Attainable*）。如果你是一名高爾夫球手，想在一場比賽中每個洞都打出低於標準桿一桿（birdie）的成績，但這在專業賽場上從未有人做到，因此不宜假設你能實現它。通常來說，如果有人已經達成過某事，這表示你也有可能做到。

**R**—你的目標應該是**實際的**（*Realistic*）。如果你已經六十歲，則設定進入 PGA 高爾夫巡迴賽的目標並不實際，因為沒有人在這個年齡達成過這樣的成就。然而，參加高爾夫老年巡迴賽則是一個更實際可行的目標。

> **T**—你的目標應該有一個**時間框架**（*Time frame*）。當然，設定的時間框架必須是實際且可實現的。例如，如果你想減重二十磅但沒有設定具體期限，那麼你可能一直想減重卻永遠無法實現。同樣地，如果你為減重設定了不切實際或不健康的短期目標，比如兩週內減重二十磅，那也是一個不理想的目標。
>
> 我個人會在這組縮寫詞中加上一個 E，使其成為 SMARTE。我認為你的目標也應該符合**生態友善**（*Ecological*）的原則。換句話說，你的目標不僅要對自己有益，也應對周遭的人和地球環境有正面影響。
>
> 有些人建議目標應該是 DUMB，即：可行的（**D**oable）、易懂的（**U**nderstandable）、易管理的（**M**anageable）、有益的（**B**eneficial）。雖然我同意 DUMB 縮寫所代表的理念，但我不認為專注於「DUMB」是正面的。實際上，DUMB 的理念在 SMART（E）目標系統中已被包含。

　　a. 這個過程僅限於早晨和晚上進行。然而，在一天中的任何時候，當你意識到自己產生了與目標相違背的想法（如約翰・魔法斯的情況），應立刻開始重複你的魔法語句，直到這些相反的想法消散。

　　**步驟四**：在這個過程中保持靜默同樣重要。當你完成聲明和視覺化之後，就應該把它拋之腦後！將其從你的思緒中移除，放下這些想法。你在這個過程中利用了諸多宇宙力量。如果你向他人談及你正在進行的事情，能量就會流向對話，而非實現目標。如果你對自己反思你正在做的事，如懷疑你在卡巴拉系統中的表現，那麼你就是在懷疑你的成功。只需全心全意去做，相信它會起作用，並對此保持靜默。

　　克勞利曾記述他經濟拮据的一段時光。他進行了一個儀式來籌得支付房租所需的資金。他對自己的魔法如此樂觀，甚至走進城鎮，花了剩餘的少量資金買冰淇淋。順帶一提，他的確獲得了支付租金所需的金額。

　　**步驟五**：這裡是之前課程中承諾的卡巴拉祕訣。如果你重新閱讀課程前面的一些內容，會發現提及星光層面，又被稱為形塑界，與情感有關。祕訣就在於：

**情感上對目標的投入越深，迅速獲得成功的機會就越大。**

「有點想要」某物並不會像「非常渴望」某物那樣成功。當你在表達願望和進行視覺化時，情感越激烈，目標實現的速度就越快。正如《魔法師亞伯拉梅林的神聖魔典》所言，「讓祈禱點燃你的內心。」

這就是卡巴拉心靈魔法系統的精髓。每天實踐這套系統，直到你達成所願。然後立即開始實現另一個目標。保持高昂的情緒，成功便在不遠處。將結果記錄在你的儀式或魔法日記中。

有些人好奇為何在步驟一提到的魔法語句採用特殊的措辭：選詞極為重要，應始終如一。「我願意……」表示你在運用你的意識，並讓意識掌控潛意識。大多數人習慣讓潛意識無意識地控制自己。這幾個詞顯示了你生活的轉變：你不再是平凡之人，你正在成為一位真正的魔法師。

「……運用我所有的能力……」至關重要，因為它告訴你的潛意識，不論你是否意識到，所有你擁有的能力都將被用於實現目標。因此，即使你不知道自己擁有的天賦心靈力量，你的潛意識也會因意識的指令而動用這些力量來實現目標。

「……來實現以下目標。」這裡的重點詞是「目標」。這不是一個輕率的願望或溫和的渴望。這是你當前全力以赴的目標。如果你不能將所有努力投入這一目標，那就不要開始這個過程。例如，如果你想要一本昂貴的魔法書，並使用卡巴拉心靈魔法系統來獲得它。但如果你不但沒有為其儲蓄，反而將錢花在 CD 或 MP3，或用在夜店或電影上，這向你的潛意識發出訊號，你並不是真的想達成擁有那本書的目標。你的潛意識會遵循這一指示，幫助你實現不獲得那本書的目標。

簡要概述卡巴拉心靈魔法系統：

1. 構思一個具體目標，並按照指定格式將其書寫下來。
2. 創造一幅涉及自己的視覺化圖像，如果有助於此，可以使用寶藏地圖。
3. 每天早晨醒來和睡前五分鐘，朗誦目標並進行視覺化。要對目標產生情感投入。
4. 如果白天出現與目標相違背的想法，立即重複朗誦魔法語句，就像唸咒語一樣，直到相反的想法消散。
5. 確保你的目標是符合 SMART（E）標準。

# 第二部分

## 高魔法與低魔法

在這門課程中，我介紹了三種魔法：白魔法是迄今為止本課程的重點；灰魔法，我們已開始探索，並將佔據課程的大部分內容；而對於黑魔法，我們僅會討論如何避免故意或無意地進行。這些魔法的定義是根據魔法儀式或行為的目的和結果來確定的。例如，任何用來幫助我們與神性建立更密切關係的技術或儀式都被定義為白魔法。魔法的類型並不取決於你*所做*的事，而是取決於你*所獲得*的結果。一個人可能使用相同的技術，但根據目標或結果的不同，魔法的類型也可能有所不同。因此，當我們使用白魔法、灰魔法或黑魔法這些術語時，是目的（或結果）決定了它們的定義。

你可能聽過其他區分魔法類型的方式。有些人使用多種顏色來區分。還有人給白、灰、黑魔法賦予不同的定義。我並不是要強調說這門課程中提供的是唯一正確的定義；我只是說這些是本課程所使用的定義。只要有人清楚地界定他們所使用的術語，那對我來說就可以接受。

此外，我還想討論一種根據傳承和魔法風格的古老來源來區分不同類型魔法的定義。根據歷史，魔法可以分為兩大類別。我們學過的、並將主要學習的魔法類型是依循城市生活結構的。在城市中，中產階級首次出現，並且人們可能擁有每週甚至每天的休閒時間。城市中的商人可以從事「朝九晚五」的工作，而那些住在農場並在那裡工作的人則大多需要從日出前工作到日落後。在城市裡，人們有了額外的時間學習閱讀和研究。因此，從城市生活方式中發展出的魔法風格，傾向於包括長時間、精確的咒語，複雜的公式，有時還涉及繁瑣的占星準備。這是一種以左腦、邏輯為導向的魔法風格。

居住在城市的中產階級和上層階級有時間進行休閒和學習。他們也有足夠的剩餘資本——額外且可以支配的錢——來購買儀式用品。其中一些儀式工具是用金或銀製成的，顯示了一些魔法師即使不是上層階級的成員，也得到了某個富有人士或團體的支持或贊助。

從有記載以來，幾乎每個城市都建在靠近淡水的高地上。位於高地上是必要的，因為這是容易防禦攻擊者的所在。此外，這樣的城市會有自然的排水系統，得益於重力。這種排水系統尤其是在雨後，有助於防止洪水和與積水、滯水相關的健康問題。我們在這門課程中學習的、發展於位在高地附近城市的魔法風格，被稱為高魔法（High

Magick）或技藝魔法（Art Magick）。

每個文明過去、現在與未來都有其獨特的魔法。當城市中發展高魔法或技藝魔法時，城市外的人們也發展出他們自己的魔法系統。這些魔法源於農民、獵人和畜牧者，是最早的史前獵人和採集者部落的魔法，經過各種宗教魔法系統演變而來的。

在中世紀，農業生活極為艱苦，當時只有基本工具，缺乏現代殺蟲劑、肥料或便捷的灌溉系統。雖然尼羅河和阿茲特克文明有自己的灌溉系統，而且人們知道某些藥草能驅趕特定昆蟲，糞肥也能用作土壤肥料，但與我們現代的「綠色革命」相比，一千到一萬多年前的農業技術仍顯落後。

這些辛勤的農民沒有學習閱讀或研究神祕魔法文獻和傳說的時間。他們從慷慨的大自然母親中學習宇宙的法則，觀察月亮如何影響他們的生活和農作物，認識到空氣、土地、熱能和水的重要性。由於他們幾乎不懂書寫，他們的魔法是口耳相傳的。他們發展了自己的語言和密碼，研究並了解了周遭植物的力量。有些人遵循羅馬和希臘神話，崇拜由月亮代表的美麗女神和由太陽代表的狩獵之神。雖然沒有證據表明曾經存在「普遍的」女神信仰，但幾乎每個古代文明中都有女神傳統的豐富證據。根據受尊敬的作者拉斐爾・帕泰（Raphael Patai）的說法，古代希伯來人不僅崇拜他們的神，還同時敬奉一位女神。據記載，這位女神在第一及第二聖殿中都有專屬的祭壇，一直持續到西元70年。現今，許多基督徒非常尊敬聖母瑪利亞，有些人甚至被指控進行「聖母崇拜」（Mariolatry）。猶太人至今仍然懷著崇敬之心迎接「安息日的新娘」，並慶祝月亮的降臨。在希伯來語中，「月亮」一詞為「Levannah」，這也是一位古代閃米特月亮女神的名字。

你或許從歷史學習中記得「君權神授」。這包括了諸如從王國內居民那裡收取作物和動物的優先選擇權，也包括穿越王國領域內農民的農田的權利，甚至在新娘與丈夫的新婚之夜，擁有在新郎之前與新娘發生性關係的權利！作為回報，國王被農民期望保護其免受外來入侵者的侵害。在面臨危險時，農民及其家人可以逃到國王的城堡尋求庇護。因此，他們無須居住和工作於高地。此外，丘陵地區的梯田化耕種是極為艱苦的工作。生活在較低地帶要容易得多，那裡不僅有自然雨水的灌溉，還有相同的雨水從高地沖刷下來的肥沃土壤。從這些文化中發展出來的魔法被稱為自然魔法（Natural Magick）或低魔法（Low Magick）。

需要指出的是，「高魔法」和「低魔法」這些術語並不蘊含任何品質或道德上的評價。它們只是實現相同目標的不同方法，二者之間的區別主要在於文化和技術層面。隨著時間向前推移，城市居民和農村居民的文化發展，高魔法和低魔法的實踐者開始面臨問題。組織化的宗教，尤其是羅馬天主教會聖統制（Catholic Church Hierarchy），及其後

各式各樣的新教權威，不希望有人能夠或被認為具有「施展神蹟」的能力。僅有那些參與各種教會活動的人，才被認為有能力做到這一點。高魔法的修持者在他們的實踐中，通常會展現出對基督教的虔誠外表，這在許多情況下幫助他們暫時避免被迫害。

對於從事低魔法的人來說，情況則完全不同。他們不僅進行了組織化宗教所不贊同的活動（包括魔法），還崇拜與統治者所敬仰的神明不同的神祇。組織化宗教試圖消滅這些人，侮辱性地將他們稱為「荒野之人」（heathens）或異端。同樣，在拉丁語中，原本指「大地之民」的詞彙 paganus，轉變成了當時具有侮辱性的詞語「異教徒」（pagan）。最初，「異教徒」和「異端」只是用來描述的詞彙，但它們最終近乎成了大屠殺的號召口號。

其實，最初的問題並非這些人從事低魔法，而在於他們崇拜不同的神靈。六世紀時的教宗指出，如果「異教徒的神殿建造精良，則應從中清除其對惡魔的崇拜……這樣，當人們看到他們的神殿依然完好，或許會更願意回到他們習慣的」崇拜場所。當然，對於教宗來說，任何非他所信奉的神，都被視作是惡魔。

然而，僅僅改變信仰還不夠。組織化的基督教採用了羅馬神祇潘（Pan，有角、有蹄、有尾巴）的形象，並聲稱這是他們最主要的邪惡來源——撒旦的形象（試著在猶太聖經中尋找這樣對撒旦的描述，你會發現它根本不存在）。因此，仍在崇拜自己神祇的「異教徒」和「異端」被告知，他們實際上在崇拜邪惡的魔鬼。這些人在組織化宗教看來，成了「撒旦」的崇拜者。他們失去了作為人類的身分，遭受難以置信的迫害和酷刑，並以驚人的數量被殺害。有說法稱，數世紀以來，被基督徒折磨和殺害的異教徒不足十萬人。其他專家則認為，這一數字與納粹對猶太人的大屠殺相當，甚至超越。但異教徒的迫害非納粹所為，而是出自天主教徒和新教徒之手。

逃離迫害的異教徒開始隱匿，他們的宗教活動轉入地下，這些人被認為是治療師和藥草的專家。隨著時間再次推移，許多傳統逐漸失傳。一些保持醫療和藥草技能的女性也記住了一些宗教儀式，並將其傳授給女兒，有時也傳給其他人。她們被適切地稱作「智慧女人」。人們相信這些人能夠按照自己的意志扭曲現實。用以描述這些人的意為「扭曲」的詞語是「Wicca」（男性）和「Wicce」（女性；發音為「wee — cha」），英語中，這個詞演變為「Witch」（巫者）。

這是對巫術的一個簡要歷史概述。我無意聲稱這概述在任何方面都完美無缺，實際上有許多書籍能提供這方面更詳細的歷史，遠超出我在這幾段話中所能呈現的。我想明確指出的是，巫者並不崇拜魔鬼，不進行臭名昭著的黑彌撒，也不親吻魔鬼的臀部。這些都是組織化基督教創造的虛構，目的是為了汙名化那些以不同方式崇拜的人。

美國每個學齡兒童都知道這首童謠：「一四九二年，哥倫布航海天，藍海浪花展。」但孩子們未被告知的是，同年伊莎貝拉和斐迪南下令所有猶太人離開西班牙，轉信基督教，否則將被處死。請記住，猶太人掌握著卡巴拉的祕密，這是高魔法的重要來源之一。

一些猶太人選擇改宗，有些則選擇離開。被稱為**改教者**（conversos）的一些人僅是假裝改變了宗教信仰。其他一些人則躲藏於鄉村，受到當地居民的幫助，其中許多是巫者。這樣的情況似乎在整個歐洲普遍發生，巫者們守護著了解卡巴拉的猶太人，有時猶太人也保護巫者。在這一時期，卡巴拉的高魔法和巫者的低魔法間開始出現了一些混合，因彼此之間的感激而互相分享。

有些人問我，考慮到猶太人信仰中有「行邪術的女人（Witch），不可容她存活」的說法，這怎麼可能呢？首先，這其實是對希伯來文的錯誤翻譯。但別只聽我的一面之詞。你可以到猶太書店尋找猶太聖經的譯本並親自查證《出埃及記》22章第18節）。你會發現正確的翻譯其實是「不可讓行邪術的女人（sorceress）存活」。在這一語境中，希伯來文中的該詞其實更多指向「施毒者」，這個詞在聖經其他部分的翻譯也是如此。換句話說，這並非針對巫術的禁令，而是對謀殺的禁令。卡巴拉的學者深知此事，他們會對擁有魔法傾向的兄弟姐妹表示歡迎。此外，自從西元70年第二聖殿毀於一旦後，猶太教傳統逐漸轉向宗教寬容，儘管有人指出對於極端正統猶太人來說，這種寬容正逐漸減少。

以下是巫術歷史上幾個重要時間點的簡要概述，特別是對於英國和美國的發展。需要注意的是，這其中一些年分是估計推算的。

**大約西元前1500年**，不列顛的原住民皮克特人建造了巨石陣。他們的信仰以月亮為核心，重點在於對女神的虔誠奉獻。

**大約西元前500年**，凱爾特人定居於不列顛，並傳授輪迴的概念。他們的宗教領袖德魯伊（Druids）以太陽為核心，並在宗教崇拜中重視男神。凱爾特人和皮克特人的互動與通婚使得男神與女神受到同等尊崇。從這種結合中發展出的傳統，經過重新構建，如今被稱為威卡（Wicca，通常發音為 Wik — ka）。還有其他源於歐洲其他地區的重構傳統，特別是北歐—日耳曼和義大利的傳統，也有相應的發展。

**313年**，米蘭敕令（Edict of Milan）確立了基督教在羅馬帝國的合法地位。基督教堂多建於異教的舊聖地之上。

**447年**，托萊多會議（Council Of Toledo）將惡魔（Devil）定義為基督教教義中的邪惡化身。很自然地，將其描繪成有角的形象，進一步將其與異教或潘（Pan）所崇拜的角神：狩獵之神相關聯。

553年，君士坦丁堡公會議（Council of Constantinople）宣布輪迴為異端。在此之前，輪迴曾被一些基督教派別所教導。

約700年，「西奧多的懺悔書」（"Liber Potentialis" of Theodore）禁止戴著動物面具，特別是有角的野獸面具舞蹈。這曾是一些異教信仰的習俗。

約900年，英格蘭國王埃德加（King Edgar）遺憾地表示，在他的領地上，舊神比基督教真神更受崇拜。

1100年，英格蘭的威廉二世（William II）逝世，人們相信他是一名巫師。

1303年，考文垂主教（Bishop of Coventry）被教宗指控為巫師。

1324年，愛麗絲・吉蒂勒夫人（Dame Alice Kyteler）在蘇格蘭因巫術罪名受審。她逃亡至英格蘭，在高層朋友的庇護下獲得無罪釋放，得益於其財富和地位。

1349年，愛德華三世（Edward the Third）創立嘉德勳章。許多人認為愛德華是巫師，且嘉德勳章（勳章本身是巫術象徵）是一個巫術組織。

1430年，貞德因被控施行巫術而受審。

1486年，《女巫之槌》（*Malleus Maleficarum*）出版，象徵著對巫師嚴厲和廣泛迫害的開始。

1502年，教宗亞歷山大頒布對巫術的禁令。

1542年，亨利八世頒布了對巫術的禁令。

1563年，伊莉莎白一世也頒布了對巫術的禁令。

1584年，雷金納德・斯科特（Reginald Scott）的《巫術的揭露》（*The Discoverie of Witchcraft*）首版出版，這本書首次否認了巫術迷信觀念，並以理性的方式處理這一主題。詹姆士一世下令將這些書公開焚毀。

約1600年，一些巫者逃離歐洲和英國的宗教迫害，來到美洲並在東海岸定居下來。

1645年，瑪寶・霍普金斯（Matthew Hopkins）在英格蘭自封「尋巫將軍」，引發許多仿效者。

1647年，5月26日，美國康乃狄克州發生首例巫者絞刑，阿爾斯・楊（Alse Young）成為首名受害者，隨後又有三人走上絞架。

1692年，聲名狼藉的塞勒姆審巫案（Salem Witch Trials）爆發。那年夏天，十四名女性和六名男性被處決。審判持續至1693年5月，當時有超過一百五十名被控「使用巫術罪」的人在州長菲普斯的命令下獲釋。1693年之後，美國雖有少數審判，但無一致死。總共有三十六人被執行死刑，但未以火刑執行。

*1712 年*，珍‧溫漢（Jane Wenham）在英國被控為巫者，儘管陪審團裁定她有罪，但法官因不信證據並不同意陪審團的裁決，因此下令將其釋放。這被認為是英國最後一次巫術審判。

*1735 年*，喬治二世統治時期的 1735 年巫術法案聲明巫術不存在，不再受懲罰。然而，該法案特別指出，假裝擁有超自然能力者將以冒名頂替罪起訴。

*1921 年*，瑪格麗特‧穆瑞博士（Dr. Margaret Murray）的《西歐女巫教派》（*Witch-Cult in Western Europe*）重燃了人們對巫術的學術研究與實踐的興趣。穆瑞博士提出，迫害時期的巫術確實存在，巫術源自石器時代歐洲的古老生育崇拜宗教。但現今許多學者對此持質疑態度。

*1951 年*，英格蘭廢除了 1735 年的巫術法案，並以欺詐性靈媒法作為替代。新法案不僅承認了真實靈媒和心靈力量的存在，還對假冒擁有這些能力以牟利者設下懲罰。

*1954 年*，由自稱巫者的傑拉爾德‧加德納所著《今日巫術》（*Witchcraft Today*）出版，這是第一本由公開宣稱自己是巫者的作者撰寫的巫術書籍。加德納的描述雖可能有其真實性，但實際上結合了舊書籍、克勞利的引用、朵琳‧瓦利安特（*Doreen Valiente*）的想法與詩歌，以及他自己的獨創思維。

*1972 年*，美國國稅局依據巫術作為一種宗教的事實，於是給予威卡教會和學校免稅的資格。

*1974 年*，堪薩斯州的異教徒鮑伯‧威廉斯（Bob Williams）在條件下同意協助威奇托報紙記者撰寫關於異教團體的文章——他的真實姓名和職業不能被透露。然而，這些資訊最終還是在文章系列中被公開，導致威廉斯被解僱並趕出家門。生活陷入絕境後，他選擇了自我了結。

*1975 年*，蘇珊娜‧布達佩斯特（Z Budapest）因為在她位於加州威尼斯的神祕學用品店內從事「占卜」活動而被逮捕。她被判處一百八十天的緩刑、兩年的緩刑期以及三百美元的罰金。雖未正式以巫者罪名起訴，但她認為自己因自稱巫者而受審。這場審判在巫者和非巫者之間引起了全國性的轟動。（布達佩斯特女士曾在林肯大道上擁有一家神祕學商店，就在放映藝術電影的福克斯威尼斯電影院附近。我從那裡購買了一個塔羅牌盒，至今仍然保存著。現在那家商店已經關門，而電影院則變成了一個永久性的室內跳蚤市場。）

*1985 年*，一名居住在聖地牙哥的女性因被指控為女巫而失去工作。同年，國會否決了一項撤銷巫術團體宗教免稅資格的法案。

*1987年*，作家及巫者雷・巴克蘭（Ray Buckland）的講座因接獲多次電話威脅而被取消，多數威脅來自自稱基要派的基督徒。

*1999年*，喬治亞州的共和黨國會議員鮑勃・巴爾（Bob Barr）致函美國軍事基地領導者，要求他們停止在基地舉行威卡信仰儀式，稱這些儀式類似於「撒旦儀式」。南卡羅來納州的共和黨參議員史壯・瑟蒙（Strom Thurmond）聲稱威卡信仰是「不虔誠的」，不應被美國軍方接納。德州州長，後來成為總統的小布希（George W. Bush）則表示他不認為威卡屬於宗教範疇。

*2007年*，經過十年的努力，退伍軍人管理局最終同意在美國軍人墓地上使用象徵巫術的五芒星作為墓碑圖騰。

這一切顯示出，對某一宗教團體的恐懼、仇恨和迫害是持續存在的。我記得南加州一個旅遊區的熱門神祕學商店，在經歷窗戶遭砸和隨後的縱火後，不得不停止營業。遺憾的是，對於巫術及其歷史的真實研究，而非幾百年來對其的謊言，已超出了本課程的範圍。如果你對此感興趣，任何神祕學書店都能為你推薦一些適合入門的好書。

低魔法，也就是巫術所使用的魔法系統，傾向於簡單且直接。它與儀式魔法師所用的高魔法不同，兩者在特質上有所差異，而非優劣之分。許多人發現巫術對他們而言是有效的，但對另一些人來說，卡巴拉的神祕技藝魔法更具吸引力，因為它符合西方文化中重視邏輯和左腦思維的特點，而巫術則更多地依賴於右腦和直覺。

我要強調的是，學習一種低魔法系統對你來說將非常有價值。世界各地的巫術實踐形式豐富多樣，達到數百種之多。其中有些可能與我們接下來要介紹的內容類似，而另一些則可能顯得頗為獨特。即使巫術在世界各地的實踐方式迥異，但它們許多基本的信仰觀念卻驚人地一致。在接下來的內容中，我將介紹護符和護身物的概念，以及異教系統中賦予它們力量的方法。接著，我將講解製作現代卡巴拉護符的方式。為此，你需準備並聖化魔法工具，以便將這些護符轉化為強大的魔法動力之源。

# 第三部分

## 護符

「護符」（talismans）一詞據稱源自阿拉伯語 *talis ma*，意指「魔法書寫」。然而，這說法未被證實。它或許來自土耳其語，意為「精通神性者；祭司」。桑德拉（Sandra Tabatha Cicero）則認為，護符源自阿拉伯語 *tilsam*，進一步來自希臘語 *telein*（意為「祝聖」），以及 *tetelesmenon*（意為「已被祝聖之物」）。其他可能的來源包括中古希臘語 *telesma*（意為「宗教儀式」）、*telein*（意為「進行宗教儀式」），或者是 *telos*（意為「完成」）。

同樣地，「護身物」（amulet）這詞經常作為「護符」的同義詞使用，被認為起源於阿拉伯語；然而，桑德拉追溯其源頭至拉丁語的 *amuletum*，該詞衍生自 *amolior*，意為「驅逐」。這或許來自阿拉伯語的 *amula*（用於療癒的小容器）或 *hamla*（作為防護所佩戴的小物）。也有觀點認為它可能與拉丁語的 *amoliri* 有關，意即「避免」，但這些說法都缺乏確鑿證據，這兩個詞的確切來源仍是個謎。

護符被用於吸引事物，其目的包括獲得金錢、好運、健康或愛情。而護身物用於守護人們，使他們避免邪惡或不幸的侵擾，並有助於維護健康。在本課程中，小寫開頭的「talisman」泛指護符和護身物。大寫開頭的「Talisman」專指用以吸引某事物的物品，而大寫開頭的「Amulet」則特指用來防止某事物的物品。

到目前為止，這些術語的定義相當籠統，現在我們將從魔法的角度來更精確地定義「護符」。

> 任何物品，
> 無論是神聖還是世俗，
> 不論有無適當的符號，
> 只要經過適當的方式充能或聖化
> 並為了某個特定目的而製作，
> 即可成為護符。

讓我們分析這個定義。首先，護符不僅僅是一種概念或想法，它必須是一個實體物品。其次，它可以是任何類型的物品，例如一塊石頭、一個貝殼、一枚戒指，甚至是一張紙。它不必具有特定形狀或被認為是神聖的，不過如果你持有並願意使用，它當然也

可以是一件神聖的物品。它可能會帶有文字或符號，但這並非必需。最重要的是，它必須注入魔法能量，經由「聖化」或「充能」的過程完成。最後，它必須設有一個明確的目的。

長久以來，書寫一直是一門融合魔法的藝術，只有特權階層和魔法師才能掌握。人們認為某些符號本身就擁有魔法力量。這種傳統甚至延續到現代電影中，例如德古拉伯爵一見到十字架就會感到恐懼並退縮。因此，放置在石頭或羊皮紙上的符號本身被認為具有力量。這就是「萬物有靈」論，用來解釋護符的運作方式：它們擁有自己的生命力。

然而在現今，許多魔法師不再相信這種理論。他們轉而接受我所稱的「能量」理論來解釋護符的運作方式。他們認為充能護符的過程才是關鍵，即將魔法能量注入選定的護符物體中。在物體上精心繪製對應的符號，是一種創造和傳遞能量的有效方法。將這些能量與在充能儀式中喚起和引導的能量結合起來，使得這種魔法技術變得極為強大。

如果製作和充能得當，護符無疑非常強大。以下是我親自經歷的三個例子：

1. 「M」曾經離婚，正在尋找新的人生伴侶。她遵循本課程的指示，幾天內就遇到了一位近乎完全符合她對理想男性特質的期望的男士。他們交往一段時間後結婚了，二十年後他們依然幸福地生活在一起。
2. 「N」在南加州參加我的課程。在學習護符的課程之後，她告訴我她必須退出課程。當我詢問原因時，她解釋說她試圖賣掉自己的拖車房已經六個月，但始終無法成功。她嘗試製作一個護符來幫助賣房，幾天後房子就賣出了，她不得不開始準備搬家。
3. 「Q」在一所知名的大學攻讀學位，與此同時，他也參加了我的課程。他詢問護符如何能協助他為兩週後的考試做準備。我給他關於製作特定護符的建議。然而，後來我發現需要給予他更多的協助。他製作了一個用來獲取知識和資訊的護符，卻在充能過程犯了錯，時機也過於倉促。他發現自己腦海裡充滿了與考試毫無關聯的資訊。經過我的進一步指導，他最終也在考試中有出色的表現。

正如前一節所述，早期從事低魔法的實踐者與自然界的聯繫，往往比大多數高魔法的實踐者更為緊密。注意我在前面句子中使用了過去式。現今，許多低魔法師居住在大城市中，對大自然的宏偉所知甚少。自稱為「巫師」、「威卡信徒」或「異教徒」的許多人，實際上不過是在實踐一種簡化版的高魔法。然而，這本身就應被視為一個小奇蹟，因為就在數十年前，大多數自認為高魔法師的人實際上並未真正實踐過任何形式的魔

法。這意味著，如果你按照這門課程所教授的方式實踐魔法，你會成為一位獨特的、真正的技藝魔法（Art Magick）實踐者。

回顧早期的異教徒，我們發現他們大多與自然界保持著和諧與密切的聯繫。他們很容易就察覺到地球上所有事物都是由四種基本要素構成的。每件事物都具有不同程度的冷熱。或許是受到早期高魔法師和煉金術士的影響，他們將這些稱之為「火」元素。事物還可能有不同程度的堅硬穩固性（土）、具有不同流動性（水）及不同的緊密度或延展性（風）。

這四大元素我們已經討論過。實際上，到目前為止，你不僅應該與這些元素和諧同步，還應該有能力在某種程度上控制它們。雖然本課程主要聚焦於高魔法或儀式魔法，但懂得與這些元素協同工作，是實踐許多形式魔法的基礎。對於一名真正的魔法師而言，「高魔法」、「低魔法」、「技藝魔法」等術語，只是為了幫助別人理解你的所作所為，以及溝通的便捷。對於真正的魔法師而言，關鍵不在於它屬於高還是低，而在於它是否有效。

依循這點，我想討論魔法師與另一群人之間的不同看法。這群人對新想法持開放態度……只要這些想法符合他們意外地狹隘的信仰模式。不，我指的不是宗教極端者，而是某些科學家。正如之前所述，許多科學家對這種「簡單」的四元素分類嗤之以鼻。現代科學引以為傲的元素週期表指出：「我們已經證實了超過一百一十五種元素的存在。」從現代科學家的角度來看，這顯示古老的四元素理論已經過時，只不過是一種迷信。

### 這簡直是荒謬！

四元素（實際上包括五元素）理論對「元素」的定義與現代科學不同。四元素定義了物質的特性，而不是其化學組成。從現代科學觀點來看，金是一種元素。在四元素理論中（或許四質性理論會是更好的稱呼），黃金含有相對量的「火」、「風」、「土」和「水」。因此，古代四元素理論和現代科學的元素理論可以毫無問題地共存，只要你明白對科學家和魔法師來說「元素」一詞有不同的意義。我認為理解這些差異非常重要，這也是為何我在此時提出這些內容。

你可能聽說過有人獲得另一個人的一縷頭髮，用作對那個人施放「咒語」的基礎。這頭髮不僅代表其主人，實際上被認為與該人「具有交感」（in sympathy）。在此處，「交感」這個詞具有其更早期的涵義，指的是「密切相關」，而非現代的「同情」或與他人有相似的感情。這就是這類施法常被稱為交感魔法（sympathetic magick）的原因。

照片、衣物、人的指甲或腳趾甲剪下的碎片、畫作或玩偶等物品，皆能代表並與某

人產生「交感」，進而建立聯繫。因此，我們可以發現許多事物都與人有對應關係。這正是建立對應表的方式，如先前課程中所示的卡巴拉對應表。

四大元素也有其對應物，以下列舉了部分可能的對應物：

**風**：羽毛；香氛；藍色、白色或金色。

**土**：岩石；塔羅牌中的五芒星；棕色、黑色或綠色。

**火**：一塊煤炭、火柴；紅色或橙紅色。

**水**：在水邊或水中找到的鵝卵石；貝殼；藍色、黑色或綠色。

請注意，上述簡要清單中，元素對應的顏色出現了重複。這不是錯誤，而是為了讓你能選擇適合自己的顏色對應系統。

如同上面的清單，某些物品對應特定元素，元素也可與多種概念相關，如下所示：

**風**：學習、記憶、學者、教學、測驗、占卜、溝通、旅行、寫作、組織與規劃、各類團體、理論化、藥物成癮。

**土**：金錢、工作、升遷、商業、投資、實體物品、生育力、農業、健康食品、生態、保育、股市、古董、老年、博物館、建築物、建造、住家、物質世界、日常必需品如食物和服裝。

**火**：成功、性愛、熱情、驅逐疾病、軍事、衝突、保護、法庭、法律、警察與執法機構、競賽、比賽、私家偵探、探測術、尋寶、賭博、運動、力量、健康、戰爭、恐怖主義，以及在個人層面上，與佛洛伊德所描述的「本我」相關，涵蓋了過度的激烈渴望和慾望，以及其他深層而原始的情感，如難以抑制的強烈慾望、憤怒、暴力情緒。還包括與速度相關的各種事物。

**水**：更高層次的愛與深刻的情感，如同情、信念、忠誠和奉獻。還包括友誼、夥伴關係、各種聯盟、愛慕、合約談判、美、休息、恢復、冥想、靈性、療癒傷口、促進生長、分娩與兒童、住家、接納、家庭、游泳、潛水、釣魚、祖先、醫學、醫院、同情心、醫師和護理、超感官視覺。

請注意，上述清單中有些項目在四大元素分類中重複出現。住家既在土元素又在水元素中有所提及。這不是錯誤，而是讓你更精確地定義。在土元素中，住家指的是結構，即居住的建築。在水元素中，則指家庭生活的特質：愛、穩定、支持等。

在過去幾個月與元素的互動過程中，你可以開始準備一本小冊子並記錄，準確界定元素對你的意義。可以將上述清單作為起點，進一步擴充內容。這份清單並非如同刻在喜馬拉雅山潮濕洞穴中的不變法則。因此，如果你想從清單中刪除或更動某些內容，可以遵循拓荒者、軍人及政治家大衛‧克羅克特（Davy Crockett, 1786—1836）的格言：

「確信自己是對的，然後前行。」有了這些資訊，你現在已經有了製作護符的系統。

需要幫助準備考試嗎？製作風元素的護符。渴望更多愛情？試試製作水元素的護符。若家庭生活中憤怒和暴力情緒過多，可以製作一個火元素的護身物。而需要更多財富時，一個土元素的護符可能會有所幫助。

在你了解了要依據哪種元素製作護符之後，接下來會面臨的問題是：「要製作低魔法屬性護符的第一步是什麼？」不論你進行的是低魔法、高魔法還是其他形式的魔法，如果目的是在影響自己或他人，都屬於灰魔法。在進行灰魔法之前，**永遠先占卜！**這一點的重要性不言而喻。

我們世界中的一切都受到因果律的約束，也就是俗稱的業力。你的每一個行動都會帶來相應的後果，無論你是否準備好面對它們。許多低魔法實踐者對於「種瓜得瓜，種豆得豆」的果報觀念更進一步。他們認為，你所做的任何事情，其影響將以三倍的方式返還。這個三倍法則意味著，做好事將得到三倍的好回報；相反地，做壞事則將承受三倍的負面果報。且要知道，果報會延續到下一世。自殺或死亡無法消除業力。

舉例來說，如果你想出國並需要大筆金錢，於是製作了一個護符來獲得資金。但隨後你發現父母因事故去世而留下巨額遺產。儘管是為了在物質層面得到金錢上的幫助，但當你進行灰魔法，護符間接導致了父母的去世，使你的魔法成為最黑暗的類型。

果報是**非道德性的**，意味著它不涉及道德判斷，且絕對公正。正如沒有人能逃避萬有引力法則，因果法則也沒有例外。如果你進行了黑魔法，不論最初的意圖如何，最終都將為此付出代價。因此，我在此敦促你永遠不要進行黑魔法。我這樣做不是依循任何道德立場（儘管我在道德上反對黑魔法），而是為了自我保護。

在上述案例中，製作護符的人無從得知灰魔法是否會變成黑魔法。因此，首先應該做的是占卜，以判斷製作護符是否為明智之舉，以及可能的結果會是如何。這樣做可以防止你無意中進行黑魔法，進而避免不良後果。

**在進行任何灰魔法之前，永遠先占卜！**

接下來，在製作低魔法護符時，要找到一個合適的物品。正如上文提到的四大元素對應物，有許多不同的物品可用於製作與各元素相關的護符。當然，任何物品都可以使用，例如一塊塗成紅色的石頭就能代表火元素，項鍊或戒指也是不錯的選擇。

將一枚硬幣放進冰箱冷藏一小時，然後用左手取出，握住幾分鐘後再轉到右手。你會覺察到從冰箱取出的硬幣已經變暖。這是因為硬幣吸收了熱能形式的能量。同樣地這個世界上任何事物幾乎都被注入了各種形態和數量的心靈能量。也許你曾去度假，住進

一個非常豪華的旅館房間，但與你較為簡樸的家相比，那個房間給人的感覺卻似乎「冰冷」也不舒適。這是因為你的心靈能量還未像在自己家中那樣滲透進房間。這就是為什麼，即使你家的環境不佳、到處都是蟲子，它仍然讓你有家的感覺。你也可能會需要在新居住上一段時間，才能真正感受到那裡是你的家。

## 絕不要進行黑魔法。
## 絕對不要，任何時候都不要。除非……

即使無意間，你也絕對不應該進行黑魔法。這是我在《現代魔法》第一版中所寫的內容，也是我一直堅持的信念和教導。然而，隨著我對業力（Tee — koon）這一概念理解的深化，我的看法也在逐漸變化。

正如我所描述的，業力完全依循行為而非意圖。意外造成的傷害，無論是否故意，都是你的責任，你必須承擔相應的業力。這是不可避免的現實，必須學會接受。

但作為一名魔法師，隨著你的成長與進化，你會理解，規則不僅僅是因為它們是規則而遵循。更重要的是，你因為理解了這些規則而遵守它們，因此你懂得了業力的真諦。

例如，我對任何人施展暴力，我就必須為自己的行為承擔業力。這很直觀，但讓我給你描述一個情境……

這天當我走進家門時，傳來一聲尖叫。我趕進去查看，看見一名男性正在對一名女性侵犯。我叫他停下，但他無視我；我推開他，但他反抗並繼續攻擊那名女性。

我知道，要制止他，就僅能對他造成身體的傷害。但傷害人會讓我累積「負面」業力。儘管在西方科學的視角，為了阻止暴力而採取暴力可能被認為是合情合理的，但在魔法的世界裡，這卻是一種黑魔法的行為，這一切並非偶然被我遇到。因此若我採取暴力行動，我就是在施展黑魔法。

那麼我該怎麼做？求援以避免我行為帶來的業力後果？

> 不，我只是個普通人，並非完人。若要防止遺憾發生，我必須傷害那個施暴者，我會這麼做，而不去擔心承擔的業力後果。因此，最終我還是會依照我認為的去做，而不帶有任何懊悔。
>
> 所以，如果在我下一世你仍在這裡，而我化身為臭鼬或石頭回來，請善加利用我，讓我發揮價值，以助我的靈魂再次提升與進化。
>
> 有時候，身為一個凡人，我可能會選擇對業力說「滾開！」，因為我選擇了可能帶來不良果報的行為。但這沒關係，我可以承受這個後果。如果必要的話，我願意一次又一次地這麼做。
>
> 因此，在某些情況下，即使這可能會讓我在業力上有所倒退，我還是會選擇做出對大多數人和我們的地球最有益的決定。
>
> 這就是我的方式。

即便是小型物品，也會從周遭環境中吸取心靈能量。因此，在將物品用作護符前，必須先將其淨化，消除任何已知或未知的心靈能量。

這個過程其實很簡單。只需將預計做護符的物品放在流水下沖洗。你可以使用水龍頭流出的水、花園水管的水，或者更傳統的溪流水。將物品放在水下約三分鐘，想像所有能量隨水流出物品。不過，切勿使用海浪來進行這一過程，因為海浪的回流會將你想清除的能量帶回。

若物品無法承受流水沖洗，則至少將其埋在土中半小時，最好是整夜。大地之母擁有一種將我們與自然連結的自然能力，同時也能消除不必要的能量。如此一來，我們的物品就完成了淨化，準備好進行充能。依照你的喜好，也可以將它塗上合適的顏色。

古代異教徒由於日間忙於勞務，除非有絕對的必要，通常不會在白天進行魔法。雖然節日可能在白天慶祝，但灰魔法一般不在節慶期間進行。因此，傳統上低魔法是在夜間進行的。進行低魔法的最佳地點包括：

第一：戶外，能看見月亮的地方。
第二：戶外，看不見月亮的地方。
第三：室內，能看見月亮的地方。
第四：室內，看不見月亮的地方。

月亮，象徵神性的女性面向，同時被視為各式魔法中的關鍵力量。月亮的不同月相指引著魔法的潛在效果。在月亮逐漸圓滿的時期，即從新月初見到滿月期間，應進行吸引事物的魔法。滿月時刻，月亮的力量將達到頂峰。因此：

**護符**應在月亮逐漸圓滿的時期製作。
**護身物**應在月亮逐漸虧缺的時期製作。

這個階段稱為月相漸虧時期，力量在月亮最暗、不可見時達到頂點。

如果有人生病，你想製作一個護符來幫助他，你可以在月亮逐漸圓滿時製作健康護符。在月相漸虧期間，你則可以製作一個護身物來驅逐疾病。請根據月相來決定製作護符或護身物。

如果你對天文學或占星學不甚了解，你可能會困惑如何迅速判斷月相。即使你沒有明確標示月相的占星日曆（你應該考慮擁有一本，如《Llewellyn's Astrological Calendar》或《Llewellyn's Daily Planetary Guide》，並學習使用它們，因為它們對魔法師很有幫助），報紙也是獲取這類訊息的便捷途徑。通常在天氣版面或運動釣魚專欄附近，會有「月亮中的人」的插畫，標明滿月、新月和弦月的日期。有了這些資訊後，就容易確定月相了。

無論是過去還是現在，大部分異教徒都不喜歡接受他人強加的道德和理想。作為展現獨立和自由的象徵，許多低魔法實踐者傾向於「裸身」（skyclad）施法，即全裸進行。雖然全裸進行魔法能節省衣物和清潔的花費，但如果你想在自家後院進行戶外魔法，可能會因鄰居投以好奇目光而感到困擾。若你對裸體進行魔法不太適應，或穿著衣物時感到更自在，那麼不妨穿上專用的魔法服或魔法袍。

準備一個小型祭壇。你可以使用桌子、椅子、樹樁或平面岩石。確保你站在祭壇後方時**面向北方**，而不是東方。祭壇上應擺放預定用作護符的物品，及合適顏色的蠟燭和香（依據喜好）。現在，你已經準備好要進行儀式，為護符充能，將其轉化為一個強大的魔法工具。

在進行之前，你是否已經占卜了？如果還沒，現在就進行吧。記得將占卜問題設定為「我為了 _____ 目的製作此（護符／護身物），結果會如何？」。

## 異教徒的表面保守？

　　自從我最初撰寫有關裸體進行魔法的觀點以來，威卡和巫術間已發生明顯變化。在當時，這兩個詞彙是同義的。然而現在，人們對它們有了不同的理解，並將它們納入「異教」（Paganism）的特定分類之中。這種變化可透過以下的文氏圖來理解：

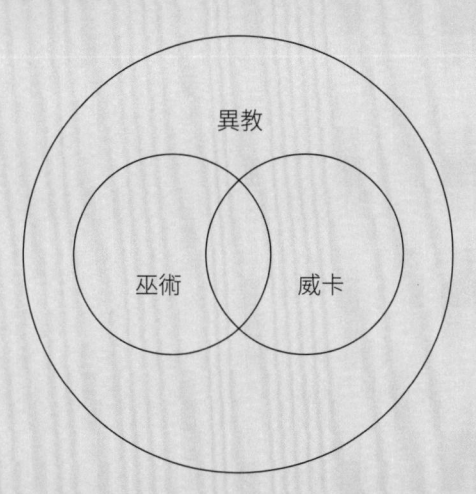

```
        異教
   ┌─────────┐
  ╱   ╱‾╲    ╲
 │   │   │    │
 │ 巫術│威卡  │
  ╲   ╲_╱    ╱
   └─────────┘
```

　　其中一個變化是過去幾十年間的轉變，是從團體模式轉向個人或「獨修」模式。在團體模式中，尋求成為成員的人需接受數月至一年零一天的訓練。這訓練的一部分實際上是去除他們一生被灌輸的各種觀念和信仰。沒有這樣的訓練，一些現代異教徒只是將他們原有的信仰體系部分融入異教信仰中。其中之一是基督教的道德觀，它將裸體視為邪惡。

　　如今，意外地有大量自稱為異教徒的人接受了這種觀念。我在網路上看到一些發文，其中有人堅稱異教從未進行裸體崇拜。還有些人無法想像自己在他人面前裸體，這表明他們既不理解裸體以尊敬女神的概念，也對自己的身體形象和其他不安全感有所疑慮。

　　儘管一些資深的異教徒對這種變化感到遺憾，但這已是不可避免的事實。試圖抵抗進化，就像用漏洞百出的水桶去攔截潮水一樣無效。也許，更好的方法是接受一個簡單的真理：**存在即是合理**。

此儀式著重於心靈層面，而非言語表達。事實上，在這個儀式中，需要說的話很少，但要做的事情卻很多。

## 運用低魔法為護符充能

**步驟一**：首先，淨化自己和周遭環境。想像一道耀眼的白光（或紫光）從宇宙的盡頭流入，穿過你的頭頂，經過你的身體，直達腳底進入地心。在這個過程中，感受到這純淨的光芒正帶走你身心內的所有雜質與疑慮。接下來，想像一道明亮的白光在你已淨化的自己周圍形成一個圓環。現在你的心靈看到這道純白光芒的擴展，形成一個直徑三、五、七或九英尺的圓環，其大小取決於你可用的空間。最後，讓這個圓環向四周擴展，使你在上、下、後、前都被一個白光球體所包覆。你應該身處在一個充滿純淨、祝福和醞釀中的耀眼光球中心。

如果你更偏好儀式性的做法，可以將上面的段落與接下來的內容結合。如果儀式對你不是那麼重要，可以忽略接下來的段落，直接跳到步驟二。

A. 你需要一炷香、一小碗鹽，以及一小碗水。點燃香，將其舉在你面前。請記得面朝北方。說道：

看哪！這是火與風元素的結合！

B. 把香放在專用的香架上。拿起裝水的碗。向水中加三撮鹽，或用你的魔法刀尖挑起並倒入三「份」鹽。舉起調和好的鹽水，說道：

看哪！這是水與土元素的結合！

C. 放下碗，拿起香。移至魔法圈的北側邊緣。舉著香，說道：

以火與風淨化北方。

D. （順時針）走到東方，手持香，指向前，說道：

以火與風淨化東方。

E. 以同樣的方式在南方和西方繼續。走完整個魔法圈，返回北方。接著回到你的祭壇，放回香，拿起混合了水和鹽的碗。

F. 走到魔法圈的北邊。將手指浸入鹽水中，向北方灑三次，說道：

**以水與土淨化北方。**

G. 繼續向東方移動並灑水。當到達東方時，灑水三次，同時說道：

**以水與土淨化東方。**

H. 以相似的方式繼續在南方和西方進行。完成整個魔法圈，短暫回到北方，然後返回祭壇。

I. 現在重複整個薰香和灑水的過程。但這次不用「淨化」這個詞，而用「聖化」。如「以火與風聖化北方」等。

再次提醒，你可以混合使用這兩種淨化自己和空間的方法，或僅選擇精神或儀式流程之一。你不必兩者都使用。

順帶一提，有些自認為異教徒的人，雖然反對任何涉及儀式魔法或卡巴拉的事物，卻會使用……小五芒星驅逐儀式來淨化他們的空間。雖然這種做法本身無可厚非，但它絕非任何古老異教系統的一部分。從事魔法的人應對所有可能性保持開放心態。那些在批評卡巴拉哲學卻同時使用卡巴拉技術的人，應該提升他們的知識，或探究其偽善的動機。

**步驟二**：在淨化並清理你的空間後，下一步是「抓住月亮」。這個動作是將月亮（即神性中的女性面向）的魔法本質捕捉於手中，進而將這股力量融入護符之內。同時，你也將月亮的特質賦予護符，使其充滿月亮的魔法能量。在進行「抓住月亮」時，我們使用名為「顯化三角」的手勢，這在課程前段已有詳細的介紹。提醒你，這個手勢需要將雙手攤平，使拇指與其他手指成六十度角，再將拇指尖和食指尖相連，形成以拇指為底邊、食指為兩側的三角形。請見下一頁的插圖。

現在，舉起「顯化三角」，透過其觀看月亮。如果你所在之處無法看見月亮，就在三角中想像月亮的存在。不久後，你似乎會看到兩個月亮。真實的（或是在心中想像的）月亮旁會出現第二個月亮，會輕微偏離原月亮，或者說「有些許位移」。這第二個月亮代表了月亮的魔法力量本質。你可能看不到這第二個月亮，**但深信它確實存在就足夠了。**

**步驟三**：這一步需要同時進行兩個動作。一邊專注於第二個月亮，一邊慢慢地將雙手移向作為護符的物品。在心中將第二個月亮的影像留於三角形內（或確信它在那

裡），同時心中不斷重複代表護符目的的單字或用語。例如，使用「健康」一詞來代表「我希望擺脫感冒，恢復健康」。這樣的用語限制在最多四個字以內。

在進行這些動作過程中，先將雙手移至護符上方，然後環繞護符下降。目標是用你手中形成的三角完全覆蓋護符。月亮的能量，蘊含著你賦予護符的意志，此刻正與護符融合。

幾秒後，你應會有一種全然不同的感受。有些人描述這是雙手突然變輕的感覺，其他人則感覺到能量湧動或是一種「啪」的感受。由於每個人的感受略有不同，我無法提供具體描述。但一旦你感受到這種變化，立即拍手或彈指。接著在分開雙手時說道：

完成！

此處所發生的是，月亮的女神能量與你的意志相融合，滲透進物體內，為你的護符注入力量。如今，護符已經被充能，並開始發揮其作用。

**步驟四**：完成儀式後，用自己的話向宇宙中協助你的力量表達感謝，並請它們返回「它們的家園和棲息地」。在你的魔法日記（或儀式日記）中記錄儀式的結果。

當護符已經實現了被賦予的目的，需要將其殘餘能量釋放。可以透過將其置於水下沖洗或像先前提及的埋藏方式來完成。之後護符便可以被賦予另一個目的重複使用。如果製作的是一次性（並可於環境中自然降解）的護符，則可將其燃燒，再將灰燼散布空

中（或倒入水中）。或者，你也可以直接將它置於流動的水中，或埋藏於不易被發現的地點。

你可以為多個具有相同目的的護符同時充能，但不建議在同一時間或透過同一儀式為具有不同目的的護符充能。儘管許多護符可能都與相同的魔法元素相對應，但最好是專注於單一目的，一次只為一個護符充能。

使用護符時，最好將其帶在身上或放在你的附近。如果護符是為別人製作的，應提醒對方同樣將護符隨身或放在身邊。當然，無論是製作還是贈送護符，都應事先徵得對方的同意。不過，不需要向對方透露儀式的複雜細節和護符的製作過程。告訴收到護符的人，一旦護符達到目的就需要將它處理掉或還給你。

潛意識並不以否定的方式思考。所以，不要製作用於「停止吸菸」的護符，而應製作一個幫助「擺脫吸菸習慣」的護符。

如課程之前所述，為護符設定 SMART（具體、可衡量、可達成、實際、時限性）目標是個不錯的選擇。因此，為你的護符設定一個時間限制是理想的做法。在為護符充能時，計畫讓它在一週、一個月內，或在特定的日期之前達成其目標。即使未能在該日期之前達成目標，也務必在那時對護符進行淨化或銷毀。接著再等待兩週，看看是否有任何結果顯現。有時候，護符可能已經啟動了部分過程，但並未能在時間限制內完成它們。如果在護符的功能結束後兩週內仍未看到任何成效，回顧你的魔法日記，分析你可能做錯了什麼，並重新開始。在相同的條件下，化學物質總是以相同的方式相互作用。如果沒有，通常意味著實驗操作上有所失誤。同理，魔法運作也是有效果的。如果沒有，那麼你可能在操作上出現錯誤。有趣的是，雖然科學家通常會輕易接受在化學中失誤的觀點，但對於如魔法失誤的看法卻持懷疑態度。在這種情況下，邏輯其實站在我們這邊，而不是他們那邊。

一旦你已為護符充能，就盡量不要再去思考它。你的潛意識在魔法過程中扮演著重要角色。持續地把我們與星光層面相連的意識拉回到物質世界，會削弱你進行魔法工作的成效。建議回頭再讀一遍「創造性想像」這一章節。

## 製作一個魔法守護者

要對你的護符充滿信心，它已被充能並將發揮其效用。依你的意願，也可以每月為護符進行一次充能，但只要是為了完全相同的目的和目標，就不需要再次淨化。

不論是小型的雕像、大型的雕塑，或藝術品都很適合作為護身物，嚴格來說，這稱為「守護者」，用於住宅或公寓的守護。它應該至少每六個月重新充能一次，儘管每個月充能一次會更好。擺放的位置建議靠近大門。

如果你家有好幾個出入口，可以在每個出入口擺放小型雕像（甚至是色彩鮮豔的石頭）作為守護。史考特・康寧罕就曾使用玩具恐龍來這樣做。他把這些玩具放在公寓的門與窗戶邊，那裡是聖地牙哥治安最糟糕的地區。但在史考特和他的「守護者」住在那裡的那段時間裡，公寓從未發生過盜竊、犯罪或被企圖入侵的事件。

# 第四部分

現在，我們再次將注意力轉向卡巴拉魔法。正如上一節所見，使用前述的異教系統來製作和充能護符，過程直接且相對簡單。你幾乎不需要有過多準備。你會覺察到，使用卡巴拉系統製作護符需要更多的時間和思考。對我而言，這使卡巴拉護符變得更為精準。我個人很喜歡這種精確性和所需的心智投入。根據我的親身體驗，充能後的卡巴拉護符可能需要較長時間才能發揮效果，但這效果往往比低魔法護符來得強烈。不過，我傾向於認為，這是因為我對卡巴拉的偏好所致。很可能，卡巴拉護符與使用低魔法製作的護符相比，效果既不會更好也不會更差。差異取決於實際操作者。同時，雖然製作卡巴拉護符比製作異教護符需要更多時間和努力，但製作並不更加困難。只是需要更多的思考與創造力。如果你按照這裡提供的指示，製作和充能卡巴拉護符將能順利進行。

## 卡巴拉護符的歷史背景

西元70年第二聖殿被毀之前，許多卡巴拉（或卡巴拉之前的）系統的護符是用貴金屬製作，能夠掛在頸鏈或固定於衣物上。但當時最普遍的護符是一卷長而窄的羊皮紙。發現的一些卷軸約寬兩英寸、長二十二英寸。這些卷軸上滿是密密麻麻的書寫。事實上，古卡巴拉護符製造者常用縮寫，以在羊皮紙條上容納比直接書寫更多的內容。這些卷軸被捲起，放入皮質、布質或金屬（通常是銀製）容器中。

在E・A・沃利斯・白琪（E. A. Wallis Budge）的《護符與護身物》（*Amulets and Talismans*）一書中，作者描述了所謂的「完美」卡巴拉護符。當然，這樣的護符並未真正存在。白琪研究了多個古老卡巴拉護符，列出了它們的共同特點。以類似方式，音樂學家研究了所有巴哈（Johann Sebastian Bach）的賦格曲，利用電腦分析後創作了一首「理想型」的巴哈賦格曲。然而，當將電腦的「理想」與巴哈的實際作品相比較時，沒有一首賦格曲完美地與理想型相符。

白琪認為理想的卡巴拉護符包含四部分：

1. 對應的魔法祕名。
2. 合適的聖經節文。
3. 一種特殊的祈禱，性質類似但與一般祈請類型（invocations）的祈禱有所區別。
4. 「阿們」（Amen）和「細拉」（Selah）分別重複三次。

《倫理宗教百科全書》（*Hastings Encyclopedia*）中的加斯特（Gaster）聲稱傳統護符是這樣製作的：

1. 羊皮紙必須特殊處理。
2. 魔法祕名必須按照《塔納赫》（Tanach，猶太聖經）中希伯來文的原文精確書寫。
3. 護符的其餘部分以「方塊字」（Ashuri，方形希伯來字母）形式書寫。
4. 任何字母之間都不能相互接觸。
5. 製作護符時必須在純淨狀態且禁食中製作。
6. 製成後應將之緊緊捲起，之後再用皮革或布料包覆。
7. 護符應佩戴在身上或繫於衣服上。
8. 在製作護符的過程中，應當誦讀祈禱文。

加斯特提供了更多資訊與細節，但這些對我們的研究並非必要。需要特別強調的是，製作傳統卡巴拉護符被認為是一個耗時、需全神貫注、充滿努力和神聖性的過程。

雖然這個想法聽起來很浪漫，但早期卡巴拉學者並非無中生有地創造出他們的神祕學體系。儘管傳統卡巴拉護符在本質上帶有濃厚的希伯來特色，但許多做法實際上源自早期的異教觀點。因此，早期的卡巴拉護符並不像現今所製作的那樣具備明確特性。實際上，製作傳統卡巴拉護符的原因大約只有六個：

1. 普遍助益和祈福之用。
2. 促進健康。
3. 對抗「邪眼」(evil eye)（詛咒、黑魔法、毒害等）。
4. 預防流產。
5. 增進生育力。
6. 保護母親和孩子在出生時的安全。

正如我之前所提到的，卡巴拉不是一成不變的。它在過去幾千年間發展演變。這些變化讓我們在選擇製作護符的目的時有了更廣泛的選項和深入的精確度。此外，一旦我們確定了護符的目的，就能根據一套簡單的系統來填補所需的要素。

首先，我們不必擔心選擇用來充能的物體。儘管偶爾會使用貴金屬，但千百年來卡巴拉護符的首選物一直是未使用過的羊皮紙。羊皮紙堅固耐用，可反覆洗滌再次書寫。因此，一張曾被使用過的羊皮紙可能帶有不想要的各種心靈能量。而未使用（新）的羊皮紙則解決了此問題，並且在實現目標後容易銷毀。

現今，真正的羊皮紙非常昂貴且難尋。大多數文具店則提供容易取得的仿羊皮紙。如果你堅持傳統，一些神祕學商店是可以找到真正由綿羊或山羊皮製成的羊皮紙。

但除了遵循傳統，還有什麼理由使用羊皮紙呢？在古代中東，木材和木漿製成的紙張在當時是相當珍貴的資源。羊皮紙是一種耐用且可多次重用的書寫材料，也是早期標準的紙張形式。對於現代魔法師而言，除了美學原因外，使用普通的白色、未使用、未回收的紙張並無不妥。因此視你的喜好，可以選擇使用文具店的仿羊皮紙，或甚至從神祕學商店購買真正的羊皮紙。在這一課中，我將會把我們用來製作卡巴拉護符的材料稱作「紙」，因為普通的紙張就已足夠。

我們不會使用卷軸。現代卡巴拉護符比先前版本小，並且富含更多象徵意義。如果你將一張紙張切割為2×4英寸，並將其對摺，你會注意到共有四個方格：前面兩個，後面兩個，每個方格都正好是2×2英寸。這些方格將被文字和符號填滿。但我們該從哪裡尋找這些文字和符號呢？當然，他們源自卡巴拉的核心象徵：生命之樹，但這是如何實現的？

在第372頁，你會找到一個列出與每個輝耀相關的各種希望或願望清單。閱讀這張圖表，觀察各種想法如何與十個輝耀相連。如果列表上沒有你想要的項目，你可以擴充每個輝耀的想法清單。例如，舉例來說，你能看出足球怎樣與葛夫拉相關嗎？或者，你能理解為何詩更與聶札賀相關，而不是與候德？

如果我們打算製作一個能帶來真摯友誼的護符。透過查看圖表，我們可以看出這與悌菲瑞特有關。現在回頭看看你在第三課中得到的卡巴拉對應表。從那頁得到以下可放在護符上的項目清單。所有這些詞語和物品都與悌菲瑞特這個輝耀相對應：

## 什麼是細拉？

「細拉」（Selah）這個詞已經使學者們困惑了兩千多年。即使它在《詩篇》中出現了七十一次，而在《哈巴谷書》中出現三次，其意義至今仍是一個謎。

耶路撒冷聖殿的崇拜活動，不僅是令人印象深刻和充滿喜悅的，而非單調且過度嚴肅的儀式。崇拜中包含了大型合唱團和管弦樂隊。這或許能提供一些關於細拉意義的線索。

《詩篇》並非僅供閱讀，而是被唱誦的。因此，一些學者認為細拉是一種音樂指示。它可能指的是戲劇性的暫停，或暗示合唱音量的提高或降低。它可能表示一個戲劇性的暫停，或是暗示合唱的音量提升或降低。也有人認為它表示新旋律的引入，或是樂器音量漸強或漸弱的訊號。即音量的增加或減少。那麼，它是如何與護符產生關聯的呢？

將細拉翻譯成英文最常見的一種解釋是「永遠」。如果這是正確的，它可能與「阿們」有相似的意義，因此，作為忠實的君主，他會履行自己的誓言並賦予護符力量。另一個可能更貼近的解釋是，它表示「使……成形」。這對我來說更有意義，就像是說「使我的護符成形」。

有學者簡單地認為它象徵從一種想法轉向另一種。還有解釋認為作為鼓勵人們參與歌唱的提示，意味著「放聲高歌」。也有學者提出，它意味著「這句話在此處不合適」，或可能是數個詞語的縮寫或某詞的變體。

一位猶太音樂專家則指出，它強調了前述內容的重要性。有評論家表示，這是信眾在神前致敬的時刻。

基督教評論家，東尼‧沃倫（Tony Warren）認為它意指「懸掛」，隱含著進行評估和測量以確定價值，因此，它代表「被重視的」。

當然，認為護符上的所有內容都是有價值的，這是可以理解的。然而，所有這些解釋都僅是合理的猜測。在出現更明確地解釋細拉意義的資訊之前，我們只能欣賞其悅耳的聲響。

# 護符魔法

**科帖爾**：基礎性發明。電子產品。輻射（如 X 光、雷達、無線電波、電視波等）。不尋常的事物。太空船。遙遠的未來。創意。

**侯克瑪**：無線電。電視。電影。超感官知覺（ESP）與心靈現象。發電機。磁力。靜電。火箭。煙火。

**庇納**：（**土星**）建築物。老年人。葬禮。遺囑。輪迴。疾病與害蟲的消除。終結與死亡。計畫。債務。房地產。遺產。挖掘。礦山。樹木和紙。冶煉。肥料。古董。混凝土。為考試而學習。達到星光層面。住家。獲得奧祕知識。

**黑系德**：（**木星**）投機。賭博。獲取財富。豐盛。增長。充足。銀行家。對過去的占卜。領導才能。野心。職業成功。獲得友誼。獲得健康。獲得榮譽。獲得好運。法律。唯物主義。貧窮（財富的伴侶）。金錢。擴張。

**葛夫拉**：（**火星**）衝突。狩獵。軍事勝利。能量。活力。牙醫。外科醫師。手術。理髮師。屠夫。警察。士兵。與戰爭有關的一切。侵略。體能。勇氣。政治。辯論。運動。競賽。男性。慾望。

**悌菲瑞特**：（**太陽**）獲得友誼。獲得健康。創造和諧。獲得幸運。獲得金錢。獲得贊助。獲得和平。找到失去的財產。防止戰爭。恢復青春。各種上司。啟蒙。立即性。員工。晉升。勞動。世界領袖。神聖力量。

> **聶札賀：（金星）** 美。增進友誼。獲得愛情。確保愉悅。藝術。音樂。派對。奢華。珠寶。催情劑。香氛。香水。夥伴關係。女性。
>
> **候德：（水星）** 商業和商務上的成功。考試取得成功。對未來的占卜。影響他人。戲劇的成功。作家。短程旅行。寫作。尋找特價商品。學校。基礎醫學。實踐（將理論付諸行動）。統計。教學。預測。自我提升。禁慾。心靈。通訊。學習。
>
> **易首德：（月亮）** 星光體旅行的知識。旅行平安。達成和解。食物（特別是蔬菜和麵粉）。胎兒與嬰兒。牛奶與乳製品。防止戰爭。住家。家庭。烹飪。超感官視覺。夢。海洋。農業。自然醫學。藥草。

| | |
|---|---|
| 悌菲瑞特（Tiferet） | 美（Beauty） |
| 金色或黃色 | 乳香（一種香氛） |
| 心 | YHVH El — oh — ah V'dah — aht |
| 胸 | 太陽（Sol） |
| 黃玉 | 拉斐爾（Raphael） |
| 神聖醫者（Divine Physician） | 天使（Malacheem） |
| 使者（Messengers） | Ruach |
| Intellect | Vahv（源自 YHVH） |
| 鳳凰 | 向日葵 |
| 國王 | 及其他…… |

這份龐大的清單包含了眾多元素。為了製作我們的護符，我們可以透過一種或兩種數字學系統來得出數字對應。目前最常用的是畢達哥拉斯體系。

| 1 | 2 | 3 | 4 | 5 | 6 | 7 | 8 | 9 |
|---|---|---|---|---|---|---|---|---|
| a | b | c | d | e | f | g | h | i |
| j | k | l | m | n | o | p | q | r |
| s | t | u | v | w | x | y | z |   |

在這個體系中，字母「a」、「j」和「s」對應於數字1；而「b」、「k」和「t」則對應於數字2，以此類推。為了製作我們的護符，我們選擇了「friendship」作為關鍵字，並依據上面的對照表來計算它的數值。

**f r i e n d s h i p**
6＋9＋9＋5＋5＋4＋1＋8＋9＋7＝63　6＋3＝9

請注意，當一個單字的總和大於9時，需要將結果的數值相加得到一個個位數。這個過程稱為「神性還原」（Theosophical Reduction）。在我們的例子中，「friendship」對應的數值為9。因此，我們將這個數字加入我們的清單。

一個更卡巴拉式的體系，根據字母的發音特性，如下：

1 = a, j, i, y。

2 = b, c, k, r, q。（此處「c」的發音如同「cat」中的上顎音）

3 = g, l, s, ch, sh。（此處的「s」發音似於「sh」，如「sugar」）

4 = d, m, t。

5 = e, n, h。

6 = s, u, v, w, c。（此處「s」發音似於「sea」中的「s」；「c」發音似於「cent」中的「c」）

7 = o, z, s, x。（此處「z」發音似於「scissors」中的「s」；「x」的發音似於「z」，如「xylophone」）

8 = p, f, x, h。（此處的「h」發音類似德語「ach」，在英語中較少見，但在其他語言裡常見）

9 = th, tt, s。（此處的「s」是位於「w」之前的，如同「switch」）

如果我們以「friendship」為例進行計算，結果如下：

f r i e n d s h i p
8＋2＋1＋5＋5＋4＋3＋1＋8＝37
　　　　　3＋7＝10　　1＋0＝1

在這裡你可以看到，神性還原需要進行兩次，以將數值還原為個位數。唯有在總和為11、22或33時，我們才保留兩位數。數字學的書籍會對這些「大師數」（master numbers）進行詳細解釋。

在這個卡巴拉式的體系中，我們確定了「friendship」的值為1。因此，我們將1加入我們的清單。

這個體系之所以更符合卡巴拉學派，是因為它根據希伯來字母與英文字母相對應的發音特性來確定英文字母的值。例如，希伯來字母「Gimel」與英文字母「g」對應，Gimel的值為3，所以在這個體系中，英文字母「g」也等於3。Yud與「i」、「y」，以及某些觀點下的「j」對應，這些字母與數字10相關，這是Yud的數值。透過神性還原，這些字母最終對應到數字1。其他可能的關聯，因為它們與希伯來文有幾種可能的對應，已被分配到合適的數值上。

## 斯佩爾護符系統

另一套製作魔法護符的系統是由奧斯汀・奧斯曼・斯佩爾，一位當代的神祕學家及才華橫溢的藝術家所創造。這套系統的靈感來自於他所提出的「欲望字母表」（Alphabet of Desire）概念。在此系統中，你需要挑選一個英文單字，去掉其中的母音（記得，希伯來文中沒有母音），然後把剩下的字母組合起來形成圖騰。以下是如何為「woman」這個單字創造圖騰的方法：

W-M-N　　　XXXX
WOMAN　　　WOMAN

這裡展示的是如何為「friendship」創作圖騰：

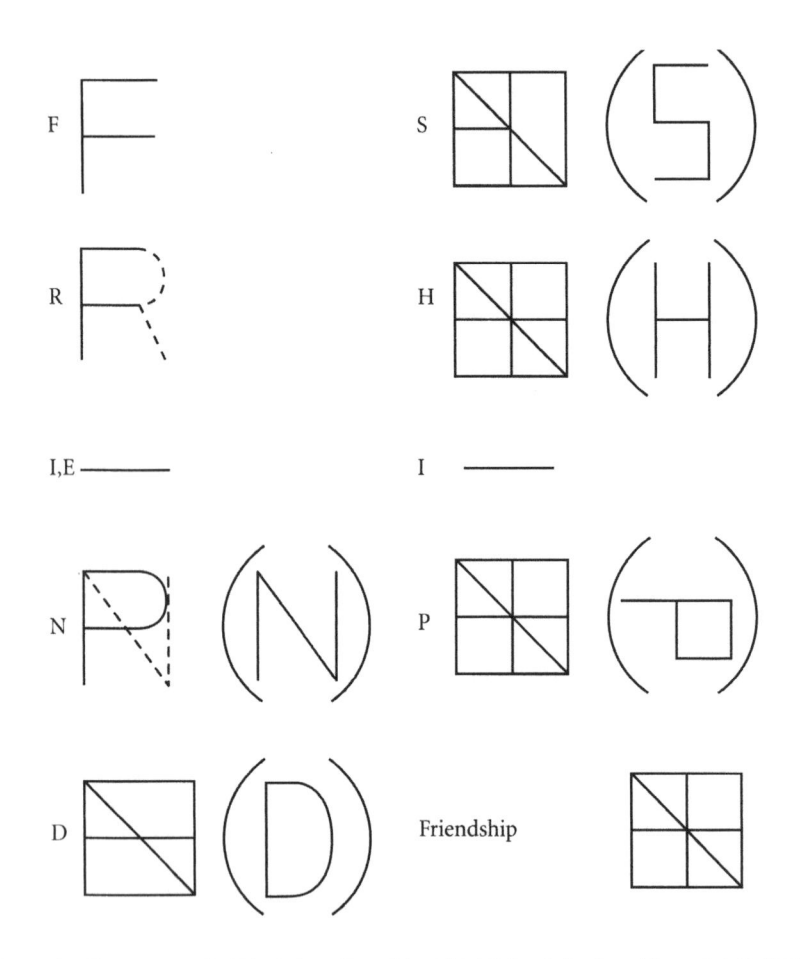

| | | | |
|---|---|---|---|
| F | F | S | ⑤ |
| R | R | H | ⑭ |
| I,E | — | I | — |
| N | R | P | ⑫ |
| D | D | Friendship | |

　　請注意，在「woman」的例子中，「n」被巧妙轉化成角度，進一步形成了一個看似多次重複且緊密結合在一起的「X」圖騰。在未來的某個時刻，你的意識可能不會意識到這個圖騰意味著「woman」，但你的潛意識將會記住這個圖騰並在不受意識干擾的情況下對其產生反應。

　　另外，在「friendship」這個例子中，字母經過幾何化變形和角度調整，如「p」被旋轉至橫向，而「r」可以運用誇張手法或放大呈現。運用想像力，你能創造一個既美觀又藝術性強的複雜圖騰，將其加入我們的清單中，代表「friendship」這一概念。

## 玫瑰十字護符系統

　　你還可以使用另一套系統來製作護符上的圖騰，這套系統依循下一頁展示的插圖。這一個中心填滿精密符號的十字架，由黃金黎明會所使用，稱為赫密士玫瑰十字（Hermetic Rose Cross）。由希伯來文字母圍繞形成的三個同心圓，是根據《形塑之書》中

對希伯來文的描述所設計。中央的三個字母被稱作「母字母」(mother letters)，它們代表三個元素（這裡指的是四元素源於三元素的體系）。中間的圓圈由七個字母組成，象徵七天、七個下層輝耀等。這些「雙音字母」(double letters)因為傳統上擁有兩種書寫形式而得名——一種用於單字開頭或內部，另一種用於結尾。外圍圓圈的十二個字母則代表黃道十二宮，被稱為「單音字母」(single letters)，因為它們僅有一種書寫形式。

在下一欄所示的玫瑰圖十字中，希伯來字母被音譯轉寫為英文，讓非希伯來語的讀者也能方便地使用。你會發覺某些格子內含有多個英文字母。這是因為兩種語言間沒有直接的音譯對應，加上某些希伯來字母具有多重發音。例如，Vahv 被轉寫為「V」、「O」和「U」，而 Peh 則被轉寫為「P」、「Ph」和「F」。另外，有些英文發音可能與多個字母相關，比如「K」字母。

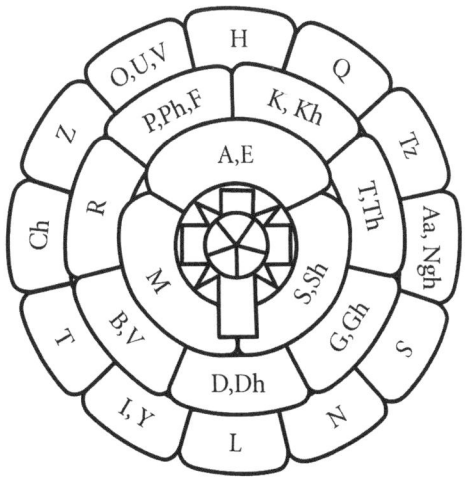

要使用這個製作神祕圖騰，只需將一張薄紙覆蓋在圖上。在你想要製作的單字的第一個字母對應位置畫一個小圓圈，接著從這個圈畫一條直線至第二個字母的位置。按此方式繼續，直到完成整個單字。在圖騰末端畫一條短線標示單字結束。如果單字中有重複字母，則簡單地在相同區域內遊走，如下面「Happy」例子所示。若字母在玫瑰十字圖像上有多個位置，選擇你認為最美觀的路線。接著將描圖取下，你就得到了象徵「Happy」的設計圖騰。

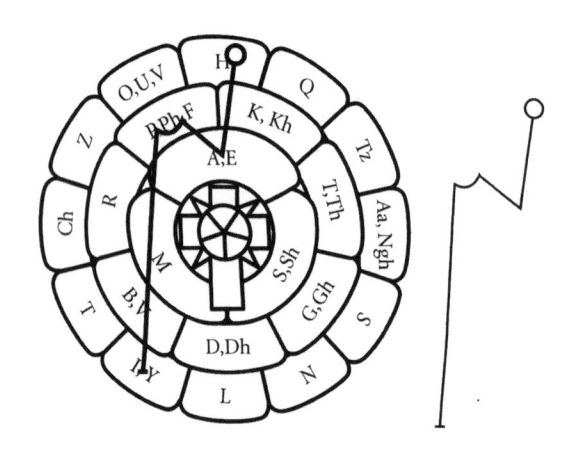

**Happy**

線條相互交叉也是可行的。請參見下一頁的實例。

請注意，在上述「Happy」和「Friendship」的兩個範例中，我已經展示了一旦圖騰被設計出來並被理解，它可以有任何大小。因此，我們又新增了一個可製作護符的圖騰，並將其加入到我們的項目清單中。

根據我們目前所擁有的，我們能夠設計出一個精美的友誼護符。我們僅需從清單中選取若干元素，填滿紙張的四個方格。你不必使用清單中的所有元素，也無須局限於清單的內容。

第80頁展示了一個從我們列表中繪製的範例。第一面我們看到一個心形圖案、希伯來文字母「Vahv」的書寫，以及此字母的英文轉寫。此外，還有「Ruach」和「Intellect」這些詞彙。再次強調，這些都來自我們編制的清單。

在第二面，整個面被塗成金黃色。中央是太陽的占星符號，即一個帶有中心點的圓圈。同時展示了神之名 YHVH El — oh — ah V'dah — aht，及其神聖醫者，大天使拉斐爾（Raphael）之名。

▲ Friendship

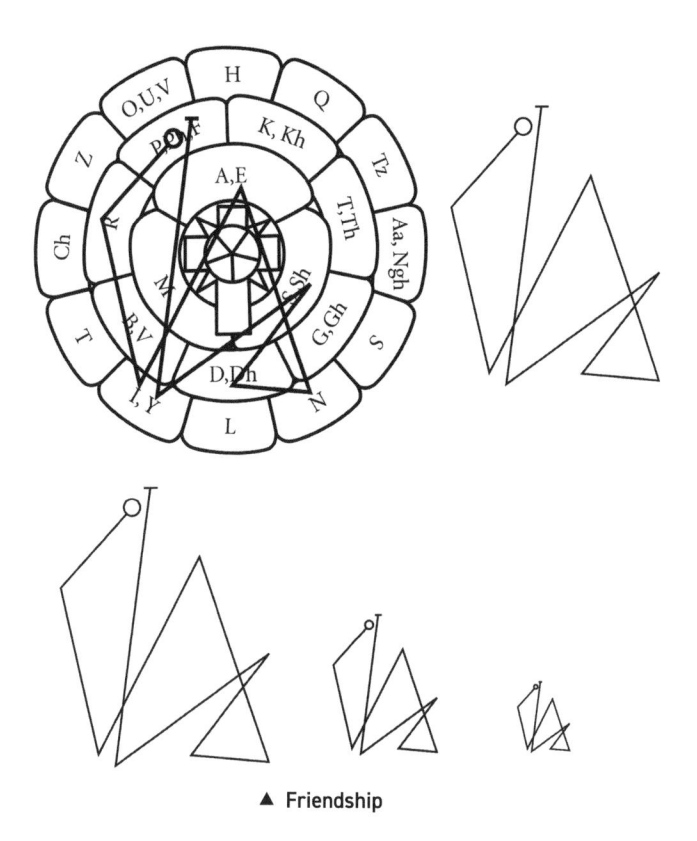

　　第三面則展示了「悌菲瑞特」(Tiferet) 之名，以及其意義「美」(Beauty)。兩旁是天使團 (order of angels) 之名「Maacheem」，意為「使者」(Messengers)。中央則是來自斯佩爾系統設計的圖騰。

　　最後，第四面展示了「Friendship」經數字學計算後的數值，及從赫密士玫瑰十字中心提取的圖騰。

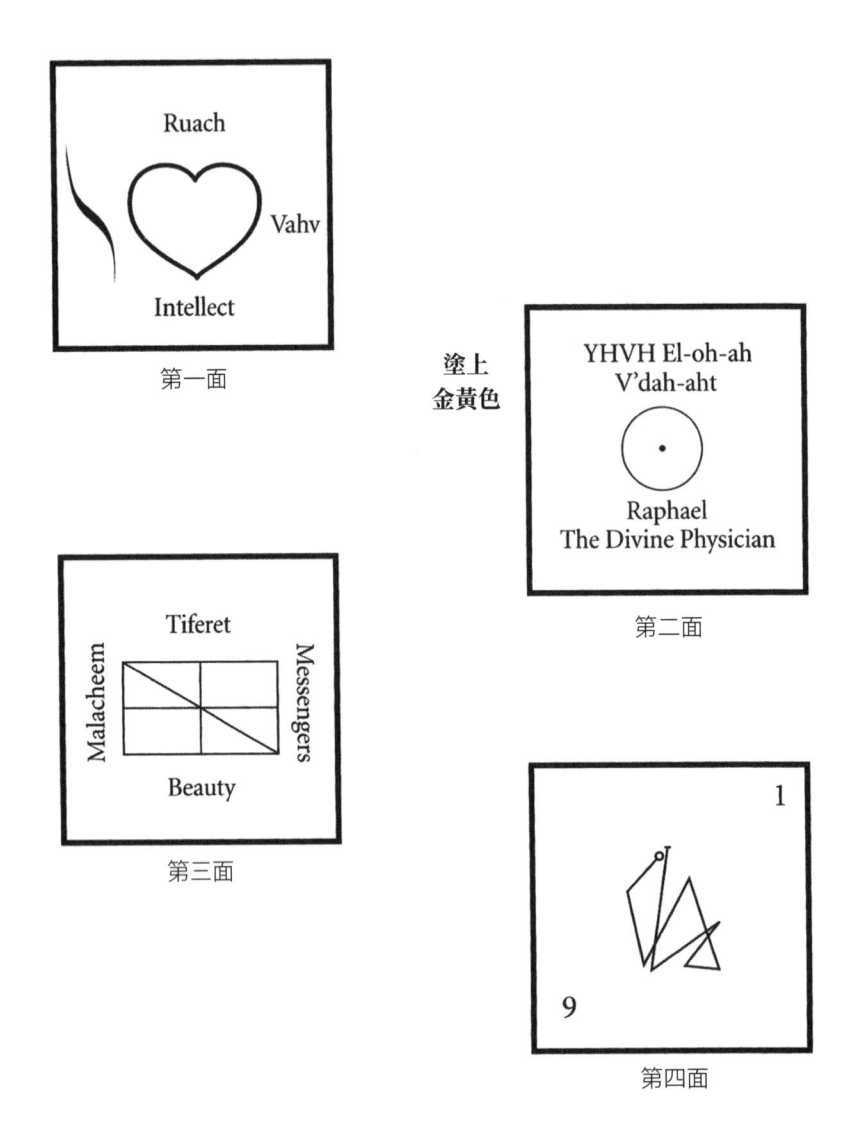

第一面：Ruach、Vahv、Intellect（心形圖）

塗上
金黃色

第二面：YHVH El-oh-ah V'dah-aht，Raphael The Divine Physician

第三面：Tiferet、Malacheem、Messengers、Beauty

第四面：1、9（符號圖）

　　在製作護符時，無須追求完美。僅需盡你所能繪製並將所有能量投入其中，就會獲得成果。

　　在下一課中，你將學到如何將帶有符號的紙張轉化成強大的魔法工具。為此，你還需要一個放置充能後護符的容器。最簡單的方式是找一塊顏色與你輝耀對應的方形毛氈。例如在這個例子中，金色或黃色是適當的選擇。裁剪一塊 3×5 英寸的方形，對摺並縫合或用訂書機或固定兩側，製作成一個適當大小的容器，以便將充能後的護符放入其中。記得在放入護符之前不要封閉開口！也可以附上一條繩子，使其能夠作為項鍊隱藏於衣物下。

## 留意這個祕密！

必須了解，僅靠閱讀是無法真正學會魔法的。這需要實踐、學習和思考。如果你還沒有重新閱讀、研究並深思這門課程的前幾課，你應該立刻這麼做。

在此過程中，請記得荻恩・佛瓊的觀點：「神祕學中沒有權威。」正如我常說的：「別只相信我的說法，你最好也自己去驗證。」

有些研究神祕學的作家會提醒你，不要依循某些書中的指示，因為它們可能包含「誤導」——故意寫下錯誤訊息，以確保不謹慎者在魔法實踐中無法取得成果。現在我有一個祕密要揭露。我刻意在本書中加入了這樣一個誤導。

然而，如果你按照我的建議反覆研讀本書，應該已經發現了它。若你仔細觀察，你會留意到用於元素武器上的大天使希伯來文聖名*總是以「Lahmed」字母結束*。因為這個字母發「l」音，而所有工具上的大天使名都以「—el」音節結尾，這是顯而易見的。回顧第三課中關於五芒星圓盤符號的指示。烏列爾（Auriel）的希伯來拼寫缺少了「Lahmed」這個希伯來文字母。

在進行本書課程學習時，你是否注意到這一處，並認為它是一個印刷錯誤？如果你發現了這一點，恭喜你！你已在成為一名思考型、向成為一名合格魔法師的道路上邁出重要一步。

如果未注意到，也不必灰心或失望。若這是個陷阱或欺騙，我就不會揭露。這實際上是一個簡單的教訓，最好在進行魔法儀式前學習，而不是在儀式進行時！確保你所做的及使用的一切都是準確的，這非常重要。

因此，回頭復習到目前為止的所有課程。不僅是要閱讀，更是要深思、提出質疑並將其邏輯推至極限，意識到它們可以帶你到多遠，以及是否存在瑕疵。藉由這種方式，你得以成為一名出色、無所畏懼、強大的魔法師。

在你的五芒星圓盤上，僅需在天使名末端添加「Lahmed」，即可修正希伯來文。烏列爾（Auriel）的希伯來文應該是這樣的：

$$\text{אוריאל}$$

真的是這樣嗎？希伯來文字母「Resh」和「Dallet」看起來非常相似，「Zy—in」和「Vahy」也是如此。但你已經走了這麼遠，不必因為小疑慮而開始懷疑自己。只需記得那位老大衛・克羅克特的話：「確信自己是對的，然後前行。」

## 第七課補充

此時，你們之中的一些人可能在思考，我向你們提供的關於卡巴拉護符的資訊不完整。為何我未提及數字6同樣可以用於友誼護符，難道悌菲瑞特不是第六個輝耀嗎？那些在其他書籍或神祕學商店看到的，為何與我所描述的護符完全不同？

這些都是合理的疑問，我有兩個解答。首先，古代的卡巴拉學者製作的護符是獨一無二，不是大量生產的。其實，有些護符是如此的個人化，以至於連經過多年研究的人也難以解讀它們的希伯來縮寫銘文。當然，你可以從其他來源模仿設計。但在設計你個人護符所花費的工作和時間，在卡巴拉和魔法上都至關重要。僅僅是設計和製作護符的過程本身，就會為其增加能量和聚焦。此外，許多現成護符的設計在幾個世紀間已被破壞和改變，其有效性令人存疑。

其次，更重要的是，這門課程目的在介紹儀式魔法，而不是唯一解釋。正如早前課程所述，這門課程的目標之一是讓你能夠閱讀任何一本關於魔法的書，並對其中的內容充分理解加以應用（我必須補充，近幾十年來出現了一些非常深奧的魔法書籍，對那些不熟悉關鍵術語特殊涵義的人來說可能難以理解。鑑於它們的高深程度，一開始就讀那些書並不是好主意。）我擁有眾多關於護符的書籍，要展示這些書中的所有資訊、印記、符號和觀點，可能需要數百頁。若我再加上這些符號的歷史背景、來源及其意義，那麼所需的頁數可能達到數千頁。但這並不是這門課程的目的。

然而，我覺得有必要向你補充介紹一些其他代表行星影響力的象徵系統。這些系統可能不完整，但能展現出這些象徵的來源。如果願意，也可以將它們自由融入你的護符製作中。

## 《阿巴太爾魔法書》中的奧林帕斯七靈

《阿巴太爾魔法書》(*Arbatel of Magick*) 如今極為罕見。該書最初於1575年以拉丁文在巴塞爾出版，1655年首次被譯成英文在倫敦出版。據說它包含九個單元，但僅存（或可能僅曾存在）一部分，它被稱為「導論」(Isagogue) 或「魔法原理之書」。在這部具有導論性質的作品中，介紹了「奧林帕斯七靈」(Olympian Spirits)，每位靈都有自己獨特的「品格」或符號。關於這些靈體的名稱，已出現了幾種不同的符號版本。在本書的前

一版中，我呈現了其中一種。經過深入的研究和思考後，我認知到我所展示的符號版本並非歷史上最早的版本，因此也不是最準確的。以下是我現在認為是這些靈體的名稱、符號及其對應行星最準確的版本：

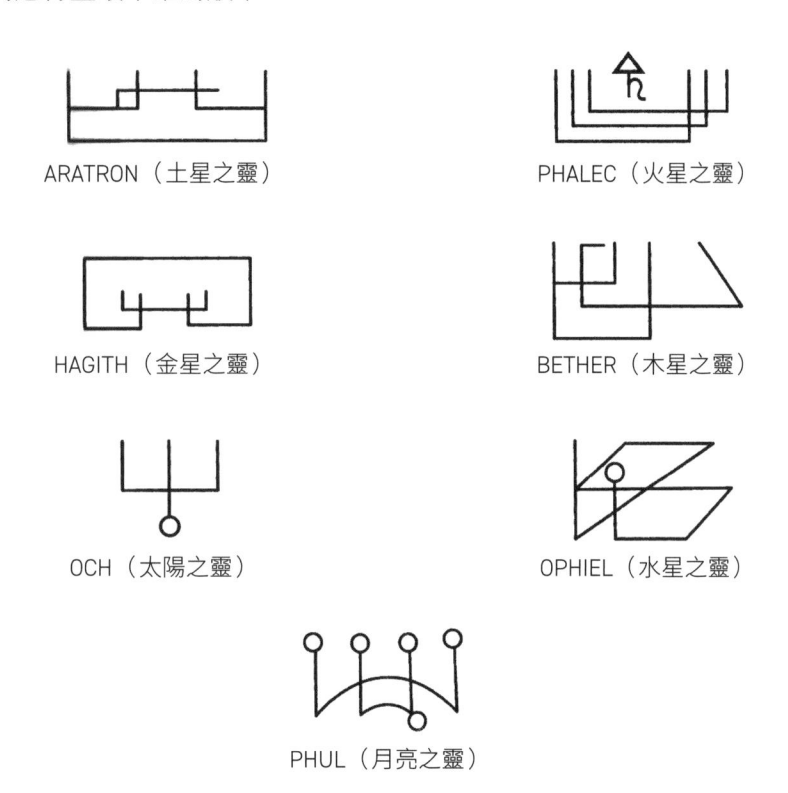

ARATRON（土星之靈）

PHALEC（火星之靈）

HAGITH（金星之靈）

BETHER（木星之靈）

OCH（太陽之靈）

OPHIEL（水星之靈）

PHUL（月亮之靈）

你還可以在護符上使用以下占星學中的行星符號和數字（與輝耀數字相同）：

| 行星 | 數字 | 符號 |
|---|---|---|
| 土星 | 3 | ♄ |
| 火星 | 5 | ♂ |
| 金星 | 7 | ♀ |
| 月亮 | 9 | ☽ |
| 木星 | 4 | ♃ |
| 太陽 | 6 | ☉ |
| 水星 | 8 | ☿ |

請注意，數字1和2沒有對應的行星。這是因為前兩個輝耀與「最初的旋動」（first swirlings）（也許是「宇宙大爆炸」？）即黃道帶相關。一些現代卡巴拉學者將它們與外

行星相聯繫，但這點有爭議，且在我看來，任何對於不是這裡介紹的古代來源，仍存在過多分歧。

你還可以看到「護符魔法」圖表中並未包含第十個輝耀。這是因為第十個輝耀對應於地球以及地球所含的魔法元素，因此不需要在我們的護符製作系統中使用。

## 四面護符的其他設計

將護符裁切成與對應輝耀或行星數值相符的多邊形也是適當的。正方形設計總是合適的選擇，而圓形的設計則像是帶有鉸鍊可開合的圓形項墜盒，如下圖所示：

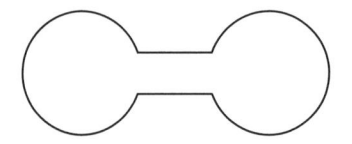

同樣地，屬於土星或庇納（對應於數字3）的護符，可以是下圖所示的三角形項墜盒設計：

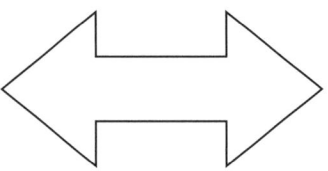

屬於月亮或易首德的護符，可以是九邊形的設計：

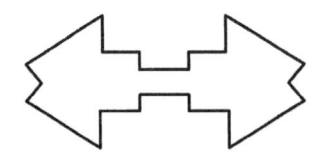

## 納入地占術的護符系統

地占（Geomancy）是一種古老的占卜技術，與易經有相似之處。最初是人們在土壤上隨機用尖棍畫下點，再將這些點的總數加總。如果總數為偶數，則旁邊畫出兩個點；若為奇數，只畫出一個點。這一步驟重複四次，每次都任意畫點並根據奇偶性決定旁邊

要畫的點數，進而形成一個四次結果組成的地占術圖形。

這個過程接著再重複數次，並從原始圖形的組合中合成更多圖案。最後，將這些圖形放置於占星圖上，根據一定的規則進行解讀。

初學地占術時，它看似複雜，但實際上，只需幾小時的練習就能輕鬆掌握。地占術的原理可以在諸如伊斯瑞・瑞格德的《黃金黎明》和克勞利的《分點》（Equinox）等書籍中找到。

每個地占術圖形都與特定的行星對應。藉由連接起圖形上的點，你可以創造出一系列依循地占術符號的、與行星相關的圖騰設計。這個主題太複雜，無法在此詳細討論，但我希望能讓你大致了解這些符號的樣貌，以便在各種文獻和現成護符中識別出它們。

以下是被稱為**限制**（Carcer）的地占術圖形，代表土星在其守護的摩羯座：

．
．．
．．
．

藉由連接各個點，你可以設計出各種圖騰，包括以下這些圖形：

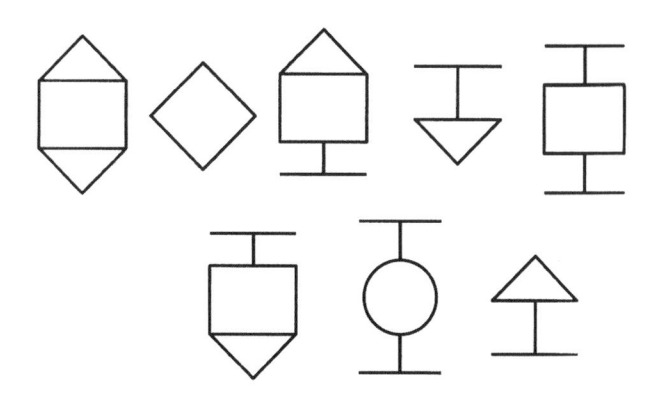

運用在護符上時，這些圖形可以單獨或如下圖所示的組合方式使用：

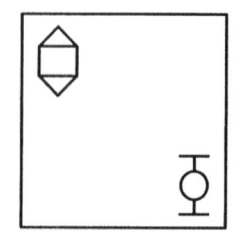

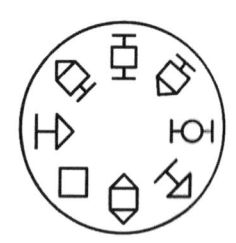

這是被稱為**獲得**（Acquisitio）的地占術圖形，代表木星在其守護的射手座。它的樣貌如下：

從這個圖形出發，可以構建出一系列更為複雜的圖形。以下是其中的一些：

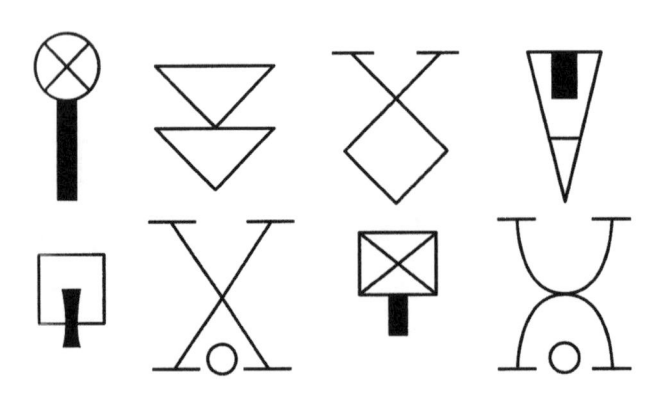

用於護符的地占術符號，其風格和「感覺」都與上述展示的圖形相同。這些符號在此呈現，是為了讓你在遇見它們時能夠辨識。例如，請參閱《拉斐爾的古老護符魔法手稿》（*Raphael's Ancient Manuscript of Talismanic Magic*），書中收錄了許多運用這些地占術符號的典型護符。它還包含了以諾語（天使語）的書寫文字（關於此書寫的範例，請參見守望塔儀式）。

還有其他幾本書，例如《黑母雞》（*The Black Pullet*）和被冠以摩西之名的《摩西第六書至第十書》（*6th-10th Books of Moses*），也提供了可以作為製作護符的基礎或範本的例子。

然而……如果你僅僅是模仿他人的作品，那麼你永遠無法成為真正的魔法師。從零開始設計自己的護符是更好的選擇。這正是古代卡巴拉學者的做法，你也可以仿效。因此，我強烈建議你暫時忽略在其他地方看到的護符，專注於創造自己的護符。將來你可以根據所需再模仿或借鑑。

從許多方面來看，護符的製作就像是魔法儀式的設計。雖然有一些基本規則和模式可供遵循，但在這些範圍內有很大的自由度。

記住，任何人都可以模仿或遵循一些基本規則。但魔法遠不止於此，它不僅僅是模仿和學習規則的「科學」部分。你在這些指導原則內所做的，才是魔法的「藝術」部分。最好的魔法師不是只「照著做」，他們如同優秀的創新藝術家能夠「接著做」。我希望在你完成這門課程時，你不僅能夠熟悉這些規則（成為一位行於魔法的科學家），而且能夠在這些規則內展現創造力和原創性（成為一位行於魔法的藝術家）。同時具有這兩種能力的人，無疑就是強大的巫師。

## 複習

為了幫助你確認是否已完全掌握「第七課」的內容，以下列出了一些問題。在不參考課文的前提下，請試著回答這些問題。（答案可以在附錄二中找到）

1. 你與星光層面的直接連結是什麼？
2. 「低魔法」和「高魔法」指的是什麼？
3. 卡巴拉的心靈魔法系統與正面肯定句和創造性想像有何不同？
4. 說明巫者如何崇拜撒旦。
5. 雷金納德‧斯科特的《巫術的揭露》第一版發生了什麼事，原因是什麼？
6. 1921年出版的哪本書重新點燃了人們對巫術的興趣？
7. 傑拉爾德‧加德納所著的《今日巫術》為何重要？
8. 如何定義「護符」？
9. 在執行灰魔法之前應先做什麼？
10. 「裸身」是什麼意思？

11. 在進行護符的充能時，可以同時為多少個具有相同目的的護符充能？不同目的的又可以是多少？
12. 房屋「守護者」(guardian) 指的是什麼？
13. 說明「神性還原」是什麼？

以下問題，只有你自己能回答。

1. 你是否仍在持續進行你的儀式？
2. 你的生活是否有所改變？
3. 你對威卡信仰的看法如何？你對任何特定宗教有偏見嗎？
4. 你至今製作過任何護符嗎？？
5. 你是否持續更新你的日記？
6. 你能想到在什麼情況下願意面對因進行黑魔法而帶來的負面業力？

## 參考書目

有關這些書籍的更多資訊，請參閱本書末標註的參考書目註解。

Bach, Richard. *Illusions: The Adventures of a Reluctant Messiah*. Arrow Books, 2001.

Buckland, Raymond. *Buckland's Complete Book of Witchcraft*. Llewellyn, 2002.

Cunningham, Scott. *Magical Herbalism*. Llewellyn, 2001.

_____. *Wicca: A Guide for the Solitary Practitioner*. Llewellyn, 1993.

Farrar, Janet, and Stewart Fartar. *A Witches Bible*. Phoenix Publishing, 1996.

Gardner, Gerald. *High Magics Aid*. Pentacle Enterprises, 1999.

_____. *Witchcraft Today*. Citadel, 2004.

Grimassi, Raven. *The Wiccan Mysteries*. Llewelyn, 2002

_____. *Ways of the Strega*. Llewellyn, 2000.

Leitch, Aaron. *Secrets of the Magickal Grimoires*, Llewellyn, 2005.

Patai, Raphael. *The Hebrew Goddess*. Wayne State University Press, 1990.

Regardie, Israel. *The Golden Dawn*. Llewellyn, 2002.

Sheba, Lady. *The Grimoire of Lady Sheba*. Llewelly, 2001.

Starhawk. *The Spiral Dance*. HarperOne, 1999.

Valiente, Doreen. *An ABC of Witchcraft Past and Present*. Phoenix Publishing, 1988.

———. *Witchcraft for Tomorrow*. Robert Hale, 1993.

# 第八課
## LESSON EIGHT

---

## 第一部分

　　在上一課及其他幾課中，我提到了理論中的完美並非實現成功魔法工作的必要條件。你需要做的，就是盡你所能。這一點至關重要，否則當今世上真正的魔法師將會更少。視覺化觀想將僅限於那些擁有教科書般完美視覺化能力的人。聖名與神聖詞語的振動念誦，則限於於那些精通希伯來語、拉丁語和希臘語的人（更不用提埃及語、迦勒底語、以諾語等其他語言），並且還要是具有專業級能力的歌手，或至少在公開演說方面受過訓練的人。同樣地，除了最頂尖的藝術家外，否則不會有人能夠製作護符。

　　幸運的是，這些都不是必需的。真正需要做的是盡你所能──你的極致所能。但究竟你的極致所能是什麼呢？

　　想像一下，你是某人的主管。此人交出一份工作成果給你檢視。雖然這份工作已經相當不錯，但你認為還有進步的空間，並告訴他這一點。然而對此，員工回答：「但這已是我的極限了！」你堅持員工有更大的潛力，並要求他重新來過。最後，你們雙方都感到滿意，因為新的成果遠超以往。

　　這不僅僅是一種「努力做得更好」的理念。事實是，我們大多數人甚至未能意識到自己的能力，也未能喚醒自己的可能性。

我有一位朋友是小說家。多年前，當她開始她的職業生涯時，她請我評論她的一些寫作。我告訴她，我只有在可以完全坦誠地發表意見的情況下才會這麼做，她同意了。我閱讀了她寄給我的稿件，作品中的一些劇情令人難以置信。在某些地方，對話很生硬，在另一些地方則與角色不符。當我打電話告訴她我的真實想法時，我感到很忐忑，因為我知道她的作品能夠做得更好，遠遠超越現在。我能感覺到她變得冷淡和疏離。我知道她對我很生氣，我擔心她在聽到我的評論之後，可能再也不會和我說話了。

幾週後，她打電話給我，開口就說：「你這個混蛋！」她對我說，由於我是她的朋友，我的意見對她來說非常重要，我所說的話讓她幾天都睡不著，心情極度不安。最終，她向一位寫作諮詢老師尋求建議，這位老師在許多方面顯然同意我的觀點。之後，她花了好幾個小時重新寫那些內容，並透過電話朗讀給我聽，讓我印象深刻。她知道現在自己的寫作好得多了；我至今仍然認為那是她所寫過極為精彩的作品之一。我簡單地對她說，因為我知道她能夠寫出如此精彩的作品，所以當時我不會讓她滿足於不完美的初稿。

我不像認識她那樣認識你。我知道她的潛力，我期待她的卓越表現。但由於我不了解你，即使我親眼見證你實踐魔法，也無法判斷那是否是你的極限。我沒有任何可以比較的參考點。因此，對於你魔法工作品質的判斷不能由我或任何其他人來做。這個判斷必須由你自己來做。你應該客觀地審視你所做的，判斷它是不是你最極致的呈現。正如我們都要對自己的行為負責一樣，我們同樣負有在無須外界督促下盡力而為的責任。這常被稱作「自我實現」，意味著你不應自滿於現狀。許多時候，你的最佳表現會超出你的預期。努力達到你能做到的極致。了解什麼才是你的卓越，並從不滿足於低於此標準的自我。

如果你有機會與從事音樂製作的職業人士交流，試著詢問他們是否希望在他們最新的專輯中做出改變。我作為一名音樂家，並認識許多音樂人，我可以肯定地告訴你，他們每一位都會表示有許多地方他們想要改進。他們追求完美，但在無法達到完美時，也能夠接受自己的最佳努力。

在我房間的對面放著一個我製作的五芒星圓盤。坦白說，它不僅是我做過的最好的一項作品，也比我看過的許多類似的五芒星圓盤都還要好。有些人對此讚譽有加。但我能看出那些線條和字母還有進一步完善的空間。雖然成品已超出我的預期，但我仍致力於追求更高的完美。

當然，我們在有生之年永遠無法達到完美。我聽說當工匠製作波斯地毯時，總會在某處錯放一根線，因為「只有阿拉是完美的」。我並非建議你在設計護符時刻意製造瑕

疵。更準確地說，應該努力追求完美，但接受自己所能做到的最好。不過，記住，你的最好可能遠比你認為的還要更好。

因此，請明白，本課程中提供的護符示例僅是作為示範。你可以根據自己認為合適的方式調整，增加或減少它們的內容。僅將它們作為參考指南。當你實際製作它們以供使用時，不應僅僅模仿，而應努力達到最佳狀態。

有了這種心態，讓我們來看另一個護符的案例：

失業六個月後，湯瑪斯・瓊斯終於找到了一份薪水不錯的新工作。但在過去幾個月裡，他的債務已逐漸累積。若無法迅速獲得協助，他可能面臨被趕出住處的風險（瓦斯、電力和電話已被切斷），甚至他的車也可能被收回。湯瑪斯決定，他需要一千美元來度過，直到新的薪資穩定入帳。請注意，在這種情況下，金錢的渴望將解決許多問題。因此，在這種情況下，製作一個獲得金錢的護符是適當的。

首先，進行塔羅牌占卜。占卜結果非常正面，於是製作了一份可能包含在護符上的符號和圖形清單。

**獲得一千美金的護符**

關鍵詞：Thousand　　關鍵符號：$1,000

輝耀：黑系德　　行星：木星

---

### 完美主義與克勞斯

大多數人可能從未聽聞過凱・克勞斯（Kai Krause）。在1970與1980年代，他使用電子合成器（synthesizers）參與了近三十部電影的製作，並因在首部《星艦迷航記》電影中的貢獻而獲獎。隨後，他轉向電腦領域，尤其專注於使用者介面的創新。他提出的許多人機互動原創概念，後來被納入微軟視窗、麥金塔和Linux作業系統介面中，徹底改變了人們對軟體設計的看法。

在資訊產業中，他最著名的貢獻或許是為Adobe Photoshop開發的一系列附加元件或稱作「外掛」。Photoshop是世界各地廣泛使用的標準圖像處

理軟體。他的 Kai's Power Tools（簡稱 KPT）工具集，讓新手也能輕易獲得驚人的圖像效果，甚至讓一些在 KPT 出現之前難以實現的，如翻頁的特效變得司空見慣。

克勞斯是名副其實的通才，從音樂跨足電影，再到電腦和圖形介面，還開發了引人注目的應用程式，包含我個人喜愛的 Bryce，它讓你輕鬆創建逼真或超現實的3D 場景。最終，他將自己的產品和公司出售給其他開發者。他用這筆錢購買了萊茵河畔一座千年歷史的城堡，並命名為「位元堡」（Byteburg）。在那裡，他帶領著一小團隊，在遠離媒體關注的環境中，開發未來不可或缺的軟體。

我會提到他，是因為他曾經說過一句話，對我產生了深刻的影響。他寫道：「真正的藝術家永遠不會認為作品完成，他只是選擇停止追尋其完美。」*

在這一課中，我特別強調要盡己所能，並提到我們的最完美表現往往超越了我們認為的能力範圍。然而，試圖盡力而為所帶來的問題，就是我所說的「完美主義詛咒」。

完美主義不僅僅是盡力而為的態度。完美主義者會不斷地工作，卻永遠覺得還不夠好。對於完美主義者來說，對絕對完美的追求阻礙了他們完成任何事物。我見過一些人寫了很多書，卻從未試圖出版，甚至未與他人分享，因為他們覺得「還不夠完美」。這不是因為他們只為自己寫作。他們希望自己的作品被出版，但不論怎樣，他們總覺得還有不足。

早在第五課，我就討論了中醫認為的健康跡象之一是清晰思考和精確行動。反覆地修改一個項目，試圖使其達到完美，恰恰與精確行動違背。極端的完美主義可能是強迫症（OCD）的一種表現，這並不健康，可能需要多年治療才能克服。

---

*在出版前，我了解到這個概念實際上源自保羅・瓦勒里（Paul Valéry, 1871—1945）。他在一篇文章中寫道：「對那些渴望完美的人而言，作品永遠無法真正完成——對他們而言，『完成』這個詞沒有任何意義，只有『放棄』；這種放棄，不論是將書本發表或是燒毀，或出於厭倦或出版的需求，都是一種意外，就像放棄了一個變得疲憊或煩人到讓人失去所有興趣的想法。」其他版本包括「一首詩永遠不會完成，只是被放棄」，也被歸因於瓦勒里，但他從未寫過，以及「一幅畫永遠不會完成，只是被放棄」，則是被歸因於包括畢卡索在內的許多人。

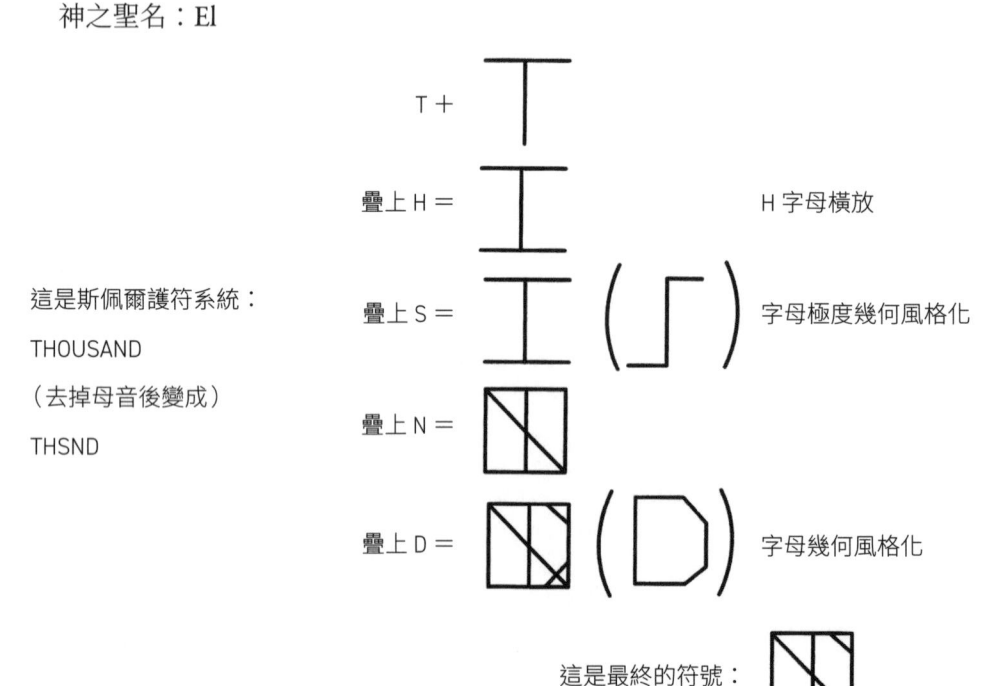

> 當我提到你應該盡力而為、追求卓越，你的最完美呈現可能超出你的想像時，我並不是在鼓勵你成為完美主義者。當然，無論進行設計、進行儀式，還是做**任何事**，都應該盡力而為做到最好。但我勸你不要走上完美主義者的道路。即使你認為可以在這裡做一點點修改，在那裡再做一點點補充，但正如克勞斯所言，總有一個時刻，你需要選擇放手。
>
> 然後讓你的下一個目標做得更好！

## 從卡巴拉對應表選擇：

輝耀數值：4
輝耀涵義：仁慈
顏色：藍色
脈輪：心輪
神之聖名：El

這是斯佩爾護符系統：
THOUSAND
（去掉母音後變成）
THSND

T＋

疊上 H＝　　　H 字母橫放

疊上 S＝　　　字母極度幾何風格化

疊上 N＝

疊上 D＝　　　字母幾何風格化

這是最終的符號：

礦石：藍寶石；紫水晶

金屬：錫

大天使：薩基爾（Tzadkiel）

大天使之意：神之正義（Justice of God）

天使團：Chasmaleem

天使團之意：明亮的存在們（Brilliant Ones）

活物：獨角獸

用具：權杖

西方（畢達哥拉斯）數字學：

對於：

T H O U S A N D
2＋8＋6＋3＋1＋1＋5＋4＝30　　3+0＝3

在卡巴拉數字學中：

TH O U S A N D
 9＋7＋6＋7＋1＋5＋4＝39　　3＋9＝12　　1＋2＝3

有趣的是，在西方或畢達哥拉斯數字學與卡巴拉數字學中，3都代表了「thousand」這個概念。

以下是從玫瑰圖繪製的「thousand」印記，有不同大小：

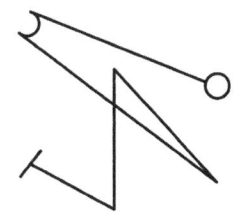

這是奧林帕斯七靈之一，代表木星之靈（BETHER）的印記：

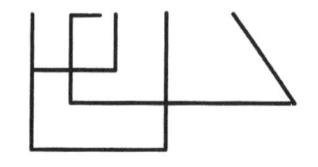

這是木星的占星符號：♃

現在，我們已掌握前一頁的所有資訊，讓我們試著製作獲得一千美元的護符範例。以下是護符設計的範例。第一面包含斯佩爾系統的符號、從數字學計算出的數值、輝耀的數值、輝耀的名稱及其譯名。

第二面包含來自玫瑰圖的印記（sigil）、神之聖名、大天使及其意義，還有作為心輪象徵的心形符號。

第三面的中央放置了木星的符號。上方繪有一根獨角獸的角。下方是權杖，左側是錫罐，而右邊放置一顆象徵藍寶石的礦石圖像。整面以深藍色為背景。

第四面是木星之靈的印記，上方是天使團，下方是天使團之意。

根據本課至此所提供的內容，你會發覺製作護符其實相當容易。我建議你現在就嘗試自己製作一些護符樣本，比如幫助通過考試、在賭博中獲勝或提升靈性智慧。了解自己的需求後，再根據所學來設計護符。

在目前的學習過程中，我建議你製作的所有護符都應該依循此課程所提供的資訊，避免從書外的其他資訊來設計。這並不是說不可以查閱其他資料來源。我一向鼓勵參考其他作者的著作。

我知道這似乎有點矛盾，但其實不是如此。讓我來解釋原因。

有些書籍聲稱展示的護符符號，實際上部分或**全部**是用來「召喚」靈體、存有或力量（無論你如何稱呼它們）。以安娜・里瓦（Anna Riva）的《魔法封印的祕密》（*Secrets of Magical Seals*）為例，此書提供了各種符號以及如何將它們用作護符的指引。書中的一大部分聚焦於「所羅門王的封印」（Seals of Solomon），並告訴你「能夠找到合適的封印來針對特定情況或目標」。

這些「封印」直接源自《所羅門王大鑰》，正式稱呼為「星陣勛章或星陣圓盤」（Medals or Pentacles）。其主要目的用於：「使靈體感到恐懼⋯⋯『並使』他們服從⋯⋯如果你透過這些星陣召喚靈體，他們將毫無反抗地聽從你的命令，並因這些星陣感到恐

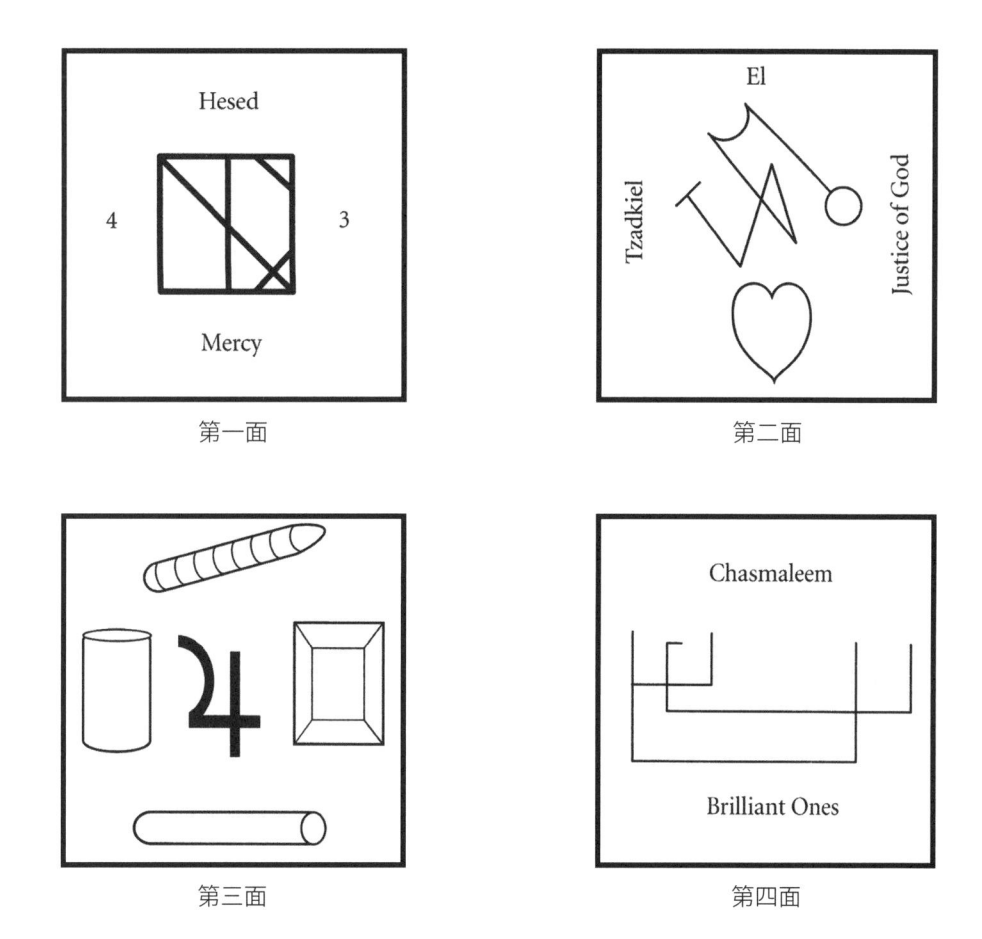

| | |
|---|---|
| Hesed / 4 / 3 / Mercy | El / Tzadkiel / Justice of God |
| 第一面 | 第二面 |
| ♃ | Chasmaleem / Brilliant Ones |
| 第三面 | 第四面 |

懼，當你見證他們因恐懼和震驚而驚訝不已時，你會明白沒有任何一個靈體敢挑戰你的意志。」

這些並非用於護符的圖案，如我們所討論的那種。它們是用於魔法中進行靈體召喚（evocations）和靈體祈請（invocations）的保護工具。

我並不是在阻止你閱讀和研究其他書籍。事實上，我鼓勵你這麼做。我想強調的是，目前請遵循本課程的指示。在課程結束時，你將能分辨出用於護符和其他用途的符號。到那時，你可自由選擇任何想放在護符上的符號。現階段，請你專注於本課程的內容。請記得，這本書的目標之一是在課程**結束**時，讓你能夠讀懂任何一本魔法書籍，而非課程中途。

假設你已經製作好你的護符，當然，在此之前你也已占卜來了解其結果。下一步是為其賦能、充能，並進行聖化。這就引領我們進入本課的下一個環節。

# 第二部分

對於卡巴拉護符的充能，需要更多的準備工作，這在我看來比低魔法護符的充能過程要來得複雜。而這**可能**會使卡巴拉護符更加強大。記得，情感和熱情的投入會強化任何儀式的力量。如果儀式非常簡單直接，可能無法讓施行者有足夠的時間或深度去投入情感，「讓祈禱點燃你的內心」。但注意，我使用了「可能」而非「必然」這個詞！這一切取決於個別施行者的特質。如果魔法師能在簡單直接的儀式中深刻投入，那麼此儀式可能會比那些僅僅誦讀文字且缺乏熱情的儀式更有效。總之，無論你在做什麼，無論對什麼事物感興趣，都請全力以赴、全心全意去執行。

與低魔法護符相同，卡巴拉護符可以在任意時段製作。另一個相似之處是，護符應在月亮漸圓時充能，而護身物則應在月相漸虧時充能。但是，卡巴拉護符充能的時間則更為精確定義。

月相的各階段大約持續兩星期。而卡巴拉則細化到每日。每一天都與一個行星相對應。例如，星期一（Monday）源於「月亮日」（Moon-day），與月亮（Moon）對應。星期二（Tuesday）在法語中是 *mardi*，是火星（Mars）之日，而英文「Tuesday」則源自歐洲神話中與火星相關的神祇提爾（Tues）。星期三（Wednesday）的英文 Woden's day 源於與水星（Mercury）對應的北歐主神奧丁（Odin），法語中是 *mercredi*。星期四（Thursday）的英文 Thor's day 源自北歐神話中的雷神索爾（Thor），對應木星（Jupiter），法語 jeudi 意為「木星日」。星期五（Friday）來自北歐女神「芙蕾亞」日（Freya's day），對應於維納斯（Venus），同時也是金星（Venus），法語中是 *vendredi*，即「維納斯的日子」。星期六（Saturday）和星期日（Sunday）在英文中顯而易見，分別對應土星（Saturn）和太陽（Sun）。

從這些資訊中，我們可以找到每日與特定行星的對應：

星期一（Monday）＝月亮（Moon）
星期二（Tuesday）＝火星（Mars）
星期三（Wednesday）＝水星（Mercury）
星期四（Thursday）＝木星（Jupiter）
星期五（Friday）＝金星（Venus）
星期六（Saturday）＝土星（Saturn）
星期日（Sunday）＝太陽（Sun）

如果我們要製作一個與黑系德和木星相關的護符，最合適的充能日應是與木星對應的星期四。但還有更多細節。因為卡巴拉護符的充能過程遠比選擇星期幾還要精確。

　　我們現在所使用的數字是十進位，也就是以「10 為底數」的數字系統。在這個系統中，幾乎所有數字都是以 10 為基礎進行進位和計算。然而，這並非一直如此。曾有一段時期，十二進位系統佔有重要地位，甚至可能是主導，至今仍然可以看到一些痕跡。例如在英語中，前十二個數字有特殊的稱法，而之後的數字就變成如十三（thirteen）、十四（fourteen）、二十五（twenty-five）、三十六（thirty-six）的組合形式。沒有「oneteen」或「two-teen」這樣的說法。此外，一英尺是十二英寸而非十英寸。儘管一年內有十三個月亮週期，但太陽曆一年卻是十二個月。黃道帶包含十二個星座，雖然理論上可以是更多或更少。例如鯨魚座（Cetus）就在黃道帶內，但多數占星師卻選擇忽略它。

　　一天被劃分為二十四小時，理論上可以將其均分為白天和夜晚，每部分各十二小時。但這樣完美的日夜均分僅在春分和秋分發生。其他時候，日夜的長度會有所不同。

　　古代卡巴拉學者將一天劃分為二十四小時，並將每小時與一顆行星相對應。關於以下表格有過一些變化，但我認為《所羅門王大鑰》中的這一版本最為準確。

　　這份「行星時／魔法時對照表」顯示出每小時與一顆行星的對應。如果你回顧第三課的卡巴拉對應表，你會發覺沒有行星與科帖爾或侯克瑪輝耀對應。當製作與這兩個輝耀相對應的護符時，可於任意時段充能。而與其他輝耀相關的護符在相應的行星／魔法時段充能時效果最佳。在其他時間充能也可行，但可能會降低它們的效果。

　　你需要理解「行星時／魔法時對照表」下方的註釋。這些行星／魔法時段是根據天文時間而非一般鐘錶時間來確定的。「行星時」**並非**等同於我們慣用的「小時」以六十分鐘為一個單位。

　　以下是計算「行星時」長度的步驟：

1. 將日出到日落間的分鐘數除以 12，計算出白天中每個「行星時」的分鐘數。
2. 以 120（兩小時的分鐘數）中減去白天一單位「行星時」的分鐘數。計算得出從日落到日出，即夜晚每個「行星時」的分鐘數。

例如：假設太陽在上午5:00昇起，下午7:00落下。這樣白天總時長為14小時，即840分鐘（每小時60分鐘）。將其除以12，得出每個白天「行星時」為70分鐘。這意味著第一個行星時段從上午5:00持續到上午6:10。第二個行星時段從上午6:10持續到上午7:20，以此類推。

以120減去70（白天行星時的分鐘數），你會得出每個夜晚「行星時」為50分鐘。繼續以上例子，夜晚第一個行星時段從晚上7:00持續到晚上7:50。第二個從晚上7:50持續到晚上8:40，以此類推。

顯然，這個過程也可以反過來進行。你可以先計算日落到日出的時間，然後除以12來確定夜晚「行星時」的長度。這兩種方法都行得通。重要的是記住，**行星／魔法時段是根據日出到日落、日落到日出之間的時間長度而定，而不是依據每「小時」的時長來決定。**

通常學生在計算魔法時（Magickal Hours）時會遇到困難，這種困難通常會持續到他們親自為某一天計算出完整的「魔法時」。如果你對行星時（Planetary Hours）的概念還不太明白，不妨親自嘗試計算一到兩天的行星時。大部分日報的天氣欄和許多體育用品店都會提供日出和日落的時間。這些時間也可以在《Llewellyn's Daily Planetary Guide》中找到。

我知道有些電腦軟體能自動計算「行星時」，這些軟體能節省大量時間。如果你有電腦可以使用並能找到這樣的軟體，我建議你嘗試它。然而，學會手動計算「魔法時」是一項既簡單又快速的技巧，能熟練掌握這項技能對你非常有益，我鼓勵你學習它。畢竟，在停電或沒有電腦可用的情況下，能夠自行計算魔法時就顯得尤為重要。

我建議你熟悉這種技巧，但同時也要善用省時的工具，以便在需要時能夠靈活運用。

## 行星時／魔法時對照表

| | 星期日 | 星期一 | 星期二 | 星期三 | 星期四 | 星期五 | 星期六 |
|---|---|---|---|---|---|---|---|
| 日出 ||||||||
| 第1時段 | 太陽 | 月亮 | 火星 | 水星 | 木星 | 金星 | 土星 |
| 第2時段 | 金星 | 土星 | 太陽 | 月亮 | 火星 | 水星 | 木星 |
| 第3時段 | 水星 | 木星 | 金星 | 土星 | 太陽 | 月亮 | 火星 |
| 第4時段 | 月亮 | 火星 | 水星 | 木星 | 金星 | 土星 | 太陽 |
| 第5時段 | 土星 | 太陽 | 月亮 | 火星 | 水星 | 木星 | 金星 |
| 第6時段 | 木星 | 金星 | 土星 | 太陽 | 月亮 | 火星 | 水星 |
| 第7時段 | 火星 | 水星 | 木星 | 金星 | 土星 | 太陽 | 月亮 |
| 第8時段 | 太陽 | 月亮 | 火星 | 水星 | 木星 | 金星 | 土星 |
| 第9時段 | 金星 | 土星 | 太陽 | 月亮 | 火星 | 水星 | 木星 |
| 第10時段 | 水星 | 木星 | 金星 | 土星 | 太陽 | 月亮 | 火星 |
| 第11時段 | 月亮 | 火星 | 水星 | 木星 | 金星 | 土星 | 太陽 |
| 第12時段 | 土星 | 太陽 | 月亮 | 火星 | 水星 | 木星 | 金星 |
| 日落 ||||||||
| 第1時段 | 木星 | 金星 | 土星 | 太陽 | 月亮 | 火星 | 水星 |
| 第2時段 | 火星 | 水星 | 木星 | 金星 | 土星 | 太陽 | 月亮 |
| 第3時段 | 太陽 | 月亮 | 火星 | 水星 | 木星 | 金星 | 土星 |
| 第4時段 | 金星 | 土星 | 太陽 | 月亮 | 火星 | 水星 | 木星 |
| 第5時段 | 水星 | 木星 | 金星 | 土星 | 太陽 | 月亮 | 火星 |
| 第6時段 | 月亮 | 火星 | 水星 | 木星 | 金星 | 土星 | 太陽 |
| 第7時段 | 土星 | 太陽 | 月亮 | 火星 | 水星 | 木星 | 金星 |
| 第8時段 | 木星 | 金星 | 土星 | 太陽 | 月亮 | 火星 | 水星 |
| 第9時段 | 火星 | 水星 | 木星 | 金星 | 土星 | 太陽 | 月亮 |
| 第10時段 | 太陽 | 月亮 | 火星 | 水星 | 木星 | 金星 | 土星 |
| 第11時段 | 金星 | 土星 | 太陽 | 月亮 | 火星 | 水星 | 木星 |
| 第12時段 | 水星 | 木星 | 金星 | 土星 | 太陽 | 月亮 | 火星 |

**魔法時／行星時**與我們日常使用的「小時」並不相同。計算方法是將日出到日落間的總時長除以12，得出白天「魔法時」的時長。同樣地，將日落至日出間的時長除以12，則會得到夜晚「行星時」的時長。在春分與秋分之外的其他日子裡，白晝和黑夜的時長會有所不同。

## 遊走於位元之間

像字母代碼法（Gematria）、字母縮寫法（Notarikon）和字母變換法（Temurah）這樣的編碼系統，在卡巴拉中扮演著重要角色。然而，我發現現代卡巴拉學者似乎還未將我們對進位制的現代理解融入其中。

我們最常用的是十進位制。在十進位制中，小數點左側的第一位是「個位」，其數值乘以1即為其值。例如，數值7.0的計算方式是7.0 x 1即為7。而「個位」之後則依序為「十位」、「百位」等。

有趣的是，如果我們有十二根手指，那麼像鐘錶和星座上常見的十二進位制，就會和我們現在熟悉的十進位一樣自然了。在十二進位制中，我們使用0到9再加上「A」和「B」作為數字。例如，十二進位制中的「7.0」與十進位制中的「7.0」相等，但在十二進位中，「A.0」則等同於十進位中的11。在十二進位中，數字的每一位不是以10為底數，而是以12作為進位的依據。因此，十進位制中稱之為「個位、十位、百位」的位數，在十二進位制中則是「個位、十二位、一百四十四位（12的平方）」。例如，十進位中「32.0」意味著：(3 x 10) + (2 x 1)。而在十二進位中，「32.0」意味著 (3 x 12) + (2 x 1)，即十進位中的38。在十二進位中，「243.0」意為 (2 x 144) + (4 x 12) + (3 x 1)，即十進位中的339。

電腦以二進位制為基礎，因為現代電腦的微處理器內充滿了數百萬個可以開啟（代表1）或關閉（代表0）的微型開關。在二進位制中，小數點左側的位數分別為1位、2位、4位、16位等。然而，在「高階」程式語言之外，電腦常用的「機器語言」通常以十六進位制為基礎。由於我們沒有十六個數字，機器語言結合了數字和字母，形成十六進位制。十六進位不僅使用0至9的數字，還包括A、B、C、D、E、F。諸如C++這樣的程式語言含有編譯器，能使用高階語言編寫，並讓它轉換成低階指令執行，使程式設計變得更為容易。

我第一次使用真正意義上的電腦是從PAIA公司購買的套件組裝而成，用的是Intel 6802微處理器。這台電腦使我能夠編寫程式來控制一台同樣由PAIA套件組裝的音樂合成器。使用時，我必須使用鍵盤一字一字辛苦地輸

> 入數字和字母,這個過程非常耗時。
>
> 　　我相信,具有創新精神的卡巴拉學者將會運用這種進位制來發展一套獨特的編碼系統。或許你也可以發揮創意?不妨一試,並透過網路分享它的運作原理,讓更多人了解。
>
> 　　當然啦,如果你有十六根手指頭的話,用十六進位就跟用十進位一樣自然啦!

## 卡巴拉護符的充能時段

**最佳時機:** 在與護符相關行星對應的「行星時」進行充能,且選在此行星的行星日。
**次佳時機:** 在與護符相關行星對應的「行星時」進行充能,在任意一天。
**最後選擇:** 其他時間。
**例外情況:** 科帖爾和侯克瑪,它們並未與行星對應。

*同時應留意月相。*

在上一課中,我們設計了一個與行星——太陽(Sol)相關的友誼護符。首先,我要說我知道太陽在現今的定義下並非行星。然而,「行星」(planet)一詞原意為「漫遊者」(wanderer),指的是那些移動速度超越星辰緩慢軌跡的天體。由於從地球為中心的視角來看,太陽與月亮如同在靜謐星空的背景中疾行,因此在魔法的領域裡,它們被賦予了行星的特質。

此護符最佳的充能時間是在與行星對應的日子,也就是星期日,並且在太陽的魔法時進行。但如今天是星期一,我們不想等到星期日才來為護符充能,且白天需要工作,希望能在晚上充能,那麼根據前述表格,星期一的太陽時段位於日落後的第7時段。如果我們依照之前每個夜晚魔法時段為50分鐘的例子,當日落時間在晚上7:00,我們可以得出以下表格:

| 日落後 | 行星 | 時間 |
|---|---|---|
| 第1時段 | 金星 | 晚上 7:00 至 7:50 |
| 第2時段 | 水星 | 晚上 7:50 至 8:40 |
| 第3時段 | 月亮 | 晚上 8:40 至 9:30 |
| 第4時段 | 土星 | 晚上 9:30 至 10:20 |
| 第5時段 | 木星 | 晚上 10:20 至 11:10 |
| 第6時段 | 火星 | 晚上 11:10 至午夜 |
| 第7時段 | 太陽 | 午夜至凌晨 12:50 |

以此類推。

因此在這個星期一，太陽的行星時段要到午夜才開始。這可能意味著這不是進行儀式的適當時機，特別是如果我們第二天還要早起。

但在星期二晚上，太陽的行星時段在日落後第四個魔法時。由於只有一天的差別，這表示在這個特別的星期二晚上，太陽的魔法時段會從約 9:30 持續到 10:20，最多只有幾分鐘的差異。在這個情境下，星期二晚上非常合適，因此我們決定在星期二晚上的太陽時段為護符充能。

請記得，護符本身僅是一件未活化的平凡物品。它需要由更高層次的能量所啟動，並受到我們意志的引導。即使你在神祕學商店買了昂貴的護符（且通常製作不當），未經充能前，它依然是未活化之物。接下來的儀式，目的在於將一個原本未活化的平凡之物，賦予朝向特定目標的魔法動力，使其擁有均衡的能量流動。

## 護符充能與聖化的簡易儀式

## 第一部分

1. 依照你的儀式習慣設立祭壇。
2. 將準備好的護符放在祭壇上。
   a. 護符應已設計並製作完成。
   b. 依照其為護符或護身物的形式，在合適的月相期間進行。
   c. 應準備一個如先前所述的護符收納袋，放置於祭壇上護符旁。
   d. 根據已完成的占卜結果，作出是否進行儀式的決定。

e. 為這護符選定一個代表性的詞彙或用語。
3. 如課程之前所述，應進行儀式淨化浴。

## 第二部分

在對應的時段開始儀式，以此例子而言，即是太陽時。儀式包括：

1. 放鬆儀式。
2. 小五芒星驅逐儀式。
3. 六芒星驅逐儀式。
4. 中柱儀式（不進行光體循環）。

## 第三部分

1. 運用想像力和意志，改變中柱儀式所引導的能量流，轉化為對應於輝耀的色彩。以我們的例子而言，應選擇純金色或黃色。
2. 取起護符並置於雙手之間。引導中柱儀式控制的能量，從你的手臂流入雙手，進而注入護符之中。與此同時，感受這股能量的流動！
3. 唸道：
   a. **前來，Oh** [ 振動念誦天使團之名 ]，**神的僕役。圍繞，聖化並為此護符充能！** [ 再次振動念誦天使團之名 ]
   b. **Oh** [ 振動念誦大天使之名 ]，**協助你的謙卑僕人，聖化並為此護符充能！** [ 再次振動念誦大天使之名 ]
   c. **我祈請，** [ 振動念誦神之聖名 ]，**憑藉你之名，聖化並為此護符充能！** [ 重新振動念誦神之聖名 ]

在我們的例子中，天使團之名為「Malacheem」，大天使是「Raphael」。神之聖名是「Yud — Heh — Vahv — Heh El — oh — ah V'dah — aht」。這些聖名可在卡巴拉對應表的第一份中找到。希望你開始意識到那頁內容的重要性。

4. 大聲說出先前確定的詞彙或用語，以表明護符的用途。

5. 將護符平放於左手上，拿起彩虹魔杖，握住與所操作行星相對應的色段。為此，你必須熟悉各星座所對應的守護行星。

| 星座 | 守護行星 |
| --- | --- |
| 牡羊座 | 火星 |
| 金牛座 | 金星（充滿愛的安全感、奢華） |
| 雙子座 | 水星 |
| 巨蟹座 | 月亮 |
| 獅子座 | 太陽 |
| 處女座 | 水星（相較於雙子座更為實際） |
| 天秤座 | 金星 |
| 天蠍座 | 火星（能量與不穩定） |
| 射手座 | 木星 |
| 摩羯座 | 土星（外向，尋求改變） |
| 寶瓶座 | 土星（難以預測，變動革新的能量） |
| 雙魚座 | 木星（易變、和善、開放） |

正如所見，有些行星主宰多個星座。上表提供了必要的資訊，以決定應握住彩虹魔杖的哪一色段。以我們的例子來說，你應握住與獅子座相關的黃色段，因為獅子座是由太陽所掌管的。

握住彩虹魔杖相應的色段，並在護符上方繪製土元素的召喚五芒星。這個五芒星應垂直繪製，類似於小五芒星驅逐儀式中的五芒星，但尺寸更小。執行此動作時，你的魔杖將自然成水平，與地面平行。彩虹魔杖的黑色端應略低於白色端，絕不應高於白色端。

▲ 土元素的召喚五芒星

如果你還未製作彩虹魔杖，或者在你急需使用時卻發現它不在身邊，你可使用執行小五芒星驅逐儀式時的匕首，或是右手食指代替。

6. 現在，深吸氣，並且在呼氣時將彩虹魔杖的黑色端（或匕首或手指）指向你繪製的五芒星中心，同時振動念誦對應的神名。在我們的例子中，神之聖名為「Yud — Heh — Vahv — Heh El — oh — ah V'dah — aht」。
7. 按照與護符相關的輝耀數值，重複第5和第6步。在此例中，我們將重複進行第5和第6步共六次，六即是悌菲瑞特的數值。
8. 堅定且意味深長地說道：

如此定矣。SO MOTE IT BE!

9. 將護符放入為其準備的收納容器內。

# 第四部分

1. 執行六芒星驅逐儀式。
2. 執行小五芒星驅逐儀式。
3. 將結果記錄於你的魔法日記（或儀式日記）中。

儀式完成。

註記：
1. 在進行任何灰魔法，如製作護符等實踐之前，應先用塔羅牌等方式占卜，以判斷魔法的執行是否適宜。
2. 你可以同時為同一目的的多個護符充能，但不建議同時為不同目的的多個護符充能，即使它們與相同的輝耀或行星對應。
3. 總是將護符隨身攜帶或保持在你身邊。你可以用一條繩子將裝有護符的袋子製成項鍊掛飾。若將護符贈予他人：

    a. 在進行前，先徵求對方同意進行此魔法。
    b. 讓對方將護符保留在身邊或直接佩戴。

4. 護符一旦達成其既定目的，應予以銷毀（燃燒並將灰燼拋入風中、投入流水或埋

入土中）。若為護符設定了時限，即使它看似未達成目標，也應在該期限結束時銷毀。它可能已啟動達成目標的過程。

這種魔法本質上非常適合單獨進行。顯而易見地，你不需其他人來協助完成護符的充能與聖化。然而，這個護符充能與聖化的簡易儀式，確實也能轉化成非凡而有力的團體儀式。

我不打算重複整個儀式，而只是提供一些註解，說明如何將此個人儀式轉變為團體儀式。

## 護符充能與聖化的簡易儀式：團體執行的要點

**步驟一**：團體中的每位成員都需了解護符的目的。當進行占卜時，所有成員都應該在場。每個人都應對進行儀式達成共識。

**步驟二**：所有參與者都應進行儀式淨化浴。

**步驟三**：如果團體中有帶領者，應該坐於東方，除非帶領者本人是護符的充能執行者。

**步驟四**：應按照本課程之前述方式，執行團體版的小五芒星驅逐儀式和六芒星驅逐儀式。

**步驟五**：所有在場者都應執行中柱儀式。

**步驟六**：當充能執行者感覺到所有人心意合一時（祕訣：試著讓呼吸同步），他應告知大家此刻將中柱的純白能量轉化為與護符相應的顏色。

**步驟七**：充能執行者應引導其他參與者將能量從他們的手臂流向自己。當執行儀式的人察覺到能量的流動時，應當開始朗誦祈禱文。與此同時，所有在場的人都應一同振動念誦出天使團、大天使以及神之名。

**步驟八**：此概念延續至召喚土元素五芒星的階段。在此一步驟中，所有在場者都應一起振動念誦神之聖名。值得一提的是，此部分儀式的目的是將來自更高層次的能量引入物質界（因此採用土元素的召喚五芒星）。

**步驟九**：所有在場者應位於魔法圈內，圈外不應有好奇的旁觀者。

**步驟十**：儀式結束時，可重複進行六芒星驅逐儀式或小五芒星驅逐儀式，或者團體的帶領者（不一定是執行儀式的人）走到祭壇前說道：

向所有關注並共襄此聖儀的諸靈，表達深摯的敬意與感謝。現請眾靈於此時返回各自安寧之所，沿途懷著善意與寧靜。願吾與爾等和諧如星河永存。[YEH — HAH — SHU — AH YEH — HOH — VAH — SHA]之無邊祝福，亦願灑落於爾身。

帶領者隨後用彩虹魔杖的黑色端敲擊祭壇或地面十次，以3—4—3的節奏（／／／　／／／／　／／／），並說道：

我現在宣布這座聖殿正式封閉。

**步驟十一**：如有需要，可採用六芒星驅逐儀式和小五芒星驅逐儀式，再加上帶領者的結束語，但除非帶領者感覺到特殊情況（例如氛圍非常「擁擠」，充滿能量或靈體），否則無須兩者皆執行。

# 第三部分

關於黃金黎明會的創始人及主要推動者麥克逵格·馬瑟斯的一則著名故事與豌豆有關。據說，當他想要擺脫組織內的敵人時，他拿了一些豌豆，並以這些人的名字為豌豆「受洗」（baptized）。隨後，他在豆篩中攪動這些豌豆，寓意著隨著豌豆在豆篩中落下，他的敵人也同樣會墜落失勢。

幾位自稱為神祕學家的朋友曾嘲笑馬瑟斯的這一行為。他們認為身為黃金黎明會的領袖和指導者，馬瑟斯應該使用儀式魔法，而非類似低魔法的技術。馬瑟斯的行為細節可能被錯誤報導或誤解，因為我質疑他會讓未受啟蒙者觀看其儀式。馬瑟斯或是描述這事件的啟蒙者是否用「豌豆」、「受洗」、「豆篩」等詞作為對非啟蒙者的掩飾？啟蒙者能夠領會這些詞彙所隱含的涵義，而非啟蒙者對魔法過程的理解最多僅停留在表面，無法解讀這些密語。我認為這不僅有可能，甚至就是事實。

我之前曾提及過啟蒙（initiation）的意義，並想再次談論這個話題。在大多數啟蒙儀式中，受啟蒙者蒙上雙眼，置於一個新奇且陌生的環境，隨後才逐漸了解周遭情境。這與出生過程有相似之處。一開始，一切都籠罩在黑暗中。接著，你被帶入一個全新且需學習的境況。啟蒙是一種象徵性的重生。事實上，有些神祕學家堅稱，聖經中所謂的「重生」實際上指的是啟蒙的過程，這觀點令許多基督教原教旨主義者感到震驚。若非宗教啟蒙儀式，洗禮又何嘗不是進入特定宗教及其信仰體系的方式呢？根據聖經記載，耶穌不是向其內圈成員表示他們能理解某些事物，而對大眾則需用寓言來傳達嗎？

（嗯，這內圈擁有十二個門徒／啟蒙者。十二加一是如巫團等小型團體常見的數字。這個總數，十三，可以象徵合一——記得，十三是希伯來單字「echod」經由數字學得出的數值，此單字也意為「一」——因此可能是對上主的隱喻。這裡有許多迷人的解讀可能性。）啟蒙一大作用是象徵著進入一種新的、更具靈性的生活方式，宛如第二次出生。所有真正有效的啟蒙儀式都具備這種特點。你需要查閱一些包含啟蒙儀式的書籍，看看我說的是否正確。

我覺得，在講述馬瑟斯的故事中，「豌豆」可能作為「護符」的密語。而「受洗」可能指的是「啟蒙」，「豆篩」則可能象徵著集中心靈力量的過程。雖然這只是一種推測，但如果猜想屬實，那麼馬瑟斯的行為正是**嚴格**遵守黃金黎明會風格的儀式魔法。

啟蒙（或洗禮）可以為一個人帶來新生或第二次生命。那麼，一個無生命的事物，比如護符，藉由啟蒙過程被賦予生命力，獲得首次的生命，這難道不合理嗎？黃金黎明會持此信念，而根據我個人的經驗，我也持相同看法。

在接下來的幾頁中，我將介紹護符充能與聖化的完整儀式。這將是你目前為止最長的儀式，可能需要長達兩小時來完成，儘管一般而言一到一個半小時為常。因此，在開始前，我想先向你展示儀式的運作原理並介紹其各個階段。

第一階段當然是準備工作。這包括規劃儀式、收集所有必要的工具、設計和製作護符、進行占卜、準備場地和準備自己（淨化）、設立聖殿等。這些工作都應在對應的魔法時開始前完成。

第二階段是守望塔儀式。這部分應至少花費十五到二十分鐘。

第三階段在護符充能與聖化的簡易儀式中並未進行。在這一階段，你藉由簡短的啟蒙儀式，賦予護符生命，使之活化。

第四階段包括藉由適當的宇宙力量或存有之名和符號來為護符充能。

第五階段是透過意志賦予護符能量，使其達成特定目標。

最後，第六階段以前面課程中描述的守望塔儀式結束整個儀式。

對於大多數儀式而言，當它們被熟記於心時能達到最好的發揮。如此一來，你就能專注於儀式本身，而非僅是唸讀文字。熟記小五芒星驅逐儀式、中柱儀式和光體循環、六芒星驅逐儀式以及玫瑰十字儀式，能使它們提升效果與影響。然而對於大多數灰魔法而言，僅靠記憶是不夠的，因為這些儀式包含諸多變化。因此，準備一些寫有儀式文字的記事卡是個方法，確保字體夠大以便於閱讀。過去我使用樂譜架放置 8½ x 11 英寸的硬卡紙，這樣可以避免薄紙的滑落。你也可以考慮採用這樣的方式。多年前，我會用粗字筆書寫，方便在昏暗中閱讀。如今，我則使用電腦和印表機，使得文字大而清晰的同

時，也讓我能夠方便編輯。

如果你的魔法時僅有十五至二十分鐘，該如何安排一個長達兩小時的儀式呢？答案是第一、二、三階階段可以在魔法時開始之前就完成。第四和第五階段應在指定的行星時內進行，以達到最佳效果。第六階段則可以在行星時（魔法時）結束後進行。

在進行這個儀式的過程中，你會發現除了一個特例外，其餘部分並不會有太多困難或不如往常之處。有時你會看到「隨意」（ad—lib）這個字。這是拉丁文 *ad libitum* 的縮寫，意為「隨心所欲」。不過，它通常被解釋為你應即興創作，進行無須特定預先計畫的行為。你的所有訓練和練習都是一種廣泛的預先規劃，而你執行的儀式越多，這種儀式的即興發揮就越顯得自然流暢。重要的是，你所做的具體事情應既自發又真誠，而僅有形式部分是事先練習過的。在這些環節中，你可以自由地添加任何你認為適合該儀式部分目的的話語或行為。

如果你持續練習這門課程的內容，這樣的即興創作並不像你想的那麼困難。有趣的是，調查顯示大多數人最害怕的就是公開演講。這意味著比起身體障礙、面臨嚴重疾病或死亡，人們更害怕公開演講！然而，當你練習得越多——這裡指的是執行更多課程的儀式——就會變得越來越容易。而當你能夠獨自輕鬆完成時，面對眾人也會更輕鬆。自信是關鍵，而信心源自於知道你可以輕而易舉地即興進行儀式。唯一能知道這一點的方式，就是親自去做，先自己獨立完成，然後再與他人一起。

舉例來說，假設有一段祈禱文後接著出現「隨意」這個詞。以下是我臨時想出的一個適當範例：

> 我主 AH — DOH — NYE，是你許我深入汝之充滿奧祕的聖殿。此刻憑藉你的榮光，勿拒汝之僕。以汝之名，非我自身，賦予此護符你的臨在。權柄和榮耀不歸於我，而是歸於你，直至永恆化為虛無。如此定矣！

其實，這段禱詞不需顯得特別長，儘管有時會自然如此。在《現代魔法》的前幾版中，我曾寫道：

> 使用仿古英語（pseudo — Old(e)English）來裝飾這些話語，雖看似生硬或做作，卻是個不錯的選擇。這種做法如同穿上魔法袍一樣，有其特殊的意義。身著長袍表示你不是在做日常的事情；而古風的語調則暗示著，你此時所做的不是日常的閒聊對話。

對我來說，這仍然適用。特別是「汝」和「汝之」這樣的用語，對我有著深刻層次的影響。然而，我所描述的這一部分應該是即興的，所以應該是按照*你的*喜好進行，而不僅僅是依我的喜好。嘗試使用仿古文字，也可以試試白話，或者如果你擅長，甚至可以嘗試其他語言。探索哪種方式對你最有效，哪種方式最能達到效果。

最後，這些「隨意」的核心在於，它們必須真摯地發自你的內心深處，並具有深刻的意義且觸動人心。同時也應該充滿熱情——讓祈禱點燃你的內心！否則，這些詞句就如同枯萎的花朵般，對神靈毫無吸引力，對我們凡人也一樣。

## 護符充能與聖化的完整儀式

### 第一部分：準備工作

首先從物質層面開始，清潔你的工作區域。如果是硬質地板，請拖地或至少吸塵。如有過濾空氣中塵埃顆粒的空氣清淨機，請在用吸塵器或水清潔之前先在工作區域開機數小時。同時，也要清洗並擦亮你所有的魔法工具。在進行這些準備時，播放一些柔和的「新時代」音樂會很合適，特別是那些節奏輕柔、不帶西方傳統調性的樂曲。

整個準備過程不應只是被視作「工作」，而更像是為週六夜晚的外出精心打扮的準備。在進行這些物質層面的清潔時，應專心於清除區域內所有不需要或負面的影響。

當物質層面的清潔工作完成後，將你的工作區布置成聖殿。擺放合適顏色的蠟燭，確保有充足的光線。然而，由於你將離開該區域一段時間，如果有任何燃燒或蠟滴可能導致火災的風險，則暫時不要點燃它們（當在儀式中用火時，隨手準備一個滅火器是明智之舉）。將所有工具放在祭壇上，最重要的是，也將你已製作好的護符及其收納袋放在祭壇上。確保儀式指引在手邊。

完成上述工作後，前往已準備好的聖殿所在房間的門口，審視整個房間。當一切準備已盡善盡美，請稍微停留片刻，告訴自己做得很好。接著深吸一口氣，並在呼氣時說道：

> 感謝你，宇宙的宏偉創造者，主啊，你允許我在這塵世建造聖殿，它如同你偉大創作中的微弱迴響。願你的祝福依你的聖名降臨於此。願如此成就！**So mote it be!**

接著關上門，防止其他人進入。如有必要請上鎖。此外，我們除了祈求神聖恩典降臨於聖殿，我們還將其視為宇宙浩瀚全貌的縮影；小宇宙與大宇宙的對應。於上如是，如是於下。如此一來，祭壇就成為了宇宙的中心，成為所有元素與行星力量、一切靈魂和物質力量的平衡與和諧之交匯。

接著關閉電話或手機，以免被鈴聲打擾。若你和他人同住無法做到這點，請告訴他們你希望在接下來幾小時內不被打擾，如果電話響起且是找你的，請他們代為留言。

最後，進行如先前所述的儀式淨化浴。完成後，請穿上你的儀式長袍或為儀式保留的特別衣物。若有特殊的魔法飾品，此刻正是佩戴的時候。穿上衣物和佩戴珠寶時，說道：

*頌讚你，宇宙的創造者，主啊，你以浩瀚宇宙為踏足之地：因為你已允許我穿上魔法技藝的長袍 [ 類似話語或隨意 ]。*

完成儀式淨化浴並穿上長袍後，就是進入聖殿的時刻。我的意思是，現在應該是對應魔法時段（Planetary Hour）的開始，或者足夠早，以便儀式的重要部分能在這時間內執行。如果時間尚早，進入聖殿無妨，但尚未是開始儀式之時。反之，你應該靜靜沉思，直到正確的開始時間到來。深思接下來幾分鐘將進行之事。回想你練習儀式、進行靈性練習所投入的數月、數小時，以及為自己爭取到即將進行的儀式的權利。當然，也要沉思一切的源頭——神聖的一切萬有之源。

---

## 儀式準備的另一種想法：神聖誡命（米茲瓦）

提到工作，大家通常會想到那些必須做但不一定喜歡的事情。有趣的是工作（work）這個字在英文中只有四個字母，就像其他一些簡短有力的粗語一樣。對於創意工作者來說，不得不為了支付房租、稅金、帳單等而工作，可能會感到這些工作阻礙了他們的創作。有時候，工作實在讓人感到煩躁。

所以，當你想到為你的儀式空間和工具所做的準備工作時，你可能會不情願地嘆息。在這門課程中，我建議你將其看作是為週六晚上外出所做的準備工作。就如你所知的那樣——刮鬍子、洗澡、挑選合適的衣服、更換衣服直到找到合適的樣式、開車前往目的地等。這些其實都是頗費心力的工作。

當然，你可能不這麼認為。這個比喻對你來說可能毫無意義。畢竟，儀式前的打掃和週六出門前吹乾頭髮確實不是同一回事。

我想提出另一種思考方式。它源於希伯來語「米茲瓦」（mitzvah）。

「米茲瓦」這個詞很有趣，因為它有兩種截然不同但都被認可的涵義。首先，它意味著「誡命」。在聖經中，它指的是神命令你去做的事。通常情況下，當我們被告知必須做某事時，我們會將其視為工作。如果父母要求你完成作業，或者老闆指派你完成報告，這些不僅僅是請求，它們是命令。你必須去做，而這個過程就是工作。

然而，米茲瓦還有第二個涵義：祝福。更具體地說，當你完成這些工作時，它成為一種祝福——來自上主的祝福。所以，某些任務可能是工作，但你會因為完成它們而得到祝福和尊敬。

也許這是最適合你的思考方式。不要把儀式前的準備工作看作是負擔，而是將它視為一種祝福。你獲得的，是使儀式更成功的祝福。

切記，魔法時刻發生，魔法無時不在。雖然儀式本身極大地集中和增強了魔法的效果，但你在儀式前後所做的一切同樣重要。如果你的清潔工作草率又敷衍，那麼這些行為將會抵消儀式的效果。因此，如果你希望擁有一次非常成功的儀式，就把儀式前的準備工作看作是一種「米茲瓦」。是的，這是你必須做的，但它同時也是通往更大魔法成功的祝福之路。

## 我會回來⋯⋯火會回來！

當我提出關於小心處理明火的警告時，我是嚴肅的。一支無人照看點燃的蠟燭可能引發能徹底改變人生的火災。

多年前，在加州好萊塢，有一家神祕學用品店，由一個稱為「公羊兄弟會」的團體所資助。有人指出，這個團體可能是個邪教組織，並可能與另一同樣被認為是邪教的團體「進程」（The Process）有所牽連。此外，也有人提出，「進程」可能與查爾斯・曼森（Charles Manson）*及其「家族」有著某種程度的聯繫。

這家店經歷多次易主並更換過名稱，於1971年更名為公羊神祕學中心。部分經營者還參與嘉年華會的雜耍展覽，在店鋪隔壁（和樓上）開設了「獵奇博物館」。這個奇異的展示空間中展出了許多物品，諸如穿刺者弗拉德（Vlad Tepes the Impaler，即小說中吸血鬼德古拉的原型）的骨骸，還有因殺害自己的妻子而聞名，被稱為「黑鬍子」的蘭德魯（Landru）**的頭顱以及一名雙頭的男童，其實是一個自然流產的畸形胎兒，放在甲醛瓶中保存。過去，嘉年華會的雜耍表演常以泡在甲醛中的胎兒和誇張的宣傳來吸引「鄉巴佬」。這些展品被嘉年華工作人員私下稱為「泡製畸胎」。

該團體也在樓上房間進行儀式。1984年7月，有次儀式後留下幾支未熄的蠟燭，引發了一場破壞性大火。調查人員發現了這些展品，並要求對發現的人骨和胎兒等提供解釋。這起事件隨後被報導登上了新聞版面，各種關於這些奇特展品的種種怪異和錯誤的猜測與謠言四起，而他們原本作為雜耍表演展品的事實卻被忽略。

這家店最終搬遷並改名為潘之笛。1995年，演員費魯扎・鮑克（演出過《魔女遊戲》等電影的明星）買下了這家店（原來，她就住在我在威尼斯海岸公寓外的兩個街區之外）。後來她賣掉店鋪，現在與這家店鋪已沒有任何關聯。

如今，這家店被稱作潘之笛魔法市場，自1961年原店開業以來，他們自詡為美國最古老的神祕學用品店。儘管實體店面的規模較小（主要經營網

路銷售），卻曾多次成為電影和電視節目的拍攝場地。

這故事所要表達的是，即便是專家，在蠟燭的使用上也可能出錯，導致嚴重的火災，同樣地，你也可能會面臨這樣的風險。當涉及火焰時，要特別小心。再次重申我之前的話：「在儀式中用火時，隨手準備一個滅火器是明智之舉。」

*譯註：查爾斯・曼森（Charles Manson），美國曼森家族犯罪集團的首領，涉及多起謀殺案，同時也是音樂人和邪教團體領袖，他在加州的活躍期與本書作者居住於該地的時代重疊。

*譯註：蘭德魯（Henri Désiré Landru），法國連環殺手，因在第一次世界大戰期間於法國謀殺多名婦女而聲名狼藉，最終被判處死刑並送上斷頭台。

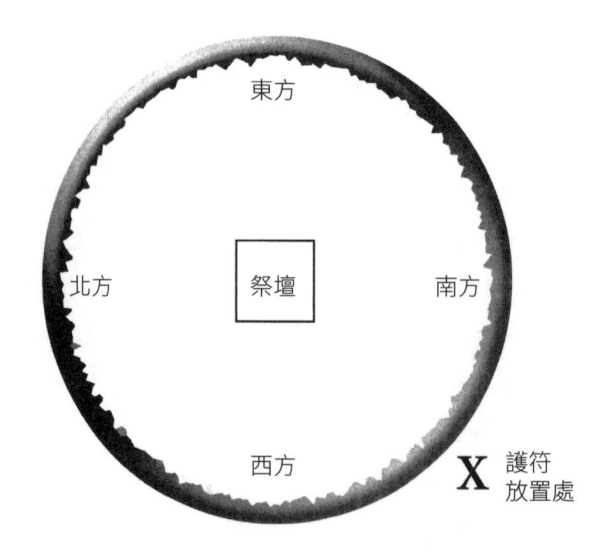

```
            東方

  北方      祭壇      南方

            西方        X 護符
                          放置處
```

終於，萬事俱備。你已經完成了占卜。聖殿與護符也都已準備就緒。月相正確，且你將要進行的儀式已被詳細記錄下來以避免失誤。最重要的是，你已全然準備就緒，可以開始了。

## 第二部分：驅逐與平衡

執行守望塔開啟儀式。

對應於之前聖殿在物質層面的淨化，守望塔開啟儀式具有在精神層面（星光層面）的淨化效果，同時它也具備平衡魔法元素力量的目的及效用。因此，在守望塔儀式完成後，你的祭壇便成為所有魔法元素能量完美平衡的交匯處。因此，請投入充足的時間，認真地執行這個儀式。

## 第三部分：護符的活化與聖化

**步驟一**：保持在魔法圈內，將護符放置在圈外的西南方。走到祭壇前，用左手拿起彩虹魔杖，握住與這次魔法工作相對應的色段。用右手拿起用於小五芒星驅逐儀式的匕首。走到魔法圈的西南側（記得，除非有特別的指示，否則在聖殿內繞行時總是沿著順時針方向）。面向外，望向護符所在的方位，雙手交叉在前，讓你的魔法工具形成一個「X」，以此交叉的姿勢阻擋於魔法圈的入口。說道：

> 在未曾踏入魔法圍成的環形，
> 我雖活卻形似未活著的幻影。
> 如今之際，我始得以重生喚醒，
> 環形之外，不見生命真實之名。
> 護符 [護身物] 啊，現在諦聽：
> 我允你穿行，我領你前行。
> [此段可以隨意 (ad — lib)]

**步驟二**：利用匕首的尖端，將護符提起拿進入魔法圈之內。說道：

> 護符之靈，現在許我：
> 化作 [護符的目的] 棲息之居所，
> 化作 [與這個護符相關的輝耀名] 之邊闊。

**步驟三**：提起護符，並將其放置於祭壇底部，位於你與祭壇之間的地方。當面向東方時，你和護符都位於祭壇的西邊。說道：

[振動念誦對應神名] 以你之名，乘夜晚 [白晝，如在白天時] 之行，執柄於此之眾靈；
我 [唸出你的魔法祕名] 召喚你即刻諦聽，我召喚你起步前行；
連結我神我靈，連結 [護符目的關鍵字] 浩瀚之力真實鮮明，
匯聚於此以 [振動念誦相應輝耀之名] 之名把注。
為此，護符（護身物）已然鑄成，印記、封印、符號不計其數，
我宣示為此護符（護身物）充能依附，
[護符的目的] 融入為我內不再移步，
使我行於魔法偉業亦助眾生踏離迷霧。
願 [振動念誦相應輝耀之名] 於此莊重誓言見證依附。

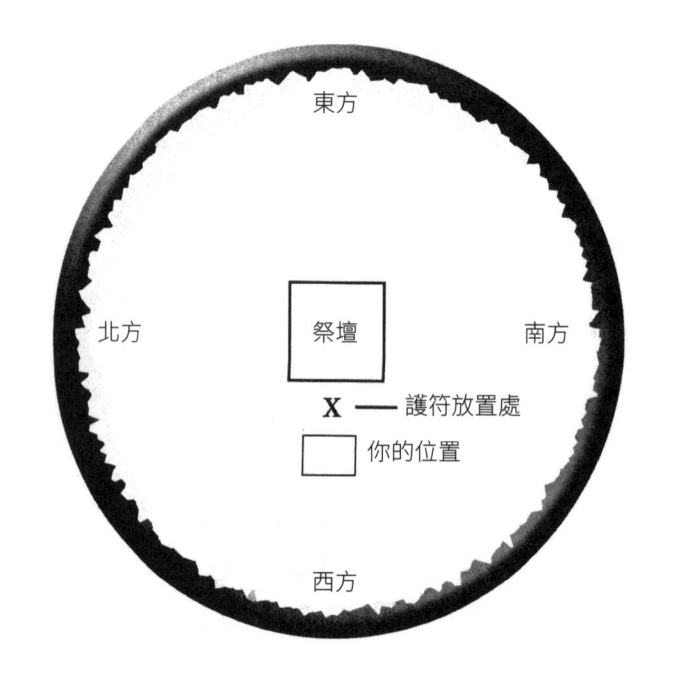

**步驟四**：拿起護符，放置於祭壇頂端中央。將匕首放在祭壇上，用左手持握彩虹魔杖的白色部分。說道：

[振動念誦相應輝耀之名] 我現召喚你，迎你力量入聖殿揚名。
[振動念誦對應的神名] 以你之名，請即刻降臨，
知悉一切備已，護符（護身物）在此由你聖化相應。
以你之名，賜力於我此刻將行，

**願大天使**〔振動念誦對應的大天使名〕**引領，以**〔振動念誦對應的神名〕**賦予護符生命與力量相形。**

**步驟五**：將彩虹魔杖放回祭壇，拿起用於小五芒星驅逐儀式的匕首。移至祭壇東側，面對西方。念誦以下禱文時，用匕首在空中繪製圖案（如同在護符上所繪），圖案應繪於護符上空。想像它們以鮮明的藍色為底，點綴著閃爍的金色。說道：

〔振動念誦並在空中寫出神名〕**我召喚你前行，注入護符（護身物）**〔護符的目的〕**使之成形。**

**步入**〔唸出行星名並畫出其符號〕**之靈，我召喚你進入護符（護身物）**〔護符的目的〕**使之成形。**

**步入**〔畫出使用的符號，如斯佩爾系統〕**之形，我召喚你進入護符（護身物）**〔護符的目的〕**使之成形。**

重複這些召喚，可使用隨意（ad — lib）形式，直到每個護符上的符號都被繪製。翻轉或展開護符，以便於空中描繪時能見到護符上的符號與文字。然後回到祭壇西側，面向東方。

**步驟六**：放下匕首和護符。拿起聖杯，用手指蘸水後，向護符輕灑幾滴。說道：

**以水淨化。**

若護符上的墨水易暈開，則應避免直接灑水於護符上。現在拿起香，將它在護符上方揮動。說道：

**以火聖化。**

現在用左手拿起護符，右手拿著用於小五芒星驅逐儀式的匕首。以匕首尖輕點護符三下。接著，舉起護符和匕首（劍尖朝上），並在每次說出以下字詞之間，用左腳有節奏地踏地（╱）說道：

**So（╱）mote（╱）it（╱）be（╱）！**[*]

---

[*]譯註：So mote it be. 為儀式魔法的傳統結束語，意為「如此定矣」，需以英文念誦。

最後，用匕首的劍柄在祭壇上輕敲三下。

**步驟七**：手持著護符和匕首，順時針環繞祭壇行走一圈，直到剛好越過南方（但未到達西方）。說道：

> 淨化與聖化未成前請止行，
> 此刻西方之門你無法穿行。

將護符放置於地面，繼續順時針走向祭壇。將匕首放下，持聖杯至護符旁。將手指蘸水，朝護符灑水，同時道：

> 以水淨化。

返回祭壇，將聖杯放回原處。拿起香，走到護符處。於護符上方揮動香，說道：

> 以火聖化。

再次回到祭壇，將香放回。拿起匕首，回到護符處，撿起護符（置於左手），說道：

> 護符（護身物）之靈諦聽，
> 雙重淨化聖化已成，
> 如今得以踏上西方之門。

移步至西方，凝視西方。用匕首尖輕點護符一次，並說道：

> 行於光芒前的道路，
> 需先離別黑暗包覆。
> 莫懼於西方暮色描述，
> 神及其光無處不照入。
> 即刻現形，無畏面前到步，
> 即便西行，無有恐懼朝暮。
> 真理既明，勿止於轉角處，
> 持續前行，此即光明道路。

**步驟八**：順時針環繞魔法圈一圈。接著再走一圈直到剛好越過北方（但未到達東方）。說道：

> 淨化與聖化未成前請止行，

此刻東方之門你無法穿行。

如步驟七所述，先以水進行淨化，隨後以火進行聖化，並吟誦相應詞句。接著，用左手（右手持有匕首）拿起護符，說道：

護符（護身物）之靈諦聽，
雙重淨化聖化已成，
如今得以踏上東方之門。

走到東方，面對外側。舉起護符和匕首，說道：

護符（護身物），唯有歷經長路艱深，
你才得以強大並真實遍身。
從黑暗踏向光明前門，
從死亡進入生命凡塵；
光明始自黑暗深處尋根，
不盼暗夜能解交織均分。
憑藉神之意志神之聖名，
我能昇起暗夜一縷光明。
我是驅逐儀式的驅逐者，命你即刻諦聽，
我是平衡之力的掌控者，在我面前現形。
交織立方祭壇前之幻影，
交織宇宙奧祕前之喚醒，
我許你此刻漸明，我許你此刻前行。

**步驟九**：回到祭壇的西側，面向東方。手持用於小五芒星驅逐儀式的匕首，重畫護符上所有先前繪製的符號和印記，也重複之前的隨意（ad — lib）召喚，但結束時說道：

我如此有力地召喚你驅使你……

迅速放下匕首，右手拿起彩虹魔杖的對應色段。舉起魔杖和護符，大聲喊道：

護符之靈，
你久居無生之幽冥。
遠離黑夜，即刻諦聽；
步入白晝，即刻奉行。

**步驟十**：將護符放回祭壇上，並將彩虹魔杖直立於其上方。說道：

> 憑藉聖名、力量、儀式之長句；
> 於此重演、吟誦、施行之應許，
> 我召喚如此力量予你相遇，
> 我賦你如此威能無人能拒。
> **Khabs Am Pekht，Konx Om Pax。**＊
> 光之瞬現，蔓延如生之蒼鬱，
> 光之流溢，漸醒於黑之疆域，
> 覺醒如你，亦使人無法抗拒。

**步驟十一**：舉起彩虹魔杖於面前，進行中柱儀式。開始讓能量在你體內循環，隨呼氣從前方下行，隨吸氣從背後上行，如光體循環儀式所示。當感受到能量流動達到高峰時，朝祭壇上的護符做出進入者手勢，如小五芒星驅逐儀式。右手握彩虹魔杖的對應色段，食指沿著魔杖，使魔杖成為手與手臂的延伸。

做出此手勢時，目光沿手臂指向注視護符。此手勢也被稱為「能量投射手勢」（Projecting Sign），你正將在中柱儀式中喚醒的能量，經由光體循環調節後投射出去。感受能量沿手臂流動並於自身散發流出。感受到能量凝結於護符內。與此同時，留意護符的變化。當護符上的符號開始閃爍微光或稍有晃動，即表示充能完成。

**步驟十二**：立即挺身站直，並用彩虹魔杖的黑色端在地面敲擊三次。說道：

> 已完成！

**步驟十三**：將雙手舉向空中（右手握著彩虹魔杖），說道：

> 願聖靈白色光芒降臨，降臨護符（護身物）與之共行，
> 願宏偉榮耀使之充盈，偉業之途助我同行。

在護符上空用彩虹魔杖繪製一個土元素的召喚五芒星。想像其呈現鮮亮的藍色並說道：

---

＊譯註：Khabs Am Pekht，Konx Om Pax 是魔法儀式的一句短語，起源可能出自古希臘儀式，以古埃及語呈現，意為單一束衝出的光逐漸擴展，亦用於黃金黎明會的春分及秋分魔法儀式。

> 是你使輝煌滿溢，是你使喜悅充盈，
> 
> 即使宇宙之無盡，你亦使光芒遍及，
> 
> 一切生域之主，一切榮耀歸你。

**步驟十四**：左手拿起護符，使其可從魔法圈外所見。環繞魔法圈行走，同時說道：

> 於此環繞的諸力眾靈，
> 
> 於此觀照亦凝視見明，
> 
> 我已純淨，我已純淨，我已純淨。
> 
> 見我驅使、淨化之行，護符啟蒙喚醒，
> 
> 見我聖化、賦能成形，傾注能量充盈。

**藉由** [ 暫停，振動念誦行星名，並用彩虹魔杖在空中繪製行星符號，然後繼續進行 ] 之靈，

**藉由** [ 停下來，振動念誦並繪製神名 ] 之名，

> 及我內在神性之靈之名。

**步驟十五**：回到祭壇的西側，面向東方。將護符放置於祭壇中央。放下彩虹魔杖，拿起風之短劍，用刀尖輕觸護符，說道：

> **藉由風之力……**

將短劍放回，拿起土元素五芒星圓盤的一角觸碰護符，說道：

> **及土之力……**

放下五芒星圓盤，用火之權杖觸碰護符，說道：

> **及火之力……**

放下火之權杖，從聖杯中灑點水在護符上（或朝護符方向），說道：

> **及水之力……**

將聖杯放回，握著彩虹魔杖的白色段高舉，說道：

以及藉由行於無形，唯靜謐能昭示其臨在之聖名。

我宣告憑藉我施行之權柄，於我魔法之儀，

此護符（護身物）已：

充能滿溢，

聖化連繫。

So mote it be!

**步驟十六**：將護符放入預先備好的袋子中。無論是否為自用，都將它放在身上，並說道：

權力和榮耀不是屬於我，而是屬於你，甚至越過時間的盡頭，直至永恆。我感謝你允許我進入你神聖的奧祕殿堂。[ 或者，可以適當「隨意」（ad — lib）。]

## 第四部分：驅逐儀式

執行守望塔關閉儀式。

儀式已完成。

請記錄這次儀式的結果於你的魔法日記（或儀式日記）。所有關於護符在達成目標或超出時限後的處理方式，同樣也適用於本儀式中已充能的護符。

在你「拆卸」所有祭壇布置之前，這個空間仍然被視為聖殿，應當給予適當的尊重。整理一切之前，請維持在聖殿內行走的方向為順時針。儀式的結束並不意味著該區域的靈性特質就此消失。

你也許已經注意到，本文前述提到的「階段」並不完全與儀式的各個部分相吻合。這是因為這些階段相互重疊，並不是獨立於其他階段之外發生。準備灰魔法儀式的部分工作就是全面理解該儀式。在執行此儀式之前，你應該深入研究它，以便能夠識別每個階段的發生位置以及它們是如何相互交織的。

在進入下一課之前，我強烈建議你：

1. 設計並製作至少兩個護符。分別透過簡易儀式和完整儀式為它們充能和聖化。如果需要，還可以製作更多。
2. 花些時間閱讀至少一本塔羅牌相關的書籍，尤其是塔羅哲學的書籍，而非僅關於「如何占卜」的書籍。本課的參考書目列出了我目前最喜愛的幾本。

下一課將介紹如何運用「魔法書」，這些文獻在魔法領域中極為知名。然而，這些魔法書中有許多存在不同程度的問題。有的如《阿巴太爾魔法書》是不完整的；有的則帶有爭議性，例如《死靈之書》（*Necronomicon*）；有些則因耗時過長而鮮少實踐，如《魔法師亞伯拉梅林的神聖魔典》；更有一些則因為過於稀有和昂貴而不易取得。

因此，本課將以兩本價格合理且在許多神祕書店可找到的書籍為基礎。這兩本書分別是《所羅門王大鑰》和《所羅門王小鑰》中的《歌伊提亞》部分。這些書籍均有多個版本，任何版本都適用。如果你希望成為一名儀式魔法師，我強烈建議你擁有這兩本書。

我經常提到，許多人只是口頭上的「魔法師」。我見過許多擁有這些魔法書的人，他們翻閱過這些書，卻從未實際操作過書中的儀式或技術。這背後有多種原因，但主要原因通常與恐懼和自我中心有關：

1. 他們缺乏足夠的知識來實行這些儀式。他們害怕尋求這些知識會發現自己知之甚少，進而暴露出是自稱的那種「偉大神祕學家」。
2. 他們害怕這些儀式，不願嘗試。更糟糕的是，他們害怕如果儀式成功，自己卻無法控制召喚的力量。
3. 他們擔心嘗試後失敗會暴露出自己實力不足，或者證實魔法根本不存在，讓自己多年來的學習白費功夫。

再次強調，如果你還沒有這些書籍，我建議你去擁有。在學習這節課程和前面的內容時，花幾週時間去獲取這些書籍會比較好。這些書籍甚至可能在線上找到，但你應該將它們列印出來。

下一課中你將需要嘗試一些儀式的所有資料，但這些書籍提供了類似於卡巴拉對應圖表的進階資訊。它們列出了在尋求獲得某些物品或特質時適合處理的力量或靈性存有的清單。

如果你已經擁有這些書籍，或者很快就能獲得它們，請不要在學習下一課之前嘗試任何儀式。你不會像許多人所擔心的那樣受傷，但可能會浪費時間。下一課將包括使這些魔法書籍變得可行的所需資訊。此外，這些書籍涉及召喚魔法和將來自更高層次實相的存有帶到可見的外觀。

在課程一開始，我曾告訴你，你不會「召喚」任何事物。那麼，如何在不召喚的情況下使事物顯現於可見之境呢？

我承諾你將學到這一切甚至更多。你將學習召喚魔法的真正奧祕。你將體會到，這些魔法書籍中的儀式是我們課程裡首批團體執行容易、單獨執行困難（但並非不可能）——更加純粹的儀式魔法！

## 複習

為了幫助你確認是否已完全掌握「第八課」的內容，以下列出了一些問題。在不參考課文的前提下，請試著回答這些問題。（答案可以在附錄二中找到）

1. 星期四與哪個行星對應？
2. 不靠他人鼓勵盡力而為的行為稱為什麼？
3. 行星時或魔法時的基礎是什麼？
4. 在何種情況下，行星時（魔法時）剛好為六十分鐘？
5. 在被更高層次的能量啟動，並受到我們意志引導之前，護符是什麼樣的存在？
6. 在馬瑟斯知名的豌豆與豆篩事件中，「洗禮」可能意指什麼？
7. 為何需要在儀式後拆卸並收拾好聖殿、祭壇及工具？
8. 下一課你應該準備哪兩本書？
9. 有哪三個主要原因導致一些自稱魔法師的人實際上不施作魔法？

以下問題，只有你自己能回答。

1. 你是否仍在持續實踐所有儀式？
2. 你是否仍然保持日記記錄？
3. 你對魔法時的概念是否有所理解？能否輕易指出任何一天的行星時？
4. 你認為本課中護符充能的儀式相比於第七課的儀式，效果更高還是更低？
5. 你是否認為使用魔法來操縱他人是可接受的？
6. 你是否已經閱讀了本課相關主題的其他書籍？
7. 你是否擁有一系列關於魔法主題的精選書籍？
8. 你能否在缺乏他人鼓勵的情況下盡力而為？換句話說，你認為自己正在進行自我實現嗎？

# 參考書目

有關這些書籍的更多資訊，請參閱本書末標註的參考書目註解。

Crowley, Alester, and Samuel Mathers. *The Goetia*. Weiser, 1995.

Mathers, Samuel. *The Greater Key of Solomon*. Digireads.com, 2007.

Regardie, Israel. *The Golden Dawn*. Llewellyn, 2002.

_____. *How to Make and Use Talismans*. Thorsons, 1983.

**關於塔羅哲學的書目**

Crowley, Aleister. *The Book of Thoth*. Weiser, 1988.

Jette, Christine. *Tarot Shadow Work*. Llewellyn, 2000.

McCoy, Edain. *Past-Life & Karmic Tarot*. Llewellyn, 2004.

Pollack, Rachel. *Rachel Pollack's Tarot Wisdom*. Llewellyn, 2008.

Sterling, Stephen. *Tarot Awareness*. Llewellyn, 2000.

Wang, Robert. *The Qabalistic Tarot*. Marcus Aurelius Press, 2004.

# 第九課
## LESSON NINE

---

## 第一部分

---

### 靈體召喚魔法的奧祕

**魔法是真實有效的！** 我們可以這麼認為，直到我們的經驗讓我們不再只是假設或相信，而是確信魔法確實有效。如果不是這樣，那麼你閱讀這門課程就是在浪費時間，我寫這些也是枉然。

顯然，我並不這麼認為。事實上憑藉超過二十年的經驗，我知道魔法確實有效。

簡要回顧之前課程的一些內容，魔法在傳統上認為，萬物的源頭創造了我們所有人都必須依循的定律。其中之一就是地心引力。我們無法跳得足夠高以逃脫地心引力的控制。然而，一旦我們理解了地心引力，我們就能構建推力足夠的火箭，超越地心引力的束縛。

許多定律在一百年前還是未知的。這包括有關原子核內的弱力和強力（weak and strong atomic forces），這些定律是近代物理學的基礎。同樣地，還有一些定律至今並不廣為人所知。這就包括了魔法的定律。

這些定律如非真實有效，即非真正的自然定律。地心引力不是存在就是不存在，中間沒有其他可能性。同樣地，魔法的定律不是有效就是無效。不能說在某些情況下它們有效，而在相同條件下的其他時候它們無效。請記住，魔法同時是藝術也是科學，而科

學的基本原則之一是，就是在相同條件下進行的實驗將總是有相同的結果。

現在，請先將這個概念擱置一旁。我想來談談藝術，不是魔法的藝術，而是電影、小說和短篇故事的藝術。或許你讀過這些作品，或看過相關的電影。其中巫師施放咒語，一惡魔隨即從迷霧中現身，執行巫師的險惡使命。這類電影中的經典之一是1957年的黑白影片《惡魔之夜》（也稱為《魔鬼的詛咒》），由達納・安德魯斯（Dana Andrews）主演，雅克・圖爾納（Jacques Tourneur）執導。（劇中的邪惡魔法師朱利安・卡斯威爾博士，由奈爾・麥克葛尼斯（Niall MacGinnis）飾演，據說是基於克勞利的原型。）波頓（Burton）和泰勒（Taylor）主演的《浮士德博士悲劇》同樣值得一看。你也可以閱讀H・P・洛夫克拉夫特（H. P. Lovecraft）的故事，他的風格使愛倫・坡（Edgar Allan Poe）的作品像爾瑪・邦貝克（Erma Bombeck）的一樣顯得平淡。當然也還有《奇異博士》的漫畫。

我相信你能夠回想起更多這樣的電影和故事，其中的英雄或反派從星光體的下層世界召喚出生物。坦白說，你不也渴望擁有這樣的能力嗎？能夠召喚出可怕的怪物來控制他人、幫助朋友、懲罰傷害你的人。

老實說，這種可能性是我在最初幾年學習魔法時保持興趣的主要原因之一。我並非真的想去做這些事，但我很想知道這些事是否真的可行。至少，這是我對自己的說法。我想，如果能找到合適的書籍或老師，或許我就能掌握宇宙的力量！毋庸置疑，如果這樣的事情真的發生在我身上，我的業力將會處於非常糟糕的狀態！此外，我對神祕學的學習傾向也使我遠離了想要控制他人的欲望。但話說回來，能召喚一個生物到我們的存在層面，對壞人報復，這想法似乎也不錯吧？

我所接觸過的電影、書籍和故事對我產生了深遠的影響。這些影響結合了我對魔法有效性的理解，最初讓我完全忽略了一本非常有用的魔法書籍，那就是《歌伊提亞》，來自《所羅門王小鑰》的一部分。

在《歌伊提亞》中，第一次召喚儀式的結尾，為了「召喚出」書中所列的任何靈體，書中建議：「如果靈體尚未出現，則依照以下方式說。」接著，書中提供了另一個召喚或咒禱的方式，在這方式的末段指出：「如果他在這兩次召喚的重複後仍未現身（但他無疑會出現），則依照下文繼續說。」其後是一連串的指令而非出現的請求，這些指令中夾雜並伴隨著一系列相當嚴厲的詛咒。

對我而言，這似乎毫無意義。如果宇宙中的所有存在都遵循某些宇宙法則，那麼它們被召喚時就必須出現。否則，魔法就不會是一門科學，也不會存在所謂的魔法系統。顯然，這裡一定有所缺漏。

在我對這本以及其他古代魔法書的研究中，我了解到幾乎所有這些古代魔法文獻都

不是完整的。我決定從一個更歷史性的視角來思考這一問題。

就在一個世紀之前，學習魔法的學生並不是單純地拾起一本書就開始練習。他們反而會在一位老師或導師的指導下學習，這些指導者同樣是透過師徒制度學習魔法的。因此，如果學生並非預期要從書本中學習魔法，那這些所謂的「魔法文法書」究竟是什麼呢？我明白到這些書籍實際上是為學生提供的指導和建議。它們的目的在於以文字形式呈現那些不便於快速記憶或不常重複到足以口頭背誦的內容。這表明，**魔法的真正奧祕在於那些古代文獻中未包含的部分！**無論那些是什麼，與魔法書中的內容結合起來，才構成了實際魔法的真實運作方式。那麼，魔法學生需要了解什麼才能有效地利用這些魔法書呢？

經過多年的學習、實踐和分析後，我得出結論，魔法學生必須掌握並能夠實踐的只有三件主要事項：

*1. 培養對於成功實踐魔法的正面態度*
*2. 產生或喚起魔法能量的能力*
*3. 操控和引導所喚起能量的能力*

首先，讓我們來逐一檢視這些概念。對魔法持有正面態度意味著，你必須知道（不是希望或期望），自己所施行的魔法將會有效。這並不表示魔法只是心理上的練習。舉例來說，當你身體不適時，雖然醫師可以提供藥物，但只有當你真心渴望康復，療癒過程才會更加順利，否則恢復可能會非常漫長，甚至無法痊癒。這種心理層面的「生存意志」，能夠在物質層面產生影響。心靈的影響力可以擴及到所有層面。同樣地，深刻認識到你的魔法能夠實現，也能在所有的層面帶來轉變。僅僅知道你的魔法可行並不會直接使它成真——這只是賦予魔法發揮效果的可能性。但如果你認為魔法不會有用，那它確實就不會！因此，擁有正確的心態是成為一名儀式魔法師的重要一環。

魔法師必須學習的第二項技能是產生魔法能量的能力。當你進行中柱儀式時就已經在做這件事了。學習魔法的第三部分是能夠操控和引導你所產生的能量。你已經在光體循環和小五芒星驅逐儀式中練習過這些。事實上，你在所有儀式中的實踐都幫助你培養產生、操控和引導能量的能力。

這三項技能的發展一直是魔法訓練的核心重點。學生會經歷長時間的練習，學習在儀式中的哪些時刻喚起能量以及如何適當地引導它。擁有了這些訓練，就不需要在魔法書中再次闡述這些概念。學生應當對這些重要知識瞭如指掌。這正是所有古老魔法書刻

意保持不完整的原因。

　　在課程的前面章節中，我曾指出一個簡單句子是理解灰魔法的關鍵。然而，當我最初在課程中提及它時，你可能沒有太多關注，因為我當時並未特別強調它的重要性。同樣地，我也是經過幾年時間，才意識到我之前未曾注意到的事情。費尼亞斯・莫德爾（Phineas Mordell）對《形塑之書》的翻譯（由 Weiser 於1979年出版，現已絕版）中提到，四字神名 Yud Heh Vahv Heh 可能是其他字母的暗碼，其中也許有一些字母重複。同時，一位威卡信仰者的朋友告訴我，巫師們常在他們包含儀式和指令的《影子書》中使用暗語編碼。例如，「嬰兒之血」（baby's blood）這一暗語實際上指的是草莓汁。因此，若巫師的《影子書》落入未受啟蒙者手中，該人可能會因害怕或反感而不願嘗試書中的內容。不幸的是，有時這些書會落入那些真的按字面意義解讀其內容的人手中。這導致了一段慘痛的酷刑和死亡歷史。回顧過去，我認為採用某些暗語編碼的決定可能並不夠明智。

　　我不確定是哪一天，但突然之間，我有了一個靈光一閃的直覺，意識到魔法書中的暗碼是為了避免愚蠢的人（像幾年前的我）在未準備好的情況下遇到麻煩。我意識到，召喚魔法的奧祕並未直接記錄在魔法書中，如果有，那它們是以暗碼的形式隱藏。我必須揭開這個奧祕！

　　我有很多疑問。為何魔法書中會要求多人共同進行召喚？為什麼在使靈體現身的三角形中要畫一上個圓？用於召喚魔法的五芒星圓盤是如何運作的？為什麼特定氣味的香能將其他層面的存有吸引到物質世界？如果它們真的喜歡星光層面香的形態，為何不留在星光層面上享受，而必須顯現於物質世界呢？這些疑問太多，卻沒有答案。

　　有一天，一位精通神祕學的朋友隨口提到，那些認為召喚魔法很少發生的想法是多麼愚蠢。他說，有些魔法師錯誤地認為靈體只被吸引到星光層面的特定區域，以便更容易處理。事實上，他們自己從未實際進行過任何類型的召喚。

　　我和他一起笑了。多麼荒謬！即使我當時從未實施過任何召喚，也明白這樣的概念是多麼荒謬。

　　我持續致力於自己的魔法和靈性成長，只有在閱讀相關書籍或與實際進行召喚儀式的人交流時，才會接觸並探討召喚這一概念。我了解到，三個我所知的以克勞利為導向的團體，僅相信並實行對星光層面的召喚魔法。我找到了一本由兩位優秀的神祕學家尼爾森（Nelson）和安妮・懷特（Anne White）合著的自費出版書《祕密魔法揭祕》（*Secret Magick Revealed*），他們同意這個觀點（這本書在尼爾森2003年去世後已絕版）。最後，為了真正確認我的理解，我在荻恩・佛瓊的《神祕學各面向》（*Aspects of Occultism*）中讀到：

在絕大多數的召喚魔法案例中，靈體形象是在星光層面上逐漸成形的，雖然任何敏銳的人都能感受到，但只有具備靈視力的人才能實際看到。

一般情況下，除非進行某些特殊實驗或研究，被啟蒙的魔法師通常會滿足於僅在星光層面顯現召喚出的靈體，並依靠自己的心靈能力與這些靈體溝通。他不會費力將靈體召喚至物質層面的可見形態，因為若他具備足夠的心靈能力，星光層面的顯現已足以滿足他的需求；其實，這樣更符合被召喚靈體的本質……並且對它們的活動施加較少的限制。

某些物質可用來促使物質層面的顯現。佛瓊補充說，在這些物質中，「主要的是新鮮血液；排泄物也可用於相同目的。」但是，這些物質釋放出的「靈質」（ectoplasm）用於創造靈體的物質形態，這種能力會隨著體溫散失而消逝。這與譚崔中的觀點相符，即在射精後十五分鐘內精液會失去其魔法效力。

由於本課程是儀式魔法的入門，我們不會涉及將靈體召喚至物質層面的研究，也不會介紹血祭的指南──通常只需幾滴自己的血。但是，僅將召喚的概念限定在星光層面，是否足以回答我們的問題呢？讓我們逐一探討：

1. **當魔法書宣稱使用其中的儀式，你足以將一個存有或靈體召喚至物質層面時，它們是在說謊還是在使用暗碼？**其實兩者皆非，因為它們根本沒有這麼說！它們只是指出你可以將一個靈體召喚至物質層面上顯現──這意味著你能看見它們。當然，這也包括在星光層面上看到它們。
2. **為什麼在進行召喚魔法時，通常至少需要兩個人在場？**這樣安排是為了讓一人負責進行儀式，而另一人則作為探尋者（seer），負責進入星光層面。
3. **為什麼在《歌伊提亞》中，靈體應該現身的三角形內會畫一個圓圈？**這是因為放置一面圓形的魔鏡的位置就在那裡。探尋者可以透過這面鏡子來幫助自己在星光層面上觀看。它是通向星光層面的物質通道。
4. **用於召喚魔法的五芒星圓盤是如何運作的？**探尋者在執行儀式時會專注於這些五芒星圓盤。這些圓盤有助於使探尋者的心態進入一種易於接收特定靈體的狀態。
5. **為什麼靈體喜歡特定的香味？**靈體是否喜歡這種香味並不重要；關鍵是香味對探尋者的影響，有助於使他們進入一種心靈感應的狀態。
6. **為何需要反覆召喚靈體？如果我們的魔法是正確的，它們難道不應該在第一次召喚時就服從嗎？**是的，如果我們的魔法理論是正確的，它們只需要被召喚一次。

不過，人類的心靈並不容易駕馭。探尋者或許需要燃燒大量香、花費許多時間凝思五芒星圓盤，以及多次重複的召喚儀式，才能開啟自己的靈性視覺，達到能夠在星光層面上看見並與應魔法師吩咐而到的靈體交流之境界。

實情是，若我們認定召喚魔法是讓靈體在星光層面上與我們溝通，而非物質層面，這實際上回答了我們的大多數疑惑。這也解答了你可能有的疑問：我如何教你召喚靈體（至可見狀態），而不需要將任何東西召喚至物質層面。

我撰寫了幾頁，分享了我學習這個魔法奧祕的過程，以及它如何解答了我所有的疑問。當你剛開始接觸這門課程時，你可能以為只要說幾句話或揮動魔法杖，所希望的事就會立刻發生。但現在你應該知道（希望是透過經驗），魔法需要時間，並且是透過完全自然的方式發生的。同樣地，也該是時候擺脫那些錯誤的想法，不再認為只要一切做得正確，惡魔就會從霧中出現來幫你對付敵人。現在是時候學會忽略那些創作神祕小說或電影的人們的幻想，他們甚至從未實行過一次魔法儀式。他們很可能根本不相信魔法的可能性。

在進一步學習這一課之前，請重新閱讀這部分內容，理解這個關於召喚魔法清楚且邏輯性的解釋，以及它是如何合理地回答了這一領域理論上的所有疑問。

這一課即將介紹的內容不會使你沉浸於他人的幻想之中，而是將引導你踏上自己的探險之旅，一場通往魔法最深領域和靈性最崇高層次的探險。

# 第二部分

## 祈請與召喚

如你所見，在討論這一課所涉及的魔法類型時，我一直使用「召喚」(evocation) 這個術語。在閱讀中，你可能已經注意到有些作者將「祈請」(invocation) 當作召喚的同義詞使用。真正的魔法師絕不會犯這樣的錯誤，這種錯誤僅出現在那些沒有實際魔法經驗的作者，或那些試圖混淆不同類型魔法實踐的區別的人身上。這種模糊的做法通常是為了使所有魔法工作形式看似一致，進而對所有魔法投射負面評價。

如果你認真地跟隨本課程學習，你將發現召喚魔法（evocative magick）非常安全。它的目標是使你得以與其他智慧、力量或存有溝通，這些存有並不存在於我們的物質層面。有些人認為我們只是與通常隱藏在潛意識中的部分進行溝通。不管這是否屬實，我並不知道也不在意。因為不論如何，召喚魔法就像是與其他存有交流一樣，不論其來源，都被視為在與外在智慧溝通。

我見過許多因為不熟練魔法的人使用祈請魔法（invocatory magick）後而導致的嚴重問題。祈請是一種魔法做法，你允許自己的身體暫時與另一個靈體共享。這個過程現今稱為「通靈」（channeling）。只要你的驅逐儀式做得妥當，並且魔法師明智地選擇誰可以共用他們的身體，就不會有危險。問題發生在魔法行為缺乏深思熟慮或控制時。

我曾經參加過不少威卡的儀式，這些儀式中會對男神與女神——也就是神性的不同面向進行祈請，並且都能安全有效地完成。

## 魔法之戰

魔法領域的挑戰之一，在於發展自我，試圖使之完善並加以控制。遺憾的是，無論人們如何努力（或聲稱在努力），並非總能達成這一目標。坦白說，如果你主導著一個魔法組織（或者你認為自己有足夠的知識寫一本關於魔法的書），你勢必會有某種程度的自我……以及自我中心。

正是這種自我中心導致了「我是對的，你是錯的，別無選擇」的態度，進而導致了所謂的「魔法之戰」。曾經發生過自稱為「真正」玫瑰十字會的團體間的魔法戰爭，他們互相指控對方是「黑暗性魔法師」。克勞利和馬瑟斯之間有過爭執，各巫術團體間也有衝突。這些愚昧的爭鬥分散了人們的注意力，使他們無法走向正途，而這樣的爭鬥也仍然持續。

我曾是一個魔法組織的成員，後來這組織被一位女士及其追隨者試圖接管。我站在創始人一邊，因而引起她對我的極大不滿。當《現代魔法》首次出版時，她透過中間人攻擊這本書，例如批評我使用不同的希伯來文轉寫形式。我曾兩次明確表示，我使用的是現代希伯來文，並解釋了選擇這種方式的原因。實際上，我對這本書的不實指控做出了響亮的反駁，以至

於她一時無話可說。當《現代魔法》一書流行起來後，她開始宣稱她曾是我的老師（事實上，我只參加過她的一堂課，而課程內容僅限於學生進行書面報告，她幾乎沒有任何參與）。

更要注意的是——也是我在此提到的原因——是另一人對《現代魔法》先前版本中此課的批評。他指控我未列出任何參考來源，儘管我在這門課程中已經羅列了這部分的所有來源。他指責我「抄襲」了他的內容，儘管我從未閱讀過他關於此主題的任何作品（我甚至不確定他是否撰寫過）。他反覆強調他曾在凌晨一點的電視節目中談論過這個主題。不過那時我不是在外面玩音樂，就是已經睡著了。

他從未提到他如何騙走我一小筆錢，也從未回覆我就此事寫給他的信。他也未提及他的律師是如何威脅要對我提起訴訟。但他在一則訊息中確實聲稱，他認為我在與他的敵對者合作。他不斷地要求我修改我的書籍，把他加入作為參考來源。我回應他，我已列明了所有參考來源，如果他對這些來源有所貢獻，那他應該去要求那些作者修改他們的書籍。他在網路上的各個平台，尤其是像 Usenet 這樣的新聞群組，花了**大量**的時間公開批評我。

**這些爭戰不過是時間、精力和努力的巨大浪費！**如果你持續深入魔法的學習與實踐，難免會親眼目睹，甚至開始參與魔法之戰或其延續。我建議你不必理會這些爭端，專注於自己的工作。對於攻擊我的人：祝你們未來的魔法之路順利。我是真誠地祝福你們，希望你們能找到內心的平靜。

這轉變相當引人注目，因為當男神與女神被祈請進入某人（通常是大祭司與女祭司）時，其面部特徵甚至整個身體姿態似乎都會變化，使其比日常外貌更顯尊貴。如果操作得當，這種魔法流程既安全又令人激動。此類祈請應當僅限於正面靈體（或者說，我們潛意識中的正面面向）進行，絕不能與那些未知或帶有負面能量的靈體進行，尤其是那些會提出讓我們背負更多負面業力的建議的靈體。

在兩種情況下，祈請（invocation）或通靈（channeling）可能是危險的，或至少非常地無用。第一種情況是當你未進行驅逐儀式且邀請任何靈體共享你的身體時。顯然，從你對魔法的閱讀、實踐和思考中，你可以看出這可能有多危險。然而，一個完整的信仰體系已經基於這種魔法行為而發展。這種信仰被稱為精神主義（Spiritualism）或唯靈論（Spiritism）。大多數實踐神祕學的人都不贊成唯靈論的實踐，因為它幾乎允許任何靈體與人類交流。僅僅因為某個靈體（通常是低層的靈體，我們將在後面的課程中進一步探討）聲稱它是你的查理叔叔，並不意味著它真的是。有些降靈會（séances）因這些低層次的元素精靈（elementals）造成損害，一些靈媒最終甚至沉淪為酗酒者。

此外，查理叔叔的去世並不意味著他變得更聰明了！然而，許多人卻因為聲稱是已故親友的靈體所傳達的訊息而改變了自己的生活。請理解，我並不是在譴責唯靈論的信仰或其哲學。無疑地，每個人都有權擁有自己的信仰。我也不是在譴責「降靈會」所採用的那種祈請魔法。我所批評的是缺乏準備、缺乏保護，以及對常見錯誤或無價值訊息的盲目接受。如果你認為這不公平，請看看那些由通靈作家出版的數百本書（他們並非全都是唯靈論者，但許多人借鑑了唯靈論者的技術），他們宣稱擁有愛因斯坦、特斯拉、努爾米（Nurmi）和愛迪生等人物的真實著作。在數以千計的頁面和數百萬字中，從未出現過任何能顛覆生活的內容，也沒有任何無法從既有資訊中獲得的東西。

此外，我還未提及自我欺騙和公然欺詐，這些一直是自十九世紀中葉以來現代唯靈論的一部分。

這種魔法中的第二種危險情形發生於祈請了一個「負面」靈體時。關於克勞利最引人入勝的一個故事是他如何允許「惡魔克龍尊」（demon Choronzon）進入他的身體。一經祈請，該「惡魔」試圖藉由各種手段攻擊克勞利的助手。有人認為，自此之後克勞利的成就開始走下坡，或許是因為克龍尊從未被恰當地驅逐。

祈請是魔法的重要組成部分，但出於安全考慮，必須正確執行。我們將在後續課程中詳細介紹。

在討論了召喚與祈請之間的差異之後，我們再次將注意力轉向召喚，並探究其執行方式。我們將學習如何運用兩本最常用的魔法書：《歌伊提亞》和《所羅門王大鑰》。

在接下來的頁面中，你將看到一個魔法陣和魔法三角形的圖，靈體出現在其中。這是根據《歌伊提亞》的一個常見版本衍生而來的。為什麼在魔法三角形中有一個圓？這幅圖實際上是原圖為了出版而整理過的版本。這項整理工作可能是由譯者馬瑟斯（Mathers）、編輯者、克勞利或原始出版者完成的。

在整理美化後的版本之後的頁面上，是該圖在大英博物館原始手稿中的副本。除了顯得更加雜亂（我猜測這可能是學生筆記本中的一頁），重要的是要注意魔法三角形內的圓可能像圖片中那樣輕易被塗滿，如圖所示，這暗示了魔鏡的存在。

## 製作魔鏡與魔法三角形

魔鏡不是亮銀色，而是深邃的黑色。以下是製作用於召喚魔法中的魔鏡的指南。

1. 雖然可以用厚紙板，但更好的選擇是使用三分之八至二分之一英寸厚的膠合板，裁成等邊等角的正三角形。就如下頁圖示，每邊的長度相等，且每個角度皆為六十度。先塗上底漆，再塗上**消光**（非亮光）的白色油漆。使用消光（非亮光）的黑色油漆，在木板的邊緣（非圖中錯誤顯示的外側）上寫上希臘神的名稱。使用**消光**（非亮光）的紅色油漆，書寫大天使的名字「米迦勒」（MI — CHA — EL，發音「Mee — chai — ehl」）。最後，使用樂立恩品牌的透明**消光漆**（有時稱為「半光漆面」或「啞光漆面」）來密封和保護這個作品。

    請注意，我沒有具體指定三角形每邊的長度。這是因為所需尺寸取決於你可用的空間大小。最小建議尺寸為每邊一英尺半。如果超過四至五英尺寬，魔鏡會因光線反射而影響效果，這不是我們所希望的。你稍後會看到，過多的光線反射可能會分散注意力，影響儀式的進行。

2. 除非你懂得如何切割玻璃並有圓形切割器，否則建議前往玻璃店讓專業人士為你裁剪一塊平面的玻璃圓盤。圓盤的直徑取決於你的三角形尺寸，它不應該覆蓋掉三角形上的任何字母，但其大小可以比圖示中的小。最小直徑約為四英寸，最大則為一英尺半至兩英尺。

    **警示：操作切割玻璃時必須格外小心！**因為玻璃邊緣可能非常銳利，容易造成割傷。在安裝前，建議你戴上保護手套。即使是預先裁剪且邊緣不尖銳的圓形玻璃片，也應如此操作。

    在你取得玻璃圓盤後，將其放在流水下進行淨化，就像對護符進行的流程一樣。若尺寸合適，可在水槽中進行；較大的玻璃片則需要在溪流、浴缸或淋浴中清洗。**這一步驟需格外小心！**接著，用乾淨的軟布徹底擦乾玻璃。將玻璃放置於報紙或防塵布上，確保最上層完全乾燥，無灰塵和水漬。接著用消光黑漆均勻噴

*Figure 154.*

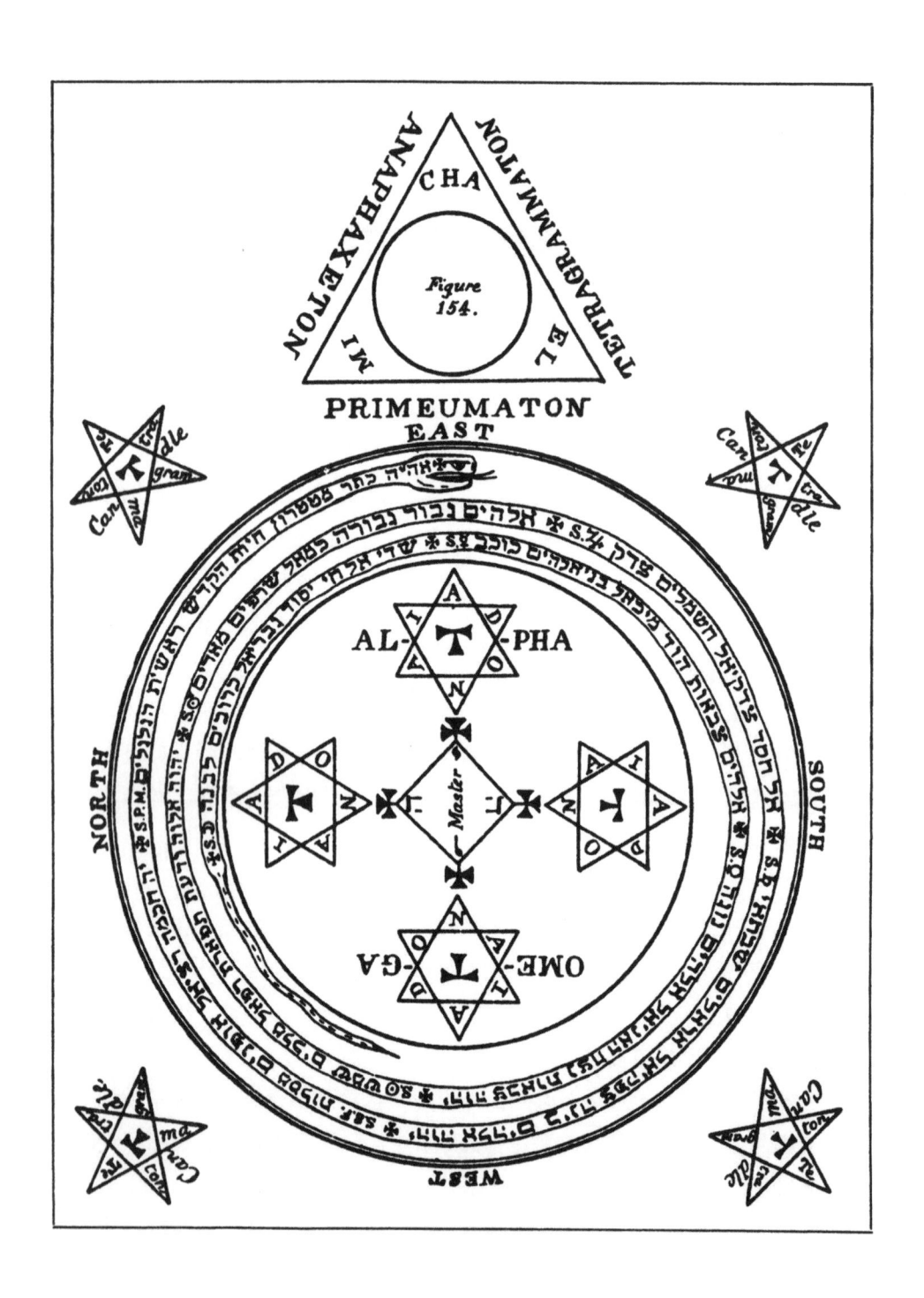

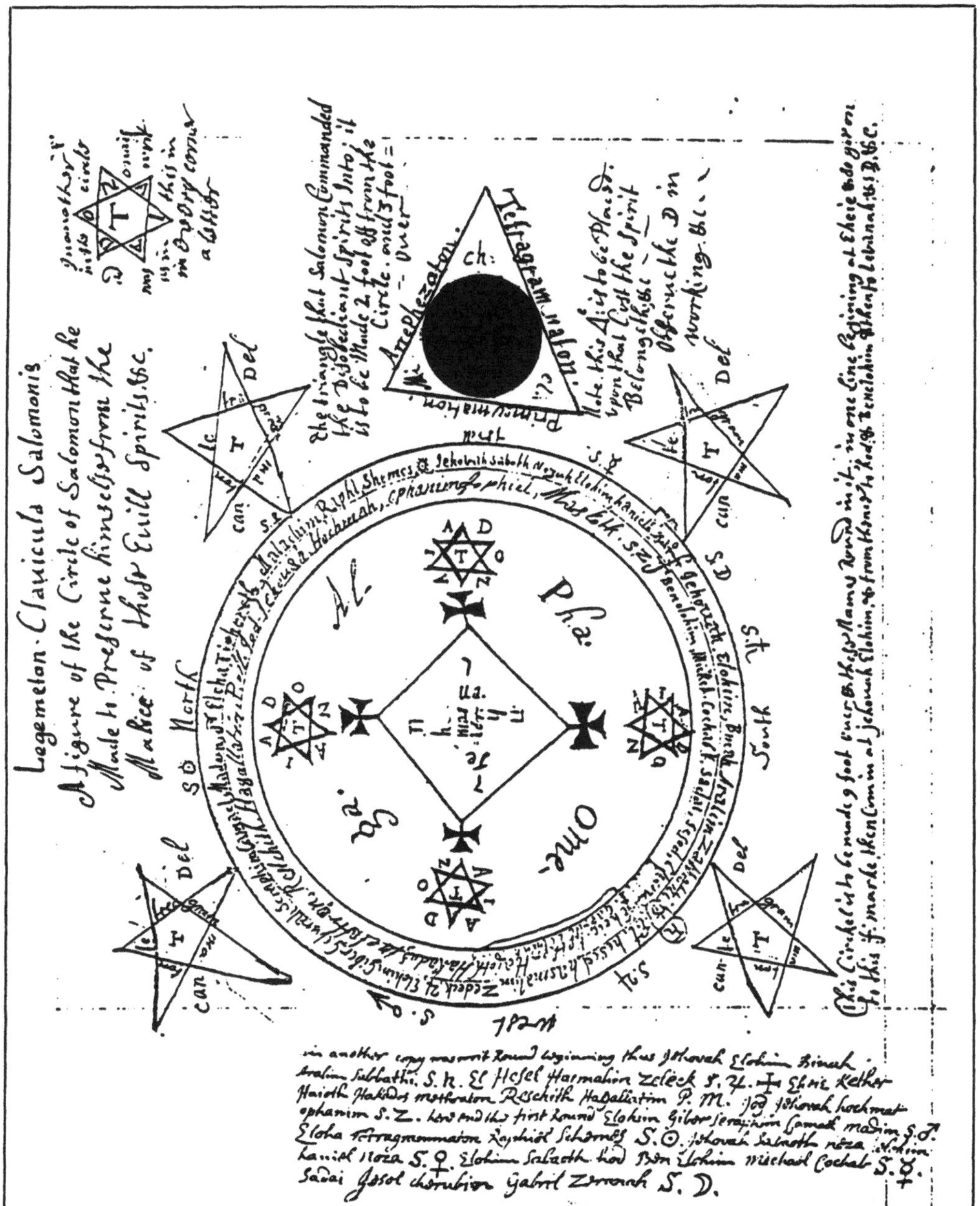
Legemeton · Clavicula Salomonis
A figure of the Circle of Salomon that he Made to Preserve himself from the Malice of those Evill Spirits &c.
North
South
Tetragrammaton

塗此面。根據我的經驗，製作黑板的專用油漆是最佳選擇，但任何能附著於玻璃的**消光**黑漆都適用。按照油漆說明塗抹幾層輕薄漆層，例如我製作的最後一面魔鏡使用了十三層。過多的油漆不會造成傷害，但過少會影響效果。讓油漆充分乾燥後，翻轉鏡子檢查另一面是否沾到油漆。如果有，可使用油漆去除劑、油漆刮刀或剃刀片清理。在操作過程中，需小心避免割傷自己或刮傷玻璃表面。戴上軟質手套，將玻璃對準明亮光源檢查，如果確認無任何光線能穿透，就代表你已成功製作出魔鏡。

3. 製作的最後一步是將魔鏡安裝於木製三角形上。一個理想的方法是到五金行購買「玻璃鏡固定裝置」。這些是形狀如「L」的金屬或塑膠製固定件，其中一條橫條上設有螺絲或釘子。將其螺絲旋入木頭後，可調整使「L」的另一條橫條朝向玻璃中心。這樣就可以將鏡子穩固地固定住。如果固定裝置從中心轉向外部，則可移除鏡子。

至少需使用三個這樣的鏡子固定裝置，每個對準「魔法三角形」的一個角。然而，玻璃越大，出於安全考慮應該使用越多的固定裝置。安裝完成後，使用小刷子將固定裝置塗成消光黑色。如果找不到這些固定裝置，沿著鏡子邊緣將釘子釘入木頭也是可行的。同樣地，這些釘子也應塗成消光黑色。

要清楚地確認，玻璃上塗黑的一面應與三角形的木頭貼合。換句話說，當你面對著裝有鏡子的三角形時，玻璃的未塗漆面應朝向你，而塗有漆的那面則應緊靠木頭。這會讓透過玻璃看到的黑色漆面呈現出閃亮的效果。一旦安裝完畢，你就完成了「魔法三角形」內的魔鏡製作。

再看一遍《歌伊提亞》的圖示。看似地上繪製了一個完整的魔法圈，而三角形是在魔法圈外的地面上。

我相信這會讓許多「魔典純粹主義者」感到困擾，但實際上，沒有必要畫出一個具體的魔法圈。如果畫魔法圈能讓你更有信心或感覺更安全，那當然可以這麼做。但如果你在驅逐儀式上做得很好，正如你在這門課程中多月的練習所應達到的，那就已經足夠了。我的親身經歷以及其他人的經驗都證實了這一點。那麼，為什麼圖中會有這些複雜的指示和圖形呢？當然，製作這個圖示的作者或抄寫者不在這裡，我們無法確定，但看起來它似乎只是一種掩蓋，用來欺騙可能錯誤地接觸到這份文獻的人的策略。而且考慮到曾嘗試過這本書中魔法的人數與擁有此書的人數相比，這種掩蓋相當成功。

再說一次，如果你想在地上畫出一個完整的魔法圈，就繼續吧。通常會使用粉筆來繪製。有些人在硬木地板上畫出魔法圈，並在不使用時以地毯覆蓋。另一些人則在大塊布料上繪製魔法圈，在需要時展開，不用時則捲起收起。我甚至見過有人用多塊木板製作成一個分段的魔法圈，並在進行儀式時將這些分段鋪設在地板上。但如果你依循這門課程的進度，每個月完成一課且持續日常儀式，畫這個圓圈就不是必需的。

另外一點考量是，將裝有魔鏡的「魔法三角形」平放在你的魔法圈外的地板上操作起來非常困難。然而，這種放置方式的前提假設是原始藝術家精通三維表現。如果你查看原始畫作的副本，可以清楚地看到藝術家在比例和線條的呈現上遇到了困難。三角形可能原本並非設計為平放在地上，不是嗎？

早期基督教圖像經常在宗教人物的頭部後方畫上圓盤，這被認為是代表著光環。因為藝術家沒有將其畫為環繞頭部的呈現技巧，所以只能將其畫在頭部後方。

同樣地，製作這幅素描的藝術家可能想展現三角形的正確形狀和字母。然而，他可能沒有展示其正確位置所需的必要藝術知識或繪畫技巧。

「魔法三角形」應置於魔法圈將要形成的區域之外。三角形應提高到使鏡子中心與探尋者的眼睛處於同一水平（關於探尋者的詳細內容將在後文提及）。顯然，如果探尋者坐著，則三角形的高度會與探尋者站立時不同。雖然三角形可能垂直掛置，但更常見的是讓其頂點稍微後傾，形成一個角度。為了實現這種傾斜，可以將三角形放置在椅子、藝術家的畫架或譜架上。確保三角形有穩固的支撐不會倒下。三角形應放置在魔法圈將要形成的區域的東側，並且非常靠近魔法圈的邊緣。有了這些，加上你的日常準備，你進行《歌伊提亞》魔法的大多數實體準備便已完成。

# 第三部分

正如我已提及，多數形式的魔法都可由自己獨立完成。確實在傳統上，大部分灰魔法的團體儀式，只是團體成員在旁觀察並加入他們的視覺化到操作者——也就是實際施法的魔法師身上。

但在召喚魔法中，一切都有所不同。雖然獨自進行召喚是可行的，但難度大幅提升。許多試圖單獨進行這種工作的人幾乎沒有取得成果。因此，我建議你讓另一個人，也就是一名探尋者，來協助你進行召喚。或者，若你要擔任探尋者的角色，則需要另一個人來執行儀式的重要環節。

探尋者的任務在於凝視魔鏡，觀看被召喚出的存有。探尋者則作為儀式師和被召喚靈體之間的媒介。儀式師或執行者誦讀呼請及召喚的咒語，不僅將所需靈體召喚至鏡前，還協助探尋者獲得必要的靈視畫面以在鏡中看見各種事物。

　　如果你是在一群人中進行此工作，那麼在你首次嘗試召喚魔法的過程中，應選擇心靈能力最為敏銳的人作為探尋者。識別探尋者的線索包括：能夠輕鬆地占卜、占卜結果超越了使用系統的固有限制（例如，極度準確）、頻繁證實正確的占卜、有著非常詳細的夢境記憶、情感表現特別強烈或容易情緒化、經常沉思幻想等。

　　由於社會化的影響，實際上最出色的探尋者往往是女性。如果你的團體中有符合上述特質的人，無論是男性還是女性，可將該人作為你首次實驗的探尋者。如果沒有，從團體中找一名志願者。當你按照這裡的指示進行，最糟的情況可能是你的探尋者無法看到、聽到或感覺到任何事物。這並不一定是實驗失敗，而可能是因為探尋者未開啟足夠的心靈視覺。

　　對於一直獨自進行魔法的你們，以下是關於如何找到探尋者的實用建議。我在此提供建議，因為在當地報紙或網路上刊出招募探尋者的廣告（如「徵求：對召喚靈體感興趣且具有靈視力的密契主義者」）是不合適的。

　　尋找探尋者的最佳地點或許是你當地的神祕學書店或商店。在那裡「逗留」一會兒，尋找對魔法和占卜感興趣的人。當你遇到這樣的人時，先介紹自己，並再詢問如：「你會占卜嗎？通常會準嗎？你有清晰生動的夢嗎？容易進入清明夢的狀態嗎？」等問題。

　　若你不善於與人互動，記得，你不是在「尋找約會對象」。你是在尋找一位合作夥伴。這點需要在對方對和你一起執行魔法有興趣時，解釋清楚。如果對方有意進行，先邀請他們坐在你的魔法圈裡，一起進行每日的魔法練習，觀察彼此的互動。如果感覺你們之間的合作關係良好，也覺得你所選擇的探尋者合適，那就到了告訴對方需要做哪些準備的時機了。

　　在下一頁中，是一幅被歸屬於聖哲曼（Saint–Germain）的繪畫。左邊是男性探尋者凝視著作為魔鏡的高腳杯。右邊的女性儀式師持刀與權杖。探尋者面前的正下方燃燒著火焰。

　　探尋者吸入了可能含有香的火焰煙霧，這會改變探尋者的血液化學成分。還要注意，也可能儀式師正用權杖敲打探尋者。這種痛苦和缺氧的組合會轉變探尋者的意識狀態，使其更易觀察魔鏡中的景象。

　　如圖所示，也如我和我的學生的經驗所示，探尋者需處於轉變的意識狀態。這可以藉由多種方式達成。一種輕度催眠出神狀態，可以透過自我催眠來引導，這樣就足夠

▲ 聖哲曼的魔鏡凝視

了。如果不是酗酒者也不對酒精過敏，那麼可以讓其稍微飲酒至輕度醺醉狀態，但要避免喝得爛醉如泥。

許多天然及合成藥物能夠轉變意識狀態。儘管我不建議使用任何未經合格醫師專門為你開立處方的藥物，但我也不愚昧到認為我的學生們都未曾使用過「娛樂性藥物」。若你尚未了解這些藥物的影響，我不建議你嘗試去找出答案，我也不會詳述如何使用這些藥物轉變意識狀態以進行魔法。我只能說，有人曾向我表示，他們在使用化學藥物後取得了巨大的成果。

正如圖所示，透過儀式引入的少量疼痛亦能影響意識。這些微小的疼痛能引發多種荷爾蒙在血液中流動，進而影響大腦與心靈的交互作用。至少從龐貝時期以來，就有畫作展現儀式性的鞭打。有一些威卡組織會在特定的儀式中採用這種方式。在一些薩滿文化中，疼痛是靈性實踐的一環。即使是一些主流的基督教派別，也曾經並且仍然使用苦行衣（hair shirts）和自我鞭打。就我個人而言，我並未覺得這些技巧有用，但有人確實覺得它們有效。

普遍認為，探尋者所體驗的許多幻視，是由「一氧化碳惡魔」（Demon CO）引發的。這裡的 CO 指的是一氧化碳的化學名，是由火焰或焚香耗盡房間中的氧氣所導致的。因此，在進行此類儀式焚香時，建議打開門或窗戶以保持空氣流通。儘管如此，焚香的氣味，特別是在探尋者附近燃燒時，仍可能對其意識產生明顯的影響。性行為是另一種改變荷爾蒙平衡及影響大腦與心靈互動的方式，不過這將在另一課中討論。還有一種方法是連續數天不睡覺來轉變意識狀態。當然，還有其他方法，你或許能想到更多。不論哪種方式，應讓探尋者自由選擇，並確保雙方都對此感到舒適。若有任何疑慮，探尋者應先進行醫學檢查，以確保所採取的任何行為都不會對其健康造成損害。

請留意，這些方法若謹慎操作，對健康的人不會造成傷害。再者，這些做法已安全實施數千年，至今在薩滿文化中仍然廣泛運用。然而，也請了解，沒有人強迫你做任何事。如果你嘗試進行召喚魔法，無論是採用合法或非法的方式，本課程的作者、出版商或經銷商均不會對你的輕率行為或對法律和健康的忽視承擔任何責任。以下的儀式和解釋僅作為教育性質的展示，讓你了解許多人的過往做法和現今的實踐。如果你決定嘗試進行此類儀式，對你的健康負責的將是你自己。此外，無論是作者、出版商還是經銷商，均不贊成使用非法物質，或濫用、錯誤使用合法物質或藥物。在這個警告之後，我們將開始學習如何進行《歌伊提亞》的儀式。

# 第四部分

## 召喚儀式的準備

　　進行這個儀式時，除了一般的魔法工具和魔法三角形之外，還需要準備另外兩項物品。首先是一對蠟燭座，其柄部需足夠長，以便探尋者在凝視魔鏡時能握持。或者，你也可以選擇高度達到地板、約三至四英尺或更高的蠟燭架，這取決於探尋者的身高。顯而易見地，若選擇可手持的蠟燭座，請確保其有足夠寬的滴蠟保護裝置，以免探尋者因熱蠟突然滴落到手上而驚慌。這樣做也有助於避免日後清理地板或地毯上的蠟漬。你也可以使用兩個小桌子，將較小的蠟燭架放在上面。

　　你所需的第二項物品是用於召喚靈體的封印。為了製作這個封印，你必須準備一本《歌伊提亞》。每個封印都象徵並賦予了處理一種名為「精神存有」的相關靈體的力量。要決定召喚哪個靈體及使用哪個封印，你需要翻閱書中的介紹，了解每個靈體的特殊能力。

　　假如你在生活中到達一個不想被他人及其問題所困擾的階段，你想要獨處。這就是魔法書中所描述的隱形的真正涵義。隱形並不意味著你會變得透明，而是其他人會表現得好像你不存在一樣。因此，在瀏覽靈體的描述時，你會找到名為巴力（Bael，發音為「Bah — ehl」）的靈體。

　　巴力被認為具備的能力是「使你隱形……他的聲音嘶啞。他會以多種形態出現，有時像貓，有時像蟾蜍，有時像人，有時這些形態甚至會同時出現〔！〕」此外，根據指示，探尋者需要將巴力的封印像項鍊一樣戴在脖子上，「否則他（巴力）不會對你表示敬意。」巴力的封印在右圖展示。

　　封印可以按照護符課程中的指示在紙上繪製。為了方便探尋者在脖子上佩戴，封印上需附有一條繩子，且長度需足夠長，讓探尋者無須解開繩子即可拿起封印查看。

　　依慣例布置聖殿。將魔法三角形放在魔法圈的東側外部。如果認為探尋者可能需要，可在魔法圈內的東方位置擺放一張椅子。你們兩人都應該穿上長袍，而探尋者應戴上封印。兩個蠟燭座應置於東側，位於椅子的兩側（如果有椅子的

▲ 巴力之封印

話），或放在探尋者將站立的位置兩旁。蠟燭應保持熄滅。另外，你還需要準備筆和紙張，記錄探尋者可能傳達的任何訊息。

　　探尋者應位於魔法圈的東側，面朝東方。探尋者附近應燃香，以便其深吸煙霧。

　　進行守望塔開啟儀式。在此期間，探尋者不應分心於儀式。其主要任務是專注凝視封印並對其冥想。探尋者所選定的意識方式應該已經開始，唯獨使用自我催眠轉變意識，才需等到開啟儀式後再進行。若召喚過程有足夠多的人參與，則應指派一人負責確保焚香的煙霧持續飄向探尋者。在施行儀式時，走在探尋者外側，以確保探尋者處於魔法圈內。

　　開啟儀式後，操作者應站在探尋者後方，點燃或讓他人點燃探尋者的蠟燭。將蠟燭交到探尋者手中，迫使其放下封印。確保封印垂掛時正面朝外。若使用站立型或桌上型蠟燭座，告訴探尋者放下封印，並凝視魔鏡。以平和安撫的聲音對探尋者說：

「深入地凝視鏡中。不只是看著它，而是要看進它。移動蠟燭以便你能看見自己，但避免直接觀察蠟燭火焰的反射。凝視深處……更深……更深……」

　　現在該進行第一次咒禱召喚。當靈體的名字在括號中提及時，應該使用你實際召喚的靈體名稱。例如，此處用（BAEL）作為示範，但如果你召喚的是 Botis，則應振動念誦 BOTIS 而非 Bael。所有大寫的聖名或力量詞，都應以振動方式念誦。

## 召喚靈體儀式

### 咒禱召喚的開場

喚作（BAEL）之靈：
我召喚你即刻諦聽；
我召喚你奉命前行，
憑藉至高威能凝集，
憑藉權柄賦予輕倚，
我召喚你奉命銘記，
以此諸名：BERALANENSIS、BALDACHIENSIS、PAUMACHIA、APOLOGIAE SEDES；
以王子至高之名：Genii, Liachidae，

以居於 Tartarean 深處大臣之名，
以率領第九軍團首席王子 apologia 之位之名；
我召喚你即刻諦聽，我召喚你奉命前行。

憑藉至高威能凝集，
憑藉權柄賦予輕倚，
我召喚你奉命銘記，
奉主之名，
祂言出而萬事皆成，
祂存有而生靈順從。
我亦由祂身形允滲，
我亦隨祂意志尋根，
權能授予伴吾君身。
EL，以主至高之名，乘此浩瀚之行，
（BAEL）之靈聽命：
我召喚你即刻諦聽，我召喚你奉命前行。

我以神之眾名命令你，
AH — DOH — NYE、EL、EHL — OH — HEEM、EHL — OH — HY、
EH — HEH — YEH  AH — SHAIR  EN — HEH — YEH、
TZAH — BAH — OHT、EHL — YONE、YAH、TETRAGRAMMATON、
SHA — DYE，
以至高上主之名。
（BAEL）之靈聽命：
我召喚你即刻現形，
我召喚你化身鮮明，
拒於生靈幻影，
聚於人之完形，
我召喚你魔法圈前即刻現形。
以神之無形奧祕聖名：

TETRAGRAMMATON  YUD — HEH — VAHV — HEH。

我召喚你聽命奉行：
於此之傾，
元素顛倒，
風顫咆哮，
海退止濤，
火熄悄悄，
地動嘯傲，
上天入地直至縹緲，
諸靈眾生畏懼繞道。
無論你在宇宙何方，
抑或棲息所有地方。

（BAEL）之靈，
我命你此刻前行，
我命你即刻現形，
答覆我清晰回應，
以和平之姿現形，
以友善之態現形，
以可見之身相迎，
顯化我欲求之請。
因你被召喚現形，
是憑藉真實活神之名，
是奉 HELIO — REN 所行。
因此，
自始至終依循我所言所令。
以善以聲答覆我拒於不清。

　　如有需要，你可以隨意重複進行這個咒禱召喚。在召喚後稍微停頓，詢問探尋者在鏡中是否有所見。若短暫停頓後，探尋者未見任何異象，則須重複此段咒禱。儘管你可以隨意重複，但我發現經過三、四次之後，我的興趣會減弱。這時應轉進下一段咒禱召喚。若探尋者打斷咒禱並稱鏡中有所見，則先完成咒禱再詢問。然而，若第一段咒禱均無出現異象，則按以下方式進行第二段咒禱召喚：

## 第二段咒禱召喚

（BAEL）之靈聽命：

我召喚你此刻現形，

我召喚你化身鮮明，

拒於形變幻影，

聚於悅目外形，

我召喚你魔法圈前即刻現形。

以亞當聽聞喚之聖名：YAH、VAHV，

以羅得救贖其眷神名：AH — GLAH，

以逃於以掃，天使搏鬥者雅各所悉之名：EE — OHT，*

以行於智慧，天使蒙受者亞倫所悉之名：ANN — AH — PHAX — EH — TOHN。※

以摩西所喚眾名：⁂

TZAH — BAH — OHT，一抹河水轉瞬血紅，

AH — SHAIR　EH — HEH — YEH　OHR — ISS — TONE，滿城青蛙幾度相擁，

EHL — YONE，奈何冰雹滿落蒼穹，

AH — DOH — NYE，無盡蝗蟲吞噬萬重。

以約書亞所喚之名：†

SH'MAH　AH — MAH — TEE — YAH，不似昨日太陽止行。

以先知但以理所喚名諱：‡

ALPHA、OMEGA，擊殺大龍；比勒成灰。

以三子：米煞、沙得拉、亞伯尼歌所頌相隨：☉

EE — MAN — YOU — EHL，逃離支配，烈爐火堆。

---

譯註：

* 雅各是《聖經》中記載以撒的兒子，以掃的弟弟，因為與天使搏鬥而被神賜名為以色列，亦是以色列國名之由來。
※ 亞倫，摩西的哥哥，以色列的首任大祭司，以其智慧著稱。
⁂ 《出埃及記》中摩西所行的奇蹟，包括河水變血、青蛙遍地、冰雹襲擊和蝗蟲災害等。
† 《約書亞記》中，約書亞命令太陽靜止的奇蹟，使白晝延長以贏得戰役。
‡ 《但以理書》中先知但以理以其堅定的信仰著稱，拒絕崇拜偶像，揭穿巴比倫偶像比勒和殺死大龍的事蹟。
☉ 《但以理書》描述米煞、沙得拉、亞伯尼歌三位希伯來青年，因拒絕崇拜尼布甲尼撒王的金像而被投入火中，卻奇蹟般地存活。

以此之名：HAH — GEE — OS，

以此寶座之名：AH — DOH — NYE，

以此諸名：ISS — KEER — OS、AH — THAN — AH — TOS、PAH — RAH — CLEE — TOS，

以此諸名：OH THEOS、EEK — TROS、AH — THAN — AH — TOS，

及三祕名：AH — GLAH、OHN、TETRAGRAMMATON，

我嚴令你奉命緊隨，

我約束你絕無違背。

（BAEL）之靈，

我召喚你奉命前行，

我驅喚你即刻諦聽。

憑藉真神活神聖名，

憑藉全能上主眾名，

祂言出而萬事皆成，

祂存有而生靈順從；

審判無從免，畏懼照顏面，

玻璃海若現，聖前浩瀚間；

四獸寶座纏，其目見後前；

座邊火蔓延，天堂亦猶見，

以諸異象名，以聖天使名，

以神無邊智慧之名，

我驅喚你前行，

魔法圈前現形，

實現一切我願之請，

實現一切我見益行，

以此之名：BAS — DAH — THE — AH　BAHL — DAHK — HEE — AH，

以摩西所喚之名：PRIME — UU — MAH — TAHN，*

---

*譯者註：《民數記》中，摩西召喚神的力量，對反叛的以色列人可拉、大坍、亞比蘭懲罰，使地面裂開吞噬他們。

語畢土裂眾見地一閃，
吞噬可拉、大坍、亞比蘭。

(BAEL)之靈諦聽：
答覆我信實回應，
本於你能力執柄，
執行我一切之請。
我命你即刻現形，
以可見之身相迎，
以和平之姿現形，
以友善之態現形，
顯化我所願之請，
清晰之聲如乍醒，
能解之言意充盈。

　　再次詢問探尋者是否在鏡中看見了什麼。若答案是肯定，則進行提問環節。若否，則可重複第二段咒禱或試試魔法書中的其他召喚。你也可以像念誦真言一樣，不斷重複唸出你想聯繫的靈體的名字。若有多人參與儀式，這樣做特別有效；人數越多越好。

　　雖然《歌伊提亞》中有更多的咒禱，根據我的經驗，前兩次通常已足夠。若念誦三次後仍無成果，則可合理推斷此次不會成功，探尋者此時也無法從靈體那裡獲得任何知識。若探尋者表示確實看見了些什麼，但不清晰，則所有人應持續唸出靈體的名字，直到探尋者表示畫面已然清晰。當畫面清晰後，即進行提問環節。

提問環節

1. 首先針對探尋者提問。直接詢問：「你在鏡中看到了什麼？」若探尋者回答「沒有」或未回應，則重複其中一段召喚咒禱。

　　若探尋者描述某一場景，則將所述內容用紙筆記錄下來，此正是紙筆放入魔法圈中的目的。若探尋者描述了某靈體，檢視其描述是否與你用的魔法書中的相符。以(BAEL)為例，他通常會以貓、蟾蜍、人，或三者融合的形式出現。請記住，這些可能是象徵性的描述，並且無法具體指出大小。

若靈體以極不尋常或怪異的形狀出現（有時會發生），使探尋者感到恐懼或不安，則大聲且堅定地唸道：

（BAEL）之靈聽命：

我召喚你此刻現形，

我召喚你化身鮮明，

拒於形變幻影，

聚於悅目外形，

以此諸力眾名：EH — HEH — YEH　AH — SHAIR　EH — HEH — YEH；

及此諸力眾名：YUD — HEH — VAHV — HEH　EHL — OH — HEEM！

念誦此段禱文後，靈體的形象應產生變化。如果沒有變化，立刻給予**離去之許**（The License to Depart）（稍後詳述）並徹底驅逐淨化該區域，因錯誤的靈體可能因你的魔法而出現。

若靈體呈現愉悅的外觀，或在你的命令下轉變成如此外形，則繼續進行：

2. 向靈體詢問：「你的名字是什麼？」探尋者應該回答說：「我感覺他的名字是_____」，或「他說他的名字是_____」，然後在空白處填上靈體告訴探尋者的名字。

你將會發現，我們所交流的靈體並不會直接撒謊（明確的謊言）。但他們可能不會總是提供完整的答案（故意遺漏的謊言）或你難以理解的答案（混淆視聽的謊言）。舉例而言，他們可能說出另一個他們所知的名字，或者直接拒絕回答。如果發生這種情況，請唸道：

**憑藉聖名之力**：[ 用小五芒星驅逐儀式中的匕首在空中描繪希伯來字母，並想像這些字母以鮮明藍色顯現，記得它們應從右至左排列 ]

YUD — HEH — VAHV — HEH，

命你示現真名不拒，

莫帶含糊莫從猶豫。

此時，你應該會獲得正確的答覆。若靈體所述名字是你所探求的那一位，接著執行下文的**迎接**環節。若非如此，則給予**離去之許**，並徹底驅逐淨化該區域。

## 靈體到來的迎接

崇高之靈（BAEL）！歡迎，於此相迎。

蒼穹之間，你的名字如此耀眼，

神性之顯，有形無形得以照見，

創天立地，上主所致我心聯繫，

我召喚你，本是憑藉神性所及，

我歡迎你，因你依循神及我意。

尋聲前行，聽我言明：

同此神柄同此權，

令你繫留令你懸，

魔法三角魔法圈，

束於此刻束於圓，

從於和善從於顯，

行於此地留影間。

莫擅離去，行止皆須我許；

履行我願，忠實絕無虛言。

## 執行儀式的目的

此時站在探尋者身後，用執行小五芒星驅逐儀式的匕首直接指向魔法圈外的三角形，並唸道：

**我召喚你憑藉上主之力！給予我真實回應。**

現在陳述你希望從召喚的靈體那裡得到什麼。以此次與（BAEL）的交流為例，你會問：

**隱身術的祕密是什麼？**

讓探尋者告訴你靈體所說的任何事情，所指向的方向，或所做的事，並將探尋者所說的內容記錄在所準備的紙上。如果是團體進行，其中一人可以充當祕書並記錄這些資訊。一旦這部分完成，大聲唸道：

### 離去之許

（BAEL）之靈，是你應我誦禱，
是你不懈揭示我所不曉，
是你疾行顯現不畏路遙。
如今，
我授予你離去之許，
朝著合適所在直去。
去吧，
帶著和平寄託，
回到你的樓所，
萬物穿行拂過，
無有倚強欺弱。
離去吧，
願你再臨毫無延緩，
於我聖儀再度呼喚。
願上主平安如昔，
常在你我間憶起，
永恆遍及！So mote it be！

完成儀式時，請以「守望塔的關閉」儀式來結束，並將所得資訊記錄於你的儀式日記中。

## 補充資訊

不必非得有一位探尋者；你可以自行擔任這個角色。不過，若有探尋者參與會更為便利，這樣一來，一人可以進行儀式，而另一人則專注於魔法鏡。

此外，你或許已經注意到，我並未指明使用哪種香、進行儀式的最佳時機，或合適的顏色象徵。這是有重要原因的。本課程的目標不僅是讓你對魔法略知一二，也不僅是讓你閱讀並略懂大量相關書籍。這門課程的目的在培養你成為一位實際操作魔法的魔法師。若你僅能依循書本，你將永遠不會超越文學中「打雜寫手」的地位。坦白說，幾位如喬伊斯（James Joyce）、勒瑰恩（Ursula K. Le Guin）和凱魯亞克（Jack Kerouac）等少數作

家的價值，遠勝過成千上萬公式化的小說家。這並不意味著市面上沒有對大眾愛情小說或漫畫裡的魔法師角色的需求，這些確實受歡迎。但這不是本課程所期望培育的。

的確，進行此儀式的時刻很重要，顏色象徵很重要，香的選擇也很重要。但目前，我將這些細節的發掘留給你。回頭複習這門課程，你應能夠輕鬆做到。作為提示，將靈體能提供給你的能力與「護符魔法」圖表比對。由此，你應該能夠找出相關的行星和輝耀。剩餘的部分應是顯而易見的。如果不是，那就重新開始整個課程，因為你尚未真正理解到足以進行召喚的程度。再次學習這門課程後，我相信你將能理解這些概念，並能夠輕鬆地解決這些問題。

《歌伊提亞》記載了七十二位不同靈體的封印、名字和描述，每一位都擁有可供分享的獨特才能和力量。可悲的是這本書受到了數世紀的壓迫和愚昧所留下的汙染。《歌伊提亞》涵蓋了《所羅門王小鑰》系列中的一部分內容，而《所羅門王小鑰》本身是一套包含多本書籍的魔法文獻集。我最初撰寫《現代魔法》時，曾寫道：「遺憾的是，對於完整的《所羅門王小鑰》，只有一個已知的來源，而且它相當昂貴且品質低劣。」幸好，現已有新版本面世，成為對魔法文獻的重要貢獻。

然而，透過本課程的指導和目前市面上常見的《歌伊提亞》版本，你足以進行多年的實踐工作和試驗。請參見本章末尾的參考書目，以尋找推薦用於所羅門召喚儀式的魔法書版本。

《歌伊提亞》中最為人所熟知的版本，也被稱作「邪靈之書」。然而，這實際上是誤導，因為這本書所涉及的是帶有個性特質的能量或力量。就如同「電」這樣的自然力量，電既可以用來殺人，也能用來照亮夜晚，它並非具有邪惡本質。它是同一種能量，但視其使用方式，可被視為善或惡。同樣地，《歌伊提亞》中的靈體不屬於善也不屬於惡。實際上，它們沒有自由意志，只能按其本性行事。

雖然邪惡在此不構成問題，但業力則不然。即使表面上看似正面的事物，也可能導致負面的業力結果。因此，在根據任何《歌伊提亞》靈體的建議行動前，務必進行占卜，確保你不會無意中進行可能導致不良後果的魔法或行為。請記住，承受你行為所帶來的業力的不會是靈體，而是你自己。

這並非一門關於《歌伊提亞》魔法的課程，我不會提供七十二位靈體各自的例子。然而，我再次敦促你獲取《歌伊提亞》一書，並遵循上述儀式的模式。將「BAEL」的名字替換成你想召喚的書中靈體的名字，並使用書中提供的相應封印。

如果你還未取得該書，或僅想嘗試一些《歌伊提亞》魔法，看看是否對你有吸引力，接下來的幾頁將介紹一些《歌伊提亞》靈體的範例，包括它們的封印、描述和適用目的。

▲ 亞蒙之封印

　　上面是亞蒙（AMON）的封印。亞蒙是一位力量強大、性格嚴肅的靈體，他的外觀像一隻狼，帶有如火焰般呼吸的蛇尾。在魔法師的命令下，亞蒙會變成有渡鴉頭的男子。有時這渡鴉的頭部長有「犬齒」（也就是尖牙）。亞蒙能提供所有過去和未來事物的資訊。他性格中立，能夠協助調解朋友間的分歧，但也可能引起爭端。因此，向亞蒙提出願望時需謹慎。

▲ 布提斯之封印

　　上面是布耶爾（BUER）的封印。布耶爾僅應在射手座之時被召喚，且會以射手座的半人馬形象出現。他教導科學與哲學，包括數學、倫理學、邏輯與物理等領域。他擅長揭示藥草和植物的神祕魔法與醫療功效，並具有治癒心理創傷的能力。

下面是布提斯（BOTIS）的封印。最初，布提斯會以醜陋的蛇形出現，但在魔法師的命令下他會變成帶有「巨牙」（同樣是尖牙）、兩隻角，手持銳利亮劍的人形。布提斯被召喚時，可以提供類似亞蒙的事物（注意外貌變化和尖牙的相似性）。布提斯能講述過去和未來的事情，也能調解朋友和敵人之間的爭端。

▲ 布耶爾之封印

作為一份有歷史性質的文獻，《歌伊提亞》的確迷人。許多「靈體」其實只是早期文明中的神祇。例如，亞斯塔祿（Astaroth）不過是女神亞絲塔露的形式，也認為是阿斯塔蒂（Astarte）和伊西斯（Isis）。在基督教的男性偏見下，亞絲塔露變成了男性！這也證實了一種社會學理論，即一文化中的神祇成為後來文化中的惡魔。甚至女神也變成了男性惡魔。

我最近看了一個電視節目，節目中的攝影棚被裝飾成洞穴的模樣。節目講者提出了一些奇怪的觀點，聲稱某款幻想角色扮演遊戲引起了惡魔附身，甚至導致人們背棄基督教。由於這個節目在一個「宗教」（即新教基督教福音派）頻道播出，目的似乎是為了引起那些已信奉某種形式基督教的觀眾的偏見。然而，另一名基督教作家、神學家和廣播人物則聲稱基督徒不可能「被惡魔附身」。因此，這個電視節目所提出的哲學甚至與其他基督教辯護者的看法不一致。當然，讓大量人群保持在你的控制之下的有效方法之一是不斷向他們灌輸恐懼。這似乎是「基督教」廣播的一個主要功能。無論如何，我完全不同意這個電視節目的內容，認為它不過是充滿非理性、引發恐懼和偏執的迷信。

公平地說，許多神祕學也深陷於偏執和迷信的愚昧之中。我讀過的一本關於神祕學的書籍竟然引用了《國家詢問報》和《奎師那雜誌》作為資訊來源。即使作者可能不了解《國家詢問報》並非被視為優質新聞的代表，他也應該檢查其他來源。他還應該認識到，《奎師那雜誌》會為了讓其組織看起來更好，而呈現一些不顧真相和現實的內容。因此，我在這裡重申：

不要僅僅接受我的話，或任何人在神祕學方面的說法！

你需要自己去查證和研究。在我最近舉辦的研討會之前，我會在黑板或白板上寫下（或利用筆電和投影機在螢幕上展示）T.F.Y.Q.A. 這幾個字母。我解釋這代表「獨立思考，質疑權威」(Think For Yourself. Question Authority.)。

此時，你可能會好奇這與召喚魔法和《歌伊提亞》有什麼關聯？實際上，我並不認為自己是偏執的，但我手上確實有一件令我感到恐懼的物品。雖然我懷疑惡魔附身是否真的因為玩簡單的幻想角色扮演遊戲（RPG）而發生，但我有一款幾年前的 RPG，其中包含來自《歌伊提亞》的召喚術和棋子，這些棋子無異於該書中靈體封印的縮小版！這款遊戲流通量雖小，對於訓練有素的神祕學者而言並無風險，但對於具有魔法潛能且長時間凝視棋子的人來說，可能會成為問題。這種人在缺乏魔法訓練或保護措施的情況下，一旦在反光鏡面看到奇異形象，可能會大為震驚。這樣的驚嚇可能會損害不知情者的心理健康和破壞他們對現實的認知。有些人可能會對某些思想和理念產生執著，無論是神祕學、魔法或其他方向。對於像你這樣透過本課程逐漸成為魔法師的人來說，執著或附身並不是問題。但對於未受訓練、易受影響的人，則需要格外小心。這就是為什麼我很慶幸我擁有的這款遊戲副本未廣泛流通。事實上，我最近走進一家專門銷售 RPG 的店，店內甚至設有遊戲桌。但沒有人，連店主都未曾聽聞過這款遊戲。至此，我們對《歌伊提亞》的學習和討論就告一段落。

# 第五部分

討論第二本召喚書籍的內容之前，我想先暫停一下，並分享另一個保護儀式。本課程的理論和哲學重點一直聚焦於現代卡巴拉理論，我有時將它戲稱為「西方卡巴拉」。

這一體系源自更早的猶太神祕傳統，而這些傳統又源於更早的閃米特、閃米特之前和非閃米特文化。

相較於「西方卡巴拉」，我所提的「猶太卡巴拉」(Kosher Kabalah) 則避開了許多淡化卡巴拉猶太特色的後期影響。我對於目睹西方與中東地區猶太卡巴拉的復興感到非常欣慰。希望由此能讓許多過去罕見、未翻譯或翻譯品質不佳的文獻對我這樣的學生變得可獲取。舉例來說，一本重要的卡巴拉魔法護符文獻《天使拉結爾之書》(*Sepher Ratziel*)，據我所知尚未被翻譯成英文。我在加州洛杉磯的猶太大學找尋並發現了它的希伯來語副本。這本書大約有六十年歷史，保存狀況不佳。它使用的字體與當前常見的風格略有不同，再加上印刷時部分字母被切割，使我無法嘗試翻譯這本書。

另一本由著名的拉比艾薩克·盧里亞所著的重要書籍《靈魂的革命》(*The Revolution of Souls*) 則是深入探討了輪迴的概念。許多課程中提到的理論都是我從間接來源學來的。或許將來會有真正具神祕學傾向的學者嘗試將這兩本書，以及其他許多仍待翻譯的書籍翻譯出來，好讓它們有朝一日能照亮世界。

另一本經常被討論的書籍是《智者的目標》(*Picatrix*)，它與護符魔法有著密切的關聯。終於在 2008 年 10 月被翻譯成英文。

我再次提及「猶太卡巴拉」的原因是，許多人問我是否有任何獨特的「猶太卡巴拉」儀式。的確有，實際上在《現代魔法》第一版出版前，我就發現了一種很好的保護儀式。它完全依循猶太來源，尤其是依據《形塑之書》。

在《形塑之書》中，我們了解到神以終極聖名三個字母—— Yud、Heh、Vahv ——的不同排列方式封印了空間的各個方向。依循這一點，我將介紹一種可以替代玫瑰十字儀式的儀式。名為：

## 形塑封印儀式 (The Yetziratic Sealing Rite)

這個儀式只需要一支純白的蠟燭、一炷香，以及火柴或打火機。

**步驟一**：面朝東方，並在你前方的桌子或祭壇上點亮蠟燭。然後，將手指分為三組：小指和無名指併攏，中指和食指併攏，而拇指則分開。右手拇指應與左手拇指微微觸碰。這是猶太大祭司所用的傳統祝福手勢（見下頁圖示）：

▲ 祭司祝福手勢

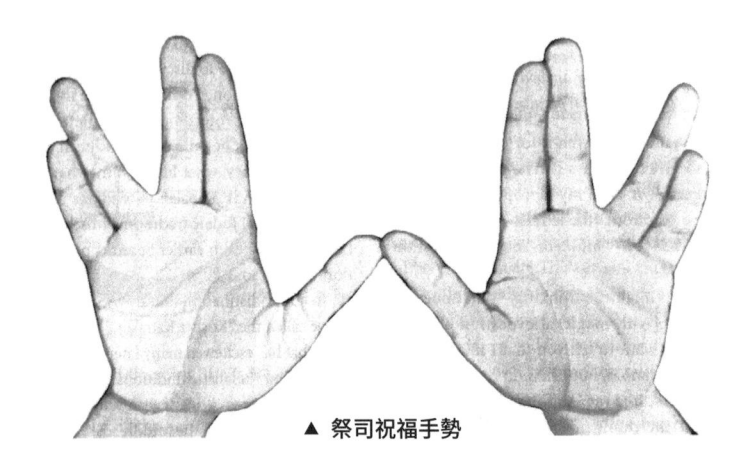

將雙手擺成祝福的姿勢，對著蠟燭，並說道：

上主，你是祝福本身，

YUD — HEH — VAHV — HEH [振動念誦]。

掌管宇宙的神，

祝聖我們甚深，

指引我們點燃，

聖潔之光重溫。

**步驟二**：用右手持香，從蠟燭火焰點燃它。在它燃燒時，說道：

讓我唯一的上主聖名，

知曉遍及於宇宙交界，

YUD — HEH — VAHV — HEH！[振動念誦]

隨後吹熄香，只留煙霧飄散。

**步驟三 (a)**：仰望天空，並說道：

我以此名封印蒼穹。

YUD — HEH — VAHV！[振動念誦]

振動念誦時，用香的尖端向上空用希伯來文書寫這個聖名，由右至左 (יהו)。

**步驟三 (b)**：低頭向地說道：

我以此名封印深淵。

YUD — VAHV — HEH！[振動念誦]

振動念誦時，用香的尖端向下書寫這個聖名，由右至左（יוה）。

**步驟三 (c)**：面向前方（東方）說道：

我以此名，東方封印。

HEH — YUD — VAHV！

振動念誦時，用香的尖端向前方（東方）書寫這些字母，由右至左（הוי）。以同樣方式，在接下來的動作中振動念誦並書寫這些字母。

**步驟三 (d)**：順時針轉身180度，面向西方說道：

我以此名，西方封印。

HEH — VAHV — YUD！（הוי）

**步驟三 (e)**：順時針轉身270度，面向南方說道：

我以此名，南方封印。

VAHV — YUD — HEH！（ויה）

**步驟三 (f)**：順時針轉身180度，面向北方說道：

我以此名，北方封印。

VAHV — HEH — YUD！（והי）

**步驟四**：順時針轉身90度，回到東方。放下香，並恢復步驟一中的祭司祝福手勢。說道：

如此幾度，

微宇與世界交互，

祝福於微宇把注，

祝福於世界密布。

哈利路亞！哈利路亞！哈利路亞！

細拉！細拉！細拉！

阿們！阿們！阿們！

**步驟五**：現在，你可以隨意地在寧靜中逗留。

儀式結束。

務必記錄此儀式的結果於你的魔法日記中。

# 第六部分

《所羅門王大鑰》在各大身心靈書店和神祕學商店均可輕易找到。有趣的是，許多「神祕學家」的人宣稱**小鑰**涉及邪靈，而**大鑰**則與善靈有關。這只不過是重複了其他資訊不足作家的主張。實際上，並無任何證據表明一本涉及邪靈，另一本則涉及善靈。

**大鑰**被劃分為兩個主要部分或是兩大「書卷」。第二部分描述了魔法師的各種工具或「武器」，包括一些看似不太適合高魔法實踐的工具。然而，這是必需的，因為**大鑰**的第一部分結合了高魔法和低魔法的技術。例如，**大鑰**中包括一種利用「蜂蠟製成的人形」使自己隱形的方法。這種化形魔法，有時被稱為魔偶魔法（poppet magick），並非多數卡巴拉魔法師所擅長的範圍。這更傾向於自然魔法或低魔法的領域。

### 最古老的《妥拉》篇章

以色列博物館內有一片可追溯至西元前700年的羊皮紙碎片，這被認為是《妥拉》（聖經前五卷）中最古老的文字片段。它只包含了十五個希伯來字，這些字在現今的《民數記》6:24—26中仍然可見，成為了祭司的美麗祝福語：

*願上主賜福給你，保護你。*
*願上主使祂的臉光照你，賜恩給你。*
*願上主向你仰臉，賜你平安。*

在進行這一祝福時，祭司——或現代猶太會堂中的拉比或領唱——都應採用前一頁所展示的祝福手勢。許多猶太會堂已不再採用這種手勢，我可以理解。正如我先前所討論，大多數現代猶太傳統未涉及神祕學與魔

法，而此手勢則是一種具有強烈魔法性質的技巧。

這個手勢下，雙手不只是象徵，更被認為是通向天堂的窗戶。這種方式形成了五個點：每隻手的外側手指、內側手指群組，以及相互接觸的大拇指。這象徵著一種格子狀結構，並引用《雅歌》（Song of Songs，常被錯稱為 Song of Solomon）2:9 中的句子：「我的良人好像羚羊，或像小鹿。他站在我們牆壁後，從窗戶往裡觀看，從窗櫺往裡窺探。」它同時也可以解讀為「Shin」字母，這是神名 Sha — dai 的縮寫。它還象徵著四個「角落」，據說是神的女性另一半亞舍拉（Asherah）所駐足之處，後來被視為神的新娘。

再次提及《雅歌》中的引言，你可能會好奇，這位「我的良人」、「從窗櫺往裡窺探」的是誰？這當然指的是神本身。人們曾經相信在祝福期間，神會透過祭司的雙手看向會眾。這無疑是魔法的體現。這是許多猶太人在這一祝福期間低頭的原因之一，因為回望神是不適當的。實際上，存在一種迷信，認為這樣做會導致失明。

這個祝福的希伯來文中，字母「Yud」出現了十三次。正如你所記得的，十三代表著合一與愛。因此，這個祝福反映了神對人們的愛。據一位著名猶太拉比——邁蒙尼德（Rambam）所述，這祝福並非取決於祭司，而是來自神。因此，你可以自由地將其作為一種祝福。

這個短禱文在希伯來文中有兩種稱呼，最常見的是 Birkat Koh — hah — neem，也就是「祭司祝福」，另一個則是 Nes — ee — yaht Kah — pai — yeem，即「舉手之禮」。這個禱文的希伯來文發音如下。請注意，「ch」發出的是喉音，而「ay」與「say」的押韻方式相同。

Yih — vah — rech — cheh — cha Ah — doh — nai
vih — yeesh — muh — reh — cha
Yah — air Ah — doh — nai pah — nahv ay — leh — cha vee — choo — neh — cha
Yee — sah Ah — doh — nai pah — nahv ay — leh — cha vih — yah — saim
lih — cha sha — lohm

你或許還記得，「Ah — doh — nai」是用來代替四字神名 YHVH 的詞彙。

《所羅門王大鑰》中之所以特殊，是因為它融合了自然魔法方法，並且未涉及對耶穌及三位一體的呼求，這提供了內在證據，顯示**大鑰**的創作時間早於**小鑰**。實際上，已知的最早**大鑰**手稿出自十五或十六世紀，相較之下，**小鑰**最早的版本則出現於十七世紀。當然，這兩部書籍的口頭傳承可能更加悠久，而更早期的手稿版本可能仍有待發現。這種情況在《智者的目標》也有出現，人們原先認為它是中世紀典型作品的代表，但近期的發現表明，它實為更早期阿拉伯作品的翻譯。

　　在我們研究**小鑰**時，並不打算在這裡重複**大鑰**的全部內容。然而，**大鑰**中的召喚咒語在形式上與本課程前面介紹的**小鑰**相似。因此，你可以仿照前例，將**小鑰**中的「Bael之靈」句式改為「某某天使」來使用召喚儀式。我明白這可能會激怒一些純粹主義者，但技術和理念實則相同。如果你想鑽研像**大鑰**中那樣長達五頁、單行間隔的召喚文，那麼歡迎你這麼做！

　　在**大鑰**中，我們再次面臨一個對我們理解構成挑戰的謎題，這個謎題顯然是為了欺騙那些沒有受過訓練的人。**大鑰**的第一卷與第二卷之間，有一部分充斥著「星陣圓盤」及其如何賦予各種力量與能力的說明。這似乎在暗示這些星陣圓盤實際上是護符。然而，如果你細讀**大鑰**的第一卷並深入了解其中的召喚儀式，會發現魔法師被指示向顯現的靈體展示星陣圓盤，並「向靈體之王要求他成其所願」。正如你所見，將這些象徵性圖像視為護符，其實是一種障眼法，目的在防止它們的真實潛力落入未受過訓練和準備的人手中。

　　下方所示是與太陽相對應的星陣圓盤。其目的在於解放你，使你擺脫那些阻礙願望實現的思維模式。召喚應在太陽之日與太陽的行星時進行。如此一來，顯現的靈體將引導你如何突破心靈的枷鎖，獲得自由。在你的召喚中，使用「上主 Yud — Heh — Vahv — Heh」一詞，而非「Bael之靈」。

接下來呈現的是用於控制金星之靈的星陣圓盤。這個圓盤適用於護符魔法圖表中與金星相關的各項目的。在此情況下，應使用相應天使的名稱而非「Bael 之靈」。召喚金星之靈（例如其中的天使），並按照該行星的特性提出你的要求。當然，應在金星時進行召喚，最好也能在金星日進行。

下方所示是與金星相關的另一個星陣圓盤。它的目的是召喚名為「Yohn — ehl」的靈體，以獲得關於如何獲得恩典與榮譽的指導。「Yohn — ehl」這個聖名源於圖案外圍的希伯來字母：Yud、Vahv、Nun、Alef、Lahmed。

最後是另一個與金星相關的星陣圓盤。它的目的是從天使「Monachiel」那裡獲取吸引愛情的知識。

因此，我想在這裡重申，召喚魔法遠非僅僅與幻想和想像力的互動。它也不是尋求與在附近的亡靈或其他精神存有接觸的唯靈論形式。更準確地說，這是一種與更高層次存有建立聯繫的實際方法。這些存有始終存在，通常是我們對它們沒有察覺。在召喚魔法過程中，我們不僅意識到它們的存在，還可以選擇與其中之一建立聯繫。

在**大鑰**中，我們得到了一些**小鑰**中沒有提供的專門資訊，可以假設這些資訊顯然是專為與**大鑰**中的靈體接觸而設計。當從**大鑰**中進行召喚時，使用星陣圓盤的方法有所不同。在用星陣圓盤集中注意力之後（切勿與魔法工具——五芒星圓盤混淆），將星陣圓盤遮蓋，使其不可見，通常會用一塊黑色絲綢。然後，在靈體出現在你的魔鏡中時，向它展示星陣圓盤。這樣，該靈體將受你的意志所束縛。我們將在後面的課程中以類似的方式運用此技巧，但將用於另一種目的。

在轉向討論召喚魔法的另一面之前，我想順便提及另一本書。這本書似乎是黃金黎明會一個分支——阿爾法與歐米茄協會（Alpha and Omega）的參考資料。這本由馬瑟斯翻譯的書名為《阿瑪德爾魔典》（*The Grimoire of Armadel*）。

這本不尋常的書雖然仍在印刷，但它大多被「魔法師」所忽視，因為他們不理解或不敢嘗試召喚魔法。其內容結構（書中多次提及耶穌）表明它是一部比**大鑰**更晚期的作品。事實上，這本書中某些靈體的名字似乎與**小鑰**、**大鑰**以及另一部著作《阿巴太爾魔法書》中的名字相似。

《阿瑪德爾魔典》的封印或印記比同類作品更複雜，如果不購買這本書並深入研究將難以應用。書中甚至沒有提供繪製魔法圈的具體方法，僅指出「確保魔法圈按我們在『其他地方』提供的指示來正確繪製」。

《阿瑪德爾魔典》中封印的涵義和使用目的被隱藏在晦澀的文字之中。閱讀過此課程後，你應該能理解其深層涵義，並看穿那些對初學者所設的障礙。無論你是計畫購買還

是已經擁有這本書，請記住召喚魔法的目的是讓你洞察星光層面，並與能夠解答問題、根據其性格提供指引的靈體交流。

儘管《阿瑪德爾魔典》中沒有具體教導如何製作魔法圈，但其中的確含有類似**大鑰與小鑰**等其他此類魔法書籍中的保護儀式與召喚術。有趣的是，這本書在最後篇章巧妙地隱藏了關於性魔法的資訊。（下一課將進一步討論性魔法）

# 第七部分

## 元素精靈和元素念像

除非你完全不熟悉魔法和神祕學，否則你可能聽說過所謂的元素精靈（elementals）。如果你稍有了解，可能知道有不同類型的元素精靈，每種元素精靈與特定元素相關：

土元素的精靈是諾姆（Gnomes）。
風元素的精靈是西爾芙（Sylphs）。
水元素的精靈是溫蒂妮（Undines）。
火元素的精靈是沙拉曼德（Salamanders）。

在自然界中，元素精靈的存在極為獨特。因為在物質層面，一切都是各種元素的組合，而元素精靈則由單一的元素構成。因此，除非處於它們各自對應的元素之中，否則在物質世界裡很少能見到這些精靈的蹤影。在熊熊燃燒的火焰中，有時可以看到火精靈舞動。在晴朗的天空中，風精靈有時會以空氣中的閃爍呈現。

關於主要出現在其他層面的靈體，將在另一課中詳述。而本課程篇幅限制，無法學習如何借助元素精靈進行魔法。然而，有一種類似於元素精靈的創造，在你的魔法課程中佔有重要地位，即元素念像的創造。

元素念像（artificial elemental）是透過你的強烈意志和魔法技巧製造出來，用以執行你的意志的精神性存有。從某種意義上而言，它們是一種無須實體護符的護符魔法。而且，目前你已經知道如何創造元素念像。

元素念像結合了特定元素的力量和你賦予的暫時意志或目的。比如，你有兩個朋友正在爭吵，你可能希望給他們送去一些水元素來平息他們的怒氣。在這裡，你結合了水（元素）和平靜的（目的）。

或許你的伴侶在你看來不夠熱情。向他們送去一些火（元素）來增加他們的熱情（目的）可能會奏效。同樣，如果你是一名管理懶惰員工的經理，向他們送去一些火（元素）來提高員工的生產力（目的）可能正是需要的激勵，並增強他們的工作表現。

正如巡弋飛彈會繞過障礙尋找目標，元素念像也具備一種基本的意識或目的感，發現實現你賦予目標的方法。這是你所賦予的，具體說明將在後續進行。

但這也意味著你賦予的元素能量可能與任務不相符。若能量不夠，元素念像就無法實現其目標。反過來說，如果賦予的能量過剩，且沒有指明如何在完成任務後釋放多餘的能量，元素念像則可能變成一種無法控制、缺乏意識的元素力量，隨意向周遭事物和人們散發未被指引的能量，甚至包括創造者。因此，製作特定目的元素念像時，應密切關注以下概念：

1. 在創造元素念像時，必須清晰明確地賦予其應執行的任務。
2. 未經他人同意，不應讓元素念像影響他人。如在之前提及，需要在以下情況下才可進行：(a) 員工已默許經理透過提高生產力來影響他們；(b) 目標對象已是你的戀人，你所做的只是加強現有的關係；(c) 你只是減緩爭議中的情緒，幫助雙方更容易和解，而非影響爭議結果。
3. 因為這屬於灰魔法，最好先占卜，判斷魔法操作的可能結果。
4. 作為魔法流程的一部分，須命令元素念像在達成目標或特定時刻時，無害地釋放所有能量。

## 元素念像的創造儀式

**步驟一**：確定目的並占卜以判斷結果。如結果正面，則進入步驟二。

**步驟二**：進行守望塔開啟儀式。

**步驟三**：想像自己成為欲形成元素念像的元素（課程前段有詳細教學）。雙手相隔九至十二英寸，手掌相對，現在想像你的手之間有一個瓶子或容器。當呼氣時，想像所用元素隨氣息流入容器，直至充滿元素能量。

**步驟四**：放開雙手，讓容器在前方漂浮。拿起相應元素的魔法工具，將工具的末端

對準容器，說道：

我在此賦予你名：＿＿＿＿＿。

去吧，前去完成（具體任務）。

當任務已成目標已從，

消散與（元素名）各處相融，

行於無形善始善終。

在（日期和時間）前任務未成目標未從，

亦消散與（元素名）各處相融，

行於無形善始善終。

So mote it be！前行寄跡！

第五步：進行守望塔關閉儀式。

儀式結束。

註記：

1. 可隨意為元素念像取名，無論是常見姓名或虛構之名，但應與其任務相符。如以「水行者」命名火元素的元素念像是不適當的。
2. 可以將名字添加到上述儀式的文字中。因此，上述儀式可以擴展為「**去吧，**[ 元素念像的名字 ]，**前行並完成** [ 具體任務 ]。」
3. 「具體任務」處需明確指出創造元素念像的目的。例如「去吧，為我的朋友帶來和平」，或「去吧，為我的愛人帶來更多熱情」等。
4. 在設定元素念像消散的日期和時間時，建議使用天文計日法而非人為創造的日期。因此與其說「週二下午四點」，更佳的表述是「下一次滿月當天太陽達到最高點時」。甚至更精確的說法「在下一個火星日，太陽從最高點降至地平線的期間」，這通常指的是週二下午三點到五點間，具體時間視季節而定。
5. 儘管元素念像具有某種意識形式，但它並不比下棋的電腦更有生命。因此創造「被囚禁的元素念像」並不違背道德，這些通常被用作守護用途。它們可以被置

入固體或密封的空心物體中,這或許就是「瓶中精靈」傳說的由來。

若要這麼做,你需修改上述召喚詞的第二行,改為「**去吧,進入這個** [ 雕像、花瓶、石頭等 ]**,並前去完成** [ 具體任務 ]」。如果使用可以密封的花瓶或瓶罐,直到看見或感覺到元素念像進入之後才封閉。例如,一個守護用途的火元素念像,目的是讓未經允許或惡意闖入者感受到恐懼和偏執。記得設定消散的日期和時間,若容器是中空的,請在設定的日期和時刻打開以讓元素念像消散。

# 第八部分

## 祈請魔法

我已經談論過召喚和祈請的區別,以及祈請魔法是唯靈論的基礎。根據你所學習到的,唯靈論者進行祈請的方式(成為某已故之人靈體的「媒介」)可能令你感到訝異:

1. 魔法師使用適當的驅逐方法來保護自己,唯靈論者則不採用魔法防禦措施。
2. 魔法師允許特定的靈體與自己的意識融合並加以控制,唯靈論者則允許周圍的任何靈體進入。
3. 魔法師通常會對非物質靈體所說的話抱持懷疑態度。克勞利花了多年時間才完全接納《律法之書》的內容。而許多唯靈論者則傾向於接受所有「來自彼岸」的訊息。

儀式魔法師進行的祈請魔法遵循一個直接的模式:

1. 驅逐和淨化。
2 & 3. 呼喚一個特定靈體,使用具有雙重目的的話語——如鬆開(而非「失去」)意識的控制,並允許此靈體暫時「接管」。
4. 確認靈體的身分。
5. 聆聽靈體的陳述並對其詢問。

6. 釋放靈體，回到正常的意識狀態。
7. 最後的驅逐儀式。

儀式魔法的祈請過於深奧，以至於在這門入門課程中無法全面闡述。雖然我不會介紹完整的祈請儀式，但我將根據上述模式向你展示如何進行祈請。透過學習和練習，你應該也能自行構建祈請儀式。

## 祈請魔法的關鍵

1. 進行驅逐和淨化，我推薦的最佳方法是守望塔開啟儀式。
2 & 3. 要呼喚特定靈體，需要對其有深入的了解。對靈體了解越多，成功的機會也越大。常見的靈體選擇包括各神話體系中的神、大天使，或各類魔法書中的靈體。一個安全有效的原則是「祈請高位者，召喚低位者」。即祈請神靈、大天使、天使，召喚較低階的靈體。你必須盡可能地了解你將要祈請的特定靈體，包括它常被描述的姿態（如果有的話）。實際擺出這種姿勢，並視覺化自己處於這種姿態，被稱為「神形擬態」。對應的顏色、香氛、詩歌或舞蹈也應該在場出現，有時會反覆重複對我們而言無意義的詞語，像是念誦咒語。這些通常被錯誤地稱為「蠻族之名的召喚」。這種結合呼喚特定靈體和使用轉變魔法師意識的方法創造了一種條件，允許靈體暫時取代魔法師的意識。
4. 接下來，魔法師會將自己視為該靈體。這時，魔法師的言行和外觀可能有所改變，以符合靈體的特質。
5. 被祈請的靈體可能會對在場者發表評論。如同召喚魔法一樣，祈請儀式是團體行為。其他人負責記錄或向靈體提問。最終，是否遵循靈體的建議將由在場所有人共同決定。團體也可能希望向靈體提問以證實其身分。這種方法在本課程前面已有說明。有時，魔法師會單獨進行祈請，不為溝通，而是為了獲得靈體的特質，如士兵在戰鬥前對戰神的祈請。
6. 由於選擇的靈體來自非物質層面，它不會停留太久。有時這裡會加入其他儀式（將在下一課討論）。然後，靈體會自行選擇離開，魔法師的正常意識自然恢復。整個儀式過程中，從守望塔開啟儀式後，五芒星圓盤——物質層面的象徵——應被不透光，最好是絲質的黑色布覆蓋。如果靈體離開不如預期迅速，或者（我見

過的情況）如果魔法圈內的人如同因外星接觸而產生的不良反應，揭開五芒星圓盤並向魔法師或被祈請的靈體展示，以助其返回自己的居所。此外，也應給予如召喚儀式般的離去之許。

當進行非物質靈體的祈請時，魔法師的意識並非單純消失。可能發生的情況是意識停留在星光層面附近，或者穿越星光層面。有時魔法師的意識可能在星光層面遇到其他靈體。在這種情況下，魔法師的體驗對團隊而言往往比祈請本身更有價值。

7. 進行守望塔關閉儀式。

在異教和儀式魔法來源中，可以找到許多類似儀式的美麗版本。我特別鍾愛的一個版本是祈請一位存在於創世之前、因而未經創造就存在的神祇。在這種祈請禱詞中，這位神祇被稱為「未始者」(bornless)＊。

這段詩意豐富的禱詞是克勞利對早期祈請詞的改編。請細聽這召喚之言：

> 未始者，我祈請你以此凡語。
> 你創立天地相依伴聚；
> 你創立日夜交替延續；
> 於你願你許之萬語，
> 光明黑暗並存難去……
> 不義正義劃分斷續；
> 形塑果實種子男女；
> 亦使人們相愛暗許……

接著是一長串「蠻族之名」的重複吟誦（雖然沒有提到，但你應該這樣做），直到未始者接管。要使這轉變發生，最好的方式是「讓祈禱點燃你的內心」。

最後，魔法師的人格離去，未始者認識到自己本然的存在：

---

＊譯註：「永遠」是時間之內的永續存在，而「永恆」則是在時間之外就已存在。「未始者」(bornless) 強調在時間尚未開始之前（未始）就存在的永恆狀態。

> 我即是祂！未始之靈，足亦見明：不朽焰影，浩瀚現形！*
> 我即是祂！真理既明！
> 我即是祂！憎恨惡行，行於有名！
> 我即是祂！如有光影，如有雷鳴。
> 我即是祂！傾瀉生命，傾注生靈。
> 我即是祂！張口永鳴，燃焰隨行：
> 我即是祂！光之造育者喚醒，光之現示者穿行：
> 我即是祂！恩典充盈，無處不迎……

這種禱文形式可以在《所羅門王小鑰：歌伊提亞》的某些版本和克勞利的《魔法》中找到。

我之所以沒有完整展示祈請儀式，並非是它有危險。如果你已依照本課程介紹的儀式練習並遵循指示，便不會有問題。我希望傳達的觀念是，儀式並非一成不變的。有想祈請的靈體，那就對此靈體進行研究，盡你所能了解它。尋找或自己撰寫獻給該靈體的詩詞。要想成功，你必須全心投入於那位神、大天使或靈體中。接著，你必須真心渴望該靈體的到來。為此，你必須「讓祈禱點燃你的內心」，專注於那位特定的靈體。

我希望這門課程能給你提供盡可能完整的資訊。對於召喚和祈請，這項任務仍顯不足。因為召喚魔法的本質需要倚靠其他書籍，而祈請則需要大量的個人努力。

這類型的魔法雖然極具戲劇性，但你未必要使用它們才可成為成功的魔法師。如果你真的想要實踐這些技術，那麼你需要獲取相應的書籍並進行必要的工作。

這門課程的目的之一，是讓你能夠理解任何一本關於魔法的書籍並實踐其體系。如果我沒有向你透露召喚魔法和祈請的深層奧祕，許多書籍對你而言或許不會如此清晰。因此，這是這門課介紹這些的原因。

關於創造元素念像的指示是一套更完整的魔法指導。你現在已了解如何為任何你想要的目的創造元素念像。儘管儀式看起來簡短，但實際上它需要很多時間和努力。這需要你了解本書前八課的內容。

你需要了解元素間的對應關係。你需要了解守望塔儀式，也就是需要熟悉五芒星和六芒星儀式。

---

* 譯註：禱詞中「the Bornless Spirit! having sight in the feet.」直譯為「這位未始者靈體，腳也擁有視覺」，其深意為祂不僅像人一樣在頭部張眼可見萬物，連腳也有這種能力，此為克勞利以詩化且押韻的風格對此描述。

你需要知道如何產生元素能量，這也涉及元素呼吸法的知識。

簡而言之，這門課程是逐步深入，逐步累積的。要在魔法領域取得成功，需要持續的學習和練習。如果只想談論魔法，你會喜歡這門課程；但如果你想成為一名真正實踐魔法的魔法師，你就必須實踐這門課程中的練習、技巧和儀式。沒有什麼神奇藥丸或神祕準則能讓你一夜之間變成巫師。如果你還沒有開始，現在就是時候行動了。

## 複習

為了幫助你確認是否已完全掌握「第九課」的內容，以下列出了一些問題。在不參考課文的前提下，請試著回答這些問題。（答案可以在附錄二中找到）

1. 根據荻恩·佛瓊所述，靈體被召喚至何種層次得以被看見？誰能看見這些召喚的靈體？
2. 根據譚崔信仰，在射精後幾分鐘內，精液仍保有其魔法效力？
3. 祈請和召喚之間有何不同？
4. 哪種類型的魔法難以獨自進行操作？
5. 「一氧化碳惡魔」是什麼，為何它危險？
6. 進行召喚時，首要提問的問題是什麼？
7. 進行召喚時，第二個提問的問題是什麼？
8. 亞蒙靈體的外觀特徵是什麼？
9. 在魔法領域中，誰是最終的權威？
10. 在形塑封印儀式之中，一共對多少方位進行「封印」？
11. 四種元素精靈的名稱分別是什麼？它們為何具有獨特性？
12. 列舉出進行召喚魔法的七個步驟。

以下問題，只有你自己能回答。

1. 如果你在學習本課程之前就已經進行魔法操作，那麼有關召喚真相的資訊是否讓你感到驚訝？
2. 你是否持續進行儀式並記錄於日記？

3. 你是否會偶爾回頭複習本書早期的課程？

4. 你是否曾嘗試過召喚？未來會嗎？你是否已擁有進行召喚所需的其他來源書籍（如各類魔法書）？如果沒有，你打算獲取它們嗎？

5. 你是否已能憑記憶流暢地執行守望塔儀式？

6. 你是否曾進行過祈請？如果進行了且成功，你的感覺如何？

## 參考書目

有關這些書籍的更多資訊，請參閱本書末標註的參考書目註解。

Crowley, Aleister, and Samuel Mathers. *The Goetia*. Weiser Books, 1995.

Fortune, Dion. *Aspects of Occultism*. Weiser, 2000.

Konstantinos. *Summoning Spirits*. Llewellyn, 2002.

Kraig, Donald Michael. *The Truth About the Evocation of Spirits*. Llewellyn, 1994.

Leitch, Aaron. *Secrets of the Magical Grimoires*. Llewellyn, 2005.

Mathers, S. L. M. (translator). *The Greater Key of Solomon*. Digireads.com, 2007.

_____. *The Grimoire of Armadel*. Weiser, 2001.

Peterson, Joseph. *Arbatel*. Ibis, 2009.

_____. *The Lesser Key of Solomon*. Weiser Books, 2001.

Skinner, Stephen. *The Complete Magician's Tables*. Llewellyn, 2007.

_____. *Veritable Key of Solomon*. Llewellyn, 2008.

Skinner, Stephen, and David Rankine. *The Goetia of Dr. Rudd*. Golden Hoard Press, 2007.

# 第十課
## LESSON TEN

本課引言：

「魔法不是你展現的本事，魔法是你內在本質的真實」——這話我反覆向學生強調，並在這門課程中力求清晰表達。真正的魔法師了解到，既然他們能夠透過魔法影響（並實現）自己的生活，他們便真正擁有追求所願的自由。真正的魔法師也明白，他們需為自己的行為負責。因此，自由與責任成為魔法生活方式的象徵。這種態度也是魔法師對於性觀念的基礎。

作為魔法師，我認為每個成年人都有權以其所願方式進行性行為，只要不涉及他人的強迫。無論你是異性戀、同性戀、選擇獨身或多重伴侶關係；不論是對 BDSM 或其他形式感興趣，只要你和你的伴侶是成年人，且未強迫他人從事不願意的事，這一切對我來說都無可非議。自由、責任和誠實應是魔法師的行為準則，其實，這些原則應該是每個人的行為準則。

不幸的是，許多價值可疑的組織逼迫人們進入各種性關係。我所熟悉的一個組織，由領袖決定性伴侶。其中包括在你的伴侶與他人發生性關係時，你必須待在鄰近的房間，聽著發生的一切。

我所了解的另一組織則強調嚴格的獨身主義。已婚成員每月只被允許進行一次性行為，且僅限於生育目的。然而，我知道該組織中的一些主要成員並未遵循此規定。事

實上，該組織的一名副領導者，一名主張獨身的男士，曾與我認識的女性有過纏綿的戀情。組織知道他的私人行為，卻只將他從一個聖所轉移到另一個聖所，並未將他開除。

另一個組織的領袖要求多名成員離婚，而他們也照做了。這位領袖同時鼓勵戀愛關係，卻反對婚姻。他的行為導致無數家庭的破碎。

**為什麼這些組織及其領導者會試圖控制人們的性生活？**

## 你是說洗腦嗎？

許多人談論洗腦這個話題。他們宣稱被某人或某團體洗腦了。這種作為對某團體或個人的指控，常常像是一位魔法師僅因為另一位魔法師做了他不會做的事，就稱對方為「黑魔法師」一樣不切實際。在大多數情況下，洗腦的指控不過是用情感來操弄聽眾的空話。

有人認為洗腦其實不太可能實現，但根據軍事研究，洗腦是真實且可行的。美國軍方進行了相關研究，以協助美國士兵抵抗敵人可能對他們使用的洗腦手段。

真正的洗腦遠比單純催眠要複雜得多。洗腦需要五個條件，而要成功實施則必須全部運用。為了讓你知道洗腦所需的條件，並透過這些資訊幫助你避免生活中可能遭遇的洗腦嘗試，以下是真正洗腦的五大要素：

**1. 抽離原有環境**：通常你處於有朋友、家人、同事的環境中——這些人給你心理和情感支持。將你從這種支持性環境中抽離，通常是洗腦過程的第一步。新環境中可能會包括強迫的性行為。

**2. 睡眠剝奪**：這會打亂你的日常生活，缺乏睡眠使你疲憊，並減弱你的自制力。

**3. 異議懲處**：當你以某種方式不同意那些試圖對你洗腦的人時，你會收到與異議不成比例的懲罰。例如，如果你拒絕按照他們的速度行動，你可能被關在黑暗的房間三天。

> **4. 贊同獎賞**：對同意的獎勵也與同意本身不成比例，但與你持異議時受到的對待相反。例如，同意透露某個祕密，你可能會得到一些額外的食物，或有機會短暫外出。
>
> 對持異議的大量痛苦和對同意的微小快樂，會導致行為被合理化，符合洗腦者的期望。
>
> **5. 生理化學的變化**：儘管睡眠剝奪、體罰或藥物使用都可能引起這種變化，但通常是透過飲食改變而引起。
>
> 洗腦會改變你的態度和觀點。然而，與普遍看法相反，洗腦並非總是帶來負面影響。例如，軍隊使用這些技巧將普通人訓練成士兵，即使在直覺上告訴他們該逃跑的情況下（正如蒙提・派森著名的劇中台詞：「快跑！快跑！」），他們仍願意勇敢地迎向槍林彈雨。

我們最個人且最私密的事物是性。Romeo Void 樂團 1982 年的歌曲〈Never Say Never〉以其重複的歌詞「如果我們睡在一起，我可能會更喜歡你」展現了性與我們心靈的緊密連結。其實，性愛就是我們與他人親密接觸最直接的方式。控制一個人的性生活，就能控制其心靈；進而控制這個人。性生活的控制被認為是洗腦的一部分。

或許你還記得派翠西亞・赫茲（Patty Hearst）。1974 年，她被一個她不認同其理念的團體綁架。之後，她成為該團體的活躍成員。其中一種改變她的手段是控制她的性生活。她被迫與數人性交，也包括參與群交。這是一種打破她意志的方式，直至她放棄了自己的觀點，轉而接受了綁匪的觀點。我並不是要站在赫茲或綁匪的立場談論誰是誰非，而是要向你展示，控制一個人的性生活是如何得以成為洗腦技巧的一環。

關於我先前提及的第一個團體，透過控制成員的性生活，他們能夠控制成員的心智。所以，即便該組織的目的是教導每位成員成為獨一無二、獨立自主的個體，實際上每個人都傾向於自願接受領導者的指令。此外，成員們向組織捐出大筆金錢，其中多數最終都落入領袖的口袋中。最後，在領袖積聚了大量財富和資產後便退出了這個組織。該組織分裂成多個小團體，其中一個甚至還試圖跟電影《星際大戰》中的哲學相連！據我所知，該團體最終消失了，但可能仍有一些小分支存在著。

至於第二個團體，其領袖過世後，雖然各聖堂及其各自的領袖聲稱自己擁有深度的靈性，卻為了爭奪權力、控制權和團體的財產相互爭鬥。這個團體也因此分裂。這些分裂出來的團體中，有些仍然是有以權力、金錢和性為核心的領袖。另一些則發展成真正具有深度的靈性組織。

這個團體成員既要求獨身，卻又達不到完美的獨身狀態，導致一些成員因為「失敗」而感到罪惡感。為了彌補他們認知中的過錯，他們反而更加努力地為組織籌募資金。這也讓成員們更容易相信領導者所宣揚的「真理」，這些領導者會進一步教導成員如何編造謊言和偷竊。事實上，這個團體最終因「過失致死」、「誹謗」和「綁架」等罪名被定罪。真是一個名副其實的「靈性組織」啊！

第三個組織則完全被他們的領袖控制住了。這位領袖穿著奇裝異服，衣服上還縫滿了燈泡，並且製作了一系列令人尷尬的業餘影片宣揚團體（也就是她自己的）理論。這些影片的製作水準之差，反而讓人覺得可笑。然而，就像受控的機器人一樣，這些追隨者似乎完全不在意也不覺得自己看起來有多愚蠢。人們越是嘲笑他們那些半文藝復興、半科幻小說的打扮，他們就越是對控制他們生活的領袖死心塌地。這位領袖在 1990 年代中期去世，她死後我也就沒有興趣再繼續關注這個團體了。

我之所以寫出這些引言作為提醒，是要指出有些組織會試圖控制你的性生活，藉此控制你的意志。在較低的層面上，也有些團體假借靈性或學習的名義，招募成員進行性剝削。此類團體存在於各個領域，也包括魔法的學習。有些「魔法」團體根本不是真正的魔法學習，而只是兩種目的的幌子：一是獲取性伴侶，二是控制你。

確實令人遺憾的是，有些人因為感到軟弱無力，為了克服這些感受，竟然要尋求控制他人、主宰別人的力量。同樣令人遺憾的是，有些人需要披著「靈性」的偽裝來獲取性伴侶。

如果你加入某個團體，並且很明顯地感覺到性行為會成為團體活動的一部分，請**務必立刻停止！**

問問你自己，你是否真的想和這些人以這種特殊的方式交往。如果他們不是你想發生性關係的人選，請務必在他們試圖掌控你的生活和意志之前離開。

請不要認為自己不會被洗腦或覺得自己太聰明不會上當。許多邪教組織的成員都來自大學校園，招募比例還很高。我見過許多非常聰明的人去「調查」邪教組織，卻最終陷入邪教的雙重思維（double-think）陷阱，淪為無情領導的棋子。

正因為控制他人的性生活可以進一步控制其整個生命，所以我花費了這麼多篇幅討論洗腦和邪教組織。真正的魔法師象徵著思想自由和意志自由，如果你受到某個邪教組

織的思想控制，就永遠無法成為一名魔法師。

此外，洗腦可能和你想像的不同，並不一定像某些案例那樣，讓你每天遭受折磨和斥責，儘管那的確是其中一種手段。如今大多數邪教組織採用循序漸進的方式，誘導你忽視邏輯並接受他們組織的「雙言巧語」（double-speak）。在本課附帶的參考書目中，我列出了一些描述邪教組織特徵及其洗腦技術的書籍。強烈建議你在加入任何將性愛視為教學內容的團體之前，先研讀這些書籍。

# 第一部分

## 性魔法（Sex Magick）

性魔法有幾個不同的面向，難以劃分為明確的類別，因為它們在很大程度上是重疊的。儘管如此，為了討論這個主題，還是有必要進行大致的分類。請理解，這種劃分方式只是為了溝通的便利，其他作者可能有不同的分類方法。

我將以性能量為基礎的魔法類型分為以下三大類別：

1. **意念控制**（Thought Control）：這是在性慾喚起和性高潮期間，透過心智控制性能量的方法。這聽起來可能不難，但實際上它要求你在意識難以集中思考的狀態下保持對某事物的專注。這部分內容將在後面詳細講解，並包含如何克服該問題的技巧。

2. **內煉金術**：這是一種被稱作白色性魔法（White Sex Magick）的白魔法形式。它是道家煉金術（亦即道家瑜伽）及譚崔性瑜伽（Tantric sexual yoga）的重要組成部分。有些純粹主義者可能會對我在這門課程中引入東方元素感到不悅。然而，我是非常兼容並蓄的。早在布拉瓦茨基的著作問世之前，東方密契主義就已經融入了西方的神祕學和實踐中。甚至黃金黎明會也從東方獲取了許多靈感。其中就包含業力與「元素潮流」（Tatvic Tides）的觀點，這個體系有助於理解及運用魔法元素。由於基督教會一千五百多年來一直譴責將性運用生育之外的其他目的，西方性魔法中的許多內容不得不深深隱藏起來，這實在令人遺憾。在東方情況則非如

此，因此那裡有更多的資料，即使在許多情況下這些內容也是經過了深度掩蓋。

**3. 外煉金術**：更接近於灰魔法。它運用經過魔法充能的性分泌物來達成魔法目標。請注意，外煉金術使用的是有形元素，有別於內煉金術著重於性能量。外煉金術經常與西方赫密士煉金術相關，因為在許多西方煉金文獻中，只要你了解其中的暗碼，就會理解其中隱藏著性魔法的指示。

這三種系統都不容易學習也不容易掌握。此外，在一百年前這些技術是深藏隱晦的祕密，只在低聲私語中提及。但我們正處於一個新時代，隨著可共享的知識日益豐富，加上認真專注的實踐，任何人都有可能精通性魔法的各種技巧。

許多魔法師相信性魔法完全源自於印度和西藏的密宗傳承。儘管密宗譚崔對許多現代的性魔法產生了深遠影響，但同時，性魔法也有其源自西方傳統的一面，即便是這些起源與東方實踐有著類似之處。例如，性的主題與其相應的性魔法，就是卡巴拉基礎的一部分。

即使是嚴肅古板的偉特也在《神聖卡巴拉》（*The Holy Kabalah*）中承認：「（卡巴拉）至高的智慧是性的奧祕。」（無疑地，這會使嚴肅的他臉紅起來）他也提到，《光輝之書》清楚地表明，一週中最神聖的日子——安息日，是男女交合的最佳時機。書中還提到，若男子為學習卡巴拉而離家，他回到家後的首要任務和義務是與妻子做愛。

當然，性行為和性魔法之間是有所區別的。但透過了解生命之樹的兩側分別代表陽性和陰性，甚至是理解四字神名也由陽性與陰性字母所構成，我們能夠洞察到卡巴拉的內在性別特質。

此外，還有一部創作於十三世紀末期的希伯來古籍，名為《聖書信》（*Iggeret ha-Kodesh*）。表面看來，這本書是中世紀猶太人使用的一種婚姻指導手冊。

現今的婚姻指南通常只是介紹各種性愛姿勢和其他性活動的性愛書籍。在古代中國，這些被稱為「枕邊禁書」（pillow books）\*。然而，過去的婚姻指南並非如此。一百年前的指南中幾乎不提及性話題，討論內容多局限於哲學和簡單的心理學。這主要由於這些書籍的創作背景和當時社會的審查制度所造成的。

---

\*譯註：原文中提到的「pillow books」實際上源自日本文化，在中文語境中較少使用此稱法。這類書籍通常涉及情色或藝術內容，與中國古代性愛手冊的傳統稱呼有所不同。此處按原文翻譯，忠實反映作者的觀點與表達。

猶太教和卡巴拉學者並不像許多其他文化一般迴避性議題。在《塔納赫》篇章裡，亦為猶太人的聖書之一的《雅歌》（*Sheer Ha — Sheer — eem*，亦稱為 *Song of Songs* 或所羅門之歌 *Song of Solomon*）表面上是一首首的情色愛情詩。然而，著名的神祕學家拉比阿奇巴（Rabbi Akibah）對這部作品評論是：「整個宇宙的價值都無法比過這本書《雅歌》賜予以色列的那一天。」他進一步指出：「所有經文都是神聖的，但《雅歌》是最為神聖的。」從這些話中，我們可以明顯看出，《雅歌》中談論的性不僅僅是純粹的情色（《光輝之書》據傳的作者約海的拉比，是他的門徒）。

　　《聖書信》全面地探討了性的各方面，包括性的神祕和魔法層面。書中寫道：「當男人與妻子在聖潔中結合，舍金納便存在於他們所交融的男女奧祕之間。」由於舍金納（Shechinah，發音為 sheh — chen — ah，ch 發如德語 ach 的音）相當於神之聖靈或譚崔的夏克提（Shakti）（注意這兩個詞的發音相似），顯示作者是在討論一些特殊的主題。事實上，這正是昆達里尼瑜伽（kundalini yoga，更準確地說是 Laya Yoga）的內容。關於這一主題，當我深入談論內煉金術時將有更多討論。

　　《聖書信》還描述了我稱之為「意念控制」的性魔法一環。這種性魔法對於西方文化背景的人或許更易於接受。《聖書信》直接陳述：「依據你在性交時所抱持的念頭，種子的形態將隨之而定。」這表面上意味著，如果你在性交時思考靈性的事物，你將會有一個靈性的孩子；如果思考快樂的事物，則會有一個快樂的孩子，以此類推。然而，我們都清楚，並非每一次的性行為都會導致孩子誕生。**但真的是這樣嗎？**

　　當然，我無法否認，導致嬰兒出生的性行為次數與性行為的總次數相比微乎其微。但請回想一下我之前對創造性想像的談論。也記得無論你是否意識到，你一直都在經歷創造性想像的過程。同樣地，每次你進行性行為時，即使不會產生人形的嬰兒，你也都在創造克勞利所說的「魔法元嬰」（magickal childe）。或者換個方式來說，性魔法中「意念控制」的核心思想是，在高潮的瞬間所抱持的念頭將成真。可惜的是，這並不像聽起來那麼簡單。要理解其原因，我們需要深入了解威廉・賴希博士（Dr. Wilhelm Reich）的理論。

## 賴希、能量、性

　　許多心理學領域的專家對於賴希關於奧根能量及其對性高潮的看法予以駁斥。他們認為賴希的一個基本理論，即心理障礙的人無法達到高潮是錯誤的。顯然，許多有心理疾病的人在某些情況下（如強暴）仍能達到高潮。因此，這些專業人士認為，賴希以此

作為眾多關於性高潮和奧根理論的基礎，他的觀點一定是錯的。

然而，在我看來，這些自稱精通賴希理論的「專家」顯然要不是從未認真閱讀過賴希的作品，就是有意曲解他的理論以推行自己的理念。賴希**從未**主張有心理疾病的人無法達到高潮。他明白這些人確實是能夠達到高潮的。他也肯定了解克拉夫特－艾賓（Krafft–Ebbing）撰寫的重要心理學著作《性病態：238個真實檔案》(*Psychopathia Sexualis*)。克拉夫特－埃賓具有醫學專業學位，這本書多年來一直是醫師們關於反社會性行為研究的重要依據。賴希的說法是，有心理障礙的人無法經歷「全然高潮」（potent orgasm）。

賴希相信，在性慾喚起期間，一種他稱之為奧根的能量會在身體中積聚。為了達到身心健康，這種能量必須在高潮時釋放出來。這可以比擬為吹氣球的過程。隨著性慾逐漸強烈地喚起，氣球內被吹入更多空氣。此時，如果你失去對意識的掌控，空氣將會經過氣球的閥門安全地釋放出來。但如果沒有失去對意識掌控，氣球則會隨著壓力增大而膨脹，直至爆破。

同樣地，賴希認為在心理有障礙的人體內，奧根能量無法自然健康地流動。這類人在高潮時對自己會有不健康的情感、心理或生理的掌控，無法任其自由流動。

他認為這種在高潮時的受控行為是不健康的。一個健康的人需要能夠處於全然高潮狀態。這意味著在高潮體驗中強烈身體反應的時刻，人不應該思考著「我這樣做對嗎？我的伴侶享受嗎？」反而是應該更完全沉浸於性的原始享受中，無法有任何思考。只應存在純粹、思緒歸零的體驗。

這種「思緒歸零的體驗」的概念聽起來熟悉嗎？應該是熟悉的，因為進入這種狀態正是真正冥想的本質！賴希發現，高潮的瞬間與真正的冥想是相同的。

賴希相信，能夠達到上述思緒歸零、任由感受引導狀態的全然高潮，是釋放奧根能量的**唯一**途徑。若未能達到此狀態，人體的「氣球」將因奧根能量過度蓄積而爆炸，這種爆炸會以心理或生理問題的形式顯現。雖然這確實是一種釋放奧根能量的方式，但我不認同這是**唯一**的途徑。譚崔修行者擁有隨意控制此能量的方法。這部分將在談論內煉金術時進一步闡述。

此外，並非所有經歷全然高潮的人都經歷思緒歸零。事實上，這樣的人僅僅是沒有**意識**地思考。性交（或其他使人達到高潮的性活動）可能是如此原始，以至於在心理層面將我們帶回一個理性意識尚未掌控自我之前的階段。因此，當我們經歷全然高潮的那一刻，正是我們的潛意識主導我們的時刻。

如我先前所述，潛意識是我們與星光層面（即形塑界）的連結。當你因思維過程在星光層面上創造出一物，它肯定也會於物質層面成形。在高潮的瞬間，我們腦海中的任

何念頭會直接進入潛意識，並朝星光層面投射，而它也勢必會化為現實。正因如此，高潮瞬間心中所持有的念頭也必然在現實中成形。

但這也是困難所在。要進入潛意識，我們必須處於全然高潮的狀態。這意味著我們必須暫時失去感知與自我。然而遺憾的是，這一面的我們與邏輯、理性的自己緊密相扣。若失去這部分，我們如何在高潮時仍能保有心中的念頭呢？

幸好，存在一種方式。潛意識不以文字思考，而是以符號或影像進行理解。當見到「樹」這個字時，潛意識（及記憶）裡存留的卻是你曾經見過或想像過的樹影。因此，你只需製作一個象徵你所期望之物的符號，這些符號、形狀和物品能在全然高潮的狀態與你同在，而文字則無法做到。只需在達到高潮時將符號保持在內心。雖然這不難，但確實需要練習。

## 伴侶的性魔法儀式

兩位參與者需明白，即將進行的不只是一般的性行為，而是一次魔法行為，**一次靈性行為**，這不僅僅源於浪漫、激情或「戀愛」的情感。

**步驟一**：讓兩位參與者清楚這項行為的目的。應在兩人在場的情況下占卜，以確保這項魔法行為是「符合因果」的。

**步驟二**：設計一個適合作為此魔法行為目的的印記。儘管可以使用魔法書中的印記，但設計一個原創的印記是更好的選擇。斯佩爾系統在此會有助益。

**步驟三**：製作多個大型印記，將它們放置在房間周圍，也包括天花板，以便於你無論看向哪個方向都能見到魔法印記。

**步驟四**：在你的區域中心建立一個「舒適之地」（Place of Comfort）。通常這是一個小床或某種墊子。若空間足夠，可將祭壇設在舒適之地的前端。但如果空間有限，就讓舒適之地作為你的祭壇。

**步驟五**：現在，兩位參與者應分別沐浴／淋浴。洗淨後使用適當的香氛、香水、乳液。尤其是乳液，適合塗抹於身體不同部位。穿上長袍，準備進行一次神聖的魔法儀式。進入你的聖殿時，請銘記這是一個聖地。接著，先進行守望塔開啟儀式。

**步驟六**：現在移至舒適之地，彼此開始投以心靈上的愛慕與肢體間的愛撫。逐漸解開彼此的長袍。在繼續相互撫摸的同時，依據喜好，為對方塗上潤滑油。用眼、耳、口、聲、手、足、舌等全身性地探索對方。在這個階段，不必思考儀式本身，而是專注於你和伴侶。讓你的性幻想自由馳騁。

**步驟七**：一旦雙方準備就緒，就可以進行實際的交合。在這段愛撫的過程中，暫時不要有任何推進動作。

**步驟八**：開始進行緩慢的推進動作。當你們越來越沉浸於儀式的這一階段時，留意周圍的印記。**不必去思考它們的具體意義**，你的潛意識已然了解。只要注視那些符號即可。

**步驟九**：讓彼此的激情決定你們動作的速度，直至交合變得非常激烈。也可依照喜好變換你們的性愛姿勢。這就是必須在房間各處張貼印記的原因。無論看向何處，無論處於何種姿勢，都必須能夠看見印記。盡可能將注意力集中於這些符號上。持續進行直到高潮。如果伴侶已相處一段時間，且了解彼此對於性的反應，儘管「同時高潮」並非必需，但最理想的情況是兩人能夠同時高潮。

**步驟十**：盡量長時間保持結合（即保持陰莖插入），最長不超過十五分鐘。在這段時間內，儀式參與者可彼此愛撫，但應避免過多的交談。

**步驟十一**：穿回長袍並進行守望塔關閉儀式。

儀式完成。

## 關於此儀式的註解

1. 交合時間的長短雖然不是關鍵，但必須有充足時間積累能量，讓象徵性的思緒在參與者高潮時釋放。至少十分鐘是適當的，但超過半小時則不必要。一般來說，女性不會有因時間長短存在的問題，唯一可能的是長時間交合，導致陰道潤滑不足引起的不適。這種情況可能出現在不習慣長時間性愛的女性身上，但使用**高品質**的性潤滑劑就可以輕易解決這個問題。

    男性則可能面臨兩種困境：在感官刺激不強烈時保持勃起或過快到達高潮。麥斯特與強生（Masters and Johnson）的研究指出，男性從陰莖插入到高潮的平均時間約為兩分三十秒。由於這是平均值，意味著有些男性可能在插入幾秒後就會到達高潮。在本課程稍後的段落，將會有關於男性如何延緩高潮的指導。

2. 此儀式適用於同性伴侶。異性伴侶也能以口交或肛交的方式進行。（**注意**：在進行肛交後，陰莖需徹底清潔後方可進行陰道性交。）

3. 雙方在高潮時所採取的姿勢十分重要。以下是一些建議：

    **傳教士體位**（男性在上）適合用於為男性帶來正面影響的魔法（例如，幫助

他加薪或獲得更好的工作等）。

**女上位**（女性在上）適合用於為女性帶來正面影響的魔法。

**後入體位**（女性像湯匙一樣躺著，男性位於後方，當然也包括男同性伴侶）適合用於男性伴侶向其朋友傳送療癒等能量。而當女性伴侶向她的朋友傳送能量時，則可使用女上位，但她需要背對著男性伴侶。

4. 如先前所提，此儀式也可以用口交的方式進行。在此情況下，無須準備「舒適之地」，而是要有一張名為「寶座」的椅子。使要體驗高潮的人坐在寶座上，而伴侶或跪或坐於寶座前，進行陰蒂或陰莖的口交。坐在寶座上的國王或女王需要將符號牢牢握在手中，並在伴侶進行性刺激的過程中，專注地凝視著它。為國王口交的人應該吞下他全部的精液，為女性進行陰道口交的人也應該舔舐並吞下她的所有性分泌物。

5. 此儀式同樣可以個人單獨完成。若如此進行，男性在自慰後應將精液收集於底部貼有符號的小瓶內，並封閉瓶口。或者，他也可以將精液收集在碟子上並吞食。伴侶也可以用手協助達到高潮，並食用其精液。

   同樣地，女性也可以單獨完成。以手部刺激、在伴侶協助下或像是振動按摩器等情趣用品下完成。在經歷高潮後，應該使用少量淨水清潔，並保留這些液體，與葡萄酒或果汁混合後飲用。

6. 性愛上的嘗試和變化能帶來極大樂趣，但儀式並非嘗鮮的適當時機。如果有某個合適的性愛姿勢，是你未曾與伴侶在儀式中嘗試，而想在此儀式中進行，應事先練習（或至少討論），這樣雙方才能了解如何以最舒適的方式，以此姿勢維持數分鐘。

7. 儘管卡巴拉和譚崔在這一點上有不同見解，但那些欣賞克勞利的人可能會同意他的看法，即可以選擇任何人一起進行儀式，也不必讓對方知道儀式的目的。我個人認為，這是一種對性關係不當利用的行為，經驗也顯示，只有在雙方都清楚知道正在發生的事情時，儀式才較有機會成功。我這裡提及此觀點，是為了讓那些遵循克勞利系統的人能夠了解其中的差異。

## 預示性質的性魔法

此儀式的進行方式與上述儀式相同,但其目的純粹是為了預測或尋求隱藏知識。它也可以作為前一課召喚儀式的一部分來使用。請參閱上一課中有關理想探尋者特質的描述。這項技術將用於此類人。

任何預示性質的技術都包含三方面。執行者必須:

1. 關閉外在的干擾,開啟內在的覺知。
2. 轉變意識狀態。
3. 增進大腦的血液流量。

在此儀式中,關閉外在的干擾使用到**瑜尼手印**(Yoni Mudra)。這是一種用手部封閉其他感官的手勢。操作如下:

將雙手置於臉前,指尖相觸,手掌朝向臉部。用雙手的小指和無名指夾緊嘴唇以封閉口部。用兩手的中指按壓鼻孔,封鎖鼻息。用每隻手的食指輕壓眼瞼以閉合雙眼。最後,用大拇指按住耳朵前的小肉瓣(嚴格來說這稱為耳屏),蓋住耳道入口,封閉雙耳。

這個手勢關閉了大部分外在感官,使內在的覺知得以浮現。

在前一課中,我已經介紹了**轉變意識狀態**的方法,包括飲酒直至微醺狀態及缺乏睡眠等。在這個儀式中,為了增加頭部血液流量,我們會在性行為時讓頭部低於身體其他部位。

小指和無名指封閉口部;
中指封閉鼻孔;
食指輕壓眼瞼以閉合雙眼。
未見於圖中的部分:大拇指封閉耳朵。

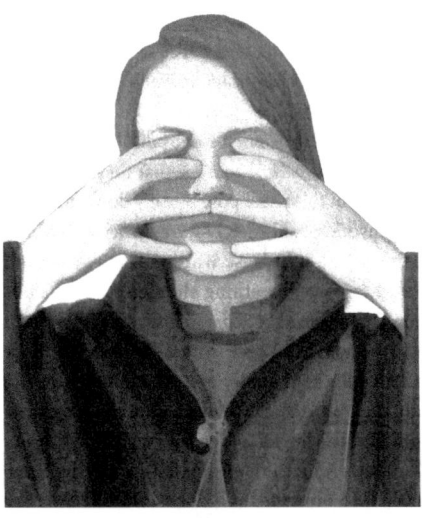

▲ 瑜尼手印

如果你的「舒適之地」有放床墊，探尋者可以將頭部懸垂於床墊邊緣。如果探尋者健康狀況良好，可以進一步放置枕頭來抬高臀部和腿部。實際上，若採取口交進行儀式，則可以反轉寶座上的姿勢，使人的雙腿越過椅背，頭部位於椅腳處。伴侶站在寶座後，對位於椅背上方的生殖器進行口交。

**重要提醒**：若探尋者有高血壓，則**不**應如此進行儀式。

當探尋者達到高潮時，應以類似於前一課中介紹的技巧進行提問。若需要獲得特定主題的資訊，探尋者可以在性刺激期間注視伴侶所製作的符號。

在繼續之前，對瑜尼手印有最後一點補充。學生們告訴我，在這種儀式姿勢下他們呼吸困難。我實在難以理解，為何有人會在這姿勢下只是感到呼吸困難——因為當你的手印固定好後，呼吸不僅困難，根本就**不可能**呼吸。輕微分開中指，緩緩透過鼻子吸氣。再次放回手指，只要感覺還舒適，就繼續保持瑜尼手印並屏住氣息。接著將小指和無名指分開，藉由嘴巴緩緩呼氣。當肺部完全排空後，再次放回手指，並在舒適的狀態下維持手印。在使用瑜尼手印時重複此過程。當我向學生們解釋時，其中一些人抱怨這會讓做愛時情慾無法自然流動。記住，這**不是**做愛，這是一個高度儀式化且規範化的行為，它目的明確；任何因此而產生的愉悅都是額外的獎賞。

另一種利用性魔法進行預示的技術，顯然不是每個實踐者都能嘗試的。大多數人可能也不想嘗試，這可以理解。這被稱作「清醒式的情慾昏迷」(Eroto-Comatose Lucidity)，它並非由伴侶進行。更準確地說，此儀式需要一名身兼探尋者的儀式執行者以及幾名助手（通常是異性）。在上述的儀式開場後，助手們（性經驗越豐富越好）以各種已知手段盡可能耗盡儀式探尋者的性能量，並以各種手段再次喚起其性慾。助手們可以運用一切已知的道具和技巧。若有助手感到疲憊，則應由其他人接替。

最後，徹底疲憊又筋疲力盡的儀式探尋者將陷入深沉的睡眠。這時，助手們的目標必須轉變。他們必須嘗試僅透過性刺激喚醒儀式探尋者。但當儀式探尋者有任何醒來的跡象時，所有刺激都必須立即停止。這應持續進行，直至儀式探尋者達到介於清醒與睡眠之間的狀態，「在此狀態中，其靈魂因身體的徹底疲憊而獲得釋放，同時又未能進入長眠之城，得以與最高、最神聖的造物主交流。」

當儀式探尋者完全入睡、醒來，或達到最終的高潮，隨後進入一種再怎麼干擾都難以喚醒的深沉睡眠時，儀式就完成了。在這次睡眠醒來後，儀式探尋者應立刻記錄其回憶。

這個「清醒式的情慾昏迷」儀式源自克勞利，儘管也有傳言稱這項技巧是由他的一位女學生構思並傳授給他的。克勞利在他的小說《月神之子》(*Moonchild*)中，也將這類

意念控制的性魔法融入故事情節。

此外，還有一個用於預示的性魔法姿勢，我想要與你分享。然而，我要強調，這主要是為那些身材苗條、體能佳、體格強健的人設計。它涉及一種譚崔性愛姿勢，稱為「烏鴉式」(The Crow)。在如常的儀式開場和大量性刺激後，男性站立並將女性舉起，使她倒立並面對自己。在這個姿勢中，他們可以相互口交。女性通常會將雙腿環繞在男性的脖子或頭後，這取決於她的腿長。男性通常會抱住女性的腰部來給予支撐。這個姿勢可能讓男性感到體力上的疲勞，除非他的身體狀況非常良好或者女性相當苗條。倒立的女性頭部會有大量的血液流量，這可能促成探尋者的能力與預示體驗的發生。

## 難道克勞利錯了嗎？

如我所述，我認為在未告知的情況下利用某人進行性魔法，近乎等同於對性關係的不當利用。問題是，克勞利當時的建議真的錯了嗎？

嗯，在某個層面上，他確實是錯的。如果你告知伴侶你將與他們一起進行性魔法，但他們反對，你仍然堅持進行，這無疑是不當行為。不向伴侶透露進行性魔法的事實，雖然避開了這個問題，但這是一種不誠實（故意遺漏的謊言）且不道德的行為。

然而，在另一個層面，他或許有他的觀點。假如你對一個對魔法感興趣但未受過訓練的伴侶說，「我想跟你一起進行性魔法」，那個人可能會同意，但隨後會問出「我這樣做對嗎？我應該做些不同的事嗎？魔法起作用了嗎？我應該怎麼幫忙？」等問題。

所有這些問題都是合情合理的，也都是站得住腳的。但它們的共通之處在於：將你從魔法的專注中抽離，轉而回應這人的種種問題。這會導致一種效果，就像是你一開始就對儀式的成效抱有疑慮，預設它註定失敗一樣。

因此，如果你有一個意願的性伴侶，並想在不指導其魔法細節的情況下進行性魔法，克勞利所言確實有一定的道理……

**……如果你是生活在六十多年前，克勞利所屬時代！**

> 之前的課程討論到一個觀念，即與更多受過訓練的人一起進行魔法會使魔法能量指數級增加。找人與你合作，幫助你，或花時間訓練他們這樣做，比在他們不知情的情況下利用他們進行性魔法要好得多。
>
> 花幾週時間與他們分享魔法概念。更好的是，與那個人一起學習《現代魔法》。協助伴侶成長為出色的魔法師，而非僅僅將他們作為利用對象。
>
> 利用他人的黑暗時代已然過去，與他人合作的時代已到來，如同破曉之光，劃破黑暗現於黎明。正如黃金黎明會初學者入會儀式中所言：
>
> > 你久居無生之幽冥。
> > 遠離黑夜，即刻諦聽；
> > 步入白晝，即刻奉行。

我唯一未嘗試過的是「清醒式的情慾昏迷」這項技術，我的學生們也沒有人承認曾嘗試過，但根據我在其他性魔法技術上的個人經驗，以及我一些學生的報告，我可以說，這類型的性魔法技術被認為是當今相當強大和有效的魔法技術。

# 第二部分

## 外煉金術（Outer Alchemy）

接下來我想討論的技術稱為外煉金術。在性魔法的三種技術中，它是最簡單的，因為它所需的自律程度最低。

不同於其他兩種性魔法，外煉金術的性魔法需要與異性伴侶一同進行。因此，它本質上並無法適用於男同性戀或女同性戀。這自然引領我們進行關於魔法與性別的簡短討論。

任何人都可以進行小五芒星驅逐儀式。無論你信仰猶太教、基督教、伊斯蘭教、佛教、無神論，或其他，都無關緊要。重要的是你執行儀式的能力。

當我進行這個儀式時，我傾向於將神視為存在於創造之前的概念，不論祂是男神或女神。其他人則可能將神視作基督教中的三位一體。還有人可能會將小五芒星驅逐儀式中的能量源頭視作拉斯塔法里教（Rastafarians）中的「Jah」（耶和華的簡稱），或甚至是飛行義大利麵神教（Pastafarians）的飛行麵條怪物（Flying Spaghetti Monster）！只要對你有用，這一切都無關緊要。我想表達的是，儘管我們的魔法實踐具有靈性，但它們不必依循任何特定的宗教觀點。確實，卡巴拉有其猶太特色，但這是因為它在過去幾千年間一直由猶太人傳承。我在這門課程中努力做的，是讓這些流程在靈性本質上變得通用，因而適用於任何宗教信仰（或無信仰）。

正如靈性可以與宗教分離，從性魔法師的角度來看，性也可以與愛分離。但請留意，我並非說性應該與愛分離，只是說它可以被分離。然而，事實是，對某些人來說，性並非關於愛和浪漫，它不過是一種帶有愉快結局形式的運動。

我並不認為性應該只源自渴望、慾望、享受等因素。性的親密關係可以建立在相愛的兩個人之間。而其實，我所經歷過的最有價值的性魔法體驗都是與我真心相愛的伴侶共同進行的。但我想表達的是，正如靈性可以與宗教分離，性魔法中的性也可以與愛情關係中的性相互分離。

這並不表示可以用性魔法作為藉口，與非固定伴侶發生性關係。事實上，我建議除非你已告知伴侶並得到他們的同意，否則不應這樣做。這種同意不應該是在憤怒和嫉妒下緊咬牙關、緊抿嘴唇得到的。記住，對於魔法師而言，誠實與正直是至關重要的。

這意味著，如果你沒有固定的浪漫對象，或者你已獲得伴侶的同意，那麼在進行性魔法時與別人或多人合作是被允許的。

請明白，我這麼說並非意味著在從事魔法活動時，就可以隨意與任何人發生性關係。更準確地說，我指的某些形式的魔法儀式，包含性魔法在內，可以與非戀愛關係的伴侶一同進行。

我認為，愛情和長久穩定的關係對於人生極為重要。若你考慮參與包括性魔法在內的任何儀式，可能會給你現有的感情關係帶來壓力，我會建議你深思熟慮，確定是否應該參與這些儀式。或許，你能考慮引導你的伴侶學習魔法，讓他（她）與你一起進行性魔法儀式。

因此，如果你恰好是同性戀者，並且你與伴侶也認為性與愛情可以分離，那麼你可以進行外煉金術。這取決於你的本性，以及你們關係的性質。把性魔法儀式看作是另一

種普通儀式，或許是最好的理解方式，只不過這種儀式是用生殖器，而非用聖杯或權杖進行。

許多魔法師認為，西方煉金術經典文獻中隱藏著執行性魔法的暗碼。其基本理念為：男性的精液和女性噴發的體液，在心靈引導和性刺激下，具有天然的魔法特質。煉金術的教導簡而言之，就是增強這些體液的魔法力量和效果。

雖然我即將介紹一種外煉金術儀式，但我會盡量避免使用一些精確的煉金術術語。從性魔法的角度來探討完整煉金術的實踐，對於此課程來說過於困難，因此無法在此詳細闡述。

假如你選擇深入研究傳統煉金術的文獻，以探索其作為性魔法儀式的隱喻和啟發源頭，重要的是要了解以下兩點：

1. 煉金術的文獻中提供的某些方法，僅是表面的糠秕，其目的是掩蓋那些深藏的麥穗——技術的真正精髓。
2. 煉金術中常見的一些詞彙，實則是性概念的隱祕暗語。

例如：

**煉金之釜**（**Athanor**）通常被描述為一種特殊的熔爐，用於緩慢加熱操作中的物質。但對性魔法師而言，它指的是陰莖。

**原蛇**（**Serpent**）被認為是在煉金之釜中加熱某種物質後產生的結果。對性魔法師來說，它代表精液。

**紅獅之血**（**Blood of the Red Lion**）同樣指的是精液。

**蘆形瓶**（**Curcurbite**），是一種煉金容器，象徵陰道。同樣地，**曲頸瓶**（*Retort*）被描述為另一種煉金容器，也象徵著陰道。

**溶劑**（**Menstruum**）或**膠體溶劑**（*Menstruum of the Gluten*）是在煉金之釜中對物質進行慢火加熱的結果。性魔法師相信這可能是女性的潤滑體液或噴發體液，或兩者都有，這取決於你與哪位性魔法師交談。

**原初物質**（**First Matter**）被描述為原蛇和溶劑的混合。對操作物質層面的煉金術士來說，這種物質相當模糊，但對性魔法師來說，其涵義卻是十分明確。

最後是，**甘露**（**Amrita**）或**靈丹**（**Elixir**）定義為「嬗變後的原初物質」。其質變方式與如何操作是外煉金術的奧祕所在。

煉金術的一個傳統祕密是，將基礎材料加熱的過程必須非常緩慢，可能需要數天

甚至數週來完成。對性魔法師而言，這意味著在準備男女性分泌物時需要花費大量的時間，可能是數小時。這包括進行長時間的性愛，但不達到高潮或射精。用於實現這一目的的心理技巧稱為**保留性交**（Karezza，發音為「kahr — etz — ah」，重音在第二個音節）。

在《現代魔法》先前版本中，我曾誤將保留性交的來源追溯至威廉·勞埃德（William Lloyd）。這位頗具魅力的人士的確曾寫過保留性交的論述，但時間是在1931年，而不是我錯誤提及的1800年代晚期。實際上，這個概念是由名為愛麗絲·邦克·斯托克罕（Alice Bunker Stockham，1833-1912）的女性所創的。她是美國第五位成為醫師的女性，因倡導生育控制而捲入麻煩之中。她關注避孕措施主要並非是為了阻止孩子的出生（她反對墮胎），而是為了挽救生命。因為當時，導致年輕女性死亡的主因正是分娩。

她最後遠赴印度，研究了譚崔中的身體技法。她將延長性交時間至未達高潮作為一種節育方法引入美國。其副作用之一是改善人際關係。她的書籍《Karezza》於1896年出版。

當時在許多地方形而上的思想認為一滴精等同於十滴血，或甚至更多。因此，減少射精對男性來說更好，而增加的親密接觸則對伴侶及其關係有益。

然而正如先前所述，根據麥斯特與強生的研究，性行為的平均持續時間，從陰莖插入至射精，約為兩分三十秒。既然這是一個**平均**數值，意味著只要存在一名持續五分鐘不射精的男性，就存在另一名僅能堅持三十秒的男性。幸運的是，有多種技術可以讓男性將高潮延緩至數小時。

「保留性交」中延遲高潮的基本技巧在於專注於性行為的目的／目標，而非身體的感覺。在我們的課程中，這意味著專注於魔法的目的，而非追求抵達高潮的性滿足。若男性或女性快要達到高潮，則應停止身體動作，必要時男性也應從陰道抽出陰莖。

可惜的是，這種主要依循於心理的控制射精技巧，對許多自青少年時期以來就把射精視為所有性活動目標的男性來說，是不足夠的。許多男性錯誤地認為，若每次做愛時都未射精，就會導致身體出現問題。一名女性告訴我，她男友總堅持每次都必須達到高潮，否則他會生病。實際上，經過多次性慾喚起卻未達高潮後，男性可能會感受到輕微不適，俗稱為「蛋蛋的哀傷」（blue balls），但這並不危險，只要藉由高潮或時間的過去就能得到緩解。

我想強調的是，大多數男性需要結合心理和身體技巧來控制高潮。尤其是考慮到像之前提到的那位女士的男友等一些男性，他們相信在每次性經驗中達到高潮是他們直接的目標。

在身體調控法中，最廣為人知但練習時最易出現困難的，是麥斯特與強生所提出的「擠壓法」技術。在此技術中，當男性感覺自己即將高潮，但還未達到射精必然點（即無法停止射精的階段）時，他必須把陰莖從陰道抽出。接著，由他或他的伴侶緊握陰莖，在陰莖的底部強力施加壓迫，直到射精的衝動消逝。經過幾週這樣的練習後，男性能夠對自己的高潮產生良好的控制。

　　可惜的是，這對男性及其伴侶而言並不是一種愉快的經歷！當然，男性在伴侶的幫助下進行自我訓練時，伴侶需要展現極大的理解。相比之下，接下來介紹的譚崔系統則要好得多。

　　譚崔技巧的好處在於，它同時採用多種身體技巧，且你的伴侶無須知曉你正在進行。首先，接近射精必然點之前，深深地吸一口氣，並緩緩地數到十六。進行這動作時，用雙眼凝視你的鼻尖。

　　接著，開始緩慢呼吸。進行此動作時，讓你的眼球沿逆時針方向旋轉。首先盡可能向上看，接著直接向左轉動，再向下，然後向右，再次向上，最終回到起始位置。因此你不是在畫圓，而是畫一個大的正方形或長方形。同時，盡可能用力緊縮肛門肌肉（括約肌）。當你重複這逆時針動作三次後，隨著慢慢呼氣，放鬆肛門肌肉。

　　即使射精的衝動感已減退，也要重複前述步驟三次。要注意的是，此技巧可以在不抽離陰道的情況下進行，伴侶很可能不會覺察到。

　　不過，或許最適合控制高潮的技巧是源自道家的技術，這主要是一種身體動作技巧。在射精即將不可避免之際，應立即停止所有動作並深呼吸三次。然後，使用一隻手的前兩到三根手指在會陰部（睪丸和肛門之間的中點）施加持續壓力，這個點位於睪丸和肛門之間的中間。這一點在針灸中稱為「任脈第一穴」，對男性生殖系統的能量流動

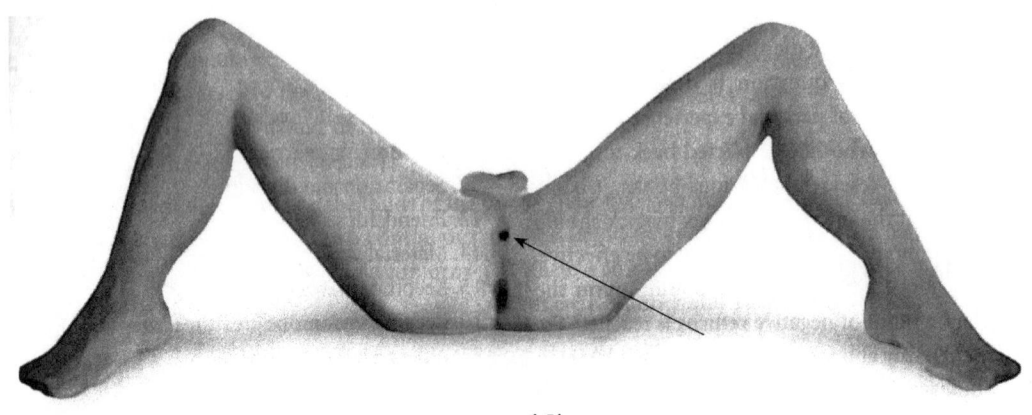

▲ 會陰

非常重要。施壓於此點可改變能量的流動模式，進一步影響生理器官，這在實際上會改變生殖系統內的閥門，產生類似倒吸的效果，因而阻止射精。

運用這些技巧，你應能控制自己的高潮。值得一提的是，道家技巧還有一個不尋常的附加益處，但在這裡無法詳細說明，因為這個技巧主要用於控制射精。不斷練習直到你學會如何對「任脈第一穴」施加心理壓力，這將改變身體能量，使得男性在不射精的情況下也能達到高潮。由於射精會導致陰莖不再堅挺，此技巧的結果不僅是延長性行為時間，還會帶來那幾乎是傳說中的男性多重高潮。這種感覺類似於多次輕微的高潮而不射精，直到最後在男性允許射精時，體驗一次驚人的絕頂高潮。你可以親身體驗並嘗試這種技巧。

現在假設男性能夠控制他的高潮。接下來我們要探討的是「甘露」或「靈丹」的概念。正如我所言，原初物質即男性的精液與女性的體液結合而成，它是原初物質嬗變後的轉化之物。不久我會討論如何進行嬗變，但首先來探討如何運用嬗變後的原初物質，即真正的魔法靈丹。

這種外煉金術的基本理念在於，男女性液的結合（即原初物質）具有魔法特質（成為靈丹的可能性）。執行這種性魔法的魔法師們必須重新吸取這靈丹。最簡便的方法是讓此時已不再堅挺的陰莖持續留在陰道內十五分鐘。據一些譚崔傳統所描述，精液在十五分鐘後將失去其魔法力量，因此不需要更長的時間。陰道與龜頭的上皮組織會吸收這些體液及其所攜帶的能量，但僅有部分而非全部吸收。

儘管許多在西方文化中成長的人可能對以下概念感到不舒服，但許多性魔法師已經跨過了這種恐懼，並把靈丹當作一種魔法聖餐。正如我的一位朋友詩意地說：

先是愛她，
然後是靈丹！［然後舐靈丹］

換句話說，即男性在高潮後對女性進行口交，並將混合的體液服入口中。他也可能將這些體液置於舌下，讓其被吸收，以達到最佳效果。或者，他還可以與伴侶親吻共享這靈丹。還有一種做法是將靈丹倒入一小杯葡萄酒中共飲。然而，吞嚥性分泌物的想法可能會使某些人反感。不過，在過去四十年中，口交已越來越普及，因此這一禁忌正逐漸被打破。有時，只需使用一小滴靈丹就可為葡萄酒「充能」，就像用少量的「酵母」來製作整條酵母麵包一樣。

此外，當使用葡萄酒進行此類儀式時，也能有其他人參與。這經過靈丹充能的葡萄酒會在在場者之間傳遞。實際上在某些團體中，會挑選一人擔任「執杯者」。作為執杯

者，他（她）的職責是取得靈丹，而非作為性儀式中的對象。

顯而易見地，外煉金術有許多可能性。接下來要討論的是關於魔法的進行時長。根據我自己和學生的親身經驗，以及藉由各種書籍的研究，我相信性魔法的交合至少需要持續四十五分鐘才有效，而在大約三小時後，可能會達到效益遞減的點，視魔法師的狀況而定。因此，正如目前網路上流行的縮寫 YMMV，意即：

「效果因人而異。」（Your mileage may vary.）

最後，在儀式的介紹前，我們要討論的是轉化過程：如何將原初物質轉化成為靈丹。這是藉由延長交合行為並專注於特定目標，而非僅為了身體上的滿足來完成的。這可以藉由類似已討論過的方式實現，即透過意志或對於印記的專注。

此外，還有一套系統，使性魔法的實踐者與自然力量保持一致，並且強化嬗變的過程。

女性擁有約二十八天的自然週期，這與月亮週期相吻合。在神祕學的觀點中，當女性性慾喚起和／或達到高潮時，不同階段會分泌不同性質的體液。因此，可在每月中的特定日進行性魔法儀式，以實現特定目的。藉由將人類的精神力量與自然的力量相結合，靈丹便成為一種令人難以置信的強大魔液。

這裡是一份已發表的列表，列出了女性在二十八天內不同階段體液的魔法能力，從女性的每一個新月**開始**。也就是說，從她的月經結束後的第一天開始計算（源自薩利爾的清單）：

1. 好運
2. 分離與惡意
3. 獲得權威的青睞
4. 愛情
5. 物質上的幸福
6. 戰鬥中的勝利
7. 戰勝疾病
8. 維持健康
9. 靈性
10. 愛情中的不幸
11. 婚姻和諧
12. 分離與離婚

13. 友誼
14. 物質財富
15. 防止盜賊侵擾
16. 防範有毒生物
17. 協助生產
18. 協助狩獵
19. 涉及敵人之事
20. 涉及逃亡者之事
21. 毀滅
22. 馴化動物
23. 植被的繁榮
24. 獲得愛與青睞
25. 液體與容器
26. 水生生物
27. 毀滅
28. 和解

請留意，列表中部分項目涉及廣泛主題。這些項目可能受魔法師在魔法儀式中的冥想所影響。例如，魔法師可能在週期的第二十天進行外煉金術性魔法儀式，協助一名逃亡者或阻止霸凌。同樣地，由於這是一種灰魔法，以此為目的的儀式前應先占卜。

在此必須指出，還有許多種關於月亮週期間每一日魔法特質的列表。有時每一個日數被稱為不同的「月相值」(digit of the Moon)。若你找到其他清單，需要與先前提到的清單比較。確認哪一種版本對你最為精準，或許唯一的方法就是由你自己測試。

在伊斯瑞・瑞格德的著作《生命之樹》(*The Tree of Life*) 中，作者介紹了一種名為「聖靈彌撒」(the Mass of the Holy Ghost) 的儀式。這無疑是一種性魔法儀式，以外煉金術形式展現。以下是將它翻譯成通俗用語的指導：

1. 在完成常態的初步準備之後，伴侶即應開始他們的儀式性行為。
2. 「藉由溫暖與精神性的火焰（性交）刺激煉金之釜（陰莖），……使得原蛇（精液）爬升至曲頸瓶（陰道）。」
3. 精液與女性性分泌物的混合物應藉由「與手頭進行中的工作相契合，且持續祈請

的靈性原則」來充能。

4. 儀式的結束是將靈丹視為魔法聖餐，或將其用於塗抹並聖化護符。

正如你所見，這與本課程早先描述的性魔法有所重疊。在「彌撒」的結尾，介紹了一種簡單地將靈丹應用於護符以充能的技術。這是一種極為強大的技巧，你的親身體驗將會證實這一點。

以目前所知，設計自己的性魔法儀式並不回太困難。首先進行守望塔開啟儀式，接著進行實際的性魔法儀式，隨後進行守望塔關閉儀式。若有其他人在場，他們可以手牽手坐成一圈，圍繞著進行性魔法的伴侶。在一些團體中，成員會觀看整個過程，他們自身的興奮感會增強那兩位直接參與的魔法師的興奮感。其他團體則讓人們背對圓心而坐，讓進行儀式的伴侶享有一定程度的隱私。坐在魔法圈中的人應該專注於儀式的目標。這可能相當困難，因為觀看兩人進行性行為（即便是性魔法）幾小時可能會變得十分乏味。因此，學會專注於期望的主題或目標變得至關重要。接著，如先前所述，由男性儀式師或執杯者將靈丹與葡萄酒混合，隨後將葡萄酒—甘露（wine–Amarita）混合物在魔法圈內傳遞。實際進行性魔法的伴侶應該最後飲用，以確保能夠獲得魔法混合液的最後幾滴。這對伴侶可以依次小口飲用，並彼此來回傳遞杯子直至液體飲盡。接著，他們共同將杯子倒置並說道：

*此刻，一切已成。*

至此為止本課程所描述的兩種性魔法系統傳統上屬於西方性質，然而，有充足證據表明，兩者都曾被古老譚崔和道家所應用。同樣地，第三種形式或內煉金術，在傳統上更多地與東方系統相關，儘管它在西方也同樣擁有深厚的基礎。

# 第三部分

之所以將前述的性魔法稱作「外煉金術」，是因為它運用身體的能量系統，在一段時間內對身體外的物質進行魔法充能。相對地，內煉金術則保持所有力量在身體內，經由魔法引導性慾喚醒的力量，強化並賦予身體的心靈能量。對於認真練習過本課程儀式

的魔法師而言，內煉金術或許是最易於掌握的。

內煉金術亦稱為「譚崔瑜伽」或「昆達里尼瑜伽」，涉及將性衝動和能量轉化為超越性滿足的其他目的。當你處於極度性興奮與刺激時，將能量從鼠蹊部引導至頭部。這可視為中柱儀式的逆行版本。

**重要提示**：在完全掌握中柱儀式前，請勿嘗試使能量從性能量中心上升的技巧。

## 你所知道的一切都是錯的

既然我已經對這個主題做了標準介紹，你可能覺得自己對此已了解得和我一樣多，甚至超過，然而我想告訴你，你所知道的一切都是垃圾！

我原本可以用更強烈的措辭，但我嘗試避免日常用語中的粗俗語言。然而讓我再次重申，你所聽到有關譚崔90%的說法全是錯誤的，其餘大部分也多半含糊不清。讓我先從澄清一些完全錯誤的流行觀點開始。

**譚崔瑜伽就是性瑜伽。錯！**

譚崔包含廣泛多樣、經過數千年演變的靈性傳承。有些譚崔傳統根本不涉及性。那些涉及性的內容都非常廣泛，而對於性的探討僅佔整體的一小部分。將譚崔稱為「性瑜伽」（如某位作者所言）就如同將閱讀稱為「凝視紙張的瑜伽」一樣。

**越來越多的書籍揭露譚崔的祕密。錯！**

譚崔的祕密，特別是關於性方面的祕密，已從公開領域轉入地下流傳，由各種神祕團體傳承。目前多數市面上出版的書籍並非由真正入門的譚崔修行者所著。它們要不只是對早期作品的整理（就只是複製貼上），就是作者的錯解與幻想。切記，許多早期的譚崔文獻都是採用暗碼書寫，類似於本書之前的描述，用於煉金術暗語編碼──黃昏密語（twilight language）。如果你不理解這些暗語，就只能對這些文字的真正涵義猜測。

**昆達里尼瑜伽是古老的技術，藉由讓能量沿脊柱上升達到開悟。錯！**

首先，儘管昆達里尼是久遠且公認的概念，但「昆達里尼瑜伽」這一術語是相對較新的詞彙，由西方人所創。古代的稱呼是 *Laya Yoga*（發音為「Lie — oh — gah」）意為融合瑜伽，最早在一千多年前被記載。描述它的譚崔修行者也解釋說，它是象徵性的，而非現實。此外，你認識任何因昆達里尼瑜伽而達到開悟的人嗎？在你閱讀的書籍

中,作者有提及任何人因昆達里尼瑜伽而開悟嗎?或者只是描述理論上應該會發生的事情?這些書的作者們自己經歷過嗎?所有這些問題的答案都是「沒有」。

**昆達里尼蛇在脊柱底部盤繞三圈半。錯!**

所有有效的瑜伽形式,都得是真正的科學。一旦被證實為虛假,它們便會被棄置。你有見過蛇在人體內臟中盤繞嗎?當然沒有,因為實際上不存在。再次強調,這條蛇是象徵性的——它是一個隱喻——並非實際存在。

## 關於譚崔傳授的真相

既然我已經駁斥了一些關於譚崔和融合瑜伽的謬誤,現在讓我們從基礎開始重建。

人體內遍布各式各樣的心靈能量中心,並不只是你經常聽見的五個、六個、七或八個。例如,頭部就有數個能量中心,手掌和腳底也是如此。這將是後續課程中的重點。但目前,不必過度糾結心輪或眉心輪(第三眼)是否「開啟」。真正關鍵的,是學會如何讓能量從脊椎底部上升流動。

我即將向你介紹的,不是僅供你想像的理論,它是一個可在實驗室條件下重複驗證的科學事實。如果不是因為這門課程需要向你解釋,我會讓你先親身體驗,親自發現成千上萬人已經知道的事實。更進一步地說,這不是閱讀所得,而是源自於我作為一名受過啟蒙的譚崔修行者的親身經驗。當然,由於啟蒙誓言的限制,有些事情我無法透露。然而,經過稍加調整並應用祕密方法的技巧,我能為你提供前所未有、最真實的內煉金術資訊,遠遠超過任何地方已經發表的。

為了學習運用這股能量,你首先需要了解呼吸。據古老的譚崔手稿記載(可能是印度最古老的靈性著作),一次呼吸大約持續4秒。這意味著一天中你會呼吸21600次。(計算方式:每分鐘呼吸15次,乘以60[一小時的分鐘數],再乘以24[一天的小時數],等於21600。)當然,睡眠或休息時你的呼吸會放慢,忙碌時則會加快。因此,這個數字既不能視為實際值,也不能視為平均值,它更多的是象徵性的。而且,這些古譚崔的修行者對呼吸如此重視,甚至計算出理論上的一日呼吸次數,因而,我們可以合理推斷呼吸對他們而言極其重要。

事實上,也確實如此。最古老的真言、最原初吟誦的不是「OM」,而是呼吸之聲。

現在,請暫時放下這節課程,靜靜聆聽你的呼吸聲幾秒鐘。你能聽到每天念誦21600次的真言嗎?吸氣時,能聽見「Hahm」的聲音嗎?而在呼氣時,你的呼吸是否發

出「Sah」的聲音？這個真言「Hahm — sah」，每天被無意識地重複21600次。藉著控制它，就能學會掌控它所蘊藏的力量。

「Hahm — sah」是梵文，意為「天鵝」。重要的是要明白**你不應說出或吟唱這個真言**。而是只進行呼吸，在呼吸中聽見它。嘗試這麼做幾分鐘。（註記：佛教徒傾向於用「so — aham」反轉這個真言。）

吸氣……*Hahm*
呼氣……*Sah*

吸氣……*Hahm*
呼氣……*Sah*

吸氣……*Hahm*
呼氣……*Sah*

你越是不刻意**嘗試**這件事，做起來就越容易。只需讓它自然發生。當你能在呼吸中聽見此真言時，便可準備進行下一個練習。

*Kriya*（發音為「Kree — yah」）是梵文，意指「行動」。它同時也意味著「付出努力」和「轉變」。藉由付出努力做好接下來的練習，你將體驗到心理、生理、情感和靈性層面的轉變，這是性的心靈能量或昆達里尼之力所帶來的「行動」。

1. 首先找一個舒服的姿勢，無論是坐著或躺下，開始進行放鬆儀式。
2. 一旦你的身體深度放鬆，開始慢慢呼吸，並傾聽那意為「天鵝」的呼吸聲。
3. 當聽到這聲音時，從吸氣的「Hahm」聲中，想像你的氣息從鼻孔上行，穿行經過頭頂（顱骨內部），並順著脊椎下行至尾椎尖端。
4. 盡可能舒適地屏住呼吸，然後再緩緩呼氣。
5. 專注於呼氣，盡可能緩慢且自在地進行。在此過程中，想像氣息與能量沿著脊椎上升，經過頭頂（顱骨內部），並從鼻子排出。隨著它的移動，感受呼氣中如真言「Sah」的聲音。
6. 進行這個練習十到二十分鐘。之後，恢復你的正常呼吸節奏。

一旦你可以舒適地做到這一點，就不必於吸氣時屏住呼吸，而是稍停頓一秒。接著在腹部力量協助下，進行幾次短暫的呼氣。這是藉由反覆緊縮腹部肌肉來達成的。你會聽到氣息如真言重複地念著「Sah，Sah，Sah，Sah」。持續這個過程，直到需要吸氣。這時，再次深深地吸一口氣，暫停一秒鐘，然後重複「Sah，Sah，Sah，Sah」的呼氣模式。如之前所述，繼續保持氣息流動的視覺化想像。重複這個過程最多二十分鐘。

　　我第一次進行這個練習時，就有了驚人的成果。約五分鐘後，我的身體突然開始無緣無故地抖動。這就像身體某個微小部位突然感受到「一陣寒意」或「一陣驚慌」而那樣開始顫抖。這種抖動與搖晃被稱為**夏克緹帕**（Shaktipat），是這個過程中常見的現象。隨後抖動悄然停止，我的身體也似乎發生了變化。彷彿身體變成了一條長管，頭部兩側開始擴展。我的身體逐漸開始搖晃，頭部不規律地左右擺動。原本，我以為是為了觀察各個方向來保護自己。但隨後我意識到，其實是我讓昆達里尼蛇，**真正**的昆達里尼蛇與我融為一體。我的身體在精神層面上變成了蛇的身形，我的頭部則展開成為蛇的頸冠。那一刻，我成為了那條真正的蛇。

　　緊接著，我突然彎曲身體，近乎痛苦地承受著我有史以來最強烈的情慾衝擊感。當然不用說，我的呼吸經歷相當長的時間才恢復正常！

　　這些經驗都可能發生在你身上。唯一真正的危險在於你或許無法預期自己將會感受到什麼。一般情況下，老師不會提前告訴你可能會發生什麼，而是讓你親身體驗後，再從這些未有的經歷中「拯救」你。因為我無法親自在你身旁，所以我在此告訴你可能會感受到的，以及你應該期待的經驗類型。你或許不會在最初幾次嘗試「Hahm — sah」練習中就感受到與昆達里尼蛇合一，或是經歷到強烈的情慾衝擊，但最終，你也應該會體驗到「夏克緹帕」，體驗到那種身體的抽搐。如果你沒有感受到這些，請重新閱讀這個練習的指引。我在這裡沒有遺漏任何細節。

　　一旦你親自經歷了「夏克緹帕」，學習如何在別人身上體驗夏克緹帕和昆達里尼能量的流動就顯得格外重要。為此，你需要一名願意配合的對象。理想情況下，這位合作對象應該已經親身經歷過夏克緹帕。

　　進行此練習的最佳姿勢是坐在地板上、枕頭上，或者可以是相同高度的矮凳上。你和伴侶應該背靠背坐著，理想狀態是全裸，以便你們的背部可以從頭到尾緊緊貼合。如果你不喜歡裸露，穿上薄棉質上衣也是可以的。你們兩人都應先進行放鬆儀式，然後開始進行「Hamh — sah」動作。保持呼吸的同步。感受你自己和伴侶的能量沿著脊椎上升。儘管能量是在脊椎內流動（它是腦脊髓液的精神本質），但也會向物質身體之外放射。這個練習的效果，會提升你們雙方的感受。

重要的是需意識到，所有涉及呼吸與真言的練習**實際上僅是性活動的替代**。這些練習之所以在此呈現，目的在以簡單且安全的方式，讓你熟悉與你所喚醒並操作的能量相關的情緒感覺及身體感受。接下來的步驟，是重複前一個練習，不過這次是以性活動作為喚醒「夏克緹帕」的催化劑。

因此，再次背對背坐下。在先前的練習中，如果彼此全裸會更佳，而在此練習中，裸體則是必需。此時，呼吸的重要性不再像之前那麼重要，因為你們轉而透過觸覺刺激來引發對能量的覺察。在進行放鬆儀式之後，你與伴侶應開始對自己進行性刺激。我避免使用「自慰」這個詞，是因為對許多人來說，這似乎僅指對陰莖、陰蒂與陰道的刺激。更準確地說，這過程要從撫摸自己開始。感受你的臉、感受頭髮與耳朵，觸摸你的手、手臂、胸部和乳房。輕撫你的腳、小腿和大腿。學會喚醒全身的性慾。但是，除了背部接觸外，不要碰觸伴侶。

當你們雙方都喚起了性慾，接著就是對生殖器進行強烈的刺激。這意味著不僅要刺激陰莖和陰蒂，也可以根據喜好，包括陰囊、會陰、肛門、內外陰唇、陰道（包括 G 點）等部位。其實，你可以刺激任何能帶給你最大興奮的部位。但是，你們雙方都不應達到高潮。

在跨入高潮不可逆點之前，停止對生殖器的刺激，但繼續刺激身體其他部位。當迫切渴望高潮的感覺減退時，重新開始對生殖器的刺激。持續進行這個過程，直到你經歷「夏克緹帕」，並感受到伴侶的能量流動。一旦做到這點，你就可以自我刺激到高潮、與伴侶做愛達到高潮，或是選擇不體驗高潮。

接下來的步驟會大幅增加能量的流動。需要用特殊的方式結合彼此的能量。這是一種自動增強能量流動的身體技巧。在第一種技巧中，男女雙方至少應穿著內衣褲。雖然可以穿上更多衣物，但彼此的生殖器官及女性胸部應有適當遮掩。穿著泳裝、緊身衣或緊身褲同樣適宜。

男方應盤腿坐於地面、枕頭，或是非常低矮的凳子、長椅。女方則要坐在他腿上，彼此面對，眼神相望。她需將雙腿環繞在他身體周圍。適當擺放枕頭能夠容易長時間維持此姿勢。若感到不便，男性可伸展雙腿。背部可以靠著牆壁、堅固的椅子或沙發以獲得支撐，或使用專為地面坐姿而設計的特殊座椅，通常稱作「背靠地板椅」。

當你們兩人在這個姿勢中都感到舒適時，便是進行輕鬆對話的時候。詢問伴侶是否感到舒適，是否有話想說，或者你們是否有任何感受或情緒想釋放。彼此分享你們的恐懼、夢想、希望、失望、成功與失敗。這有助於培養深刻的默契，讓你們在心理和情感上與對方結合。

然後，開始調整你們的呼吸節奏。由於這個姿勢的貼近，使你們可以輕易地達成**交替呼吸**。女方呼出氣時，男方吸入；男方呼出時，女方吸入。雙方很快就能夠適應這種共同的呼吸節奏。如果呼吸節奏中斷了，別擔心，只需放鬆心情，然後重新開始。

由於你們已實踐了中柱儀式並使用了前文所述的「Hahm — sah」真言，你們在進行這個練習的下一階段時，效果將會非常強烈。然而，即便你們沒有進行這些練習，這個動作本身也會對你們產生影響。

男方應凝視**女方的右眼**，女方則注視**男方的左眼**。當女方呼氣男方吸氣時，她應感覺能量自脊椎上升並透過右眼散發出去；男方則應感受到能量從她的右眼發出，進入自己的左眼並沿著脊椎下行。

當男方呼氣女方吸氣時，男方感受能量持續自脊椎向下流動，透過陰莖釋放；女方則應感覺到能量從對方的陰莖發出，進入自己的陰道並沿脊椎上行。下方的圖示代表了這一過程：

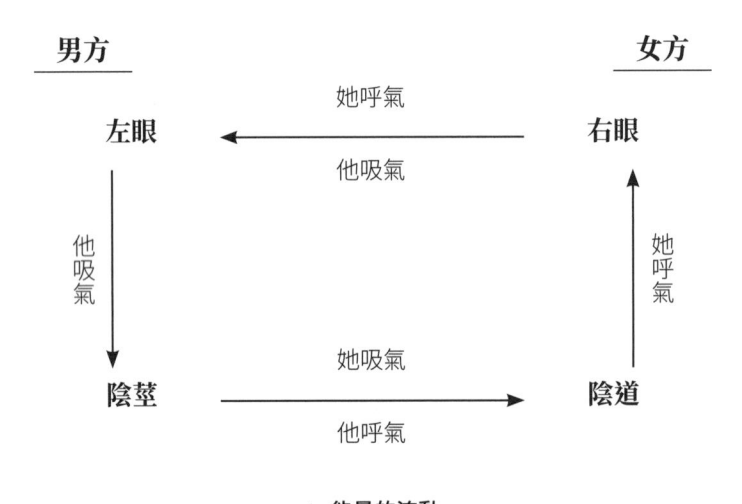

```
    男方                        女方
   ─────                      ─────
                 她呼氣
    左眼    ←───────────    右眼
                 他吸氣

  他                              她
  吸                              呼
  氣                              氣
  ↓                              ↑

                 她吸氣
    陰莖    ───────────→    陰道
                 他呼氣
```

▲ 能量的流動

在進行下一個技巧前，你們至少需要能維持這一姿勢達二十分鐘，而四十分鐘則更為理想。如果這個姿勢的維持過於困難，還有一種更簡單的替代做法，也同樣能達到良好效果。其主要區別在於雙方只需伸展雙腿。男性可以後仰，用手臂支撐自己，或倚靠牆壁，若空間允許，也可用幾個枕頭支撐。女性則可伸直雙腿或，雙腿環繞在伴侶身體的下方。

感受能量的流動，以及它如何升起至超越你們背對背或單獨時所達到的層次。練習時，你們可能會因感受到「夏克緹帕」的力量而震顫，這是個好現象。然而，由於彼此

呼吸的相連與能量相互流動所產生的親密感，可能會引起強烈的興奮與慾望。雖然這同樣是好徵兆，但請等到完成整個練習過程（持續二十至四十分鐘）之後再進行性愛或其他性行為。這或許會是你們所經歷過的最為狂喜的性愛。

接下來，在赤裸的狀態下重複上述練習。此時，不應讓陰莖進入陰道。隨著「夏克緹帕」體驗的加強，你們可能會被緊緊擁抱和愛撫對方的衝動所吸引。必須抵抗這種誘惑！保持睜眼，維持彼此清晰的眼神交會。你們將迅速了解到，眼神交會一旦中斷，能量場就會斷裂，即使不斷裂也會減弱。這會導致積聚能量的損失，重建至眼神接觸中斷前的能量高度，可能會需要一些時間。

當你們在裸體狀態下練習此技巧至少能保持目光和呼吸的聯繫達二十分鐘時，就可以開始撫觸彼此身體。因不想打斷彼此的眼神接觸，這階段就不包含接吻，僅限於使用雙手。尤其要注意平常不被認為是特別敏感的身體部位。撫摸臉部和耳朵（避免遮擋眼神接觸）、手臂、腿、胸及腹部。女方可以伸手到下方，撫摸對方的陰莖和睪丸，同時男方也可以撫摸女方的乳房、陰蒂和陰唇。你們兩人都不應抵達高潮，但如果她已讓彼此生殖器都變得相當濕潤會是個好現象。當你們任何一方感到高潮即將到來，應立即告知伴侶，以便他（她）調整刺激方式。持續進行這個練習，至少維持二十分鐘，更好的目標是四十分鐘。

當加入愛撫後，你們之間流轉的能量將再次提升至更高的層次。「夏克緹帕」所引起的顫抖可能足以讓你們分開，此時應該重新開始這個練習。完成練習後，若有需要，再進行性愛或其他的性活動。

如同你已讀到，也希望你已經感受到，接觸越親密，性的心靈能量就越強大。親密接觸的程度越高，「夏克緹帕」引發的顫抖和震動就越有力且越頻繁。能量的強度也隨之增加。

如果你已經滿意地完成了以上所有練習，那麼你就準備好進行下一個儀式了。本節所描述的一切，僅是為了下一個儀式的準備。

## 內煉金術的譚崔儀式
### （適應於西方傳統）

**步驟一**：你的房間昏暗點，最好用蠟燭作為照明。點燃許多檀香、廣藿香或麝香等薰香，以這些為主要香氛，確保這些薰香持續燃燒。中心位置是你設立的「舒適之

地」，如一張小床或墊子。在附近準備好水、酒、熟肉或乾肉、麥片、魚或薑，以及感官「玩物」如羽毛、真毛或仿毛手套、香氛或精油等。絕對不能使用包含震動按摩棒、降低敏感度的膏藥、延時噴劑，或任何可能造成痛苦或懲罰的物品。柔和的背景音樂也很合適。房間布置好後，在離開並等待儀式的下一環節前，關上門。記得確保蠟燭和薰香不會引起火災，拔掉電話線或關掉手機，並通知其他人在接下來幾個小時內不要打擾你和伴侶。

**步驟二**：你和伴侶應該一起盡可能享受一次長時間、悠閒的沐浴。在水中加入檀香或麝香。用蠟燭照亮浴室。在互相沐浴時，談論一天中遇到的問題，並讓這些問題引起的情緒漸漸消退。當問題及其相關的情緒逐漸消退時，自由地相互玩耍。雖然鼓勵性接觸，但避免發生性行為。如果沒有浴缸，則一起淋浴，之後為彼此塗抹少量香精油或爽身粉。最後，穿上魔法袍，進入你的魔法聖殿。

**步驟三**：執行「守望塔開啟儀式」，或者至少完成「小五芒星驅逐儀式」。

**步驟四**：坐在一起，女性位於男性左側，相互擁抱和愛撫。用少量的食物和飲料互相餵食。透過身體觸摸與言語撫慰彼此，直至性慾喚起強烈到必須脫去長袍。如此進行。儘管房間裡不應有時鐘，但如果感覺這個步驟花費的時間少於半小時，請放慢節奏！你進行得太快了，不必著急。

**步驟五**：以同樣方式繼續，使用準備的玩具。如果你們任何一方快要達到高潮，則應**放慢速度**！

**步驟六**：一旦興奮達到男方完全勃起而女方充分濕潤的程度，便可採用之前練習中提到的任一體位。然而這一次，女性應主動把陰莖插入她的陰道。

另外還有一種體位，似乎受到更多伴侶的青睞，可以作為之前描述的體位的替代。男性平躺，將雙腿抬起直到幾乎觸及胸部。女性則背對男性，直接坐在他的陰莖上，確保深深的插入陰道中。這時，男性可以放鬆雙腿。如果女性輕微地向任一側轉動，男性會發現他能將一腳放在地上，另一腿橫跨她的臀部和腿上。

## 想不到吧！譚崔竟然出現在這些電影裡！

儘管有些電影宣稱與譚崔有關，但真正能展現摩訶密續灌頂（Ma — ha Tantra）體驗的卻少之又少。然而，有兩部看似與譚崔無關的電影，卻將其描繪得淋漓盡致，這或許會讓你感到意外。

第一部是《星艦迷航記》。在這部電影中，一位神似的存在，威者（V'ger），化身為女性伊麗亞（Ilia）。要使這最終的神靈完成進化，這位女性（或許是女神？）必須與男性指揮官戴克達成完全結合。在高潮時刻，他們在能量漩渦中緊緊相擁。他們融為一體，神靈（威者）、男神（戴克），和女神（伊麗亞）一同進化，昇華至更高的層面。

第二部是娜妲麗・華（Natalie Wood）的遺作《尖端大風暴》。這部電影的基本概念是一種裝置的發明，可以記錄人的經歷，包括他們的思想與情感。當別人戴上特製頭盔重新播放這些紀錄時，他們便能完全體驗被記錄的一切，包含感覺和情緒。在當時，當有人使用裝置重新播放時，電影院銀幕上的影像會突然變寬，而且播放速度加快，營造出更逼真的感覺，這在當時是一種前所未有的感受。

出於樂趣，一名實驗者錄下自己和一名自願參與的伴侶的性愛過程。一個體重過重，對工作和生活感到厭倦的科學家福布斯（Gordy Forbes），拿到這段紀錄後製作成循環播放，反覆體驗高潮性愛⋯⋯

當他們發現他時，他正在一種類似恍惚的狀態中顫抖！當然，他們認為這是某種可怕的災難，急忙將他送往醫院。在那裡他逐漸恢復了健康。他對主角們（由娜妲麗・華和克里斯多夫・華肯〔Christopher Walken〕飾演）坦白說，他再也無法做原本的工作了。這段經歷徹底改變了他。之後再次見到他時，他看起來更為健康，也已開始鍛鍊身體。

他的整個生活因為體驗了摩訶密續灌頂而得到了改善。

這有點難以描述,但實現起來卻非常容易。男方可以從背後伸手撫摸女方,而女方也能輕易地撫摸他的生殖器。

**步驟七**:若你已經按步驟練習,這時你會覺察到無須透過眼神交流即可進入狀態。不過,繼續保持同步呼吸是必要的。最重要的是,保持靜止!這意味著,男女雙方都不應有任何抽動的行為。唯一的動作,應是女方透過陰道肌肉的收縮與放鬆,以及男方利用骨盆肌肉使得陰莖在陰道內移動,但無須抽動。

**步驟八**:現在,在彼此呼吸相連的同時,感受能量在你們身邊流動。正如你將會學到的,重要的是親密的接觸。由於沒有抽動,即使女方不再濕潤、男方不再勃起都不應成為關注的焦點。除了前一步驟所描述生殖器的內部動作外,其餘保持靜止。

**步驟九**:如果女性達到一次或多次高潮,那很好,但若男性接近高潮,則應運用本課程之前提及的控制技巧。

**步驟十**:當你開始感受到「夏克緹帕」的顫抖和震動時,就順其自然,允許這些感覺增強,直到你達到摩訶密續灌頂(Maha Tantra)的體驗(稍後詳述),或至少經過四十分鐘。

**步驟十一**:此階段過後,你可以進行正常的性愛或其他性行為。這段時間內所產出的煉金靈丹(Elixir)將非常強效,持續大約十五分鐘,雖然這個儀式沒有要求一定要消耗它,但仍建議不要浪費它。

**步驟十二**:執行守望塔關閉儀式,或至少完成小五芒星驅逐儀式。將結果記入你的儀式日誌中。

儀式結束。

唯一未提及的,就是我所稱的摩訶密續灌頂體驗。摩訶(Maha)之意為「廣大」,而摩訶密續灌頂體驗確實是廣大無邊!這不亞於將「夏克緹帕」體驗放大百萬倍的極致體驗。

對於大多數人來說,高潮往往是一個短暫的巔峰,僅是釋放了那一刻累積的性能量。真正徹底的釋放非常罕見。摩訶密續灌頂體驗正是那種深受渴望、至高無上的高潮,讓你整個身體似乎釋放了數年累積的壓力。一般而言,這種體驗只持續二十秒到兩分鐘,但感覺上宛如數小時。在這過程中,你可能會感受到喜悅、力量、解脫、興奮、滿足,以及與一切合一的感覺;彷彿與宇宙萬物的神聖源頭融為一體。這就是神聖啟蒙。這個意識狀態的轉變讓 LSD[*]、麥司卡林[*]、死藤水、墨西哥鼠尾草等用於宗教或靈性目的的啟靈藥物(源自希臘語「entheogens」,意為內在實現神性),在這片難以言喻

的狂喜沙漠前顯得如沙粒般渺小。

當你體驗到摩訶密續灌頂時，可能會有高潮，而男性在此過程中，可能會也可能不會有精液射出。儘管此技術被視為一種內煉金術，但正如儀式中所建議，不要浪費煉金靈丹。

關於摩訶密續灌頂體驗，我已無更多可說。並非因為誓言或類似原因，而是真的沒有合適的言語能夠描繪這極度個人化且主觀的經歷。未經歷摩訶密續灌頂，無言可及其境，經歷摩訶密續灌頂後，言語便失其表。

這個儀式能引發持續數小時、數日甚至更久的深刻靈性體驗。它不需要特別的心靈準備或指引。其所能達成的效果，相當於許多人經過數年冥想所追求的境界。但別僅憑我的話來相信，而是去進行必要的工作，去親自實踐這個儀式。這屬於高階的白魔法。

如有意願，你也可以專注於一項魔法目標，或利用本課程前面介紹的技巧，讓你的潛意識充滿著代表魔法目標的符號。合作的夥伴必須對目標有明確的認識，並確保目標符合 S.M.A.R.T 原則。想像一下，如果有多對伴侶一起進行這個儀式，能夠釋放多麼強大的能量！

# 第四部分

我再次提醒你，本課程只是對儀式魔法的介紹導論。正如在上一堂課中，我未能提供你所有可召喚之靈體的名稱與力量，同樣地，在此課中我也無法展示性魔法的所有形式與儀式。實際上，這些理念和儀式本質上相當概略。我之所以這麼做，是因為不希望你在創造性魔法思維上受到限制。的確，雖然各種驅逐儀式保持不變，你卻可以根據需要調整儀式的其他部分，進行增加或減少。在調整儀式的過程中，唯一能作為衡量標準的，就只有儀式成功或失敗的結果。

---

譯註：

\* LSD 為從麥角酸合成的人工啟靈藥物，曾流行於作者活躍的嬉皮年代與加州，而後美國政府將其列為一級管制物質。

\* 麥司卡林（mescaline）為烏羽玉屬仙人掌中的天然植物鹼，具有啟靈藥物的作用，於南美洲原住民傳統中有千年的使用歷史，其提煉純化物亦為美國一級管制物質。

擁有三種性魔法、內外煉金術和意念控制的知識後，你應能順利理解任何涵蓋性魔法的書籍所述內容。我用「應能」這詞是因為許多施行性魔法的魔法師傾向於以暗語或黃昏密語來保護其祕密。有些人則是用過時或古舊的語言來隱藏，相較之下，偉特的描述反倒是顯得清楚簡潔！

## 關於 LGBT 議題

性魔法並非關於愛情與浪漫，而是關於魔法本身。它利用性衝動和性別兩極能量的連結，以創造出巨大的魔法力量增幅。

然而，自從中世紀晚期「浪漫愛情」觀念興起以來，性與愛在我們心中便緊密連結。作為魔法師，你也許會自問，這種連結是真實且天生的，還是僅僅是社會構建的。如果你得出結論認為它是天生的，那麼你可能只會想要與你的浪漫伴侶進行性魔法。若你認為這是社會造成的，並能從相信性與浪漫愛情必須連結的觀念中解放自己，你就能與任何願意的人一同進行性魔法。我再次強調，這與愛情、浪漫和吸引無關；它與魔法本身有關。有些人可能難以處理這種情況，但這沒關係。你無須強迫自己接受。事實上，即使從未實踐過性魔法，你也能成為成功的魔法師。

進一步來說，正如異性戀者和同性戀者都能使用魔法師的工具，無論是異性戀還是同性戀，都沒有理由不可以與同性（即使你是異性戀）或異性（即使你是同性戀）進行性魔法。這或許會令異性戀與同性戀者感到震驚，但請記得——這只是利用性行為來進行魔法工作。這並非關於愛情、浪漫或個人慾望。不過，我必須承認，有些人確實無法對同性或異性有反應。對於這些人，性魔法的某些面向可能無效，但其他面向仍然有效。我會謹慎地建議你專注於自己能做的事，而不是專注於不能或不願做的事。同時也請記得，成為魔法師並不一定要實踐性魔法。

如果你細心留意，會發現到我曾提到一個概念，那就是兩極對立的能量。之前我探討了我們如何透過對立面——如上與下、電與磁、正與負、男性與女性——來理解世界。當你思索我分享的有關生命之樹的資訊及其

> 在我們內在的顯現方式時，你會發現，每個人都能展現出生命之樹的左右兩柱，亦即陰性的嚴柱與陽性的慈柱。
>
> 這意味著，儘管我在本章中使用了男性和女性、男人和女人等傳統語彙來描述，但許多練習和技巧實際上可以輕鬆轉向適用於同性。試著發揮你的想像力，專注於平衡能量的兩極性，而不是性別。
>
> 本章的內容闡述了當今多數人實踐性魔法的方式。如果你對於西方性魔法想要有更深入的了解，請參閱我的《現代性魔法》，這本書不僅融合了傳統與前瞻思維，也適合所有性別認同與性取向的人閱讀。

有人聲稱在中世紀晚期，流浪歌者、學院派詩人和吟遊詩人實踐了一種性魔法的形式，這種魔法隱藏在他們的音樂之中。譬如，歌詞裡的「死」一字，被賦予了「達到高潮」的特殊涵義。因此，當我們理解了這層意義，像是「我死了，我死於最甜蜜的痛苦中」這類歌詞的意義就變得清晰。這一傳統在維多利亞時代的情色文學中得以延續，其中高潮經常被描述為「微小的死亡」。

克勞利對於情色文學毫不陌生，他在其著作《魔法》中延續了這種隱喻的語言風格，自稱在1912年至1928年間，以「一名完美無辜且高度聰明的男孩」作為祭品，每一年獻祭一百五十次。當然，他並未真正承認殺害了二千四百名孩童！關於這一點，一些克勞利的評論者認為他指的是外煉金術傳統中的魔法自慰，而另一些人則認為這涉及「奪走」某人的處女（或處男）之身。若後者為真，我不免傾向認為克勞利在數字方面有所誇大！

克勞利在其重要著作《分點》中記載的一個儀式，指示參與者「用劍劃開自己的喉嚨」。這很可能是指魔法形式的自慰。而對照上下文，這種行為發生在觀看另一對伴侶進行儀式化性魔法之際。

雖然儀式化性愛有多種姿勢，但鑑於這些已廣泛記載於眾多資料中，我在此不再贅述。我建議你從本課程的參考書目中查找這些書籍，有進一步的探索。

我要再次強調，性魔法的三種類型劃分相當主觀。我只是將它們作為一種方式，讓各種不同技術的表達更為簡單。在實際操作過程中，這些分類往往變得模糊。這便是為何在內煉金術的技巧中，會產生有效的外煉金的靈丹。

你們之間可能有人已經讀過男性根本不該射精,或至少盡量減少射精這樣的觀點。不同的出處對此有不同的看法,通常取決於所屬群體的觀點。因此,不論射精的頻率或是射精與否,完全取決於個人。當然,選擇不射精否定了一些形式的外煉金術。對此,我將提出幾點看法,或許能幫助你做出判斷。

1. 男性在未射精的狀態下維持興奮的時間越長,則製成的魔法靈丹效力越強。
2. 有些傳統雖不認為男性應該壓抑高潮,也教導其應迅速地重新吸收精液。這可藉由保持靈丹在舌下讓其能量透過黏膜吸收、食用精液,又或利用一種特殊哈達瑜伽技巧來完成,該技巧能在膀胱內產生吸力,讓男性能夠將靈丹從陰莖吸入膀胱並吸收。
3. 不射精的原因之一是它被提倡作為一種避孕手段。而對於此,現代避孕技術的觀點已證實其極為有效。
4. 保留性交之所以被運用的一個緣由,是因為它能挽救女性的生命。女性死亡的一大主因是生產過程的併發症。儘管在過去一百年裡,已開發國家生產相關的死亡率已明顯下降,但在世界許多地區仍是一大問題。然而,我敢說,大多數閱讀此文的人都能夠使用現代的避孕方法與生產流程。如今,我們不應再把保留性交視為保護女性生命的重要手段。
5. 許多古老(和一些現代的)中國文獻指出,隨著男性年齡的增長,他們保持勃起和產生精液的能力會下降。因此,當一個男性還年輕時,一天或許可以射精不止一次。然而,隨著年紀增長,這樣的頻率應適度降低,到了老年,可能變為每幾個月僅射精一次。但這並不意味著他在其他方面應限制自己的性愉悅。對於中國及道家哲學感興趣的人或許會希望考慮這種看法。(然而,諾丁漢大學在2008年的研究指出,二十至三十歲男性頻繁射精會增加罹患前列腺癌的風險,而五十歲以上男性頻繁射精則有助於降低罹患同類癌症的風險。)
6. 長時間的做愛有助於加深戀人之間的情感連結。不過,我觀察到一個現象並想提醒大家。曾有一段時間,男性只顧及自己的性快感。但最近,男性開始關注伴侶的性滿足。隨著現代女權運動的興起,不少女性決定為自己的高潮負起責任,即便是在有伴侶的情況下。從某種程度上來說,這像是男性只關心自己的那個時期,雖然沒有那麼自私。然而,最近我遇到了幾位真正享受性愛的女性,她們希望自己的伴侶也能體驗到性愛的樂趣,也就是說,她們渴望男伴能夠達到高潮並射精。如果伴侶沒有高潮,她們會想知道原因或問題所在。有些女性甚至告訴

我，如果男伴未達到高潮，即便她們體驗到一次或多次高潮，她們也仍感覺到這是不完整的性愛。

雖然我不主張我的研究有最終或科學性的結論，但我相信，克勞利曾說可以在不告知的情況下利用任何女性進行性魔法的時代，已然過去。如果你的伴侶問你為何沒有達到高潮，你最好準備好如何回答。

## 聖體領食（God Eating）

「你吃下什麼，便成為什麼」是許多人堅守的信念。在某些原始部落裡，人們會食用英勇敵人的心臟，以期望獲得他的勇氣。當獵人獵殺了一頭動物後，他會優先選擇吃下動物的某一部位，以此吸取他希望擁有的那些特質。

「聖體領食」是這種信念的終極形式。這是一種起源於基督教之前的傳統，後來被基督徒，尤其是羅馬天主教徒所接受。其理念非常簡單：將神或女神的本質注入某種可食用的物質中，然後讓信徒們食用這種食物，進而攝入該神或女神。這麼一來，吃下神靈的人便能吸取該神靈的特質。

我發現有一個類似概念更加迷人。如果神的本質能被注入食物或飲料中，那為何不祈請神或女神進入人體，並與這位神或女神的化身發生性關係呢？當然，這樣的想法充斥於希臘和羅馬的神話之中。有些威卡信仰者和巫者實行這種做法，將其稱為「偉大儀式」（Great Rite）。

這項技巧包含兩個步驟。首先，必須祈請合適的神或女神進入一名男性或女性的身體。具體操作方法請參閱本書的第九課。其次，另一名參與者應先向神／女神的化身表示敬意，並深思其即將進行的行為：與一位神／女神進行性愛！參與者應該保持這種心境和態度，並且意識到自己是何等的幸運。參與者應該時刻處於一種敬畏的狀態！從神／女神的化身獲得的任何性液都是神聖的，應被視為一種聖禮。

## 道家煉金術的性魔法儀式

古代道家有一種與融合瑜伽（Laya Yoga）類似的儀式。這通常在戶外的山丘上進行，需要一個尋求開悟的人、一名感知敏銳的助手，和一名或多名性助手共同參與。

首先，藉由各種性活動和呼吸控制，主要參與者會達到臨近高潮的狀態，並在性助手的協助下努力維持這一狀態。這自然會引發身體的抽搐，也就是譚崔修煉中所稱的

「夏克緹帕」。體感敏銳的助手則會觀察並感知到能量開始沿脊椎上升。為了避免能量離開身體，助手會用浸有蠟的物質塞住肛門。

助手會持續觀察能量沿脊椎上升的過程。如果能量似乎停滯不前，助手會藉由捏壓或戳刺身體來促使能量繼續上升。當能量接近頭部時，助手會確保在適當的時刻封閉頭部的開口，如同處理肛門一樣，以防能量逃逸。如此進行，結果會是能量從頭頂「爆炸性釋放」出來，通過譚崔稱之為「千瓣蓮花」的通道，並於最終達到剎那生滅、寂靜永恆的涅槃或開悟狀態。

# 第五部分

當我首次撰寫《現代魔法》時，美國文化正逐步進入「唯我世代」（Me Generation）。我寫道，多年來對文化的觀察讓我察覺到社會有了明顯的變遷。回顧我學習魔法的初期，以及在「唯我世代」之前，人們似乎更加關心彼此及環境，這一點在《現代魔法》初版發行時尤其明顯。儘管這是一種廣泛的說法，但在與通訊員和學生的互動中，我發現人們雖然談論社群和生態，他們主要關注的點似乎仍是能賺取多少金錢及晚上將參加哪個派對。從魔法的視角來看，這種自私的態度，是對先前關心社會、關懷世界這輪循環的自然回應與必然結果。因此，儘管我對所見感到悲哀，我也不對此譴責。看來只有在「媒體跟風事件」出現時，人們才會展示他們所宣稱的那份關懷。

對，我無法譴責持有這種態度的人。如果真要指責，我必須譴責那些過度關注社會而未能洞察宇宙深層本質的上一代。每件事都會有其反作用。在一個循環裡，人們努力改變社會；在下一個循環中，則是致力於增加個人財富。世界就是這樣延續⋯⋯

在為這本書第三版撰稿時，事情再次發生變化，但這次是出於必要而非選擇。世界各國的經濟動盪不安，許多人失去工作。他們不得不依賴鄰居與親人。人們的思維從追求財富轉向了僅有的生存——涵蓋了個人、家庭、社群乃至於整個地球。時間的巨輪繼續轉動，世界繼續這樣延續⋯⋯

至今我未曾遇到過任何完美的團體。然而，一直以來我支持的一個組織是鬆散的婦女解放運動，現在更普遍被認知為女權運動，在一開始確實有（我認為是必要的）過度行為。但其中一個重要的點是，他們強調每位女性應被看作一個獨特的個體，不應被物化。遺憾的是，對女性的性別歧視並未有所減少，它或許不如以往那般明顯，然而仍然

深深根植於社會中。

更甚的是，對男性的性別歧視也日益增加。過去，當男性談及他們的約會對象時，往往不是從女性是否有趣、聰明、令人愉快、激勵人心或性感等角度出發，而是談論她的胸部大小或腿型。而近期，當女性談論她們與男性的約會時，我也聽到越來越多的是她們不再將對方描述為有趣、聰明、溫柔、友好、慷慨或激勵人心，而是強調對方的外貌，如「緊實的臀部」或「健美的胸肌」。

美，是來自神聖的絕妙恩典，我無意對此批評。雖然有時候，即使是神聖的恩典也需要水療中心或整形外科醫師的加持。然而，若僅憑外貌來評判一個人，則是惡毒且殘酷的行為。這種做法將那些不符合某種想像標準的人推入悲傷、失落和孤獨的深淵。由於外貌大多是天生，這樣的行為與種族主義只有一步之遙。

這樣的「外貌主義」不僅對被壓迫者造成損失，施加壓迫的人也遭受損失。因為他們可能從未與充滿智慧、知識、機智與幽默的人交流，這些人內在的光芒遠超過外在形象。說實在，他們無法意識到那些被壓迫者可能可以為他們帶來更豐富的一切，遠超過他們所想像的。

我也坦白地說，我喜歡與我認為美麗的女性相伴。但我所遇到的最美麗的女性，並非來自雜誌的內頁。實際上，我最喜愛（最性感也最讓人興奮！）的情人並非如同美利堅小姐／花花公子／閣樓中的典型樣貌。研究克勞利生平的人都知道，他故意與極其醜陋的女性成為情人，但這一切與性魔法有什麼關聯？

或許史上種族主義和性別歧視最深的社會存在於中世紀的印度。當時，每個人都必須根據自己的出身嚴格遵守種姓制度的規則，這一制度持續了數百年。如果你屬於上層階級，甚至只是被最低階層「賤民」的影子掠過，也會被視為「不潔」。相較之下，我們的社會幾乎可說是絕對的平等。但無論是那時或現在，都有爭取自由的鬥士。

在白天，他們遵循一切規則。但夜幕降臨，窗簾拉上後，一切都變得不同。他們不是試圖改變社會，而是尋求改變自我。在日常生活中，他們的行為與常人無異。但一旦進入譚崔寺廟，走入「時輪」或「魔法圈」，這些左派譚崔修行者（Kaula Tantrics）會將每個人視為平等。無論種姓、外觀、膚色或是影子，都不再有分別。

在譚崔寺廟內，所有男性被視為男神，而所有女性也被視為女神。這些譚崔修行者發展出一套全面的哲學體系，涵蓋美學、愛情、知性、感性、科學與藝術，而與此同時，西歐正經歷黑暗時代，那是一個充滿仇恨、汙穢、迷信、無知、偏見和自私自利的時代。可想而知，當西方人用先進的武器征服印度時，他們也試圖摧毀被視為「邪惡的」譚崔主義。

你可能聽說過時輪（KalaKakra）的概念及其群體性魔法儀式。如果你和一些朋友已對本課內容有所練習，並且想要嘗試我接下來要介紹的儀式，那麼你可能會想要模仿譚崔修行者的做法。對於你們大多數人來說，也許外表並不像《花花公子》或《GQ》雜誌中的模特兒，但你必須能夠看見我們所有人內在的美與神性，也就是「神（女神）的相似之處」。然而，受到社會及影視媒體的影響，我懷疑是否真的有十男十女能夠做到這一點。因此，我建議從這個初階練習開始。

這個練習至少需要三位男士和三位女士共同進行。若每個性別有五位或更多的參與者，則會更為理想。在一個寬敞的房間中，讓一位女士和所有男士一起，並在中央放置一張舒適的椅子給那位女士。男士則圍坐在她周圍的靠墊上。參與者需全裸。其他女士則坐在圈外的昏暗處，可以穿著衣物，也可以不穿。

事先決定好由一人執行小五芒星驅逐儀式，另一人進行六芒星驅逐儀式。在古代的譚崔儀式中，也有類似的做法，只不過帶有印度風格。現在，讓每位男士依序對魔法圈中心的女士表達崇拜，因為她，如同所有女性，是神性中女性特質的化身。每位男士可用自己獨特的方式向她表示敬意。你可以跳舞或歌唱來向她致敬，你也可以為她清洗手腳或撫摸她。確實，這包含觸摸或親吻她的乳房和生殖器。然而，這必須被視為對神聖的崇拜和敬畏，而非僅僅是性的態度。其他崇拜方式還包括反覆吟唱她的名字、獻上禮物、供養食物，以及用香氛油塗抹她的身體等。若她因此性慾被喚起，這應被視為女神賜予恩典的象徵。結束時進行小五芒星驅逐儀式。

現在，不需說任何話，重複整個過程，但這次讓一位男士居中，而所有女士則赤身裸體地站在魔法圈裡。他應被當作神性的男性化身來崇拜。其餘男士則與之前女士相同，在圈外的黑暗處等候。這位男士不應是先前在圓中央女士的男友、固定情人、伴侶或丈夫。

一旦完成，讓所有人穿好衣服，再圍成一圈討論彼此的感受。應特別留意扮演女神與男神角色的人，以及他們固定的戀愛伴侶（如果有的話）的感受、表情和行為。是否存在嫉妒或憤怒情緒？這些情緒是否潛藏在表面之下？如果是，他們必須處理自己的情感，或者接受自己目前並不適合從事此類魔法。在接下來的一週重複進行此儀式的練習，但更換另一名男女居中。最後，團體中的每個男女都應體驗此過程。

古代譚崔修行者沒有完全相同的儀式，但他們在譚崔大師的嚴密指導下接受了多年的訓練，只有當老師認為學生準備好參與時輪儀式時，才允許學生加入。鑑於你可能在你的居住區找不到譚崔大師，上述練習將有助於篩選出在情感上尚未準備好進行團體工作的人。這並非表示他們有缺陷或不成熟，僅是表明他們在目前階段心理及情感上

尚未準備好從事此類魔法工作。如果伴侶中有一人未準備好，則應將兩人都排除。

假設有五名男士和至少五名女士準備進行時輪儀式，可能有更多的女性參與，因為她們作為啟蒙者和指導者，能在儀式中協助各對伴侶。準備一個沒有家具，但鋪滿枕頭和毯子的房間。若是冬季，確保房間有充足的暖氣。房間內應有薰香、燭光、鮮花、食物、葡萄酒，以及清涼的水。同時準備一些情趣輔助品，比如香氛油、羽毛，以及柔軟、毛絨的物品。所有食物都應切成適合一口吃下的大小，並讓柔和的音樂瀰漫空氣中。

準備另外兩個房間，分別是女性與男性的更衣室。讓每位參與者更換成特殊的服裝。對於男性而言，寬大、鬆垮的鄉村風襯衫和寬鬆或有鬆緊帶的褲子都是不錯的選擇。戴上戒指和項鍊也很合適，衣物和珠寶上加上小鈴鐺同樣恰當。對女性而言也是如此。透明或半透明的衣物也同樣適宜。男性與女性都可以化妝，甚至使用異國情調的身體彩繪來強調他們的性感，比如將乳暈周圍塗抹成紅色。當今，許多男女選擇剃除或修剪其陰毛，你可能也會想這麼做。同時可在身體各處滴上不同香氛油，如此一來，讓鼻子在身體四處遊走時能尋覓到各種香味。所有女士應穿著柔軟、容易辨識的鞋子。

讓男士們先進入主要房間，並執行小五芒星驅逐儀式與六芒星驅逐儀式。完成之後，應有一位男士拿起用於小五芒星驅逐儀式的刀，將刀尖輕觸地板，恰好在女士入門處的右側。接著，他應將刀垂直舉高至所能達到的最高點，並從門頂部移動至門左側的地面。如此一來，他便在魔法圈中「切開了一道門」，供女士們進入。敲門聲將是她們進入的訊號，她們一旦進入魔法圈，持刀的男士應逆轉動作，以此封閉魔法圈。

## 不好意思……你剛說我該剃掉什麼？

　　當《現代魔法》首次發行時，它匯集了許多當時尚未書面化，卻是許多人正在討論或實踐的觀點與概念。據我所知，這是第一本深入探討愛滋病議題的神祕學著作，也試圖首次在儀式魔法師與異教徒之間尋找和諧。它是首套揭露魔法書中障眼法的課程，也是第一本真正提供可用、逐步深化的魔法教學而無須依賴教條的神祕學作品。它還是第一本介紹性魔法具體明確指導的大型神祕學書卷。《現代魔法》第一版中還包含了許多其他的創新之舉。

　　然而現在，許多人或許會對我提出的一些建議感到震驚，不是因為強調必須進行他們所不願接受的事，而是因為我提到，如果你想，可以考慮修剪或剃掉你的陰毛。「**哦，我的天哪！他真的這樣說了嗎？**」

　　讀到這裡，許多人可能會感到驚訝，但剃除或修剪陰毛在歷史上有著悠久的傳統。古埃及人這麼做過，古希臘女性亦然（男性則否）。羅馬女性同樣也有此習俗，據凱撒所言，不列顛的凱爾特男性也是如此。穆斯林男女同樣這麼做，而歸來的十字軍（十一至十三世紀）將此習俗帶至歐洲。有些城堡甚至設有專門的剃毛室，然而這項習俗漸漸消逝，直到1970年代中後期才重新流行。

　　至於現代，女性剃除腿毛和腋毛的潮流則始於1915年的一則刮鬍刀廣告，該廣告暗指腋毛的不衛生。然而，腋毛實際上可以看作是一個次要的性器官，因為它能保留腋下腺體分泌的費洛蒙氣味。遺憾的是，這也可能成為問題所在，因為腋下毛髮也可能留存不受歡迎的細菌異味。

　　陰毛方面的看法同樣存在分歧。有人認為陰毛本身具有某種吸引力，而另一些人則認為修剪或剃光的外觀更能展現與增強感官體驗。越來越多的男性開始剃除他們的陰毛，市面上甚至推出了「男性專用」的電動除毛刀。有一家主要的除毛刀生產商聲稱，修剪陰毛可在「視覺上增加一英寸」，也就是說，使陰莖看起來更長──作為其銷售宣傳的一部分。

　　如果你選擇剃除、修剪或使用其他形式的除毛方法，如熱蠟、使用除

> 毛膏等，都需要格外小心。割傷、刀片產生的毛囊炎或過敏反應可能非常痛苦且引起困擾。
>
> 在一小部分女性主義者中，存在一個迷思，認為女性不應該模仿成人影片中剃除陰毛的女演員，因為這被認為是在迎合男性的戀童慾望。然而，考慮到許多同樣的女性會進行手術讓自己的乳房變大——有時到了不可思議的程度——這種說法顯得毫無道理。畢竟，未發育的少女通常不會有像籃球般大小的乳房。
>
> 實際上，成人電影中女性（以及男性）剃除或修剪陰毛的原因非常簡單：這讓鏡頭更容易捕捉到親密動作。我怎麼知道的？因為我曾在一家專門為成人娛樂製作廣告的廣告公司擔任文字工作者。我們經常拍攝模特兒，正是這個原因，因此要求模特兒在陰部保持修剪或除毛。

男士們坐在魔法圈的邊緣，而女士們則順時針方向繞行或舞動。她們可以隨意地笑、隨意談話或歌唱。男士們則不可用手以任何方式互動，但女士可以餵食他們、親吻他們或給他們酒水飲用，此時男士們仍不得使用手。這樣的互動會引起許多笑聲伴隨歡樂，也被視為譚崔神祇賜予的美好禮物。女士們不應與任何一位男士停留過久。

這段活動可以持續任意長的時間，儘管參與人數越少，活動時間也會相對較短，但一般至少持續半小時。接著，女性們脫下一隻鞋放在場地中心。也可以使用其他物品，如耳環、胸罩等，只要是女士們能辨識屬於自己，並且所有女性放入相同類型的物品即可：也就是說，如果其他人都放入耳環，就不應該有人放入鞋子。執行此舉時，女士們應該圍成一個小圈，讓男士難以辨識哪位女士放入了什麼。然後，所有物品應混合起來。完成後，女士們在魔法圈邊緣找個位置坐下，而男士則起身。

女士們玩得高興之後，輪到男士享受樂趣了。他們同樣繞著魔法圈，為女士們提供食物和飲品。這一階段結束後，男士們走到魔法圈中央，並在手拉手的同時面向外側。一位女士拍手，男士們順時針繞著女士們留下的物品行走（關於保持節奏拍手的女性，稍後會有更多介紹）。當拍手聲停止時，每位男士都向後伸手，在不回頭看的情況下任意抓取一件物品。接著，男士們再次繞行魔法圈，試圖辨認手中物品的主人。過程中，女性可能會俏皮地隱瞞物品屬於她們的事實，而男性可能以同樣俏皮的方式試圖揭露真

相。如果物品是一件女性的胸罩或內褲，這個過程尤其有趣。但必須確保過程中沒有任何強迫或暴力行為。最後，當男士確認物品的主人時，他應該坐到她的右側。

於是，伴侶們便成雙成對成形。作為伴侶，他們應互相餵食、互相交談、互開玩笑並共享歡笑，進而溫柔且滿懷愛意地接吻，盡量避免過度激情。在此之後不久，男方終於對其伴侶說道：

> 女神，今晚你是我的。
> 直到天明，你都是我的妻。

對此，她回答說：

> 男神，今晚你是我的。
> 直到天明，你都是我的夫。

此時，接吻、愛撫和情趣玩具的使用可以逐漸增加，衣物也可以漸漸褪去。從此處開始，有兩種選擇：

1. 當性愛開始時，伴侶應選擇舒適的姿勢，避免劇烈動作。他們應該調整呼吸以達到同步，直至經歷「摩訶密續灌頂」並達到剎那生滅、寂靜永恆的涅槃（Nirvana）體驗。
2. 意識到譚崔神祇欣賞愛的能量，伴侶可能會選擇長時間的激情性愛（伴隨著深度的交合），以此向神靈表達敬意。
3. 結束後，每對伴侶可以一起休息或睡眠，並根據情況在天亮前再次進行第一或第二選項。當看見黎明的第一道光芒時，應再次進行小五芒星驅逐儀式和六芒星驅逐儀式。所有人應返回更衣室，穿戴整齊，再各自回家。

## 關於此儀式的註記

1. 該儀式應於午夜開始，並在破曉時結束。
2. 除非你偶然在時輪儀式中尋找到未來的固定伴侶，否則不應與儀式中的「一夜伴侶」尋求發展未來的性關係，除非你們雙方都未有其他牽絆。
3. 傳統上，在魔法圈中，可能會有額外的女性參與。她們或許會引導流程（可能有一位專門為男性保持節奏而拍手）。她們不僅為伴侶們提供食物、飲料和情趣玩具以協助他們，甚至在伴侶性愛時也可能撫摸和親吻他們。然而，這些女性並不

與伴侶們發生性行為，伴侶也不應嘗試撫摸或親吻她們。儀式開始時，男性會像對待其他女性一樣，環繞著她們，提供食物並與她們玩樂。

4. 這裡的伴侶選擇方式是一種傳統做法。另一種方法則是讓女性站立圍成圈，位於男性所形成的魔法圈內部。接著，當一位女性拍手時，兩個圈會朝相反方向移動——女性順時針，男性逆時針，或是相反。當掌聲停止時，每個人便與他們身旁最接近的異性配對成為伴侶。

5. 在印度，與非配偶者發生性行為是違法的。為了繞過這一限制，同時保留隨機和自由選擇伴侶的自由，人們會宣布自己成為當晚的夫妻。

6. 儘管這個儀式源自古老的譚崔傳統，但並非所有的譚崔修行者都有此做法。同樣地，大多數新教基督徒的崇拜方式也與天主教徒不同。因此，如果有人聲稱他們是譚崔修行者，卻不參與這類儀式，這是有可能的。但應進一步了解他們所屬的譚崔傳統派別，以及是誰引導他們步入譚崔之道。他們對自己所宣稱的修行深度可能了解不足。

**這是一個極具風險的儀式！**許多美好的關係因此破裂。或者更恰當地說，許多表面上**看似**美好的關係，在經歷時輪儀式後，由於原本關係不夠穩固也不安全，無法承受此儀式所帶來的自由度而告終。考慮到這可能的危險，如果你或任何讀者嘗試這個儀式，作者、出版商或本課程的經銷商將不會對結果負責。

如果在初步練習的嘗試後有任何疑慮，切勿進行這個儀式！本書收錄時輪儀式，主要是出於完整性考量，是為能應對此等自由度的人所設。

正如那些在團體中練習儀式魔法的人所發現，人數的增加無疑會增強儀式的力量，實踐此版本時輪儀式的人也會發現，與其他進行性魔法的人接近，將提升他們自身的能力和成果。

## 第十課的附錄

正如我在本課程一開始所描述的，我並非僅是坐下來就撰寫出這套課程。這門課程是在我多年的學習和個人實踐，再加上十多年授課和寫作經驗的基礎上才開始編寫的。但時代確實已與當時不同了。

當我開始這些工作時，當時的性傳染病（STD，Sexually Transmitted Diseases）還能經由藥物來控制。然而，後來像生殖器疱疹這樣的疾病出現，在本書第一版出版時，它

仍然是一種無法治療的疾病。儘管如此，此病症經常會進入潛伏期，這種緩解可能是永久的，也可能只持續數年。如今，雖然這些症狀在某種程度上可以被治療，但依然無法徹底根治。

在《現代魔法》第一版出版的前幾年，一種新的疾病看似憑空出現——後天免疫缺乏症候群（AIDS）——主要透過血液等體液共享而傳播。最初，有些人懷疑有其他傳播的方式，但隨著時間的進展，這方面的證據逐漸減少。這種疾病的真正危險之處在於，可能需要五年或更久的時間才會發現感染。如果不接受治療，幾乎必然會導致死亡。雖然現在有控制的治療手段，但仍沒有痊癒的根治方法。

在整個課程中，我一直強調魔法師必須對自己的行為負責。因此，如果你決定擁有多重性伴侶，你必須承擔這一行為的責任。如果你選擇與伴侶共享體液，你和你的伴侶也必須承擔這一行動的責任。我建議定期進行包括 HIV（認為是導致 AIDS 病原）和各種性傳染病的傳染病檢測。如果你患有任何疾病，無論是性傳染病還是「僅是感冒」，在發生性行為*之前*，你有責任將病情告知伴侶和潛在伴侶。

如果你選擇擁有多重性伴侶，在找到 AIDS 和其他性傳染病的治療方法前，你需要自行承擔相應的風險。我的一位多年好友因 AIDS 相關併發症去世，他至今仍被我和許多朋友深深懷念。我最深的願望是能為當前受苦的人找到治療方法，並對於那些因恐懼這種疾病而不得不改變生活方式的人，希望能盡快發現有效的預防疫苗或緩解病情的長期治療方法。

## 複習

為了幫助你確認是否已完全掌握「第十課」的內容，以下列出了一些問題。在不參考課文的前提下，請試著回答這些問題。（答案可以在附錄二中找到）

1. 你需要具備怎樣的智力程度才能對洗腦免疫？
2. 洗腦需要哪五項必要條件？
3. 本課程描述了性魔法的哪三個主要分類？
4. 高潮時心中所持有的念頭會發生什麼變化？
5. 賴希對於高潮瞬間有什麼發現？
6. 按照麥斯特與強生的研究，男性從開始性行為到射精的平均時間是多久？
7. 任何預示性質的技術都包含哪三方面？

8. 許多人認為煉金術的書籍不過是什麼的暗語？
9. 根據性魔法師的說法，「溶劑」或「膠體溶劑」是指什麼？
10. 閱讀昆達里尼瑜伽書籍達到開悟的人有多少？
11. 運用呼吸和真言是什麼的替代？
12. 為什麼進行時輪儀式會有危險？

以下問題，只有你自己能回答。

1. 你是否仍持續進行固定的儀式和記錄？你是否嘗試了其他儀式和技巧？你有進行冥想嗎？
2. 你願意嘗試性魔法嗎？你認為它吸引人還是令人反感？
3. 你認為你有可能被洗腦嗎？為什麼或為什麼不？
4. 如果你選擇不實踐性魔法，那麼對於他人而言，哪怕對象非其配偶或伴侶，進行性魔法是否仍被視為可以接受？
5. 開始這門課程後，你對生活的整體感覺有所改變嗎？如何改變？

## 參考書目

有關這些書籍的更多資訊，請參閱本書末標註的參考書目註解。

King, Francis. *Sexuality, Magic and Perversion*. Feral House, 2002.
Kraig, Donald Michael. *Modern Sex Magick*. Llewellyn, 2002.
Lloyd, William J. *The Karezza Method*. BiblioBazaar, 2008.
Mumford, Jonn. *Ecstasy Through Tantra*. Llewellyn, 2002.
Reich, Wilhelm. *The Function of the Orgasm*. Farrar, Straus and Giroux, 1986.
Saraswati, Swami Janakananda. *Yoga, Tantra, and Meditation in Daily Life*. Weiser, 1992.
Stockham, Alice. *Karezza*. Forgotten Books, 2008.

# 第十一課
## LESSON ELEVEN

---

## 第一部分

---

### 找尋你自己的道路

　　如我之前所描述，有個古老的傳說提到，當摩西首次登上西奈山時，神將卡巴拉的奧祕賜予他。啟示了人類*所能*達成的一切。然而，當摩西下山時，他發現人們崇拜金牛犢，這是對異神的崇拜，於是他決定將這些已揭示的奧祕知識摧毀，只留給他的兄弟亞倫和以色列的大祭司。當摩西第二次回到山頂時，他帶回了十誡，其中充斥著「你不可」的禁令，明確指出了人們**不應該**做的事。這些人被視為以色列的「孩子」。孩童不需要為自己的行為負責，也沒有成年人的自由。以色列的孩子們還未準備好接受卡巴拉所賦予的自由。他們首先需要的，是成為大人。

　　時至今日，絕大多數的人仍然無法真正獲得自由，他們被不安全感這種心理疾病感染，導致了追隨各種「主義」的症狀。有時，他們追隨這些「主義」直到死亡，或致使追隨不同「主義」的人受到迫害或死亡。人們遵循宗教團體、政治團體和同儕團體的教條，或盲目追隨一位或多位政治、宗教、軍事或經濟領袖。**大多數普通人無法獨立思**

考，或者實際上是選擇不去思考。**這是當前雙魚座時代（Piscean Age）靈性發展的結果，我擔憂這種狀況將在未來多年持續伴隨著我們。

但是，仍然有希望。有些人開始思考，彷彿從漫長的沉睡中醒來。他們是即將到來的寶瓶座時代（Aquarian Age）的先鋒。這些人不是遠離了那些充滿教條的組織，就是只在這些團體不要求盲目服從或從事不道德行為時才留下。大多數情況下，他們選擇獨自前行，或者與少數志同道合的人共同前進。他們是未來的浪潮，是明日的希望。

這算是一種菁英主義態度嗎？絕對是……同時也絕對不是。因為儘管存在著寶瓶時代的菁英，但它並不局限於那些擁有財富或政治權力的人，也不僅限於出身於擁有財富或政治權力的家庭——如同過去的菁英。這與過去的菁英不同。這是一個向所有人**開放**的菁英團體，任何人都可以在任何時候加入，並在我們未來世界的大海中激起漩渦、漣漪和浪潮。

如果你持續學習並實踐這門課程的內容，那你已經在寶瓶時代菁英的道路上邁出踏實的一步——即使你還未正式成為其中的一員。然而，這並不代表你比其他人更優秀，只是有所不同。你不應該，也絕對不能輕視那些未能像你一樣取得進展的人。他們或許有一天會以比你更快的速度步向未來。

人們說，真正深邃的魔法奧祕是無法言明的。人們也說，真正的魔法奧祕是隱藏的，僅對祕密的神祕組織，如真正的玫瑰十字會或光明會的啟蒙者揭露，且只有在學生經過多年的學習與實踐，並通過了嚴峻甚至危及生命的考驗後。

*這一切都是真的。*

*從這一刻起，我無法再向你展示更多。*

*我已無法再教授你更多魔法的奧祕。*

但這門課程中還有許多未展開的頁面。這怎麼可能呢？要回答這個問題，我需要向你傳授我所認為的**真實魔法的終極奧祕**。

但在此之前，讓我們稍微回顧。進行任何魔法都需要三項要素：

1. 喚起、控制及引導魔法能量的能力。
2. 知道如何利用這股能量的知識（能力不代表知識）。
3. 自信的正向態度。

在之前的課程中，我已經闡述了這些內容，並介紹了練習和儀式來幫你發展這三項能力。值得注意的是，沒有任何關於魔法的書籍曾清晰地涵蓋上述三項要點。過去的著名魔法文獻或魔法書大多只討論到第二項。這是因為這些書籍原本是為經驗豐富的魔法師或正在接受訓練的魔法師所編寫的工作手冊，他們已從個人教學和經驗中掌握了這些要點。

如果你持續實踐本課程中所介紹的儀式，就等於是在遵循一套有邏輯、經過驗證的系統。這套系統會教會你如何培養正向的態度。我只是簡略地提及這個話題，因為沒有必要過度聚焦於此。正向態度的培養，是使用塔羅牌和進行中柱儀式的自然結果。

這門課程還教會了你如何喚起及控制用於魔法的心靈能量。此外，當你持續學習這門課程，實踐其中的技術及儀式，你就已經準備好邁向你在魔法進階的下一步。

### 究極的魔法智慧，無法透過任何人或組織傳授給你。

我要直白地告訴你：任何聲稱能夠傳授究極魔法奧祕的人或團體，都在說謊。每個人必須獨自尋找。所謂的「失落之言」或神之祕名，絕不會由他人傳遞給你。你必須自己去學習和發掘。其中一種方法是遵循各種不同的魔法系統或學派。我鼓勵你尋找一個特別符合你需求的學派。然而，如果你持續實踐本課程的儀式，就應該做好準備，以揭開那些知識，並進入學習魔法最真實、最核心奧祕的下一階段。

如果你*規律*地持續實踐這些技巧、練習和儀式，你至少應該已經或正在達到對魔法能量的良好控制。小五芒星驅逐儀式、六芒星驅逐儀式、中柱儀式，以及光體循環，目的都是培養喚起和控制魔法能量能力的技術。如果你製作的護符已實現其目標，那就證明了你成功地喚起並控制帶有意念的魔法能量。

這部分的關鍵在於運用你自己意識與潛意識中的「意志」來操控魔法能量，並將之應用於你所渴望的目的上。你可能翻閱過許多關於如何喚起與控制魔法能量的書籍，其中有些是相當出色的。然而，我相信，那些經過數千年發展，並且反覆實踐的幾個基礎練習，遠比耗費精力去記住一大堆執行次數少的練習來得有效。

如我們先前提到的，正向態度應該是塔羅冥想儀式所直接帶來的結果。經由研究自然的平衡以及生命之樹所展現的宇宙和諧共鳴，也將有助於這方面的發展。你在灰魔法中取得的成果越多，對自己魔法能力的自信也會隨之提升，你的態度也會變得更加正面。

許多包含咒語、儀式、儀典、哲學、理論及資料的書籍，都能夠豐富你對於如何以及在何處引導、喚起和控制能量的理解。其實，我還有更多的內容可以分享。但我認為沒有必要這麼做，因為這些資訊頂多也只能算是中級程度。相反地，我將與你分享如何

為自己取得更進階的資訊，也就是真實魔法的奧祕知識。

這種知識在地球的物質層面上是無法找到的！<br>只有從更高層次的存有那裡才能學到。

有時，這些「存有」被視為高我的不同面向，即 Yeh — chee — dah。有人認為這些存有是神的化身。我們將在本課程的後續部分詳細討論如何接觸並與這些「存有」溝通。我想強調的是，完全沒有必要感到恐懼，你即將學到的是美麗且自然的技術。最精彩的部分還未呈現。

## 只有一種魔法

如果你回顧至今跟隨的這數百頁課程，你會發覺我們已經涵蓋了龐大的內容。或許最重要的，是我試圖向你展示如何成為一名魔法師；如何像一位真正的巫師或女巫那樣思考、行動和感受。掌握這些知識後，你應該能夠構建你自己的儀式和儀典，而不是受限於已逝先賢留下印刷的字裡行間。

我在這門課程中重點介紹的主題之一是白魔法和灰魔法的運用與方法，以及如何避免墜入黑魔法陷阱的深淵。同樣記得，我總是認為並非所有的權威都同意我對魔法的三種劃分。我之所以這麼做，只是為了我們能夠更好地溝通。這些分類僅是為了方便。因為不論其他專家怎麼說，**根本就沒有人們所稱的白魔法、黑魔法或灰魔法**。理解這一點相當重要，因此我將以不同的方式再次講解這個概念。

成為魔法師的過程之一是學習辨別「現實」與「真實」。神祕學家一向認為一切都是由能量的振動構成。現代科學最終也達成了相同的結論，稱之為「波理論」*。

然而，牆壁仍然是牆壁，書桌依然是書桌。它們都是現實存在且堅固的。它們能承受物體的重量。我無法將手穿過它們而不對牆壁、書桌和我的手造成傷害。這是它們的「現實」。儘管如此，科學與神祕學都依然認為，牆壁和書桌（以及我的手）僅由能量的振動組成。那是它們的「真實」。真實可能不如現實所見，所見的現實也可能不等同於真實。

同樣，有些事情可能看起來是正確的，並且在現實中也確實是正確的。但它們的

---

*譯註：依作者成書年代的用語，「波理論」（wave theory）泛指近代物理學領域中違反一般直觀卻屬實的研究，包含從最初發現光子、電子的波動性，到後期量子物理學中的波函數理論與量子穿隧效應。

「真實」本質可能恰恰相反。太陽每天早上昇起的確是事實，即使雲層阻擋了我的視線也無損於這一點，那是「現實」。但實際上，是地球的自轉給人一種太陽昇起的假象。然而，太陽從未「真實」昇起。

我們大多數人會認同，殺害是不良且邪惡的行為。但是，那些持此信念的人依然會參與戰爭，進行殺戮。這些人究竟是虛偽者，還是純粹邪惡？從魔法的視角來看，我認為答案是否定的。

對一位真正的魔法師而言，並不存在普遍預設的善與惡。也不會有來自外部的道德標準。然而，一名真正的魔法師通常在道德層面上，遠超過他們那些不是魔法師的朋友和鄰居，尤其是那些自詡道德高尚者。這怎麼可能呢？

原因在於，真正的魔法師深刻理解宇宙的根本原則，包括因果法則的原理和其運作方式。魔法師認識到，他（她）擁有完全的自由前往任何心之所向。然而，真正的魔法師總會選擇光明之道，這就是非行於魔法之人所說「道德上正確的選擇」。真正的魔法師之所以選擇這條道路，不是出於道德目的，而是因為魔法師意識到所做的一切都應是對自己、當地社群及世界最有益的。而且他們的每一個行為最終都會回到自己身上。這就是因果法則的普遍真理。

對於真正的魔法師而言，並不存在所謂的白魔法、灰魔法或黑魔法，只有⋯⋯魔法，僅此而已。事實上，由於理解因果法則，真正的魔法師會刻意避開那些非魔法師或魔法初學者所稱的黑魔法。

那些不理解因果法則的人之所以行為「道德」，是因為他們遵循了一套道德規範或一系列法律。他們依賴書本或領袖的指導，而非自己行為後果的觀察。因此，他們更容易違背自己奉行的教條式規範。這就是為什麼那些依據人為設計的規則自認為「道德」的人，比那些遵循因果法則的魔法師更可能打破自己的道德規範，後者不相信有一人類定下的法律可以界定道德規範。

那存在行惡之人嗎？絕對有。一些行惡、接受魔法訓練並利用魔法傷害他人的人，被稱為黑魔法師。但他們絕不能被視為真正的魔法師，正如那些僅以球或硬幣表演魔術的孩子，無法與你在電視或劇院看到的專業魔術師相提並論。這樣的黑魔法師或許能施展一些小把戲，但他們並不理解因果法則的運作。如果他們理解這一點，就不會進行「黑魔法」了。

還有另一層面被一些人稱為黑魔法：如果你正因一種痛苦且不可治癒的疾病而垂死，你會考慮自殺嗎？閱讀此文的你們，有些人會說「會，這是有可能的」，其他人則會想「不，絕不可能」。但也有些「道德家」認為，在任何情況下自殺都是不對的。我並

不是在試圖鼓勵自殺，我只是想指出，除非我們了解一個行為的最終因果，否則我們不可能將任何行為評判為「好」或「壞」，無論是黑魔法還是其他。

我們大多數人會同意，切斷一個好友的手臂是件壞事。但如果這位朋友的手臂患有壞疽，不切除就會死亡，那麼在這種情況下，如果我們**不**協助切除手臂來挽救他，那反而是因果上不當的行為。當然，也可能這位朋友經歷的死亡，正是業力到來的正確時機。那麼，我們嘗試挽救他的生命就會是因果上的不當之舉！正如你所見，判斷一個行為的因果「正確性」存在諸多複雜性。這就是為什麼在執行可能影響你或周圍環境的魔法行為之前，進行占卜顯得如此重要。

在《聖經》中的故事裡，約拿被神吩咐去傳道，但他選擇逃避，這個行為的業力導致他被一條「大魚」吞下。從業力的角度來看，傳道才是正確的決定。即使面對成千上萬人的阻攔，也必須突破前行，不這麼做依然會是業力上的不當之舉。

如果你與一個更高層次的精神存有交流，並決定是否遵從其建議，那麼你將對你的行為（或作為）所帶來的因果負責。如果你決定按照更高靈體的指示行事，而有人對你說「不可以」，從業力角度來看，反對那個人，甚至在必要時推開他（她）是正確的。但請記得，無論未來發生什麼，你都將對此承擔因果上的責任。特別是作為一名魔法師，你必須對你的所有行為負責。你的今天是昨天行為的直接結果，你的明天也將是今天行為的直接結果。種什麼因，得什麼果。這就是因果法則。

從更高的層次，從其他存在界別的精神存有那裡發現事物並決定去行動，被稱作「尋找你的真我意志」（finding your True Will）。正如聖奧古斯丁（St. Augustine）、拉伯雷（Rabelais）和克勞利所言：「行你所欲，即為全法。」（Do what thou wilt shall be the whole of the Law.）

這絕不是對享樂主義或某些人眼中的不道德行為的一種許可。事實恰恰相反。這是一個呼喚，促使你對自己的行為負責，與神性合一，並使神的意志成為你的意志。你的行為將引導你永遠行走在光明的道路上。而這條道路的指引，正是愛。克勞利補充說：「愛即是法則，愛行於意志之下。」（Love is the law, love under will.）

每隔一段時間，煽動性的媒體會報導一些令人震驚的事件：一名男性或女性因為相信配偶或孩子「被魔鬼附身」，而對他們毆打致死。有些人甚至會聲稱「是神指示我這樣做的」。這本書中的訓練絕不會讓你瘋狂到做出這類行為。實際上，這本書有助於預防這種情況的發生。我們不從事任何有關靈媒或附身的活動。我們專注於與靈體的溝通。

此外，判斷一件事是否適合你，總有一種簡單的方法。你應該已經察覺到，在過去數月中，隨著你持續實踐本課程的儀式與技巧，你的直覺有所提升。這是你進行的儀式

和練習所帶來的自然結果。因此，如果有什麼事情看起來不對或是感覺不對，**就不要去做！**就這麼簡單。

如果你認為自己認識的人可能「被惡魔附身」，並且你也萌生了想要藉由對「被附身」之人施加身體傷害來驅逐邪靈的念頭，**千萬不要這麼做！**也許真正需要幫助的人是你自己。

我將與你分享的系統是完全安全的。考慮有些人可能對直接與更高層次的精神存有溝通（相對於召喚魔法的間接溝通）感到擔憂，我在此重申：

*只要你遵循指引，*
*無論是在這一課或是其他任何課程中的內容，都不會帶來任何危險，*
*也不會對你或他人構成威脅。*
*這門課程中所教授的內容，*
*不會引導你朝向普遍道德認為的邪惡之路。*

## 非物質的精神存有

在其他章節中，我提到過「心靈幻影」以及它們可能帶來的困擾。正如我在之前的課程中所討論的，當你與更高層次的精神存有接觸時，你應當傾聽祂們的話語。正如你可能已經猜到的那樣，我並不是在說你應該服從那些心靈幻影！心靈幻影被一些人視為較低星光層面的棲息者，它們不屬於更高層次的精神存有。我所指的更高層次的精神存有包括三種：神性的直接顯化（眾神）、大天使以及所有的天使。此外，你可能需要進行一些測試，以確認這些存有是否真的如祂們所聲稱的那位靈體。關於如何進行這些測試的方法將在稍後解釋。

但首先，讓我們來看看那些虛無且主要存在於其他層面上，卻不屬於更高層次精神的存有。

**以太體**（Etheric Body）：這是一切被造之物的放射流衍。它與真正的星體化身（astral double）不同，在某種程度上它「介於星光層面與物質層面之間」。有時它可能在較高層面上呈現人的外觀，但總是依附於一個生命而存在。

**星光體**（Astral Body）：這是生命體中精神層面的展現，總與具體的生命形體相連。一旦與生命形體分離，它便迅速轉移到更高的存在層面，進行轉世。在這種分離狀態

下,星光體過於忙碌,無暇佔據你的時間。只有當它們依附於某個個人意識時,才能被觀察到。更高層次的靈性存有並不會與任何特定的個人意識相連結。

**萬應之靈**（Azoth）：也稱作梵文的「阿卡夏」（Akasha,正確發音為「ah — kash」）或星狀之光（astral light）。它以光輝的形態出現,並能隨個人意念變化。在萬應之靈中,可以窺見過去、現在與未來,但它本身沒有獨立的人格。由於窺見的未來只是眾多可能之一,過分沉迷於星狀之光可能使你忽視當下。這可能會導致你進入《太空學員》*的虛假世界。記住,重要的是要腳踏實地,活在當下。

**元素念像**（Artificial Elementals）：這些是由人類力量創造的靈體,完全由單一元素構成。它們專注於單一目的,除非你干涉它們,否則它們通常不會注意到你。在星光層面上,它們的外觀會根據創造者意志的強度而有所不同。

**虛無者**（The Empty Ones）：在大城市中,這些靈體有時在「貧民窟」周圍以物質形態出現。它們呈現人形,卻沒有靈魂,也缺乏對未來的希望。它們有時會展現出極大的幽默感和勇氣,但很快就會陷入深深的絕望。它們的眼神或是透露瘋狂,或是流露著空虛。這些可憐的生物同樣存在於更高層面。被它們接觸可能帶來絕望和恐懼。

**元素精靈**（Elementaries）：包括土元素精靈諾姆、水元素精靈溫蒂妮、風元素精靈西爾芙和火元素精靈沙拉曼德。一般也寫作「elementals」,雖然這並不完全準確,但本課程中已經採用了這個術語。它們雖然僅由單一元素組成,但擁有自己的意志,並且通常不會干預人類事務。實際上,它們更傾向於被人類忽略。

**寄生靈**（Larvae）：這些靈體也被稱作遊蕩之魂（lemures）。人們相信它們藉由吸取血液的精華來餵養自己,特別是從病人或受傷者身上。可以說,它們以這種方式來獲取能量。藉著投射純淨的靈性白光,可以輕易地將它們驅散。

---

*譯註：《太空學員》（*Space Cadets*）是一個英國真人實境秀,從報名者進行海選開始,到參與一系列太空人訓練,最終選拔出可進行太空任務的少數幾位。然而實際上包括太空訓練基地、火箭,甚至部分競爭者,都是節目精心安排的整人環節。

**鬼魂**（Ghosts）：當星光體與自我分離後，它通常會轉移到可進行轉世的場域。有時，由於對物質世界的強烈渴望，星光體可能會留在精神層面的最低部分，這種情況下稱為鬼魂。這些鬼魂往往表現出深沉的悲傷或憤怒，有時甚至因滿腔怒火而拒絕邁向下一階段。嘗試促使它們向下一階段前行，可能成功，也可能失敗，但這將成為你因果上的「正面積分」。

**濁氣魅影**（Pseudo-Ghosts）：這些存在與真實的鬼魂無關，它們更像是「心靈幻影」的存在。它們靠吸取給予它們的任何能量為生，並模仿鬼魂的行為來引起人們注意，進而獲得能量。透過讀取星狀之光，它們能夠洞察你的過去和潛在未來，因此有時會在降靈會中假扮成已故的親人。它們在物質層面上的干擾比在任何更高層面上更令人困擾。

**靈擾現象**（Poltergeists）：靈擾現象經常被誤認為鬼魂的活動。然而，它實際上是人類潛意識的一種表現，尤其（但不僅限於）在青春期初期的女孩身上最常見。這個詞源於德文「喧鬧的靈魂」之意，正好描述了靈擾現象——它們會發出聲響、將物品從架上推落，甚至有攻擊人的紀錄。雖然靈擾現象很少直接傷害人，但可能會推倒書架或使人在樓梯頂部絆倒來間接造成傷害。處理靈擾現象最有效的方法，是讓家庭中發生此現象的孩子接受某種形式的治療。隨著孩子成熟，靈擾現象通常會消失，但有時可能會在不經意間重現。

　　這些與其他未提及的靈體存在於較高層面上。除非你試圖阻止這些意志專一的靈體達成目標，否則它們不會傷害你。而那些與物質世界相連的靈體，因過於沉浸於物質世界，通常也不太會干擾你。然而，在更高層面上，另一種存有可能會造成問題：那就是你自己的意念化形（thought forms）。

　　在這裡，「化形」是關鍵字。在較高層面上，意念能夠轉化為代表其本質的各種形態，而且遺憾的是，這些形態的形成並不需要你有意識的創造。這一概念在1956年的經典科幻電影《禁忌星球》中以虛構的方式呈現，片中的機器創造了一個可怕的攻擊者——「Id Monster」，也就是來自本我（Id）的「怪物」。

　　因此，在較高的層面上，你可能會遇到醜陋、外表骯髒令人不悅的怪物，它們試圖阻止你達成目標。這些怪物其實是你自己的恐懼、憤怒、偏見等化身。它們本身不會對你造成傷害，因為傷害你就等同於傷害它們自己。它們**就是**你自己。

大多數人無法或不願深入探索，或甚至是稍微一瞥他們心中的**陰影**——榮格所描述的自我陰暗面。因此，當他們面對自己的負面意念化形時，往往會驚恐地逃避。這可能阻礙你實現與更高精神存有直接溝通的目標。

想像一個散發著亮藍色光芒、點綴著燦爛金色斑點的五芒星，正如本課程心靈防禦部分所述，「射向」它以將它們驅散。透過這種驅逐，可以暫時阻止這種攻擊，但只有當魔法師處理並克服了那些負面意念化形的內在根源後，這種攻擊才會真正停止。因此，如果你經常感覺自己遭受心靈攻擊，即便使用了課程中描述的技巧來擺脫它們，你也可能需要反思這些源頭是否來自於自己。真正擺脫它們的唯一方法，是正視它們及面對你的恐懼，並克服創造它們的負面自我。實際上，很少有魔法師會真的遭遇心靈攻擊。

請理解，我不是在鼓勵你停下來直接去面對那些藏於心中的怪物——畢竟，我們每個人心中都藏有這樣的怪物。在這種戰鬥中，逃避是明智的選擇，以便「存活以待來日之戰」。更準確地說，我建議你在未來某個時刻，可能需要透過專注的自我反省或尋求專業心理治療，來處理這些自我創造的存在。遲早你必須面對並克服你內心的惡魔，完成這一過程後，你將會感到更加滿足。

# 第二部分

在本課的第一部分，我已經向你說明了我將如何分享學習魔法終極奧祕的方法。我無法直接透露這些祕密本身，這是因為每個人都必須自己去探索這些奧祕，以證明其價值與準備就緒的程度。這些奧祕具有高度的主觀性，對你而言的魔法終極奧祕對另一人可能完全不同。

然而，如果你認為從這一課開始，你將學習到發現這些奧祕的技術，那就錯了。你並不會從這裡才**開始**學到這些技術，因為從這本書的第一課你就已經踏上這些技術的學習旅程了！

到目前為止，我的指導主要圍繞如何獲取所需的資訊和深入理解奧祕，但我並未刻意地提及，因為我知道有些人可能對即將提到的詞彙背後的涵義感到不安。坦白說，這種恐懼在我看來是難以理解的，因為這些詞彙代表的過程在許多人的日常生活中每天都會進行，只是未加以控制。但當這過程受到堅定的魔法意志引導時（這是你藉由本課程

的學習、儀式及練習逐步建立起來的），它卻似乎仍使某些人感到害怕。這其實沒有必要的，因為對於那些你平常能夠輕而易舉完成的事情，實在沒有什麼好害怕。這是相當常見的。而這個詞彙就是……

## ……星光體投射。

對於星光體投射（astral projection）的概念，不必感到不自在。每當腦海出現白日夢，就已經是在進行星光體投射，而在夢境中，這種現象更是頻繁發生。

**星光體旅行**（astral travel），是在星光體投射後可能進行的活動，這也是一種極為普遍且自然的現象。你或許在童年時期，就已經無意中忘卻了如何進行星光體旅行。通常，父母會告誡孩子不要在看不見的場景中遊玩，也不要和看不見的玩伴一起遊戲。特別是在我們這個充滿繽紛及快速移動玩具的 MTV 時代，許多孩子可能自然而然地不再運用他們的星光視覺（以及他們的想像力）去觀察那些角色和景象。這些存有來自於星光層面，這些場景也存在於星光層面。

你對這種童年經驗，可能只有些許淺薄的記憶。很少有人可以詳細記住他們早年的經歷。由於長輩們經常會告訴你「回到現實中來！」、「別玩那些愚蠢的遊戲！」或者更糟的是「別再裝了！」這些話語在你心中深植了遺忘星光層面上「可見」無形事物的觀念。心理治療師將這種因不適合當前意識狀態而發生的自我遺忘過程，稱為「動機性遺忘」（motivated forgetting）。這也是大多數人對於自己嬰兒期幾乎沒有記憶的原因之一；因為那時無法走路、溝通、照顧自己，甚至無法控制排便的尷尬和幼稚，讓你**希望**能忘掉這些。

你可能還記得，課程開始時我曾說過，你的日常儀式練習會變得更加簡短。這部分原因是你已經熟記這些儀式，能比剛開始時更快地有效完成。如今，這也因為你能夠完全在星光層面上完成所有日常儀式工作而成為可能。請記住，儀式中的實際動作，目的在對潛意識產生印象，並藉由在星光層面的活動來強化意識。過去幾個月，你做的所有工作已在你的潛意識中創建了記憶和習慣模式。這意味著，你可以達成相同的目標，而**無須**實際上進行儀式。當然，視你的喜好，仍然可以繼續進行日常儀式——它們可以伴隨你一生，並會變得更加完善，幫助你的生活變得更積極和成功。然而，從今天開始，你可以進入下一階段，跨越物質界限，直接進入星光層面，進行以下儀式：

## 小五芒星驅逐儀式——於星光層面

**前置準備**：在你**至少**練習這種儀式形式二十次並確信其有效之前，首先進行一次標準的、實體的小五芒星驅逐儀式。如果時間允許，還應該進行六芒星驅逐儀式。

**步驟一**：坐在魔法圈中心，以平穩的深呼吸和放鬆儀式來放鬆自己。面朝東方，維持雙眼閉合，並且保持手腳不交叉。

**步驟二**：在心中想像你自己（或者根據喜好想像一個理想化的自我形象）正站立著面對你。花點時間，在你的腦海中獲得盡可能最佳的影像。記得，即使無法用星光視覺看到這個視覺化影像，也應該毫無疑問地知道它存在。如果你的靈視力已開啟，你將能夠看見它。

**步驟三**：一旦你的化身（常被稱為分身）完成，用你的意念讓它轉向東方，也就是你正望向的方向。這一過程不需要任何特別的儀式技巧。它就會這麼做。當然，它依然保持站立。

**步驟四**：現在，不需要出聲念誦，只需用你的意念讓化身執行整個小五芒星驅逐儀式。你的實質身體應位於區域中心，這通常是物質祭壇所在之處。試著聆聽、感受、聞到、感知，並視覺化你的化身所進行的一切。保持你的肉身雙眼緊閉。

**步驟五**：完成星光層面的小五芒星驅逐儀式之後，讓化身坐在你膝上，重新吸收融入你體內，深深地吸幾口氣，感受彼此合為一體。接著用力拍手三聲，這聲響將協助你回歸正常意識狀態。此時，可以睜開眼睛。

**補充說明**：每次進行星光層面的小五芒星驅逐儀式後，必須再進行一次**實質的**小五芒星驅逐儀式，直到至少完成星光層面版本**三十**次為止（而非二十次）。如果完成三十次後仍覺得效果不足，則應繼續在物質層面進行此儀式，直至對星光層面版本感到滿意為止。

如同往常，將儀式結果記錄於魔法日記（或儀式日記）。

從先前描述，星光層面的小五芒星驅逐儀式看似易於執行。「嘿，我只需要坐著好好想一想就行了，不需任何工具或魔法袍，太簡單了！」然而，實際上，雖然這個儀式聽起來、看起來比你先前進行過的其他儀式容易許多，但它其實需要與之前任何一個儀式同等甚至更多的專注力。如果你在進行過程中感到迷茫或快要入睡，就應該立刻停下來，在現實層面實施小五芒星驅逐儀式，完全按照指示操作，無須加入任何額外元素。你不會遇到任何「壞」事。

如果在集中注意力上遇到困難，無法以星光體方式完成小五芒星驅逐儀式，可嘗試以下專注力訓練：

## 提高專注力的練習

**所需物品**：計時器一個，四張全白無線條的白色卡片。在第一張卡片上畫一個大黑點，在第二張畫兩個並排的黑點。第三張卡片上畫三個一排的黑點，第四張則畫四個一排的黑點。黑色的麥克筆非常適合製作這樣的卡片，但如果你習慣使用電腦繪圖，那麼也可以選擇用這樣的方式製作。

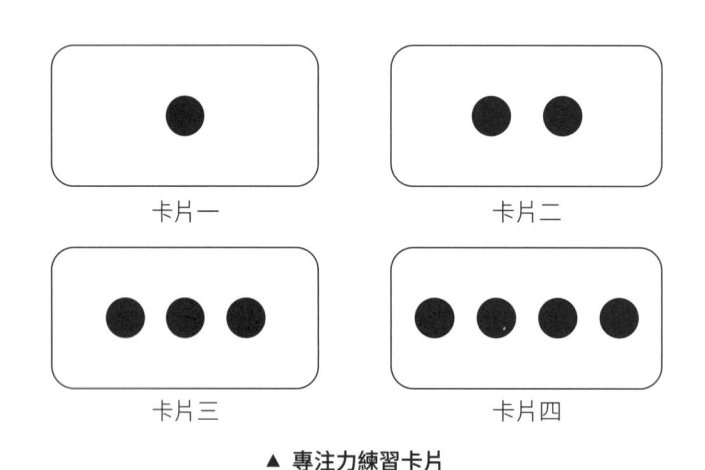

卡片一　　　　　卡片二

卡片三　　　　　卡片四

▲ 專注力練習卡片

首先設定計時器為五分鐘。開始時，專注於卡片一，並將其上的一個點深刻記在心中。當你對這個點有了透澈的了解後，閉上眼睛，全神貫注於這個點。在你的內在視覺中，你會看到卡片的形象。這個形象可能不完美，或許會顛倒，甚至出現色調變化。這正是預期之中的。

這是正常的生理現象，並非魔法力量，而是心靈捕捉並保留影像所形成的「殘影」。在此練習中，我們利用它來調整你的心靈，以提升視覺化的能力。如果心中的影像開始向側面漂移，讓它自然回到專注中心。若腦海中湧入其他思緒，只需將專注力重新集中於那個點上。當你無法再清晰看見該點，或計時器時間結束時，便可停止練習。這練習的目的是在五分鐘內持續專注於特定一點，同時不讓任何事物干擾你的專注。建議每日練習一至兩次。

當你在專注力上幾乎無間斷時，便可轉向含有兩個點的卡片二，並重複這個練習。保持這種練習，直到你能夠在整整五分鐘內，將這兩個點維持在心中不動。當你能夠對卡片三，以及之後卡片四的四個點做到這一點時，你將具備出色的專注力。

雖然這個練習聽起來簡單，但實際上卻充滿挑戰。我第一次嘗試時，不到五分鐘便滿身大汗，絕不能低估它的難度。

另一方面，你可能會發現，在星光層面執行小五芒星驅逐儀式相對容易。你或許能夠清晰地在心中看見你的化身執行每個動作，聽見每一個聲響。如果情況確實如此，或者當你提升了專注和視覺化能力到這個程度後，可以嘗試加入星光版的六芒星驅逐儀式、中柱儀式和光體循環。最終，你應該能在星光層面完整完成所有這些儀式。如此一來，即使是閉眼幾分鐘，其效果也能媲美你在物質層面上花費更長時間的練習。雖然你仍需每日進行日常儀式，但最終你將達到一個階段，在這個階段裡，你很少需要在物質層面上實施這些儀式。當然，那些深入魔法技藝深處與灰魔法的儀式，仍需在物質層面上進行。

對於那些閱讀或練習過星光體投射和星光旅行的人來說，可能會想：「等一下，你所描述的星光層面小五芒星驅逐儀式並不涉及真正的星光體投射！」好吧，我承認，你說得對，確實是這樣。

通常有兩種被稱作星光體投射的技術。第一種經常被誤認為星光體投射，但實際上是**心靈投射**（mental projection）。在心靈投射過程中，你藉由源自意志的力量，將心靈和感官從身體分離出去，而你的物質身體則仍保持意識和部分感官知覺，這種現象也被稱為**兩地現身**（bi-locationality）。

真正的星光體投射則幾乎完全使意識離開物質身體，與星光化身合而為一，使物質身體看似處於睡眠或昏迷狀態。如果你對星光層面的運作，以及每件事物都有其星光化身的概念有所遺忘，現在是時候重讀第五課和第七課了。

在先前描述的星光層面小五芒星驅逐儀式中，你所需做的全部就是運用你的視覺化能力和想像力。這並不涉及真正的星光體投射或心靈投射。但注意步驟四時的指示：「聆聽、感受、聞到、感知，並視覺化你的化身所進行的一切。」藉由這樣做，你最終將相當自然地體驗到「兩地現身」。當你對此感到開放且準備就緒時，這種感覺自會出現。這時，你將能夠同時察覺到你的物質存在和星光體。另一種情況是，你的意識似乎在這兩種形態間來回跳躍。

然後，在進行儀式的某段時間內，你會發覺自己竟然沒有意識到物質身體的存在。正是在這一刻，你開始體驗到真正的星光體投射。達到這種體會時，我會給予如道格

拉斯・亞當斯（Douglas Adams）在《銀河便車指南》中相同的建議：「放輕鬆！」（Don't panic!）＊

有些人在意識到自己處於星光層面時會感到不知所措，並急忙嘗試回到正常狀態。我建議你嘗試進行幾次深呼吸（星光呼吸），放鬆下來，讓自己在星光形態中感到舒適，並習慣出體的感覺。這樣做將使星光體投射隨著時間的推移變得更加容易。即使只是讓自己沉浸於這些感覺中，也會是一次令人振奮且解脫的體驗。

如果你對嘗試其他星光體投射及在星光層面旅行的方法感興趣，這裡有一些來自奧菲爾（Ophiel，原名 Edward Peach）的實用技巧介紹給你。不過，請記住，在進行任何形式的投射之前，一定要先執行小五芒星驅逐儀式（如果時間允許，還可以進行六芒星驅逐儀式），這點不用我再次強調。請記住，你是一位魔法師，不是業餘者。

## 方法一

**步驟一**：首先，請在你的房間或住處周圍放置一些參照物，例如一朵玫瑰、一碗冷水、一隻鞋等物品。這些參照物應該是可以被你所有感官所感知的：觸覺、聽覺、味覺、嗅覺和視覺。接著，在你的床上躺下後，起身在房間內從一個參照物移動到下一個，然後回到床上。讓你的感官與每一個參照物交流。聞聞玫瑰的香氣，感受花瓣的柔軟，感受水的冰涼與濕潤，品嚐一口並留意它在你口中、喉嚨和胃裡的感覺，感受鞋底橡膠的質地，聞聞橡膠的味道。體驗每一項後，以最初的仰臥姿勢躺回床上。這個過程可以重複幾次。實際上，你可能會希望將此練習延續數日，反覆進行這第一步許多天。

**步驟二**：當你躺在床上時，想像頭頂上方有一片璀璨閃耀的純白雲朵。這片雲朵可以維持原有形狀，或依你的意願，塑造成心中理想的自我形象。你可能會察覺到，實體身體與化身之間，有條類似臍帶的線相連，它或許位於你的肚臍、太陽神經叢、第三眼附近或頭頂。每個人對這條相連之線的感知位置不盡相同，甚至你可能完全沒有感覺到它的存在。在心靈之眼中，盡可能詳細地塑造這片雲或形象。

---

＊譯註：「Don't panic!」印在《銀河便車指南》小說封面上，原是鼓勵人們在面對未知和混亂時保持冷靜的口號，但在作者成書的年代，這句話已經超越了字面意義，成為提醒人們以幽默對抗未知的文化象徵，在電影、歌曲中廣為流傳，甚至馬斯克發射到太空的跑車儀表板上也刻有這句話。

步驟三：現在讓這片雲或化身，跟隨著你之前走過的路徑和參照物移動。若你注意到那條相連之線，會發現它能夠無限伸展。讓化身或雲朵去體驗你之前實際所做的交流，聞玫瑰的香氣、觸摸它，感受並品嚐水的味道，感受鞋子的氣味等。

最終，這趟旅程將從想像轉變為「兩地現身」，進而進展成星光體投射。當你進入這些狀態時，不再受限於行動的範圍。可以嘗試造訪一位朋友的家，但記得，你正在學習一項新技巧，所以在你對這種經歷感到非常舒適之前，避免前往遙遠的地方。

步驟四：不論你達到何種階段，哪怕僅是運用想像力，旅程結束時，都應將化身或雲朵重新融入你的實體身體。每次完成後，以一個驅逐儀式作為結束，並在日記中記錄所達成的成果。

## 方法二

步驟一：這與第一種方法相似。你可以選擇躺下或坐在椅子上。開始時，想像面前出現一片雲朵（如果躺著，則在上方）。你也可以依照喜好，將它塑造成自己的化身。

步驟二：接下來，持續渴望著將意識轉移到化身上。當你感覺身體突然變得輕盈或產生振動時，試著在心靈層面上睜開雙眼，而非依賴肉眼去觀察。這一切，只需透過你的意念來完成。當你看見自己的實體身體出現在面前時，不需感到訝異。

步驟三：最多專注三分鐘，試著使意識離開身體並與星光體合一。如果成功，那很好。如果三分鐘內不成功，也沒關係。放輕鬆，深呼吸，明天再試。

要想在這套方法（以及所有方法）中取得成功的關鍵，在於心底深處對於**離開實質身體的迫切渴望**。只要持續奉獻、保持渴望並定期練習，勢必有成功的一天。記得在投射結束時，務必將化身重新吸收融入你的實質身體。當然，在開始和結束時要進行驅逐儀式，並記錄下你的成果。

## 方法三

步驟一：在床上赤裸躺下。請朋友、親人或助手將一條摺疊好的厚床單放置於你的腳上。接著，讓他們**慢慢**將床單從你的身體底部拖到頭頂。幫助你的人應迅速提起床單並遠離你，然後安靜地離開房間。

步驟二：接下來，在你的心靈之眼中重現這個過程。這次不是使用床單，而是感受你的星光體逐漸升起。從腳部開始，接著腳踝、小腿、膝蓋，一直延伸至頭部。當床單

從你的身體上提起的那一刻，想像你的意識伴隨星光體上升。這一步驟完成後，也記得將化身重新吸收融入你的身體。

**步驟三**：執行驅逐儀式，並記錄結果。

# 方法四

這個方法特別適合音樂家與音樂愛好者，也是我達成首次體外經驗的方式。

**步驟一**：首先，想像用心靈聆聽位於中央 C（C4）之上無升降的 D 音（D4）。你可以透過鋼琴、音叉或找一位懂樂器的朋友幫忙來熟悉這個音。然後，在心中將音高翻倍，聆聽一個比最初的音高還要高一個八度的音。若你不是音樂專業人士，可以請懂音樂的朋友在這方面給予協助。

**步驟二**：接下來，再次聆聽這個音，但這次要想像它更高一個八度，然後是再上一個八度。持續這個過程，直到音高遠遠超出鋼琴的音域。

**步驟三**：你或許會感覺自己越來越輕盈，頭部伴隨著振動。當你感覺到**聲音**在房間內升高，向天花板靠近時，讓它繼續升高。當聲音達到最高點，無論是在音域或房間空間的限制內，此時用意念睜開眼睛。如果你看到自己的身體在下方，也不需感到意外。完成後，讓化身重新融入你的實質身體。

這裡介紹的星光體投射和星光旅行的方法，對任何人來說都是足夠的學習參考。如果你渴望更多資訊，可以參考本課程的參考書目。但請記住，每本書的觀點都可能受到作者既定觀念的影響。不要為自己設限，這樣你就能無限制地探索。此外，我相信實際操作總比僅僅閱讀更有效，正如我之前在課程中提到：

> **告訴我，我會忘記。**
> **讓我看，或許想起。**
> **帶我做，我會長記。**

我的目標是帶著你經由練習和技巧來獲得理解。

有些學生擔心會「迷失在星光層面」而無法回到自己的身體。但如果你遵循本課程的指示，這種情況是不會發生的。會藉由先前提及的繩索與你的身體保持直接相連，即便你像某些人一樣未察覺到這條繩索的存在，這種連結依然存在。「迷失」只會發生在離自己的身體過於遙遠時，而這裡的「過於遙遠」不是以幾碼或多少英里來衡量的。若

非要找一個比喻不可，我傾向於說，這是指數百光年之遙。只要你在學習過程中保持靠近你的身體，就不會遇到任何問題。

實際上，對多數人而言，最大的挑戰不在於返回，而是在首次離開身體，其次則是維持出體狀態。首次出體時，你必須真切渴望離開你的身體，並對星光層面有一種深刻的認識：它是美麗、激勵人心、安全、刺激又充滿樂趣！

由於嚴重性不高，還有一個現象不常被提及。不論新手或老手都可能遇到「星光體回彈」(astral whiplash)。有時，在出體狀態中，外界的某種程度震動，如敲門、電話、汽車排氣管爆震，或是朋友輕推你問道：「嘿，你睡了嗎？」等聲響，都足以突然將你的星光體拉回到肉身中。

這種急劇的回彈可能會讓你感到昏沉、全身疼痛、疲倦，甚至頭痛。在投射過程中，星光「實質」（有許多不同的名稱）從你的物質身體釋放出來，並透過前述的繩索與你的星光體結合。過快的返回可能會導致一部分「實質」仍留在星光層面上。正是這種流失，引起了前述的輕微身體不適。這也是為什麼在完成投射後，你需要讓星光體被身體重新吸收融入的原因。

---

### 我的第一次

雖然那已是許多年前的事，我仍然清晰記得我第一次進行星光體投射的經驗。那時，我在女友的宿舍裡。她提議：「來試試這個吧！」身為一個典型好奇且易衝動的年輕人，我自然是答應了。

她讓我面朝上躺在她的床上。然後，她要我閉上眼睛，深呼吸幾次，慢慢放鬆。「現在，聽這個聲音。」她輕輕地吹了一下調音笛（我們是在音樂課上認識的）。我聽到了那個熟悉的、帶蘆葦音色的聲音，這讓我感到安心。

「想像一個高八度的音，」她接著說：「專注在這個音上，跟著它走。」這對我來說很容易，只需想著更高的八度音，便立刻進入了那個狀態。

「現在再提升一個八度。」我點頭表示我已經做到。

「再往上一個八度……再上一個八度。」

這樣反覆幾次之後，我意識到我在腦海中聽到的音調已經超出了人類

的音域。事實上,甚至超越了我所知的任何樂器。這開始變得有些奇怪。

不知何故,她似乎察覺到了我的感覺,於是讓我深呼吸。我在呼氣時,她輕輕按在我的肩膀上,使我感到平靜。

「再上升一個八度……再上升一個八度。」音調提升得如此之高,超越了聽覺範圍,讓我感到困惑,同時卻又有種奇妙的自由和解脫感。

「好了。不要睜開你肉體的眼睛,只用意念讓眼睛睜開。」她說。

咦?這是什麼意思?怎麼能在不睜開眼睛的情況下睜開眼睛呢?

「只需用意念睜開眼睛,讓你的肉眼休息。」她繼續說。

好吧,於是我試著這麼做。慢慢地,我試著用意念睜開眼睛。起初一片模糊。隨後視線變得清晰。我看到自己躺在床上,就在我的正下方。女友的手還在我的肩上。我就在房間的天花板上。

「我做到了!」我心想。「我真的在進行星光體投射!這實在太不可思議啦。」我用意念讓自己在房間裡飛翔,感受著前所未有的自由和解脫。

然後我心想,「等一下,**我真的在做這——我真的在進行星光體投射!啊啊啊啊!!**」

砰!我突然回到自己的身體裡,身體猛然一跳。女友輕輕地按住我,讓我慢慢地喘回了氣。不久後,我因為星光體的急遽回彈而感到頭痛,但這一切都值得。星光體投射是一種難以置信的經歷,而這僅是我未來星光體冒險的序幕。

謝謝你,C.G.,讓我初嘗星光層面的滋味。

在我首次成功進行星光體投射時,經歷了所謂的星光體回彈。當我用意念讓雙眼睜開時,突然發現自己正漂浮於房間頂端,並能清楚看見下方的身體。這份興奮與喜悅過於強烈,「砰」的一聲,我瞬間回到了自己的身體。幸運的是,我並未離自己的肉身太遠,最終只是感到頭痛且有些昏沉。深呼吸和一杯涼爽清新的水很快就讓我恢復了元氣。

如果你也遇到星光體回彈的情況,而且當時並不在自己的身體旁邊,有一個簡單的方法可以緩解相關的症狀。重新投射到你被打斷時的地點,然後以正常的方式回到你的

肉身，通常是沿著原路返回。這樣一來，你將自動收回在星光層面遺失的「實質」。如果你沒有機會重新投射，星光體回彈引起的不適感通常會在幾小時之內，或者睡過一覺後消退。

對於外界干擾所導致的星光體回彈，最好的解決方案或許是預防。在進行任何投射前，關掉手機，並告知家中其他人，在接下來的一小時內不要打擾你。

此時，一旦你掌握了投射的技巧，便無須進行遠距離的旅行。不過，若你還未這樣做，目前重要的是在你的塔羅冥想儀式中，加入想像進入所選牌畫面之內的練習，並深入牌卡的邊緣之外。這將與星光體投射在接下來的課程中相結合。你或許想先練習進階塔羅冥想儀式和星光體投射幾天或幾週，直到至少在這兩者上都有基本的熟練度，然後再進入這一課的下一階段。

# 第三部分

## 星光體投射的魔法價值

到目前為止，我已經解釋了心靈和星光體投射的技巧，以及在星光層面進行魔法操作的基本技巧——這也常被稱為星光體旅行。

我還建議你花些時間，可能是幾天，甚至幾週，來實踐和體驗這些技巧。我還記得自己首次實現星光體投射時的興奮，以及渴望進一步探索的急迫心情。所以，如果你正急於前進，不必有任何歉意。

你不應期待能立即成功掌握這些技術。與我交談過的人中，很少有人能做到這一點，我自己也花了不少時間才真正掌握。你可能需要每天堅持練習數週甚至數月才能做到完美。每天練習十五分鐘，甚至五分鐘，都比每週僅練習一小時更為有效。**堅持下去你就會成功。**

但是，做到後又如何呢？當你能夠自由地將意識投射到星光體，並在那種狀態下自由旅行時，這對你有什麼好處？為何一開始要學習星光體投射？的確，這個過程既有趣又令人興奮，但看電影、跳舞也同樣能帶來樂趣和興奮，而且這些活動所需的準備和練習遠比星光體投射少。

雖然許多書籍描述了出體經驗的奇妙之處，但很少有書籍討論到獲得投射能力後應如何利用。有些書提到，你可以經由星光體投射與朋友聯繫、拜訪月球或進行其他一些或多或少平凡之事。

為何要如此周折？我可以打電話給朋友、開車去拜訪他們。而前往月球雖可能很有趣，卻不在我的「待辦事項」上。既然這些目標相對平凡，為何自古以來的神祕學學校和團體都如此強調學習投射的重要性呢？

正如我已清楚指出，本課程的目的在於引領你認識各式各樣的魔法主題，使你能在終生的神祕學研究中自我導航。這一課特別專注於成為你未來身心靈研究的指南。在這一課中，你將學習到的技術能讓你掌握**人類所知與未知的所有魔法奧祕**。

藉由這些技術，你將能夠實現生活中任何你想要的目標，無論是精神上的還是物質上的。這個祕密很少有人知曉，因為真正的魔法師傾向於對神祕學的業餘者保守這個祕密。

我必須隱藏這個究極的魔法奧祕直到現在，原因有二：

1. 你必須透過堅持不懈地完成本課程，證明自己已做好準備接收這些知識。這不是要向我或任何人證明，而是向你自己證明。你需要培養一種合理的認知，相信自己已獲得繼續前進的權利。為了幫你回想，我想讓你知道：此刻，即使你不再學習本課程的任何內容，也不閱讀任何其他書籍，你對真正的、傳統的西方魔法理論與實踐的了解，可能已超過世界上99.99%的人。其實你現在對真正的、傳統的西方魔法理論與實踐的認識，可能還勝過許多自稱為儀式魔法師的人。你的勤勉已使你贏得了擁有這些知識的權利，尤其是對於持續實踐與練習儀式魔法的你而言更是真實。

2. 如埃利法斯・列維所言，向一個未準備好接受的人揭示真相，無異於對他們說謊。我原本可以在本課程的第一堂課中告訴你這些，但你當時未必能夠利用它，對你來說，這將是無意義的，甚至等同於謊言。因此，為了讓你能夠有效運用這些知識，你必須發展並實踐在課程中學到的所有技術與才能。這門課程是需要逐漸累積的。

在這一段，我們將深入探討如何利用塔羅牌和卡巴拉對應關係，以及如何進行儀式魔法，特別是喚起、控制和引導魔法能量，並將其投射到星光層面的技巧。這項技巧實際上是學習星光體投射的動機所在，長期以來被視為一個祕密，稱為**卡巴拉路徑工作**（Kabalistic Pathworking）。

在討論如何進行卡巴拉路徑工作之前，有些基礎資訊你必須掌握。魔法與卡巴拉的傑出作家之一，伊斯瑞・瑞格德曾指出生命之樹是個方便的記憶和分類工具。儘管這在一定程度上是正確的，但遠遠還不夠，因為**生命之樹同時也是星光層面的地圖**。利用這張地圖，魔法師可以規劃與更高層次靈性存有會面的路徑，這些非物質界的意識能提供任何所需的資訊。這也是研究生命之樹對所有西方儀式魔法師或儀典魔法師至關重要的原因。

簡單來說，卡巴拉路徑工作就是利用生命之樹的這張地圖，前往某個更高靈性存有所在地的過程。從某種意義上而言，這與召喚的過程正好相反，不是將靈體召喚到自己所在，而是親自前往靈體所在之處。

在生命之樹的星光層面路徑上旅行時，你可能會遇到某些特定路徑或輝耀相關的卡巴拉對應物。在這個過程中，也可能遇到前面課程描述的較低層次的非物質存有。雖然每次沿著生命之樹上行或下行的旅程可能與其他旅程有相似之處，但每次的經歷都將是獨特的。因此，你不能僅依賴別人所寫的內容。正如荻恩・佛瓊所言：**神祕學中沒有權威**。你能依靠的，只有自己的卡巴拉知識和魔法能力。現在，你或許可以更明白我為何要等到這一課才介紹這項技術的原因之一。

我認為向你展示卡巴拉路徑工作的最好方式，便是藉由一個實例讓你親身體會。請記住，僅因別人曾進行過這樣的工作，並不意味著它對你同樣適用。卡巴拉路徑工作，在我們的感官和心智中詮釋出類似於物質世界現實的存在，因此它具有高度的主觀性。這種工作對經歷者而言，就像現實一般真實，但這並不代表它便是絕對的真實，這只是我們對當前現實情況的一種理解。

我的學生從未告訴我願意將他們的卡巴拉路徑工作魔法記錄公開發表，對於我自己的體驗，我也是相同態度。因此，我將給你展示的卡巴拉路徑工作例子，是改編自1968年罕見書籍《The New Dimensions Red Book》的版本。儘管這個版本原本是團體工作，但其中有許多要點與我即將描述的卡巴拉路徑工作相當相似。我已對其進行了大幅修改，使其更接近於你可能會有的卡巴拉路徑工作體驗。

## 卡巴拉路徑工作的實例

這是一個明亮的滿月之夜，空氣清澈且涼爽。日期是＿＿＿＿＿＿。我放鬆身心，進行了小五芒星驅逐儀式、六芒星驅逐儀式和玫瑰十字儀式。

我在聖殿裡點燃了九支紫色蠟燭，燃燒著常見的沒藥與乳香。祭壇上擺放著四件聖

化工具——權杖、聖杯、刀和五芒星圓盤，而我則坐在祭壇後的椅子上，面朝東方。剛喝過康復草茶的我，手握著一塊水晶。我感到興奮，同時也覺得已做好準備。

我接著形塑出一個與自己相同的身體，將意識投射進這個星光化身中，並以意念使我的星光之眼睜開。

當我在星光層面的聖殿內環顧四周時，我意識到這裡是我物質聖殿的完美複製。這裡的一切都存在，但比現實中更加強烈、更光明，卻又帶著些許縹緲。然而，房間的牆壁卻無處可見，似乎隱沒在迷霧之中。這空間或許與我物質世界的房間一樣大，也或許是無邊無際的。我無從得知。老實說，這種未知讓我有些害怕，為了安撫自己，我執行了小五芒星驅逐儀式。我看到了新的、極為明亮的藍色星星，還有我之前畫出的線段上明亮的白色光芒。接著，我進行了玫瑰十字儀式，它賦予我一種寧靜的平和。

從東方的迷霧中，我看到三扇門逐漸顯現。我的左側是一張巨大的塔羅牌——第20張「審判」。右側則是第19張塔羅牌「月亮」。而在正東方，位於其他兩扇門之間，則是呈現第21張塔羅牌「宇宙」的門。在前方，還有一個巨大的身形，那是我的個人聖殿的守護者，其名為＿＿＿＿。我可以將我的聖殿和我的物質身體安全地託付給我的守護者。

今晚，我選擇沿著「宇宙」之路前行。這將引領我從瑪互特——即我們的地球和我的聖殿——前往易首德，也就是月亮的領域。我邁步走向中間的門。那扇門漸漸變大，直至填滿我的整個視野。我不是去開啟它，而是將意念集中於牌卡中成為那個形象。轉瞬之間，我與其融為一體。

我發現自己漂浮在一個充滿雲朵的虛空中，卻沒有恐懼，只感到喜悅。我被一個巨大的綠色花環環繞，我所能見到的其他存在，是以西結《啟示錄》中的基路伯四活物：一頭牛、一隻鷹、一隻獅子和一個人。我環視四周，最終一條清晰的路徑呈現在眼前。我離開了花環和四活物，沿著路徑前進。

這條路筆直，但兩旁卻是一片深沉的黑暗。每隔一段時間，我會在路旁看到一幕極為有趣的畫面。但我沒有停下觀察周遭的事物，而是繼續沿著這條狹窄直路前行。

經過一條漫長的路徑，我來到了一片似海似湖的廣闊水域。遠方有些東西閃爍著，但我無法辨認那是什麼。在我面前是一艘大型的平底船。船夫是我見過最強壯的人，足以讓每一位健身者都自愧弗如。他向我招手示意我上船，於是我進入了船艙，小心翼翼地坐下。他迅速划槳朝向遠處閃爍的光芒。當我們抵達時，我看到那是一座閃耀著白光的島嶼。我告訴船夫划近島嶼，但他卻凝視著我，好像期待著我有所行動。我不明白他期待什麼，他也沒有直接朝島靠近，而是繞著島划行。不久，視野中出現了我所見過最美麗的年輕女子。她似乎只有二十歲左右，身材雖然還沒有完全成熟，但依然動人。唯

一能比她的肌膚更加潔白純淨的，就是她那異乎尋常的白髮。她那藍色的眼睛疑惑地穿過我望向遠方，似乎在試圖探尋宇宙的奧祕。她同時擁有處女般的純潔和性感，年輕的美貌幾乎讓我屏息。

隨著船隻繼續環繞島嶼，另一位女士出現在視野中。我無法猜到她的年齡，因為看起來可能在二十多到五十多歲之間。她也極為美麗，卻與年輕女子的美不同，她的一切都散發著「女人」的氣息。

她的身形豐滿，胸部飽滿結實，細緻的腰身延伸出突顯的臀部。她的皮膚驚人地純淨無瑕，她的白髮蓬鬆地散開，如同一個巨大的光環環繞著她的臉龐。她那深邃杏仁狀的蔚藍眼眸微微下垂，透露出知識、智慧和深邃的洞察力，同時也展露出純然的魅力。她顯然已不再像處女般純潔，但除了遠遠地欣賞仰慕，幾乎沒有人敢接近愛慕。就連她的姿態都瀰漫著性感與情慾，與她年輕的女孩鄰居散發的單純性感大不相同。她周圍圍繞著許多動物，腳下是一片長滿著穀物、成熟果實及蔬菜的豐饒大地。當船夫繼續划槳時，我開始哭泣，因為我不想永遠離開這位光明女神。我開始為她唱起歌……

> 魔法女神，
> 光明女神，
> 破除陰霾在這夜幕影深……
> 在你心中，你靈魂中，
> 一部分的我活在那與你相同，
> 餘下的停在這與你相隔萬重。
> 我活著卻像未曾活過的幻影，
> 我活著卻像不著痕跡的船行。

很快，隨著船隻前行，我再也看不見她了。

我感到悲傷，彷彿她不在這裡，我的一部分也隨之消失一樣。但這種悲傷並未持續太久。很快，另一名女性映入我眼簾。她年紀大得多，乍看之下有點像是老巫婆。但當我細看她時，我看到了她眼中隱藏的生命力，我看見她過著充實有意義的一生。儘管她剩餘的時間不多，卻對自己的存在沒有一天抱有遺憾。我在腦海中幾乎能看到她年輕時的美貌，以及那伴隨青春的活力。當我看著她，我原先認為的老巫婆外貌，現在卻有一種屬於自己的美，一種風霜和經歷塑造的美。她還擁有一種難以言喻的尊貴氣息，賦予她的美超越了外表。

隨著我們繼續環繞島嶼，我意識到我所見的形象是異教信仰中的月之三相女神（threefold lunar Goddess of Paganism）。這很自然，因為我已長期研究威卡，或者說是長期深入巫術。最後，我們回到了最初見到這個島嶼的地方。我請船夫停下，在這裡稍停幾分鐘。他停下了船。

我在心中說道：「月亮女神黛安娜，彼岸女神黛安娜，我懇求你，若有任何訊息要傳達給我，請你賜予我恩典，讓我此刻得以收受。」一個美麗的身影從島上緩緩走近。她一腳踏在水中，向我開口說話。她說話聲音很輕，儘管我們之間的水面相隔約一百英尺，但我還是能清晰地聽見。她說：＿＿＿＿＿。

## 輪到我來咆哮了

好吧，我承認我很生氣。十五年來，我一直在教導路徑工作的課程，指導人們如何進行，以及他們將會經歷什麼。我引導他們進行傳統的生命之樹路徑工作，沿著生命之樹繞行與上下前行。看看，這份工作是多麼的完整。

此時此刻，我正坐在我的書桌前，被滿是神祕書籍和手稿的玻璃門書櫃所環繞。其實如果你來我家，可能會以為我住的地方就是個附有床舖的圖書館。我想要傳達的很簡單，就是我收藏了很多書籍。

對於那些也喜愛收集（且我希望也閱讀過）神祕書籍的你們，可能已經注意到，在過去十年左右的時間裡，市面上已經出版了不少關於路徑工作的書籍。它們似乎將路徑工作描述成一場穿越想像中圖像原型的神話之旅。多年來，在眾多課程中我體驗過這樣的想像之旅，但直到最近，這才被稱為路徑工作，而非「引導式想像法」（guided visualization）。我想這是因為這個詞彙可能不夠「吸引人」吧。

長期以來，我一直像是站在肥皂箱上，疾呼著他們所做的其實是引導式的想像之旅，而非真正的路徑工作。嘿，你們這些作家和老師們，路徑工作是一個特定的實踐，並不是你們所教的那樣！儘管我努力嘗試過，寫過文章，舉辦過工作坊，但大多數時候我所得到的只是茫然的目光和徹底的忽視。似乎沒有人在乎一個具有特定涵義的詞彙被其涵義所破壞。

> 有時候，由於廣泛使用，某些詞彙最終演變出了自己的意義。實際上，新的意義可能和原本的意義截然相反。就像對某些人來說，「那很天才」實際上意味著「那有點笨」。
>
> 我最喜愛的例子是「quantum leap」（譯註：在美國口語中是突飛猛進之意）。大多數人會告訴你這意味著從過去到未來的一大躍進。然而，「quantum leap」或「量子躍遷」（quantum jump）原意是指一個微小的改變（即電子突然從一種量子態變到另一種），能明顯地看到和過去的區別。這兩種用法都可以指巨大的變化，但原始意義中是由一個微小的變化引起的，而在普遍意義中是由一個巨大的變化引起的。所以這個表達同時意味著微小與巨大。因此，當相同的表達對不同的人有截然不同的意義時，我們該如何溝通呢？
>
> 我意識到，試圖改變人們對這個用語看法的努力，就像是用一個有許多洞的桶子去攔截無盡的海浪，這是徒勞無功的。於是，我決定不再浪費時間與現實抗爭。
>
> 因此，在這一課（以及我的工作坊和其他課程中），當我單獨使用「路徑工作」一詞時，我指的是引導式的想像旅程。而當我討論或教導關於生命之樹的古老系統時，如本課程所展示，我會稱之為「卡巴拉路徑工作」。

她向後退了一步，我向她告別。此刻，船夫正將我們帶回來時的路。這一次，我注意到了一些因先前過度興奮而未能留意的細節。在遇見船夫的碼頭處，我看到一個巨大的岩石建築，它的形狀構成了希伯來字母中的最後一個字母「Tav」。遠處天空中，土星及壯觀的土星環清晰可見。沿著來時的小徑走回時，我看到了梣樹、紅豆杉和柏樹。我也看到一把巨大鐮刀靠在紅豆杉旁，並隱約嗅到空氣中飄散著一絲腐爛雞蛋的氣味。幸好，這股氣味很快就散去了。我沿著小徑繼續向前走，直到終於看到前方出現花環和神祕的四活物。我走進花環，立即看到了我的聖殿和守護者。我走進聖殿，坐回自己肉體的膝上，睜開眼睛，默默地向黛安娜及聖殿的守護者表達我的感謝。然後，我再次進行驅逐儀式。當我看到時鐘時，驚訝地發現時間僅過了三十七分鐘，卻感覺彷彿經歷了數小時。

上述故事中需要注意的一點是，在星光體旅行中，旅行者無法進入此島嶼。這個島嶼，自然是指易首德這一輝耀。在下一節中，你將學到如何進入更高的輝耀。然而，我再次敦促你在嘗試目前所介紹的星光體簡易投射技巧後，等待幾天，甚至是一週。視你的喜好，也可以嘗試進入大阿爾克納的最後三張牌，探索生命之樹下方那三條路徑的奧祕。然而，我提出以下建議：

1. 目前階段，請勿嘗試進入更高的輝耀。
2. 勿偏離既定路徑。
3. 沿著同一路徑，按照來時的路返回到你的聖殿。
4. 用意念讓你的星光化身（或心靈化身）在返回過程中被你的肉體吸收融入。
5. 將你的發現記載於魔法日記中。

請確保總是將化身吸收融入身體。你可以讓化身坐回你膝上，或當你躺下時，讓它躺在你身上，逐漸融入身體。同時，留意文末提到的符號：土星、特定樹種、鐮刀，以及希伯來字母「Tav」。這些都與第32路徑，即塔羅中的「宇宙」牌對應。相關的對應物非常多，不可能在這裡列出所有。此外，這些對應已在克勞利的《777》、大衛·戈德溫的《戈德溫卡巴拉百科全書》和史蒂芬·斯金納的《魔法師表格大全》中詳細記載。這些神祕學字典包含了實踐魔法的魔法師所需的所有重要資訊，如果你希望提升你的魔法知識，我建議你入手這些書籍，一本也好。

正如你所見，結合塔羅牌與生命之樹非常重要。它是從一個輝耀通往另一個輝耀的關鍵。如果你還不熟悉這個模式——它在第三課中有介紹——你應當對它有所了解。

若你按照上述例子進行卡巴拉路徑工作時，你可以選擇心靈投射或星光體投射。同時，你在卡巴拉路徑工作中的體驗可能與上述例子大不相同。這僅是提供可能遭遇的事情類型的一個例子。

# 第四部分

　　卡巴拉路徑工作的主要目的是資訊收集。我們可以藉由詢問更高層次的靈性存有，學到新的儀式、魔法技術以及神祕學知識。需要提醒你的是，這些資訊僅供你個人使用。雖然這樣獲得的儀式可能需要別人協助你進行，但這些儀式對於宇宙中的其他個體來說，自行進行這些儀式可能不合適。

　　這提供了一次機會，再度強調荻恩・佛瓊的一個重要觀點：「神祕學中沒有權威。」單純因為某人在一個原創儀式上的成功，並不意味著其他人也會有相同的成果。同樣地，眾多聲稱探討神祕學主題的書籍，實際上也僅是作者們的幻想。我知道有這麼一本書，經歷多次再版，它宣稱之所以能聽見他人的想法（超感官聽覺），是因為當人們思考時，他們實際上透過他們的耳朵「說出」了自己的想法！這對作者而言似乎理所當然，但對我來說卻顯得十分荒謬。我也了解另一位備受尊敬的作家，撰寫了一本談論失落文明的著作。這位作者編造了這本書，他不僅以自己的真實姓名（加上「博士」頭銜）命名了書中的重要角色，亦在文中採用了妻子的魔法祕名。至於書上列出的筆名，則是他將「not really」這幾個字母重新組合而成新名字！而這本書成功的程度，足以保證出版商會再版。

　　但我在前一段所提及的，特別是指在你或任何人繞行生命之樹的探索過程中，可能從更高靈性存在那裡學到的知識。我現在想與你分享的，是如何抵達一個可以與那些靈體相遇的地方。

　　這技術幾乎利用了你在這門課程中到目前為止所學到的一切。這正是所有資訊、技術、練習和儀式共同指向的終點。其名為：

## 路徑儀式

此儀式包括八個基礎步驟：

1. 淨化。
2. 驅逐。
3. 投射及卡巴拉路徑工作。
4. 確認階段：
    a. 所處位置。
    b. 靈體的身分。

5. 向更高靈性存有請求魔法協助或資訊。
6. 付出。
7. 返回。
8. 再次驅逐。

你還需要知道的另一件事是進入更高輝耀的關鍵，也就是密碼。由於每個輝耀都由一位大天使守護，你需要知道這位大天使的聖名才能進入。這有點像是要進入私人俱樂部，需要提供一位朋友姓名的概念。換句話說，進入特定輝耀的鑰匙就是那位大天使的聖名。了解正確的密碼（即與輝耀對應的大天使名），將使你能夠進入任何一個輝耀。

## 初步準備

首先，利用護符魔法表來確定卡巴拉路徑工作的目的，以及你將要探訪的輝耀。例如，如果我們感到缺乏活力並希望增強能量，那麼與之相關的輝耀便是葛夫拉，我們的目的地就定為葛夫拉。接下來，如同進行任何灰魔法之前，先占卜以預見儀式的可能結果。假設占卜顯示結果會非常正面，那麼下一步就是確定進行儀式的最佳時間。我們選擇在月亮漸盈期間的週四，日落後的第四個魔法時刻進行，這個時刻是根據魔法時刻表來確定的。

如果你的目標僅是為了與一位更高靈性存有交流，並與之建立「友好」關係，那麼這實際上並不算是真正的灰魔法，也不需要占卜。然而，占卜可以顯示成功的可能性，並可能幫助你節省大量時間。

接下來的步驟是準備儀式場地。對於聖殿區域一次徹底的清理是個不錯的主意。根據場地的實際情況，進行清掃、擦洗或吸塵等清潔工作。接著，你需要準備一個祭壇和必要的魔法工具或魔法武器，其中包括四種元素工具和彩虹魔杖。此外，同時需要一塊黑色的布料，用來覆蓋五芒星圓盤。布料應選用絲綢、棉或羊毛等天然纖維，避免使用尼龍或聚酯纖維。最後，還需要一份「路線圖」。

「儀式路線圖」簡單列明了進行儀式所需了解的一切。在這個儀式中，我們需了解易首德、悌菲瑞特與葛夫拉之間的對應關係。我們也需掌握生命之樹中這些輝耀相連的路徑對應。其中包括了解與將行進路徑對應的塔羅牌，例如宇宙、節制和正義牌。確保儀式路線圖上的文字足夠大且清晰，便於在昏暗的環境中閱讀。此外，我更傾向於使用厚卡片紙製作儀式路線圖，因為它能保持形狀，不易折損，並且比普通紙張更容易翻閱。

請留意，我們所走的路徑將從瑪互特（輝耀序號10）出發，經過易首德（9），進而至悌菲瑞特（6），最終到達葛夫拉（5）。無論在哪種情況下，灰魔法總是先從瑪互特開始往易首德前行，這是因為易首德與魔法密切相關，特別是在我們這次的灰魔法示範中。如果儀式的目標是獲取知識而非請求改變現實世界，或是獲取允許進行這一變更的資訊，我們也可以選擇直接沿著左側之柱向上前進，無須先至易首德。此外，還有一條路徑從瑪互特出發，經過易首德到達候德（8），再至葛夫拉，或是從瑪互特（Mahlkoot）開始，經過易首德和聶札賀（7），再至悌菲瑞特，最終抵達葛夫拉。這些路徑，雖然較長，仍然可以引導我們到達目的地。

### 步驟一：淨化

首先，若場域尚未清潔，請先行清理。隨後，如前所述，請進行一次儀式淨化浴或淋浴，以淨化個人，然後穿上你的魔法袍。

接下來，對你的工具淨化。雖然這些工具因儀式中的使用及對魔法技藝的奉獻已賦予它們淨化效果，但額外進行淨化操作仍是十分有益。

面向東方，握住彩虹魔杖，使白色端在手中，黑色末端朝下。想像純淨白色的光芒從頭頂上方降下，經由彩虹魔杖流出，自黑端注入地面。意味深長地說：

> Ah ─ Doh ─ Nye 以你之名，於此之傾，轉瞬純淨！轉瞬純淨！
> 意志之靈，我驅喚你即刻諦聽！

將彩虹魔杖放回祭壇上。現在，取起風之短劍，握於雙手之中。如在中柱儀式中一般產生能量，但感受這股能量從手臂流向雙手並注入短劍。當你觀想所有雜質離開短劍時，意味深長地說：

> 風元素之靈，我驅喚你即刻諦聽！

將風元素短劍放回祭壇上。手持火之權杖，朝向南方。以與風之短劍相同的方式產生能量，觀想火之權杖中的所有雜質離去，意味深長地說：

> 火元素之靈，我驅喚你即刻諦聽！

將火之權杖放回祭壇上。手持盛有酒或水的水之聖杯，朝向西方。再次產生能量，觀想所有雜質自聖杯中離去，並意味深長地說：

*水元素之靈，我驅喚你即刻諦聽！*

從聖杯中啜飲一口，隨後將之放回祭壇上。

以相同方式操作五芒星圓盤。然而，在賦予深遠意義地念誦時，應面朝北方。

*土元素之靈，我驅喚你即刻諦聽！*

用事先準備好的黑色布料包覆五芒星圓盤，並將其放回祭壇上。

此時，若尚未點燃蠟燭，請根據儀式的需求點亮相應數量和顏色的蠟燭。在這個示範儀式中，你或許會選擇使用五支紅色蠟燭，因為數字五和紅色分別象徵我們想要到達的輝耀的數字和顏色。同時也應當點燃香。通常情況下，這個輝耀會使用菸草作為香。其他帶有酸性、刺鼻的香也可使用，當然，乳香與沒藥永遠會是選項。

### 步驟二：驅逐

執行守望塔開啟儀式。

### 步驟三：投射與卡巴拉路徑工作

依據課程前文介紹的方法，進行心靈投射或星光體投射。在你的聖殿中四處巡視直到發現那扇通往「宇宙」的門。依照之前的描述進入牌中，並尋找你面前的路徑。用意念驅使自己沿此路徑前行，它會引領你在生命之樹上升至易首德。由於目的地有所不同，所經歷的旅程可能與之前描述的略有差異。

最終，你將遇到一扇被阻擋的門或路徑。這裡會有一或多位守護者。祂們是此輝耀對應的天使團。在易首德，守護者是 Kerubeem。要穿越祂們並進入易首德，請使用密碼「加百列」（Gabriel，發音為「Gahb — ree — ehl」），祂是易首德的大天使。

一旦被允許進入這輝耀，四處觀察並藉由比對你所見、所聞和所經歷的一切與此輝耀已知對應關係，確認自己確實位於易首德（這是步驟四的一部分）。例如，若你見到大象，則表示你身處易首德。然而，若你見到雌雄同體的靈性存有，那麼則是不知何故進入了候德。如果遇任何問題或疑慮，只需沿著來時之路返回。

最終，你將會來到一扇門前（或許是一幅畫作或窗簾），那裡顯示著一張放大版的節制牌。投射進入這張牌，尋找最為寬廣且顯眼的路徑。一旦找到這條路徑，便沿其前行。不久後，你將遇到某種形式的封鎖，可能是大門、閘門、路徑或入口，由悌菲瑞特的天使 Malacheem 所封閉。要通過，請以「拉斐爾」（Raphael，發音為「Rah — fah — ehl」）作為密碼。

接著開始熟悉悌菲瑞特的環境，這與在易首德的經驗相似。利用對應關係來確定你所在之處。接著，尋找正義牌並投射進入其中，沿著發現的路徑前行直至遇到阻礙。此處的守護者為 Serapheem，使用「夏彌爾」（Khamael，發音為「Kah — mah — el」）作為密碼。以同樣的方法，透過對應關係及字母代碼法確認自己位於葛夫拉。

### 步驟四：確認階段

為了確認自己位於正確的輝耀中，你可以使用已經描述的對應關係。然而，透過字母代碼法確認則更為理想，前提是要遇到能交流的靈體。詢問祂們的身分。因為你已越過最低的星光體層次，不必擔心這裡的生靈會有著人一般的自我及說謊。這些層面上的生靈沒有自主意志且不會說謊，但祂們也不會用直白的語言回答你。祂們也可能會考驗你。

按照卡巴拉的觀點，希伯來語被視為天使的真實語言，祂們可能會以希伯來語回應。在下一頁中，你會看到希伯來字母圖表。你也會注意到，每一個希伯來字母都對應於一個數值。因此，每一個希伯來文單字也都具有一個數值。由於數值5等同於數值5，按照卡巴拉與字母代碼法，任何希伯來詞彙的字母總和等於特定值時，即與其他字母總和相同的希伯來詞語有所關聯。

作為此測試的示範，當你認為自己身處悌菲瑞特時，你可能遇到一位靈體並詢問其身分。這位靈體回覆：「Shavat」，在希伯來語中這意味「杖」，其字母總和為311。而拉斐爾的數值總和也是311。因此，你確實位於悌菲瑞特，你面前的就是大天使拉斐爾。這就是透過字母代碼法進行的測試，現在你已了解如何操作。**如果你在任何時刻感到不確定，只需沿著來時之路返回。**

## 希伯來文字母代碼法

| 希伯來字母 | 等同英文發音 | 數值 | 希伯來字母（字尾形態） | 希伯來字母讀音 |
|---|---|---|---|---|
| א | A | 1 | | Aleph |
| ב | B, V | 2 | | Bet |
| ג | G | 3 | | Gimel |
| ד | D | 4 | | Dalet |
| ה | H | 5 | | Heh |
| ו | O, U, V | 6 | | Vahv |
| ז | Z | 7 | | Zay — in |
| ח | Ch | 8 | | Chet |
| ט | T | 9 | | Teht |
| י | Y, I | 10 | | Yud |
| כ | K | 20, 500 | ך | Kaph |
| ל | L | 30 | | Lahmed |
| מ | M | 40, 600 | ם | Mehm |
| נ | N | 50, 700 | ן | Nun |
| ס | S | 60 | | Samech |
| ע | A | 70 | | Ay — in |
| פ | P, Ph | 80, 800 | ף | Peh |
| צ | Tz | 90, 900 | ץ | Tzah — di |
| ק | K | 100 | | Koph |
| ר | R | 200 | | Resh |
| ש | Sh, S | 300 | | Shin |
| ת | T, Th | 400 | | Tav |

# 希伯來字母代碼法表格註解

　　第一欄展示了希伯來字母的印刷形式。

　　第二欄呈現每個字母相應的發音。請注意，有些英文發音和字母並未包括在內。例如，沒有「E」和「F」，雖然 Peh 字母有一個「Ph」的發音，這在實際使用中等同於「P」。儘管傳統上 Aleph 被賦予「A」的發音，Aleph 實際上是不發音的。它只是一個用於母音的占位符，古代人們對此有所了解，在現代希伯來語中，需要時會藉由在字母上方、內部或下方標記點和線來表示。Koph 字母有時被拼作「Qoph」，被認為對應英文中的「Q」字母，但它總是被發音為「K」。Chet 字母的「Ch」發音，類似於蘇格蘭字詞「loch」中的「ch」音。

　　第三欄列出了每個字母的數值。請注意，數值在10之後是20、30等，同樣地，在90之後是100、200等。11是由 Yud — Aleph 或 Aleph — Yud 的組合構成，22是由 Kaph — Bet 或 Bet — Kaph 的組合而成。347則是由 Shin、Mem 和 Zayin 的任意組合產生。

　　第四欄中的希伯來字母展示了被稱為「字尾形態」五個字母的特殊外形，當這些字母出現在單字的字尾時，書寫的外觀有所變化，如第四欄所示，而其所對應的數值，則為第三欄中的第二個數值。

　　第五欄列出了每個字母的讀音轉寫。針對字母代碼法，目前市面上最適合魔法師使用的書籍包括由大衛·戈德溫所著的《戈德溫卡巴拉百科全書》，由 Llewellyn 出版，以及克勞利所著的《Sepher Sephiroth》，可以在某些版本的《777》找到。這兩本書對於一位實踐中的魔法師來說非常重要。

**步驟五：請求魔法協助**

在確任自己處於正確的輝耀後，即可意志請求此輝耀的大天使現身。在此例中，大天使為夏彌爾（Khamael）。當一個靈體顯現時，以字母代碼法確認其是否為夏彌爾。例如，如果這位靈體所述之名對應的數值為「91」，則可確認你與正確的靈體交流，因為按照字母代碼法，夏彌爾（Khamael）的數值亦為91。

接著，明確表達你所希望獲得的。保持簡單明瞭。在這個例子裡，可以使用「能量與活力」作為你的請求。

**步驟六：付出**

任何事物的獲得都需有所付出。在這裡，需要付出的是能量。有多種方法可以付出這種靈性能量：

a. 透過中柱儀式技巧來喚起能量，並藉由雙臂將能量傳遞給大天使的化形。

b. 反覆地念誦一個詞彙或句子。在這個例子中，「能量」就是個不錯的選擇。或者，你也可以考慮使用大天使的聖名。隨著反覆念誦，讓速度逐步加快。當你不斷地重複詞彙或用語，你應該能夠感覺到自身及周圍能量的逐步升起。當能量達到高峰時，再念誦一次，但這次要慢且「大聲」地對著那位靈體化形。感受所有喚起的能量隨著你的「呼吸」離去，進入那靈體中。這技巧與東方魔法系統中的梵唱瑜伽（mantra yoga）有相似之處。顯然，你的星光體或心靈體（mental body）其實並不會「呼吸」也不會「大聲」說話。然而，這種感覺就如同你在物質層面上進行這些動作一樣。

c. 如果你對武術有所了解，任何喚起氣、傳遞氣（不論稱之為 ch'i、qi、ki 等）的方法都是適用的。

d. 若你進行心靈投射，可以嘗試內煉金術的性魔法，在經歷摩訶密續灌頂時，將能量導向大天使。不必擔心是否會有物質層面的性高潮。

e. 在以心靈投射進行時，也可以選擇在魔法圈內跑步或跳舞，藉由體力的消耗來感受能量的積累。當能量積累到頂點時，朝向大天使的方向釋放它。這自然需要物質身體和心靈化身的緊密配合，因為心靈負責指揮從物質身體中汲取的能量。若選擇此方式，確保在跑步或跳舞時，始終維持在魔法圈的保護範圍之內。

所給予的能量，雖然被稱為「付出」，但必須是真心自由地給予。大天使可能會也可能不會接受這股能量，但這並不影響祂們是否會在你的魔法中提供幫助。然而，沒有任何事物能夠完全免費獲得，即便付出未被利用，它仍然算作是一種付出。

在這裡，付出能量換取更多能量的想法，可能看起來有些奇怪。這其實正是煉金術士的祕密所在，他們認為：「要想製造黃金，必須先擁有黃金。」同樣道理，這裡所付出的任何能量，如果需要的話，都可以成千上萬倍地回來。

### 步驟七：返回

以你自己隨意（ad — libbed）的話語向大天使表達感謝，感謝祂們可能給予的幫助，然後開始沿生命之樹的路徑返回。沿著來時之路返回時，你將不會遇到任何阻攔你的守護者。他們為什麼要阻止你進入一個你剛才有權進入的地方呢？畢竟，他們的職責是阻擋那些無權往生命之樹**上升**接近神性的人，而不是阻止人們**離開**。

你也可以選擇沿著與來時不同的路徑從生命之樹下降。如此將遇到新的守護者，他們可能會要求一個你在此次路徑工作中尚未進入的輝耀的密碼。顯而易見地，沿原路返回是最簡易的方式。除非對生命之樹上的對應關係有深入且熟記於心的了解，否則我建議你將進一步的探索留待後續的卡巴拉路徑工作。

當返回到你的聖殿時，重新與你的肉身合而為一。

### 步驟八：驅逐

藉由說出以下或包含這些想法的隨意（ad — libbed）話語，給予「離去之許」：

因為你：
順從並遵守造物主的誡命，
感受並吸入這感恩的氣息，
現在，回去吧，
回到你的住所和隱居地，
願和平在你我之間遍及。
當我再度地呼喚你名，
願你隨時準備好再臨，
願神的祝福與你隨行。
現在，

也讓所有這儀式召喚的靈魂，
回到他們的住所和棲息之地，
不傷及任何人在你沿途軌跡，
願你們再臨毫無延緩，
於我以聖儀再度呼喚。

阿們。

當然，「感恩的氣息」指的即是你所焚燒的香。因此，若你獨自實施此儀式，此時應在香爐中添入更多的香。你或許已經注意到，非物質的存在雖然沒有鼻子，無法直接「聞」到香氣，但他們確實喜歡香在星光層面的化形。

接著，響亮地拍手三次。這動作實際上會讓你「落回現實」（down to earth）。然後進行守望塔關閉儀式，並將此次儀式的經過記錄於你的魔法日記中。

儀式結束。

如果在儀式過程中出現不適、感覺「被監視」或其他不愉快的經歷，請立即沿生命之樹下降回到自己的肉身。然後，揭開五芒星盤上的遮蓋物，從東方開始，順時針向魔法圈內展示五芒星盤，隨後進行慣用的結束儀式。接著，開啟所有窗戶通風。以防止因中斷儀式而可能引起的任何不明問題影響到你。依循這些指示，你所需要的幫助都能輕易獲得。

這個儀式還指出了你未來需要研究的方向。要成功完成這個儀式，需要深入研究字母代碼法嗎？需要學習相關對應關係嗎？需要增進對生命之樹的了解嗎？需要掌握塔羅牌嗎？需要學會星光體投射嗎？實際上，你面前還有數月甚至數年的學習和發展過程。透過重新審視這節課，你將清楚自己需要研究什麼，對於未來發展將會有清晰的焦點。

我經常提到：「智慧的起點是認識到自己的無知。」只有當你意識到自己在某方面的不足時，你才會知道接下來需要學習什麼。有了這個儀式作為指導，你將隨時清楚地知道需要學習的方向，確切地了解需要掌握的知識。這將持續進行，直到你達到最終目標，直到你不僅是魔法學徒，而是一名真正成功和出色的魔法師。

# 第五部分

## 從儀式到儀典

　　針對先前的儀式，有兩個額外的問題需要我們關注。一是如何把儀式轉化為儀典形式——也就是以團體的方式進行；二是如何找到個人的聖殿守護者。

　　當你已能夠輕易地進行星光體投射，那表示你已擁有一位守護者了。然而，在深入說明之前，有必要提供一些背景資訊。

　　你可能看過一些組織聲稱能夠加速你的心靈成長，或是有些練習能達成此目的。但實際上，無論你進行了多少次練習或加入了多少個組織，除非你真正準備好用自己的意志進行投射，否則你無法實現這一點。達到這個階段的必要條件是對物質界有全面的認識。這就是為什麼在課程的早期，你被要求進行一系列練習，以培養對魔法元素的掌控能力，畢竟，這些魔法元素是構成物質界的基礎。當你對物質界內外都有了全面的認識後，深入其他領域，包括投射，就會變得簡單——至少相對來說是這樣。此外，對你來說，事物開始朝更正面的方向「流動」。這部分是因為你與物質界的大天使聖德芬之間建立起和諧共鳴與「友好」關係。

　　聖德芬作為他職責的一部分，負責看管所有星光體旅行者的「聖殿」。注意，我將「聖殿」一詞用引號標示。這是因為不是每個進行投射的人都有一個明確的聖殿。對大多數進行投射的人來說，他們的聖殿僅僅是他們出發的地點。而且，大多數人並沒有像你擁有星光層面的地圖——生命之樹。你是否曾經在大城市裡迷路，手上既沒有地圖也沒有朋友？因此，一些人從他們的星光層面漫遊中返回，帶回了荒唐的恐怖故事，也就不足為奇了。他們所見的不過是自己在星光層面中被賦予生命的恐懼化形。

　　對於已經意識到宇宙本質的人，就像我希望你正在學習成為的那樣，星光體旅行便成為一段既有趣又自由的體驗。聖德芬守護著你的聖殿和肉身，以確保它們在物質界免受傷害。而你的聖殿在星光層面的化形，則由你執行的驅逐儀式所保護。

　　聖德芬作為大天使，往往不會親自行動。更準確地說，聖德芬會派遣一或多位在「他」指揮下的天使團成員（事實上，天使並無性別，這種稱呼僅為了方便）。因此，與其說是聖德芬，不如說你的守護者可能屬於 Asheem，這是一群被稱為「火之魂」的天使團。接著問題來了：「你如何知道這位天使的名字呢？」答案很簡單：直接問就是了！

　　當你進行投射時，會遇見你的守護天使。向這個存在詢問他希望被如何稱呼，詢問

召喚他的最佳方法，以及是否有特別的儀式可以輔助這個過程。有時候召喚守護者只是為了打個招呼，並給予能量（參見前述儀式）或香作為禮物。建立彼此的連結，你的守護天使將永遠不會讓你失望。別忘記向聖德芬致謝，感謝他賜予或指派這位特別的天使給你。

將「路徑儀式」轉換為「路徑儀典」實際上很簡單，但有個重要警告。我在這門課最後一次重申，如果你認為這有點重複，我表示歉意，但我真心希望能鼓勵你開始獨立思考。不要因為有人說了什麼，就認為那是事實。學習卡巴拉路徑工作的最佳方法是親自實踐。我知道至少有兩位「老師」建議不要在沒有他們監督的情況下嘗試卡巴拉路徑工作，但他們所做的無非是引導你經歷一些想像的過程。真正的老師會引導你踏上這段旅程，但完成旅途需靠你自己。沒有人能替你實現這一點。

那麼，進行團體工作可行嗎？確實可行，但可能與你所讀到或聽聞過的有所不同。開始的方式與其他儀典大致相同，角色分配按照先前課程的建議進行。完成這些後，所有人需手牽手坐成一圈。手牽手這一舉動非常重要，因為它在物質與精神層面上將大家連結在一起。團隊需要事先決定好共同前往的輝耀及所經路徑，並且每個人都要沿相同方向前進。

若團隊中有成員在投射過程中遭遇困難，魔法圈中的物質與精神聯繫會協助其完成投射。此外，若有人進展較慢，此成員將自動被提升速度以與團隊的步調維持一致。如果有一或多人試圖在通往生命之樹的途中超越團隊速度，其速度也將因為團隊的連結而自動減慢。這個過程是自動發生的。對每個人來說，路徑會感覺更短或更長，取決於他們天生在星光層面移動的速度以及團隊的平均速度。

當旅程結束，所有人都返回物質界的聖殿並回到自己的身體後，應由一位帶領者詢問並記錄每位成員的體驗。這可以口頭分享，或者讓每個人將他們的體驗記錄下來，之後再進行比較。

聽取並尋找相似之處。彼此間的差異不應被視為錯誤，它們僅僅是因個人的心理和魔法特質所致。彼此間相同的資訊應被視為重要，而彼此間相似的資訊也應被認為具有意義。這些不一致僅是個人對於現實本質理解的不同。

如果這是團體首次進行合作，邀請一或多個熟悉星光體投射與卡巴拉路徑工作的人作為圈內的觀察者可能很有幫助。觀察者負責留意任何未知的問題，並在需要時能夠大聲呼喚，將每個人召回：

> 我召喚大家從生命之樹回到這座魔法聖殿中的家。
> 立刻回到家中！

若團隊中有一位帶領者且只有一把彩虹魔杖，那麼這位帶領者應持有彩虹魔杖。如果每個人都擁有彩虹魔杖，則應都在魔法圈內將魔杖緊握於手中。手指應主要放置於與將要前往的輝耀對應的色段上。

如果團隊中有負責觀察的成員，該成員則需確保蠟燭和薰香持續燃燒。當需要將能量發送至更高層面的靈體時，觀察者負責喚起和引導能量。因此能夠藉由跳舞或跑步來增強能量，再經由握持魔杖對應的色段將能量自魔杖頂端引導向上。如果將性作為一種喚起能量的手段，那麼性魔法可以由一或多對不進行路徑工作的伴侶執行，而不必打破魔法圈。如前所述，能量的引導再次經由所持有的彩虹魔杖來控制。

儘管我個人未曾參與此類儀式，但我從一名學生那裡得知，當團體中只有一人選擇進行路徑工作，而其他人則專注於喚起和導引能量時，這樣的魔法操作據說極為強大。

我想藉由這個團體工作的討論點出的是，在某些限制（儀式的架構或順序）之內，沒有任何事物是勢必被規定或固定的。請自由地測試，並探索對你及你的團隊最有效的方法。

你可能已經注意到，隨著課程的深入，儀式的指導變得更加簡短與概要。我努力向你們介紹形式和背景知識，以便你們能補充細節並根據傳統西方儀式魔法自行創造儀式和儀典。同時，我也試圖向你們展示如何維持創新性與深入思考。

我已盡力向你傳授西方儀式魔法的基本知識，希望你能運用這些知識來思考、行動，並成為一名真正的魔法師。如果我成功引領你踏上魔法偉業的道路，那麼，我就算是成功了。

## 複習

為了幫助你確認是否已完全掌握「第十一課」的內容，以下列出了一些問題。在不參考課文的前提下，請試著回答這些問題。（答案可以在附錄二中找到）

1. 最高階的魔法奧祕能在哪裡找到？
2. 對於真正的魔法師而言，白魔法、黑魔法與灰魔法之間的本質差異是什麼？
3. 有什麼簡單方法能判斷某個儀式、魔法形式或魔法團體是否適合你？

4. 什麼是濁氣魅影？
5. 星光體回彈指的是什麼？
6. 哪一個普遍的神祕象徵也被視為心靈層面的地圖？
7.「路徑儀式」和「路徑儀典」有哪些主要的不同？

以下問題，只有你自己能回答。

1. 目前，成為卡巴拉路徑的修行者，你還需要學習哪些領域？
2. 你是否體驗過星光體投射？如果有，這對你來說是怎樣的體驗？如果沒有，你認為應該怎麼做才能掌握這門技術？
3. 藉由卡巴拉路徑工作攀登生命之樹，你希望實現哪五項目標？
4. 到目前為止，在這門課程中你學到的最棒的東西是什麼？
5. 有什麼是你希望在這門課程中學到卻未能學到的？其中有沒有任何部分能引導你獲得那知識？
6. 你認為誰適合成為召喚儀式中的優秀探尋者？

## 參考書目

有關這些書籍的更多資訊，請參閱本書末標註的參考書目註解。

Crowley, Aleister. *777 and Other Qabalistic Writings of Aleister Crowley*. Weiser Books, 1986.
Denning, Melita, and Osborne Phillips. *Practical Guide to Astral Projection*. Llewellyn, 2001.
Farrell, Nick. *Magical Pathworking*. Llewellyn, 2004.
Godwin, David. *Godwin's Cabalistic Encyclopedia*. Llewellyn, 2002.
Ophiel (pseud. of Peach, Edward). *The Art & Practice of Astral Projection*. Red Wheel / Samuel Weiser, 1976.
Regardie, Israel. *The Golden Dawn*. Llewellyn, 2002.
Weed, Joseph. *Wisdom of the Mystic Masters*. Prentice Hall Press, 1971

# 第十二課
## LESSON TWELVE

本課引言：

　　《現代魔法》對我來說，一直是生活中不可或缺的一部分。我耗費了十年時間才學到足夠的知識來教導這些概念，又經過多年的教學與實踐後，才將其寫成文字。現在，於出版二十多年後，它已被許多人視為一本「經典」之作，銷量超越了其他同類書籍。對於所有閱讀和使用過早期版本的人，我感到非常幸運並致以深深的謝意。

　　初版和第二版的內容以第十一課為終章。原因在於藉由這門課程，你可以實現任何魔法目標並學習任何魔法系統。《現代魔法》雖非魔法的全部，但它提供了必要的工具，讓你探索自己魔法之旅的起點與終點。事實上，已沒有更多的東西可以給你，因為目標是讓你獨立向前邁進。自從這門課程首次發布以來，這一點沒有改變。

　　然而，新的技術和魔法形式確實已經出現。實際上，這些新技術和關於魔法運作方式的理論數量多得令人驚訝。有幾位作者撰寫了書籍，聲稱他們的理解足以解釋所有魔法，並使其變得容易。這些書籍你可能不太熟悉，因為它們曾一度出現又迅速消失。我認為它們之所以消失，是因為這些作者未能理解魔法既是科學也是藝術。他們所提出的不過是魔法的個人藝術性解釋，卻誤將其與科學混淆。他們犯了形式邏輯上的錯誤：從特殊歸納出普遍（認為對自己有效的方法，必然對所有人都適用），卻無提供任何合理的根據。可惜的是，這種錯誤在許多領域都存在。

除非你特別渴望，否則無須學習那些新的魔法體系。坦白說，在《現代魔法》中，你已擁有所需的一切，無論是作為獨立完整的魔法系統，或是作為理解其他系統的基礎。此外，這些其他系統可能不易尋找，因為它們大多隨其創始人的消失而消失。然而，鑑於這門課的標題強調「現代」，如果我不納入那些經得起時間考驗或可能預示未來魔法走向的新系統，我便會有所疏漏。

因此，我為這本書的第三版新增了這一章。我認為在某種程度上，是大自然引導我這麼做，因為我總覺得只有十一課（雖然在數字學中，十一被視為「大師數」）似乎不夠，應該要有十二課，使這門課與一年的月分、黃道十二宮等相對應。

那麼，這裡會介紹哪些系統呢？我將首先分享神經語言程式學（Neuro — Linguistic Programming，簡稱 NLP）系統的一個面向。該系統創始人所撰寫的原著書名為《The Structure of Magic》（第一和第二卷），從書名就可看出，他們認為在個人生活和他人生活中輕鬆製造變化幾乎如同魔法。我讀到的一個網站甚至將 NLP 界定為科學與藝術，這與我們對魔法的定義相吻合。

目前，許多人對神經語言程式學略有所聞，但對它了解不深。大多數自認為 NLP IROBs（即「I Read One Book and now I'm an expert」，意為「我讀過一本書，現在我是專家了！」）的人，或是看過號稱使用「神經語言程式學」的表演（表演手法往往具有誤導性），認為「神經語言程式學」是一套可以操控他人意志的技巧。事實上，甚至出現了一個宣稱利用「神經語言程式學」教導男性如何誘惑女性的產業。然而，仔細檢視「搭訕藝術家」（Pickup Artist，搭訕藝術）產業的方法，你會發現他們實際上僅使用 NLP 最表面的層次，並宣稱搭訕其實只是一種「數量遊戲」（嘗試搭訕的女性越多，成功的機率就越高），以及提供一些自我激勵和自信技巧。這些方法在不同的名稱下，至少已被傳授了八十年之久。

許多真正接受過神經語言程式學培訓和認證的人，傾向於將其視為某種治療形式。其實，NLP 的技術可以用來消除限制性信念和決策帶來的影響，並迅速解決那些過去可能需要數月甚至數年才能稍有改善的問題。

但 NLP 的涵蓋範圍遠不止於此。或許可以用「一套卓越模擬技巧」來簡單定義 NLP。一個基本信念是，如果其他人可以做到某件事，那麼如果你能夠模擬或複製他們，你也能辦到。例如，儘管我多年前曾學習武術，但我沒有達到那種戲劇化的高水準表現。然而，在經過約兩週的 NLP 訓練後，即使沒有進一步的武術練習或訓練，我仍然能夠用我的手掌赤手劈開一塊十二英寸見方、一英寸厚的實木板。工作坊中的其他學生也都完成了這項壯舉。我們之所以能夠做到這一點，是因為我們模仿一個受過專門訓

練的人，並且知道如果他能做到，我們也能夠做到。我仍然保存著那塊斷裂的木板作為我訓練的證明。

正如一本書不可能涵蓋魔法的所有面向一樣，也不可能在一堂課的部分內容中完整介紹神經語言程式學的各個環節。NLP 可用於提升寫作技巧、增強公開演說能力、提高銷售業績、改進人際關係、解決分歧，克服恐懼症、壞習慣和不想要的行為等多方面。它的應用範圍非常廣泛。此外，「神經語言程式學」實際上是透過面對面的培訓來學習，並不適合用書本來教授。我知道市面上有一些書籍和 DVD 課程聲稱可以教你「神經語言程式學」，但實際上它們充其量只是讓你了解「神經語言程式學」而已。要真正運用這項技巧，就需要經過合格的培訓師指導，因為許多培訓內容都發生在潛意識層面。而建立這種技能的能力是由認證的培訓師授予的。儘管如此，我相信我能夠適當地教導「神經語言程式學」的其中一個面向，並且讓你可以學會它。這是一種心靈形式的魔法，能讓你創造你想要的任何未來。它既強大又簡單直接。

在這一課中我將要描述的第二個系統，可能是當今最流行的新興魔法典範：混沌魔法（Chaos Magick）。其實，在它被賦予混沌魔法名稱之前，我就已著手研究並實踐這種魔法形式。我仍然保存著關於此主題的第一本書籍《Liber Null》，那時候我不得不從英國的一家小店訂購它。這本書比美國版（後來與《Psychonaut》合併出版）早十年出版。1990 年，我曾為一本早期的小型美國雜誌《Thanateros》撰寫過一些文章，此雜誌聚焦於混沌魔法。

但是，關於混沌魔法寫作也存在著一些困難，因為混沌魔法中廣為流傳的觀點是「萬事皆虛，萬事皆允。」（Nothing is true. Everything is permitted.）這句話被認為出自伊斯蘭神祕教派始祖——哈桑・沙巴之口（Hassan-i Sabbah），他以大麻菸哈希（hashish）為伴，暗行刺殺為教義傳播，門下被稱作阿薩辛派（Hasheeshin），而「刺客」（assassin）一詞，即源自於此。尼采（Friedrich Nietzsche）對混沌魔法有著重大影響，在他的經典著作《查拉圖斯特拉如是說》中引用了這句話。它的涵義是：既然我們對外界的了解都來自有限的感官，就無法有客觀真理的存在。因此，一切皆為真實，且皆有可能性。這賦予混沌魔法無限的可能性。可惜的是，這也意味著有些人認為他們的方式是唯一正確的方式。所以無論我寫什麼，我相信都會引起一些人的不滿。但這無妨，你可以閱讀本節的內容，實踐其中的技巧，然後自行做出判斷。

最後一個深深引起我的興趣的系統，是作家帕特里克・鄧恩（Patrick Dunn）在他的兩本書《後現代魔法》（*Postmodern Magic*）與《魔法、權力、語言、象徵》（*Magic, Power, Language, Symbol*）中所提出的魔法詮釋。這個系統將魔法的本質與語言（語言學）和符號

（符號學）聯繫起來。它是對心靈，甚至電腦工作方式的現代理解。你能看出這是如何演變的嗎？在我看來，鄧恩對魔法的看法實際上將 NLP 的概念（其重點在於有效使用語言）和混沌魔法的實踐（有效使用符號）融合成一個非常適合二十一世紀的系統。他顛覆古老的信仰，提出了看待魔法的新方式。如果這個系統能普及，在我見過的所有魔法體系中，它將是最適合聽 iPod、熱衷線上遊戲、愛好電腦的新一代的最理想選擇，而這些人也將在未來幾代帶領世界前行。

《現代魔法》的第一版包含許多新創舉，如果第三版能啟發人們去學習更多關於「神經語言程式學」、「混沌魔法」和「後現代魔法」的知識，那麼即使到了未來，本門課也能對新一代的魔法學習者提供準確與有價值的內容。

# 第一部分

許多人，尤其是對 NLP 價值充滿熱情的「NLPers」（發音為「nehl-pers」）會說，NLP 背後的概念、技巧都是新的，但我不這麼認為。在神經語言程式學形成明確體系之前，我就掌握了相關的方法和理念，我深信它們在我學習之前就已存在。新的是它們以不同的方式呈現與分類，並用術語來區分 NLPers 與非 NLPers。

例如，當一個人看待某件事物時，如果心態過於負面，往往會陷入其中，無法跳脫出來以其他角度解讀。只要提供這個人新的詮釋方式，就能真的改變他的一生。

「我丟了工作，現在我的生活快崩潰了！」
「唉！可是大多數人墨守成規，安於現狀，所以無法改善生活。現在你反而有機會重新開始，去做你一直想做的事。這對你來說是件幸運的事。」
「嗯……我從來沒有這麼想過。」

我總是將這種思考方式稱為「用不同的角度看待事物」。有些人會說「當生活有如檸檬酸苦，就把它做成檸檬水吧」。而 NLPers 則將其稱為「換框」（reframing）。

在我看來，神經語言程式學之所以特別，並不僅在於其概念和技巧，而是這些元素如何整合成一個完整體系。這些整合及其應用方式產生了協同效應——整體成效超越各

部分之和。

以時間這個概念為例，許多文化將時間視為循環模式，而現代西方文化通常將它看作是線性的發展，理解為一條從過去經過現在延伸至未來的線段。更進一步來說，我們每個人都有自己個人的時間概念：事件 A 發生在過去，事件 B 我們正經歷，若延同一軌跡發展，未來就可能發生事件 C。將事件按時間排列，這在世界各地的歷史書籍中都很常見，這被稱作*時間線*（timeline）。

## 找到你的時間線

雖然按時間排列事件很容易，但有趣的是我們每個人都有一條個人時間線。雖然我們不會時刻想著它，但當問及時，我們能將生活視為一連串線性事件。但有趣的是，這不僅是哲學上的概念，時間線的概念在物質空間中也存在。此課程的第一個練習是覺察到你自己的時間線。

**步驟一**：回想五年前一件快樂的事件。現在，跟隨你的第一直覺，指向你存放那個記憶的地方。它可能在你左側或右側，上方或下方，前方或後方。這裡沒有所謂的正確或錯誤答案，它只是一個位置。如果你無法迅速確定過去事件在空間中的位置，那就嘗試定位更早的其他事件，比如你五歲時的生日派對。如果嘗試幾次後仍然無法在空間中找到過去事件的位置，那麼問自己：「如果我能將這個過去事件定位在空間中，它會在哪裡？」快速指向它，跟隨你的第一直覺。

**步驟二**：現在想像一件未來發生的事。跟隨你的第一直覺，指向你認為它將出現的位置。如果這個過程並不快速或容易，那就嘗試另一個你希望在未來發生的事件。如果其空間位置仍然無法快速或容易地確定，那麼問自己：「如果我能在空間中定位這未來事件，它會在哪裡？」再次地，快速指向它，跟隨你的第一直覺。

**步驟三**：想像一條從過去的空間連接到未來的空間點的線。這條線即是你的個人時間線。

**註記**：對多數人而言，這條線是直的。它可能從右到左，從左到右，從前到後，或是相反方向。「現在」可能在你體內，而「過去」在你後面，「現在」穿過身體部分，「未來」在你前方。有時它可能沿著對角線延伸。它可能從「過去」的較低處到「未來」的較高處。有些人可能發現整個時間線都在身體外，他們能在自己前方看到它，或轉身觀看它在後方，從一邊延伸至另一邊。

你的個人時間線沒有正確或錯誤的位置。對你來說它位於任何地方都是完美的。如果它對你來說感覺並不「正確」，那就嘗試定位更多過去事件和未來事件的點。你可能會發現你的時間線是曲線或「V」形。對某些人可能是波浪形。這都沒關係，我們只是在找出你的時間線位置。

## 位置，位置，位置

當我們觀察不同人的時間線形狀與位置時，可以看到許多差異。這裡有兩個主要的分類。對某些人，他們的時間線完全在身體外。他們能看到過去、現在和未來的整條時間線——過去、現在和未來——在身邊、前面或後面、上方或下方。任何時候，這條想像中的時間線永遠不會穿過他們的身體。然而，大多數情況下，對於屬於這一組的人來說，時間線通常會在他們身前形成一條細線，從左向右延伸。

屬於第二組的人，時間線會穿越你的身體，「當下」正處於你的身體內部。我的個人時間線從背部中心以下的「過去」開始，經過心臟處的「當下」，延伸至我前方較高的「未來」。最常見的時間線形式也是從後至前，「當下」位於身體內，但與我的時間線不同，它是水平的。

你是屬於第一組可以看到完整時間線的人，還是屬於第二組有一部分時間線穿越你身體的人呢？兩種都很好，沒有哪種比較好。但這裡有個驚奇的發現：僅僅根據一個人是第一類還是第二類，你就可以進行心理分析！

如果時間線完全在你身外，NLP 會將你描述為「脫離當下」(Through Time) 人。這類人的特質包括：

- 對時間價值有深刻認識。
- 擅長規劃安排。
- 在截止日期準時完成任務。
- 一旦為未來做了計畫，可能很快失去興趣。
- 可能很少與當下連結，經常不確定今天是哪天。
- 過去的問題可能長期困擾你。
- 擅長回憶過去。
- 擅長記住生日、週年紀念日、月相等。
- 是一名出色的研究者。

- 或許偏愛經典老歌。
- 守時。一旦遲到，會感到內疚。
- 常常看錶或時鐘來核對時間，儘管擁有準確的內在時鐘。
- 對耽誤你的人沒有耐心。
- 生活中最重要的問題常是「什麼時候？」涉及過去或未來的答案遠比涉及當下的更吸引人。

如果你的時間線穿過你，NLP 會將你描述為「當下」（In Time）人。這類人的特質通常與「脫離當下」人相反，包括：

- 你是派對的靈魂。
- 除非必要，否則不會查看時間。
- 沉浸於所做的事情中，往往忘記時間。
- 會議或約會時常遲到。
- 可能會使用行事曆（或由祕書管理）。
- 查看行事曆時可能對計畫感到驚訝。
- 不擅長規劃。
- 若問及下週末的行程，可能未規劃或忘記已有安排。
- 傾向於不提前計畫。
- 喜歡保持開放的選擇。
- 專注於當下，活在當下。
- 享受隨遇而安。
- 未來可能會對過去的行為後悔，但不會擔憂。
- 「克服它」和「把它拋在腦後」是常用的語句。

從上文可以看出，我是一個「當下」人。當我學習到「當下」和「脫離當下」的概念時，對這些描述的精準度感到驚訝。而且不僅如此，透過判斷一個人是「當下」還是「脫離當下」，我可以更容易地與他們溝通和理解他們。

在了解一個人的時間線時，重要的是避免僵化思維。我們可以透過判斷他們是「當下」或「脫離當下」的人來獲得重要資訊，但切記，每個人都具有獨特性。大多數人會擁有兩組特質中的一些，但他們**主要**會是「當下」或「脫離當下」的人。

## 運用你的時間線

時間線不僅僅是靜態且固定的存在，而是可以作為強大的魔法和改變的工具。為了有效運用它，你需要學會與你的時間線互動，這將是本章節魔法練習的基礎。下面的步驟將指導你如何操作你的時間線：

**步驟一**：進行放鬆儀式。

**步驟二**：想像自己漂浮在身體上方，升到能夠看到時間線在身旁或穿過身體。僅需觀察。在這個位置稍微停留。

**步驟三**：想像自己漂浮得更高，直到時間線只有一英寸長。在這個位置停留片刻。

**步驟四**：輕輕地漂降，直到你剛好位於時間線的正上方。看著時間線向過去和未來的遠方延伸。如果你能看見時間線的任一端，試著想像時間線的細節增加，尺度變化，直到兩端都看不見。在這個位置靜靜地停留一會兒。

**步驟五**：回想一個過去的愉快記憶，比如一次生日派對、舞會或第一次約會。確保這是一個*愉快的*記憶。漂回到你時間線那個時刻的上方，往下看。

這一點非常重要：在這次練習中，*你必須是個觀察者*。你應該能看到自己在那段記憶中度過美好時光。嚴格來說，這被稱為解離式記憶（dissociated memory）。如果你開始像身歷其境般體驗記憶（實質上這稱為聯想式記憶），請立即漂升至時間線上方，成為觀察者，並返回到現在。在這一步中，你僅僅是觀察者，而不是參與者。

**步驟六**：觀察過去的愉快記憶幾分鐘後，回到當下。讓你的意識漂回身體，做幾次深呼吸。如果感覺意識分離，走動並在地上踏步，以恢復到正常意識狀態。

正如前言所述，你將要學習的是一種心靈魔法，它不需要任何魔杖、長袍或複雜儀式。你在上述練習中學到的，就是運用時間線並進行魔法所需的所有基本技巧。

你可能會懷疑，這整個時間線的概念是否只是主觀的想法，不過是沒有客觀現實根據的隱喻而已。坦白說，我不知道它是否為客觀真實，但我確實知道它在實際運作上非常有效。證實這一點最簡單的方法是改變你的時間線，從「當下」轉變為「脫離當下」，或是其相反。這會改變你對生活和時間的看法，可能會讓你感到不舒服或有些奇怪。如果它不是真實的，怎麼能有這種影響？體驗這種改變是了解時間線現實性的絕佳方式。這正是下一個練習的目的。

## 改變你的時間線

成為「當下」人或「脫離當下」，人並非所謂的「更好」。這些只是描述你在意識和潛意識層面上如何處理時間的術語。它們是描述性的，並非評價性的。知道某人是「當下」還是「脫離當下」人的好處在於，它讓你能更好地與他們溝通。而知道自己是「當下」還是「脫離當下」，能讓你了解自己如何與時間互動。

根據我的經驗，這些理解是非常真實的。或許，要真正體會這兩種對時間的處理方法帶來的不同，最直接的方法就是去體驗日常用不同方式的生活。

---

### 漂浮與觀察

在這一課中，「漂浮」和「觀察」的詞義應被理解得更廣泛。例如，「漂浮」可以指的是你彷彿在泳池躺在氣墊上漂浮，像葉子隨著輕柔的微風飄動，如靠著蓬鬆的雲朵飄移，或像煙霧隨著風流動飄逸。不論你如何實現在自己和時間線上方漂浮，無論你感受到什麼與如何進行，都是完美的。沒有哪種漂浮方式是絕對正確的。

同樣地，「觀察」這一詞不應僅限於視覺感知。在這些練習中，「觀察」可涵蓋所有感官。你可以使用聽覺、感覺（感知）以及視覺感官。實際上，我們在觀察事物時會使用所有感官，因此不要讓你的限制性信念導致你有限制性的決定，進而妨礙你輕鬆又有效地使用時間線進行魔法。

重要的是，無論你如何在自己和時間線上漂浮，以及你以何種方式觀察所發生的一切，都是完美的，都是適合你的。

---

我想再次強調，改變時間線的體驗可能會令人感到非常不適。因此，我強烈建議在任何情況下，都不要讓這種改變持續超過一天。當你第一次嘗試這種方法時，你可能不會想讓這種變化持續超過數分鐘或數小時。我第一次這麼做時，真的感到頭暈目眩。然而，沒有任何事情比這種經歷更能讓你清楚地看到時間線的實際情況。

**步驟一**：進行放鬆儀式。

**步驟二**：讓自己漂浮升高，直至能夠看見自己及你的時間線。確保你漂浮得足夠高，以便能觀察到時間線的整個長度並看見其兩端。仔細記住此刻時間線的位置，以便之後能將其還原。

**步驟三**：運用你的想像力，讓你的時間線轉動。也就是說，如果它是橫向的，就讓它變為縱向；如果是縱向的，就讓它變為橫向。最重要的是，如果它穿過你，旋轉時應讓它完全脫離你的身體；如果時間線原本完全在你外部，旋轉時則讓它穿過你。

**步驟四**：飄降到「此刻」，進入自己的身體中，並讓時間線按照其新位置重新安排時間。你無須做出其他動作，新位置自然會促使這種重組發生。

**步驟五**：想像當一把大鎖扣上時發出的「喀嚓」聲音。這聲音代表著你的改變已被穩固鎖定，就像鎖扣合上一樣穩固。

**步驟六**：深深地吸幾口氣。如果你覺得自己與現實隔絕，走動並在地上重踏步行，以恢復到你正常的意識狀態。

**步驟七**：花時間進行一些日常活動，並注意你的感受變化。你已從「當下」模式轉換為「脫離當下」模式，反之亦然。

確保重複這個練習，並將你的時間線恢復到原來的位置。

除了驗證時間線的現實性及「當下」與「脫離當下」的概念之外，改變你的時間線也具有實際應用價值。一般而言，「當下」型的人在規劃事務方面不如「脫離當下」型的人來得擅長。如果你屬於「當下」型，並需要籌劃一場重要的會議或派對，你或許會希望暫時改變你的時間線方向，以達到這一目的。反之，「脫離當下」型的人可能更難克服過去的事情，對於很久以前發生的事件可能仍耿耿於懷。透過暫時成為「當下」型的人，這樣的人或許能在生活中實現正向的突破，並在回歸至其正常的「脫離當下」方式之前先向前邁進。

順便一提，想進一步了解「當下」與「脫離當下」之間的差異，可以參考榮格（Carl Jung）的《心理類型》（Psychological Types）。在榮格的理論中，「脫離當下」的人類似於「判斷型」（Judger），而「當下」的人則更接近「感知型」（Perceiver）的概念。

## 時間線魔法

前兩個練習及所介紹的資訊，已經讓你了解時間線的概念，學會如何運用它，體驗這一概念的現實性，並感受到它對你的影響。下一步是學習如何利用時間線在你的生活中創造所期望的變化。也就是說，這部分課程將展示如何使用時間線來實現你的願望或目標。

這裡提出的許多概念可以直接與你的其他灰魔法實踐相結合。例如，我已經描述了你的實際魔法目標應該符合 SMART 的原則。這意味著它們應該是具體的、可測量的、可實現的、實際的，並且有一個時間框架。我還建議它們應該是生態友善的——對你自己、周圍的人以及地球都有益。讓我們來看看實現成功目標的其他關鍵：

1. 你的目標應該是你想要的，而不是你不想要的。如果你的目標是活力充沛的健康，請具體明確地描述它：「我想要能跑馬拉松、臥推150磅，並穿32吋的褲子。」這是具體且正面的，而非像「我不想生病，我想變得更強壯」這樣。
2. 你應該知道目前的狀況與你的目標之間的差距。這將使你的潛意識能夠設計出實現目標的路徑。想像一下目前的狀況，這個情境給你的感受和印象是怎樣的？
3. 確定你如何知道自己實現了目標。這可以透過「最後一步」模型來做到。即具體地知道實現目標所需的最後一件事是什麼。以前述例子，最後一件事可能是跑過馬拉松終點或輕鬆舒適地穿上所需尺寸的褲子。
4. 確保你的目標只取決於你自己。你無法改變他人，只有他們自己能做到。但你可以改變自己。因此，你的目標不應依賴於他人。「當我受歡迎時我會快樂」不僅不夠具體（什麼是受歡迎？），而且取決於其他人對你的喜愛。反而，目標應基於你能實現的事情。「當我完成一場馬拉松時，我就知道達成了目標」，不需要任何人的幫助。
5. 將你的目標具體化。你何時能實現它？會有誰在場？聽起來如何？感覺如何？你會看到什麼？
6. 放大它！在神經語言程式學中，這被稱為「次感元調整」（adjusting the submodalities）。這裡的重點是在設定魔法目標時，放大你的感官體驗。讓你所聽到的聲音更加清晰。讓你在心中描繪的顏色更加鮮明、明亮，且強烈。讓你所感受到的喜悅充滿身體的每一個細胞。放大這些感覺！

# 神經語言程式學

　　一個人如何在特定領域成為專家？為何有些人能取得驚人的成功，而其他人僅能勉強成功呢？

　　在1970年代，一名大學生理查・班德勒（Richard Bandler）意識到，他可能發現了成功的祕密。在轉錄著名治療師波爾斯（Fritz Perls）的治療錄音時，注意到病人在治療師使用特定詞彙和模式時，更容易接受波爾斯的建議。這是否為波爾斯成功的關鍵？

　　班德勒聯繫了語言學講師約翰・葛瑞德（John Grinder），他們共同分析了精神科醫師維琴尼亞・薩提爾（Virginia Satir）的工作內容。他們的研究成果最終匯聚成1975年出版的《The Structure of Magic》一書。這項工作還讓他們有機會接觸並仿效米爾頓・艾瑞克森醫師（Dr. Milton Erickson），這位人物改革了心理學對待病人的方式，並將催眠正式納入治療的手段。

　　到了1980年代，神經語言程式學已被認為是心理輔導和心理學領域的重大進展。「神經」（neuro），被認為能改變人們的神經系統；「語言」（linguistic），因其運用語言；而「程式」（programming）則是因電腦程式設計當時是新興領域。然而，由於兩位創始人之間的分歧，加上沒有人對這個名稱註冊或申請商標，許多人開始向這個不斷擴大的領域添加新概念。NLP的應用範圍也因此擴大，涵蓋了解決商業衝突、提高銷售能力、個人成長、增強溝通技巧等多個領域。

　　有趣的是，NLP所能涵蓋的廣泛領域引起了對其正當性的質疑。人們過於專注於運用這些技術並從中獲益，以至於NLP專業執行師（NLP practitioner）所使用的許多技術從未經過全面的科學檢視。儘管如此，專業執行師們仍可以透過無數的實例故事和證據來證實其成效。

　　NLP的創立者明確指出，使用NLP需要經過專門的培訓。認證的NLP培訓師會解釋，他們如何將NLP的各個面向植入培訓過程中學員的潛意識。這得益於培訓期間特定的教材呈現方式，結合了特定的詞彙、語言模式、語調、聲調等元素。這些都無法僅透過閱讀書籍來達成。

> 儘管如此，仍有人會嘗試透過書本學習 NLP。一些可能接受過部分培訓或閱讀過相關書籍的人會嘗試分享 NLP 理念，但這些分享通常缺乏完整培訓的深度和廣度。
>
> 如果你有興趣透過運用 NLP 來改善自己的生活，甚至協助他人，我強烈建議你考慮參加實體的面對面培訓。與此同時，市面上豐富的 NLP 書籍和 DVD 能提供你關於達成卓越技術和方法的豐富知識。

不要害怕記下你的想法，把思緒書寫下來本身就是製作護符的一種方式。完成這些之後，你就準備好開始進行魔法了。

**步驟一**：進行放鬆儀式。

**步驟二**：針對你的目標，專注於你目前的位置和狀態。例如，如果你的目標是跑馬拉松，就專注於你目前能跑到的距離。調整次感元（submodalities），比如提升你所看到的、感受到的和聽到的銳利度、清晰度、亮度和強度等。

**步驟三**：體驗調整次感元後的感覺變化。

**步驟四**：心靈上升至自己之上，從高處觀察自己和你的時間線。將調整後的次感元感受帶到高處。

**步驟五**：深呼吸三次，每次呼氣時為調整後的次感元感受充能，讓它們充滿活力。

**步驟六**：沿著時間線向前飄移，直至來到你期望達成目標的時刻（或你認為應該是的時間點）（SMART 目標系統中的「T」部分）。運用所有感官，想像自己已達成目標的最終階段（見前述第三點）。此刻，你是觀察者。

**步驟七**：讓你所帶來的充滿活力的感覺融入其中，加強你的視覺化。

**步驟八**：從時間線的高處回望，觀察通往當下的時間軸。此時，只需靜靜觀察。你可能會察覺到，你的所有意識和潛意識行為都在自動調整，自然地從現狀過渡到未來，實現你的目標。此步驟可依需求花更長時間。

**步驟九**：返回現在，與你的身體合一。

**步驟十**：進行幾次深呼吸。如果你覺得自己與現實隔絕，走動並在地上重踏步行，以助於回歸正常的意識狀態。

就這樣了。這看似非常簡單。如果你已實踐過這些練習，你或許也會認為它很容易。事實上，這方法既簡單又易執行，但這並不表示它不具威力及效果。

正如先前所提，NLP 創始人模仿的一位重要人物是精神科醫師及催眠治療師米爾頓・艾瑞克森醫師。想要向艾瑞克森學派學習其技術，你需要花費數月至數年時間透過觀察艾瑞克森的方法來學習。你還應具備心理學或精神病學的背景，並在該領域中擁有專業資格。透過 NLP，你能在幾小時內掌握艾瑞克森的「米爾頓模式」的基礎技術。雖然快速運用這些技術並發揮效果可能需要更長時間，但 NLP 的實踐者們認為這是足以實現的。

人們在發現某些東西後，往往會依照自己的方式加入新的想法、概念和技術，讓其成為自身特色，即便這些新增部分可能與原始發現的效用無關。因此，可以說 NLP 的米爾頓模式僅聚焦於艾瑞克森技術的精髓，剔除了那些非必要的部分。

這種非必要的聚積並非僅存在於 NLP 領域，而是普遍存在於許多領域，包括傳統儀式魔法領域。那麼，若剝除了魔法中所有非必要的部分，僅保留對魔法真正重要的元素，進而創造出一個專注於結果的系統，將會發生何種變化？有人聲稱這就是所謂的混沌魔法。

# 第二部分

正如我之前所提及，要明確釐清「混沌魔法是什麼？」並不容易，因為沒有規則就是它的一種規則，它並不像那些流傳了數百年的古老《智慧寶冊®™©》，逐漸演變為限制什麼能做、什麼不能做的手冊，最終成為教條化的「墓冊」。在《Llewellyn Journal》一篇文章裡，安德烈・維蒂姆斯（Andrieh Vitimus）在回答混沌魔法是什麼的問題時指出：「恐怕沒有兩位混沌魔法師會有一致的看法」。

而要尋找答案，往往需要從源頭開始探索。要真正理解這個系統，了解它發展的背景很有幫助。其中一個最重要的元素是……龐克搖滾。

## 混沌魔法的不完全歷史

回到1970年代中期，越南戰爭終於落幕。當時的音樂界充滿了才華橫溢的音樂家，他們演奏著技巧性強並風格鮮明的音樂，這些音樂更多地牽動著人們的思維，而不是觸動心靈、靈魂或節奏上的共鳴。不過，請不要誤會，我依然熱愛「前衛搖滾」——或者說，「交響搖滾」（Prog-rock ／ Progressive rock ／ Orchestral rock）這種音樂，但問題是它們需要高超的技巧才能演奏，並且經常失去了音樂的核心——無法讓觀眾嗨起來舞動。年輕人缺少能讓他們持續搖擺的音樂，也沒有重大的政治議題來消耗他們的能量。於是，一場變革在這處境下醞釀。音樂產業察覺到這一點，開始推廣迪斯可舞曲。這導致許多原本現場音樂的演出被取而代之。此外，年輕人看著長輩們沉迷於迪斯可舞曲反而產生反感，因為這不是他們的音樂，而是被美國式的資本所主導的音樂。於是，這種反叛的情緒在年輕人心中悄然滋長。最終，這股浪潮以龐克搖滾的風暴席捲了音樂界。

龐克樂手們的技藝不一定精湛，他們的演唱不總是音準準確，音樂結構與和聲也不複雜，但充滿力量、充滿能量，並帶著反叛的靈魂。它改變了搖滾樂與人們的行為，也促使音樂人反思是否真的需要那麼多鍵盤、效果器和龐大的爵士鼓。

同一時期，魔法界已相當穩定。儀式魔法師確實在進行魔法實踐。例如，奇克和桑德拉及派翠西亞·莫諾克里斯（Patricia Monocris）在伊斯瑞·瑞格德的指導下，實踐著黃金黎明會的系統和運作正式的聖殿，雖然最終不免出現了分裂，這是許多成立已久的團體常見的結果。與此同時，威卡逐漸成為一種深具影響力的傳統，並被視為一種信仰。然而，如同許多宗教面臨的困境一樣，教派主義開始出現，最終導致獨修威卡（Solitary Wicca）的急劇成長。

在這樣的背景下，彼得·J·卡羅爾（Peter J. Carroll）和雷·舒爾文（Ray Sherwin）進行了一次會面。我不清楚他們具體討論了什麼，但我認為他們提出了類似於龐克搖滾音樂家的疑問：「宗教（威卡）對魔法真的是必需的嗎？」「對魔法來說，信仰神祇是必需的嗎？」「所有那些複雜的長袍、魔杖和儀式對魔法真的是必須的嗎？」「如果不是，那對魔法而言，究竟什麼是必要的呢？」

兩年後，卡羅爾和舒爾文成立了一個新的魔法組織「Illuminates of Thanateros（IOT）」，並且舒爾文出版了卡羅爾的《Liber Null》和他自己的《結果之書》（*The Book of Results*）。《Liber Null》提出了混沌魔法的基本理論（混沌魔法一詞由卡羅爾所創），而舒爾文的書則依據奧斯汀·奧斯曼·斯佩爾描述的印記（sigils）使用方法，提出了實踐混沌魔法的具體方式，這也在這門課程中有所描述。IOT的成立使這套系統在魔法組織內

得以成長和發展。這一切都已準備就緒，唯一缺少的就是……

威卡起源於英國，但在美國迅速爆紅。同樣，龐克搖滾也是從英國起家，並在當地音樂界佔據主導地位。然而在美國，由於音樂界更常受到大型企業的控制，龐克搖滾主要只在大城市的現場演出中盛行。混沌魔法雖然同樣起源於英國，但因缺乏美國出版商的支持，書籍、雜誌和期刊等方面的發展幾乎為零。直到十年後，美國才出版了第一本關於混沌魔法的專著。關於這一領域的資訊大多來自英國，很少有資訊傳播到美國（那是在網路時代之前）。正如龐克搖滾吸引了大量年輕人，混沌魔法在美國主要也是引起年輕一代的關注。

無論在繪畫或音樂等各藝術領域，都流傳著這樣一句話：「要想打破規則，必須先學會規則。」我毫不懷疑地認為混沌魔法的創始者們是經驗豐富且技巧高超的魔法師（至今也仍是）。然而在美國的確有人投身於混沌魔法，但對於一些人，甚至可能大多數都並非如此。其實，不少人是抱有「混沌魔法意味著我不必學習或練習就能成為魔法師？太棒了！」這樣態度的年輕人。然而，無論是混沌魔法還是任何形式的魔法，成功都需要學習與練習。但當這樣的觀念告訴給一些早期美國的混沌魔法實踐者（他們自稱為「Chaotes」，有些人則更喜歡用「Chaoist」，即混沌主義者）時，常常會引來「你就是老派啦！」的不屑回應。

我曾在線上與一個自稱混沌魔法實踐者的人辯論，他認為魔法最重要的是執行過程，而非成果（與舒爾文提出的結果重要性相反）。我回應道：「如果成果無關緊要，為何不只是坐著、什麼也不做，只聲稱自己已施展魔法呢？畢竟，不管如何，結果都是一樣的。」他回覆說我根本不懂，並表示不願再進行任何交流。嗯，也許他有他的道理，但我所認知的是：

雖然卡羅爾和舒爾文被視為混沌魔法的創始者，其中卡羅爾因出版著作較多，常被認為是混沌魔法之父。但事實上，斯佩爾和克勞利才是混沌魔法的真正鼻祖。克勞利深受黃金黎明會訓練的啟發，使得混沌魔法可謂傳統魔法實踐的一個分支或進化。此外，混沌魔法的發展也深受多方面因素的影響和啟示。

羅伯特・安東・威爾森（Robert Anton Wilson）的著作對混沌魔法產生了深刻的啟發，拉姆齊・杜克斯（Ramsey Dukes）的作品同樣具有重要影響。狄斯科蒂亞信仰（Discordianism）及其「不要把生活看得太認真」理念，以及蒂莫西・利里博士（Dr. Timothy Leary）也在混沌魔法的形成過程中扮演了關鍵角色。薩滿信仰（Shamanism）理念，與當時新興的混沌理論、量子物理學和科幻小說的思潮，也對混沌魔法的發展產生了明顯的影響。

## 這與混沌有何相關？

我已經提過混沌魔法的一個基本概念：「萬物皆虛，萬事皆允」。依循這個觀點，我們所感知的一切都是透過感官而來，因此一切都是主觀而非客觀的現實。我們可以輕易改變我們的主觀現實，因此可以實現任何我們想要的；因而能夠成功地實踐魔法。

但如果這是混沌魔法的基本信念與原則，它如何與混沌相關？答案其實很簡單。在混沌魔法創始之時，科學界的混沌理論也在發展，這是一個迷人的領域。可以輕易地說卡羅爾選擇這個名稱只是因為它當時流行，但實際上還有更深的意義。

魔法領域一個經常被提出的問題是：「魔法的力量源自於哪裡？」隨著時間的推移，這個問題的答案也在變化。在古代，認為是源自眾神的所在。後來，許多人認為魔法是我們內在精神力量的展現。依據混沌理論，宇宙形成之前，只存在無序狀態。卡羅爾提出的觀點是，既然這個無序是宇宙萬物的源頭，它同樣也是魔法能量的來源。因此混沌魔法之所以如此命名，不是因為它是失序的，是因為它接觸到了最初的能量源，而這能量源即是純粹無序的混沌。

就我個人而言，我認為這只是將神或諸神以「混沌」的名義重新命名。只是對同一事物的不同稱呼。（冷靜，先別激動！）

這引出了另一個混沌魔法流行的概念：並不存在神靈，即使存在，祂們也與我們無關。我們所稱的神祇不過是我們心靈的映照。然而，在施行魔法時，神祇的概念卻非常有效。因此，我們可以從任何神系選取神祇，假裝祂們真實存在，直到祂們在我們心中形成主觀現實。這就是「假裝直到成真」。就我個人而言，我認為僅為遵循「沒有神靈，但假裝祂們存在，因為這很有用」的教義而投入大量努力，似乎過於繁瑣。要麼不選擇與神祇互動，要麼就將其納入運用。但這也僅是我個人的見解。

## 混沌魔法的其他概念

混沌魔法的一個重要概念源於兩個觀念的結合：「無果即虛，萬法皆允」（Results are what matters and everything is permitted）。因此，混沌魔法實踐者可能在一次儀式中運用來自各種神系的適當神祇。一個儀式可能融合古代蘇美（Sumerian）神祇、巫毒的羅瓦（Voudoun Loa），甚至 H・P・洛夫克拉夫特虛構克蘇魯神話（Cthulhu mythos）中的古老存在。當然，這些只是概念和能量的象徵，並非客觀存在，但它們作為引導能量和儀式的絕佳隱喻是有效的。跨文化的借鑑是可行的，你可以假裝它們是真實的，並且「假裝直到成真」。

事實上，實踐者可能會進一步進行所謂的**典範轉移**（paradigm shifting）。他們可能從一個神系中挑選一位神祇，並將其納入一個完全不同形式的儀式中。這種典範轉移可為實踐者帶來巨大影響，開啟超越正常世界觀的潛力。它能徹底顛覆現狀，破除限制性的信念。

混沌魔法實踐者甚至可能更進一步深入，借鑑薩滿信仰引發轉變意識狀態的**靈知**（gnosis）。對於熟悉各種靈知概念但不熟悉混沌魔法的讀者，對這種用法的「靈知」一詞可能感到陌生。這種意識狀態的改變，也稱為靈知出神（Gnostic Trance），是藉由對單一件事物極度專注引發恍惚的出神狀態（trance state）。這種出神狀態的焦點通常是一個印記，按照奧斯汀·奧斯曼·斯佩爾的方式設計。達成靈知狀態的方法多種多樣，混沌魔法實踐者往往會發展出自己的方法。實現靈知的技術並無局限。

如先前課程所述，目標是集中能量（在此例中為達到靈知出神），然後忘記正在做的事。這樣做將儀式的目的（透過印記具象化）與實現它的能量，一起直接傳送給潛意識（而非意識）。即使你不知道目標是什麼，潛意識也會付諸行動，運用所需的一切實現目標。

## 這是什麼意思呢？

有些混沌魔法師會製作許多印記，用於不同目的，並將它們放置一旁。過了一段時間後，意識不再記得印記的目的，但仍可進行儀式以達到印記所指的目標。這使得古老的諺語「小心你所願，它可能成真」顯得更加重要。

## 你是誰？

「你是誰？」是《愛麗絲夢遊仙境》中毛毛蟲對愛麗絲的提問。她的回答肯定會得到所有混沌魔法師的讚賞：「今早醒來時我知道自己是誰，但從那時起，我似乎變了好幾次。」

古老且被認為是智慧的語句「認識你自己」（Know Thyself）做了一個強大的假設，這假設如此根深蒂固地植入我們的內心，以至於我們通常甚至都沒有意識到。特別是它假定有一個「自我」可以被認識。

但若你的本質有無限的可能呢？若你有不同的成長背景，你的各方面都可能完全不一樣。你對事物的思考方式可能會截然不同。一個充滿愛與包容的人也可能成為充滿憎

恨與種族歧視的人。一個基要派的基督徒也可能成為一名佛教徒。這意味著你的真實自我——你的靈魂——不是一個固定的現實。它是我們在成長過程中創造出來的，且能夠隨著我們的意願改變和成長。這種觀點帶來了令人驚奇的好處，但也留下了一個問題：如果你可以隨時變成你想要的模樣，那什麼才是「真實的你」？

混沌魔法師的答案可以追溯到斯佩爾。遺憾的是，斯佩爾極度反對教條，以至於他沒有對「起亞」（Kia）這個概念給予清晰的定義。他的理解類似於老子對「道」的描述：「言語所能表達的，就不是永恆的真理。」

卡羅爾將起亞描述是一種意志行使和意識感知的融合。這對我來說有些模糊（這也許正合其本意），但幸運的是，卡羅爾也將其描述為精神或生命之源。

這讓我想起我作為玫瑰十字古祕團（AMORC）成員的日子，當時總部位於加州聖荷西。許多人將「靈魂」（soul）和「精神」（spirit）視為同義。在我進入 AMORC 學習之前，我也是這麼認為的。但他們對靈魂和精神有所區分。對他們來說，精神指的是生命之源，而不是靈魂。因此，每個人都同時擁有靈魂和精神。在混沌魔法中，人們擁有那賦予生命的精神（spirit），即起亞（Kia），它具有一些靈魂的功能，但它本身並非靈魂。斯佩爾在《快樂之書》（*The Book of Pleasure*）中寫道，起亞的活力使我們存在。

既然你能夠自由選擇成為你渴望的模樣，你很可能會找到一些你最喜歡的魔法形式。因此，每位混沌魔法師都會找到自己在其中運作的架構，這些架構可能與其他實踐者完全不同。正如「萬法皆允」。你怎麼知道沒有更好的形式、世界觀或魔法實踐方法呢？你無從得知。因此，混沌魔法師常會實驗和嘗試不同的形式。

## 如今，我們身處何處？

在混沌魔法中：
1. 一切皆可行。
2. 取得成果是魔法的關鍵。
3. 方法經常涉及達到靈知出神狀態。
4. 對神祇的概念，最多僅相當於榮格的原型概念。
5. 鼓勵各種嘗試與實驗。

關於混沌魔法的每一種觀點可能都是對的，同時也可能是錯的。沒有客觀真理。正如「萬事皆虛，萬事皆允」所指。

荻恩・佛瓊曾說過，我們應該嘗試運用居住土地的精神與文化中蘊含的魔法。她當時未能預見我們現今擁有的交通和通訊便利。克勞利談論到紀元（Aeons）的概念，以及舊式魔法（如黃金黎明會的魔法）屬於舊紀元，該紀元於1904年結束，而現在，在新紀元（加冕與征服之子）中，應該實踐他的泰勒瑪魔法系統（Thelemic magick）。混沌魔法師會對此嗤之以鼻（事實上，許多人對教條式的信仰都會如此）。現在是時候進入下一個循環，即**混沌紀元**（Pandamonaeon）。對於混沌主義者來說，混沌魔法的實踐和對其背後概念的理解將引領人類進入下一個進化循環——也可能不會。

## 混沌魔法的驅逐儀式

當最初的混沌魔法書籍出版時，它們並未包含任何有關驅逐儀式的內容。這對我來說是可以理解的。創立混沌魔法概念的人是經驗豐富的魔法師，他們自然知道如何進行驅逐儀式。遺憾的是，一些我在美國見到的人們似乎沒有意識到這一點。也許這是他們不幸的自我中心主義的原因之一——也或許不是。然而，最終，驅逐儀式還是被公開了。

我首次接觸到這個驅逐儀式，是蘿拉・巴巴隆（Ms. Lola Babalon）所介紹。她是第一位把混沌魔法帶入美國的先驅，我有幸邀請她在我的著作《現代性魔法》（*Modern Sex Magick*）中貢獻了一篇章節。

這個驅逐儀式的操作簡易，但仍需稍微說明，因其使用了「歐語母音」的發音。以下母音依照字母順序排列，但每個都有其特定的發音方式：

A　的發音類似於「water」中的〔a〕
E　的發音類似於「wet」中的〔e〕
I　的發音類似於「we」中的〔i〕
O　的發音類似於「hoe」中的〔o〕
U　的發音類似於「moo」中的〔u〕

然而儀式中，不是依照字母順序發音，而是按照 IEAOU 的順序。這樣一來，你會注意到聲音起始於口腔中央，逐漸向後移動，最後又回到前方。事實上，這可視為「IAO」的延伸，然而，這整個儀式的核心關鍵在於 IEAOU 的順序。

以下是我對彼得・卡羅爾（Peter Carroll）在《Liber Kaos》中所述的「諾斯底五芒星儀式」（The Gnostic Pentagram Ritual）的解說。

步驟一：面向任意方向。

步驟二：想像頭部周圍環繞著能量光圈。深吸一口氣，在呼氣時，延長地吟唱「I」。其發音應類似於「we」中的「e」。

步驟三：重複步驟二，但將能量集中於喉嚨，並吟唱「E」。其發音類似於「wet」中的「e」。

步驟四：再次重複，將能量集中於心臟，長音吟唱「A」。發音應接近「water」中的「a」。

步驟五：繼續上一步驟，但將能量集中於太陽神經叢或胃部，並長音吟唱「O」。發音應類似「hoe」中的「o」。

步驟六：重複步驟五，但將能量集中於生殖器周圍，並吟唱「U」。

步驟七：以反方向重複步驟二至步驟六，從生殖器至頭部。使用同樣的母音，但順序顛倒：UOAEI。

步驟八：在前方空中繪製一個五芒星，同時一口氣長音吟唱 IEAOU。

步驟九：逆時針轉90度。在這個新的方位重複步驟八。

步驟十：再次重複步驟九兩次，然後轉回最初的方向。

步驟十一：重複步驟二至步驟七。

這就是全部了。這對你來說，是否感覺像是對小五芒星驅逐儀式的輕微調整？對我來說確實是如此。事實上，如果你跟隨這門課程練習，應該也能在這儀式上取得成效。

這讓你感到失望嗎？哪裡是新奇？哪裡是混沌？我認為混沌魔法並非孕育於現代的新奧祕，它僅是作為一種理解魔法的新視角，一種換了名稱的新模式。它是否帶來了些許新元素？像實驗這樣的新嘗試？不，並非如此。從課程一開始，我就不斷鼓勵你去探索。混沌魔法是一種不同的視角。如同高魔法與低魔法一般，沒有好壞之分，僅僅是不同的存在。我鼓勵你試試看，親自體驗它的效用。

## 實用的混沌魔法儀式

這個新模式的一項特點是直接明瞭。接下來要介紹的儀式，是我多年前學到的。實踐之後，我發現它既有效又有趣，值得一試。

**步驟一**：為儀式設定一個目標。回顧第七課，按照斯佩爾的系統，在一張小於3×3英寸的紙上製作一個代表你目標的印記。確保最後製作的印記，不會一眼就看出目的。

**步驟二**：執行諾斯底五芒星儀式。

**步驟三**：左手握著印記。將左手臂完全在前方伸展，手腕向內彎曲，使你能看到手中的印記。**全神貫注**地凝視印記。

**步驟四**：專注地注視著印記，開始原地向左旋轉，不停旋轉。

**步驟五**：續專注並原地轉圈。逐步加快速度，越快越好。如果覺得頭暈，這很好；如果覺得想吐，那更好！繼續轉圈並專注，直到你因為頭暈或嘔吐感而不得不倒下。

**步驟六**：以笑聲驅逐一切。無止境地大笑。

這就是全部流程。收起印記並將其忘卻，讓魔法自然展開。

如我先前所述，我確信某些人會對此部分提出批評（混沌魔法有著堅定地擁護自己對該典範理解的實踐者），認為它不完整或錯誤。或者他們可能會認為我過時，不懂這些。但在「萬事皆虛，萬事皆允」的原則下，怎能如此斷言呢？混沌魔法在強調實驗、個性和去除不必要的多餘之物上獨樹一幟。但歸根結柢，它僅是一種模式，一種理解魔法運作的方式。它與古代薩滿、中世紀的巫師、傳統的儀式魔法師或當代的威卡使用者的詮釋同樣準確。它既不優於也不劣於這些魔法方法，只是不同而已。

如果你喜歡，就運用它。也許你會像我一樣，不限於單一類型的魔法，能夠在任何魔法典範中都能有效運作，包括混沌魔法。例如，你或許會發現混沌魔法能成為你常用系統的補充。在我看來，能夠掌握各種魔法系統是現代魔法師的方式。當然，也或許不是。歸根結柢，對一個混沌魔法師而言，「萬事皆虛，萬事皆允」。

然而，假設混沌魔法真的是當前理解魔法運作的最佳模式，那麼魔法在未來將走向何方？我們將如何在未來理解魔法？這些問題的答案或許可以在後現代魔法中找到。

# 第三部分

## 從啟蒙時代到後現代主義

從1940年代末期至1960年代初期，新一代的哲學領袖們採用了一種新的精神，特點是新形式的藝術、音樂和哲學。這個新運動的創始人之一，傑克·凱魯亞克（Jack Kerouac）將這些人描述為「垮掉的一代」。然而，按照前面所述的黑格爾辯證法，這場運動並未根本改變社會，但確實對其產生了影響。事實上，有些人看準了從新一代中賺錢的商機，這場運動終被主流社會吸納，其原有特質逐漸融入主流。

這樣的過程似乎一再上演。到了1960年代初期，下一代人將反叛推向更高層次。他們不再像凱魯亞克及其朋友那樣進行公路旅行，而是建立了自己的社群。這一文化最終形成了嬉皮文化，源於他們身為時髦的嬉皮（hipsters）。但他們最終也被商業、媒體以及自身的天真和過度行為所同化。

這種對先前事物的反叛有時會延續更長的時間。例如，在十九世紀末，開始了被稱為「現代主義」的運動。現代主義可以被視為「反啟蒙」。關於啟蒙時代開始的時間有許多爭議，但大多數人認為它顛覆了貴族權利、宗教結構對社會的控制，以及國王的神聖權利等概念。啟蒙時代將理性和科學取代了宗教控制，自我治理取代了皇家統治。毫無疑問，美國殖民地的《獨立宣言》受到啟蒙思想的影響。美國立國的基本文書《美利堅合眾國憲法》，開篇便宣明這個新國家是由「我們人民」（We the people）所創立的，並非訴諸於君王或神靈。誰又能反對啟蒙時代的這些原則呢？

啟蒙運動的確使人們擺脫了某些信念和教條，但它也帶來了許多自己的觀念。儘管如此，它依然保留一些宗教信仰，只是由宗教正統轉向自然神論。現代主義者拒絕了神慈愛的概念，他們摒棄傳統的音樂、藝術、建築和信仰風格。詩人龐德（Ezra Pound，1885—1972）於1935年出版了一系列論文，篇名《超越·重塑》（*Make It New*）正是現代主義精神的展現。

二戰後，人們對現代主義逐漸感到失望，進而促使後現代主義的發展。後現代主義指出，無論是現代主義或其他任何典範，都有其自身的一套信念、意識形態和理論。處於特定典範中的多數人未能察覺到他們所擁抱的實際上是一套特定的信念。人們總認為自己的行為是「正常」的，而其他人則是偏離正軌。例如，我住在加州，注意到來自美國其他地區和世界各地的人說英語時都帶有口音，而我們加州人則沒有。我相信來自倫

敦、英格蘭或喬治亞州亞特蘭大的人也認為他們沒有口音，但我們加州人認為他們有。

因此，後現代主義者不僅僅是單純地批評舊事物，如同現代主義者那樣，而是試圖深入探究前代人的意識形態和信念，尋找潛藏的真理。其結果是結合了那些實際有效的事物和概念，同時拋棄了解釋它們**為何**有效的過時理論和假設。

後現代魔法的概念正源於此思維。它認識到魔法本身確實有效，同時也拋棄了各種解釋其功效的信念。那麼，若以這種後現代概念為出發點，你將如何探索並了解二十一世紀魔法的運作方式呢？

正如我在本課程開頭所提到的，帕特里克・鄧恩在他的兩本書中，運用了對語言（語言學）的全面現代理解，深入探討了文字的運作方式和符號（符號學）的理解與應用。因此，鄧恩的後現代魔法觀念既是神經語言程式學和混沌魔法的直接衍生，也進一步加深了這些理論。

## 魔法與符號學

對於歷代魔法師而言，符號的研究一直非常重要。古代薩滿有著以繪畫形式表現的符號系統。古代卡巴拉主義者使用諸如希伯來字母或生命之樹等符號來表達各種概念，而現代卡巴拉主義者至今依然使用。自然地，混沌魔法師們常用印記——多採斯佩爾的風格——來聚焦其魔法能量。因此，符號在魔法領域的使用已逾萬年，且一直至關重要。

當然，困難在於如何傳達符號所代表的意義。近來有人詢問我，一個看似骷髏頭的符號意味著什麼。它可能代表「毒藥」，也可能象徵「海盜」。它或許表達死亡的概念，甚至可能象徵輪迴。

鄧恩以「樹」這個字為例。如果我讓十個人想像「一棵樹」，很可能他們會有十種不同的想像，從橡樹到紫杉，也可能是年幼孩童畫中那種，棕色樹幹頂端是一個綠色圓球的普遍樹形。

若一個詞語或符號對每個人都有不同的意義，我們怎麼能夠說它具有確定的意義呢？後現代主義者對此提出了一個既簡單又巧妙的解答。他們認為**一切都是象徵**。深入理解這一點是極為強大的。若有人開車時突然插隊，對你而言，這可能是對方粗魯無禮的象徵。但是對另一名駕駛而言，這個行為可能象徵急著要將某人送到醫院以救其性命。認識到一切都具有象徵性，我們就能夠接納**別人的象徵可以與我們不同**，因而能夠對人有更多理解。這也與神經語言程式學（NLP）中「不應僅以行為來定義一個人」的觀念相契合。

既然一切都是象徵，我們的溝通方式自然也是象徵化的。其實，文字僅是我們嘗試傳達概念的符號。我們以特定方式組合符號。例如，我在這門課程中組合文字的方式，形成了所謂的英語模式。

我們做的不僅僅是組合符號。此外，我們的心智還會自動忽視那些認為非必要的事物。例如，當我們使用周邊視覺（peripheral vision），讓視野向左右兩側擴展。即使視線只能稍微超出這些頁面的兩側，你也會看到先前沒有覺察到的事物，儘管它們一直都在那裡。你的視覺其實是透過周邊視覺接收到這些頁面外的景象。我們的潛意識刪除了那些與眼前任務無關的符號。若沒有這種篩選能力，我們將因資訊過載（Too Much Information, TMI）而精神崩潰。

鄧恩舉例說明這個概念：當我們行走時，即便是在平坦的路上，若將視線維持直向前方，就會發現雖然身體隨步伐而有所上下擺動，但我們在視覺感受卻似乎很穩定。當我們不專心注意這些擺動時，我們的大腦就像啟動了一種魔法般的影像穩定系統，自動忽略了這些因行走而產生的視覺擺動，從我們的意識中將其排除。結果，我們感覺自己好像是在平穩地走路。在神經語言程式學（NLP）中，這種潛意識過程稱為「刪除」（deletion）。鄧恩將這種忽視視覺擺動的能力描述為一種「內建程式碼」。

我們擁有許多這樣的程式碼。鄧恩將內建程式碼定義為「一套有助於符號解讀的假設」。我們每個人都有與金錢相關的內建程式碼。也有與時間相關的程式碼，其中包括本課程前面討論過的「當下」和「脫離當下」的概念。此外，我們還有關於性的程式碼。那麼，一套程式碼和過濾器與魔法有什麼關係呢？根據後現代魔法的原則：

**魔法賦予我們修改、調整和改變我們內建程式碼的能力。**

那麼，讓我們試著將這些語言概念程式化（這裡有個雙關語）：

1. 一切都是象徵，包括語言。
2. 我們透過意識和潛意識的內建程式碼來解讀所經歷的一切。
3. 內建程式碼使我們能夠理解行為。例如，我們對重力的理解程式碼讓我們能預測它的運作方式。一個讓我們理解他人行為的程式碼，使我們能預測他們在新情況下的反應。
4. 程式碼若不準確或不完整，我們預測行為的能力就越低。例如，如果我們對理解朋友珍的行為程式碼不準確或不完整，我們就無法準確預測她的行為，甚至可能做出錯誤預測。這可能導致不悅或對她未能符合我們對其行為的預期感到驚訝。

5. 一些內建程式碼可能對我們的健康有害。例如，認為高熱量和低營養的食物對我們有益的程式碼，可能導致各種有害疾病。
6. 這些內建程式碼使我們能夠生活在「真實世界」之中，但它們實際上只是由一個個相互關聯的符號所交織組成的「符號網」(semiotic web)。正如鄧恩所定義的「符號網是一個隱喻，用來描述符號彼此間如何相互關聯，建構意義。」
7. 如果我們目前的程式碼無法讓我們獲得所需，改變程式碼可能有助於我們獲得所需。改變程式碼就是改變現實。
8. 魔法是改變內建程式碼的一種方式。

## 符號學在魔法上的實用性──後現代觀點

在本課及前幾課的內容中，你已對印記的運用有所了解。你也從卡巴拉和混沌魔法的視角中理解了它們的應用（我希望如此）。那麼，從後現代主義的視角來看，又會有何不同？

在進行任何實用魔法的過程中，首先需要明確知道自己的願望或需求。但我們要更深入地探究一下。**為何**你會有這樣的願望或需求？一個可能的解釋是，由於受限於你的內建程式碼，你對現實的詮釋已經不再能夠滿足你意識層面的需求。因此，你需要丟棄舊的程式碼，並引入新的程式碼。

可惜的是，這不是一步到位的過程。若僅僅引入新程式碼（比如透過對印記的冥想），其結果將會因黑格爾辯證法問題而發生調整。也就是說，若你目前運行的是 A 程式碼，而想要達到 B 程式碼所代表的現實，由於 A 程式碼仍在運作，你將無法完全抵達 B，而只能抵達介於 A 與 B 之間的 C：

| A | C | B |
|---|---|---|
| 起點：起始程式碼 | 交會點：合成後的程式碼 | 終點：期望程式碼 |
| 「你所在之處」 | 「你實際最終所達之處」 | 「你渴望抵達之處」 |

▲ 黑格爾辯證法問題
（正題─反題─合題）

要解決這個問題,亦即所謂的「正題—反題—合題」,你不能僅是簡單地輸入新的程式碼。首先,你必須徹底消除舊的程式碼。這讓你有機會對新事物敞開心扉,並以新的程式對自己重新編碼。這種消除需要透過轉變意識狀態的經驗,使你能夠擺脫舊程式碼的束縛。

經歷這種狀態並不罕見。它們可能在深刻的出神狀態中發生,也可能因使用改變心智的物質、達到性高潮等原因而引發。那麼,為什麼我們不會自動改變我們的程式碼呢?因為當改變的狀態結束時,若沒有新的刺激引發我們的思維以新的方式運作,我們的舊程式碼就會自然地回歸。

這時印記的使用就顯得重要了。正如鄧恩在《魔法、權力、語言、象徵》中所寫,「印記猶如一顆種子……當我們的意識恢復時首先看到的是印記,我們用它作為重建程式碼的骨架。」

接著,正如我們之前所描述,你只需忘掉整個過程,讓心智自行運作。新的程式碼開始發揮作用,重塑現實,將你渴望的事物、行為或情感帶入你的生活。

藉由消除舊的程式碼並建立新的程式碼,你實際上創造了一個新現實,取代了原先不想要的現實。

真的就這麼簡單嗎?只需要改變程式碼?嗯,如果你是一名後現代魔法師,答案是「是的」。然而,這也意味著把程式碼改回原來的樣子同樣容易,因而阻止魔法的發生。實際上,即使新的程式碼雖然已運行,也可能還沒有完全根植於你的潛意識。你可能會逐漸削弱你輸入的新程式碼,直到最終什麼都不剩,而舊的熟悉程式碼又找到了回來的路徑。這回到了本課程之前所描述的:「我們的目標是不要過分執著於技巧,而應讓魔法順其自然地發揮作用。」如果你擔心自己的做法是否正確,擔心這是否會有效,你便會轉移對新程式碼的專注,讓舊程式碼有機會重新回歸(鄧恩稱擔心焦慮是「魔法的大敵」)。那麼,有沒有解決這個問題的方法呢?

鄧恩提出了三種解決這個問題的方法。首先,你可以嘗試培養一種漠不關心的態度。這與斯佩爾經常引述的評語「無關緊要,不必為之。」(Does not matter. Need not be.)相契合。它也符合之前描述的「接受現實就是如此」的觀念。當然,我再次指出這一點,真正採納這種態度並完全相信它並不是那麼容易。我見過許多談論這種態度卻不「言行一致」的人。鄧恩建議冥想這個概念,並嘗試禁食,來展現無論你是否獲得日常所需的食物、性(或我補充的,上網或發簡訊)都不是重要的事情。

第二種方法是轉換思緒。若你開始思考任何與新舊程式碼有關的事情,就轉而讓思緒聚焦於完全不同的事物上。比如說,如果你的新程式碼使你在財務上比原先的程式碼

更為富裕，而你開始思考賺錢上的困難時，將這些想法替換為其他事物，例如想著一部新電影、閱讀一本新書、去夜店、玩遊戲等。

第三種方法是假定新的程式碼已經牢固地植入，並按照這個假設來行動。所以，若你的新程式碼目標是成為一名音樂家，你應該像音樂家那樣思考並採取行動。關掉電視，離開電腦，並開始練習你的樂器。

## 召喚符號，可能嗎？

在前一節中，我介紹了一個例子，展示如何利用符號——此處指的是印記——來改變我們的內在程式碼。這轉變了我們的現實，賦予我們一個融入我們渴望狀態的新現實。但如果涉及到截然不同的事呢？例如，與其試圖將我們的現實轉變為新的狀態，如果我們想要與非物質存有溝通，通常被稱作召喚，那又該如何？我在前面的課程中已經描述了成千上萬人所使用的傳統解釋。後現代魔法師會如何解釋這一點呢？關鍵在於明白「溝通」的真正涵義。

溝通的常見觀念是一人向另一人傳遞資訊。如果你認為世界是平的，而我告訴你「世界是圓的」，我就是在給你新的資訊。你隨後可以選擇忽略或融入這個新資訊。

然而，這個溝通模式建立在一些假設之上。具體而言，它假設我們對「世界」、「平」和「圓」這三個詞有相同的理解。在這種情況下，你可能會思考我所說的內容，得出的結論可能是我試圖傳達的是地球是平的，但邊緣是圓的，使地球看似一個圓盤。你可能會完全同意我的觀點，我們雖然得出了不同的結論，但都會感到滿意。即使我說「世界是圓的」，我的真正意思和假設你所理解的是——地球是球狀的。（在此討論中，讓我們暫且不論地球並非完全的球形球體這個事實）。

另一種看待溝通的方式，或許能更準確地揭示實際發生的事，也就是將溝通視為互相投擲符號，以令我們的符號系統相互對應並匹配。我們的符號系統越能匹配，我們的溝通就越準確。當這些系統不夠接近時，我們的溝通就不那麼順利。當你思考到我們都需處理許多符號時，合理預期在溝通時會遭遇困難和不精確。

如果我們接受這種後現代的溝通解釋，召喚行為就包括盡可能讓你的符號系統與你想要召喚的靈體的符號系統匹配。你燃燒靈體「喜歡」的香，說出靈體「明白」的話，注視靈體的簽名或印記。所有這些都是靈體的程式碼的一部分。你正在做的是將你的程式碼與所召喚的靈體的程式碼匹配。你的程式碼集與靈體的程式碼集相符得越多，你與靈體的溝通就越順暢。

我之前寫過，召喚的主要危險不是附體，而是著迷。事實上，你（或魔法師的先知）花了大量時間讓自己的（或他／她的）程式碼與被召喚靈體的程式碼相符，對於後現代魔法師來說，這個問題顯而易見。這也是魔法師會創造象徵性連結，將他們自己與個人程式碼聯繫起來的原因。這包含了文字符號（驅逐咒和力量之言）、物質符號（護符、五芒星圓盤、魔法劍等）。

有了這些認識後，我們可以運用後現代魔法的觀念來提升召喚儀式。因為你希望使自己的程式碼盡可能與即將召喚的靈體相近，你可以在正式召喚前幾天內嘗試使你的程式碼與靈體的程式碼匹配來為此做準備。鄧恩使用《歌伊提亞》中的靈體之一「布耶爾」的名字，將這個過程稱為「布耶爾會怎麼做？」（What would Buer do?）或是縮寫「WWBD」。

在實際召喚之前的過程中，無論你做什麼，都要自問：「布耶爾會怎麼做？」（WWBD）當然，根據你想召喚的靈體的名稱和特質進行相應的更改。因此，無論你是在看電視、讀書、運動還是吃午餐，都要問自己：「WWBD？」布耶爾會看這個節目嗎，還是根本不看電視？這本書是布耶爾會讀的嗎？布耶爾會以這種方式運動嗎？布耶爾會吃這種食物嗎？透過這個過程，你的程式碼會與布耶爾（或任何你在召喚的存有）的程式碼更加接近，進而使得與靈體的真實溝通更加順暢且準確。

*練習*：當你下次準備召喚時，請至少在正式召喚前兩天，針對你打算召喚的存有練習「WWBD？」。這並不包含你尋找有關該存有的資訊以理解其程式碼的時間，因而使你能與其程式碼相匹配。

## 抽象式的魔法印記

在早期的課程中，我介紹了一個根據自動繪畫概念創作印記的方法。在《後現代魔法》一書中，鄧恩介紹了此過程的另一版本，我認為相當出色。這個方法尤其適合將你渴望的特質帶入生活中。

要畫出「愛情」、「勇氣」、「財富」或「平靜」這樣的概念是不可能的。但請記住，在這套系統中，包括文字和想法在內的一切，都只是構成你的程式碼的符號。我們也了解到，在魔法師的工具箱中，對應知識是最重要的工具之一。目前，最受歡迎的有關對應的書籍仍然是阿萊斯特‧克勞利的《777》和《Sepher Sephiroth》。正如我之前所提到的，我對他的某些對應表示質疑。這表示在我不認同的那些對應方面，克勞利的程式碼和我的程式碼並不一致。這並無不妥。我期望你能在一些觀點上與克勞利和我持不同見解。作為獨立的個體，我們每個人都擁有一套獨特的程式碼，這讓我們的信念和現實與

他人迥異。進一步來看，這表示我們能夠創造屬於自己的對應關係。

所以，你可以為愛情、勇氣或平靜創作自己的對應關係。對於愛情，你的象徵可能是一對相互凝視的戀人。對於勇氣，你可以選擇一名士兵或者一隻獅子的形象。對於財富，你可以選擇一堆錢幣。對於平靜，你或許會選擇一條靜謐的溪流或一朵柔美的玫瑰。當然，你也可能選擇其他圖像。

無論你將哪些圖像與這些概念相聯繫，都應盡力畫出這些圖像。然後，儘快地重複畫出這個圖像數次。當你的速度越來越快時，圖像會越來越不像最初的原始和逼真畫作。最後，這圖像將完全不再像最初的樣貌，它會像抽象藝術創作。

**練習一**：下一次製作護符時，應用這套方法來創造一個抽象印記，以實現你的目標。依據先前提供的技巧為護符充能。

**練習二**：利用這種方法創造一個印記，並根據本課程先前介紹的混沌魔法系統進行充能。

本課程描述的三種系統提供了先前及本系列課程中使用的其他典範所描述內容的新方法。閱讀這些你可能會問：「為何要費這番功夫？」畢竟，我之前課程中所描述的方法已經有效運作了數百至數千年。如同俗話說：「如果還能運作，就不要動它。」

事實上，我在本書前面的課程中介紹的，是數以萬計的人當今所運用的現代魔法實踐的解釋。在大部分情況下，即使人們進行的不是我所介紹的簡單變體內容，你也應能理解你所觀察或聽到的。

當然，每個時代都會發展出自己獨特的語言風格。在過去五十年間，形容「最棒」或「最酷」的詞彙有許多，例如「讚」、「超讚」、「酷斃了」、「炫」、「威」、「超猛」、「屌」、「超屌」、「帥呆了」、「一流的」、「太狠了」、「超強」、「棒透了」、「猛烈」、「超優」、「新鮮」、「尖端」、「超級棒」、「炫炮」等等。這些詞彙不僅代表了不同的表達方式，也反映了人們的生活典範。舉例來說，有人會說「老兄，那真是一流的」，這與另一個說「嘿，這個屌爆了！」的人有著不同的世界觀。

同樣地，這一課向你介紹了我認為對魔法未來最重要的三種典範。神經語言程式學源自不同領域。混沌魔法目前受到許多魔法師的青睞。後現代魔法可能是我們在未來二十年內討論魔法時將使用的新典範。或者，也可能會出現其他新的典範。

我想明確指出，這一課的目的是讓你初步體驗這三種典範。我不可能對每一種典範的各個方面做出全面解釋。在神經語言程式學這個領域，已經出版了上百本專書。至於

混沌魔法，不論是直接討論或是間接提及，也有數十本書籍。而關於帕特里克‧鄧恩所描述的後現代魔法，到目前為止，僅有兩本書有深入探討。

如果你對這些體系感到著迷，我建議你閱讀這一課所列出的參考書目。這將是一個良好的開始。

但我必須再次強調，NLP 並非透過書籍、DVD 或函授課程來教學。它是以面授和實際培訓為目的而設計的。一位優秀的培訓師會對你的意識和潛意識進行指導，讓你獲得遠超於閱讀書籍或觀看影片所能提供的內容。閱讀 NLP 的書籍是了解它的好方法，但要真正學習技巧，我建議你參加專業培訓。

## 本門課程的結論

《現代魔法》的早期版本並沒有一個明確的結尾，而是似乎就這樣突然結束了。我總有種感覺，似乎我已經說完了該說的，於是選擇停止而不是繼續囉嗦。

坦白說，我並不喜歡那些早期版本的結束方式。因此，我實際上花了好幾年的時間尋找一個好的結尾，一種能讓讀者翻到最後一頁後感嘆「啊，原來如此！」的方式來結束這門課程。我希望讀者和學生有一種非常滿足的感受。流行的說法是，我希望人們有一種「心理上的完成感」。

但我錯了。

我逐漸了解到，如果這門課程給你一種「現在我全都懂了」的滿足感，那麼這門課程就失敗了。

我認識到，**魔法學習是無法寫下結論的**，永遠不會有所謂的「完結」。我希望學過這門課程的人們始終保持求知的渴望，對更多知識充滿好奇。我想讓人們明白，魔法既是實踐也是學習的過程，而想要進步，重要的是放下課本，親自實踐。

**魔法的實踐是沒有終點的**。只要人們還活著、呼吸著，並對生活抱有更美好的期待，就會不斷出現新的魔法方法和新發現。我希望在閱讀這些內容的你們之中，有人能成為這些新發現的開創者。我期待你們能像我分享我的思想一樣，將自己的發現分享給他人。

只要孩子們還在好奇為什麼天空是藍的，只要有人仍然想要探索山巒、海洋、銀河乃至整個宇宙的另一端，**魔法的演進就永遠不會有終點**。用已故的羅伯特‧甘迺迪（Robert Kennedy）的話來說（當然，他本人從未這樣預期過）：「有些人看著現實並問為什麼，而我夢想著從未實現的事物並問為什麼不。」

我期盼著你能與我共同追尋夢想。魔法不是你展現的本事，魔法是你內在本質的真實。魔法不是抵達終點的實現，而是看見途徑的視線，通往未盡的詩篇。

## 複習

為了幫助你確認是否已完全掌握「第十二課」的內容，以下列出了一些問題。在不參考課文的前提下，請試著回答這些問題。（答案可以在附錄二中找到）

1. 為什麼需要在《現代魔法》中新增一課？
2. IROB 是什麼意思？
3. 第一本關於混沌魔法的出版書籍是哪一本？
4. 在 NLP 術語中，如何稱呼從不同角度看待事物的方式？
5. 榮格如何辨識「當下」型與「脫離當下」型的人？
6. 是誰將催眠納入正式治療手段？
7. 混沌魔法與混沌之間有何關聯？
8. 「萬事皆虛，萬事皆允。」這句話的涵義是什麼？
9. 靈知出神指的是什麼？？
10. 「起亞」一詞的意義是什麼？
11. 誰將混沌魔法引進美國？
12. 誰創建了「諾斯底五芒星儀式」？
13. 「符號學」一詞的涵義是什麼？
14. 什麼是「符號網」？
15. 「WWBD?」這個縮寫的意思是什麼？
16. 按照後現代魔法，如何創造一個抽象式的魔法印記？
17. 是什麼賦予我們修改、調整和改變我們內建程式碼的能力？

以下問題，只有你自己能回答。

1. 你是否曾經在某領域裝作專家，即使你知道自己不是？為什麼你認為這樣做是必要的？
2. 你的時間線位於何處？

3. 你主要是「當下」型還是「脫離當下」型的人？
4. 你是否嘗試改變自己的時間線方向？結果如何？
5. 你認為魔法力量的來源是宇宙形成之初的原始混沌、神靈、精神或是你自己的能量，還是其他？為什麼？
6. 你會嘗試本課所描述的混沌魔法儀式嗎？為什麼或為什麼不？你有實施過這樣的儀式嗎？你對此有何看法？
7. 你同意「萬事皆虛，萬事皆允」這一表達嗎？為什麼或為什麼不？
8. 你是否運用出神狀態？你如何看待靈知出神？你如何進入出神狀態？
9. 你是否理解本課所介紹的後現代魔法概念？
10. 你是否認為溝通超越了資訊交換的範疇？你認為溝通的本質是什麼？

## 參考書目

有關這些書籍的更多資訊，請參閱本書末標註的參考書目註解。

### 神經語言程式學

James, Tad, and Wyatt Woodsmall. *Time Line Therapy and the Basis of Personality*. Meta Publications, 2008.

Jung, Carl. *Psychological Types*. Princeton University Press, 1976.

Ready, Romilla, and Kate Burton. *Neuro-Linguistic Programming for Dummies*. For Dummies, 2004.

### 混沌魔法

Carroll, Peter J. *Liber Kaos*. Red Wheel / Weiser, 1992.

_____. *Liber Null & Psychonaut*. Weiser, 1987.

Dukes, Ramsey. *SSOTBME Revised*. The Mouse That Spins, 2002.

Hine, Phil. *Condensed Chaos*. New Falcon Publications, 1995.

Sherwin, Ray. *The Book of Results*. LULU, 2005.

Spare, Austin Osman. *The Writings of Austin Osman Spare*. NuVision Publications, 2007

Vitimus, Andrich. *Hands-On Chaos Magic*. Llewellyn, 2009.

**後現代魔法**

Dunn, Patrick. *Magic, Power, Language, Symbol*. Llewellyn, 2008.

_____. *Postmodern Magic*. Llewellyn, 2005.

# 附錄一
## APPENDIX ONE

## 大幅增強個人魔法力量的儀式

以下介紹的是一個你或許會想嘗試的儀式。這個儀式首次出現在《現代魔法》第一版中。雖然當時我並未意識到，因為從未聽說過 NLP，這個儀式實際上遵循了許多基於時間線的 NLP 原則和概念。在第十二課中，我介紹了一種利用時間線的儀式，助你塑造理想未來。在這裡，我們雖然沒有使用正式的時間線，但仍然利用了時間線工作背後的概念，讓你可以重新塑造過去以強化當下，改變的是你現在的本質，而非未來將成為的你。練習這個儀式的最終結果，將使你的魔法能力和才能倍增。若深思這個儀式，你會覺察到它不僅僅限於提升魔法力量。

**步驟一**：創造一個代表魔法力量的符號。

**步驟二**：進行守望塔開啟儀式。

**步驟三**：坐下來，集中精神觀想一個日曆出現在你面前。看到頁面翻動，你逆著時間回到過去。

**步驟四**：當你回到至少十年前或等同於你年齡一半的時間時，看到日曆停止翻動。現在想像那時候的你的樣子。花時間使這個視覺化盡可能完整，讓你的意識與年輕時的自我融合。

**步驟五**：將注意力集中在你創造的符號上。當這符號變得極為強烈時，想像它出現在年輕時的你的前額上，就像被刺青般鮮明地印刻在那裡。

**步驟六**：符號一旦牢固地附著在你的前額上，立即停止這個視覺化過程，回到日曆的畫面。接著看到日曆朝反方向翻動，帶你回到當下。

**步驟七**：最後進行守望塔關閉以結束儀式。

這個儀式將會突然帶來明顯的魔法能力提升。透過改變符號的設計，你可以影響這個儀式對你魔法能力的提升方式。雖然這個儀式不會改變你現有的魔法知識或技能，但它會提升你對魔法資訊的敏感度。這可能會提高你的記憶能力和對這些內容的理解。

# 附錄二
## APPENDIX TWO

## 每課結尾的複習與答案

這裡彙整了每課結尾的自我測驗答案。在查看答案之前，請先嘗試在不參考課文的情況下回答這些問題。

## 第一課

1. 「消極的黃金律」指的是「如果你不願被人以同樣的方式對待，那就不要這樣對待別人」。
2. 夢境中可能出現的四種情況包括星界活動、心理訊息、遊玩或這三者的結合。
3. 史特金定律是「在任何事物中，90% 都是垃圾」。
4. 你的私人的隱祕魔法文件即是你的儀式日記。
5. 為了獲得不同視角並深入研究特定主題，你應該閱讀關於卡巴拉或魔法等主題的其他書籍。
6. 你應該在魔法日記中記錄你的情緒狀態，因為情緒是一個變數。作為未來的科學家，你需要了解情緒等變數如何影響你的實驗（儀式）。
7. 亞瑟・C・克拉克認為「任何足夠先進的科技都無異於魔法」。

8. 白魔法是一門依循意志，結合科學理解和藝術創造，實現變化的技術，其運作方式是目前西方傳統科學尚未理解的，目的是獲得與你的神聖守護天使的認識與交流。黑魔法是一門依循意志，結合科學理解和藝術創造，實現變化的技術，其運作方式是目前西方傳統科學尚未理解的，目的是對自己或他人造成實質或非實質的傷害，並且可以有意識或無意識地進行。灰魔法是一門依循意志，結合科學理解和藝術創造，實現變化的技術，其運作方式是目前西方傳統科學尚未理解的，其目的是為自己或他人帶來實質或非實質的利益，並且可以有意識或無意識地進行。
9. 在進行灰魔法之前，藉由占卜來避免無意間施行黑魔法。
10. 塔羅牌在歷史上首次被提及是在西元1332年。
11. 算命預言某些事必然發生，而占卜則指示繼續當前道路可能出現的情形。
12. 在塔羅占卜時，應避免問「我應該做 ＿＿＿ 嗎？」因為這樣的問題會把決策責任轉移給牌，而非自己，進而忽略了個人的責任。反而應該問「進行 ＿＿＿ 儀式將帶來什麼效果？」之後，再決定是否進行該儀式。
13. 進行小五芒星驅逐儀式的三個理由是：認識你自己、擴大你的氣場，以及清除周圍不良影響。
14. 在進行小五芒星驅逐儀式繪製五芒星時，應該將其視覺化為非常明亮且純淨的藍色。這是一種像閃電或點燃瓦斯爐、打火機、酒精時看到的顏色。
15. 你的祭壇頂端應加上厚重的保護層或覆以玻璃板，以防融化的蠟滴落並且便於清潔。

## 第二課

1. 小五芒星驅逐儀式包括四個部分：卡巴拉十字、五芒星的形塑、召喚大天使，以及卡巴拉十字的重複。
2. 在「卡巴拉十字」中，念誦的希伯來語意思是「國度、權柄、榮耀都屬於你，直到永遠，阿們」，而「阿們」（Amen）實際上意味著「神是我們信實的王」。
3. AGLA 是「Ah — tah Gee — boor Lih — oh — lahm Ah — doh — nye」的縮寫，意指「你永遠是偉大的，我的主」。
4. 北方的大天使是烏－列－爾（Ohr — ree — el）。
5. 「深邃之音」是指低語卻產生如同高聲共鳴的效果。

6. 從卡巴拉的角度來看，說有十位神是不對的。因為生命之樹上的十個神名實際上是指同一位神，就像一個人可以有多個稱呼一樣。
7. 水元素的符號是用雙手在腹部前方形成一個向下指的三角形。
8. 古希伯來的三種「文獻」包括《妥拉》、《塔木德》和《卡巴拉》。
9. 使用「耶和華」作為神的名稱並不太適當，因為它實際上是由四字神名「YHVH」和「Adonai」（意指「我的主」）的母音組合而成。這樣設計是為了讓希伯來語讀者在遇到四字母聖名時讀作「Adonai」，而不是嘗試發音。卡巴拉學者更傾向於直接使用這四字母的聖名：Yud — Heh — Vahv — Heh。
10. 艾利澤・本—耶胡達是使希伯來語成為一種現代語言的人。
11. 振動念誦是先深吸氣直到無法再吸一絲空氣，接著用整個呼氣過程來振動詞語。因此，振動的詞語被延長，可以指向身體的某部位或外在世界。
12. 「Vahv」最初可能發音類似英語中的「w」，但現在則發音為「v」、「o」或「u」。
13. 希伯來最早的密契主義形式被稱為「Heh — cha — loht」，亦即梅爾卡巴密契主義。
14. 埃利法斯・列維（原名 Alphonse Louis Constant）開啟了法國神祕學的復興。順帶一提，他的完整筆名是 Eliphas Levi Zaed。
15. 卡巴拉的四大主要分支是教條卡巴拉、實修卡巴拉、文字卡巴拉和無字卡巴拉。
16. 一位好老師可能的三個特徵是樂於歌唱、樂於跳舞，並且樂於笑，特別是自嘲。
17. 「Ain Soph」是希伯來語，意為「無限」。
18. 「心靈幻影」是指行於魔法使靈視力開啟之時，來自更高層面的靈體變得可見。雖然它們無法傷害你，但可能會給你帶來驚奇。

## 第三課

1. 土元素的特質是乾燥和寒冷。
2. 三柱包含嚴柱、慈柱和中柱。
3. 三個三角是上位三角、道德三角和塵世三角。
4. 四界分別為原型界、創造界、形塑界、行動界。
5. 真正的冥想的目的，在於使內心聲音寂靜，並與神聖相連，這是白魔法的一種體現。

6. 真正的冥想包含三個階段：放鬆、沉思和排除。
7. 在進行掃描時，你會深度專注於一個視覺影像，進而將意識與該影像連結。當你進行逆向掃描或消除視覺化時，意識也隨之離開，使你進入潛意識或高我，達成真正的冥想狀態。
8. 與土元素對應的四種王后色階分別是黑色、橄欖色（紫綠混合色）、赤褐色（橙紫混合色）和檸檬色（橙綠混合色）。
9. 如果只是盲從舊有的模式，永遠無法成為一名真正的魔法師。傳統應該僅是你的指引，而不是你的主人。
10. 按照卡巴拉的觀點，天界的秩序包括從不可知的神性本質開始、神的十種面向（十個神之聖名）、大天使，以及最後是天使團。
11. 在未取得對方同意前，絕不允許進行療癒。
12. 儀式後若未立即感受到內在或外在的變化，並不意味著儀式失敗。進行本課程的儀式後，並非必然伴隨著特別體驗或不尋常感受。只要儀式正確地進行，所期望的效果終將實現。
13. 「四大魔法元素」這一說法雖流行，卻不盡正確，因為實際上存在五種元素。第五元素，精神，是其他四元素（風、土、火、水）的源頭。
14. 中國和西方元素的對應如下：

| 中國 | 西方 |
| --- | --- |
| 火 | 火 |
| 土 | 土 |
| 金 | 風 |
| 水 | 水 |
| 木 | 精神 |

15. 製作一個凹面的五芒星圓盤是個明智的選擇，因為這樣的裝置能將來自任何方向的能量反射回其來源方向。
16. 加入魔法團體的三大好處包含：友情、專業化的能力，以及魔法能量的提升。
17. 魔法格言可採用任何語言。常見的語言有拉丁語、希伯來語、英語、希臘語，以及以諾語。
18. I.O.B. 代表識別（identify）、具象化（objectify）和驅逐（banish）。這是一種有效的方法，用於擺脫不想要的習慣或問題。

## 第四課

1. 風元素的特質是溫暖和濕潤。
2. 基督教的第一個符號或許是用由一條連續線條畫成的魚形。

3. 希特勒選擇卍符號,因為他希望納粹被視為神話中「雅利安人」後代的象徵,種族被認為是文明的、膚色較淺的北方外來者,據稱他們將文明帶到了印度。
4. 真正的、神祕卍字符號呈現為一個帶有水平和垂直線條的正方形。它可能看似順時針或逆時針旋轉。納粹版卍符號則是定位於一點上,看起來為逆時針方向旋轉。

▲ 卍字祕符常見的形式

▲ 希特勒的版本

5. 風元素的大天使是拉斐爾。
6. 難以回憶前世是因為記憶並非不朽的,它隨身體的死亡而終止,因此難以回憶起前世。
7. 小五芒星驅逐儀式是所有魔法技術的基礎。

8. 六芒星驅逐儀式能夠淨化周遭不受歡迎的影響，無論是正面或負面，這些影響可能來自更高的層面，且不是由小五芒星驅逐儀式處理的。
9. 小五芒星驅逐儀式處理的是物質層面上的元素。六芒星驅逐儀式處理的是對應於黃道帶上更高層面的元素，這包含占星學中的三方，影響六芒星驅逐儀式元素的對應順序。
10. 在家進行的儀式順序為：放鬆儀式、小五芒星驅逐儀式、六芒星驅逐儀式、中柱儀式、光體循環、塔羅冥想儀式（進階版），以及完成儀式日記。
11. 成對的三角形組成了六芒星的兩部分。
12. 「魔法書」一詞在法語中意味著「黑書」，但它的涵義更接近「文法書」。
13. 成功進行儀式魔法的關鍵是練習、練習，再練習。
14. 灰魔法的三個必需是正向的態度、產生及控制魔法能量的能力，以及知識。

## 第五課

1. 水元素的特質是寒冷和濕潤。
2. 進行玫瑰十字儀式的五個理由包括：它是一個出色的驅逐儀式、它能賦予你隱形的效果、它是進行冥想的良好準備、你可以用它來幫助那些身心受傷的人，並且它將幫助你抵禦「負面心靈振動」。
3. 玫瑰十字儀式絕不應被用以取代小五芒星驅逐儀式。
4. Ruach El — oh — heem（聖靈）由希伯來字母 Shin（讀作「sheen」）所代表。
5. 前世經驗可能是真正的前世、為平淡此生添加色彩的幻想，或是潛意識向意識傳達其不願聽見的訊息。（註：有人認為前世可能是連結至某種普遍或種族記憶，即心理學家榮格所稱的集體潛意識。這解釋了許多人為何會有作為相同歷史人物的「記憶」。這大致屬於最後一類，因為這是意識層面接觸到潛意識的一部分。）
6. 十字架象徵我們承諾追隨魔法偉業的誓言（我們「要承受的重擔」）。三角形代表各種三位一體的形式，包括伊西斯、阿波菲斯、歐西里斯；道、陰、陽；科帖爾、侯克瑪、庇納，以及身、心、靈，尤其是光、生命與愛。
7. 繪製風元素的召喚五芒星時，從右上方開始，水平向左畫，反之則為驅逐。繪製土元素的召喚五芒星時，從頂部開始，向左下畫，反之則為驅逐。繪製火元素的召喚五芒星時，從頂部開始，向右下畫，反之則為驅逐。繪製水元素的召喚五芒星時，從左上方開始，水平向右畫，反之則為驅逐。
8. 能夠賦予隱形能力的是玫瑰十字儀式。

9. 替代贖罪是指相信別人能夠為你的罪過贖罪的信念。卡巴拉學者不認同此觀點，他們堅持個人責任原則。你必須為自己的信念和行為負責。
10. 「果報」的希伯來文單字是「Tee — koon」。
11. 「坐七」是猶太人在家庭成員過世後一週內留在家中的習俗，這建立在卡巴拉的觀點上，認為靈魂會在墳墓與家中間往返一週，直到意識到自己已經去世。這在突然去世的情況下尤其如此。
12. 任何事物在物質層面出現之前，都必須先在星光層面上存在。
13. 中國傳統的健康八大跡象包括活力、食慾、深深度睡眠、良好的記憶力、幽默感、無限的奉獻、清晰思考與精確行動，以及萬物合一的實現。這些名稱已經簡化，建議你深入研究這一部分，全面理解健康的八大跡象。

## 第六課

1. 火元素的特質是溫暖和乾燥。
2. 火的大天使是米迦勒。
3. 生命之樹上的第23路徑與希伯來字母 Mehm（數值為40）相對應。在這條路徑上是塔羅牌的吊人，即第十二張牌。因此，23 = 40 = 12。注意，如果你在計算路徑時不算入十個輝耀，你會得到數字13，使等式變為 23 = 40 = 12 = 13。
4. 「三腳支架」傳統上用來支撐香爐。作為德爾菲神諭的女祭司皮媞亞，會坐在懸掛於地面裂縫上的三腳架椅子上，地裂中的氣體引起意識轉變，使她能夠做出神諭的宣告。
5. 「祕密力量」等同於昆達里尼、氣或 Ruach。
6. 「間斷平衡理論」指的是演化並非平順進行。相反地，它們經歷緩慢的變化，並且被突發的大變革所打斷或「間斷」。
7. AOZPI 讀作「Ah — oh — zohd — pee」。
8. 與牡羊座對應的植物是虎百合和天竺葵。
9. 土元素元素板上使用的顏色是銀底平光黑色。
10. 用於彩虹魔杖聖化儀式的祭壇上，有四種元素工具、合一之板，以及在小五芒星驅逐儀式中使用的匕首，總共六件，可能再加上點燃的蠟燭和香共八件。當然，還應包括彩虹魔杖本身，總計九件。
11. 彩虹魔杖包含白色和黑色在內，共有十四種顏色。

12. 被賦予在南方旗幟上的聖名是 OIP　TEAA　PED — OCE（讀作「Oh — ee — pay Tay — ah — ah Peh — doh — kay」）。

# 第七課

1. 潛意識是我們與星光層面直接連結的途徑。
2. 「低魔法」是指低地居民，通常是農民，所實踐的魔法。它也被稱為「自然魔法」，現今通常由異教徒、威卡信仰者和巫者所實踐。「高魔法」則指城市居民所實踐的魔法，這些城市通常位於較高地帶以便於防禦和排水。城市居民擁有過剩資本和較多閒暇時間，發展出更精緻的魔法形式。它也被稱為「技藝魔法」和「儀式魔法」。高魔法和低魔法有所差異，但兩者並非優劣之別。
3. 卡巴拉心靈魔法系統不僅包含了正面肯定句和創造性想像的精華，還透過使用情感投入來賦能這些技巧。
4. 巫者絕不崇拜撒旦，甚至不承認撒旦存在。撒旦的普遍觀念是基督教的創造。
5. 《巫術的揭露》第一版被下令公開焚毀，因為它否認了有關巫術的迷信觀念。
6. 《西歐女巫教派》重燃了人們對巫術的興趣。
7. 《今日巫術》是由一位公開宣稱自己是巫者的作者撰寫的巫術書籍。
8. 任何物品，無論是神聖還是世俗，不論有無適當的符號，只要經過適當的方式充能或聖化，並為了某個特定目的而製作，即可成為護符。
9. 在進行任何灰魔法之前，永遠先占卜。
10. 裸身意味著以天空為衣著，即是裸體。一些巫者偏好裸體進行儀式和魔法，但越來越多人選擇不這麼做。
11. 你可以同時為多個護符充能，前提是它們的目的相同。通常，不建議同時為具有不同目的的護符充能。然而，隨著你成為更優秀的魔法師，你或許能夠做到這一點。我建議，當嘗試在同一儀式中為不同護符充能之前，你應該先在多次儀式中分別為護符充能。
12. 房屋守護者是一種強大的防護形護符，通常以雕塑或藝術品的形式呈現。
13. 神性還原是一個將數字各個位數相加，直至化簡為單一位數的過程。如 195（1＋9＋5）化簡為 15，進而成為 6（1＋5）。這一過程可應用於製作護符符號。

## 第八課

1. 星期四與木星對應。
2. 不依賴外界鼓勵，盡己所能的行為稱為「自我實現」。
3. 行星時或魔法時依據日落到日出、日出到日落的時間長度計算，而非以六十分鐘為基礎。
4. 春分和秋分時，行星時恰為六十分鐘。
5. 在被更高層次的能量啟動，並由我們的意志引導之前，護符僅是一件未活化的平凡物品。
6. 提及馬瑟斯關於豌豆和豆篩事件時，所用的「洗禮」一詞，可能指的是「啟蒙」。
7. 在拆卸所有祭壇布置之前，該空間仍應被視為聖殿，需給予適當尊重。儀式的結束並不意味著該區域的靈性特質就此消失。
8. 下一課你需要擁有的兩本書是《所羅門王大鑰》和《所羅門王小鑰》中的《歌伊提亞》部分。
9. 一些自稱為魔法師的人卻不實行魔法的三個原因是：(1)他們缺乏足夠的知識來實行魔法；(2)他們害怕儀式，甚至不願嘗試；(3)他們擔心嘗試後失敗會暴露出自己實力不足，或者證實魔法根本不存在，讓自己多年來的學習白費工夫。

## 第九課

1. 荻恩・佛瓊指出，靈體只能被召喚到星光層面，雖然任何敏感的人都能感受到，但只有具備靈視力的人才能實際看到。
2. 有一種譚崔觀點認為，射精後十五分鐘內，精液會失去其魔法效力。
3. 祈請是一種魔法操作，你讓自己的身體暫時由另一個靈體共享。「召喚」是另一種與靈體交流的魔法操作，但靈體維持在你的身體之外。
4. 召喚魔法是難以獨自操作的。
5. 一氧化碳惡魔是指一氧化碳。封閉空間內過多燃燒香可能造成一氧化碳濃度過高，氧氣不足。毋庸置疑，缺氧可能極其危險！
6. 首先針對探尋者提問：「你在鏡中看到了什麼？」
7. 第二個問題對靈體提問：「你的名字是什麼？」
8. 亞蒙的外形像一隻狼，帶有如火焰般呼吸的蛇尾。在魔法師的命令下，亞蒙會變成有渡鴉頭的男子，有時長有犬齒，

9. 魔法領域裡沒有最終的權威。除了自身經驗之外，不要盲目接受任何人在魔法方面的說法。自己去實驗，獨立思考，質疑權威。
10. 在形塑封印儀式中，一共對六個方位進行封印。
11. 土元素精靈是諾姆、風元素精靈是西爾芙、水元素精靈是溫蒂妮、火元素精靈是沙拉曼德。它們之所以獨特，是因為通常在物質層面，一切都是各種元素的組合，而元素精靈則由單一元素構成。
12. 魔法祈請中的七步驟包括：(1)驅逐和淨化，(2)呼喚一個特定靈體並「鬆開」意識的控制，(3)允許此靈體暫時「接管」，(4)確認靈體的身分，(5)聆聽靈體的陳述並對其詢問，(6)釋放靈體，回到正常的意識狀態，(7)最後的驅逐儀式。

# 第十課

1. 不論聰明程度如何，都無法保證你對洗腦免疫。
2. 軍事研究指出，洗腦所需的五個條件包括：抽離原有環境、睡眠剝奪、異議懲處、贊同獎賞，以及生理化學的變化。
3. 性魔法的三個主要分類是意念控制、內煉金術與外煉金術。
4. 高潮瞬間所抱持的念頭將成真。
5. 賴希發現，高潮的瞬間可以有思緒歸零的體驗，這與真正的冥想是相同的。
6. 按照麥斯特與強生的研究，從開始性行為到射精的平均時間約為兩分三十秒。
7. 任何預示性質的技術都包含此三方面：關閉外在的干擾，開啟內在的覺知、轉變意識狀態、增進大腦的血液流量。
8. 許多人認為，煉金術書籍是性魔法的暗語。
9. 「溶劑」或「膠體溶劑」，是女性的潤滑體液、噴發體液或兩者都有，這取決於你與哪位性魔法師交談。
10. 極少數人（如果有的話）能夠僅藉由閱讀和研究昆達里尼瑜伽的書籍而達到開悟。這些書籍通常由未經啟蒙的人撰寫，他們自己也從未實踐過。
11. 運用呼吸和真言的練習是性活動的替代。
12. 時輪儀式之所以危險，是因為有些人或關係無法處理此儀式所帶來的自由。

# 第十一課

1. 最高的魔法奧祕可以從更高層次的靈體那裡獲得。
2. 對真正的魔法師來說，只有魔法；將魔法分為白魔法、灰魔法或黑魔法，僅是與非魔法師溝通的一種方式。真正的魔法師不會從事被視為黑魔法的行為，因為這會帶來業力後果。沒有人會故意對自己開槍，除非他們有精神上的問題。
3. 決定是否進行某個特定儀式、採用某種魔法風格，或加入某個特定的魔法團體，最簡單的方式是傾聽你的感覺。如果感覺不對，就不要進行！
4. 濁氣魅影與真實的鬼魂無關，它們更像是「心靈幻影」的存在。濁氣魅影會「吸取」人們給予它們的能量，並模仿鬼魂的行為，以引起人們的注意並獲得能量。
5. 星光體回彈是指在星光層面旅行時，你的星光體因身體周圍的干擾而突然被拉回的現象。藉由重新進行星光體投射到被打斷時的地點，並以正常方式慢慢返回肉身，可以輕鬆解決這一狀況。
6. 卡巴拉生命之樹是心靈層面的地圖。
7. 「路徑儀式」和「路徑儀典」的主要區別在於，儀式是個人進行，而儀典是與團體一起進行。

# 第十二課

1. 第十二課是為了闡述《現代魔法》首版出版以來魔法領域的重要新技術與魔法形式的發展。
2. 「IROB」是「我讀過一本書」（I Read One Book）的縮寫，指那些僅做過極少學習或實踐，卻自認為專家的人。
3. 彼得・卡羅爾所著的《Liber Null》，是第一本關於混沌魔法的書籍。
4. 在 NLP 術語中，用不同的角度看待事物被稱為換框。
5. 在榮格的理論中，「脫離當下」的人類似於「判斷型」，而「當下」的人則更接近「感知型」的概念。
6. 精神科醫師米爾頓・艾瑞克森幫助催眠納入正式治療手段，使其成為一種強大的治療工具。
7. 混沌魔法之所以如此命名，不是因為它是失序的，而是因為它接觸到了最初的能量源，而這能量源即是純粹無序的混沌。

8. 「萬事皆虛，萬事皆允」這句話的一種解釋是，既然我們對外界的了解都來自有限的感官，就無法存在客觀的真理。因此，一切皆為真實，且皆有可能性。
9. 靈知出神是一種藉由極度專注於單一事物而引發的恍惚出神狀態。這種出神狀態的焦點通常是一個印記，按照奧斯汀‧奧斯曼‧斯佩爾的方式設計。
10. 斯佩爾首次使用起亞一詞，他極度反對教條，因此沒有對這個概念提供清晰的定義。他的理解類似於老子對「道」的描述：「言語所能表達的，就不是永恆的真理。」而卡羅爾將起亞描述為一種意志行使和意識感知的融合，也將其描述為精神或生命之源。
11. 蘿拉‧巴巴隆將混沌魔法引進美國。
12. 彼得‧卡羅爾創立了諾斯底五芒星儀式。
13. 「符號學」是指對符號的研究。
14. 「符號網」是由一個個相互關聯的符號所交織組成的網路，構成使我們得以在「真實世界」中生活的內建程式碼。它是一個隱喻，用來描述符號彼此間如何相互關聯，建構意義。
15. 「WWBD？」字面意思是「布耶爾會怎麼做？」(What would Buer do?) 布耶爾是《歌伊提亞》中的一個靈體，在此處代表任何要被召喚的靈體。「WWBD？」代表著藉由在幾乎每一個日常情境中問自己「WWBD？」，使你的符號網與要召喚的靈體的符號網產生同頻共鳴。
16. 要創造一個抽象式的魔法印記，首先想出一個你想獲得的非物質概念，並用圖像來代表它。例如，如果你想要獲得勇氣，你可以畫一隻獅子。然後，盡可能快速重複繪製這個符號。最後，這圖像將完全不再像最初的樣貌，而這就是你的抽象式魔法印記。
17. 魔法賦予我們修改、調整和改變我們內建程式碼的能力。

# 附錄三
## APPENDIX THREE

## 《現代魔法》常見問答集

  自從《現代魔法》問世以來，我從世界各地收到了無數信件和電子郵件，這都來自於那些全心投入且志向遠大的魔法師們。雖然這些信件有不少是粉絲來信，但也有許多是帶有其他需求。

  無論任何人詳盡解釋一個主題，總有人會希望進一步探索，或對某些評論、想法存有疑問。這正是我剛才提到的許多信件和電子郵件背後的「另一個需求」。這些問題主要圍繞著《現代魔法》以及一般魔法相關的主題。讓我感到訝異的是，這些問題往往高度相似，甚至使用同樣的措辭和表達來提出完全相同的問題。

  曾經有個在網際網路上頗受歡迎的區域，稱作 Usenet。這是網路上以新聞群組著名的一個討論區。Usenet 宛如一面龐大的布告欄，每個新聞群組都是該布告欄上專門討論特定主題的一個區塊。在每一個新聞群組之中，你可以閱讀任何人發布的訊息，或是發表自己的評論。自這個附錄在《現代魔法》第二版首次發表至今，Usenet 已在很大程度上被論壇、個人網站和即時訊息所取代。

  當人們首次造訪新聞群組時，他們被鼓勵只進行觀察和閱讀——這種行為被稱為*潛水*——直到他們對話題足夠熟悉（這仍是人們加入論壇時常見的建議，然而遺憾的是，它經常遭到忽視）。有時，為了幫助這些人更深入了解特定的新聞群組或主題，新聞群

組的檔案中會包含一份 FAQ 文件，解答「經常被提問的問題」。這一做法同樣被延續至現代的網路論壇中。

因此，這一附錄便是我的《現代魔法》常見問答集」，它解答了那些我最常被詢問的問題。以下問題未依特定順序排列。

## 關於魔法元素與方位對應

提問：在小五芒星驅逐儀式中，從東方開始，依順時針方向的元素對應分別是風、火、水、土。但在六芒星驅逐儀式中，這些對應卻變成了火、土、風、水。這是特意設立的錯誤用來考驗不細心的人，還是有其他的原因？

解答：小五芒星驅逐儀式處理的是物質界及較底層的星光層面，而六芒星驅逐儀式處理的是較高的星光層面，這與占星或行星影響更為相關。因此，在執行小五芒星驅逐儀式時，魔法師會將魔法元素與其傳統的物質對應聯繫起來。然而，在進行六芒星驅逐儀式時，這種對應需要調整，以便魔法師根據占星學的元素屬性順序，重新定義元素與方位的聯繫。以下表格將幫助你更清楚地理解：

### 物質世界的方位及其傳統元素對應

| 方位 | 元素對應 |
| --- | --- |
| 東 | 風 |
| 南 | 土 |
| 西 | 火 |
| 北 | 水 |

### 前四個星座及其元素對應

| 星座（依序） | 元素對應 |
| --- | --- |
| 牡羊座 | 火 |
| 金牛座 | 土 |
| 雙子座 | 風 |
| 巨蟹座 | 水 |

**小五芒星驅逐儀式與六芒星驅逐儀式的元素方位對應**

| 方位 | 小五芒星驅逐儀式元素 | 六芒星驅逐儀式元素 |
|---|---|---|
| 東 | 風 | 火 |
| 南 | 火 | 土 |
| 西 | 水 | 風 |
| 北 | 土 | 水 |

## 關於遺漏的大天使

*提問*：在小五芒星驅逐儀式中，提到的大天使包括拉斐爾、加百列、米迦勒，以及烏列爾。但在生命之樹的對應系統中，似乎遺漏了烏列爾。這是出於什麼原因？

*解答*：生命之樹是一幅絕妙的地圖，用於理解宇宙中的一切。但我們永遠不應將地圖視為事物的本質。

儘管生命之樹是宇宙運作的一幅地圖，它並不涵蓋所有事物。眾多大天使中，其中一些被納入生命之樹，而另一些則未被包括。許多大天使並未與輝耀有所對應，烏列爾正是其中之一。

戴維森（Davidson）在他極為出色的著作《天使詞典》（*A Dictionary of Angels*）中闡述，烏列爾（Ohr — Ree — El，也拼作 Oriel、Auriel 和 Uriel，意指「神之光明」或「神之火焰」）亦是「毀滅之天使」，且曾在埃及法老的宮廷中輔助魔法師。戴維森引述的其他來源將烏列爾等同於羅馬的冥王或是救贖的大天使。烏列爾是那位握有火焰之劍、阻止亞當與夏娃返回伊甸園的天使。烏列爾同樣也與雅各搏鬥，並奉神之命警告諾亞即將降臨的洪水。

從其他角度來看，烏列爾也類似於將智慧、語言和魔法帶給埃及人的托特神。相傳烏列爾對猶太族長以斯拉透露了天國的奧祕，並將煉金術與卡巴拉的奧祕傳至人間。

烏列爾即便擁有這些任務和責任（也是與土元素和北方相關的大天使），在生命之樹上卻沒有其位置。這是因為地圖僅是概念展示，並非事物全貌本質。正如科羅拉多州丹佛的地圖不會包含瑞士日內瓦的街道那樣！同樣，被稱為生命之樹的宇宙運作地圖僅展示其對宇宙的視角。烏列爾不被視作主要角色，這並不意味著烏列爾不重要，這僅意味著烏列爾在生命之樹的架構中未被賦予角色。

## 關於判斷儀式是否有效

*提問*：當我進行儀式時，並沒有感覺到任何事情。這是否表示它們沒有發揮作用？

*解答*：無法僅憑儀式期間的感受或體驗來判定魔法是否生效。任何魔法儀式的成功與否僅能由其結果來決定。有些人在進行魔法儀式時會有很強烈的感覺（或認為自己有所感覺），而有些人則可能什麼感覺都沒有。但無論哪種情況，都有可能達到魔法成功的效果。

如果你沒有感受到任何不尋常的事物，卻認為自己應該要有感覺，這可能導致失敗。如果你沒有感受到任何顯示儀式成功的跡象，可能會讓你認為魔法沒有成功。這種失敗的預期，結合持續認為儀式失敗的信念，幾乎可以確定你的魔法真的會失敗。

魔法不僅僅在儀式期間發生。它一直都在發生。當你相信儀式失敗時，實際上就是在運用魔法促成那失敗。如果儀式持續了十分鐘，而你在接下來的兩週內持續認為它失敗了，那麼你實際上正在施展魔法以促成它的失敗——這將以後來的魔法壓倒儀式的效力。這就是為什麼，當你完成一個儀式後，應該把它拋諸腦後。這樣，你就不會無意中對自己的魔法起到反作用。如果你偶爾想起儀式和魔法，建議你養成一種確信魔法會成功的心態。

值得一提的是，在儀式期間，你有時會體驗到某些魔法效果的跡象或指示。根據我的個人經驗，有兩個跡象顯示儀式期間發生了魔法事件。第一是「△C」，即時間位移（Delta C 因素）。這意味著你可能覺得儀式進行了幾小時，而實際上只用了二十分鐘；或者相反，你以為儀式只持續了三十分鐘，實際上卻是幾小時。

另一個跡象是「△T」，即感知溫度的變化（Delta T 因素）。如果出現這種效果，你會感覺到周圍環境變得特別溫暖或寒冷。

## 對年輕魔法師的建議

*提問*：我想行於魔法並加入巫團或魔法組織，但我的父母不允許。我只有十五歲，也不能搬走。我該怎麼辦？

*解答*：我不建議你違背父母的意願。你可能認為他們的決定不公平，但他們的人生經驗蘊含了你尚未體驗過的事物。他們很可能是在努力保護你，避免受到他們認為的傷

害。如果你的父母是魔法師，他們或許會引導你安全地學習魔法。

我要遺憾地告訴你，在你年齡更大一些之前，你可能只能等待才能更積極地參與魔法活動。除非父母都是組織成員或有他們的書面同意，否則大多數魔法組織不會接納未成年人。

如果你真心想將魔法融入生活，這裡有一些建議，可以幫助你現在就開始為未來學習和實踐魔法做好準備：

- **魔法師須具備敏銳的思維與出色的溝通能力**。持續留在學校，盡你所能學習。深入了解英文、外語、歷史、數學、電腦和科學等各個領域。對各種領域知識的深入了解，將在你的魔法訓練中發揮更大的作用。
- **魔法師需具備創造力**。深入包括雕塑、繪畫、油畫、木工、音樂、創意寫作、戲劇、電腦繪圖等在內的藝術領域。這些活動不僅有助於激發創造性思維——在設計護符或製作魔法工具時尤其重要——還能讓你成為一個更有魅力、更全面的人。
- **魔法師需要力量和敏捷**。務必保持充分的身體鍛鍊。這包括對心肺有益的有氧運動、增強肌肉力量的重量訓練以及提升柔韌性的伸展運動。此外，學習武術、擊劍、舞蹈等能提升敏捷性和優雅度的活動也很重要。開始進行鍛鍊計畫前，務必先徵得醫師的同意。
- **魔法師廣受歡迎**。與普遍印象相反的是，現今大部分的魔法師其實非常擅長社交——有時候甚至格外的外向。這背後有幾個原因。首先，人類本身就是社會性動物，我們需要與他人互動以維持健康。其次，當人們知道你對魔法有興趣時，可能會有嘲笑的聲音。隨著年齡的增長，這可能會妨礙你獲得心儀的工作。然而，如果你能夠選擇性地透露自己的興趣，你便能夠「在眾目睽睽之下隱藏」自己。每個人都能看見你，但他們不會看見你真正的興趣，除非他們以積極的態度對你的真正興趣保持開放。最後，透過社交，你可以結識更多人並聽取他們的看法，有可能其中一些人有著與你相似的興趣，因而進一步促成友誼及一個朋友圈的形成。

有許多人在與人見面及交流時感到困難。如果你也有這樣的情況，不妨嘗試以下方法：

- 加入一到兩個你感興趣的學校社團。
- 觀察你周圍的人，看看他們喜歡什麼。接著，向他們詢問這些主題的問題。你會發現，他們很樂意與你分享他們所知道的一切。
- 如果你發現與人交談有困難，嘗試專注於聆聽他們的話。接著，根據他們所述內容提出問題，或進一步詢問相關資訊。你將會發現，因為你願意聽，他們會特別願意與你交談。

- **魔法師擁有堅定的意志**。下定決心定期進行某項活動，並堅持這一計畫。但是，請記住沒有人是完美的。如果錯過了某項活動，不要將其作為停止的藉口，而是將其視為更加努力的理由！

維持計畫的實施分為多個階段。首先是身體層面，例如，堅持用左手開門。如果錯誤地使用了右手，則在專門的小筆記本上做記號。或者，你可以在手腕上戴一條橡皮筋，在違背初衷時輕輕拍打自己作為提醒。

其次是語言層面，比如，決定一週內不使用特定的詞語，例如「我」。如果違反了這一決定，就在筆記本上記錄或輕彈橡皮筋作為提醒。

思想層次是最具挑戰性的，設定自己一週不想到特定事物。例如，決定一週內不考慮打開電視。一旦想起，就使用橡皮筋拍打自己或在筆記本上做記號作為提醒。

你會注意到，在每個階段的第一天，會有許多橡皮筋拍打聲或筆記本上的記錄。但隨著度過這一週，你對自我控制的能力會逐漸提高，記錄或拍打的次數也會相應減少。這是你意志力增強的直接證據。

## 如果沒有魔法工具該怎麼辦

**提問**：我找不到合適的短劍，沒有這個工具我該怎麼辦？

**解答**：若缺少代表風元素的短劍，可以選擇任何對你有風元素象徵意義的物品作為替代，包括扇子、羽毛或其他任何物品。對於如小五芒星驅逐儀式中所需的標準工具，你可以用食指或同時伸出食指與中指，而其他手指彎曲向掌心，像是劍指一般作為代替。任何杯子均可作為魔法聖杯，即便是寶特瓶蓋亦然。而土元素可以是一塊小石頭，火元素則可用火柴、火柴盒、打火機或紅色物品象徵。

不要因為魔法工具難以取得而阻礙你進行儀式。不要等到你擁有完美的風元素短劍才進行儀式。使用奶油刀或扇子都可以。我有一把用於這個目的的迷人檀木扇（是在迪士尼樂園買的！）。如果你沒有玻璃製的水元素聖杯，可以選擇錫製、不鏽鋼、鍍銀、木製的，或者使用一個大貝殼，甚至紙杯或保麗龍杯也行。

所有魔法工具都只是輔助。魔力不在它們身上，而是在你身上。正如我以前寫過的，「魔法不是你展現的本事，魔法是你內在本質的真實。」

# 關於《死靈之書》

*提問：你怎麼看待《死靈之書》？*

**解答**：你指的是哪一本？有許多自稱為《死靈之書》的書籍。我手邊就有幾本帶著這個書名的書，還有一些聲稱摘自「真正」《死靈之書》的文章。它們的共通之處在於全部都是當代作家虛構的創作。

最著名的版本建立在蘇美神話上，但關聯非常鬆散。實際上，許多內容看似取材自弗朗索瓦・勒諾爾芒（François Lenormant）的《歷史的開端與迦勒底魔法》（*Beginnings of History and Chaldean Magic*）。

這版本也受到了克勞利和恐怖小說家 H・P・洛夫克拉夫特作品的影響，他們的作品圍繞所稱的克蘇魯神話為主題，這些故事使用了洛夫克拉夫特（以及後來的其他人）創建的虛構靈體。

洛夫克拉夫特創造了《死靈之書》邪惡書籍的整個概念。1934年1月，洛夫克拉夫特在一封信件中寫道，《死靈之書》不過是他的想像之作。1934年8月，洛夫克拉夫特進一步寫道，不僅《死靈之書》是他的發明，克蘇魯神話中的靈體，包括阿撒托斯（Azathoth）、猶格－索托斯（Yog-Sothoth）、奈亞拉托提普（Nyarlathotep）、莎布・尼古拉絲（Shub-Niggurath）等，也全是他的創作。

儘管已出版的《死靈之書》各版本均為偽作，但這是否意味著它們毫無效用？未必如此。作為當前魔法世界的一部分，克蘇魯神話激發了驚人數量的人們的想像力。我認為，他們的信念和反覆的儀式已經塑造出一種**意念化形**，這種形式在某種程度上與《死靈之書》各版本中描述的靈體功能相似。

不過，我必須指出，傳統西方魔法中的靈體已被祈請和召喚了數百甚至數千年。我的經驗表明，它們在魔法實踐中遠比《死靈之書》中的靈體要強大得多。

因此，《死靈之書》中的靈體能用於魔法嗎？當然可以。正如任何心靈創造的靈體都能被用於魔法一樣。但你為什麼要使用它們呢？如果你追隨洛夫克拉夫特和其他小說作家的著作，你會發現《死靈之書》中的靈體是邪惡的，目的是奴役人類並控制世界。在故事中（至少是這樣），克蘇魯神話的靈體往往是無法控制的，並且會摧毀（或試圖摧毀）那些召喚它們的人。你願意承擔這種風險嗎？你真的準備好接受這種風險了嗎？

**註記**：在我著手《現代魔法》第一版的創作之前，已經閱讀過洛夫克拉夫特的所有短篇及中篇小說。經過多年的個人研究和實踐，《現代魔法》最初是我在南加州教授的一

系列課程。隨後，我將這些內容整理成五十二篇短課，希望藉由函授的形式進行教學。這門課程從未被出版或印刷，我也沒有保存它們的副本。一位函授課程的出版商透過我的朋友史考特·康寧罕聯繫我，請求查閱這門課程。閱讀後，他要求我重寫更長的課程供他出版。我照做了，但在六個月內，公司就倒閉了。我仍然擁有那些被出版的課程副本。我將它們重寫成幾年後作為《現代魔法》第一版出版的格式。我講述這一過程，是為了強調，在《現代魔法》的任何版本被出版之前，我對《死靈之書》的原始概念就已經非常熟悉。此外，《現代魔法》的創作是在最流行的《死靈之書》版本出版之前完成的。

在《現代魔法》的多個版本問世一段時間後，我開始收到關於《死靈之書》的詢問信。隨著信件數量的不斷增加，我寫下了一個標準回覆，作為對這些來信的回應。

1999年，我應邀前往紐約上州的喜達屋音樂節（Starwood festival）參與並主持幾場工作坊。其間，我參加了一場由約翰·貢斯（John Gonce）和丹尼爾·哈姆斯（Daniel Harms）主持的「魔法與《死靈之書》」工作坊，這場工作坊不僅精彩，而且充滿了幽默。

大約一年之後，Llewellyn 出版社邀請我為《現代魔法》增添一個章節，也就是這份常見問答集。它於2001年首次發表，包括了我之前對《死靈之書》的回應。

哈姆斯和貢斯撰寫了一本名為《死靈之書檔案》（*The Necronomicon Files*）的精彩書籍，我也鼓勵所有對《死靈之書》感興趣的人閱讀它。在書中，他們提到了一點，確實沒錯，那就是直到我參加了他們的工作坊之後，才發表了這份常見問答集和之前回覆的信件。他們似乎暗指，直到「有人」提出人們是如何認真看待《死靈之書》之時，我才意識到這是一個值得評註的「問題」。我推測他們指的這個人正是他們自己。

雖然時間點正確，我確實參加了他們的工作坊（並且非常開心），但事實上，早在我參加他們的工作坊之前，我就已經開始對個別詢問者撰寫上述回應。並不需要任何人告訴我有人正嚴肅看待《死靈之書》。在我撰寫《現代魔法》第一版時，關於《死靈之書》的提問尚未出現，因此那時我也無法回應這些未來的詢問信件。我的評註，原本是在參加他們的工作坊很久之前就已撰寫好的。之所以後來才在《現代魔法》的常見問答中發表這些論點，是因為 Llewellyn 出版社請我增添更多內容。

## 關於加入團體

提問1：你能否提供我所在地區我可以加入的團體名稱？

提問2：你對 XXXXXX 的團體有何看法？

**解答**：很抱歉，我通常不推薦特定團體。原因何在？當我接觸某個團體的成員時，他們可能表現得非常出色，並做出許多優秀的貢獻，但隨著時間過去，幾個月或幾年後，他們或許變得不如以前。

如果幾個月或幾年前我向你推薦了一個團體，但你直到最近才決定加入，你可能會發現情況並非如你所期望。另一方面，如果這個團體從我認識他們到你加入的這段期間發生了變化，那麼你可能也會遇到類似的問題。因此，如果你因為我的推薦而遇到了不如預期的情況，那我所提供的建議便是這一連串後果的直接原因。我不希望這種情況發生。因此，我不推薦任何團體。那麼，你還能做些什麼呢？

我的建議是前往當地的身心靈書店和神祕商店詢問。或許你能遇見一個優秀團體的成員。你也可以利用網路來搜尋。

我還想補充的是，在考慮加入一個團體時，你應該聽從自己的內心。你感覺如何？這個團體、其領導者（或其中某些成員）是否讓你感到不舒服？你是否感覺有什麼不對？你是否感覺他們在用心理策略來「促使」你加入或保有成員資格？他們是否收取你認為過高的費用？他們是否告訴你，你是多麼特別且擁有巨大的力量（或可能擁有），但又說你需要他們的協助才能發揮這種力量？他們是否提供來自「星光體」或「代理者」的啟蒙？這些在西方的團體中，都是令人質疑的，你需要保持距離。

我想提出另一種建議。何不邀請一些意氣相投的朋友，共同組成一個學習與練習的小組呢？有許多團體向我寫信表示，他們正在使用《現代魔法》作為他們的學習教材。你完全有理由也這麼做。當你學完《現代魔法》之後，便可以探索更多其他系統和技術。本書後面附的參考書目列出了眾多優秀的書籍。

對於我對各種團體的看法，這是一個相對複雜的問題。從我的角度來看，一個團體可能沒有太多價值，然而另一個人可能會認為該團體提供的資訊非常寶貴。有的學生可能會同意我的團體分析，而另一些則可能完全反對。實際上，有些人可能會發現某個團體正是他們目前在靈性和魔法發展上所需要的。如果我勸阻某人加入那個團體，可能會阻礙他們的靈性進展。

因此，與其評論某個特定團體的價值，我更傾向鼓勵你以各種可能的方式去調查。廣泛與不同背景的人交流，看看是否有前成員願意和你分享他們的經驗，也不要忘記與現任成員交談。

接著，如果你決定要加入，我建議你採取我所說的「小步慢行」。慢慢融入團體，最初幾個月或一段時間內不要完全參與其中。只要你隨時準備好，當發現團體不適合自己時便退出，就應該不會遇到任何問題。如我先前所述，要聽從你的心。

## 關於儀式魔法與卡巴拉中的父權思維

**提問**：作為一名威卡行者，我想知道儀式魔法傳統和卡巴拉是否都存在父權思維？

**解答**：雖然有些團體和個人，無論是古代還是現代都存在著父權思維，但這更多是反映了那個時代和相關人物的特點，而不是傳統本身的特質。例如，卡巴拉將神視為雌雄同體，也以男性和女性的形式出現，這與譚崔中的濕婆與夏克提的關係相似。此外，任何神名、大天使或天使名（或更適當地說，稱號）以「ah」、「aht」、「ath」、「oth」、「os」或「oht」結尾的都是女性形式。El — oh — heem，一個最常用的神名，本身是女性單數形式（El — oh — ah，意指「女神」），加上男性複數形式字尾（— eem）。因此，它不將神視為兩種性別，而是融合了男女的性別特質。

儘管有些組織極端地體現了父權，但這在魔法團體中並不常見。實際上，許多重要的儀式魔法團體均由女性擔任領導者的角色。黃金黎明會的首位入門者莫伊娜·馬瑟斯（Moina Mathers）就是一位女性。多年以來，黃金黎明會一直由女性擔任領導者。保羅·福斯特·凱斯，聖殿建造者的創始人去世後，一位女性成為了該組織的領袖。如今，宣稱為黃金黎明會傳承的團體均由女性帶領。多個東方聖殿騎士團（OTO）團體也由女性運作。至少有一個銀星會（AA）分支（由克勞利建立，意在接替黃金黎明會的組織），也是經由一位女性傳承而來。

多數靈性傳統既非父權也非母權，它們超越了性別的主導地位。這種情況的形成，往往取決於參與這些組織的人們。因此，如果你希望尋找一個不受父權影響的儀式魔法團體，你所需要做的就是持續尋找。這樣的團體確實存在。

## 關於混沌魔法

**注意**：這部分《現代魔法》常見問答已由第十二課的混沌魔法部分取代。我決定保留這部分作為歷史參考，並展示我在這本書的第三版出版前，近十年對這個主題的思考。

**提問**：混沌魔法是什麼？

**解答**：儘管許多人認為混沌魔法是全新的創造，但我認為它更像是對舊有事物的新詮釋；它代表了一種新的典範。

例如，當今許多魔法師相信，魔法力量除了來自於某些物體（如植物、神聖礦物等）本身固有的能量外，還源自於個人內在或萬物之源——神性。混沌魔法師認為，一切的起源是混沌。身為魔法師，我們都在試圖接觸這股力量的源泉。對於混沌魔法師而言，他們並不認為所有魔力都來自於神聖，而是來自「混沌」。這兩種觀點在結果上可能相同，甚至在概念上也一致。主要的差異在於名稱和方法。

混沌魔法中真正新穎的想法，或許是渴望突破圍繞魔法傳統數世紀的堆積，探求執行魔法所需的最基本要素。他們的態度是：以最小的努力達到最大的效果是合理的。

## 關於加入數個魔法團體和巫團

*提問：*我剛發現魔法，想要加入多個團體和一兩個巫團。但是，一些老師告訴我應該只學習一種魔法系統。這樣對嗎？

*解答：*這個問題沒有簡單直接的答案。在某些情況下，這樣的規則可能是團體（或帶領者）用來控制成員的手段。然而，對於一個剛開始學習魔法的人來說，只參加一個團體可能是更好的選擇有其合理的原因。

首先，來探討為何僅加入一個團體對該團體來說可能是最佳選擇。當魔法團體共同合作一段時間後，他們會發展出一種群體意識的「共同靈魂」（egregore）。如果將一個團體的哲學、訓練、技巧和信念與另一個團體的混合，這會使共同靈魂變得模糊並削弱其力量，進而影響群體的團結和凝聚力。

同時，如果學生同時研究不同的魔法系統或與數個團體一起學習，也會遇到問題。有時候，個人難以在思想和行動中區分這些系統。與其從每個系統學習，不如說他會感到困惑，影響在各系統中的進步速度。此外，一些學生，尤其是初學者，可能會錯誤地認為所有魔法的本質相同，只是儀式有所差異。雖然系統之間存在相似之處，也有明顯或微妙的差別。未經徹底了解就試圖混合這些系統，可能對學生和團體產生負面影響。

我建議，在大多數情況下，學生首先徹底學習一個系統是最為有效的。然後，他們可以找尋其他團體並學習新的系統。即使學生做到了這一點，在與不同團體合作時保持不同系統的獨立性仍然很重要。

當中級學生確定自己能夠保持不同系統的獨立性並在兩個（或更多）系統中成長，我認為沒有理由限制他們僅與單一團體合作。前提是，這些學生能夠在多個團體間平衡自己的專注度，並在這些組織內持續進步。

作為另一選擇，如果學生感到被任何一個（或幾個）組織的限制所束縛，他可能會希望發展自己的系統。在我看來，需要記住的是，魔法組織應該挑戰成員在靈性和魔法上的成長。這意味著，學習和練習那些可能一開始不引起興趣，但對個人成長有莫大價值的領域。面對多系統的機會時，一些學生可能只關注自己喜歡的部分，而忽略其他重要方面，這會減慢他們在靈性和魔法方面的進步。

## 變化無常

……而，一切又何曾改變。在我第一次收到關於同時加入多個團體和同時學習許多主題的問題後，已經超過十五年了。我在網路論壇上看到了這樣一則留言：

「我近期一直在考慮將卡巴拉作為我學習的項目之一，尤其是生命之樹。我剛剛拿到了一本由荻恩・佛瓊所寫的《祕法卡巴拉》。是我對魔法的學習引領我來到這裡。我不是那種完全遵循傳統或在某一領域停留過長的人……我的唯一問題是自己涉獵太廣，未能深入挖掘。這可能是因為一切與神祕學有關的事物都讓我著迷。我喜歡那些被隱藏起來、祕而不宣的事物。我甚至考慮過報名參加一個線上魔法學校。」

我是這樣回答的：「很多人都有你這樣的感受。我知道，因為我自己也曾處於那個階段。我想要知道一切，我希望**立刻**學會，並且希望今天下午就能夠運用它們。」

「遺憾的是，事情並非如此運作。我最終只是對各種主題和領域只有表面的了解。我總是覺得缺少了什麼，我需要學得更多，更多！當然，這本身沒有錯。我個人的一個信念是：你不是在停止呼吸時死去，而是在停止學習時死去。但我所學的並沒有使我抵達任何地方。我不得不退後一步，去發現原因。」

「我決定深入研究一種體系，而我很高興我這麼做了。我發現我需要一個基礎，一個穩固的地基，一個起點，及一個可以將其他概念做比較的地方。」

> 「我曾擔心這會限制我，並且我願意接受這個狀態（儘管有些不情願）一段時間。但出乎意料的是，情況正好相反。深入研究一套體系，讓我有足夠的空間去觀察其他體系，因為我的時間被更有效地利用了。我發現自己不是被局限，而是已經超越了僅是學習的階段，達到了一種非常直覺理解的層面。當我學習新事物時，我能夠理解，X 是源自於 Y，Z 是後來增加的，M 是不相關的，Y 完全錯誤，P 是不錯的觀點，所以我將其融入其中等等。」
>
> 「選擇深入研究一個領域並沒有將我限制在那個體系中，反而讓我對所有領域的潛力有了更開放的認識。因此，我誠摯地建議，你或許可以暫時停下腳步，選擇專研一個體系一段時間。威卡信仰認為一年零一天是一段理想的時間，我也同意這個觀點。但你或許想嘗試以六個月……甚至是三個月作為起點，看看會有什麼發展。」

## 關於靈體的溝通

*提問：在進行召喚時，各種靈體是如何與你交流的？*

**解答**：靈體透過多種方式進行交流。在我所做的魔法工作中，這包括了從聽見用英語說話的聲音（從輕聲細語到大聲唱歌）到聽到內在的聲音（某種形式的心靈感應），再到僅僅是一種感覺或「知道」來自該智慧的訊息。

這帶來了另一個經常被問到的問題：靈體是否客觀存在？它們是擁有自己生活的獨立個體，還是僅僅是我們內在自我的一部分？當代許多魔法師，在各種心理學理論（尤其是榮格理論）的培育下，認同後者。如我之前所述，我將這稱為「魔法的心理學化」。就個人而言，我相信，並且我的經驗也顯示，前者更貼近現實。靈體就像真實存在的形式運作。

要留意的是在這兩種說法中，我都指出支持不同觀點的人實際上是以特定的方式*認同*這些觀點；這是主觀的。我們可能永遠無法確定哪一種是客觀的真實。但坦白說，對我而言，這並不重要。重要的是魔法運行後的結果。

## 關於意志的慣性

**提問**：因為某些原因，我不再執行定期的儀式了。並非我不願意；只是好像總是缺少時間、興趣或動力。這是為什麼，我該如何應對？

**解答**：我已經被問及這個問題至少數十次，甚至上百次。我想讓你知道，你不是唯一經歷這情況的人，這其實是一個極為普遍的現象。

牛頓的運動第一定律指出，處於靜止的物體會傾向維持靜止狀態。這個性質稱為慣性。

雖然此定律主要關注的是物質世界，但它也同樣適用於非物質領域。

當你進行儀式時，實際上是在引領自己的生活轉向，讓你內在更高層面的自己主導你的生命，同時也在克服那個掌控你日常生理反應的自我，我將其稱為「魔法中的自我」。但因為你已經習慣了這部分的主導，因此你的身、心、靈會試圖保持這種控制。它們抵抗變化，它們找尋不改變的藉口，正是這些阻礙了你執行儀式。

牛頓的第一定律也指出，一個處於運動狀態的物體會傾向於持續運動。這意味著，如果你單純利用意志力強迫自己重新開始進行儀式，並堅持下去，那麼不想進行儀式的阻力將會消退，進行儀式將變成一種愉悅，反而，**不定期進行儀式將變得令人不適**。

因此，如果你對進行儀式有所抗拒，那就表示你在正確的道路上！立即行動，逼自己現在就做。放下這門課程，立刻開始。然後確定一個時間，明天重複這些儀式。若持續規律地重複幾週，你將察覺到變化，並且將此過程轉化為習慣。

## 關於特定時段

**提問**：我必須在不規則的時間工作，我的睡眠時間表更是離奇。在你的書中，提到了在特定時間進行太陽四重敬拜定期儀式。當我可能在工作或睡眠時，該如何實施？

**解答**：很多年前，人們曾認為魔法師或許得等到未來某一特定年分的確切日期，才能執行特定的儀式。雖然那可能是執行特定儀式的最理想時間，但這並不代表它是唯一的時間。

倘若你進行的儀式與太陽有關，比如尋找遺失的物品，執行它的最理想時刻將是在夏季的某個月分、月亮盈虧之際，或更佳的，於滿月之時的星期日太陽時（hour of the Sun）。

如果你不能等到夏天，下一個最佳進行儀式的時機將是在月亮盈虧或滿月星期日的太陽時。

如果你不能等到滿月，那麼最佳的時機將是在月亮盈虧星期日的太陽時。

如果你不能等到月亮盈虧，那麼最佳的時機將是在星期日的太陽時。

如果等到星期日會太晚，那麼下一個最佳時機將是今天的太陽時。

此外，如果有某些原因你不能在太陽時執行儀式，那麼現在就是進行儀式的最佳時刻。

然而，在敬拜時，也不能忽視特定時間的作用。畢竟，在日落而非日出時向太陽神拉致敬，不僅是對拉的不敬，也會使你失去與周圍自然力量的同步協調。

因此，在我看來，執行各次敬拜儀式最關鍵的是盡量貼近其各自適宜的時間。以一個例子來說明：假設你的睡眠時間是晚上10點30分，而早上6點30分起床。這樣的話，你會在午夜敬拜的理想時間前入睡，在日出敬拜的最佳時間前後醒來，具體的時間依照季節有所不同。因此，應在就寢前完成午夜的敬拜儀式。至於日出敬拜，則應在起床後立即進行，或者如果太陽在你醒來後昇起，就選擇一個合適的時間來執行。

如果擔心缺乏敬拜的私密空間，我建議你重讀有關「深邃之音」的內容。若在中午或日落時你正在工作，不妨暫時停下來，步入戶外、私人辦公室，或甚至去洗手間來進行敬拜。在那裡，藉由使用「深邃之音」來完成敬拜。如有必要，你亦可以在心中想像進行敬拜的動作，而無須實際行動。

## 關於塔羅牌

提問1：我一直在使用一套你沒有推薦的塔羅牌。這樣做可以嗎？或者我需要改用你所建議的牌種嗎？

提問2：我有一副塔羅牌，其中大阿爾克納（或小阿爾克納）的牌數比「標準」版本多（或少），[ 或是多出或少了幾組花色 ]。這是否意味著我不能使用它？

提問3：我非常喜歡克勞利托特塔羅牌。為何你建議不應使用？

解答：我將這些問題一併回答。

我所說的「標準」塔羅牌，包含了四組小阿爾克納的花色牌，每組花色分別代表魔法中的四大元素：風、土、火、水。每組花色包含從一至十的數字牌（通常稱為「數字牌」），以及四張根據歐洲皇室的人物牌（因此稱為「宮廷牌」）。傳統上，數字牌除了

牌數和花色的符號之外，不會有其他圖像。例如，聖杯四僅展示四個杯子。大阿爾克納包含二十二張牌，編號從零至二十一，每張牌上都印有象徵性的圖像。

雖然有人宣稱卡巴拉和塔羅牌的關聯已有數千年的歷史，但這種「古老聯繫」其實是近代才被確立的。儘管如此，這種連結非常實用且有效，且將塔羅牌與生命之樹的結合已在魔法師中普遍使用。這是我在《現代魔法》課程中所教授的系統的一部分。

這就是為什麼在本課程中使用「標準」塔羅牌是非常重要的。近幾十年來，市面上可用的塔羅牌數量大幅增加。當然，大多數僅是對萊德—偉特—史密斯塔羅（本身即是黃金黎明會成員使用的牌種變體）的再詮釋。因此，它們甚至在原本只有數字的小阿爾克納上加上了圖像。儘管使用這些牌種沒有問題，但我想提醒你，本課程使用塔羅牌的主要目的是冥想和卡巴拉路徑工作，而非占卜。對於這一目的來說，小阿爾克納上的額外圖像既不帶有優勢，也不是阻礙。而大阿爾克納主要用於冥想。

在市面上眾多可用的塔羅牌中，大多數都適合用於本課程。有些牌種更改了大阿爾克納或小阿爾克納的宮廷牌的名稱。只要你能將這些更改的名稱與標準術語對應起來，使用這些牌在本課程中應不會遇到太多問題。

另外，一些牌組增加或刪減了牌數。在某些情況下，這個問題很容易解決。例如，西塞羅夫婦的《黃金黎明魔法塔羅》（*The Golden Dawn Magical Tarot*）中，其中一張大阿爾克納有兩個版本。要在《現代魔法》中使用這套牌，只需拿掉任一重複的牌即可。

不過，這個方法無法適用於所有情況。我見過一些與眾不同的牌種幾乎與傳統的塔羅沒有關聯，我甚至質疑它們是否能稱為塔羅牌。有副小阿爾克納牌由八組花色構成，每組花色包含八張牌，總共六十四張，這樣的牌簡直無法在本書介紹的系統中使用。

最傑出和引人注目的一副塔羅牌，是由克勞利設計並由荷莉絲女士（Lady Frieda Harris）完成。這副牌的繪畫風格層次豐富，改變觀看的角度和焦距，你會看到完全不同的景象。正因為這樣，我特別喜愛使用**托特塔羅**牌進行冥想。

遺憾的是，許多人會對這副牌上展現的多層次藝術感到驚訝。因此，我建議剛開始學習塔羅牌的人在這門課程中先避開克勞利的**托特塔羅牌**。這並不是因為這副牌「有誤」，而是其深度一開始可能會讓人感到困惑。（近期，由聖甲蟲出版社發行的**黃金黎明啟蒙塔羅**已經上市。其藝術呈現極其精彩，在我見過的所有黃金黎明塔羅牌中，這副擁有最卓越的藝術水準。然而，其包含的圖像化小阿爾克納可能引起一些問題，此外令人驚訝的是，這副牌的藝術華麗到了幾乎不留下想像空間的程度。因此，這副牌非常適合用於黃金黎明和其他類型的占卜，但對卡巴拉路徑工作和冥想來說則不那麼合適。因此，對於初學者而言，在此課程中使用黃金黎明風格塔羅牌並不是一個理想的選擇。）

但如果你已熟悉克勞利的**托特塔羅牌**，請繼續使用。然而，需注意到克勞利對兩張大阿爾克納牌的編號進行了調整。因此，為了符合本書目的的使用，你可以根據我提供的對應重新調整，或深入研究他的著作，以充分理解他做出這些改動的原因。

## 關於撒旦崇拜

*提問1: 你對撒旦崇拜有何看法？*

*提問2: 對於一個來自世代崇拜撒旦家庭的朋友，我應該要怎麼做？*

**解答**：當人們提起撒旦崇拜這個詞，本身就背負著沉重的「包袱」和情緒，以至於他們忘記了為這個詞本身做出明確的定義。大多數反對撒旦崇拜的人傾向於把所有形式的撒旦信仰都等同於一個不存在的、由殺害嬰兒的、瘋狂的反社會人格者組成的邪惡組織。而捍衛撒旦崇拜的人士往往將「真正」的撒旦崇拜等同於一種以自我為中心、強調個人主義的艾茵·蘭德（Ayn Rand）式的哲學。

事實上，有兩種主要的撒旦崇拜。一種是我稱之為「宗教撒旦主義者」。他們將他們的行為視為一種宗教，其中一些人不相信撒旦實質存在，而是將撒旦的概念用作個人意志至上的類比（遺憾的是，它經常被解釋為個人想要的任何欲望）。另一部分人則將撒旦視為被誤解的神明。其中一派將撒旦的起源追溯到埃及的神祇。貫穿這些宗教撒旦崇拜者信仰的主軸是某種形式的尼采主義或艾茵·蘭德的客觀主義，認為個體優於周遭他人，不受傳統是非觀念的束縛。實際上，我曾閱讀過這些團體之一的半機密文件，發現他們所信奉的「古代」神明居然引用了尼采的觀點（尼采的「超人」概念與統治弱者的優越存在概念非常相似）。

實際上，這些團體的大部分成員都是守法的公民。然而，這些團體的領袖們經常需要非常謹慎，因為許多執法機關充斥著偏執的思想以及來自一些基督教基要派組織的宗教宣傳，他們密切監視著這些團體的一舉一動，希望抓到他們的任何微小過錯。逮捕一群撒旦崇拜者甚至可以幫助政客們連任，即使這些被指控的人根本沒有犯下任何罪行。

在大多數情況下，信奉宗教撒旦主義的人跟任何特定群體中的人一樣正直。然而，考慮到西方世界大部分對「撒旦信仰」這一術語有著如此負面的情緒，為什麼有人會想要認同所謂的撒旦信仰團體呢？尤其許多人甚至不相信撒旦本身是實體存在的。

我只能猜測（而且我與撒旦信仰者的有限接觸也證實了這一點），他們這樣做可能

是因為想要引起注意，或者想要挑戰社會。其中一些人似乎認為為撒旦信仰之所以存在某種力量，是因為許多人對其憎恨或恐懼。這可能源於某種個人無力感，以及信仰撒旦賦予他們所渴望的力量。

因為撒旦信仰有如此多的負面聯想，無論是否值得，我建議人們乾脆避開它。這樣，你就不會被吸引進入那些負面情緒中。如果你喜歡尼采的一些理念，或許研究蘭德的客觀主義哲學會更好。它與一些宗教撒旦主義者「自我高於一切」的哲學非常相似。有趣的是，它也受到一些政治保守派的歡迎，如果你稱之為「客觀主義」他們會很高興，但如果你稱之為「撒旦主義」他們就會譴責。

還有另一我稱之為「自稱的撒旦信仰」的類型，那就完全不同了。這樣的撒旦主義團體通常成員很少（往往就那麼一兩位），不做宣傳，並擁有極具魅力的領袖。他們往往吸引那些自尊心較低、極易被操縱的人。為何如此？因為領袖們不希望會有強烈個性的人對抗他們。

他們的「神學」或哲學觀念在不同團體之間差異巨大。甚至在同一團體內，這些信仰也可能因為領袖的心血來潮而變化無常。這些信念經常是從廉價電影、糟糕的小說以及一些教科書中挑選出來的資訊拼湊而成。可惜的是，其中有些書籍出自其他宗教成員之手，充斥著對想像中撒旦信仰的惡意詆毀。自稱的撒旦信仰者可能會認為這些書中不切實際且駭人的故事是真的，並可能實際嘗試模仿，而證實這些故事是正確的。

在過去的幾十年裡，人們曾一度越來越相信存在代代相傳、犯下滔天罪行的撒旦崇拜家族，但這種信念後來又逐漸消退。然而，問題在於至今沒有任何證據證明此類團體實際存在過。這些團體存在論的擁護者一直執著於一些作家的故事，即使這些故事已被證實是完全捏造的。根據調查此事的聯邦調查局（FBI）探員的說法，一些持有政治或宗教偏向的政府官員對這些指控非常積極，但他們更感興趣的似乎是剷除異端，而不是解決犯罪，這導致了兒童遭受心理創傷，家庭被摧毀。

我毫不懷疑，有些人可能認為自己來自代代相傳的撒旦崇拜家族，或者是被這樣的家族迫害過。然而，書籍、治療師和執法人員常常誤將一些根本不存在的現象當成撒旦崇拜活動，這方面的證據也很多。研究也已經表明，人們的記憶很容易被改變，以至於他們會全心全意地相信被篡改的版本。

如果你的朋友相信自己來自代代相傳的撒旦崇拜家族，我強烈建議你要非常謹慎。無論你朋友多麼堅信這反映了他（她）真實的過去，這個所謂的問題很可能只是朋友生命中其他問題的徵兆。也許部分是真實的，也可能完全不是真的。如果你陷入其中，你可能會被捲入你所不完全了解的經歷的漩渦，這只會為你帶來麻煩。

# 關於通靈板（Ouija board）

提問：我和一些朋友開始嘗試使用通靈板，並且獲得了許多有趣的資訊。但最近有人告訴我使用通靈板很危險，你怎麼看待這件事？

解答：通靈板是一塊簡單的木板，配有一個稱為**乩板**（planchette）的三腳裝置，能夠指向通靈板上刻有的數字和字母。使用時，二或多人輕輕將指尖放在乩板上，提出問題後裝置看似自行移動指向字母和數字，組成單字並提供訊息。

這類裝置已經被人們熟知許久，特別是它起源於一種使用方式，即人們將高腳杯倒置於桌面，用以類似乩板的方式進行溝通。這種高腳杯的使用，可視為對敲桌占卜（table tipping）的演進，其中人們將指尖放在桌子上，桌子會上下移動以敲擊方式回答問題。

懷疑者主張，乩板的移動（如果不是欺騙的話），是由手臂與手部肌肉的「無意識細微動作」所導致。實際上，這正是乩板移動的方式。並非有靈體在推動它。懷疑者未能解答的，是通靈板如何透露出參與者事前未曾知悉的資訊。

我個人認為，存在著證據顯示人們能夠接觸到自己的潛意識，或者是其他靈體能透過在場者之一或多人的潛意識，在通靈板上形成訊息。但說實在的，我不在乎訊息的來源。真正重要的問題是「這些訊息的內容是什麼，以及你打算如何應對？」

這正是神祕學者與一些新時代（New Age）追隨者間的根本差異。部分「新時代追隨者」會接受來自未知來源的訊息——這通常被稱為「通靈」——並僅因為它是經由通靈而來，他們便將其當作真理接受。另一方面，神祕學者會仔細聽取訊息所述，然後檢驗其真實性。這條訊息與先前已被驗證的資訊相比又如何呢？你能否藉由卡巴拉或其他方法來確定自稱傳遞此訊息的靈體身分？

當我開始一場講座，總是會先在黑板上寫下這幾個字母：

**T. F. Y. Q. A.**

這些字母代表「獨立思考，質疑權威」（Think For Yourself, Question Authority）。這意味著僅僅因為我或其他講者說了某件事，或者你在書本上讀到的內容，不必然代表它是真實的。實際上，隨著個人出版的日益普及，我們發現，更多的書籍充斥著未必能得到歷史、傳統或事實驗證的觀點。目前，網路上最受歡迎的資訊來源是維基百科，但許多人忽視了其免責聲明。舉例來說，直至撰寫本文時，維基百科對於其網站上的資訊是

這樣描述的：「請注意，此處的所有資訊未必由具備相關專業知識的人士進行完整、準確或可靠的審核……」因此，無論資訊來源為何，哪怕是《現代魔法》——你都應自行查證。

想像一下，如果你根據通靈板或任何其他方式獲得的資訊去行動，可能會發生什麼。如果通靈板提供了某個行動的指示，我保證，最終面對後果的人會是你自己，而不是那條訊息背後的力量！

那麼，使用通靈板是否存在潛在的問題呢？答案是肯定的。在我擔任《FATE》雜誌主編時，我個人調查了一起事件，在這起事件中，一所位於中西部的大學宿舍已經禁止學生在宿舍內使用通靈板。我得知的原因是，學生們過度沉迷於通靈板，進而影響了他們的學業。

其真正的潛在問題並非惡靈附身或遵從導致詛咒的魔鬼言語，而是對於那些似乎無法解釋的乩板移動及所接收到的訊息的強烈著迷。

因此，若你打算使用通靈板，我建議對使用時間加以限制——可能每週僅一至兩小時。此外，我也建議你在使用前後進行驅逐儀式，例如小五芒星驅逐儀式和六芒星驅逐儀式等。

## 關於護符

提問1：若護符由他人製作而我來充能，其效用是否與我親自製作及充能的一樣？
提問2：護符一旦充能後，是否應避免讓其他人觸摸？
提問3：如何淨化一個舊的護符或護身物，使其可以重新使用？

**解答**：世界各地有許多護符是由別人製作，等待使用者來充能。除非此護符被充能，否則它僅是一件未活化，或許帶有一些美觀符號的平凡之物。然而，一旦你為其充能，便使其成為一個擁有生命的存在，準備好執行被賦予的魔法使命。

事實上，製作護符的過程本身就蘊含魔法的益處。你將會了解護符製作的每一個細節，每個文字與符號背後的用意。你投入的創造時間本身就是一個魔法過程，這無疑會增強護符的效力。或許，當你投入大量時間與精力於實體護符的創造時，將其充能或聖化，就像是開啟一盞燈的開關一樣。電力一直都在那裡，但直到你藉由執行儀式完成電路接通，燈泡才會亮起。

回答第一個問題的困難在於，這實際上取決於魔法師的能力。一位卓越的魔法師能

夠將一塊汙濁之石轉化為一個強力護符，足以凌駕任何初學法師所製作之物。因此，這個問題的一部分答案在於誰是進行護符充能的人。

然而，在大多數情況下，對預製護符淨化和充能的效果，幾乎等同於從頭開始製作護符的效果。最關鍵的是親自執行魔法。

護符能夠吸引事物，而護身物則會讓事物遠離。如果你已為這些用具之一充能，如果讓他人觸碰，就等於是將其效用轉移，進而削弱了對你的效用。此外，他人的能量模式，如氣場，亦可能對你的魔法用具造成影響。

因此，一般來說，護符等魔法工具一旦被充能後，主要應由其創造者來操作。顯然，進行護符充能的魔法師需要在某種程度上處理它。然而，如果這個護符是為其他人所製作，那麼魔法師在進行儀式充能後越少接觸它越好。

我發現淨化舊護符和護身物的最簡單方法，就跟準備新的一樣。可將該物品置於流水之下，並想像所有剩餘的能量隨著水流而去。淨化護符的另一種方法是將它埋在地下數日，讓慷慨的大地母親自然中和並吸收其所有能量。務必標記好埋藏之處，以防遺失！

如何判斷護符是否已經淨化？如果你一直遵循這門課程的學習與實踐，那麼在嘗試製作護符之前，已經過了數週或數月。在那段時間裡，你應該進行了許多練習和儀式。其中一個作用是提升了你的心靈能力。

當你準備為護符注入能量時，你的心靈能力應該能讓你察覺到所選物品的狀況。

在你完成淨化後，將物品握在手中「感受」它——不只是透過身體感官，還要用你的靈性感官去體會。它是否給你一種潔淨的感覺，或是讓你覺得有什麼未知之物潛藏於其下？如果你感覺到的是後者，那麼你需要重新淨化。只有當你感覺到前者時，該物品才真正完成了淨化，並準備好進行下一步的充能。

## 關於六芒星

提問：在描述小五芒星驅逐儀式時，你寫道應該唸出：「六芒星我心匯聚閃熠。」而伊斯瑞‧瑞格德在《黃金黎明》中則說「六芒星身後閃熠。」這兩種描述為什麼有差異以及六芒星的深層意義是什麼？

解答：瑞格德的《黃金黎明》對於實踐中的魔法師來說無疑是一本珍貴的參考資料。然而，就像許多古老的魔法書籍一樣，其內容很多時候只是作為學生的學習筆記。

關於小五芒星驅逐儀式，《黃金黎明》只提供僅僅一頁的「解釋」，而在《現代魔法》的第一版中，我花了將近十五頁的篇幅，跨越兩個課程來詳細解釋這一儀式。這樣做的原因是什麼呢？

當你得到關於小五芒星驅逐儀式的筆記，如同在《黃金黎明》中看到的那樣，你可能會期待有人指導你如何實際運用。然而，瑞格德的著作並沒有解釋為何要使用那些特定的詞句。他的書籍與課程都未深入探討這一主題。

我之所以沒有提供詳細的說明，是因為我希望讓《現代魔法》成為一份學習指南與參考資源。因此，它的使用方式可以是這樣的：

參考第三課中的卡巴拉對應表，你會注意到數字6與太陽、悌菲瑞特的輝耀以及心臟有著密切的關聯。在非常真切的意義上，這代表了生命之樹中「愛」的中心，是我們內心以及內在太陽散發溫暖的源泉。這股「溫暖」便是愛的力量。

正如我之前所提到的，如果你想將生命之樹與你的身體聯繫起來，你應該想像自己轉身並融入生命之樹中。

在執行小五芒星驅逐儀式，唸道「六芒星……」的時刻，你應保持身體挺直，雙臂橫伸。這個姿勢象徵著你成為了宇宙的中心點，在物質層面上（向宇宙四方伸展的雙臂）與精神層面（從神性中接收力量的直立身體）的融合。所有這些最終都匯聚在愛的核心——悌菲瑞特，也就是我們的心中。之後，你將雙手合攏，置於這個力量中心之上。

因此，這段話表達了一個觀點：「生命之樹在地球上的象徵，其實就是每個人的物質身體。」所以這棵樹的中心位於哪裡呢？如果你背向它，那麼中心點就在你身後：「六芒星身後閃熠。」然而，如果你覺察到自己與生命之樹是一體的，那麼這顆星便在你之內：「六芒星我心匯聚閃熠。」

我選擇使用「我心匯聚」而不是「身後」，是因為我相信這帶來了一個更加強大、更精確且深刻的形象。我也見過另一版本：「六芒星懸於我身閃熠。」或許你會覺察到，黃金黎明會的版本或其他版本對你而言更有用。

為了生存和成長，魔法需要隨著人類發展而演進。但我不贊同僅僅為了改變而改變。如果你有依循邏輯和情感的理由去做出變更，那就照做無妨。因為我有充分的心理學、神祕學和圖像導向方面的理由來修改，所以我認為我在這門課程中提供的版本是合理的。

## 你能為我施展魔法嗎？

**提問**：我剛開始閱讀《現代魔法》，它實在太精彩了。我的問題是 _____，我確信只要你為我進行魔法，我的生活就能徹底轉變。雖然我沒有錢，但我會永遠感激你。

**解答**：雖然我感謝你的好評，但我必須遺憾地告訴你，我無法為你施展魔法。我寫《現代魔法》的目標是賦予力量給學習這些技術的人。我期盼它能將平凡人塑造為強大的、獨立的、自我實現的魔法師。

如果我為你施展魔法，那麼就意味著我放棄了這些話語所象徵的一切。這將賦予我對你生活的掌控。你將變得依賴我，喪失作為一個獨立個體的自主性。你將無法達到自我實現，你也不會成為一位強大的魔法師。

魔法或許真的能夠對你有所幫助。從第一課開始，逐步深入這門課程，每一課預計一個月。我深信如果這樣做，你將會自己找到面對情況的解決之道及解答。

# 附錄四
## APPENDIX FOUR

## 課程詞彙表

### A

ACHAS B'TAY — AH（微點替換）：聖經解釋與編碼製作的一種方式。見 TEMURAH（字母變換法）。

ADEPTUS MINOR（小達人）：形容魔法師的術語。在黃金黎明會，接受啟蒙成為小達人後，即進入內階層 R.R. et A.C.（紅寶石玫瑰與黃金十字架）的初始階級，此時將可以學習儀式魔法。

AD LIBITUM（隨意）：拉丁語，意即「依個人喜好」，指隨心所欲創造事物。掌握儀式和魔法基礎後，可即興創作儀式的段落，無須依賴重複背誦儀式腳本或閱讀書面指示。常縮寫為「ad — lib」（隨意）。

AGLA：是「Ah — tah Gee — boor Lih — oh — lahm Ah — doh — nye」（你永遠是偉大的，我的主）的字母縮寫法。

AIK BEKAR（矩陣替換）：一種聖經解釋與編碼系統。見 TEMURAH（字母變換法）。

AIN SOPH（無限）：對最終、不可知神性的描述。

AIR（風元素）：五大魔法元素之一。具有溫暖與濕潤的特質。

AIWASS (AIWAZ)：克勞利的神聖守護天使之名。克勞利花費多年試圖確定 Aiwass 是他的高我還是與他客觀分離的非物質存有。

AKASHA（阿卡夏）：見 AZOTH（萬應之靈）。同時亦指宇宙中已發生、正在發生及將發生之事的紀錄。

ALCHEMY（煉金術）：一種以將如鉛等卑金屬 (base metal) 轉化成黃金為目標的魔法。可視為字面意義或隱喻。煉金術的另一個目標是追尋健康和永恆的青春。

ALEXANDRIAN（亞歷山大威卡）：由亞歷克斯・桑德斯創立，結合傑拉爾德・加德納（Gerald Gardner）威卡系統與更多儀式魔法的威卡系統。

AMEN（阿們）：是「El Mel — ech Neh — eh — mahn」（神是我們信實的王）希伯來詞彙的字母縮寫法。

AMRITA（甘露）：在煉金術和性魔法中，被魔法轉化後的原初物質。

AMULET（護身物）：類似於護符，但目的在防止事物（通常是厄運、疾病等）接近。

ANGEL（天使）：存在於天堂階層的靈體。祂們均無自由意志，只擁有單一目的，且由大天使指揮。

ARARITA：在六芒星儀式中使用的力量之言，表明終極的神性本質為一的字母縮寫（Notarikon）。

ARCHANGEL（大天使）：存在於天堂階層的靈體。祂們比天使更有力量且具備自由意志。對神性順從，並各自與代表神性面向的神之聖名對應。

ART MAGICK（技藝魔法）：高魔法的另稱。

ARTIFICIAL ELEMENTAL（元素念像）：類似於元素精靈，然而是魔法師根據特定魔法元素的屬性，為了某一特殊目的所創造的。

ASSOCIATED MEMORY（聯想式記憶）：透過重溫事件體驗的記憶。與解離記憶相對。

ASTRAL BODY（星光體）：生命體中精神層面的展現，總與具體的生命形體相連。

ASTRAL PLANE（星光層面）：一個超越物質的存在層面，為物質世界的根基，眾多非物質靈體的棲息地。

ASTRAL PROJECTION（星光體投射）：將星光體與意識從物質身體分離的能力。

ASTRAL TRAVEL（星光體旅行）：在星光體投射後，對星光層面的探索活動。

ASTRAL WHIPLASH（星光體回彈）：由於物質身體附近干擾，星光體和意識突然被拉回物質身體所引起的現象，可能導致頭痛、頭暈、昏沉、肌肉痠痛等。重新投射並以正常速度返回即可迅速克服此問題。

ASTROLOGY（占星學）：一門能證實的科學，解讀天文學家觀察到的現象所隱含的意義。

ATHANOR（煉金之釜）：在煉金術中，指特別設計的熔爐，在性魔法中則是男性生殖器的象徵。

AURA（氣場）：一種能量的展現，能被具有靈視力的人在包括人體在內的各種物質周圍感知或看見。

AZOTH（萬應之靈）：結合了希伯來文與希臘文首尾字母的詞語。亦稱為梵語「阿卡夏」（Akasha）或星狀之光（astral light）。它以光輝的形態出現，並能隨個人意念變化。在萬應之靈中，可以窺見過去、現在與未來，但它本身沒有獨立的人格。由於窺見的未來只是眾多可能之一，過分沉迷於星狀之光可能使你忽視當下。

# B

BABY'S BLOOD（嬰兒之血）：古代異教徒使用的暗語編碼，指的是「草莓汁」。使用暗語是用以保護祕密藥草配方不被外人知曉。回顧之下，這樣的暗語編碼並不算是明智之選。

BANISH（驅逐）：指驅力。驅逐儀式用以清除工作區中不想要的靈體與影響。

BI-LOCATION（兩地現身）：心靈投射的另一說法。

BINAH（庇納）：意指領會，是生命之樹上的第三輝耀。位於左側陰性之柱的頂部。

BITOM（火之靈）：讀作「Bee — toh — ehm」，為以諾語中火之靈的聖名。

BLACK MAGICK（黑魔法）：一門依循意志，結合科學理解和藝術創造，實現變化的技術，其運作方式是目前西方傳統科學尚未理解的，目的是對自己或他人造成實質或非實質的傷害，並且可以有意識或無意識地進行。

BLAVATSKY, HELENA PETROVNA（布拉瓦茨基，1831—1891）：一位烏克蘭裔俄羅斯女性，是神智學會創立背後的主要推動力。許多黃金黎明會的成員同時也屬於此學會。她之所以重要，還因為她撰寫的兩本重要著作：《Isis Unveiled》（1877）和《The Secret Doctrine》（1888）。眾多神祕學與隱祕學的著作，包括所謂的「靈媒傳訊」，都直接或間接源自這兩部作品。

BLOOD OF THE RED LION（紅獅之血）：一個煉金術術語，在性魔法中指的是精液。

B.O.T.A.（聖殿建造者）：由黃金黎明會成員保羅・福斯特・凱斯（1884—1954）所創立，它是第一個揭示塔羅牌的組織，這套牌揭示了希伯來文與每張大阿爾克納在黃金黎明會的對應關係。在其儀式中，他刪去了所有關於以諾魔法的提及。

BREAKS（中斷）：指在集中注意力時發生的干擾。克勞利提出了提高專注力並克服這些干擾的方法。

BRUJERIA（拉丁傳統巫術）：雖根植於非洲—加勒比的魔法傳統，卻帶有獨特的美式風格，成為拉美社群的精神／魔法體系。

# C

CABALA（卡巴拉）：見 KABALA。

CARROLL, PETER（彼得・卡羅爾，1952—）：混沌魔法運動的創始人與領導者，亦為「Illuminates of Thanateros」組織的共同創始人。

CELESTIAL TRIANGLE（上位三角）：觀察生命之樹時，若將之視為由三個三角構成，則其最上方頂點向上的三角形。

CEREMONIAL MAGICK（儀典魔法）：一種需多人共同參與執行儀式的魔法體系。許多西方人認為這種魔法形式最符合他們的意識層次。

CEREMONY（儀典）：一個需要多人參與的儀式。

CHAKRA（脈輪）：發音為「kahk — rah」或「chak — rah」，「ch」發重音，類似「chalk」中的「ch」音，它們是與身體內器官或腺體相關的氣場能量中心。脈輪本身不在身體內，而是靈視力者能在氣場中看見的螺旋、漩渦、圓形或蓮花形狀。

CHALICE（聖杯）：作為水元素魔法工具的高腳杯。同時也是塔羅牌小阿爾克納中的一種花色。

CHAOIST（混沌主義者）：混沌魔法實踐者的稱呼。

CHAOS MAGICK（混沌魔法）：其目的在於剔除歷代魔法中累積的繁瑣，回歸最簡以求達到最效。認為魔法能量的根源是創世前的原始混沌。此外，還吸收了斯佩爾的影響及靈知出神的概念。

CHAOTE（混沌魔法實踐者）：混沌魔法實踐者的稱呼。

CHIAH（真我意志）：代表我們內在真實的意志，與生命之樹上的第二輝耀相對應。

CIRCULATION OF THE BODY OF LIGHT（光體循環）：從中柱儀式發展出的一種儀式，藉由它，將靈性能量在身體內外流轉。

CIRCUMAMBULATE（繞行）：繞行魔法圈一周。此描述用於魔法儀式中。

CODE（內建程式碼）：在後現代魔法觀中，是處理生活各領域的一套過濾系統。不論是財富、健康、性

愛或學習，我們均有相應的程式碼。魔法賦予我們改寫這些程式碼的能力。

CONTEMPLATION（沉思）：將注意力集中在某物上。真正冥想的第二階段。

CONVERSOS（改教者）：1492年猶太人被驅逐出西班牙後，留在西班牙且表面上改信基督教，實際上祕密持續練習猶太教儀式的猶太人。

CREATIVE VISUALIZATION（創造性想像）：透過視覺化技術來影響潛意識的過程。此過程將對星光層面產生影響，進而引起物質層面的變動。

CROW（烏鴉式）：在性魔法中，一種需要較高體力的姿勢，其中一方站立且扶持著倒立的另一方，以實現口對生殖器的接觸。倒立的人頭部湧入血液，結合性活動和魔法能量的流動，使其具備預示之潛力。

CROWLEY, ALEISTER（阿萊斯特・克勞利，原名愛德華・亞歷山大・克勞利，1875－1947）：被廣泛認為是二十世紀最具影響力的魔法師。在黃金黎明會的學習後，他結合東方聖殿團（O.T.O.）的性魔法奧祕、黃金黎明會的技術、個人通靈作品及實踐經驗，創立了自己的魔法體系。

CUP（聖杯）：見 CHALICE。

CURCURBITE（蘆形瓶）：在煉金術中，指特定類型的容器。在性魔法中，則是女性生殖器的象徵。

# D

DAGGER（短劍）：風元素的魔法工具。一種雙刃皆銳利的刀具。

THE DEMON CO（一氧化碳惡魔）：對於一氧化碳的幽默稱呼。當香置於炭餅上燃燒時，可能會消耗氧氣並產生一氧化碳（化學式為 CO）。因此，在焚香時，魔法師應保持室內空氣充足。

DEOSIL（順時針）：指順時針繞行，在魔法圈中移動的慣常方向。

DISSOCIATED MEMORY（解離式記憶）：一種記憶，其中你作為旁觀者觀察自己經歷某事件，而不是直接重溫該事件。與聯想式記憶相對。

DOGMATIC KABALAH（教條卡巴拉）：對如《妥拉》和《形塑之書》等卡巴拉文獻的學問。

# E

EARTH（土元素）：五大魔法元素之一。具有寒冷與乾燥的特質。

ELEMENTAL（元素精靈）：完全由一種魔法元素構成的靈體。理應更準確地被稱為「ELEMENTARIES」，但大多數人傾向於使用「ELEMENTAL」這一術語。

ELEMENTARIES（元素精靈）：相比 ELEMENTAL 更為恰當的名稱。

ELEMENTS（元素）：有五大魔法元素，風、土、火、水和精神，儘管通常忽略精神，而將它們描述為四元素。它們與相對的濕和熱程度有關，不應與使用相同術語的西方科學概念混淆。

EMPTY ONES（虛無者）：體現於物質或非物質層面的絕望個體。物質層面的虛無者沒有靈魂，也缺乏對未來的希望。

ENOCHIAN（以諾語）：由伊莉莎白一世女王的顧問約翰・迪伊博士和他的助手愛德華・凱利通靈得到的魔法體系。他們將其歸因於先知以諾（Enoch），有時也被稱為天使語。這個系統後來由黃金黎明會進一步發展完善。

ETHERIC BODY（以太體）：這是一切被造之物的放射流衍。它與真正的星體化身不同，在某種程度上它「介於星光層面與物質層面之間」。有時它可能在較高層面上呈現人的外觀，但總是依附於一個生命而存在。

EVOCATION（召喚）：指進行召喚的行為。

EVOKE（召喚）：將一個靈體從較高層面引入你的意識領域。

EXARP（風之靈）：讀作「Ex — ar — pay」，為以諾語中風之靈的聖名。

# F

FIRE（火元素）：五大魔法元素之一。具有溫暖與乾燥的特質。

FIRST MATTER（原初物質）：原蛇和溶劑的混合。用於煉金術和性魔法中。

FORTUNE, DION（荻恩・佛瓊，原名 Violet Firth，1890 — 1946）：神祕學家和作家，亦是內在之光協會（Fraternity of the Inner Light）的創始人。她的魔法實踐路徑包括儀式魔法（其經典著作《神祕卡巴拉》於 1935 年發表）、異教信仰（以她的小說《Sea Priestess》1938 年發表為代表）及融合亞瑟王傳說的基督教密契主義。

FOUR WORLDS（四界）：將生命之樹傳統地劃分為四個層面或世界的觀點。對這個理論有許多不同的變體。見 HA — OH — LAHM（世界）。

# G

GAHB — RAY — EL（加百列）：西方與水元素之大天使。

GARDNER, GERALD B.（傑拉爾德・加德納，1884 — 1964）：他在 1954 年出版的《今日巫術》是第一本由公開宣稱自己是巫者的作者撰寫的巫術書籍。他被視為現代威卡之父。

GEMATRIA（字母代碼法）：文字卡巴拉的一種方法，為希伯來字母的每一個字母分配數值。相等值的單字被認為彼此之間有重要的關係。

GEOMANCY（地占術）：一種占卜形式，最初是在土壤上隨機用尖棍畫下點作為標記。如今更常用鉛筆在紙上作畫，或者取隨機數量的石頭替代，這些石頭是從專門保留此目的的一組石頭中取出的。結果是將一系列符號的圖形放置在一種類似占星的圖表上並解釋。地占術符號經常用於其他魔法情境中。

GHOSTS（鬼魂）：如果不是由活人產生精神能量所引起（例如常見的靈擾現象），這些徘徊不去的靈體則可能是離世後受困於較低靈性層面的人的星光體。

GIBURAH（葛夫拉）：意指力量，是生命之樹上的第五輝耀。

GNOSTIC TRANCE（靈知出神）：在混沌魔法中，對單一件事物極度專注引發的意識轉變。如此強烈的專注會引發出神狀態。

GOETIA（歌伊提亞）：字面意為咆哮。一部廣受歡迎的魔法書，附有召喚非物質靈體的指導。是《所羅門王小鑰》的一部分，常被錯誤地認為是那整本書。

GOLDEN DAWN（黃金黎明會）：見 HERMETIC ORDER OF THE GOLDEN DAWN（赫密士黃金黎明會）。

GREAT VOICE（深邃之音）：寂靜中，有時無法高聲振動詞句。在這些情況下，你能夠對自己唸出，進一步使用「深邃之音」。然而，它們整個宇宙仍然與你共鳴。見 VIBRATORY FORMULAE（振動準則）。

GREAT WORK（魔法偉業）：實現啟蒙與神性合一（或稱與高我合一）的過程。

GREY MAGICK（灰魔法）：一門依循意志，結合科學理解和藝術創造，實現變化的技術，其運作方式是目前西方傳統科學尚未理解的，其目的是為自己或他人帶來實質或非實質的利益，並且可以有意識或無意識地進行。

GRIMOIRE（魔法書）：字面上指「黑書」，但它的涵義更接近「文法書」。一本有關魔法的書籍。著名的古老魔法書都是不完整的，應僅作為指南。

G'UPH：心靈面向中的物質身體。

# H

HAHM — SAH：已知最古老的真言，代表呼吸的聲響。梵文字面上意為「天鵝」。在某些傳統中，它被倒置，變成 So — Aham。

HA — OH — LAHM（世界）：指的是世界或宇宙，特別強調為卡巴拉四界之一：

    AHSSIAH（行動界）：在卡巴拉四界中，按降序排列為第四界，即行動之領域。

    ATZILOOT（原型界）：卡巴拉四界中最上層的世界，代表「原型或放射之世界」。

    BRI — YAH（創造界）：按降序排列為卡巴拉四界的第二界，代表「創造之世界」。

YETZIRAH（形塑界）：在卡巴拉四界中，按降序排列為第三界，代表「形塑之世界」。

HCOMA（水之靈）：讀作「Hay — coh — mah」，為以諾語中水之靈的聖名。

HEATHEN（荒野之人）：源於自然崇拜，與異教徒有類似的歷史背景。

HEGELIAN DIALECTIC（黑格爾辯證法）：見 THESIS — ANTITHESIS — SYNTHESIS THEORY（正一反一合辯證法）。

HEH — CHA — LOHT：揚升。見 MERKABAH（梅爾卡巴）。

HERMETIC ORDER OF THE GOLDEN DAWN（赫密士黃金黎明會）：1880 年代晚期成立的祕密組織，經常簡稱為黃金黎明會或 G.D.。這個神祕學組織成功地整合了多種魔法及隱祕哲學，形成一套既連貫又複雜的體系。許多二十世紀及二十一世紀的魔法書籍都是由該會成員，或受到該會直接或間接影響的人所撰寫的。

HESED（黑系德）：意指仁慈，是生命之樹上的第四輝耀。

HIGH MAGICK（高魔法）：指城市中發展起來的儀式魔法或儀典魔法，因城市通常建於較高地形，故稱為「高」魔法。

HOCHMA（侯克瑪）：意指智慧，生命之樹上的第二輝耀，位於右側陽性之柱的頂端。

HODE（候德）：意指宏偉，是生命之樹上的第八輝耀。

HOLY GUARDIAN ANGEL（神聖守護天使）：對一些人而言，這是他們高我的象徵；對另一些人而言，則代表一種擁有深邃智慧的非物質存有。成功與神聖守護天使建立聯繫，即達成「神聖守護天使的認識與交流」。這一過程被認為與實現神聖啟蒙或達到宇宙意識相同。

# I

IAO：在諾斯底主義中，最高的神祇。此外，亦與伊西斯、阿波菲斯、歐西里斯等神祇有關。

IGGERET HA — KODESH（聖書信）：一部來自大約十三世紀末的中世紀猶太「婚姻指南書」，英文名為《*The Holy Letter*》。書中揭示了許多性魔法的祕密。

ILLUMINATES OF THANATEROS（IOT）：由卡羅爾和舒爾文於 1978 年創立的魔法團體，專注於混沌魔法的研究與實踐。1991 年，該團體發展成內階層組織，同時建立了稱為「the Pact」的外階層組織。

INFLAME THYSELF WITH PRAYER（讓祈禱點燃你的內心）：《魔法師亞伯拉梅林的神聖魔典》中的建議，說明要在儀式中取得成功，必須對實現魔法目標充滿極度的熱情和激昂。

INNER ALCHEMY（內煉金術）：一種在性慾喚起間調控身體內心靈能量，以進行魔法實踐和達成神聖啟蒙的方法。

INNER ORDER（內階層）：在魔法組織中的一個內部團體，在這裡，最深奧的祕密會被傳授給那些經歷過外階層考驗並證明自己價值的成員。

INRI：據稱書寫於耶穌十字架上的字母，對於不同的人和組織具有多元的意義。

IN TIME（當下）：當一個人體驗到自身處於時間的中心，且其時間線穿透其身時，則被視為「當下」。

INTUITION（直覺）：從潛意識傳達至意識層面的訊息。

INVOCATION（祈請）：指進行祈請的行為。

INVOKE（祈請）：允許一個靈體透過你的身體，作為暫時的工具來與物質世界溝通。

I.O.B.（識別、具象化、驅逐）：一種強大的方法，目的在消除生命中的負面事物，結合了黃金黎明會技巧與驅魔方法。涵蓋識別（identify）、具象化（objectify）、和驅逐（banish）三大步驟。

IROB：「我讀過一本書」（I Read One Book）的縮寫，指那些僅做過極少學習或實踐，卻自認為專家的人。

# J

JESUS（耶穌）：被稱作五字神名的頭銜。

# K

KABALAH（卡巴拉）：為西方三大宗教和現代西方儀式魔法奠定了神祕學的理論基礎。這個術語源自希伯來語，其英文拼寫有多種變化，包括 Qabala、Cabala 等。

KABALISTIC PATHWORKING（卡巴拉路徑工作）：藉由生命之樹實現星光體投射，目的是會見並與非物質靈性存有溝通。

KALAKAKRA（時輪）：譚崔魔法圈。

KAREZZA（保留性交）：一種男性用以延遲高潮的技巧，被認為對情侶雙方均有益處。

KARMA（業力）：梵文意為「行為」。指因果法則，或是對所施予的回應。解決你的業力可能需要多個生命週期。希伯來語中此概念稱為「Tee — koon」。

KETER（科帖爾）：意指王冠，是生命之樹上的第一輝耀，它位於生命之樹中柱的頂端。

KIA（起亞）：在混沌魔法中，一個定義模糊的術語，類似於賦予身體生命精神的概念，具有靈魂部分功能但並非靈魂。

KRISHNA（奎師那）：儘管僅是毗濕奴的第六個化身，因代表了奔放的性而成為最受歡迎的印度教神祇之一。有些人會淡化他受歡迎的原因。

KUNDALINI（昆達里尼）：據稱昆達利尼能量潛藏於脊椎底部，可以沿著脊椎上升到頭頂，帶來開悟。這是一種隱喻。實際上，能量是由心念所控制的。

KUNDALINI YOGA（昆達里尼瑜伽）：據稱是一種激發脊椎底部昆達里尼能量，使其沿著脊椎上升到頭頂，帶來開悟的方法。

## L

LARVAE（寄生靈）：一種非物質的心靈吸血鬼，據稱專門「吸取」生病及受傷者的能量。

LAYA YOGA（融合瑜伽）：讀作「Lie — oh — ga」，利用呼吸與觀想來重現在性活動中物質身體與精神所經歷的變化。這通常作為昆達里尼能量上升的象徵來呈現。融合瑜伽為昆達里尼瑜伽的原初概念。

LBRP（小五芒星驅逐儀式）：全稱為 The Lesser Banishing Ritual of the Pentagram。一種由黃金黎明會推廣的強大技術，用於清除你周圍不想要的負面影響，也適用於心靈防禦。

LEMURES：見 LARVAE 寄生靈。

LEVI, ELIPHAS（埃利法斯・列維，實際上是 Eliphas Levi Zaed。原名 Alphonse Louis Constant，1810—1875）：十九世紀著名的神祕學家，他的著作開啟了十九世紀的「法國神祕學復興」，並最終促使黃金黎明會於 1880 年代晚期成立。

LICENSE TO DEPART（離去之許）：授予靈體離開被召喚場域的許可。

LINGUISTICS（語言學）：探究語言及其使用對溝通中各方面影響的學問。

LITERAL KABALAH（文字卡巴拉）：解析希伯來文單字中的隱碼，尤其是《妥拉》及其他神祕著作中的字詞。使用的方法包含字母代碼法、字母縮寫法和字母變換法。

LITTLE NASTIES（心靈幻影）：棲息於星光層面的非物質存有，初次見到時可能會引發驚訝。當魔法實踐開啟窺見星光層面的能力時，便可能看見。雖然可能令人意外，但它們實則無害。

LOAS（羅瓦）：在非洲—加勒比信仰如巫毒、桑泰里亞（Santeria）等中的神靈。這些神靈降臨入他們的信徒體內，而信徒則如同該神靈行事，並被其他信徒視為神靈對待。

LOW MAGICK（低魔法）：異教徒發展出的魔法，起源於從事農耕的低地區。

LURIA, ISAAC（艾薩克・盧里亞，1534—1572）：知名猶太卡巴拉學者，其祈禱文至今仍被納入猶太教標準祈禱文集中。他的一個主要興趣是靈魂的輪迴與轉世。

LUSTING FOR RESULTS（渴望結果）：過於關注結果，忽略達成結果的儀式過程。這會使你失去平衡，削弱專注力及成功的可能性。

## M

MAGICK（魔法）：是一門依循意志，結合科學理解和藝術創造，實現變化的技術，其運作方式是目前西方傳統科學尚未理解的。克勞利重新在字尾加上「k」字母，以區別真實的魔法與舞台上魔術師或變戲法者用帽子、手帕和兔子進行的把戲。對一些人而言，「k」同時代表著拉丁語中女性生殖器的「kteis」，因而對實踐該魔法形式的人來說，暗指著性魔法的意涵。

MAGICKAL DIARY（魔法日記）：亦稱為儀式日記，用於記錄執行儀式及其結果的所在。

MAGICKAL HOURS（魔法時）：見 PLANETARY HOURS（行星時）。

MAGICKAL MEMORY（魔法記憶）：前世的記憶。

MAGICKAL RITUAL（魔法儀式）：為實現魔法目標而重複進行的行動。

MAHATANTRA（摩訶密續灌頂）：譚崔中一種達到高潮的體驗，導致被稱為「開悟」的意識狀態轉變。

MAHLKOOT（瑪互特）：意為王國，生命之樹上第十且是最後一個輝耀。它位於中央之柱的底部，與我們的物質層面相連。

MAJOR ARCANA（大阿爾克納）：塔羅牌中被神祕學者認為至關重要的二十二張牌卡。它們與生命之樹上的路徑相連，並在卡巴拉路徑工作中使用。

MANTRA（真言）：具有精神層面重要性的聲音、詞彙或語句，常廣泛重複使用。儘管有觀點認為任何詞彙或聲音均可用於此，但特定的神祕真言能在心理、生理、情緒及靈性層面對人造成深刻影響。

MARIOLATRY（聖母崇拜）：對耶穌之母瑪利亞的尊敬。某些觀點認為，這是隱藏於基督教形式之下的古代女神崇拜。

MATHERS, S. L. MACGREGOR（麥克達格・馬瑟斯，1854—1918）：黃金黎明會的創始人之一，直至組織出現分歧並分裂前，一直是該會的領導者和精神領袖。

MAYA（摩耶）：幻覺。這個梵文單字並不像許多人所認為：世界本身是幻象。它的真正涵義是：我們對周遭世界的解讀，才是幻覺。

MEDITATION（冥想）：使內在之音寂靜的行為，以便於與更高我及宇宙溝通的過程。

MEDIUM（靈媒）：一個允許某個形體（通常指亡者）的意識接管自己意識的人。此外，亦指與亡靈或其他靈體交流的人士。

MEE — CHAI — EL（米迦勒）：南方與火元素之大天使。

MENTAL PROJECTION（心靈投射）：將心靈傳送至遠離肉體的某地的能力。並非真正的星光體投射。也稱為兩地現身。

MENSTRUUM（溶劑）：亦稱為膠體溶劑（MENSTRUUM OF THE GLUTEN）。在煉金術中，指在煉金之釜內緩慢加熱物質所得到的結果。女性的潤滑體液、噴發體液，或兩者都有。

MERKABAH（梅爾卡巴）：寶座。梅爾卡巴密契主義是一種在卡巴拉之前的靈性系統，追尋者（可能是星光體）穿越七座宮殿，目標是親眼目睹神坐於其寶座上。

MIDDLE PILLAR（中柱）：生命之樹上的中央之柱。亦指一種目的在促進能量通過脊柱「中央」流動的儀式，與融合瑜伽相似。

MINOR ARCANA（小阿爾克納）：塔羅牌中的五十六張牌，與現代撲克牌相似，但每套花色均有一張額外的宮廷牌。傳統上是數值而非圖像，它們與生命之樹上的輝耀有關。

MITZVAH（神聖誡命）：希伯來詞彙，同時代表「祝福」與「誡命」。

MORAL TRIANGLE（道德三角）：當觀察生命之樹時，若將其視為由三個三角構成，它是位於中央的倒三角，頂點朝下。

MOTE（必須）：古英語中的「必須」。常用於儀式或咒語結尾，表達為「如此定矣」。

MOTIVATED FORGETTING（動機性遺忘）：心理學術語，指使自己忘記那些對當前意識狀態來說不舒服或不可接受的事物的過程。這是我們很少記得嬰兒期和早期童年的原因。

MOTTO（魔法格言）：一個魔法祕名或表達。現今，魔法師和異教徒為自己選擇其一作為他們魔法代表的象徵。這一直是許多魔法組織的做法，最著名的例子來自於黃金黎明會。然而，他們的大部分格言僅是家族格言或從家族的格言之書中取得。

MUDRA（手印）：譚崔中具神祕意涵的手勢。

MUNDANE TRIANGLE（塵世三角）：當觀察生命之樹時，若將其視為由三個三角構成，它是最底部的三角形，頂點向下。

MURRAY, MARGARET（瑪格麗特・穆瑞，1863—1963）：英國人類學家，她於1921年發表的具爭議性著作《西歐女巫教派》，重燃了人們對巫術的興趣。

# N

NANTA（土之靈）：讀作「En—ah—en—tah」，為以諾語中土之靈的聖名。

NATURAL MAGICK（自然魔法）：見 LOW MAGICK（低魔法）。

NEGATION（排除）：從你的意識中抹去一直專注的事物。這是真正冥想的第三步。

NEGATIVE GOLDEN RULE（消極的黃金律）：如果你不願意被人以同樣的方式對待，那就不要這樣對待別人。

NEOPHYTE（初學者）：字面意義是非原生植物。在許多魔法團體中，初階或基礎階段的人被稱為初學者。

NEPHESCH：或拼為 NEPHESH，潛意識的最外層。較低的自我。與生命之樹上的第九輝耀相對應。

NESCHAMAH：直覺。與生命之樹上的第三輝耀相對應。

NETZACH（聶札賀）：意為勝利，生命之樹上的第七輝耀。

NEURO-LINGUISTIC PROGRAMMING（神經語言程式學）：一套包含語言使用、觀察及理解心智運作的技巧，使其實踐者能夠達致卓越表現。

NLP：見 NEURO-LINGUISTIC PROGRAMMING（神經語言程式學）。

NOTARIKON（字母縮寫法）：文字卡巴拉的一環，使用首字母縮寫或拼寫簡化。

NUMEROLOGY（數字學）：將數字與意義相連的一種學問。數字可以透過特定系統（例如將姓名轉換為數字）或偶然（例如擲骰子）來確定，並根據這些數字及其涵義進行卜卜。

# O

OCCULT（神祕學）：隱藏或奧祕。「隱藏」的智慧意味著「奧祕」的智慧，而非「cult」字根帶有的「邪惡」之意。

OHR—REE—EHL（烏列爾）：北方與土元素之大天使。

OLYMPIAN SPIRITS（奧林帕斯七靈）：《阿巴太爾魔法書》中所述的行星靈體。這些靈體的印記經常用於魔法中，特別是在護符上。

OPENING BY WATCHTOWER（守望塔開啟儀式）：開始任何魔法行動的強效儀式。

ORGONE（奧根能量）：威廉・賴希博士所提出用於稱呼般納、聖靈、氣，即宇宙生命本源的名稱。

O.T.O.（東方聖殿騎士團）：一個眾所周知且依然存在的神祕學團體，成為克勞利理念的主要傳播者，克勞利曾一度是該組織的領袖。

OUTER ALCHEMY（外煉金術）：利用充滿魔法能量的性分泌物於魔法目的。

OUTER ORDER（外階層）：在魔法組織，如祕密結社和巫團之中，涵蓋更廣泛的成員，他們學習該組織的基本理念和觀念。如果他們能夠順利度過訓練並證明他們的價值和奉獻，他們就能晉升到內階層。

# P

PAGAN（異教徒）：源自拉丁文「Paganus」，意為「大地之民」。原本是貶義詞，用來形容鄉村人民及其樸實。後來則轉為特指信奉非基督教神祇的人們。現今，眾多巫者和威卡行者自認為是異教徒或新異教徒。

PAGANISM（異教）：儘管現今許多人將「異教」視為貶義詞，密契主義者卻簡單地將之界定為奉行非猶太教、非基督教或非伊斯蘭教信仰的人群。

PANDAMONAEON（混沌紀元）：根據混沌魔法師的說法，人類演進的新紀元。

PARADIGN SHIFTING（典範轉移）：源於混沌魔法的觀念，指一名實踐者在一個儀式中引入完全不同宗教體系的神祇，以達成典範的轉換。例如，將洛夫克拉夫特虛構的克蘇魯神話中的神祇應用於依循卡巴拉或威卡體系的儀式中。這種做法能深刻地影響實踐者，為其開啟超越傳統世界觀的潛能。

PATHWORKING（路徑工作）：一種視覺化旅程，或引導式的想像，通常出於某種靈性目的。

PENTACLE（五芒星圓盤）：任何刻有五芒星的裝備。同時，也是土元素的魔法工具。

PENTAGRAM（五芒星）：頂點朝上時，代表精神超越四大元素，象徵靈性。兩點朝上則象徵物質主義或所謂的「邪惡」。某些形式的威卡，尤其是在英國，將倒立的五芒星作為一個符號，對他們而言，並不存在邪惡或負面的意涵。

PENTAGRAMMATON（五字神名）：由五個字母 YHShVH 或 YHVShH，分別讀作「Yeh — hah — shu — ah」或「Yeh — ho — vah — sha」。它在四字神名中加入了 Shin，表示將神的靈融入最終的神性之中。有時候這會以「Jesus」的英文形式來表示。

PHYSICAL PLANE（物質層面）：我們的物質世界。

PILLAR OF MERCY（慈柱）：生命之樹上的右側柱。它由第二、第四和第七輝耀組成，被認為具有陽性特質。

PILLAR OF MILDNESS（中柱）：生命之樹上的中柱。它由第一、第六、第九和第十輝耀組成，也被稱為中央之柱（Middle Pillar）。

PILLAR OF SEVERITY（嚴柱）：生命之樹上的左側柱。它由第三、第五和第八輝耀組成，被認為具有陰性特質。

PLACE OF COMFORT（舒適之地）：在魔法圈內，為伴侶進行性魔法活動所設的特別之地。

PLANETARY HOURS（行星時）：將白天與夜晚分為數段，每段由不同的行星能量主宰。行星時的計算方法是將白天或夜晚的總時長平均分成十二份。因此，日間與夜間的行星時長度將有所不同。只有在春分與秋分這兩天，行星時的時長才會均為六十分鐘。

POLTERGEIST（靈擾現象）：通常會讓人誤以為是鬼魂出現。然而它實際上是人類潛意識的一種表現，尤其（但不僅限於）在青春期初期的女孩身上最常見。源於德文「喧鬧的靈魂」之意。

POSITIVE AFFIRMATIONS（正面肯定句）：藉由反覆重複用語或句子，影響你的潛意識，在星光層面造成變化，進而在物質層面產生改變的做法。雖然這是一種受歡迎的技巧，但僅憑**它自身**對於實踐中的魔法師而言用處不大。

POSTMODERN（後現代）：作為對現代主義的回應，後現代主義認為每種典範都擁有其獨特的信仰、意識形態及理論體系，並嘗試對這些進行反思和抗拒。

POSTMODERN MAGICK（後現代魔法）：放棄所有關於任何形式的魔法運作原因的先前信念，同時承認魔法的確有效。它以語言學和符號學為基礎的概念取代了這些先前的信念。

POTENT ORGASM（全然高潮）：由威廉・賴希普及的一個概念，即完全沉浸於性的原始享受中，無法有任何思考。是性魔法的一環。

PRACTICAL KABALAH（實修卡巴拉）：指的是運用卡巴拉方法製作護身物與護符的技術。

PRACTICE（實踐）：成為一名魔法師必須做的事。

PRANA（般納）：讀作「pran — yah」，這是一個梵語單字，指的是藉由呼吸練習所觸發的心靈能量。

PROJECTING SIGN（能量投射手勢）：在魔法實踐中，一種用來將體內喚起的魔法能量投射至一個近距離或遠距離目標的身體動作，例如為護符充能。左腳向前踏出，雙臂向前伸展，手指併攏，指尖向前，眼睛越過拇指向前看。能量穿過眼睛和雙臂流出。

PSEUDO — GHOSTS（濁氣魅影）：類似於心靈幻影的存在。它們可以透過讀取星狀之光，告訴你關於你的過去與未來，讓人誤以為是心愛之人的鬼魂。它們會「吸取」那些認為它們是已故親人靈魂的人所給予的能量。

PSYCHIC ATTACK（心靈攻擊）：使用魔法或心靈手段對人發起的攻擊。在現實生活中，這種攻擊非常罕見，幾乎不存在。當它們發生時，通常是由於憤怒或極端憤恨的情緒引起的，並總是鎖定你最脆弱的一環。

PYTHAGOREAN NUMEROLOGY（畢達哥拉斯數字學）：一種將 1 至 9 的數字與英文字母按其自然順序進行對應的數字學系統。因此，A=1，B=2，以此類推。當到達 I=9 後，過程又循環回 1，使得 J=1，K=2 等。所得的數字用於數字學占卜。

# Q

QABALAH（卡巴拉）：見 KABALAH。

# R

RAH — FAY — EL（拉斐爾）：東方與風元素之大天使。

RAINBOW WAND（彩虹魔杖）：魔法師使用的核心工具，源於黃金黎明會使用的蓮花魔杖。它不與任何四元素對應，而是更傾向於行星能量。

REGARDIE, FRANCIS ISRAEL（弗朗西斯·伊斯瑞·瑞格德，1907—1985）：在擔任克勞利祕書之後，他在荻恩·佛瓊的引薦下加入黃金黎明會。他發現該團體幾乎處於垂死狀態，為了拯救黃金黎明會的祕密教導免於湮滅，他背棄了誓言，在《黃金黎明》一書（原為四卷，現合為一卷）中公開了這些奧祕。結果，比以往任何時候都有更多的人研究了該團體的教導。

REICH, WILHELM（威廉·賴希，1897—1957）：最初跟隨佛洛伊德的精神科醫師，後來偏離了佛洛伊德的主流理論，他引入了奧根或稱為宇宙生命力的觀念，並詳細論述了它與性之間的聯聯。他的著作遭到美國政府焚毀。

RELAXATION（放鬆）：真正冥想的第一步。

RETORT（曲頸瓶）：在煉金術中，指特定類型的容器。在性魔法中，則是指女性生殖器的象徵。

RITUAL（儀式）：一系列反覆執行的行為。

RITUAL DIARY（儀式日記）：亦稱為魔法日記。

RITUAL MAGICK（儀式魔法）：雖然「儀式魔法」可能適用於任何遵循一定模式或儀式的魔法，但通常指的是那些涉及更複雜儀式的魔法形式。它也經常與「儀典魔法」同義使用，然而儀式魔法可以由一個人單獨進行，而儀典魔法通常需要多人參與。

ROSE CROSS（玫瑰十字）：黃金黎明會的符號，同時也是一個保護與隱匿的儀式。

R.R. ET A.C.（紅寶石玫瑰與黃金十字架）：全稱為 Roseae Rubeae et Aureae Crucis，是屬於黃金黎明會第二階層或內階層的一部分。與大部分人所知，屬於於外階層的黃金黎明會相比，此組織專注於實踐儀式魔法

與儀典魔法。其名稱的英文原意是「紅寶石玫瑰與黃金十字架」。

RUACH：(1) 類似於般納和昆達里尼的心靈能量。(2) 指意識。包括意志、記憶、想像、理性和慾望。對應於第四至第八輝耀，也對應於位於太陽神經叢中心的心靈能量。

RUACH ELOHEEM：神性之靈。與 Ruach 類似，但是其作用範圍達到宇宙層面。被基督教扭曲為聖靈的概念。

# S

SATAN（撒旦）：原意為希伯來文中的「對手」，在猶太傳統裡，它是一個稱號，而不是名字。撒旦會質疑神，即現今所稱的「魔鬼代言人」，然而卻只能執行神的命令。在基督教中，撒旦變成邪惡的單一源頭。

SATANISM（撒旦信仰）：傳聞中崇拜撒旦的信仰。大致上有兩種主要的撒旦崇拜。「宗教撒旦主義者」不是將撒旦視為被誤解的神明，就是將其作為自我高於一切的象徵，發展出類似於艾茵・蘭德和尼采的哲學思想。第二種少數類型是「自稱的撒旦信仰」，通常集中於一位充滿魅力的領袖身上，其哲學建立於虛構電影、小說和各種來源的混合體之上。所有形式的撒旦信仰都與威卡無關，儘管出於權力、政治或缺乏理解的原因，許多人仍試圖將兩者混為一談。

SCANNING（掃描成像）：一種用於冥想的方法，藉由記住圖形或圖表的細小部分進行。

SÉANCE（降靈會）：讀作「say — ahns」，源自法文，意思是「會面」。一種由唯靈論者所實踐的信仰儀式，他們宣稱能夠與在場者已故的親人取得聯繫，並向生者傳達亡者的訊息。在少數實質的降靈會中，可能會出現超自然現象，這些現象範圍從無形之聲的出現到將微小物品從星光層面搬運至現場，這種現象被稱作「apports」。

SEER（探尋者）：讀作「see — ur」。執行預示的人。在召喚過程中，與被召喚的靈體直接接觸者。

SEMIOTICS（符號學）：研究記號和符號的意義、使用方式，以及它們如何與其所指之物或所指概念相互關聯，建構意義的學問。

SEMIOTIC WEB（符號網）：在後現代魔法觀點中，由一個個符號相互關聯交織的符號群，構成使我們得以在「真實世界」中生活的內建程式碼。

SEPHER YETZIRAH（形塑之書）：被認為是卡巴拉中最早期的書籍。

SEPHIRA（輝耀）：此詞難以直譯，涵義接近於「數值放射」的單字。生命之樹圖解中通常以圓圈形式呈現，作為途經站。由於其形狀及詞語發音，常被稱作「球體」。SEPHIROHT 為其複數形式。

SERPENT（原蛇）：在煉金術中，是指在煉金之釜加熱物質所產生的結果。於性魔法中則代表精液。

SEX MAGICK（性魔法）：利用性行為過程中激發的強大能量於魔法目的之能力。

SHADOW（陰影）：指人潛意識中的「較暗面」，涵蓋恐懼、憤怒、偏見等。陰影能夠影響我們的思維與行為，引發從小問題至嚴重的個人障礙，如強迫症和從非理性偏見及仇外到各式群體行為的危險外顯行動。大部分人不願意，甚至不敢面對自我內心的暗面。未經治療干預或深度自我反思，很少有人能整合並掌握其陰影。

SHECHINAH（舍金納）：讀作「Sheh — chen — ah」，將作為 Ruach Eloheem 的能量以女性形態體現。這與譚崔中的夏克提概念相似。

SHEE — OOL：源於《塔納赫》的詞彙，意指「地面」或「大地」。在某些情境下，被翻譯為「地獄」，可能因為神學政治的考量。卡巴拉中不存在地獄的概念，因為輪迴是其傳統的一部分。

SHERWIN, RAY（雷・舒爾文）：英國神祕學作家與出版者，混沌魔法創始人之一。他的著作《結果之書》（1978）被視為混沌魔法的先驅之作。

SHIN：讀作「sheen」，這個希伯來字母象徵著 Ruach Eloheem。當其被插入四字神名中，形成了五字神名，展現了我們如何藉由引入神性之靈進行自我淨化。

SIGIL（印記）：符號或簽名。一個簡單的繪製符號，作為符號或簽名，象徵特定事物，通常用於象徵靈體、天使、大天使、神性的某一面向、其他形體或魔法目標。

SKYCLAD（裸身）：威卡行者用來指稱進行儀式時裸體狀態的術語。

SMART GOALS（SMART 目標管理）：由作家彼得・杜拉克（1909—2005）在1950年代關於管理學概念的規範和明確的界定，SMART 目標的概念也與確定魔法儀式中實現的目標的效度和品質。SMART 是個縮寫，意味著你的目標需是具體（Specific）、可衡量（Measurable）、可達成的（Attainable）、實際的，並設定一個實現的時間框架（Time frame）。

SPARE, AUSTIN OSMAN（奧斯汀・奧斯曼・斯佩爾，1886—1956）：獲得高度讚譽的藝術家、神祕學者，與克勞利為同代人。他的理念曾長期被忽略，然而後來對現代魔法體系產生了深遠的影響，尤其是混沌魔法。

SPHERE OF AVAILABILITY（可及領域）：這個概念最初由神祕學家奧菲爾（Ophiel，原名 Edward Peach，1904—1988）所描述。這一概念主張，你透過魔法達成或獲得的事物必須是對你而言可用的。如果你無法使用這些事物，則你將無法獲得它們，因這些事物超出了你的可及領域。

SPIRIT：（1）賦予生命之力。（2）靈魂的同義詞。（3）鬼魂的同義詞。

SPIRITISM（唯靈論）：亦稱為精神主義，其核心信仰是在一種稱為降靈會的儀式事件中與亡者溝通。

STOCKHAM, ALICE BUNKER（愛麗絲・邦克・斯托克罕，1833—1912）：美國第五位成為醫師的女性，她與托爾斯泰（Tolstoy）是朋友，因倡導生育控制而捲入麻煩之中。她後來遠赴印度，研究了譚崔中的身體技法。她將延長性交時間至未達高潮作為一種節育方法引入美國。她的書籍《Karezza》於1896年出版，這些理念對許多性魔法實踐者產生了深遠影響。

STURGEON'S LAW（史特金定律）：歸因於著名科幻作家西奧多・史特金（本名 Waldo, Edward Hamilton，1918—1985）。當被問及是否同意科幻小說中有90%是垃圾時，他回答「在任何事物中，90%都是垃圾」。

SYMPATHETIC MAGICK（交感魔法）：使用一個存在交感（in sympathy，更早期的涵義，指的是「密切相關」）的物品，使用人的一縷頭髮作為焦點進行儀式，目的是為了影響那個人。

# T

TALISMAN（護符）：不論是神聖還是平凡之物，不論其上是否刻有相應的符號，只要經過適當的充能或聖化，目的是為了實現一個特定的目標，即可是護符。對於現代的神祕學者來說，護符是一個能夠吸引如健康、財富、智慧等事物靠近持有者的工具。

TALLIT（塔利特）：猶太男性在進行特定祈禱與儀式時所佩戴的祈禱披肩。

TALMUD（塔木德）：對於《妥拉》評註的龐大著作。

TANACH（塔納赫）：猶太聖經，通常——且帶有反猶太色彩地——被稱為「舊約聖經」。

TANTRA（譚崔）：宇宙萬物的編織與結構。一種源於古印度（後傳至西藏）的神祕哲學，視物質世界為充滿靈性之所。同時，它也指向一系列講述譚崔哲學的古代典籍。作為一個全面的靈性體系，譚崔深入探討生命的諸多層面，當然也包括性。然而，當代許多人將其誤解為僅關於性的學問。

TAROT（塔羅）：起源未明的神祕牌卡。這些帶有各式圖像的牌卡，雖然經常用於占卜，但其實擁有更深遠的靈性目的。如今標準塔羅牌由兩部分組成：大阿爾克納的二十二張以及小阿爾克納的五十六張，後者包括四組花色，每組含十張數字牌與四張描繪歐洲貴族象徵的「宮廷牌」。

TAU：代表希臘字母「T」的符號，其形狀為頂端帶橫梁的十字。這也是傳統魔法袍的外形。

TEE — KOON：希伯來語，意指「糾正」。此詞與梵語中的「業力」涵義相近。

TELESMATIC IMAGES（護符圖像）：黃金黎明會使用的一套系統，依據要形象化靈體名稱中的字母來創建視覺化圖像。

TEMURAH（字母變換法）：文字卡巴拉的一套轉換系統，主要用於變換希伯來字母表中的字母，尤其針對《塔納赫》中的文字。所形成的新詞被認為富有深遠意義。

TEPHILLIN（塔飛林）：內有祈禱經文卷軸的小盒，猶太男性在特定祈禱時期用皮帶以帶有象徵性的繩結綁法固定於其身。

TETRAGRAMMATON（四字神名）：神性的四字母聖名，YHVH。表明神是終極的統合，在所有的層次上，融合了一切對立元素。

T.F.Y.Q.A.：「獨立思考，質疑權威」（Think For Yourself. Question Authority，簡稱 T.F.Y.Q.A.）。這一縮寫由作者所使用。它意味著單因某人寫下或說出某事，並不代表那適合你。每個人都應該自己去探究一切。荻恩・佛瓊曾寫道：「神祕學中沒有權威」，也表達了相同的觀點。

THEOSOPHICAL REDUCTION（神性還原）：一種數字學中的方法，將一數值的每一位相加，以形成一新數字。這個過程會重複，直到總和為個位數（或特殊形式，被稱為「大師數」的兩位數）。

THESIS — ANTITHESIS — SYNTHESIS THEORY（正一反一合辯證法）：若你處於一種狀態（A）並期望轉變至另一狀態（B），你通常會得到原狀與新狀的混合（AB），而非僅為期望的新狀態（B）。

THOUGHT CONTROL（意念控制）：一種性魔法的形式，在性慾喚起和性高潮期間，透過心智控制性能量的方法。

THOUGHT FORM（意念化形）：類似於元素念像，一種由魔法師創造的非物質形體，用以完成指定任務。

THREE TRIANGLES（三位一體三角）：將生命之樹視作由三個三角組成。這三個三角分別為上位三角、道德三角與塵世三角。

THREE VEILS OF NEGATIVE EXISTENCE（負向存在的三道帷幕）：描述不可知的終極神性，起始於否在，接著是無限，第三重帷幕為無限之光。

THROUGH TIME（脫離當下）：當人們感覺到他們的時間線完全存於自身之外時，便被形容為「脫離當下」。

TIFERET（悌菲瑞特）：意指美，是生命之樹上的第六輝耀。

TIMELINE（時間線）：描述人們如何感受並與時間互動。

TORAH（妥拉）：《塔納赫》（猶太聖經）的前五卷。神祕學家認為它大部分內容蘊含著卡巴拉密碼。

TRANSMIGRATION（靈魂轉生）：當轉世時，在演進階梯上升或下降的概念。

TREASURE MAP（寶藏地圖）：作為幫助創造性想像的繪圖或拼貼。

TREE OF LIFE（生命之樹）：卡巴拉中的主要象徵。它能像索引卡一樣，幫助你記憶大量資料，也是理解塔羅牌、心理學、宇宙創造、占星學等更多知識的一種方式。它同時也是星光層面的地圖。

TRIANGLE OF THE ART（魔法三角形）：非物質的存有於此顯現給經訓練可見之人。

TRIANGLE OF MANIFESTATION（顯化三角）：雙手形成三角形的一種手勢。在灰魔法中使用。

# U

UNWRITTEN KABALAH（無字卡巴拉）：卡巴拉中涉及生命之樹對應關係的部分。

# V

VÉVÉ（符圖）：在巫毒儀式中畫在地上作為護符或吸引羅瓦或神靈的用具。

VIBRATORY FORMULAE（振動準則）：在儀式魔法中，某些詞需以振動的方式來發音，此時不僅你，一切的存在都隨聲音一起振動。

VISUALIZATION（視覺化）：在心靈的眼中看見影像，這是一個帶有意念的影像，不同於幻覺，是不帶有意念的心靈畫面。

VOODOO（巫毒）：一種融合羅馬天主教與非洲宗教的信仰。魔法是這個信仰的重要面向。對巫毒的全面探討已超出了本書的範圍。

# W

WAITE, A. E.（A・E・偉特，1857—1942）：黃金黎明會的成員，他因要求停止進行魔法活動，並主張會內晉升不應僅憑個人知識與工作，而應是憑成員在組織內的年資，因而導致了組織的分裂。他撰寫數本書籍，主要是將其他來源的資料進行彙整並加上自己的評註。偉特的寫作風格被認為不夠現代，他試圖分享的智慧（儘管有些人對此持懷疑態度）經常被晦澀的文筆所掩埋。而他最重要的成就或許就是製作了一副依循黃金黎明會的塔羅牌，由史密斯（Pamela Colman "Pixie" Smith, 1878–1951）繪製，這副牌在過去一百年間成為塔羅牌的典範與標準。

WAND（權杖）：火元素的魔法工具。

WANING（月亮漸虧）：從滿月過後到新月前夕的階段。

WATER（水元素）：五大魔法元素之一。具有寒冷與濕潤的特質。

WAXING（月亮漸盈）：從新月開始直到滿月的階段。

WHITE MAGICK（白魔法）：一門依循意志，結合科學理解和藝術創造，實現變化的技術，其運作方式是目前西方傳統科學尚未理解的，目的是獲得與你神聖守護天使的認識與交流。

WICCA（威卡）：儘管標準發音為「wee—cha」，但當今多數人則發為「wick—kah」。這是巫師（Witch）一字演化而來的字根。它意味著「扭曲」，隱喻能夠按照自己的意志扭曲現實。也還有證據表明其涵義為「睿智」（wise），意指行於威卡的人是「睿智之人」（wise ones）。

WICCE（威卡）：為「Wicca」的女性形式。

WIDDERSHINS（逆時針）：指逆時針繞行。雖然偶爾會在魔法圈內採取此方向行進，但屬於少見情況。

WITCHCRAFT（巫術）：由傑拉爾德・加德納及眾多人士推廣，本質為一種以崇拜自然生育力為核心的和平信仰。巫師們敬仰角神：狩獵之神（Horned God of the Hunt）與生命三相女神（threefold Goddess of Life）。他們不是撒旦教徒；事實上，撒旦不在其信仰之中。

# Y

YEH — CHEE — DAH（真實自我）：頭頂上方的精神能量中心，同時亦為潛意識的最深處，即高我。

YESODE（易首德）：意指根基，生命之樹上的第九輝耀。

YETZIRATIC WORLD（形塑界）：卡巴拉傳統中對星光層面的稱呼。

YHVH：四個希伯來字母（Yud Heh Vahv Heh）的英語轉寫，象徵著神性至高之名，指出神性本質融合了一切物質與精神。但是由於有些人未能擁有完全的資訊，誤將其發音為耶和華（Jehovah）或雅威（Yahweh）。

YI KING（易經）：源自中國的古老智慧之書，英文中普遍稱為《I Ching》。如同塔羅牌，其廣泛應用於精神層面，然而最為人所熟知的則是用於占卜。

YOGA（瑜伽）：融合。尤其是指人與神性之間的融合。

YONI（陰道）：梵文中指女性生殖器的用語。

# Z

ZOHAR（光輝之書）：對《妥拉》奧祕評註的龐大著作，由摩西・迪・里昂（Moses de Leon，1250—1305）首次於十四世紀撰寫。

# 附錄五
## APPENDIX FIVE

## 參考書目註解

（**作者的話**：在撰寫《現代魔法》第一版的過程中，我為每一課及相關書籍製作了這份參考書目，並試圖盡可能地詳盡，囊括了我個人藏書中的版本、出版日期和出版社。作為一名神祕學書籍的收藏者，我意識到許多人可能無法取得我列出的那些版本，其中一些書籍也已經絕版，不是難以尋找、價格昂貴，就是無法獲得。我不得不承認，在某種程度上，這是我想要炫耀我私人藏書的一種表現，不過現在我也能很高興地說，我已超越那個階段。為了使這份參考書目和每一課課程結尾的書目更實用、真正有益於讀者，我現在提供的是在本書撰寫時由最新的出版社出版、且日期最新的版本，而不再僅限於我個人藏書中的舊資訊。此外，我也嘗試剔除了在本書撰寫時已經絕版的多數書籍。然而所有仍被列出的絕版書，都是因其重要性而被保留，並且得益於網際網路，現在獲取這些書比《現代魔法》最初出版時容易了許多。最後，先說抱歉了，在任何人問之前我要說，這是我的收藏，不是提供外借的圖書館。）

Achad, Frater (pseudo. of C. S. Jones). *The Anatomy of the Body of God*. Kessinger Publishing, 1977. 這本書令人著迷地嘗試展示，卡巴拉的生命之樹是原子結構的基礎。精彩的插圖將生命之樹帶入多維空間。

— *Crystal Vision Through Crystal Gazing*. Kessinger Publishing, 1942（？）. 從儀式魔法的視角審視水晶占卜的概念。據我所知，這是唯一一本這樣的書籍。

— *Egyptian Revival or the Ever-Coming Son in the Light of the Tarot*. Kessinger Publishing, 1992. Achad 對克勞利版卡巴拉的詮釋。

— *Liber Thirty-One*. Luxor Press, Inc., 1998. 闡述了克勞利《律法之書》中的祕密涵義，令克勞利將 Achad 視為他的魔法之子。

— *Q.B.L. or The Bride's Reception*. Weiser Books, 2005. Achad 對卡巴拉的詮釋使克勞利不再將他視為魔法之子。

Agrippa, Henry C. *Three Books of Occult Philosophy*. Llewellyn Publications, 1992. 是現代魔法書籍的始祖，眾多著作都基於此，但往往未被明確引用。唐納・泰森的註解和澄清使其更加完善。

Andrews, Ted. *Simplified Qabala Magic*. Llewellyn Publications, 2003. 這本精簡的書籍淺顯易懂地介紹了卡巴拉，並提供了一些實際的資訊。

Ashcroft–Nowicki, Dolores. *The Ritual Magic Workbook*. Red Wheel / Weiser, 1998. 由一位最重要的在世神祕學老師所撰寫，為魔法實踐指南書籍中的優秀作品。

Avalon, Arthur (pseud. of Woodroffe, Sir John). *Mahanirvana Tantra: Tantra of the Great Liberation*. CreateSpace, 2008. 這是一部重要的譚崔經典，介紹了當今西方人廣泛關注的許多重要譚崔理念和實踐。

Bach, Richard. *Illusions: The Adventures of a Reluctant Messiah*. Arrow Books, 2001. 這是一部開創性的著作，深入探討了現實、生命與靈性的本質。你很可能一坐下閱讀就能讀完整本，非常享受。特別是當你在「吸血鬼」一幕中讀懂其間的寓意，將明白克勞利格言（motto）與威卡信仰訓諭（Rede）之間的區別。

Bardon, Franz. *Frabato the Magician*. Merkur Publishing Co., 2002.

— *Initiation Into Hermetics*. Merkur Publishing Co., 2001.

— *The Key to the True Qabbalah*. Merkur Publishing Co., 1996.

— *The Practice of Magical Evocation*. Brotherhood of Life Books, 2001.

以上四本書構成 Bardon 作品的主要部分。他提出了自己的理論，這些與傳統西方神祕學的主流觀點並不完全一致。然而，許多作者從 Bardon 那裡「借鑑」而未給予他應有的認可。例如，看看他對以太能量冷凝器（fluid condensers）的概念。《*Frabato*》主要是一部半自傳小說，非常值得一讀。遺憾的是，這些著作是從原始德語翻譯而來，閱讀起來可能有些艱澀，但努力讀完絕對值得。

Berg, Philip S. *The Wheels of a Soul*. Kabalah Publishing, 2004. 關於輪迴的正統卡巴拉解釋。我曾欣賞 Berg 早期的作品，但對於他的許多近期作品不再推薦，原因是有人將他的組織卡巴拉中心（Kabalah Centre）視為邪教。當我拜訪他們位於洛杉磯的場地時，迎

接我的一位女士幾乎把所有時間都用來說服我花數百美元購買希伯來語書籍。她解釋說，即使我不懂希伯來語沒關係，因為他們會提供資料教我如何僅閱讀就可以獲得助益。

Bonewits, P. E. I. *Real Magic* (Revised Edition). Red Wheel / Weiser, 1989. 一部描述美國魔法傾向團體的著名現代歷史著作。修訂版相較於首版展現了更高的成熟度。Bonewits 後來成為德魯伊傳統和神祕學的領袖。

Brennan, J. H. *Astral Doorways*. Thoth Publications, 1996. 從儀式魔法的視角教授星光體投射技巧。

Bruce, Robert, and Brian Mercer. *Mastering Astral Projection*. Llewellyn Publications, 2004.

— *Mastering Astral Projection CD Companion*. Llewellyn Publications, 2007. 絕大多數關於星光體投射的書籍主要聚焦於短期內實現投射，但這套書籍和 CD 將學習過程放慢，使你能在三個月內學會並精通星光體投射。如果其他方法未能奏效，這一套或許能對你有所幫助。

Buckland, Raymond. *Buckland's Complete Book of Witchcraft*. Llewellyn, 2002.（巴克蘭巫術全書）這或許是到目前為止出版過的關於現代巫術實踐最佳的實用指南。對獨修者及巫團來說是完美的指導書籍。

Carnie, L.V. *Chi Gung*. Llewellyn Publications, 2002. 儘管這是一種用於生成和指導內在（魔法）能量的中國系統，但這些技術可以輕鬆地應用到《現代魔法》中的實踐上。

Carroll, Peter J. *Liber Kaos*. Red Wheel / Weiser, 1992. 卡羅爾關於混沌魔法的更深入的探討。

— *Liber Null & Psychonaut*. Weiser, 1987. 這兩本書是讓混沌魔法在美國廣泛流行的關鍵。為所有神祕學者的基礎書籍。

Case, Paul F. *Tarot, The*. Tarcher, 2006. 由這位曾為黃金黎明會成員及聖殿建造者（BOTA，Builders of the Adytum）創始人所著的半卡巴拉式塔羅牌導論。

Cicero, Chic, and Sandra Tabatha Cicero. *The Essential Golden Dawn*. Llewellyn, 2003. 瑞格德在二戰爆發前完成了《黃金黎明》的撰寫。西塞羅夫婦的這本書使其內容更符合時下，並且讓理念與實踐更加明晰易懂。此書不僅重要，更是寶貴的參考資源。

— *Secrets of a Golden Dawn Temple*. Thoth Publications, 2004. 簡單來說是關於建造黃金黎明聖殿所需工具與布置的最佳指南書籍。

Cohen, Seymour. *The Holy Letter*. Jason Aronson, 1993. 這是一本不為人知但優秀的卡巴拉性魔法書籍。

Conway, Flo, and Jim Siegelman. *Snapping*. Stillpoint Press, 2005. 為何智慧與心理平衡的人最終會沉淪為邪教的一員？這本書解釋了這如何可能發生。雖然我並不贊同他們所有

的觀點，但透過了解可能發生的事，你足以有備無患。

Cooper, Phillip. *Basic Sigil Magic*. Weiser Books, 2001. 提供關於使用印記的更多細節資訊。對製作護符者而言是有益的，對那些專精於混沌魔法的人更是具備吸引力。

Crowley, Aleister. *777 and Other Qabalistic Writings of Aleister Crowley*. Weiser Books, 1986. 這本書曾經是西方神祕學領域不可或缺的辭典，雖然已被戈德溫和斯金納更全面的著作所取代，但對許多魔法師而言，它依然是一份廣受歡迎的參考資源。

—— *The Book of Lies*. Weiser Books, 1986.（謊言之書）這是對魔法理論與實踐的愉悅且玩味十足的探索，其中帶有許多隱晦。這是一本進階書籍，不在於其內容本身，而在於你必須洞悉其隱藏的暗碼和迷霧才能理解。

—— *The Book of Thoth*. Weiser, 1988.（托特之書）克勞利生前出版的最後一部作品，證明了即使面對不齒他的人所提出的各種說法，他的頭腦依舊敏捷，記憶力出色，創造力豐富。這不僅是對塔羅牌，特別是其托特塔羅牌的詳盡闡述，同時也是一本關於卡巴拉與泰勒瑪的絕佳入門書。

—— *The Confessions of Aleister Crowley*. Penguin, 1989. 無論你對魔法有無興趣，他稱的聖徒自傳（autohagiography）——也就是他的自傳（autobiography），一直是他最易於閱讀且極富趣味的作品。克勞利的一生中經歷了不同階段，始終不停地寫作。若不了解克勞利創作該書時的人生階段，僅憑一本書就認為抓住了他對某主題的全部精髓，這是容易被誤導的。我堅持認為，不深入了解克勞利的生活，就無法真正理解他。尋找這本他加入「hag」的自傳），或是任何一部關於他生平的傳記吧。

—— *Eight Lectures on Yoga*. New Falcon Publications, 1992. 被譽為有史以來撰寫的最佳瑜伽理論導論，也被稱作「Yoga for Yahoos」。

—— *Gems From the Equinox*. Weiser Books, 2007.（分點）從1909年到1913年，克勞利出版了名為《分點》的十一卷厚重「期刊」。每一卷的體積相當於一本大型書，大部分內容都是克勞利所寫，並經常使用許多筆名。其中收錄了詩歌、書評，以及當時的尖酸評註，這些今日看來已不再相關。但在這些之中，卻蘊含著龐大且重要的靈性資訊和魔法儀式。伊斯瑞・瑞格德針對魔法讀者，將那些書籍中的精華部分彙編於此一卷之中。對於任何神祕學者而言，這都是一份重要的收藏。

—— *The Goetia: The Lesser Key of Solomon the King*. Weiser Books, 1995.（歌伊提亞：所羅門王小鑰）儘管人們普遍認為克勞利對此書有重大貢獻，他其實幾乎未參與其工作。馬瑟斯（Mathers）被稱為「譯者」，這很奇怪，因為原始文字就是英文的！雖然克勞利被列為「編輯」，然而他實際上幾乎未投入任何工作，只是寫了一個簡短的導言（其中貶低了馬瑟斯的工作），增加了一些註解，並在文末加入一段將召喚禱詞翻譯成以諾語

的對照。在英國出版後，L.W. de Laurence 在美國盜印了此書的未授權版本，將新增的部分放在書末，但未將以諾語與英語的翻譯對照一起放入，僅重複了兩段相同的英文。最初見到此情況時，由於不了解背後的歷史，我感到非常困惑。儘管存在更為完整且註解解釋豐富的版本，此版本仍被廣泛使用於眾多魔法師之中，成為一份基礎而有價值的參考資料。

— *The Law is for All*. Thelema Media, 1996. 對克勞利的追隨者而言，這是他的代表作。收錄《律法之書》，泰勒瑪思想的核心作品，附帶兩篇相關評論。

— *Magick*. Weiser, 1998.（魔法）雖包含零星、離散的內容，偶爾還有迷惑，仍然是範圍涵蓋初學到進階的儀式魔法絕佳入門書籍，亦融入了貫穿全文的泰勒瑪概念。這是一本需要深入研究，而非僅僅閱讀的書籍。本書也是對《Magick in Theory and Practice》的精彩延伸。

— *Magick Without Tears*. New Falcon Publications, 1991. 克勞利最淺顯易懂且深情的魔法書籍。雖然內容零散且不連貫，但克勞利致力於回答所接受的提問，闡述了在他的其他作品中未曾觸及的議題。

Crowley, Aleister, and Samuel Mathers. *The Goetia*. Weiser Books, 1995. 作為召喚魔法實踐的基礎書籍之一。

Cunningham, Scott. *Earth Power*. Llewellyn Publications, 2002.（大地魔法：取之自然的實用威卡魔法）

— *Cunningham's Encyclopedia of Crystal, Gem & Metal Magic*. Llewellyn Publications, 2002.（顯化心願的寶石魔法：康寧罕大師用水晶、礦石、金屬的魔法力量讓你達到目標，體驗美好的轉變）

— *Cunningham's Encyclopedia of Magical Herbs*. Llewellyn Publications, 2000.（魔藥學：魔法、藥草與巫術的神奇祕密）

— *Magical Herbalism*. Llewellyn Publications, 2001.
這四本書是對自然魔法的絕佳入門。這些百科全書與克勞利的《777》一樣，也是必讀的，能夠幫助你建立個人的對應關係表。

— *Wicca: A Guide for the Solitary Practitioner*. Llewellyn Publications, 1993.（神聖魔法核心修練：神祕學大師喚醒自然能量的威卡經典）傑拉爾德·加德納被認為是重新啟動（或創始）以社群、巫團為導向的現代威卡之人。書於1988年首次面世時，它迅速引發了一場革命，催生了當今以獨修者為主體、不依附任何巫團結構的威卡信仰主流形式。1993年，在我生日那天，我的朋友史考特在過世前對我開了最後一個玩笑。如今，每當慶祝生日時，我總會想起他。他本無須擔心——我將永遠記住這位好友。

我與成千上萬的他的粉絲都深深地想念著他。他或許是史上最受愛戴的威卡作家。

Denning, Melita, and Osborne Phillips, *Practical Guide to Astral Projection*. Llewellyn Publications, 2001. 一種清楚且容易遵循的學習出體經驗的方法。如需額外協助，可獲取他們的有聲出版物《*Deep Mind Tape for Astral Projection*》（1979）。

— *Practical Guide to Creative Visualization*. Llewellyn, 2002. 如果你已經閱讀過我的課程，你會明白我並不主張只使用創造性想像技巧，更精確地說，我認為它應成為卡巴拉心靈魔法的一部分。然而，掌握這一技巧作為完整系統的一部分仍然是值得推薦的，而本書便是該領域中較為出色的一本參考書籍。

— *Practical Guide to Psychic Self-Defense*. Llewellyn, 2002. 關於此主題的最佳書籍。與同類作品中常見的偏執相比，本書完全沒有這種問題，並為魔法實踐者提供了實用的技巧。

Douglas, Nik, and Penny Slinger. *Sexual Secrets*. Destiny Books, 1999. 許多人對這本書作為譚崔與道家性學的入門，給予極高的評價。這讓我感到好奇，因其所含資訊相對較少，卻有許多插圖。插圖製作非常精美，但奇怪的是我沒有看到任何關於原始照片的版權資訊。

Dukes, Ramsey ( 最初使用假名 Lemuel Johnstone 出版 ). *SSOTBME Revised*. The Mouse That Spins, 2002. 這本書在1975年首次問世時，對我年輕時的自己產生了深遠的影響。它宛如一趟魔法般的迷幻旅程，文字雖似繞圈，卻引領你達到全新的概念與思維方式。難怪杜克斯 (Dukes) 為混沌魔法的發展帶來深遠影響。

Dunn, Patrick. *Magic, Power, Language, Symbol*. Llewellyn Publications, 2008.

— *Postmodern Magic*. Llewellyn Publications, 2005.

這兩本書是後現代魔法的起點，此體系融合了所有最新魔法觀念於理論與實踐之中，形成一個完整體系。如果受到廣泛接受，毫無疑問它們將代表著邁向二十一世紀的魔法未來。然而，人們的喜好易變，只有時間能證明這些書的價值。當我極力推崇《*SSOTBME*》與《*Liber Null*》時，曾遭人質疑。我希望你不會因為沒有掌握後現代魔法的理念，而感到被時代遺棄。

DuQuette, Lon Milo. *The Chicken Qabalah of Rabbi Lamed Ben Clifford*. Weiser Books, 2001.（小雞卡巴拉）這是對卡巴拉概念的一個精彩且直觀的介紹，以杜奎特（DuQuette）無法模仿的幽默手法呈現。非常適合初學者，並為進階學習者提供豐富洞見。

— *The Magick of Aleister Crowley*. Weiser Books, 2003. 克勞利的著作有時令人難以理解，這本書帶來一個現代化的介紹，並附有克勞利泰勒瑪儀式的實例。

Farrar, Janet, and Stewart Farrar. *A Witches, Bible*. Phoenix Publishing, 1996.

— *Eight Sabbats for Witches*. Phoenix Publishing, 1988. 這兩本書共同構築了一個完整的巫術

體系，融合了古代傳統與亞歷山大巫術（Alexandrian Witchcraft）。

Farrell, Nick. *Magical Pathworking*. Llewellyn Publications, 2004. 為數不多、深入探討路徑工作與卡巴拉路徑工作的佳作。

Fortune, Dion. *Aspects of Occultism*. Weiser, 2000. 對眾多神祕學主題介紹的優秀導論。雖不是首選的第一手來源，卻是豐富知識的絕佳補充閱讀。

— *The Mystical Qabalah*. Lulu.com, 2008. （祕法卡巴拉：西方的身心修煉之道）另一本不可或缺的著作。關於黃金黎明會對輝耀詮釋的經典文獻，文字清晰，易於理解。

— *Sane Occultism and Practical Occultism in Daily Life*. Aquarian Press, 1995. 佛瓊的兩本書合為一卷。提供寶貴建議，助你避免變得太飄（space cadet），或如何讓自己落地（down to Earth）。第二本書，像克勞利的《*Magick Without Tears*》一樣，回答了寫信給她，提出關於前世、因果、占卜等主題的疑問。雖然不是我最喜歡的一本，但對於深入學習仍具有相當的價值。

Franck, Adolphe. *The Kabbalah*. Forgotten Books, 2008. 這是一本對於猶太卡巴拉的極佳介紹。展現了其與西方卡巴拉之間的相似之處，因此深得西方神祕學者的喜愛。

Frazer, Sir James. *The Golden Bough* (abridged edition). Oxford University Press, 1998. 一本關於古代神話與傳說的經典研究，被許多異教徒用作重要的參考資源。雖為重要書籍，但非深度研究者則建議閱讀精簡版。

Gardner, Gerald. *High Magic's Aid*. Pentacle Enterprises, 1999. 這是一本以小說形式，精彩且激動人心地比較了巫術與儀式魔法的書籍。

— *Witchcraft Today*. Citadel, 2004. 此書於1950年代初發行，促成了現代巫術運動的起始。

Garrison, Omar. *Tantra: The Yoga of Sex*. Three Rivers Press, 1983. 這是一本介紹譚崔性學的書籍，多年來一直非常受歡迎。雖然不錯，但由於 Garrison 未曾經歷傳統譚崔的啟蒙，未能完全理解其內在概念與祕密，因此未達到卓越水準。儘管如此，在我看來這本書也比同主題上的許多其他書籍要好。

Godwin, David. *Godwin's Cabalistic Encyclopedia*. Llewellyn Publications, 2002. 這是首本真正超越克勞利的《*777*》之作，它提供了更豐富的資訊，並以易於使用的格式呈現。對所有神祕學愛好者來說，這本對應關係的百科全書絕對是必不可少的書籍。

González-Wippler, Migene. *A Kabbalah for the Modern World*. Llewellyn Publications, 2002. 一本絕佳的卡巴拉入門，非常精彩。不要被她輕鬆的風格所迷惑——此書蘊含了豐富的現代與歷史知識，既有猶太卡巴拉也涵蓋了西方卡巴拉的精華。

Grant, Kenneth. *The Magical Revival*. Skoob Books, 1993.

— *Aleister Crowley & The Hidden God*. Skoob Books, 1995.

— *Cults of the Shadow*. Skoob Books, 1995.

— *Nightside of Eden*. Skoob Books, 1995.

— *Outside the Circles of Time*. Holmes Publishing Group, 2008.

— *Hecate's Fountain*. Skoob Books, 1993.

— *Outer Gateways*. Skoob Books, 1995.

— *Beyond the Mauve Zone*. Soob Books, 1996.

— *The Ninth Arch*. Starfire Publishing, 2002.

> Grant 所著的這些書籍依據其原始出版順序排列，因為理解它們的前提是要了解他之前的著作。這些著作聲明是對克勞利作品的增擴。確實，這些書將性魔法與非物質存有交流的概念推進到了遠超本課程內容的境界。這屬於進階範圍，對於一些人而言，可能顯得極其怪異甚至令人恐懼。包括伊斯瑞‧瑞格德在內的許多人不認同 Grant 的理論及其所暗指的技術。他的語言運用雖精準，卻往往像是他對「tangential tantrums」（即儀式嚴重出錯的物質性後果）所抱有的那種似是而非的自豪感般難以理解。這是純屬虛構、隱喻，還是實際發生的事？無論這些書籍的本質為何，它們對許多當代神祕學家都產生了影響，雖然實際上，討論這些書籍的人數，似乎超過了真正讀過它們的人數。

Gray, William G. *The Ladder of Lights*. Red Wheel / Weiser, 1981. 雖然有點過時，但它仍然是一本不錯的生命之樹入門。

Greer, John Michael. *The Art and Practice of Geomancy*. Weiser Books, 2009. 在我的課程中，我已經詳細描述了如何在護符上運用地占術的符號。但是，這些符號僅是用於占卜的更廣泛系統中的一部分，此書對這一古老系統進行了詳盡的闡述。

— *Inside a Magical Lodge*. Llewellyn Publications, 1998. 詳細介紹了如何創設及經營一個魔法組織的內容。如果你在考慮創立一個團體來實踐《現代魔法》或其他儀式魔法傳統的團體，這是一個不錯的參考資源。

— *Paths of Wisdom*. Thoth Publications, 2007. 介紹了卡巴拉及其魔法體系。若想對本書內容有更深一層的理解，這是不錯的選擇。

Grimassi, Raven. *The Wiccan Mysteries*. Llewellyn Publications, 2002.

— *Ways of the Strega*. Llewellyn Publications, 2000.

> 瑞文（Raven）不僅曾是我的老師，至今也仍是我的朋友。《*The Wiccan Mysteries*》對當代威卡信仰進行深入的探索。《*Ways of the Strega*》則向現代修習者介紹了一套更新版的古老義大利巫術體系。這兩本書內容豐富，我極度推薦瑞文（Raven）的全部著作。

Harms, Daniel, and John Wisdom Gonce. *The Necronomicon Files*. Red Wheel / Weiser, 2003. 這

是一本關於《死靈之書》和克蘇魯神話的資料集，充滿了真實驚奇的內容。對於洛夫克拉夫特的愛好者和追尋魔法真相的人來說，絕對是不可或缺的。對於那些原本希望《死靈之書》中包含客觀歷史真相的人將感到失望，此書展示了其為虛構作品……然而，卻是**精彩絕倫**的虛構。

Hine, Phil. *Condensed Chaos*. New Falcon Publications, 1995. 關於混沌魔法的優秀書籍。

Hoeller, Stephen A. *The Royal Road*. Quest Books, 1995. 以卡巴拉來解釋塔羅，內含數個良好的引導式冥想。

Howe, Ellic. *The Magicians of the Golden Dawn*. Red Wheel / Weiser, 1978. 此書以學術角度撰寫，但對黃金黎明會及其歷史帶有負面觀點。不過，如果你想要深入了解這個重要團體的成員資料，這本書是個很好的參考資源。

Hulse, David Allen. *The Eastern Mysteries*. Llewellyn Publications, 2002.

— *The Western Mysteries*. Llewellyn Publications, 2002.

這兩本書是傑出的參考資料，專注於以語言作為進入各式靈性體系的關鍵。

James, Tad, and Wyatt Woodsmall. *Time Line Therapy and the Basis of Personality*. Meta Publications, 2008. 這是一本依循 NLP 的傑出著作，是解釋時間線概念及其運用方法的關鍵。儘管如此，學習如何操作時間線的最佳方法是參加培訓。這本書很可能會成為你的教材。

Jette, Christine. *Tarot Shadow Work*. Llewellyn, 2000. 成為一名強大魔法師的一個關鍵，在於勇敢地自我審視。本書作者指導你如何深入自己的陰暗面，以實現其療癒與融合。這看似簡單，卻蘊含強大的魔法力量。

Judith, Anodea. *Wheels of Life*. Llewellyn Publications, 1999.（脈輪全書）有許多關於脈輪的書籍，其中大多數出自通靈者、自認為專家（IROBs，I Read One Book and now I'm an expert）或與這些人學習的人之手。但這本書不同，它依循經典原典，研究透澈且非常實用。總之，若你渴望深入了解脈輪，卻不想費力閱讀大量來自印度的書或令人存疑的西方書籍，本書便是你的絕佳選擇。

Jung, Carl. *Psychological Types*. Princeton University Press, 1976.（榮格論心理類型）作為心理學、諮詢及商業領域的重要著作，自 1921 年首次發行以來，其對文化產生了深遠的影響。若想深入學習如何理解他人並提升與人溝通的技巧，此書無疑是廣泛使用的重要參考資料。

Kaplan, Aryeh. *The Bahir*. Red Wheel / Weiser, 1980. 是研究卡巴拉的基礎書籍之一，提供了對文獻深刻的翻譯與解析。

— *Meditation and Kabbalah*. Jason Aronson, 1994. 對猶太卡巴拉的冥想提供了精彩且學術性

的論述，內容雖複雜艱深，卻極為重要。

— *Sefer Yetzirah*. Weiser, 1997. 被稱為小書的《形塑之書》有許多翻譯和評註版本，而這簡直是有史以來最好的一次出版。在我的觀點中《形塑之書》是介於早期密契主義與卡巴拉之間的文獻，而有些人認為這是關於卡巴拉最初的著作。市面上有較小且較便宜的版本仍在出版，但身為魔法師，這才是你應該擁有並深入研究的版本。

Kelder, Peter. *The Eye of Revelation*. Booklocker.com, 2008. 這本書是第五課中提及的身體—心靈練習的來源。當《現代魔法》首度出版時，這部作品還是一本罕見的書。目前，「西藏五式」已經促成了一個完整的產業生態。我擁有一本同年出版的珍稀版本，開頭未包含那段荒謬故事，並指出其真正的來源是印度，而非西藏。不論其來源如何，我發現這些練習非常有效且實用。

King, Francis. *The Rites of Modern Occult Magic*. MacMillan Co., 1971. 一本記載魔法如何重新受到歡迎的著名且詳實的歷史著作。

— *Sexuality, Magic and Perversion*. Feral House, 2002. 對從事性魔法實踐的團體與個人的辛辣評論。可說是這個領域的標準觀。我的著作《現代性魔法》（*Modern Sex Magick*）探索了一種截然不同且更為深奧的傳統。

King, Francis, and Stephen Skinner. *Techniques of High Magic*. Destiny Books, 2000. 我總建議，只要條件允許，就應多方閱讀關於同一主題的書籍。這本書號稱全面，但可惜僅停留在表面。令人尷尬的是，這本書仍然是目前較佳的選擇之一……除了《現代魔法》之外。

Knight, Gareth. *A Practical Guide to Qabalistic Symbolism*. Red Wheel / Weiser, 2008. 這是原先分為兩卷的一部厚重書籍，第一部分實際上是佛瓊《祕法卡巴拉》的延伸。第二部分深入細談生命之樹的各條路徑，這是佛瓊所沒有涵蓋的內容。對於任何儀式魔法師來說，這又是一本必讀之作。

Konstantinos. *Summoning Spirits*. Llewellyn, 2002. 一本不錯的書，介紹了很多關於召喚魔法靈體的實用建議。

Kraig, Donald Michael. *Modern Sex Magick*. Llewellyn, 2002.（現代性魔法）或許是關於卡巴拉性魔法最完整且實用的著作。探討了性魔法的神祕歷史，包括這些資訊是如何被隱藏、如何重新發掘，並充滿了實用技巧與儀式。內容直白卻不淫穢。

— *The Resurrection Murders*. Galde Press, 2009. 一本扣人心弦的小說，呈現了魔法組織的運作、星光體投射與星光體旅行、魔法戰鬥、召喚魔法，以及在現代虛構背景中的性魔法等元素。這是一個學習魔法的絕佳方式，遠比冷冰冰枯燥無味的教科書來得有趣。

— *Tarot & Magic*. Llewellyn, 2002. 這本書展示了多種使用塔羅牌進行魔法、冥想等的方法。

— *The Truth About the Evocation of Spirits*. Llewellyn, 1994. 一本關於如何召喚靈體，內容正確的小冊書籍。

Kuhn, Alvin Boyd. *Lost Light*. Filiquarian Publishing, 2007. 這本書對古代經文的解讀既迷人又令人驚嘆。我曾詢問過瑞格德是否閱讀過此書，他表示雖然讀過許多 Kuhn 的作品，但僅有這本是真正值得一讀的。這對我而言已經足夠。雖然這本書令我著迷，我卻未曾深入探索他的其他著作。

Laycock, Donald. *The Complete Enochian Dictionary*. Weiser Books, 2001. 是關於迪伊博士的技術最全面的字典。一本如同以諾語系統的《777》。

Leadbeater, Charles. *The Chakras*. Quest Books, 1973. 當西方神智學者發現其中一個脈輪與性器官有所關聯，讓他們幾乎無法呼吸。因此，他們把它改成了脾臟（!）。閱讀此書，可見神智學者是如何修改傳統的印度觀點，以符合他們自身的哲學。接著去閱讀 Judith 的書籍以深入了解真實的知識。

Leitch, Aaron. *Secrets of the Magickal Grimoires*. Lewellyn, 2005. 我總是感到驚訝，也感到失望，為什麼沒有更多人認識這本書。Leitch 所做的工作令人讚嘆，他提供了關於主要魔法書籍的精確且詳盡的資訊。對於真正的魔法師而言，這本書絕對是必讀之作。

Lipp, Deborah. *The Elements of Ritual*. Llewellyn Publications, 2003. 雖然主要聚焦於異教信仰，但本書對元素及其在儀式中的使用的關注，能夠豐富你在這門課程中所學的知識。

Lloyd, William J. *The Karezza Method*. BiblioBazaar, 2008. 這本書描述了一個簡單的技巧，能幫助男性在性行為中更持久。

Louis, Anthony. *Tarot Plain and Simple*. Llewellyn, 2002. 書名已經說明一切。這是使用塔羅牌的絕佳入門書。

Massey, Gerald. *Gerald Massey's Lectures*. Book Tree, 2008. 遺憾地告訴基要派信徒，這本書揭示許多基督教神話源自古埃及神話。

Mathers, Samuel. *The Greater Key of Solomon*. Digireads.com, 2007.（所羅門王大鑰）關於召喚靈體所使用的經典魔法書之一。

— *The Grimoire of Armadel*. Weiser, 2001.（阿瑪德爾魔典）直到今天，這還是一本曾被黃金黎明會成員使用，卻鮮為人知的魔法書。對製作護符的工作者而言非常理想合適。

— *The Kabbalah Unveiled*. Kessinger Publishing, 2007. 這是對《光輝之書》——一部經典卡巴拉文獻——的幾個節選部分的翻譯。就我個人而言，我認為馬瑟斯妻子撰寫的充滿文學性的序言，是這本書最吸引人的部分。

McCoy, Edain. *Past Life & Karmic Tarot*. Llewellyn, 2004. 如書名所示，這本書教導你如何運用塔羅牌來探索和處理你的前世及業力。非常適合個人探索。

Michaels, Mark A., and Patricia Johnson. *The Essence of Tantric Sexuality*. Llewellyn Publications, 2006. 芒福德博士（Dr. Mumford）的這些學生現在主持他的譚崔課程。他們在此展示了一些過去三十年間未公開的譚崔和性魔法講座。依然挑釁、準確且充滿資訊。

Mumford, Jonn. *A Chakra & Kundalini Workbook*. Llewellyn Publications, 2002. 當前最佳的脈輪與昆達里尼能量實踐指南。芒福德博士有一個透過電子郵件進行的遠距課程，現由他的兩名學生負責，這本書就是課程的教科書。極力推薦。

— *Ecstasy Through Tantra*. Llewellyn, 2002. 原先發表為《*Sexual Occultism*》，這是首批比較西方性魔法與東方譚崔性學的書籍，如今已成為關於譚崔學領域中的經典。你現在所讀課程的作者貢獻了本書中的一章。

Omega, Kane. *Cosmic Sex*. Lyle Stuart, Inc., 1973. 雖然早已絕版，但這本帶有幽默色彩的自傳式譚崔入門書，將讓你對譚崔性學的靈性有比其他任何書籍更深的了解。

Ophiel (pseud. of Edward Peach). *The Art & Practice of Astral Projection*. Red Wheel / Samuel Weiser, 1976. 是介紹星光體投射最直接、最基本且極佳的入門書籍。我總是有種感覺，奧菲爾（Ophiel）可能不太聰明，因此他以一種他希望的、連他自己也能理解的清晰方式來寫作。結果，任何人都可以使用它。如果你在星光體投射時遇到困難，嘗試書中的技巧。他的那本已絕版書籍《*The Art & Practice of Getting Material Things Through Creative Visualization*》，雖然書名笨拙，也不如該主題上的其他書那樣有名，但它亦是其中最優秀的一本。如果你開始對他的書產生興趣，請謹慎，這兩本是他的傑作，而他的其他作品品質參差不齊，從平庸到難堪地糟糕。我無法理解編輯怎麼會讓這些作品出版，或許這就是個人出版的詛咒的早期示範。

Patai, Raphael. *The Hebrew Goddess*. Wayne State University Press, 1990. 這本書深受異教徒的喜愛。它明確揭示了古代希伯來人直至西元70年第二聖殿遭毀前，同時崇拜著男神與女神。對於任何神祕學家而言，這本書是收藏中不可或缺的重要組成。

Penczak, Christopher. *Instant Magick*. Llewellyn Publications, 2006. 雖然書名指出你可以立即施行魔法，但真正的意義是經由準備與練習，你變得能夠迅速，且在需要時施行魔法。我非常認同這個概念。

Peterson, Joseph. *Arbatel*. Ibis, 2009.

— *The Lesser Key of Solomon*. Weiser Books, 2001.

Peterson 所著的這兩本書絕對是經典，是對此兩本魔典的研究和呈現最完善的版本。

Pike, Albert. *Morals and Dogma*. Forgotten Books, 2008. 這是共濟會最著名的經典著作。書中

充滿了奧祕的智慧，原本是為共濟會成員所寫，但對於任何走在靈性道路上的人來說都適用。書中的寫作風格雖然有些古老難懂，但仍值得一讀。

Pollack, Rachel. *Rachel Pollack's Tarot Wisdom*. Llewellyn, 2008. 這是一本關於塔羅牌的全方位優秀書籍，包含了歷史、牌陣、解讀要點，以及她多年研究和教學的智慧結晶。雖然有許多塔羅牌的優秀入門書，但這本更適合讀過入門書籍後作為進階學習的書籍。

Prasad, Rama. *Nature's Finer Forces*. Kessinger Publishing, 1997. 這本鮮為人知的書是關於印度譚崔神祕學的經典之作。雖然黃金黎明會是西方魔法組織，但他們引用了一些東方概念。他們使用的所有東方內容都取材於本書。

Raphael. *Raphael's Ancient Manuscript of Talismanic Magic*. Kessinger Publishing, 1942(?). 手稿形式的魔法書，一本關於製作護符的資料書。

Ready, Romilla, and Kate Burton. *Neuro-Linguistic Programming for Dummies*. For Dummies, 2004. 這本書是我在2008年接受NLP專業執行師（practitioner of NLP）培訓時所使用的教材。（我目前是經美國綜合心理學協會〔AIP〕認證為NLP高級執行師。我的主要培訓師是馬修‧詹姆斯博士〔Dr. Matthew James〕，他是泰德‧詹姆斯〔Tad James〕的兒子。）NLP是一門新興科學，令人驚奇的是它發展得如此迅速。即使在這本2004年的書中，有些想法如今已經過時了。然而，這本書能夠為你奠定NLP的基礎概念。

Regardie, Israel. *Ceremonial Magic*. Aeon books, 2004. 這本書雖然首次介紹了「守望塔儀式」，但書中的儀式順序與我從瑞格德的學生那裡學習到的有所出入。然而，這本書在學習魔法和理解該儀式的概念方面仍然極具參考價值。

— *Foundations of Practical Magic*. Aeon Books, 2004. 這本書是瑞格德所寫的一系列小冊子合集，涵蓋了各種神祕學主題，其清晰易懂的講解方式在該領域無出其右。

— *A Garden of Pomegranates*. Llewellyn Publications, 1995. 對於卡巴拉的相關知識提供了良好易懂的解釋。

— *The Golden Dawn*. Llewellyn Publications, 2002.（黃金黎明）是西方神祕學的經典著作。它可能是被引用最多的神祕學著作，許多作者在自己的作品中挪用了書中的內容，卻鮮少提及出處。

— *How to Make and Use Talismans*. Thorsons, 1983. 這本小冊從儀式魔法的角度，簡單易懂地講解了護符的製作和使用。可以說是這方面的優秀書籍。可惜的是，本書目前已經絕版。如果你能找到一本，請務必收藏。

— *The Middle Pillar*. Llewellyn Publications, 2002. 這本書已經成為中柱儀式的主要參考書。如今許多「古老」和現代的傳統都採用了這種儀式。

— *The One Year Manual*. Red Wheel / Weiser, 2007. 本書提供了一套強大的靈性發展系統，特別是如果你能夠讀懂其中的言外之意。

— *The Tree of Life*. Llewellyn Publications, 2000. 這本探討魔法理論與實踐的著作因其艱澀難懂而鮮少受到關注，書中也論及煉金術和性魔法。瑞格德寫本書時，顯然深受其老師及導師（也許是如父親般模樣？）克勞利的影響。

Reich, Wilhelm. *The Function of the Orgasm*. Farrar, Straus, and Giroux, 1986. 這本書融合了科學與性魔法。當我與瑞格德談論這本書時，他同意我的看法，認為所有魔法師都應該研讀它。當然，他是一位賴希學派的治療師，所以可能存在偏見。

Rowe, Benjamin. *Enochian Temples*. Black Moon Publishing, 2008. 雖然在這門課程中我只稍微提到了以諾魔法，但那些真正對此主題感興趣的人往往會關注迪伊的原始著作並試圖重現他的工作。本書已故的作者寫了幾篇簡短的專論（所以這本「書」只有三十八頁），推展了以諾系統，並富有創意地將其推向未來。他的所有作品都強烈推薦給進階的魔法實踐者。

Saraswati, Swami Janakananda. *Yoga, Tantra and Meditation in Daily Life*. Weiser, 1992. 這本書最早是在 1970 年代中期出版的，當時我還是個血氣方剛的年輕人，買這本書部分原因是裡面有裸女照片。但很快地，我就困惑了，裸體跟冥想有什麼關聯？冥想和瑜伽又如何跟譚崔扯上關係？雖然這是一本精簡小書，但我從中獲益良多。作者屬於一個傳承的譚崔體系，每個人都姓「Saraswati」。這個體系大部分作者的作品都由「Bihar School of Yoga」出版，我強烈推薦他們的出版物。

Shaw, Scott. *Chi Kung for Beginners*. Llewellyn Publications, 2004. 大約三十年前，我第一次經由函授課程學習氣功。我很快地意識到，這是一種運用魔法能量的方式。因此，練習氣功是很棒的學習方法，可以了解並熟悉這種能量。Shaw 的這本書是學習氣功的絕佳入門書籍，內容清晰易懂，但別認為這很容易！練習氣功可以帶給你強大的能量。

Sheba, Lady (pseud. of J. W. Bell). *The Grimoire of Lady Sheba*. Llewellyn, 2001. 這本探討加德納巫術（Gardnerian Witchcraft）的入門書寫得非常好，雖然也引起一些爭議。

Sherwin, Ray. *The Book of Results*. LULU, 2005. 這本是混沌魔法的重要著作之一，它將魔法的焦點從方法轉移到結果。有些人甚至將混沌魔法稱為「結果魔法」。

Skinner, Stephen. *The Complete Magician's Tables*. Llewellyn Publications, 2007. 這本書目前是為魔法師尋找對應關係以設計儀式、護符等最完整的著作。就如同戈德溫的書取代了克勞利的《777》一樣，這本書也可以取代戈德溫的著作。我自己則三本都擁有，各有各的用途。然而，就目前而言，這本是設計魔法儀式、護符、護身物等的終極指南。

—— *Veritable Key of Solomon*. Llewellyn, 2008. 這是一本奇妙，也或許是最完整的《所羅門王大鑰》版本。此外也是一本必讀書籍。

Skinner, Stephen, and David Rankine. *The Goetia of Dr. Rudd*. Golden Hoard Press, 2007. 這或許是目前《歌伊提亞》最完善的版本。我們要感謝斯金納（Skinner）和瑞肯（Rankine）辛勤地整理這些書籍。

Spare, Austin Osman. *The Writings of Austin Osman Spare*. NuVision Publications, 2007. 收錄了他的理論和觀點。對於想要了解混沌魔法運動背景以及改善自己魔法實踐方法的人來說，這是一本關鍵的著作。

Sperling, Harry, Maurice Simon, and Paul Levertoff (translators). *The Zohar* (5 volumes). Soncino Press, 1984.《光輝之書》是卡巴拉的重要文獻之一，而這套譯本則是英文中最完整的。對於希望解開猶太卡巴拉神祕之謎的人來說，絕對是必備的書籍。

Starhawk. *The Spiral Dance*. HarperOne, 1999. 一本以女性主義和政治視角，探討現代巫術歷史與復興的著作。

Sterling, Stephen. *Tarot Awareness*. Llewellyn, 2000. 探討塔羅牌的精神層面與實用面向。想了解更多塔羅牌牌義的人，這是一本很棒的書籍。

Stockham, Alice. *Karezza*. Forgotten Books, 2008. 對於未來可能成為性魔法師的男性及其伴侶而言，此書極具價值，它講述了延長性行為時間的重要性。

Tyson, Donald. *Enochian Magic for Beginners*. Llewellyn Publications, 2002. 很少有以諾魔法的入門書籍，但我會推薦泰森的這本。我並不完全認同泰森的一些觀點——我不認為實踐以諾魔法會引發基督教提及的末日——但從實用層面來看，這是一本很好的入門書。

Valiente, Doreen. *An ABC of Witchcraft Past and Present*. Phoenix Publishing, 1988. 這本書以字母順序排列條目，有點像是百科全書的架構，於 1973 年首次出版時，是學習巫術的絕佳概論。如今，它已成為一份重要的歷史文獻，幫助人們了解當時的威卡，然而巫術的發展已經超越了那個時代。

—— *Witchcraft for Tomorrow*. Robert Hale, 1993. 最初出版於 1978 年，是由一位在所有異教信仰中受尊敬的女性、著名的《Charge of the Goddess》作者所撰寫，非常棒的入門書，介紹三十年前威卡的實踐方式。

Vitimus, Andrieh. *Hands-On Chaos Magic*. Llewellyn Publications, 2009. 不僅是學習混沌魔法的良好入門書，更是一本介紹其實用技巧的實用指南。對於對混沌魔法感興趣的人來說，這本書會是很好的起點。

Waite, A. E. *The Book of Ceremonial Magic*. Cosimo Classics, 2007. 一本從魔法書摘錄彙編而成的著名參考書，故意設計成無法使用。內容幾乎與他的《*The Book of Black Magic and of Pacts*》相同，因此不必同時兩者都買。

Wang, Robert. *The Qabalistic Tarot*. Marcus Aurelius Press, 2004. 這是我讀過最出色，從卡巴拉觀點介紹塔羅牌的書籍。同時也是一本很好的卡巴拉入門書籍。

— *The Secret Temple*. Marcus Aurelius Press, 1993. 雖然書中有些概念有缺陷，但這仍是一本簡單易懂的書，介紹了製作基本魔法工具和黃金黎明風格的聖殿的指南。

Weed, Joseph. *Wisdom of the Mystic Masters*. Prentice Hall Press, 1971. 如果你在過去幾年內關注過以神祕學為主題的雜誌，你一定看過玫瑰十字古祕團（AMORC）的廣告。這本書收錄了他們的核心教導。

Westcott, W. Wynn. *The Complete Golden Dawn Cipher Manuscript*. Holmes Publishing Group, 1996. 這是一本高品質印刷的著作，由達西・康茨（Darcy Kuntz）對黃金黎明會創立之重要文獻的深度研究與翻譯。作為歷史資料的參考非常有價值，同時也能了解馬瑟斯是如何將簡單的概念擴展成完整儀式與豐富的內容講授。

Williams, Brandy. *Ecstatic Ritual*. Megalithica Books, 2008. 一本獨特的性魔法書籍，在於它來自女性的視角，也依循儀式魔法。

Winkler, Gershon. *The Soul of the Matter*. Judaica Press, 1982. 一本簡易解釋猶太卡巴拉轉世理論的作品。

Within, Inquire (pseud of Christina Stoddard). *Light-Bearers of Darkness*. Christian Book Club of America, 1983. 現今這本書已難得一見，講述的是黃金黎明會的歷史，作者是組織的前成員，她不僅背棄了組織，還變成了充滿仇恨與妄想的猶太人敵視者。眾人原以為她將成為一名偉大的高手，但她的晉升過於倉促，未能有充分的時間深入理解每一階級的神祕力量。這是一個例子，展示了若不投入時間與努力進行自我提升，而只是被動接受大量資訊，可能會走向的結果。

"Translated from"
Modern Magick:

Twelve Lessons in the High Magickal Arts
Copyright © 2010 Donald Michael Kraig
Published by Llewellyn Publications
Woodbury, MN 55125 USA
www.llewellyn.com

# 現代魔法──給修習者的十二堂高等魔法技藝

出　　　版／楓樹林出版事業有限公司
地　　　址／新北市板橋區信義路163巷3號10樓
郵 政 劃 撥／19907596　楓書坊文化出版社
網　　　址／www.maplebook.com.tw
電　　　話／02-2957-6096
傳　　　真／02-2957-6435
作　　　者／唐納德・邁克爾・克萊格
譯　　　者／張紹強（晨音）
企 劃 編 輯／陳依萱
校　　　對／周季瑩
港 澳 經 銷／泛華發行代理有限公司
定　　　價／1200元
初 版 日 期／2025年7月

國家圖書館出版品預行編目資料

現代魔法：給修習者的十二堂高等魔法技藝課 /
唐納德・邁克爾・克萊格作；張紹強（晨音）翻
譯. -- 初版. -- 新北市：楓樹林出版事業有限公司,
2025.07　面；公分

譯自：Modern magick : twelve lessons in
the high magickal arts

ISBN 978-626-7729-08-3（平裝）

1. 巫術

295　　　　　　　　　　　　　　　114006939